Europäische Integration in der öffentlichen Meinung

D1699959

Veröffentlichungen des Arbeitskreises
„Wahlen und politische Einstellungen"
der Deutschen Vereinigung
für Politische Wissenschaft (DVPW)
Band 9

Frank Brettschneider, Jan van Deth
und Edeltraud Roller (Hrsg.)

Europäische Integration in der öffentlichen Meinung

Leske + Budrich, Opladen 2003

Gedruckt auf säurefreiem und alterungsbeständigem Papier.

Die Deutsche Bibliothek – CIP-Einheitsaufnahme
Ein Titeldatensatz für die Publikation ist bei Der Deutschen Bibliothek erhältlich

ISBN 3-8100-3793-1

© 2003 Leske + Budrich, Opladen

Druck: DruckPartner Rübelmann, Hemsbach
Printed in Germany

Inhalt

II.   Osterweiterung der Europäischen Union

III.   Einstellungen zum Euro

IV.   Parteien und Wahlen

V. Politische Elite und Europa

Frank Brettschneider, Jan van Deth und Edeltraud Roller

Europäische Integration in der öffentlichen Meinung: Forschungsstand und Forschungsperspektiven

1. Der Stellenwert öffentlicher Meinung für die europäische Integration

Der Titel des vorliegenden Bandes, „Europäische Integration in der öffentlichen Meinung", suggeriert, dass die Meinungen der Bürger für den europäischen Integrationsprozess von Bedeutung sind. Heute mag diese Prämisse selbstverständlich erscheinen und in Wissenschaft und Politik weitgehend geteilt werden, lange Zeit war dies aber nicht der Fall.

Wie für alle internationalen Regime galt zunächst auch für die europäische Integration, dass sie maßgeblich von den politischen Eliten der beteiligten Länder gesteuert wurde. Die Meinungen der Bürger schienen für das Funktionieren des Regimes und den weiteren Integrationsprozess entweder völlig oder größtenteils irrelevant. Diese Position war charakteristisch für die neo-funktionalistische Theorie politischer Integration, wie sie von Haas (1958) vertreten wurde. Diese Theorie dominierte die Diskussion in den 50er Jahren, während andere Ansätze wie der Transaktionalismus von Deutsch u.a. (1957) nur geringe Prominenz erlangten. In den späten 60er und frühen 70er Jahren zeichnete sich zwar eine theoretische Umorientierung ab, die öffentliche Meinung wurde als relevante Größe für die europäische Integration entdeckt. Sinnott (1995) stellt in seinem Forschungsüberblick jedoch fest, dass diese Umorientierung zunächst keine forschungspraktischen Konsequenzen hatte. Erst in den 80er Jahren wurden verstärkt empirische Analysen der Einstellungen der Bürger zur europäischen Integration vorgelegt. Mit den 90er Jahren trat die Forschung über die öffentlichen Meinung zur europäischen Integration in eine neue Phase ein. In den letzten zehn Jahren zeichnet sich eine Intensivierung der Forschungstätigkeiten ab. Zudem wird immer häufiger die These vertreten, dass die öffentliche Meinung nicht nur ein wichtiger Bestandteil der europäischen Integration ist, sondern dass ihre Rolle in diesem Prozess immer bedeutsamer wird (Eichenberg/Dalton 1993; Kielmansegg 1996).

Eine wesentliche Ursache für die veränderte Einschätzung der Rolle der öffentlichen Meinung liegt im fortschreitenden europäischen Integrationspro-

zess selbst. Dieser kann als ein Prozess zunehmender Politisierung und Demokratisierung beschrieben werden. Bei der Europäischen Wirtschaftsgemeinschaft (EWG), die 1958 gegründet wurde, und bei ihrer Vorgängerinsti-
tution, der Europäischen Gemeinschaft für Kohle und Stahl (EGKS) aus dem
Jahr 1952, handelte es sich um intergouvernementale Regime, die auf ökonomische Politiken ausgerichtet waren. Die Einrichtung des Europäischen Parlaments mit direkt gewählten Repräsentanten im Jahr 1979 war ein erster
Schritt in Richtung Demokratisierung. Als zweiter wichtiger Schritt wird die
Einheitliche Europäische Akte aus dem Jahr 1987 betrachtet, die einerseits
qualifizierte Mehrheiten für den Ministerrat einführte und zum anderen eine
Mitsprache des Europäischen Parlaments bei der Gesetzgebung vorsah. Der
entscheidende und vorläufig letzte Schritt war die Gründung der Europäischen Union (EU) im Jahr 1993 durch den Vertrag von Maastricht. Mittlerweile existiert ein wirtschaftlicher und politischer Zusammenschluss von 15
Staaten, der ein breites Spektrum von Politikbereichen – Wirtschafts-, So-
zial-, Bildungs-, Wissenschafts-, Umwelt-, Außen- und Sicherheitspolitik –
über intergouvernementale *und* supranationale Institutionen regelt (zur Geschichte und zum politischen System der Europäischen Union vgl. z.B. Wessels 1999; Herz 2002).

Es sind vor allem zwei Arten von Einstellungen der Bürger, die mit dem
fortschreitenden europäischen Integrationsprozess an Bedeutung gewinnen.
Zum einen die Legitimitätsüberzeugungen der Bürger und zum anderen die
kollektive Identität. Die Argumente zur Bedeutung der Legitimitätsüberzeugungen hat Kielmansegg (1996: 48f.; auch Weiler 1991) zusammengefasst.
Danach könne mit fortschreitender Integration die Zustimmung zu diesem
Prozess nicht mehr einfach unterstellt werden. Erstens bringe die zunehmen-
de Bedeutung der Mehrheitsregel für die Entscheidungen des Ministerrats
Begründungs- und Akzeptanzprobleme mit sich. Zweitens nehme mit der
Ausweitung der Kompetenzen der Gemeinschaft die Wahrscheinlichkeit zu,
dass auch solche Entscheidungen getroffen werden, die Belastungen für die
Betroffenen mit sich bringen. Drittens nehme im Zuge der europäischen Integration die Handlungsfähigkeit der Mitgliedsstaaten ab, die der Europäischen
Union nehme – wegen der Komplexität der Entscheidungsprozesse – aber
nicht im selben Ausmaß zu und das führe zu wachsenden Akzeptanzproble-
men. Gemeinsam sei diesen drei Entwicklungen, dass die Europäische Union
von den Bürgern zunehmend als eine politische Ordnung wahrgenommen
wird, die ihre Lebensbedingungen beeinflusst. Im Konfliktfall würden die
Bürger deshalb immer häufiger fragen, warum sie „Entscheidungen der fernen europäischen Autoritäten gegen sich gelten lassen" müssen (Kielmansegg 1996: 49). Insgesamt sei der Legitimitätsbedarf der EU also größer geworden.

Die Bedeutung der kollektiven Identität wird vor allem im Rahmen der
Diskussionen um das Demokratiedefizit und die Demokratiefähigkeit der EU

herausgearbeitet. Nach einhelliger Meinung der an dieser Debatte beteiligten Autoren ist ein politisches System nur dann demokratiefähig, wenn diejenigen, die den kollektiven Entscheidungen unterworfen sind, eine gemeinsame kollektive Identität ausbilden (Kielmansegg 1996; Grande 1996; Benz 1998; Scharpf 1999; Lepsius 1999; Fuchs 2000; Habermas 2001). In der Sprache der Demokratietheorie gehört zu einem demokratischen Regime ein Demos, der sich als kollektives Subjekt und Adressat demokratischen Regierens begreift – denn nur unter dieser Bedingung sind legitime Mehrheitsentscheidungen möglich. Eine kollektive europäische Identität liegt nach Meinung der genannten Autoren in den Mitgliedsländern gegenwärtig nicht vor. Da es sich bei der kollektiven Identität um eine so genannte „substanzielle" Voraussetzung für eine Demokratie handelt, wird in diesem Zusammenhang auch von einem strukturellen Demokratiedefizit der EU gesprochen (z. B. Grande 1996). Die Möglichkeit der Herausbildung einer kollektiven europäischen Identität wird unterschiedlich eingeschätzt. Es dominieren skeptische Einschätzungen (z. B. Kielmansegg 1996; Lepsius 1999; Scharpf 1999). In neuerer Zeit sind aber auch theoretische Analysen vorgelegt worden, die die Herausbildung einer europäischen politischen Identität oder eines europäischen Demos unter der Bedingung für möglich erachten, dass eine demokratische Verfassung verabschiedet wird (z. B. Fuchs 2000; Habermas 2001).

Dieser kurze Abriss zeigt, dass die Einstellungen der Bürger zur europäischen Integration in den aktuellen Diskussionen um den Zustand der EU eine zentrale Rolle spielen. Für die weitere Demokratisierung wird ihnen nicht nur eine entscheidende Bedeutung zugewiesen, teilweise wird die Möglichkeit einer weiteren Demokratisierung der EU von den Ausprägungen und der Struktur dieser Einstellungen selbst abhängig gemacht. Diese Meinungen der Bürger können über die Wahlen zum Europäischen Parlament einen direkten Einfluss auf die europäische Politik ausüben. In den europäischen Ländern, die nationale Referenden vorsehen, wie beispielsweise Dänemark oder Irland, existieren zusätzliche direkte Einflussmöglichkeiten auf einzelne Politiken.

In den beiden folgenden Abschnitten wird ein kurzer Überblick über den Stand der Forschung über die öffentliche Meinung zur europäischen Integration gegeben und es werden Forschungsperspektiven skizziert. Der erste Abschnitt beschäftigt sich mit den Forschungen zu den Einstellungen der Bürger zur europäischen Integration (2). Anschließend werden Arbeiten über die Wahlen zum Europäischen Parlament behandelt (3). Im letzten Abschnitt werden die im vorliegenden Band versammelten Beiträge beschrieben, die in unterschiedlicher Weise an den gegenwärtigen Forschungsstand anknüpfen (4).

2.   Einstellungen der Bürger zur europäischen Integration

Die Vorstellung über die Haltung der Bürger gegenüber der europäischen Integration wurde lange Zeit von der Formel des „permissive consensus" geprägt, die Lindberg und Scheingold (1970: 38ff.) auf der Basis erster empirischer Analysen der Bürgereinstellungen entwickelt haben. Damit ist gemeint, dass die Bürger mehrheitlich die europäische Integration unterstützen und als selbstverständlichen Bestandteil der Politik betrachten. Diese Einstellungen können aber nicht als explizite Unterstützung für eine bestimmte Richtung der europäischen Integration interpretiert werden. Es handelt sich vielmehr um eine passive Unterstützung, die es den politischen Eliten erlaubt, den Prozess der europäischen Integration ohne größere Einschränkungen voranzutreiben.

Die nach den 80er Jahren vorgelegten empirischen Untersuchungen haben ein viel umfassenderes und differenzierteres Bild der Einstellungen der Bürger zur europäischen Integration geliefert. Die Datenbasis bilden mehrheitlich die Eurobarometer-Studien, das sind repräsentative Bevölkerungsumfragen, die seit 1974 regelmäßig im Auftrag der Europäischen Kommission in den Mitgliedsländern der Europäischen Gemeinschaft durchgeführt werden (Zentralarchiv für empirische Sozialforschung 2003). Diese Forschungen zu den Einstellungen der Bürger konzentrieren sich vor allem auf drei Themenbereiche: die Unterstützung der europäischen Integration, die europäische Identität und die politische Repräsentation.

Mit der *Unterstützung der europäischen Integration* befassen sich die meisten Einstellungsanalysen. Im Mittelpunkt stehen Fragen nach dem Niveau und der zeitlichen Entwicklung dieser Einstellungen sowie nach deren Determinanten. Verschiedene Indikatoren der generalisierten Unterstützung der EU zeigen, dass eine positive Unterstützung der europäischen Integration im Durchschnitt aller Mitgliedsländer überwiegt. Allerdings weist diese Unterstützung starke situationsspezifische Schwankungen auf. Außerdem gibt es zwischen den Mitgliedsländern deutliche Unterschiede in der Unterstützung der europäischen Integration; diese können nur teilweise mit der Dauer der Mitgliedschaft in der Europäischen Gemeinschaft erklärt werden (Niedermayer 1995; Fuchs in diesem Band). Ein Großteil der Studien zu den Determinanten der Unterstützung der europäischen Integration konzentriert sich auf die Frage, ob instrumentelle oder nutzenbezogene Orientierungen das dominante Motiv der Unterstützung darstellen oder ob darüber hinaus noch andere Determinanten einen maßgeblichen Effekt haben (Eichenberg/Dalton 1993; Gabel/Palmer 1995; Anderson/Reichert 1995; Gabel 1998). Eine Vielzahl von empirischen Studien kann zeigen, dass die instrumentelle Orientierung sich in der Tat als die stärkste und die vergleichsweise robusteste Determinante der Einstellungen zur europäischen Integration erweist. Inzwischen gibt es aber auch Studien, die belegen, dass die Unterstützung der EU nicht ausschließlich nutzenbasiert ist, sondern dass auch Wertorientierungen wie demokratische Werte (Rohrschneider 2002; Fuchs in diesem Band) und religiöse Orientierungen (Nelson/Guth/Frazier 2001) eine Rolle spielen. Daneben haben Arbeiten von Inglehart (1970) auf die sozialstrukturelle Differenzierung und kognitive Mobilisierung als Determinanten der Unterstützung der europäischen Integration verwiesen, andere auf intergenerationale und schichtenspezifische Diffusionsprozesse (Weßels 1995a).

Forschungen zur *europäischen Identität* widmen sich vor allem der Frage, in welchem Ausmaß eine solche bereits vorliegt und welche Ansatzpunkte es für ihre Herausbildung gibt. Das umfasst auch Analysen des Verhältnisses zwischen nationaler und europäischer Identität und die Ermittlung der substanziellen, vor allem wertebezogenen Basis der europäischen Identität (Duchesne/Frognier 1995; Scheuer 1999; Fuchs 2000). Im Unterschied zur Unterstützung der europäischen Integration fallen die positiven Urteile zur subjektiven Identifikation als Europäer deutlich niedriger aus. Auch diese Urteile sind nicht stabil und weisen deutliche Fluktuationen auf. Ein positiver Trend – und das heißt, eine Zunahme einer europäischen Identität – ist nicht identifizierbar. Zudem hat sich gezeigt, dass die Verbundenheit mit Europa nicht mit zunehmender Dauer der Mitgliedschaft in der Europäischen Gemeinschaft ansteigt. Von der Herausbildung einer europäischen Identität kann also (noch) nicht gesprochen werden. Allerdings gibt es zwischen den nationalen Identitäten und dem Bewusstsein, Europäer zu sein, auch keine sich ausschließenden, sondern eher überlappende Beziehungen. Zudem weisen die Bürger der EU nach den bisherigen Befunden gemeinsame politische, und zwar demokratische Grundorientierungen auf. Damit existiert eine potenzielle Grundlage für die Herausbildung einer politischen Gemeinschaft (anders Westle in diesem Band).

In Anbetracht der Tatsache, dass es sich bei der europäischen Integration um ein Projekt handelt, das in erster Linie von den politischen Eliten vorangetrieben wird, stellt sich die Frage nach der *politischen Repräsentation* mit besonderer Dringlichkeit. Untersucht werden zum einen das Ausmaß der Übereinstimmung zwischen politischen Eliten und Bürgern (oder die Effektivität der politischen Repräsentation) und zum anderen das Funktionieren dieser Repräsentation (Katz/Weßels 1999; Schmitt/Thomassen 1999; Faas in diesem Band; Weßels in diesem Band). Erste Studien kamen zu dem Ergebnis, dass die politischen Eliten für eine Unterstützung der europäischen Integration erfolgreich mobilisieren (Weßels 1995b). Neuere Studie zeigen, dass es auch den umgekehrten Prozess des „representation from below" gibt (Schmitt/Thomassen 2000). Allerdings ist noch nicht geklärt, warum und wann solche umgekehrten Prozesse der Meinungsbildung zur europäischen Integration zustande kommen.

Neben diesen drei Themen zeichnet sich in der Forschung inzwischen ein neuer, vierter Themenbereich ab, der seinen Ausgangspunkt in der Erweiterung der Europäischen Union nimmt. Im Jahr 2004 werden zehn mittel- und osteuropäische Länder sowie Zypern und Malta der EU beitreten. Im Zuge dieser Erweiterung stellt sich die Frage nach der Unterstützung der europäischen Integration bei den Bürgern dieser neuen Mitgliedsländer. Besonderes Interesse gilt dabei den förderlichen und hinderlichen Faktoren dieser Einstellung (Tucker/Pacek/Berinsky 2002; Kaina/Deutsch/Karolewski in diesem Band; Pickel in diesem Band). Die Erweiterung wirft aber auch die grundsätzlichere Frage nach den kulturellen Unterschieden zwischen den Mitglieds- und den Beitrittsländern auf. Denn die mittel- und osteuropäischen Beitrittsländer stehen in anderen politischen Traditionen und die Bürger dieser Länder sind in kommunistischen Systemen sozialisiert worden. Erste empirische Studien zeigen deutliche kulturelle Differenzen zwischen den Mitgliedsländern und diesen Beitrittskandidaten (Fuchs/Klingemann 2002; Gerhards/Hölscher 2003). Diese dürften den Prozess der Integration dieser Länder in die EU erschweren.

3. Wahlen zum Europäischen Parlament

Demokratie verdient ihren Namen nicht, wenn sie sich nicht als Selbstregierung der Bürger versteht. In repräsentativen Demokratien findet diese Mitgestaltung der politischen Entscheidungen meistens auf indirekte Weise statt, wobei die Bürger Politiker oder Parteien wählen, die letztendlich die politischen Entscheidungen treffen. Mittels Wahlen beteiligen sich die Bürger also an der Gestaltung der Politik und an der Kontrolle der Regierenden. Die Wahlbeteiligung steht im Prinzip allen Bürgern offen, und der Gang zur Wahlurne ist die einzige Form politischer Partizipation, welche von großen Teilen der Bevölkerung genutzt wird. Obwohl in repräsentativen Demokratien die Einflussmöglichkeiten meistens auf die Auswahl einer begrenzten Zahl von Angehörigen bestimmter politischer Parteien oder Organisationen beschränkt sind, gelten freie, geheime und allgemeine Wahlen als der Kern des demokratischen Prozesses. In allen politischen Systemen bilden Wahlen somit die wichtigste Legitimation politischer Herrschaft.

In der Anfangsphase des europäischen Integrationsprozesses und während des Auf- und Ausbaus der europäischen Institutionen wie der Europäischen Kommission, dem Rat der Europäischen Union und des Europäischen Parlaments, fand demokratische Mitgestaltung kaum in dieser Weise statt. Die Bürger beteiligten sich ausschließlich an Wahlen in ihren eigenen Ländern, und Vertreter dieser Länder beteiligten sich dann an Entscheidungsprozessen auf der europäischen Ebene. Erst der Akt zur Einführung allgemeiner unmittelbarer Wahlen 1976 legt fest, dass die Mitglieder des Europäischen Parlaments von den Bürgern Europas direkt zu wählen sind. Seit Juni 1979 finden diese Wahlen alle fünf Jahre statt, wobei in den verschiedenen Mitgliedsstaaten unterschiedliche – nationale – Wahlsysteme eingesetzt werden (Woyke 1994: 188f.) und die größeren Staaten mehr Abgeordnete stellen als die kleineren. Da die Proportionalität zu den Einwohnerzahlen nicht durchgehalten wird, haben die Stimmen der Bürger in verschiedenen Staaten nicht dasselbe Gewicht. Bei den Wahlen zum Europäischen Parlament 1999 wählten beispielsweise 31000 Luxemburger einen Abgeordneten, während in Italien mehr als 401000 Stimmen pro Angeordneten erforderlich waren. Diese Unterschiede werden natürlich auch von der unterschiedlichen Wahlbeteiligung in den Mitgliedsstaaten beeinflusst. Aber selbst wenn sich alle Bürger in Europa an den Wahlen für das Europäische Parlament beteiligen, würden die insgesamt 626 Abgeordneten eine unterschiedliche Anzahl von Wählern vertreten. In diesem Fall wären 1999 in Luxemburg etwa 36000 Stimmen für einen Sitz erforderlich, in Deutschland allerdings fast 614000.

Trotz der klaren Differenzen in Wahlsystemen und Abgeordnetenzahlen erfüllen die Wahlen zum Europäischen Parlament im Prinzip seit 1979 die Bedingungen demokratischer Mitgestaltung der Politik der Union. Insbesondere nach dem Inkrafttreten des Maastrichter Vertrages (1993) sind die Einflussmöglichkeiten des Europäischen Parlaments erheblich gestärkt und erweitert worden (Europäisches Parlament 1994; Schmuck 1994; Wessels 1999). Das Europäische Parlament verfügt somit über die regulären Politikmitgestaltungsfunktionen – Initiativrecht, Entscheidungsbefugnisse, Kontrolle der Regierenden – welche jedem Parlament zur Verfügung stehen. Die Erweiterung der Befugnisse hat die Position des Europäischen Parlaments durchaus verbessert, allerdings hat die Direktwahl der Mitglieder des Parlaments nur wenig zur Legitimation politischer Herrschaft in Europa beigetragen.

Die Gründe für diese aus demokratischer Sicht unbefriedigende Situation hängen direkt mit dem institutionellen Charakter der EU als einem komplizierten Mehrebenensystem zusammen. Kommission, Rat und nationale Parlamente sind nur teilweise den Entscheidungen des Europäischen Parlaments untergeordnet, und ein europäisches „Staatsvolk" existiert nicht. Außerdem ist die Entwicklung einer „europäischen Identität" fragwürdig: „There is no autonomous European defence policy which would allow a European identity based on the principle of self-defence. Neither will the European Parliament become a general and comprehensive democratic parliamentary representative of the Europeans because the central functions of the state provision of services and conflict mediation remain with the national parliaments. To this extent the European Parliament is also only a segmentary representation of the European peoples, not the central representation of the European people" (Lepsius 2001: 215).

Trotz dem eher „blassen Profil" und der klaren Mängel einer „europäischen Identität" beteiligt sich die Mehrheit der europäischen Bürger an den Wahlen zum Europäischen Parlament. Bei den ersten Direktwahlen 1979 lag die Wahlbeteiligung bei etwas mehr als 61 Prozent. Hinter dieser Zahl verbergen sich allerdings erhebliche Unterschiede zwischen den Ländern, welche die verschiedenen Wahlsysteme, politische Kulturen und die Sichtbarkeit (salience) des europäischen Integrationsprozesses widerspiegeln. Während in Belgien, Griechenland, Italien und Luxemburg am Anfang mehr als 80 Prozent der Bürger eine Stimme für das Europäische Parlament abgaben, liegt diese Zahl in den anderen Mitgliedsstaaten etwa 20 bis 30 Prozent niedriger. Insbesondere im Vereinigten Königreich ging im Juni 1979 nur ein Drittel der Wähler zur Wahlurne.

Die Wahlbeteiligung der fünf Direktwahlen zum Europäischen Parlament seit 1979 kann der Tabelle 1 im Beitrag von Hermann Schmitt und Cees van der Eijk (in diesem Band) entnommen werden. Zunächst ist klar, dass das Interesse an europäischen Wahlen insgesamt zurückgeht, wobei sich dieser Rückgang erst bei den Wahlen 1999 deutlich durchsetzt. Mit knapp 50 Prozent Wahlbeteiligung scheint eine „demokratische Schmerzgrenze" erreicht zu sein, welche die Legitimationsfunktion des Parlaments ernsthaft in Frage stellt. Dieser trendmäßige Rückgang der Wahlbeteiligung ist in fast allen Ländern in den 90er Jahren wahrnehmbar. Nur einer von vier Bürgern des Vereinigten Königreichs beteiligte sich 1999 an den Wahlen zum Europäischen Parlament, und in Ländern wie Finnland und den Niederlanden sehen diese Zahlen kaum besser aus. Nach einer Stabilisierung der Wahlbeteiligung in den ersten vier Wahlen in fast allen Mitgliedsstaaten zeichnet sich bei den letzten Wahlen ein erheblicher und in fast allen Ländern auch ein eindeutig feststellbarer Rückgang des Interesses der Bürger an der Mitgestaltung der europäischen Politik ab.

Der Rückgang der Wahlbeteiligung für das Europäische Parlament in den 90er Jahren kann nicht ohne weiteres als ein Indikator mangelhaften Interesses an europäischen Fragen betrachtet werden. Auch bei den nationalen Parlamentswahlen ist in derselben Periode ein Rückgang der Beteiligung in fast allen demokratischen Staaten der Welt zu beobachten (Dalton 2002: 37; Norris 2002: 44f.).

Während die Beteiligung an den Wahlen zum Europäischen Parlament Gegenstand zahlreicher Untersuchungen ist, gibt es vergleichsweise wenige Analysen zu den Gründen für die Wahlentscheidung zugunsten der einen oder anderen Partei. Diese Analysen stehen zudem vor dem Problem, dass das bei nationalen Parlamentswahlen gebräuchliche sozialpsychologische Modell zur Erklärung der Wahlentscheidung – mit seiner Trias aus Parteiidentifikation, Themen- und Kandidatenorientierungen – zu keinen befriedigenden Ergebnissen führt: Eine langfristige psychologische Bindung an die europäischen Parteien, die sich über die Sozialisation und die Wahlerfahrung herausbildet, ist schon aufgrund der relativ kurzen Dauer der Existenz von Direktwahlen zum Europäischen Parlament nicht zu erwarten. Die Parteiidentifikation, die bei Wahlen zu nationalen Parlamenten nach wie vor das

tragende Grundgerüst des Wählerverhaltens darstellt, kann also bei Europawahlen allenfalls aus dem nationalen Kontext „entliehen" werden; um eine
originär europäische Orientierung handelt es sich dabei nicht (Küchler 1994:
135). Auch die Einstellungen gegenüber den Kandidaten der Parteien haben
bei Europawahlen kein besonderes Gewicht (Schmitt 1994: 167f.). Die Personen, die von den Parteien für die Wahlen zum Europäischen Parlament auf-
gestellt werden, sind den Wählern in der Regel noch weniger bekannt als die
Wahlkreiskandidaten bei Wahlen zum nationalen Parlament. Die Themenori-
entierungen kommen noch am wahrscheinlichsten als Bestimmungsfaktoren
der Wahlentscheidung in Betracht (Schmitt 1994; Küchler 1994). Allerdings
zeigen Untersuchungen, dass Einstellungen gegenüber europabezogenen
Policies für die Stimmabgabe der Wähler nicht so wichtig sind wie bei der
Wahl nationaler Parlamente. Schmitt (1994: 167ff.) weist zur Erklärung u.a.
darauf hin, dass im Europaparlament Issue-Konflikte zwischen den Parteien
seltener auftreten als in nationalen Parlamenten. Auch politisieren die Wahlkämpfe seltener – es handelt sich um „low key campaigns" (Cayrol 1991).
    Die Stimmabgabe bei Europawahlen reflektiert also in den seltensten
Fällen Einstellungen der Wähler zu europäischen Akteuren oder europäischen Themen. Sie stellen in der Regel auch keine Bewertung der Arbeit des
Europäischen Parlaments dar (Smith 1995). Statt aus europapolitischen Quellen speist sie sich aus Einstellungen zur nationalen Politik. Sie ähnelt darin
anderen so genannten Second-Order-Elections (Reif/Schmitt 1980). In
Deutschland ist der Transfer von bundespolitischen Motiven auf die Stimmabgabe bei Europawahlen sogar noch größer als der Motivtransfer von der
Bundes- auf die Landesebene bei Landtagswahlen (vgl. den Beitrag von Klos
in diesem Band). Dementsprechend lässt sich aus dem Wahlergebnis bei Europawahlen kein Mandat für eine bestimmte europäische Politik ableiten (van
der Eijk/Franklin 1994). Schulz und Blumler (1994: 219) betrachten deshalb
Europawahlen eher als „Kommunikationsereignisse" und als „Manifestatio-
nen symbolischer Politik".
    Sowohl die Wahlbeteiligung als auch die Stimmabgabe selbst sagen also
relativ wenig über die Zustimmung zur Europäischen Union oder über ihre
Ablehnung durch die Bürger Europas aus. Sie spiegeln eher die relativ geringe Bedeutung wider, die die Bürger der europäischen Politik und ihren Akteuren zumisst (u.a. Roth 1994). So überrascht die relativ niedrige Wahlbeteiligung kaum; sie ist gemäß des Second-Order-Election-Modells zu erwarten
(Marsh/Franklin 1999: 13; vgl. die Beiträge von Wagner sowie von Schmitt
und van der Eijk in diesem Band). Und genau weil das Europäische Parlament in nationalen Wahlen gemäß nationaler Regeln gewählt wird, brauchen
die Bürger Zeit, um Erfahrung mit dieser Institution zu sammeln. Studien zur
Entwicklung der europäischen Demokratie sollten sich deswegen nicht auf
das Verhalten der Wähler bei den Wahlen zum Europäischen Parlament beschränken. Nur wenn sowohl die Ergebnisse nationaler Wahlstudien als auch

der spezifische Charakter der Europawahlen ins Auge gefasst werden, kommt man zu einem sachgerechten Urteil.

4. Beiträge

Die in dem vorliegenden Band versammelten Beiträge knüpfen an diesen Forschungsstand an. Die ersten Fassungen dieser Beiträge wurden auf der Tagung des Arbeitskreises „Wahlen und politische Einstellungen" der Deutschen Vereinigung für Politische Wissenschaft (DVPW) im Juni 2002 an der Universität Augsburg präsentiert. Der Band umfasst fünf Teile: Einstellungen zur Europäischen Union und zum europäischen Integrationsprozess (I), Osterweiterung der Europäischen Union (II), Einstellungen zum Euro (III), Parteien und Wahlen (IV) sowie Politische Elite und Europa (V).

Der Wandel von der ökonomischen zur ökonomisch-politischen Union stellt den Ausgangspunkt des ersten Teils über die allgemeinen *Einstellungen zur Europäischen Union und zum europäischen Integrationsprozess* dar. In diesem Zusammenhang findet sich in der Literatur häufig die Behauptung, das Demokratiedefizit der EU lasse zugleich ein Legitimationsproblem erwarten. Dieter Fuchs geht dieser Frage nach, indem er die Entwicklung der Unterstützung der Europäischen Union untersucht und danach fragt, ob diese Unterstützung von der Einschätzung der demokratischen Performanz der EU – und damit vom wahrgenommenen Demokratiedefizit – abhängt. Zunächst wird ein Erklärungsmodell der Unterstützung der gegenwärtigen EU und der Präferenz für eine künftige europäische Demokratie entwickelt. Die darauf aufbauende empirische Untersuchung basiert auf Daten aus den Eurobarometer-Umfragen von 1985 bis 2001. Demnach lässt sich nach Maastricht in der Bevölkerung keine abnehmende Unterstützung der EU feststellen. Das Ausmaß der Unterstützung hängt weniger von der Einschätzung der demokratischen Performanz ab, sondern in erster Linie von der Einschätzung der systemischen Performanz, vor allem von den ökonomischen Leistungen. Leistung, nicht Demokratie, steht also im Mittelpunkt der Bevölkerungspräferenzen. Eine weitere Demokratisierung der EU wird daher nicht auf Druck der Bevölkerung zustande kommen, sondern muss von den politischen Eliten in Europa vorangetrieben werden.

Mit der vermeintlichen Legitimationskrise der EU beschäftigt sich auch Lars H. Schmitt. Er untersucht das Ausmaß und die Determinanten des Vertrauens der Menschen in zentrale europäische Institutionen, besonders in das Europäische Parlament. Dabei greift er auf Eurobarometer-Daten von 1995 bis 2002 zurück. In Großbritannien findet sich generell das geringste Vertrauen in europäische Institutionen. In Ländern, die überdurchschnittlich stark von der EU profitieren, ist das Vertrauen hingegen am größten. An der Spitze der Vertrauenshierarchie stehen das Europäische Parlament und der Europäische Gerichtshof. Dem weitgehend unbekannten Europäischen Ombudsmann wird hingegen nur ein geringes Vertrauen entgegengebracht. Auf der Individualebene wird dem Europäischen Parlament umso mehr vertraut, je positiver ein Befragter das Funktionieren der europäischen Demokratie einschätzt und je stärker er sich als Europäer empfindet. Als legitimationsfördernde Maßnahmen werden verstärkte Informationsanstrengungen von Seiten der EU sowie eine größere Transparenz europäischer Entscheidungsprozesse vorgeschlagen.

Die EU selbst sieht in einer Stärkung der Regionen einen anderen Ausweg aus der Legitimationskrise. Welche Bedeutung Regionen, insbesondere Grenzregionen, für die Herausbildung integrationsfreundlicher Einstellungen in der Bevölkerung haben, untersuchen Siegmar Schmidt, Jens Tenscher und Andrea Weber am Beispiel der Südpfalz. Sie präsentieren Befunde einer im Jahr 2001 durchgeführten repräsentativen Bevölkerungsumfrage und vergleichen diese mit Ergebnissen aus einer fast zeitgleich durchgeführten Eurobarometer-Befragung. Demzufolge ist das Ausmaß an europäischer Identität in der Südpfalz relativ groß: Immerhin ein Drittel der Befragten fühlt sich als „Europäer". Doch dieser vergleichsweise großen affektiven Europa-Bindung steht eine deutliche Zurückhaltung bei konkreten Integrationsschritten gegenüber (Euro, Osterweiterung, gemeinsame Regierung etc.). Die Zustimmung zu diesen Schritten steigt mit zunehmender formaler Bildung, zunehmendem Interesse an der EU und umfangreicher Mediennutzung. Regionale Kontextfaktoren spielen hier hingegen kaum eine Rolle. So warnen die Autoren denn auch vor überzogenen Erwartungen an die Regionen als „Motor" europäischer Integration.

Nicht institutionelle, sondern kulturelle Grundlagen einer weiteren politischen Vergemeinschaftung Europas stehen im Mittelpunkt des Beitrags von Bettina Westle. Sie fragt danach, ob sich bereits eine kollektive europäische Identität unter den Bewohnern Europas erkennen lässt, woraus diese gegebenenfalls besteht und wie sie sich auf das Außenverhältnis zu anderen Ländern und Regionen auswirkt. Fördert eine europäische Identität die Abgrenzung nach außen („Festung Europa") oder handelt es sich um eine postnationaluniversalistische Identität? Diesen Fragen wird anhand zahlreicher Eurobarometer-Umfragen zwischen 1976 und 2000 nachgegangen. Dabei zeigt sich zum einen, dass regionale, nationale und europäische Identitäten häufig auf die eine oder andere Art und Weise miteinander verknüpft sind. Zahlreiche Personen fühlen sich als Deutsche, Spanier oder Franzosen *und* als Europäer. Im Zweifelsfall überwiegt dann aber meist die nationale Identität, während das Gefühl, Europäer zu sein, zwar vorhanden, aber nicht zentral ist. Eine europäische Identität wird begünstigt durch eine über die verschiedenen Länder hinweg relativ einheitliche Befürwortung der demokratischen Staatsform sowie ähnliche politische Grundorientierungen. Sie könnten zugleich die Basis für eine demokratische europäische Gemeinschaft abgeben. Allerdings hat die weitere politische Integration auch Hürden zu nehmen: Beispielsweise stagniert die Entwicklung des länderübergeifenden gegenseitigen Vertrauens, es werden nach wie vor kulturelle Unterschiede wahrgenommen und es bestehen Ängste vor Verlust kultureller Eigenheiten. Allerdings werden innerhalb Europas von den Menschen geringere kulturelle Grenzen wahrgenommen als gegenüber Ländern außerhalb Europas. Am offensten zeigt sich jene Personengruppe, die nationale und europäische Identität miteinander verbindet, während Personen mit einer ausschließlich nationalen oder ausschließlich europäischen Identität stärker zur Abgrenzung nach außen neigen. Jedenfalls sollten kollektive Selbstbilder bei den weiteren Integrationsbemühungen stärker beachtet werden.

Der zweite Teil des Bandes beschäftigt sich mit der bevorstehenden *Osterweiterung der Europäischen Union* aus der Sicht der Bevölkerung der Beitrittskandidaten. Gert Pickel geht in seiner vergleichenden Studie der Frage nach, wovon die Befürwortung der Integration in den osteuropäischen Ländern selbst abhängt: von der Unterstützung der Demokratie, von politischen Wertorientierungen oder von ökonomischen Erwartungen. Untersucht wird die Integrationsbereitschaft auf der Basis der Central and Eastern Eurobarometer, vor allem aber mit Daten der im Herbst 2000 durchgeführten Erhebung „Political Culture in Central and Eastern Europe". Die Gegner des EU-Beitritts hängen nach wie vor an der Idee des Sozialismus. Sie überlagert sogar den Wunsch nach einer Veränderung der ökonomischen Situation im eigenen Land. Die Befürwortung der Integration des eigenen Landes in die Europäische Union ist vor allem bei jenen besonders groß, die demokratische Prinzipien und die demokratische Ordnung positiv beurteilen. Diese politischen Prinzipien werden zudem als Voraussetzung für den wirtschaftlichen Erfolg des eigenen Landes angesehen. Mit der positiven Haltung gegenüber der europäischen Integration wird jedoch keine bedingungslose Anpassung an die westeuropäischen Ländern verbunden. Es wird zwar ein schneller Beitritt gefordert, dieser solle jedoch „erhobenen Hauptes" erfolgen. Wie in den westeuropäischen Ländern überwiegt auch in Osteuropa nach wie vor eine nationale Identität, die jedoch in relativ großen Teilen der Bevölkerung bereits jetzt um eine europäische Identität ergänzt wird.

Mit den Einstellungen der Bevölkerung in einem der wichtigsten Beitrittsländer – nämlich in Polen – beschäftigt sich der Beitrag von Viktoria Kaina, Franziska Deutsch und Ireneusz Pawel Karolewski. Sie untersuchen ebenfalls den Zusammenhang zwischen demokratischen Überzeugungen und der Akzeptanz der EU-Mitgliedschaft in der polnischen Bevölkerung. Dabei greifen sie auf eine repräsentative Bevölkerungsumfrage aus dem Frühsommer 2001 zurück. Über die letzten zehn Jahre hinweg betrachtet weicht die anfängliche Europa-Euphorie der Polen einer zunehmenden Skepsis. Dabei messen die Autoren der wirtschaftlichen Entwicklung des Landes eine herausragende Bedeutung für die Stabilisierung demokratischer Orientierungen und für die Akzeptanz der EU bei. Im Jahr 2001 können etwa 40 Prozent der befragten Polen als überzeugte Demokraten angesehen werden. Sie sind zugleich mit dem Funktionieren der Demokratie überdurchschnittlich zufrieden. Vor allem aber befürworten drei Viertel von ihnen den EU-Beitritt Polens. Lediglich sieben Prozent sind Nicht-Demokraten. Diese lehnen mehrheitlich den EU-Beitritt ab. Sozialistische Überzeugungen sind auch hier ein Hemmschuh für die Integration in die westeuropäische Staatengemeinschaft.

Im dritten Teil des Bandes werden *Einstellungen zum Euro* untersucht. Jürgen Maier, Frank Brettschneider und Michaela Maier fragen, wie sich in Deutschland die öffentliche Meinung zur gemeinsamen europäischen Währung entwickelt hat und worauf sich diese Entwicklung zurückführen lässt. Zu diesem Zweck verknüpfen sie Umfragedaten mit Daten aus systematischen Inhaltsanalysen der Medienberichterstattung. Während die Befürwortung des Euro lange Zeit von seinem Außenwert gegenüber dem US-Dollar abhing, wurde die öffentliche Meinung vor allem im Jahr vor der Ausgabe des Euro-Bargeldes stark von der Medienberichterstattung über den Euro geprägt. Mit zunehmender Häufigkeit der positiven Darstellung des Euro in den Massenmedien stieg auch die Zahl der Euro-Befürworter unter den Deutschen. Allerdings versäumten es die Massenmedien, die Bedeutung der gemeinsamen Währung für das wirtschaftliche und politische Zusammenwachsen Europas zu verdeutlichen. Die auf der Aggregatebene gefundenen Medienwirkungen fallen auf der Individualebene deutlich schwächer aus. Hier hängt die Zustimmung zum Euro vor allem von den allgemeinen Einstellungen gegenüber der europäischen Integration ab und weniger vom Umfang der Mediennutzung.

Persönlichkeitseigenschaften als Determinanten der Einstellungen zum Euro in Deutschland stehen im Mittelpunkt des Beitrags von Siegfried Schumann. Auch hier wird auf zahlreiche repräsentative Bevölkerungsumfragen zurückgegriffen. Demnach gehen Nationalismus, Skepsis gegenüber der europäischen Einigung insgesamt und ein geringes politisches Interesse mit einer Ablehnung des Euro einher. Daneben erweist sich die Offenheit für Erfahrung als eine Persönlichkeitseigenschaft, die einen Einfluss auf die Bewertung des Euro ausübt. Sie tut dies in erster Linie vermittelt über den Nationalismus. Andere Persönlichkeitseigenschaften – wie Gewissenhaftigkeit, Verträglichkeit, Extraversion und Neurotizismus – spielen hingegen keine oder nur eine vergleichsweise geringe Rolle.

Nachdem in den ersten drei Teilen des Bandes vor allem Einstellungen der Bürger mit Bezug zur europäischen Integration untersucht werden, geht es in den letzten beiden Teilen um Wählerverhalten und um Parteien und Parlamentarier im Kontext der europäischen Einigung.

Das *Wählerverhalten und seine Konsequenzen* stehen im Mittelpunkt von Teil 4 des Bandes. Oskar Niedermayer untersucht, ob und inwiefern sich das Thema „europäische Integration" auf die Zusammensetzung des deutschen Parteiensystems auswirkt. Anhand von Strukturdaten, mit denen er von 1949 bis 1998 die Entwicklung des deutschen Parteiensystems nachzeichnet, lässt sich eine solche Auswirkung nicht erkennen. Beispielsweise kommen dezidiert anti- oder pro-europäische Parteien bei Bundestagswahlen nicht über Bruchteile von Prozenten hinaus. Dies lässt sich zum einen mit der relativ geringen Relevanz des Europa-Themas für die Wähler erklären. Zum anderen existiert ein weitgehend parteiübergreifender, pro-europäischer Eliten-Konsens, der eine breite politische Polarisierung des Themas verhindert.

Herrmann Schmitt und Cees van der Eijk beschäftigen sich nicht mit nationalen, sondern mit Europawahlen. Für die Jahre 1989, 1994 und 1999 wird auf der Basis der Europawahlstudien im Rahmen der Eurobarometer-Umfragen nach den Motiven für Wahlenthaltung gesucht. Sie stellen fest, dass Wahlenthaltung nicht als Europakritik interpretiert werden kann. Europafeindliche Motive sind für Nichtwähler nicht ausschlaggebend. Ebenso relativ unbedeutend ist es, ob die Wähler die von den Parteien angebotene Europapolitik attraktiv finden oder nicht. Stattdessen entscheiden sozialstrukturelle Merkmale (Bildung, Alter etc.) und die generelle politische Anteilnahme der Menschen darüber, ob sie sich an der Europawahl beteiligen oder nicht. Wachsende Nichtwähler-Anteile sind also nicht auf eine politische Entfremdung von der Europäischen Union zurückzuführen, andererseits können die Europawahlen auf diese Art relativ wenig zur Legitimation des politischen Systems der Europäischen Union beitragen. Möglicherweise könnten eine größere – auch massenmediale – öffentliche Aufmerksamkeit für Europawahlen und ein Ausbau der Rechte des Europaparlaments zu einer höheren Wahlbeteiligung beitragen.

Mit Nichtwählern und ihren Motiven beschäftigt sich auch Sandra Wagner. Sie identifiziert mit Hilfe von Eurobarometer-Umfragen und einer repräsentativen Bevölkerungsumfrage zur Bundestagswahl 1998 verschiedene Typen von Nichtwählern und vergleicht deren Auftreten bei Europawahlen und bei Bundestagwahlen miteinander. Während bei Bundestagswahlen „Politikverdrossenheit" den wichtigsten Grund für die Wahlenthaltung darstellt, spielt Unzufriedenheit mit der europäischen Integration oder der Europäischen Union bei Europawahlen nur eine untergeordnete Rolle. Auch Protest gegen die nationale Politik spielt als Motiv für die Nichtwahl auf Europaebene kaum eine Rolle. Stattdessen führt bei Europawahlen vor allem Desinteresse an Politik im Allgemeinen und an europäischer Politik im Besonderen zur Wahlenthaltung. Dies gilt vor allem für die jungen Wähler. Eine höhere Beteiligung an Europawahlen könnte also erreicht werden, wenn es den Parteien und Massenmedien gelingt, den Wählern die gewachsene Bedeutung der europäischen Ebene für ihr alltägliches Leben zu verdeutlichen.

Einen Vergleich von Europawahlen mit anderen Wahlen legt auch Daniela Klos vor. Sie untersucht die Einflussfaktoren auf die Wahlentscheidung bei der Europawahl 1999 mit den Einflussfaktoren bei der hessischen Land-

tagswahl im selben Jahr. So kann auf Basis von repräsentativen Bevölkerungsumfragen (Eurobarometer, Landtagswahlstudie der Forschungsgruppe
Wahlen) der Frage nachgegangen werden, ob bei Second-Order-Elections
ähnliche Gründe für die Entscheidung vorliegen, welcher Partei die Bürger
ihre Stimme geben. Anders als für die Frage, ob man sich an einer Nebenwahl überhaupt beteiligt, sind für die Stimmabgabe zugunsten einer Partei
bundespolitische Erwägungen folgenreich. Sowohl bei der Landtags- als auch
bei der Bundestagswahl lässt sich ein solcher Motivtransfer von der Bundes-
auf die Nebenwahlebene feststellen. Er ist bei Europawahlen sogar stärker als
bei Landtagswahlen. Vor allem Personen mit geringer formaler Bildung treffen ihre Wahlentscheidung bei Landtags- oder Europawahlen auf der Basis
ihrer Beurteilung bundespolitischer Fragen.

Im fünften Teil des Bandes geht es vor allem um die europarelevanten
Einstellungen und Verhaltensweisen der *politischen Eliten*. Bernhard Weßels
vergleicht die durch Befragungen Mitte der 90er Jahre ermittelten politischen
Ordnungsvorstellungen von Mitgliedern nationaler Parlamente aus elf EU-
Staaten mit den Ordnungsvorstellungen von Mitgliedern des Europäischen
Parlaments. Diese Vorstellungen sind nicht zuletzt deshalb für die Zukunft
der Europäischen Union relevant, weil die weitere politische Integration –
wie im Beitrag von Dieter Fuchs dargelegt – in erster Linie von den politischen Eliten abhängen dürfte und weniger von den Bürgern. Allerdings kann
von einem Konsens der politischen Eliten in den EU-Staaten keine Rede sein.
Die Vorstellungen über die künftige politische Ordnung, die Kompetenzverteilung zwischen den Institutionen und die institutionellen Reformen unterscheiden sich von Land zu Land und auch von Parteifamilie zu Parteifamilie.
Insgesamt lassen sich vier Modelle erkennen: ein Modell des Intergovernmentalismus, ein Modell der Parlamentarisierung der EU, ein Modell eines
Mehrebenensystems und ein Modell einer Parlamenteordnung. Kein Modell
hat derzeit unter den Parlamentariern eine Mehrheit, und eine schnelle Einigung ist nicht in Sicht.

Die Einstellungen der Europaparlamentarier werden von Thorsten Faas
mit den Programmen ihrer Parteien und mit den Einstellungen ihrer Wähler
verglichen. Damit sollen die Kette politischer Repräsentation in Europa nach-
gezeichnet und Schwachstellen in dieser Kette identifiziert werden. Zu diesem Zweck werden drei Datensätze herangezogen: die Europawahlstudie
1999 des Eurobarometer für die Wählerpräferenzen, eine Inhaltsanalyse der
nationalen Parteiprogramme durch die Manifesto Research Group und eine
Analyse von 2582 namentlichen Abstimmungen der Europaparlamentarier
zwischen 1999 und 2002. Dabei stehen zum einen die Positionierungen der
Wähler, der Parteien und der Abgeordneten auf der Links-Rechts-Dimension
sowie zum anderen deren Positionierung auf der Anti-/Pro-Integrations-Di-
mension im Mittelpunkt. Auf der Links-Rechts-Dimension wird eine weitgehend intakte Repräsentationskette ermittelt. Die Wählerpräferenzen schlagen

sich in den Parteiprogrammen und im Verhalten der Abgeordneten nieder. Auf der Integrations-Dimension gibt es Repräsentationsdefizite. Beispielsweise hängt der Policy-Output auf dieser Dimension nicht mit den Wählerpositionen zusammen. Dies zeigt einmal mehr die Elitenzentriertheit der europäischen Integration. Man kann dies wohlwollend interpretieren und den Parlamentariern eine Meinungsführerrolle zubilligen, man kann dies aber auch als potenzielle Quelle für eine Entfremdung der Bürger von der europäischen Integration verstehen. So oder so – Analysen der öffentlichen Meinung und des europabezogenen Verhaltens der Bürger sind wichtig, um Potenziale und Hemmnisse für die Zukunft der europäischen Integration erkennen zu können.

Abschließend möchten wir als Herausgeber allen an der Publikation dieses Bandes beteiligten Personen für die Hilfe und Unterstützung ganz herzlich danken. Zunächst gilt unser Dank den Mitarbeiterinnen des Instituts für Kommunikationswissenschaft der Universität Augsburg, insbesondere Ursula Mayer für die Organisation und Ausrichtung der Tagung des Arbeitskreises „Wahlen und politische Einstellungen" der DVPW in Augsburg im Juni 2002. An der aufwändigen Überarbeitung dieses Bandes haben mit viel Kompetenz und Geduld auch Carolin Salvamoser und Simone Stark mitgewirkt. Außerdem danken wir der Gesellschaft der Freunde der Universität Augsburg, die uns bei der Durchführung der Tagung finanziell unterstützt hat.

Literatur

Anderson, Christopher J./Reichert, M. Shawn: Economic Benefits and Support for Membership in the EU: A Cross-National Analysis. In: Journal of Public Policy 15 (1995), S. 231-249.

Benz, Arthur: Ansatzpunkte für ein europafähiges Demokratiekonzept. In: Kohler-Koch, Beate (Hrsg.): Regieren in entgrenzten Räumen. Sonderheft der Politischen Vierteljahresschrift. Opladen: Westdeutscher Verlag, 1998, S. 345-368.

Cayrol, Roland: European Elections and the Pre-Electoral Period: Media Use and Campaign Evaluations. In: European Journal of Political Research 19 (1991), S. 17-29.

Cichowski, Rachel A.: Western Dreams, Eastern Realities. Support for the European Union in Central and Eastern Europe. In: Comparative Political Studies 33 (2000), S. 1243-1278.

Dalton, Russell J.: Citizen Politics. Public Opinion and Political Parties in Advanced Industrial Democracies. New York: Seven Bridges Press, 2002, 3. Auflage.

Deutsch, Karl W./Burell, Sidney Alexander/Kann, Robert A./Lee Jr., Maurice/Lichterman, Martin/Lindgren, Raymond E./Loewenheim, Francis L./van Wagenen, Richard W.: Political Community and the North Atlantic Area. Princeton: Princeton University Press, 1957.

Duchesne, Sophie/Frognier, André-Paul: Is There a European Identity? In: Niedermayer, Oskar/ Sinnott, Richard (Hrsg.): Public Opinion and Internationalized Governance. Oxford: Oxford University Press, 1995, S. 193-226.

Eichenberg, Richard C./Dalton, Russell J.: Europeans and the European Community: The Dynamics of Public Support for European Integration. In: International Organization 47 (1993), S. 507-534.

Europäisches Parlament: Das Europäische Parlament und die Tätigkeit der Europäischen Union – Kurzdarstellungen. Luxemburg: Amt für amtliche Veröffentlichungen der Europäischen Gemeinschaften, 1994.

Fuchs, Dieter: Demos und Nation in der Europäischen Union. In: Klingemann, Hans-Dieter/ Neidhardt, Friedhelm (Hrsg.): Zur Zukunft der Demokratie. Herausforderungen im Zeitalter der Globalisierung. Berlin: edition sigma, 2000, S. 215-236.

Fuchs, Dieter/Klingemann, Hans-Dieter: Eastward Enlargement of the European Union and the Identity of Europe. In: West European Politics 25 (2002), S. 19-54.

Gabel, Matthew: Public Support for European Integration: An Empirical Test of Five Theories. In: Journal of Politics 60 (1998), S. 333-354.

Gabel, Matthew/Palmer, Harvey D.: Understanding Variation in Public Support for European Integration. In: European Journal of Political Research 2 (1995), S. 3-19.

Gerhards, Jürgen/Hölscher, Michael: Familien- und Gleichberechtigungsvorstellungen in den Mitglieds- und Beitrittsländern der Europäischen Union im Vergleich. In: Zeitschrift für Soziologie 32 (2003), im Druck.

Grande, Edgar: Demokratische Legitimation und europäische Integration. In: Leviathan, 1996, S. 339-360.

Haas, Ernst. B.: The Uniting of Europe. Stanford, Calif.: Stanford University Press, 1958.

Habermas, Jürgen: Braucht Europa eine Verfassung? In: Jürgen Habermas: Zeit der Übergänge. Kleine Politische Schriften IX. Frankfurt a. M.: Suhrkamp, 2001, S. 104-129.

Herz, Dietmar: Die Europäische Union. München: C. H. Beck, 2002.

Inglehart, Ronald: Cognitive Mobilization and European Identity. In: Comparative Politics 3 (1970), S. 45-70.

Katz, Richard S./Weßels, Bernhard (Hrsg.): The European Parliament, the National Parliaments, and European Integration. Oxford: Oxford University Press, 1999.

Kielmansegg, Peter Graf: Integration und Demokratie. In: Jachtenfuchs, Markus/Kohler-Koch, Beate (Hrsg.): Europäische Integration. Opladen: Leske + Budrich, 1996, S. 47-71.

Küchler, Manfred: Problemlösungskompetenz der Parteien und Wahlverhalten bei den Wahlen zum Europäischen Parlament 1989. In: Niedermayer, Oskar/Schmitt, Hermann (Hrsg.): Wahlen und Europäische Einigung. Opladen: Westdeutscher Verlag, 1994, S. 135-159.

Lepsius, Rainer M.: Die Europäische Union. Ökonomisch-politische Integration und kulturelle Pluralität. In: Viehoff, Reinhold/Segers, Rien T. (Hrsg.): Kultur, Identität, Europa. Über die Schwierigkeiten und Möglichkeiten einer Konstruktion. Frankfurt a. M.: Suhrkamp, 1999, S. 201-222.

Lepsius, M. Rainer: The European Union. Economic and Political Integration and Cultural Plurality. In: Eder, Klaus/Giesen, Bernhard (Hrsg.): European Citizenship between National Legacies and Postnational Projects. Oxford: Oxford University Press, 2001, S. 205-221.

Lindberg, Leon N./Scheingold, Stuart A.: Europe's Would-Be Polity. Patterns of Change in the European Community. Englewood Cliffs, N.J.: Prentice-Hall, 1970.

Marsh, Michael/Franklin, Mark: The Foundations: Unanswered Questions from the Study of European Election, 1979-1994. In: van der Eijk, Cees/Franklin, Mark et al.: Choosing Europe? The European Electorate and National Politics in the Face of Union. Ann Arbor: University of Michigan Press, 1999, S. 11-32.

Nelson, Brent/Guth, James/Frazier, Cleveland: Does Religion Matter? Christianity and Public Support for the European Union. In: European Union Politics 2 (2001), S. 191-217.

Niedermayer, Oskar: Trends and Contrasts. In: Niedermayer, Oskar/Sinnott, Richard (Hrsg.): Public Opinion and Internationalized Governance. Oxford: Oxford University Press, 1995, S. 53-72.

Norris, Pippa: Democratic Phoenix. Reinventing Political Activism. Cambridge: Cambridge University Press, 2002.

Reif, Karlheinz/Schmitt, Hermann: Nine Second-Order National Elections. A Conceptual Framework for the Analysis of European Election Results. In: European Journal of Political Research 8 (1980), S. 3-44.

Rohrschneider, Robert: The Democracy Deficit and Mass Support for an EU-wide Government. In: American Journal of Political Science 46 (2002), S. 463-475.

Roth, Dieter: Die Europawahl 1989. In: Niedermayer, Oskar/Schmitt, Hermann (Hrsg.): Wahlen und Europäische Einigung. Opladen: Westdeutscher Verlag, 1994, S. 47-62.

Scharpf, Fritz W.: Demokratieprobleme in der europäischen Mehrebenenpolitik. In: Merkel, Wolfgang/Busch, Andreas (Hrsg.): Demokratie in Ost und West. Für Klaus von Beyme. Frankfurt a. M.: Suhrkamp, 1999, S. 673-694.

Scheuer, Angelika 1999: A Political Community? In: Schmitt, Hermann/Thomassen, Jacques (Hrsg.): Political Representation and Legitimacy in the European Union. Oxford: Oxford University Press, 1999, S. 25-46.

Schmitt, Hermann: Parteibindungen und Issuekompetenz der Parteien als Determinanten der Wahlentscheidung: Eine vergleichende Analyse von Wahlverhalten in zehn Ländern der EG. In: Niedermayer, Oskar/Schmitt, Hermann (Hrsg.): Wahlen und Europäische Einigung. Opladen: Westdeutscher Verlag, 1994, S. 161-196.

Schmitt, Hermann/Thomassen, Jacques (Hrsg.): Political Representation and Legitimacy in the European Union. Oxford: Oxford University Press, 1999.

Schmitt, Hermann/Thomassen, Jacques: Dynamic Representation. The Case of European Integration. In: European Union Politics 1 (2000), S. 318-338.

Schmuck, Otto: Das Europäische Parlament im Verflechtungssystem der Europäischen Gemeinschaft. In: Niedermayer, Oskar/Schmitt, Hermann (Hrsg.): Wahlen und Europäische Einigung. Opladen: Westdeutscher Verlag, 1994, S. 13-28.

Schulz, Winfried/Blumler, Jay G.: Die Bedeutung der Kampagnen für das Europa-Engagement der Bürger. Eine Mehr-Ebenen-Analyse. In: Niedermayer, Oskar/Schmitt, Hermann (Hrsg.): Wahlen und Europäische Einigung. Opladen: Westdeutscher Verlag, 1994, S. 199- 223.

Sinnott, Richard: Bringing Public Opinion Back In. In: Niedermayer, Oskar/Sinnott, Richard (Hrsg.): Public Opinion and Internationalized Governance. Oxford: Oxford University Press, 1995, S. 11-32.

Smith, Julie: The 1994 European Elections: Twelve into One Won't Go. In: Hayward, Jack (Hrsg.): The Crisis of Representation in Europe. London: Frank Cass, 1995, S. 199-217.

Tucker, Joshua A./Pacek, Alexander C./Berinsky, Adam J.: Transitional Winners and Losers: Attitudes Towards EU Membership in Post-Communist Countries. In: American Journal of Political Science 46 (2002), S. 55-571.

van der Eijk, Cees/Franklin, Mark: Europäische Integration und elektorale Repräsentation. In: Niedermayer, Oskar/Schmitt, Hermann (Hrsg.): Wahlen und Europäische Einigung. Opladen: Westdeutscher Verlag, 1994, S. 113-133.

Weiler, Joseph H.: Problems of Legitimacy in Post 1992 Europe. In: Außenwirtschaft 46 (1991), S. 411-437.

Weßels, Bernhard: Development of Support. Diffusion or Demographic Replacement? In: Niedermayer, Oskar/Sinnott, Richard (Hrsg.): Public Opinion and Internationalized Governance. Oxford: Oxford University Press, 1995a, S. 105-136.

Weßels, Bernhard: Evaluations of the EC: Elite or Mass-Driven? In: Niedermayer, Oskar/Sinnott, Richard (Hrsg.): Public Opinion and Internationalized Governance. Oxford: Oxford University Press, 1995b, S. 137-162.

Wessels, Wolfgang: Das politische System der Europäischen Union. In: Ismayr, Wolfgang unter Mitarbeit von Hermann Groß (Hrsg.), Die politischen Systeme Westeuropas. Opladen: Leske + Budrich, 1999, 2., aktualisierte Auflage, S. 713-745.

Woyke, Wichard: Stichwort: Wahlen. Bonn: Bundeszentrale für politische Bildung, 1994.

Zentralarchiv für empirische Sozialforschung der Universität zu Köln: The Eurobarometer Survey Series (http://www.gesis.org/en/data_service/eurobarometer/index.htm).

I. Einstellungen zur Europäischen Union und zum europäischen Integrationsprozess

Dieter Fuchs

Das Demokratiedefizit der Europäischen Union und die politische Integration Europas: Eine Analyse der Einstellungen der Bürger in Westeuropa

1. Problemstellung

Durch den Vertrag von Maastricht, der im Jahre 1993 in Kraft trat, wurde die Europäische Gemeinschaft (EG) zur Europäischen Union (EU). Dieser Übergang bedeutete einen Wendepunkt im Prozess der europäischen Integration. Spätestens seit diesem Vertrag findet eine Transformation von einem intergouvernementalen Regime mit primär ökonomischen Kompetenzen zu einem supranationalen Regime mit weiterreichenden Kompetenzen statt. Diese Transformation hat die Legitimationsgrundlage des europäischen Regimes gravierend verändert (Beetham/Lord 1998; Thomassen/Schmitt 1999).

Die EG war weitgehend ein intergouvernementales Regime und ihre Legitimation war demgemäß eine indirekte, d.h. sie beruhte auf ihren Mitgliedsländern. Alle wesentlichen Interessen der Bürger im Hinblick auf die ökonomische Funktion der EG wurden durch nationalstaatliche Institutionen und Verfahren gebildet und repräsentiert (Lepsius 1999) und die Bürger vertrauten darauf, dass diese Interessen auf der Ebene des europäischen Regierens durch die eigenen Regierungen wirkungsvoll vertreten wurden. Die darauf gründende Unterstützung der Europäischen Gemeinschaft wurde häufig als ein „permissive consensus" (Lindberg/Sheingold 1970) bezeichnet.

Mit der EU wurde aber eine ökonomisch-politische Ordnung implementiert, deren Kompetenzen auch verteilungsrelevante Interessenkonflikte zwischen und innerhalb von Nationalstaaten berühren, die unmittelbare Auswirkungen auf die Lebensbedingungen der Bürger haben. Das führte unter anderem dazu, dass die EU politisiert wurde und seitdem neben ökonomischen auch mit sozialstaatlichen und demokratischen Werten konfrontiert wird (Lepsius 1999). Durch die Anwendung demokratischer Werte als ein Beurteilungsstandard auf die EU wird das auch schon vorher bestehende Demokratiedefizit des europäischen Regimes sichtbar und überhaupt erst bedeutsam. Nach einer verbreiteten Auffassung erzeugt dieses wahrgenommene *Demokratiedefizit* ein *Legitimationsproblem* der EU (Kielmansegg 1996; Blondel/

Sinnott/Svensson 1998; Beetham/Lord 1998; Katz/Weßels 1999; Scharpf 1999; Thomassen/Schmitt 1999).

Diese Diagnose besitzt eine unmittelbare Relevanz für die Diskussion der Reform der EU. Wenn tatsächlich ein gravierendes Legitimationsproblem der EU besteht, das auf das Demokratiedefizit zurückgeht, dann scheint eine bestimmte Reformoption nahe zu liegen: die Institutionalisierung einer vollständigen europäischen Demokratie. An dieser Stelle soll die Diskussion darüber ausklammert werden, inwieweit die EU überhaupt demokratiefähig ist (dazu: Kielmansegg 1996; Offe 1998; Scharpf 1999; Fuchs 2000). In der folgenden Analyse steht die Diagnose selbst im Vordergrund und es wird versucht, die in ihr enthaltenen Annahmen empirisch zu überprüfen:

1. Nimmt die Unterstützung der EU nach Maastricht ab?
2. Haben demokratische Bewertungsstandards einen maßgeblichen Einfluss auf die Unterstützung der EU?
3. Führt die Anwendung demokratischer Bewertungsstandards zu einer Präferenz für eine europäische Demokratie?

Der Einfluss demokratischer Bewertungsstandards kann nur dann angemessen ermittelt werden, wenn er um die wichtigsten anderen Erklärungsfaktoren kontrolliert wird. Zu diesem Zweck wird ein Erklärungsmodell der Unterstützung der gegenwärtigen EU und der Präferenz für eine europäische Demokratie vorgeschlagen und getestet.

Unsere Analyse ist folgendermaßen aufgebaut. Sie beginnt mit einem theoretischen Teil. In diesem wird zunächst ein allgemeines Modell der Unterstützung eines politischen Regimes dargestellt. Unter Berücksichtigung der Besonderheit der EU als Einstellungsobjekt und der Verfügbarkeit von Indikatoren wird dieses allgemeine Modell dann für die EU spezifiziert. Danach folgt die empirische Analyse, die wiederum aus drei Teilen besteht: Im ersten Teil erfolgt eine Deskription der Unterstützung der EU von 1985 bis 2001, im zweiten Teil wird eine dimensionale Analyse der Einstellungen zur EU mittels einer Faktorenanalyse durchgeführt, und der dritte Teil besteht aus der Schätzung des Analysemodells. Abschließend diskutieren wir die Frage, welche Schlussfolgerungen sich aus den empirischen Befunden für die Legitimation und die Integration der EU ziehen lassen.

2. Theoretischer Bezugsrahmen

2.1 Ein allgemeines Modell der Unterstützung eines politischen Regimes

Mit dem Vertrag von Maastricht haben die Mitgliedsländer einen beträchtlichen Teil ihrer Kompetenzen auf die EU übertragen. Die EU kann seitdem als ein institutionelles Gefüge charakterisiert werden, das befugt ist, in einem

weiten Spektrum der Politik Entscheidungen zu treffen, die eine direkte Verbindlichkeit auch für die Mitgliedsländer haben. Sie erfüllt demgemäß die
wichtigsten Merkmale eines politischen Regimes. Zur Analyse der Einstellungen der Bürger zur EU kann deshalb das Konzept der Unterstützung eines
politischen Regimes herangezogen werden. Die grundlegenden Überlegungen dazu gehen bekanntlich auf David Easton (1965, 1975) zurück. Dieses
Konzept ist inzwischen in das Paradigma der politischen Kultur integriert
worden (Almond 1980, 1990; Fuchs 2002).

Abbildung 1: Allgemeines Modell der Unterstützung eines politischen
Regimes

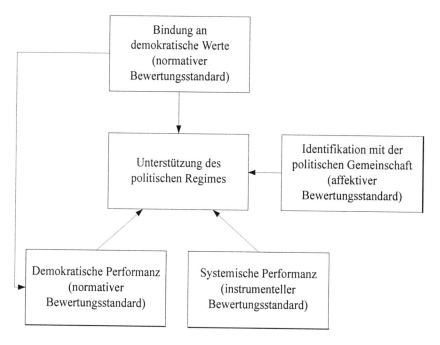

In Abbildung 1 ist ein allgemeines Modell der Unterstützung eines politischen Regimes dargestellt. Es enthält die wichtigsten Determinanten, die in
der Forschung über politische Unterstützung identifiziert werden konnten,
und ordnet sie nach einem hierarchischen Modell des demokratischen Systems (Fuchs 1999). Die hierarchisch höchste Ebene ist die Systemkultur, die
aus den Bindungen der Bürger an demokratische Werte konstituiert wird.
Diese demokratischen Werte stellen normative oder moralische Bewertungsstandards dar, mit denen das politische Regime konfrontiert wird. In dem

Maße, in dem die Bürger glauben, dass das Regime den von ihnen präferierten Werten entspricht, in dem Maße unterstützen sie dieses. Diese Unterstützungsform wird von Easton (1975) als *Legitimität* bezeichnet. Im Unterschied zu Easton wird dieser subjektive Glaube einer Kongruenz zwischen
den eigenen Werteprioritäten und dem politischen Regime nicht zu einer bestimmten Einstellungsform verschmolzen, sondern als eine kausale Relation
begriffen.

Die hierarchisch unterste Ebene wird als die Prozessebene bezeichnet
und sie bezieht sich auf die Wirklichkeit der Demokratie eines Landes. Die
demokratische Wirklichkeit wird vor allem durch die Handlungen der politischen Entscheidungsträger und den Ergebnissen dieser Handlungen konstituiert. Die Entscheidungsträger werden von den Bürgern in dem Maße unterstützt, in dem sie mit deren Outputs zufrieden sind. Die Unterstützungsbasis
ist also die Performanz – also die bewerteten Ergebnisse des Handelns von
Entscheidungsträgern (Roller 2001). Einstellungen zu dieser Performanz bezeichnet Easton (1975) als spezifische Unterstützung. Der Bezugspunkt des
Modells ist aber die Unterstützung des Regimes, und für dieses Objekt ist eine Einstellung relevant, die von den politischen Entscheidungsträgern lediglich ihren Ausgangspunkt nimmt. Easton (1975) postuliert eine Unterstützungsform des Regimes, die auf einer *Generalisierung* der Performanz einer
Reihe von Entscheidungsträgern über einen längeren Zeitraum hinweg gründet. Durch diese Generalisierung verschiebt sich das Unterstützungsobjekt
von den Entscheidungsträgern auf das Regime. Diese Unterstützungsform
wird bei Easton (1975) *Vertrauen* in das politische Regime genannt. Statt des
Vertrauensbegriffs wird in dem Modell der der Performanz verwendet, der
sich direkter auf das Kriterium bezieht, nach dem das politische Regime beurteilt wird.

Es werden zwei Kategorien einer generalisierten Performanz unterschieden, die einen Einfluss auf die Unterstützung des politischen Regimes haben.
Die *systemische* Performanz beruht auf einem instrumentellen Bewertungsstandard, und dieser bezieht sich vor allem auf ökonomische Leistungen, die
mit einem materiellen Nutzen für die Bürger verbunden sind. Die *demokratische* Performanz beruht auf einem normativen Bewertungsstandard und bezieht sich darauf, inwieweit die Wirklichkeit des politischen Regimes den eigenen normativen Erwartungen entspricht. Welche Erwartungen das sind,
hängt von den Wertebindungen der Bürger ab, und dementsprechend wird in
dem Modell ein Kausalpfeil von den Wertebindungen auf die demokratische
Performanz spezifiziert. Zu den normativen Erwartungen gehört zum Beispiel die Responsivität des Regimes auf die Ansprüche der Bürger und das
tatsächliche Funktionieren der institutionellen Mechanismen (Fuchs 1998).
Auf der Grundlage ihrer andauernden Erfahrungen – und auf der Grundlage
von Sozialisationsprozessen – vertrauen die Bürger im positiven Falle also
darauf, dass die institutionelle Struktur des politischen Regimes die Handlun-

gen der Entscheidungsträger so wirksam restringiert, dass diese zum einen demokratischen Prinzipien entsprechen (demokratische Performanz) und zum anderen zur Erzeugung von Outputs führen, die für die Bürger nützlich sind (systemische Performanz).

In dem Modell ist mit der Identifikation mit der politischen Gemeinschaft eine weitere Unterstützungsdeterminante aufgeführt, die ebenfalls auf Easton (1975) zurückgeht. Diese Identifikation bedeutet eine diffuse Gefühlsbindung der einzelnen Bürger an die vorgestellte Gemeinschaft und nach Easton geht von einer derartigen Identifikation ein „Spill-Over" auf das politische Regime aus. Dieser affektive Transfer dürfte umso stärker sein, je mehr die politischen Institutionen von den Bürgern als ein authentischer Ausdruck der Gemeinschaft gesehen werden, der sie sich zurechnen.

2.2 Ein Modell der Unterstützung der Europäischen Union

Dieses allgemeine Modell der Unterstützung eines politischen Regimes kann aus zwei Gründen nicht unmittelbar als Analysemodell für die Unterstützung der EU herangezogen werden. Zum einen ist der Bezugspunkt des allgemeinen Modells das politische Regime der Nationalstaaten. Die EU hat einerseits zwar einige Charakteristiken mit den nationalstaatlichen Regimen gemeinsam, weist andererseits aber einige Besonderheiten auf, die Auswirkungen auf die EU als Einstellungsobjekt der Bürger haben und zu einer Modifikation des allgemeinen Modells nötigen. Zum anderen können nicht alle Konstrukte auf der Grundlage des von uns verwendeten Eurobarometers 42 operationalisiert werden. Wir gehen zunächst auf die Indikatorenproblematik ein.

Im allgemeinen Modell der Unterstützung eines politischen Regimes sind vier Determinanten enthalten. Mit Ausnahme der Bindung an demokratische Werte können alle mit den verfügbaren Indikatoren operationalisiert werden. Das Modell der Unterstützung der EU enthält demzufolge drei direkte Determinanten: systemische Performanz der EU, demokratische Performanz der EU und Selbstbeschreibung als Europäer (vgl. Abbildung 2). Letzteres wird nicht „Identifikation mit der europäischen Gemeinschaft" genannt, weil der entsprechende Indikator danach fragt, inwieweit das Individuum sich in nächster Zeit als Europäer sieht. Diese Selbstbeschreibung als Europäer stellt aber eine Vorstufe einer affektiven Identifikation dar und kann somit als ein akzeptables Substitut für die Identifikation mit der europäischen Gemeinschaft gelten.

Dadurch, dass die Bindung an demokratische Werte nicht gemessen wird, ist eine direkte Überprüfung der These eines Legitimationsproblems der EU, das aus deren Demokratiedefizit entspringt, auch nicht möglich. Wenn diese These zutreffen sollte, dann müsste sich das empirisch in einem negativen Effekt der Bindung an demokratische Werte auf die Unterstützung der

EU zeigen. Das würde bedeuten, dass viele Bürger *keine* Entsprechung zwischen ihren Werteprioritäten und der institutionellen Struktur der EU sehen würden. Die für unsere Analyse wichtige Frage nach den Auswirkungen des Demokratiedefizits der EU auf ihre Unterstützung kann aber auch auf eine andere Weise analysiert werden. Die Existenz eines demokratischen Regimes ist die notwendige Bedingung für eine demokratische Performanz wie z.b. der Responsivität gegenüber den Präferenzen des Demos oder dem Funktionieren der institutionellen Mechanismen. Erst im Rahmen einer demokratischen Institutionenstruktur stellt sich die Frage, inwieweit die politischen Entscheidungsträger den normativen Erwartungen, die mit dieser Struktur verbunden sind, auf die Dauer tatsächlich entsprechen. Wenn ein politisches Regime in seiner institutionellen Struktur keine Demokratie ist, dann kann es auch keine demokratische Performanz geben. Diese Annahme kann auf der Einstellungsebene folgendermaßen konkretisiert werden: Wenn ein Individuum x eine starke Bindung an demokratische Werte aufweist und ein gravierendes Demokratiedefizit der institutionellen Struktur der EU wahrnimmt, dann nimmt es eine negative Einschätzung der demokratischen Performanz der EU vor und diese resultiert in einem geringen Grad der Unterstützung der EU. Problematische Auswirkungen des Demokratiedefizits der EU nach Maastricht müssten sich demnach in zwei empirischen Befunden zeigen: erstens in einer zunehmenden Kritik der demokratischen Performanz der EU und zweitens in einem starken Effekt der demokratischen Performanz auf die Unterstützung der EU.

Abbildung 2: Modell der Unterstützung der Europäischen Union

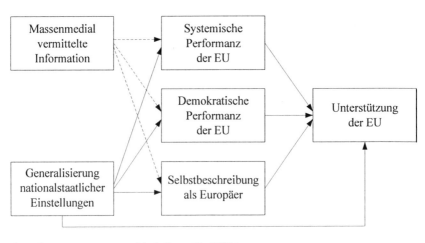

Anmerkungen: ——► empirisch überprüfter Effekt
                ------► theoretisch postulierter Effekt

Neben der Verfügbarkeit von Indikatoren führt die schon angesprochene Besonderheit der EU als ein Einstellungsobjekt der Bürger zu einer Modifikation des allgemeinen Modells der Unterstützung eines politischen Regimes. Diese Besonderheit und die daraus entspringenden Schlussfolgerungen werden im Folgenden skizziert.

Die Einstellung zu einem politischen Regime hängt von den Erwartungen ab, die die Bürger gegenüber dem Regime haben. Die meisten Studien gehen im Falle des europäischen Regimes davon aus, dass sich diese vor und nach Maastricht erheblich unterscheiden. Die Vorstellung einer Integration Europas war ursprünglich nicht nur wirtschaftlich motiviert, sondern auch von den historischen Erfahrungen des Kriegs zwischen den europäischen Nationalstaaten und den aktuellen Erfahrungen der kommunistischen Bedrohung geprägt. Inwieweit die darauf gründende Idee Europa auch die Durchschnittsbürger erreicht hat oder ob sie vor allem eine Angelegenheit der politischen Eliten war, ist fraglich und empirisch ungeklärt (Weßels 1995). Faktisch entwickelte sich die Europäische Gemeinschaft aber als eine Wirtschaftsgemeinschaft mit dem Ziel der ökonomischen Integration der Mitgliedsländer. Die Verträge wurden zwischen den Mitgliedsländern ausgehandelt, und diese waren auch die maßgeblichen politischen Akteure, die die Politik der EG steuerten. Insofern war die EG ein intergouvernementales Regime, dessen Unterstützung durch die Bürger auf zwei Quellen beruhte: erstens auf einem Legitimationstransfer von den Mitgliedsländern auf die EG und zweitens auf der ökonomischen Performanz der EG. Eine differenzierte Kognition des institutionellen Gefüges der EG und eine darauf gründende Bewertung waren nicht notwendig. Die Erwartungen der Bürger gegenüber der EG bestanden vor allem in Wohlfahrtssteigerungen. Solange diese von ihnen unterstellt wurden, war auch die Unterstützung der EG nicht gefährdet.

Durch den Vertrag von Maastricht erfolgte eine erhebliche Kompetenzverlagerung von den Nationalstaaten auf die EU, und es wurden eine Reihe struktureller Veränderungen an den Organen der EU vorgenommen. Damit wurde die EU als ein supranationales Regime implementiert, das sich oberhalb der politischen Regime der Mitgliedsländer etablierte und seitdem deren politische Steuerungsfähigkeit empfindlich einschränkt. Die für die vorgelegte Analyse wichtige Frage ist, ob und in welcher Weise sich diese objektive Transformation auch auf die subjektiven Einstellungen der Bürger niederschlägt: Wird die EU als ein eigenständiges Regime wahrgenommen und wird sie nicht mehr nur nach instrumentellen Nutzenerwägungen, sondern auch nach den normativen Standards demokratischer Performanz bewertet? Bezüglich dieser Frage können zwei konkurrierende Auffassungen gegenübergestellt werden.

Die meisten Autoren gehen davon aus, dass durch die Politisierung der EU im Gefolge von Maastricht den Bürgern die EU als ein eigenständiges politisches Regime mit umfassenden Kompetenzen auch bewusst wurde und sie als Folge davon ihre Bewertungskriterien veränderten. Nur unter dieser Prämisse kann plausiblerweise angenommen werden, dass die Bürger ein Demokratiedefizit der EU wahrnehmen, dieses als bedeutsam erachten und somit ein Legitimationsproblem der EU entsteht.

Die Frage ist allerdings, ob mit diesen Vorstellungen die kognitiven und motivationalen Ressourcen der Bürger hinreichend in Rechnung gestellt werden. Diese Skepsis lässt sich in Anlehnung an die Einstellungsforschung genauer formulieren, und darauf aufbauend kann eine konkurrierende Auffassung expliziert werden. Die Entwicklung einer eigenständigen Einstellung zu einem bislang noch wenig vertrauten Objekt erfordert Informationen und, da die Akquirierung von Informationen kostenreich ist, auch Motivation (Zaller 1992). Die institutionelle Struktur und die Entscheidungsprozesse der EU sind aber derart komplex und intransparent, dass der Erwerb von Informationen, die das politische Regime der EU als ein umrissenes und konturiertes Einstellungsobjekt der Bürger erst konstituieren würde, äußerst aufwändig und somit eher unwahrscheinlich ist. Das trifft umso mehr zu, als Politik für die Bürger kein zentraler Gegenstandsbereich ist. Im Unterschied zur EU haben die nationalstaatlichen Regime eine eindeutige Struktur mit einer hierarchischen Anordnung ihrer Institutionen sowie klaren Verantwortlichkeiten und Zurechenbarkeiten. Mit diesem Regime sind die Bürger vertraut und in dieses sind sie auf eine nachvollziehbare und folgenreiche Weise durch ihre politischen Beteiligungsrechte eingebunden. Bei der gegenwärtigen institutionellen Ausgestaltung des Verhältnisses des supranationalen Regimes der EU und der nationalstaatlichen Regime der Mitgliedsländer – letztere sind faktisch vor allem aber in der Wahrnehmung der Bürger auch auf der europäischen Ebene immer noch die dominanten Akteure – und vor dem Hintergrund der geschilderten kognitiven und motivationalen Restriktionen bleiben die nationalstaatlichen Regime bis auf weiteres vermutlich die primären Bezugspunkte der Herausbildung politischer Einstellungen und Erwartungen. Diese Annahme machen wir uns für die Spezifikation des Unterstützungsmodells der EU in einer bestimmten Weise zunutze und knüpfen dabei an eine Analyse von Gregory A. Caldeira und James L. Gibson (1995) an.

Der Untersuchungsgegenstand ihrer Analyse ist die Unterstützung des Europäischen Gerichtshofs, also einem Organ der EU. Die beiden Autoren gehen davon aus, dass diese Institution eine geringe Zentralität für die Bürger besitzt und diese dementsprechend auch über wenige Informationen über sie verfügen. Die Unterstützung von derartigen „obscure institutions such as the Court of Justice" (Caldeira/Gibson 1995: 356) basiert nach ihnen auf der Anwendung grundlegender politischer Werte, die in anderen Kontexten erworben wurden, auf die kognitiv unscharfen Institutionen. Wenn man diesen Analysebefund etwas verallgemeinert, dann findet eine Generalisierung von Einstellungen gegenüber bekannten auf unbekannte Institutionen statt. Was kann das für die Unterstützung der EU bedeuten?

Die Beantwortung dieser Frage hängt davon ab, in welchem Maß man bei den Bürgern eine Elaboriertheit der kognitiven Repräsentanz und eine umfassende Informationsbasis über die EU unterstellen kann. Je höher der Elaboriertheitsgrad der kognitiven Repräsentanz und je umfangreicher die Informationsmenge, desto eigenständiger dürfte die Einstellung zur EU sein, und je geringer diese beiden Ressourcen ausgeprägt sind, desto stärker dürfte die Unterstützung der EU auf einer Generalisierung von Einstellungen beruhen, die im nationalstaatlichen Kontext entstanden sind. Im Hinblick auf die beiden konkurrierenden Auffassungen über die EU als Einstellungsobjekt wird in dem in Abbildung 2 dargestellten Modell von einer „mittleren" Lösung ausgegangen. Nach unserer Auffassung ist die EU zwar ein unschärferes Einstellungsobjekt als in vielen theoretischen Analysen angenommen wird, aber das bedeutet nicht, dass es als Einstellungsobjekt mit einer mehr oder weniger großen Eigenständigkeit praktisch nicht existiert, wie das bei dem Europäischen Gerichtshof der Fall ist. In dem Modell werden – der „mittleren" Lösung entsprechend – EU-spezifische Einstellungen als direkte Determinanten der Unterstützung der EU postuliert. Diese werden wiederum von entsprechenden nationalstaatlichen Einstellungen beeinflusst. Neben der Generalisierung nationalstaatlicher Einstellungen wird in dem Modell ein Effekt der massenmedial vermittelten Informationen über die EU auf die Einstellungen zur EU angenommen. Damit wird der Erkenntnis der Einstellungsforschung gefolgt, dass bei politischen Objekten, die relativ fern zur Lebenswelt der Individuen liegen, diese Informationsquelle wesentlich für die Einstellungsbildung ist (Zaller 1992). Dieser Effekt kann allerdings mit dem verwendeten Datensatz empirisch nicht analysiert werden, er dient also lediglich der Komplettierung des theoretischen Modells.

Abschließend soll auf die These zurückgekommen werden, dass sich durch die Transformation der EG zur EU die Unterstützungsgrundlage des europäischen Regimes verändert hat und das Demokratiedefizit der EU zu einem Legitimationsproblem führt. Bezogen auf das Unterstützungsmodell kann diese These in Form von zwei empirisch testbaren Erwartungen umformuliert werden: erstens müsste die demokratische Performanz der EU auch unter Berücksichtigung der systemischen Performanz einen signifikanten Effekt auf die Unterstützung der EU haben und zweitens müsste sich die Einschätzung der demokratischen Performanz der EU weitgehend unabhängig von der Einschätzung der demokratischen Performanz des eigenen Nationalstaats bilden.

Vor der empirischen Analyse des Unterstützungsmodells der EU sollen noch kurz die Verteilungen der Unterstützung der EU im Zeitverlauf analysiert und eine Faktorenanalyse zur Ermittlung der Struktur der Einstellungen zur EU und zum eigenen Nationalstaat durchgeführt werden. Diese beiden vorgängigen Analyseschritte geben bereits erste Aufschlüsse darüber, inwieweit sich durch und nach Maastricht die Einstellungen zur EU tatsächlich geändert haben und inwieweit die EU für die Bürger ein eigenständiges Einstellungsobjekt mit eigenständigen Bewertungskriterien darstellt.

3. Empirische Analyse

3.1 Die Unterstützung der EU im Zeitverlauf

In diesem Abschnitt wird die Unterstützung der EU durch die Bürger der Mitgliedsländer im Zeitverlauf analysiert. Dabei werden drei Indikatoren berücksichtigt. Einer bezieht sich auf die abhängige Variable des Modells der Unterstützung der EU (vgl. Abbildung 2). Er fragt danach, ob die Mitgliedschaft des eigenen Landes eine gute oder schlechte Sache sei (die genaue Frageformulierung dieser und der anderen verwendeten Indikatoren findet sich im Anhang). Gut/schlecht ist das allgemeinste Bewertungskriterium eines Objekts und dementsprechend wird diese Frage von den meisten Autoren auch als ein Indikator der generalisierten Unterstützung der EU angesehen (Niedermayer 1995). Die anderen beiden Indikatoren sind Messungen der beiden wichtigsten unabhängigen Variablen. Einer fragt nach dem Nutzen, den das eigene Land durch die Mitgliedschaft in der EU gehabt hat. Nutzenerwägungen sind ein instrumenteller Bewertungsstandard, und insofern kann dieser Indikator als ein angemessenes Instrument zur Messung der systemischen Performanz der EU angesehen werden. Der andere erfasst die Zufriedenheit mit dem Funktionieren der Demokratie in der EU. Die EU soll also unter dem Gesichtspunkt beurteilt werden, inwieweit sie faktisch – beispielsweise im Operieren ihrer institutionellen Mechanismen oder bei den Handlungen der Entscheidungsträger – den normativen Erwartungen entspricht, die mit einer Demokratie verbunden sind. Dieser Indikator kann deshalb als eine angemessene Operationalisierung der demokratischen Performanz der EU angesehen werden.

In Abbildung 3 sind die generalisierte Unterstützung der EU und die Einschätzung des Nutzens des eigenen Landes aus der EU-Mitgliedschaft von 1985 bis 2001 dargestellt. Die Zeit vor und nach Maastricht ist mit etwa gleich großen Phasen berücksichtigt (für Trends von 1970 bis 1985 vgl. Niedermayer 1995). Da in der Diskussion über das Demokratiedefizit und das Legitimationsproblem der EU die Behauptungen meistens auf die EU-Bürger insgesamt bezogen werden, vernachlässigen wir die Länderunterschiede und konzentrieren uns auf die aggregierten Einstellungen der Bürger der Mitgliedsländer zur EU, wobei die Stichproben der einzelnen Länder nach der relativen Größe ihrer Bevölkerung gewichtet sind. Dadurch soll sich der Vorstellung eines europäischen Demos, in dem jeder Bürger gleiches Gewicht hat, möglichst weit angenähert werden. Bei der Analyse der Trends beschränken wir uns auf die in unserem Analysekontext interessierenden Gesichtspunkte. Der wichtigste ist, ob Maastricht tatsächlich das Ereignis gewesen ist, das die Einstellungen der Bürger zur EU umstrukturieren konnte und zu einer Abnahme der generalisierten Unterstützung der EU sowie zu einer kritischen Einschätzung der demokratischen Performanz der EU geführt hat.

Abbildung 3: Unterstützung der Europäischen Union bei den Bürgern der Mitgliedsländer, 1985-2001

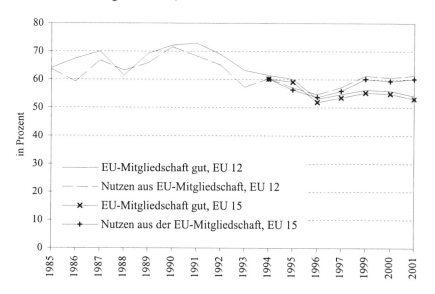

Nach der Bevölkerungsgröße gewichtetes Aggregat der Befragten aller Länder. Quelle: Eurobarometer 24 (1985) bis 55.1 (2001).

Von 1985 bis 1991 zeigen die beiden Kurvenverläufe einen relativ kontinuierlichen Anstieg der Unterstützung der EU – mit einer Unterbrechung im Jahre 1988. Nach 1991 setzte ein starker Unterstützungsabfall ein, der bis 1996 anhielt. Diese Unterstützungserosion begann also schon vor Maastricht und bestenfalls kann angenommen werden, dass die massenmedial vermittelte Diskussion im Vorfeld von Maastricht zu dieser Entwicklung geführt hat (Niedermayer 1995). Diese Annahme würde aber eine relativ hohe Sensibilität der Bürger gegenüber einer Elitendiskussion über einen noch zu erstellenden und zu verabschiedenden Vertrag voraussetzen.

Nach 1996 erholte sich die Unterstützung der EU bei den Bürgern wieder etwas, auch wenn das Durchschnittsniveau um ca. zehn Prozentpunkte unter dem der zweiten Hälfte der 80er Jahre blieb. Bemerkenswert ist aber die Schere, die sich zwischen der allgemeinen und der nutzenbezogenen Einstellung zur EU nach 1996 andeutet: Der Anstieg der Nutzeneinschätzung ist

stärker als der der allgemeinen Bewertung. Das könnte man dahingehend interpretieren, dass die allgemeine Einstellung zur EU auch von anderen Faktoren als den Nutzenerwägungen beeinflusst wird und diese zu einer skepti-
scheren Einschätzung führten. Bei einem dieser anderen Faktoren könnte es
sich um die demokratische Performanz der EU handeln.

Tabelle 1: Zufriedenheit mit dem Funktionieren der Demokratie in der
Europäischen Union, 1994-2000 (in %)

	1994	1995	1999	2000
sehr zufrieden	3,0	3,6	11,7	10,7
ziemlich zufrieden	41,8	41,1	51,3	50,8
nicht sehr zufrieden	40,9	39,3	27,4	29,0
überhaupt nicht zufrieden	14,4	15,9	9,6	9,5

Nach der Bevölkerungsgröße gewichtetes Aggregat der Befragten aller Länder. Quelle: Eurobarometer 42 (1994), 43.1 (1995), 51 (1999), 54.1 (2000).

Die in Tabelle 1 aufgeführten Prozentsätze können diese Interpretation allerdings nicht stützen. Die Zufriedenheit mit dem Funktionieren der Demokratie
der EU ist nach 1994 eher angestiegen als gesunken. Wenn man die beiden
positiven Kategorien dieser Demokratiezufriedenheit zusammenfasst und mit
dem entsprechenden Prozentsatz einer positiven Nutzeneinschätzung vergleicht, dann ist der Prozentsatz derjenigen, die mit dem Funktionieren der
Demokratie der EU zufrieden sind, sogar noch etwas höher als der Prozentsatz derjenigen, die eine positive Nutzenbewertung der EU vornehmen.

Die präsentierte deskriptive Analyse kann also die Annahme, dass nach
Maastricht eine Erosion der generalisierten Unterstützung der EU begann und
sich eine zunehmende Unzufriedenheit mit der demokratischen Performanz
der EU einstellte, nicht bestätigen. Inwieweit es zwischen der demokratischen Performanz und der generalisierten Unterstützung der EU einen systematischen Zusammenhang gibt, wird im Anschluss an die dimensionale
Analyse untersucht.

3.2 Dimensionen der Einstellungen zur Europäischen Union und zum eigenen Nationalstaat

Mit einer Faktorenanalyse wird zu klären versucht, ob die Bürger zwischen
den im Modell der Unterstützung der EU (vgl. Abbildung 2) postulierten Ein-
stellungskonstrukten auch tatsächlich separieren. Die Datenbasis bildet der
Eurobarometer 42, der im Jahre 1994 in den fünfzehn Mitgliedsländern der

EU erhoben wurde. Dieser Eurobarometer enthält unter allen Erhebungen nach Maastricht bei weitem die meisten Indikatoren, die für das Modell der Unterstützung der EU relevant sind. Das Erhebungsjahr liegt zwar schon einige Jahre zurück, aber es kann davon ausgegangen werden, dass sich die Einstellungsstruktur der Bürger seitdem nicht gravierend geändert hat. Das Ereignis, von dem eine Veränderung ausgegangen sein könnte, der Vertrag von Maastricht, liegt vor dieser Erhebung. Das trifft sowohl für die Verabschiedung als auch das Inkrafttreten des Vertrags zu.

In die Faktorenanalyse sind alle im Eurobarometer 42 enthaltenen Indikatoren aufgenommen worden, von denen plausiblerweise unterstellt werden kann, dass sie eines der theoretischen Konstrukte des Analysemodells messen (vgl. Tabelle 2). Die „Unterstützung der EU" wird in zwei Einstellungen unterteilt: die eine bezieht sich auf die „generalisierte Unterstützung der gegenwärtigen EU" und die andere auf die „Befürwortung einer weiteren politischen Integration". Zwei der vier Indikatoren, die der letztgenannten Einstellung zugeordnet sind, erfassen eine Einstellung zu einer stärkeren Rolle des Europäischen Parlaments und einer fragt nach der Haltung der Bürger zu einer europäischen Regierung, die dem Europäischen Parlament gegenüber verantwortlich ist. Die Befürwortung einer weiteren europäischen Integration, die mit diesen Indikatoren gemessen wird, bedeutet letztlich also die Institutionalisierung einer europäischen Demokratie als Form der weiteren europäischen Integration.

Ein für unsere Fragestellung wichtiges Konstrukt ist die „demokratische Performanz der EU". Zur Messung dieser Einstellung haben wir dieselben Indikatoren herangezogen, die schon Robert Rohrschneider (2002) in einer vergleichbaren Analyse verwendet hat. Drei der fünf Indikatoren beziehen sich auf zentrale Institutionen der EU, und zwar auf die Kommission, das Europäische Parlament und den Ministerrat. Die Befragten sollten sich dazu äußern, inwieweit die Entscheidungen, die in diesen Institutionen getroffen werden, „in the interest of people like yourself" sind. Ähnlich ist die Frageformulierung des vierten Indikators „EP vertritt Bürgerinteressen": „As an European citizen, do you think the European Parliament protects your interest?" Mit einer wichtigen Einschränkung, auf die noch eingegangen wird, können diese Indikatoren als eine subjektive Einschätzung dessen begriffen werden, dass die EU dem grundlegenden demokratischen Kriterium der *Responsivität* (Fuchs 1998) entspricht. Direkter auf die demokratische Performanz der EU bezieht sich der bereits diskutierte Indikator, der nach der Zufriedenheit mit dem Funktionieren der Demokratie in der EU fragt. Er kann deshalb als der relativ valideste Indikator des Konstrukts angesehen werden.

Bei der Faktorenanalyse wurde ein Rotationsverfahren gewählt, das von der realistischen Annahme einer Korrelation der Faktoren und d.h. der latenten Konstrukte ausgeht. Bei einer orthogonalen Rotation würden sich diese Korrelationen letztlich in Form „schmutziger" Faktorenladungen ausdrücken

Tabelle 2: Dimensionen der Einstellung zur Europäischen Union und zur nationalen Demokratie, 1994 (Faktorenanalyse)

	1	2	3	4	5	6
Generalisierte Unterstützung der gegenwärtigen EU						
Mitgliedschaft (positiv)	0,82	-	-	-	-	-
Auflösung Europäische Union	0,78	-	-	-	-	-
Vereinigung Westeuropas	0,74	-	-	-	-	-
„Neue" Europäische Union: nach Maastricht	0,54	-	-	-	-	-
Befürwortung einer weiteren politischen Integration						
Europäische Regierung	0,59	-	-	-	-	-
Machtzuwachs des EP	0,67	-	-	-	-	-
Stärkere Rolle des EP	0,50	-	-	-	-	-
Souveränitätstransfer zur EU	-0,46	-	-	-	-	-
Systemische Performanz der EU						
„Neue" Europäische Union: einheitlicher Markt	0,51	-	-	-	-	-
Mitgliedschaft (Nutzen)	0,65	-	-	-	-	-
Demokratische Performanz der EU						
Handeln im Bürgerinteresse: Europ. Kommission	-	-	-	-	-0,79	-
Handeln im Bürgerinteresse: Europ. Parlament	-	-	-	-	-0,80	-
Handeln im Bürgerinteresse: Ministerrat	-	-	-	-	-0,74	-
EP vertritt Bürgerinteressen	0,26	-	-	-	-0,47	-
Demokratiezufriedenheit: EU	-	-	-	-	-	0,50
Demokratische Performanz des eigenen Landes						
Handeln im Bürgerinteresse: nationale Regierung	-	0,79	-	-	-	-
Handeln im Bürgerinteresse: nationales Parlament	-	0,82	-	-	-	-
Demokratiezufriedenheit: eigenes Land	-	-	-	-	-	0,71
Demokratiezufriedenheit: Stadt/Dorf	-	-	-	-	-	0,59
Kollektive Identität						
Nationale Identifikation	-	-	-	-	-	-
Selbstbeschreibung als Europäer	-0,40	-	-	-	-	-
Politisches Interesse						
Politisches Interesse allgemein	-	-	-	0,81	-	-
Interesse an europäischer Politik	-	-	-	0,82	-	-
Nationale Ökonomie						
Ökonomische Situation gegenwärtig	-	-	0,64	-	-	-
Beschäftigungssituation gegenwärtig	-	-	0,62	-	-	-
Ökonomische Situation zukünftig	-	-	0,71	-	-	-
Beschäftigungssituation zukünftig	-	-	0,78	-	-	-

Hauptachsenanalyse, Oblimin-Rotation, erklärte Varianz: 51%; nach der Bevölkerungsgröße gewichtetes Aggregat der Befragten aller Länder. Quelle: Eurobarometer 42.

und das Ergebnis wäre relativ unübersichtlich und nur schwierig interpretierbar. Für unseren Analysekontext sind vor allem vier Befunde der Faktorenanalyse relevant. Erstens differenzieren die Bürger offenbar kaum zwischen der generalisierten Unterstützung der gegenwärtigen EU und der Befürwortung einer weiteren politischen Integration. Alle Indikatoren dieser beiden Konstrukte laden auf dem ersten Faktor. Die gegenwärtige Einschätzung beeinflusst demnach auch die zukünftige Präferenz. Das ist schon deshalb bemerkenswert, weil die zukünftige Präferenz mit Indikatoren gemessen wird, die letztlich auf die Einrichtung einer europäischen Demokratie abzielen. Zweitens zeigt der Sachverhalt, dass die beiden Indikatoren der systemischen Performanz der EU ebenfalls auf diesem ersten Faktor laden, dass zwischen der generalisierten Unterstützung der EU und der systemischen Performanz der EU ein starker Zusammenhang besteht. Ob dieser Zusammenhang bedeutet, dass die Bürger zwischen den beiden Dimensionen kognitiv und evaluativ überhaupt nicht unterscheiden oder ob er der Ausdruck einer starken Determination der generalisierten Unterstützung der EU durch die systemischen Performanz ist, kann auf der Grundlage der Faktorenanalyse nicht beantwortet werden. Drittens kann die demokratische Performanz der EU als eine eigenständige Einstellung angesehen werden, da zumindest vier der entsprechenden Indikatoren einen eigenen Faktor konstituieren.

Bei dieser letztgenannten Schlussfolgerung muss allerdings eine Relativierung vorgenommen werden. Die Demokratiezufriedenheit mit der EU lädt nicht auf diesem Faktor, sondern bildet mit der Demokratiezufriedenheit des eigenen Landes und der eigenen Stadt einen eigenen Faktor, und das ist der vierte wichtige Befund der Faktorenanalyse. Die Demokratiezufriedenheit der EU wird demgemäß nicht unabhängig von der Demokratiezufriedenheit im nationalstaatlichen Kontext eingeschätzt. Bei dieser Einstellung scheint also die theoretisch postulierte Generalisierung nationalstaatlicher Einstellungen auf die Einstellungen zur EU auch tatsächlich stattzufinden. Das Gleiche gilt für das politische Interesse: Das allgemeine politische Interesse und das Interesse an europäischer Politik bilden einen Faktor. Welche Effekte die nationalstaatlich generierten Einstellungen auf die Einstellungen zur EU tatsächlich haben, wird in dem nachfolgenden Abschnitt analysiert.

3.3 Determinanten der Unterstützung der Europäischen Union

Die Zielsetzung dieses Abschnitts besteht in der Schätzung des Modells der Unterstützung der EU (vgl. Abbildung 2). Die abhängige Variable des Modells ist das Konstrukt „Unterstützung der EU". Bei der Modellschätzung wird dieses in zwei Teilkonstrukte differenziert (vgl. Tabelle 3). Das eine bezieht sich auf die „generalisierte Unterstützung der EU" und wird mit der Frage gemessen, ob die Mitgliedschaft in der EU für das eigene Land gut oder schlecht sei. Das andere bezieht sich auf die „Unterstützung einer europäischen Regierung". Der Indikator, mit dem diese Einstellung erfasst wird, besteht in der Frage, ob man die Implementation einer europäischen Regierung, die dem europäischen Parlament verantwortlich ist, befürwortet oder nicht. Eine derartige Verantwortlichkeit würde auf die Einrichtung einer europäischen Demokratie hinauslaufen.

Als unabhängige Variablen sind Indikatoren für alle drei der im Modell spezifizierten direkten Determinanten der Unterstützung der EU verwendet worden. Die Auswahl dieser Indikatoren erfolgte nach zwei Kriterien: erstens nach der *face validity* zur Erfassung der theoretischen Konstrukte und zweitens nach der Höhe der Faktorladung (vgl. Tabelle 2). Neben den in dem Unterstützungsmodell enthaltenen unabhängigen Variablen haben wir bei der Schätzung noch einen Indikator für die kognitive Mobilisierung – das „Interesse an europäischer Politik" – einbezogen. Wir folgen damit den Analysemodellen von Gabel (1998) und Rohrschneider (2002).

Eine Reihe von empirischen Analysen hat gezeigt, dass die ökonomische Performanz der EU ein wichtiger Prädiktor der Unterstützung der EU ist (Eichenberg/Dalton 1993; Gabel/Palmer 1995; Anderson/Reichert 1996; Gabel 1998). Dieses wenig überraschende Ergebnis kann als gesichertes Ergebnis der empirischen EU-Forschung gelten. Uns interessiert aber die Frage, welchen Stellenwert die demokratische Performanz der EU hat, auch wenn um die ökonomische Performanz kontrolliert wird. Eine solche Analyse hat Rohrschneider (2002) durchgeführt, die zudem denselben Datensatz verwendet, auf den sich die hier durchgeführte Analyse stützt. Die Studie von Rohrschneider bildet deshalb einen wichtigen Referenzpunkt für unsere Analyse. Diese unterscheidet sich von der Rohrschneiders aber in einigen wichtigen Punkten. Erstens erklären wir nicht nur die Unterstützung einer europäischen Regierung, sondern auch die generalisierte Unterstützung der gegenwärtigen EU. Zweitens führen wir die Modellschätzung nicht für die einzelnen Länder durch, sondern für die Gemeinschaft der europäischen Bürger insgesamt. Wir haben an anderer Stelle schon festgestellt, dass zu diesem Zweck die Länderstichproben nach der Bevölkerungsgröße gewichtet werden. Auf diese Weise soll so weit wie möglich der europäische Demos als Grundlage und Bezugspunkt der Analyse dienen. Drittens haben wir die nationalstaatlichen Einstellungen nicht nur als direkte Prädiktoren der Unterstützung der EU spezifiziert, sondern auch als Einflussfaktoren auf diejenigen Einstellungen, die die Unterstützung der EU determinieren. Viertens wird zur Operationalisierung der kollektiven Identität nicht nur die Identifikation mit der eigenen Nation herangezogen, sondern auch die Selbstbeschreibung als Europäer.

Ein fünfter Unterschied bezieht sich auf die systemische Performanz der EU, der ein instrumenteller Bewertungsstandard zugrunde liegt. Dieser Unterschied ist für die Ergebnisse der Modellschätzung der folgenreichste. Das theoretische Konstrukt von Rohrschneider (2002: 465), das sich auf die instrumentelle Bewertung der EU bezieht, wird „evaluations of EU's economic performance" genannt. Dieses Konstrukt wird durch zwei Indikatoren repräsentiert. Der eine ist die Einschätzung der nationalen Ökonomie. Dabei handelt es sich aber um eine sehr indirekte Messung des Konstrukts, und unter anderem deshalb hat diese Variable auch keinen signifikanten Effekt auf die Unterstützung der EU. Das trifft sowohl für Rohrschneiders als auch für die hier vorgelegte Analyse zu. Der andere fragt danach, ob der einheitliche europäische Markt, der 1993 entstand, den Befragten hoffnungsvoll stimmt. In diesem Falle ist das Stimulusobjekt zwar ein zentrales Merkmal der EU, aber die ökonomische Performanz wird wiederum relativ indirekt gemessen. Diejenige Einstellung, von der nach der Forschungslage der relativ stärkste Effekt angenommen werden kann, ist mit diesen beiden Indikatoren also nicht optimal operationalisiert. Das führt bei Rohrschneider (2002) zu einer Überschätzung der Erklärungskraft der demokratischen Performanz der EU.

Tabelle 3: Determinanten der Unterstützung der Europäischen Union, 1994

	Generalisierte Unterstützung der EU		Unterstützung einer europäischen Regierung	
	b	beta	b	beta
Systemische Performanz der EU				
Mitgliedschaft (Nutzen)	0,62	0,42	0,18	0,20
„Neue" Europäische Union: einheitlicher Markt	0,18	0,19	0,80	0,14
Demokratische Performanz der EU				
Handeln im Bürgerinteresse: EP	0,17	0,11	0,20	0,22
Demokratiezufriedenheit: EU	0,06	0,06	0,05	0,08
Europäische Identität				
Selbstbeschreibung als Europäer	-0,08	-0,10	-0,07	-0,13
Politisches Interesse an der EU				
Interesse an europäischer Politik	0,04	0,05	-0,02	-0,03
Adj. R^2 * 100	43,8		25,5	

Alle Werte sind signifikant auf dem 1%-Niveau; nach der Bevölkerungsgröße gewichtetes Aggregat der Befragten aller Länder. Quelle: Eurobarometer 42.

Der Indikator aus dem Eurobarometer 42, der unseres Erachtens einen instrumentellen Bewertungsstandard gegenüber der EU am besten repräsentiert, ist die Frage nach dem Nutzen der Mitgliedschaft des eigenen Landes in der EU. Indem ganz allgemein nach dem Nutzen gefragt wird, hat der Befragte die Möglichkeit, sich nicht nur auf die ökonomische Performanz zu beziehen, sondern auch auf andere Outputs der EU. Diese können beispielsweise Umverteilungen im Rahmen des Agrarhaushaltes sein, Zuwendungen aus dem Regionalfond und auch gemeinsame sicherheitspolitische Maßnahmen. Unter anderem aus diesem Grunde ist es sinnvoller, das theoretische Konstrukt nicht als ökonomische, sondern als systemische Performanz zu bezeichnen.

Gegenüber diesem Indikator ließe sich aber der Einwand vorbringen, dass die Bürger zwischen der Nutzeneinschätzung der EU und der generalisierten Unterstützung der EU nicht differenzieren und somit eine Tautologie vorliegt, wenn man zwischen beiden eine Kausalbeziehung postuliert. Dieser Einwand könnte zwar mit dem Verweis auf die Faktorenanalyse (vgl. Tabelle 2) abgestützt werden, da der Indikator zur Nutzeneinschätzung und die Indikatoren zur generalisierten Unterstützung einen Faktor bilden. Dieser Einwand scheint uns dennoch nicht triftig zu sein. Erstens lädt auf diesem Faktor auch die Einstellung zu dem einheitlichen Markt, die Rohrschneider (2002) als einen Indikator der ökonomischen Performanz und als eine unabhängige Variable annimmt. Zweitens ist schon festgestellt worden, dass dieser Befund der Faktorenanalyse auch bedeuten kann, dass die systemische Performanz der EU einen starken Effekt auf die generalisierte Unterstützung der EU hat und aus diesem Grunde die Indikatoren beider Konstrukte einen Faktor bilden. Der Begriff des Nutzens ist auch ein alltagssprachlicher Begriff, und die alltagssprachliche Bedeutung entspricht durchaus derjenigen aus dem Rational-Choice-Ansatz. Es kann deshalb angenommen werden, dass mit der Frage nach dem Nutzen eine für die Bürger nachvollziehbare spezifische Bewertungsperspektive der EU errichtet wird. Diese entspricht ja auch der Funktion der EU, so wie sie den Bürgern in den Massenmedien und von den politischen Eliten vermittelt wird.

Nach diesen vorbereitenden Erläuterungen können wir uns den Ergebnissen der Modellschätzung zuwenden, die auf OLS-Analysen beruhen. Zunächst wird auf die *generalisierte Unterstützung der EU* eingegangen. Das Resultat der in der Tabelle 3 dargestellten Schätzung ist eindeutig. Bei der Interpretation der Befunde beschränken wir uns auf die Höhe der Regressionskoeffizienten und vernachlässigen das Signifikanzkriterium, das angesichts der großen Fallzahl des gepoolten Datensatzes wenig aussagekräftig ist. Den mit Abstand stärksten Effekt haben die Nutzeneinschätzung und danach die Bewertung des einheitlichen Marktes. Die systemische Performanz der EU besitzt also die weitaus größte Erklärungskraft. Unter den restlichen Variablen weist lediglich die Beurteilung, ob das Europäische Parlament im Bürgerinteresse handelt, einen standardisierten Regressionskoeffizient von knapp über 0,10 auf. Die Zufriedenheit mit dem Funktionieren der Demokratie in der EU hat fast keinen Einfluss. Auf diesen Tatbestand kommen wir bei der Erörterung der Schätzung für die Unterstützung einer europäischen Regierung noch einmal zurück. Nach dieser Analyse beruht die generalisierte Unterstützung der EU auch nach Maastricht vor allem auf einem instrumentellen Bewertungsstandard und das heißt, der Einschätzung der systemischen Performanz der EU.

Die zweite abhängige Variable ist die *Unterstützung einer europäischen Regierung*, die dem Europäischen Parlament gegenüber verantwortlich ist. Die Ergebnisse der OLS-Analyse unterscheiden sich von denjenigen der generalisierten Unterstützung der EU. Der relativ wichtigste Prädiktor ist die Einstellung zum Europäischen Parlament (Handeln im Bürgerinteresse: EP), also einem Indikator der demokratischen Performanz der EU. Die Höhe der standardisierten Regressionskoeffizienten der beiden Indikatoren der systemischen Performanz ist vergleichsweise geringer. Es hat also den Anschein, dass das Demokratiedefizit der EU zwar keinen nennenswerten Einfluss auf die generalisierte Unterstützung der gegenwärtigen EU hat, sehr wohl aber einen auf die Einstellung zur weiteren politischen Integration der EU. Diese Schlussfolgerung scheint aus mehreren Gründen aber etwas vorschnell zu sein.

Erstens bezieht sich die abhängige Variable auf eine bestimmte Form der politischen Integration der EU, und zwar auf die Errichtung einer europäischen Demokratie. Diesbezüglich liegt ein Einfluss der demokratischen Performanz der EU sicherlich nahe. Zweitens, und das ist das gravierendere Problem, ist es eine offene Frage, inwieweit der Indikator „Handeln im Bürgerinteresse: EP" tatsächlich demokratische Performanz erfasst, wie das von Rohrschneider (2002) und bislang auch von uns unterstellt wurde. Es wird gefragt, ob das Individuum sich darauf verlassen kann, dass das Europäische Parlament im Interesse von Leuten wie ihm selbst handelt. Einerseits ist in dem demokratischen Kriterium der Responsivität die normative Erwartung enthalten, dass die Entscheidungsträger sich nach den Präferenzen der Bürger richten müssen, und diesen Gesichtspunkt greift der Indikator auf. Andererseits aber gehört zu dem Responsivitätskriterium auch, dass weniger die einzelnen Bürger der Bezugspunkt sind, sondern die Bürger insgesamt – der Demos also – und dabei soll die Stimme jeden Bürgers dasselbe Gewicht haben. Dieser Gesichtspunkt ist in der Frage mit der spezifischen Wendung „people like yourself" bestenfalls angedeutet. Es ist also zu vermuten, dass eine mehr oder weniger große Anzahl der Befragten bei ihrer Antwort auf diese Frage an das eigene Interesse denkt und hier letztlich eine Nutzenabwägung vornimmt. Im Unterschied zur Mitgliedschaftsfrage wird der Nutzen dann nicht auf das eigene Land bezogen, sondern auf sich selbst als Individuum. Es kann also angenommen werden, dass der Indikator teilweise demokratische, teilweise aber auch systemische Performanz der EU misst. Der eindeutigere Indikator für demokratische Performanz, die Zufriedenheit mit dem Funktionieren der Demokratie in der EU, hat im Vergleich zu dieser Einstellung zum Europäischen Parlament eine erheblich geringere Erklärungskraft für die Unterstützung einer europäischen Regierung. Aufgrund der vorgebrachten Argumente können zwei Schlussfolgerungen gezogen werden. Der Einfluss der demokratischen Performanz ist für die Unterstützung einer europäischen Regierung größer als bei der generalisierten Unterstützung der EU. Aber auch bei der Unterstützung einer europäischen Regierung haben die beiden Indikatoren der systemischen Performanz zusammengenommen einen stärkeren Effekt als die beiden Indikatoren der demokratischen Performanz.

Bislang wurde noch nicht auf den Stellenwert der Einstellungen zum eigenen Nationalstaat für die Unterstützung der EU eingegangen. In dem Modell der Unterstützung der EU (vgl. Abbildung 2) werden zwei Möglichkeiten des Einflusses dieser Einstellungen vorgesehen: erstens ein direkter Effekt auf die Unterstützung der EU und zweitens ein Effekt auf diejenigen Einstellungen, die die Unterstützung der EU unmittelbar determinieren. Die erste Möglichkeit wird durch unsere Analyse eindeutig falsifiziert. Wenn diese Einstellungen zum Nationalstaat zusätzlich zu den in der Tabelle 3 aufgeführten direkten Determinanten der generalisierten Unterstützung der EU und der Unterstützung einer europäischen Regierung aufgenommen werden, dann haben sie nach einer entsprechenden OLS-Analyse keine nennenswerte Erklärungskraft (die Ergebnisse werden hier nicht im Einzelnen dargestellt).

Anders sieht es bei der zweiten Möglichkeit aus. In der Tabelle 4 sind die bivariaten Regressionskoeffizienten (identisch mit Pearson's r) verzeichnet, die den Einfluss der Einstellungen zum eigenen Nationalstaat auf die Einstellungen zur EU hinsichtlich der bedeutungsähnlichen Variablen erfassen. Die Höhe der Regressionskoeffizienten ist in allen Fällen beträchtlich. Der relativ geringste Zusammenhang besteht zwischen der ökonomischen Situation des eigenen Landes und dem Nutzen der Mitgliedschaft in der EU für das eigene Land (0,18) und der relativ höchste liegt zwischen dem allgemeinen politischen Interesse und dem Interesse an europäischer Politik vor (0,66). Die Befunde zeigen, dass die Unterstützung der EU zwar auf Perzeptionen und Bewertungen beruht, die direkt auf die EU bezogen sind, dass diese Perzeptionen und Bewertungen aber ihrerseits von Einstellungen zum Nationalstaat beeinflusst werden. Somit liegt eine mehr oder weniger ausgeprägte Generalisierung nationalstaatlicher Einstellungen vor.

Hinsichtlich der demokratischen Performanz bedeutet das – etwas zugespitzt formuliert –, dass eine positive Einschätzung der demokratischen Performanz des eigenen Landes zu einer positiven Einschätzung der demokratischen Performanz der EU führt. Und nach der durchgeführten Kausalanalyse determiniert die Einschätzung der demokratischen Performanz der EU wiederum die generalisierte Unterstützung der EU und die Unterstützung einer europäischen Regierung. Das ist eine erstaunliche Kausalkette, da sie ihren Ausgang bei einer Einstellung zu einem Regime nimmt, das zweifelsfrei demokratisch ist und diese auf das europäische Regime generalisiert, dem ein erhebliches Demokratiedefizit zugeschrieben wird.

Tabelle 4: Effekte der Einstellungen zum Nationalstaat auf die Einstellungen zur Europäischen Union (EU), 1994

| | Einstellungen zum Nationalstaat (unabhängige Variablen) | | | | |
	gegenwärtige ökonomische Situation	Handeln im Bürgerinteresse: nationales Parlament	Demokratie- zufriedenheit: eigenes Land	nationale Identifikation	allgemeines politisches Interesse
Einstellungen zur EU (abhängige Variablen)					
Mitgliedschaft (Nutzen)	0,18 (0,09)	–	–	–	–
Handeln im Bürgerinteresse: EP	–	0,37 (0,36)	–	–	–
Demokratie- zufriedenheit: EU	–	–	0,42 (0,40)	–	–
Selbstbeschreibung als Europäer	–	–	–	0,29 (0,28)	–
Interesse an euro- päischer Politik	–	–	–	–	0,66 (0,64)

Die Koeffizienten sind standardisierte Regressionskoeffizienten; in Klammern die unstandardisierten Koeffizienten; alle Werte sind signifikant auf dem 1%-Niveau; nach der Bevölkerungsgröße gewichtetes Aggregat der Befragten aller Länder. Quelle: Eurobarometer 42.

4. Zusammenfassung und Diskussion

In der wissenschaftlichen und öffentlichen Diskussion besteht nahezu ein Konsens darüber, dass die objektive Transformation der EU von einem inter-gouvernementalen zu einem supranationalen Regime auch die subjektiven Einstellungen der Bürger zur EU grundlegend verändert hat. Diese Transfor-mation führte nach dieser Auffassung zu einer Politisierung der EU, und als Folge davon wird die EU seitdem nicht mehr nur mit ökonomischen Effi-zienzkriterien, sondern auch mit demokratischen Standards konfrontiert. Auf diese Weise wird den Bürgern das Demokratiedefizit der EU allererst be-wusst und bewirkt eine Erosion der Unterstützung der EU. Diese Auffassung kann durch die hier präsentierten empirischen Befunde nicht bestätigt wer-den.

Die deskriptive Analyse hat gezeigt, dass sich keine Abnahme der Un-terstützung der EU im Zeitverlauf feststellen lässt, die als Konsequenz des Vertrags von Maastricht und des durch diesen Vertrag implementierten Strukturwandels des europäischen Regimes interpretiert werden kann. Auch nach der Verabschiedung dieses Vertrags in den Mitgliedsländern ist die Zu-friedenheit mit dem Funktionieren der Demokratie der EU nicht gesunken, sondern sogar angestiegen.

Die Kausalanalysen bezogen sich auf zwei abhängige Variablen: zum einen auf die Unterstützung der gegenwärtigen EU und zum anderen auf die Einführung einer europäischen Demokratie als Zukunftsperspektive. Zur Er-fassung eines demokratischen Bewertungsstandards wurde die Einschätzung der demokratischen Performanz der EU herangezogen. Diese hat bei der Er-klärung der Unterstützung der gegenwärtigen EU nur einen ganz geringen Stellenwert. Die Einschätzung der demokratischen Performanz der EU selbst beruht weniger auf der Wahrnehmung des Demokratiedefizits der EU als vielmehr auf einer Generalisierung der Zufriedenheit mit der Demokratie des eigenen Landes auf die EU. Zusammenfassend kann festgehalten werden, dass die EU auch nach Maastricht vor allem auf der Grundlage eines instru-mentellen Standards bewertet wird. Entscheidend für die Unterstützung der EU ist also nicht die demokratische, sondern die systemische Performanz. Und somit hat das objektive Demokratiedefizit der EU auch nicht die häufig unterstellten negativen Auswirkungen auf die Unterstützung der EU durch die Bürger der Mitgliedsländer.

Etwas anders sieht es im Hinblick auf die Einrichtung einer europäi-schen Demokratie aus. Auch bei dieser abhängigen Variablen ist die systemi-sche Performanz der wichtigste Prädiktor, aber die demokratische Perfor-manz hat zumindest einen nennenswerten Einfluss. Wenn man von dem rela-tiven Gewicht der beiden Determinanten einmal absieht, dann kann der Ana-lysebefund folgendermaßen zusammengefasst und vereinfacht werden: Eine weitere politische Integration der EU in Form einer europäischen Demokratie wird von den Bürgern in dem Maße befürwortet, in dem das Regime der EU als leistungsfähig angesehen wird, und in dem Maße, in dem sie mit der Demokratie des eigenen Landes zufrieden sind. Die Frage des Demokratiedefizits der EU spielt demnach auch bei der Einstellung zu einer weiteren politischen Integration Europas in Form der Implementation einer europäischen Demokratie nur eine sekundäre Rolle.

Je nach der Perspektive des Betrachters können diese Ergebnisse ganz unterschiedlich eingestuft werden. Einerseits sind die Auswirkungen des Demokratiedefizits der EU offenbar nicht so gravierend, wie viele befürchtet haben. Andererseits kann die Einrichtung einer europäischen Demokratie nicht mehr problemlos mit der Notwendigkeit der Behebung des Demokratiedefizits begründet werden. Mit dem Argument des Demokratiedefizits ist die Möglichkeit einer Rechtfertigung einer europäischen Demokratie über normative Setzungen hinaus aber nicht erschöpft. Eine soll im Folgenden skizziert werden.

Die Generierung von Unterstützung für ein politisches Regime auf der Grundlage von Leistungen für die Bürger ist grundsätzlich eine fragile Angelegenheit. Bis zum Ende der 80er Jahre ist das dem europäischen Regime gut gelungen. In den 90er Jahren hat sich die Leistungsbewertung zwar etwas verschlechtert, ist mehrheitlich aber immer noch positiv. Die Frage ist, ob das so bleiben kann und bleiben wird. Diesbezüglich können mehrere skeptische Argumente vorgebracht werden. Erstens werden durch die Kompetenzerweiterung der EU durch Maastricht mehr verteilungsrelevante Entscheidungen auf der EU-Ebene getroffen als das vorher der Fall war. Die dadurch bewirkte Politisierung der EU hat bislang zwar nicht zu einem stärkeren Unterstützungsabfall geführt, aber das kann eine Frage der Zeit sein. Zweitens werden mit der Osterweiterung der EU die Verteilungskämpfe zwischen den Mitgliedsländern vermutlich drastisch zunehmen und spätestens dann dürfte den Bürgern durchsichtig werden, dass die EU nicht mehr Wohlfahrtssteigerungen für alle gewährleisten kann. Drittens verstärkt die Kompetenzerweiterung der EU die Neigung der Regierungen der Nationalstaaten, Probleme des eigenen Landes zu externalisieren. Wenn man einmal annimmt, dass diese Faktoren längerfristig die Unterstützung der EU bedrohen, dann stellt sich die Frage, ob diese Unterstützung auf ein andere Grundlage gestellt werden muss und werden kann.

Nach der Theorie von Easton (1965) hängt die Persistenz eines politischen Regimes davon ab, dass sich seine Unterstützung von den Leistungsoutputs der Entscheidungsträger abkoppelt und es „um seiner selbst willen" akzeptiert wird. Diese Auffassung ist inzwischen zum Allgemeingut der Demokratieforschung geworden. Die Unterstützung um seiner selbst willen bedeutet aber, dass das Regime aufgrund der Werte unterstützt wird, die es institutionalisiert hat. Im Falle der demokratischen Regime der europäischen Nationalstaaten handelt es sich um demokratische Werte. Weil die EU aber kein demokratisches Regime ist, kann diese Legitimationsquelle auch nicht mobilisiert werden. Für die verschiedenen Varianten einer weiteren politischen Integration der EU können sicherlich ganz unterschiedliche Argumente vorgebracht werden. Wenn man der EU aber eine Legitimationsbasis geben will, die relativ unabhängig von den konkreten Leistungen ist, die sie für die Bürger produziert, dann gibt es zu der Einrichtung einer europäischen Demokratie wohl keine Alternative.

Nach unserer Analyse ist es unwahrscheinlich, dass ein Druck zur Verwirklichung einer europäischen Demokratie von den Bürgern selbst ausgeht. Die ganz überwiegende Mehrheit der Bürger der EU weist zwar eine Bindung an demokratische Werte auf, aber diese werden nicht oder nur kaum als ein Bewertungskriterium für die EU herangezogen. Die Option der Einrichtung einer europäischen Demokratie müsste deshalb von den Eliten politisiert werden und für diese Politisierung bilden die Werteprioritäten der Bürger eine mobilisierbare Ressource. Inwieweit eine solche Politisierung aber realistisch ist, ist eine andere Frage.

Anhang

Benennung der Indikatoren	Frageformulierung/Antwortkategorien
Mitgliedschaft (positiv)	Generally speaking, do you think that (our country's) membership of the European Union is ...? 1 A good thing, 2 A bad thing (3), 3 Neither good nor bad (2), 4 DK
Auflösung Europäische Union	If you were told tomorrow that the European Union had been scrapped, would you be very sorry about it, indifferent or very relieved? 1 Very sorry, 2 Indifferent, 3 Very relieved, 4 DK
Vereinigung Westeuropas	In general, are you for or against efforts being made to unify Western Europe? Are you ...? 1 For – very much, 2 For – to some extent, 3 Against – to some extent, 4 Against – very much, 5 DK
„Neue" Europäische Union: nach Maastricht	The recent past of the European Community has been marked by a number of significant developments: the "Single Market," the "Treaty of the European Union" (or "Maastricht Treaty"), the election of a new European Parliament, the formation of a new Commission, new countries to become members of the European Union, ... Taking everything into consideration, would you say this new "European Union," as it is now called, makes you feel very hopeful, rather hopeful, rather fearful or very fearful? 1 Very hopeful, 2 Rather hopeful, 3 Rather fearful, 4 Very fearful, 5 DK
Europäische Regierung	Are you for or against the formation, for the EU, of a European Government responsible to the European Parliament? 1 For, 2 Against, 3 DK
Machtzuwachs des EP	In fact, the European Parliament has more powers now. Do you think that it is a good thing, a bad thing or neither a good nor a bad thing? 1 A good thing, 2 A bad thing (3), 3 Neither a good nor a bad thing (2), 4 DK

Stärkere Rolle des EP   Would you personally prefer that the European Parliament played a more important or a less important part than it does now? 1 More important, 2 Less important (3), 3 About the same (2) (spontaneous), 4 DK

Souveränitätstransfer zur EU   On this list are four descriptions of how Europe might be organised in the future. Please tell me which one you would prefer.

1. Each country keeps its sovereignty and cares only about its own affairs.

2. The countries work together sometimes, but do not give up their sovereignty and never have to submit to decisions taken by a majority of countries.

3. The countries regularly work together on certain matters within common organisations, to which they transfer a part of their sovereignty; that is, they have to submit to the majority decisions of these common organisations on these matters.

4. The countries transfer all their sovereignty to a single common European state.

5. DK

„Neue" Europäische Union: einheitlicher Markt   Personally, would you say that the Single European Market which came about at the beginning of 1993 makes you feel very hopeful, rather hopeful, rather fearful or very fearful? 1 Very hopeful, 2 Rather hopeful, 3 Rather fearful, 4 Very fearful, 5 DK

Mitgliedschaft (Nutzen)   Taken everything into consideration, would you say that (our country) has on balance benefited or not from being a member of the European Union? 1 Benefited, 2 Not benefited, 3 DK

Handeln in Bürgerinteresse: Many important decisions are made by the European Union. They might be in the interest of people like yourself, or they might not. To what extent do you feel you can rely on each of the following institutions to make sure that the decisions taken by this institution are in the interest of people like yourself?

a) Europäische Kommission
c) Europäisches Parlament (EP)
e) Ministerrat
b) Nationale Regierung
d) Nationales Parlament

a) The European Commission
b) The (Nationality) Government
c) The European Parliament
d) The National Parliament (use proper name for lower house)
e) The Council of Ministers of the European Union representing the national governments
1 Can rely on it, 2 Cannot rely on it, 3 DK

EP vertritt Bürgerinteressen   As a European citizen, do you think the European Parliament protects your interests ...? 1 Very well, 2 Fairly well, 3 Not very well, 4 Not at all well, 5 DK

Demokratiezufriedenheit: b) EU a) Eigenes Land c) Stadt/Dorf	a) On the whole, are you very satisfied, fairly satisfied, not very satisfied or not at all satisfied with the way democracy works in (our country)? b) And how about the way democracy works in the European Union (European Community)? c) And how about the way democracy works in this (town/city/village)? (int. choose the most appropriate term) 1 Very satisfied, 2 Fairly satisfied, 3 Not very satisfied, 4 Not at all satisfied, 5 DK
Nationale Identifikation	Would you say that you are very proud, fairly proud, not very proud or not at all proud to be (Nationality)? 1 Very proud, 2 Fairly proud, 3 Not very proud, 4 Not at all Proud, 5 Refusal (Spontaneous), 6 DK
Selbstbeschreibung als Europäer	In the near future do you see yourself as ...? 1 (Nationality) only, 2 (Nationality) and European, 3 European and (Nationality), 4 European only, 5 DK
Politisches Interesse allgemein	To what extent would you say you are interested in politics? 1 A great deal, 2 To some extent, 3 Not much, 4 Not at all, 5 DK
Interesse an europäischer Politik	To what extent would you say you are interested in European politics, that is to say matters related to the European Union (European Community): a great deal, to some extent, not much or not at all? 1 A great deal, 2 To some extent, 3 Not much, 4 Not at all, 5 DK
Ökonomische Situation gegenwärtig/Beschäftigungssituation gegenwärtig	Compared to 12 months ago, do you think that ... a) The general economic situation in this country ... now is ...? c) The employment situation in this country... now is ...? 1 A lot better, 2 A little better, 3 Stayed the same, 4 A little worse, 5 A lot worse, 6 DK/Not applicable
Ökonomische Situation zukünftig/Beschäftigungssituation zukünftig	And over the next 12 months, how do you think ... a) The general economic situation in this country ...will be ...? c) The employment situation in this country ... will be ...? 1 A lot better, 2 A little better, 3 Stayed the same, 4 A little worse, 5 A lot worse, 6 DK/Not applicable

Literatur

Almond, Gabriel A.: The Intellectual History of the Civic Culture Concept. In: Almond, Gabriel A./Verba, Sidney (Hrsg.): The Civic Culture Revisited. Boston: Little, Brown and Company, 1980, S. 1-36.

Almond, Gabriel A.: The Study of Political Culture. In: Gabriel A. Almond: A Discipline Divided. Schools and Sects in Political Science. Newbury Park: Sage, 1990, S. 138-169.

Anderson, Christopher J./Reichert, M. Shawn: Economic Benefits and Support for Membership in the European Union: A Cross-National Analysis. In: Journal of Public Policy 15 (1996), S. 231-249.

Beetham, David/Lord, Christopher: Legitimacy and the European Union. London/New York: Longman, 1998.

Blondel, Jean/Sinnott, Richard/Svensson, Palle: People and Parliament in the European Union: Participation, Democracy, and Legitimacy. New York: Oxford University Press, 1998.

Caldeira, Gregory/Gibson, James L.: The Legitimacy of the Court of Justice in the European Union: Models of Institutional Support. In: American Political Science Review 89 (1995), S. 356-376.

Easton, David: A Framework for Political Analysis. Englewood Cliffs: Prentice-Hall, 1965.

Easton, David: A Re-Assessment of the Concept of Political Support. In: British Journal of Political Science 5 (1975), S. 435-457.

Eichenberg, Richard C./Dalton, Russell J.: Europeans and the European Community: The Dynamics of Public Support for European Integration. In: International Organization 47 (1993), S. 507-534.

Fuchs, Dieter: Kriterien demokratischer Performanz in Liberalen Demokratien. In: Greven, Michael (Hrsg.): Demokratie – eine Kultur des Westens? 20. Wissenschaftlicher Kongreß der Deutschen Vereinigung für Politische Wissenschaft. Opladen: Leske + Budrich, 1998, S. 152-179.

Fuchs, Dieter: Soziale Integration und politische Institutionen in modernen Gesellschaften. In: Friedrichs, Jürgen/Jagodzinski, Wolfgang (Hrsg.): Soziale Integration. Sonderheft 39 der Kölner Zeitschrift für Soziologie und Sozialpsychologie. Opladen: Westdeutscher Verlag, 1999, S. 147-178.

Fuchs, Dieter: Demos und Nation in der Europäischen Union. In: Klingemann, Hans-Dieter/ Neidhardt, Friedhelm (Hrsg.): Zur Zukunft der Demokratie. Herausforderungen im Zeitalter der Globalisierung. Berlin: edition sigma, 2000, S. 215-236.

Fuchs, Dieter: Das Konzept der politischen Kultur: Die Fortsetzung einer Kontroverse in konstruktiver Absicht. In: Fuchs, Dieter/Roller, Edeltraud/Weßels, Bernhard (Hrsg.): Bürger und Demokratie in Ost und West. Studien zur politischen Kultur und zum politischen Prozess. Festschrift für Hans-Dieter Klingemann. Wiesbaden: Westdeutscher Verlag, 2002, S. 27- 49.

Gabel, Matthew: Public Support for European Integration: An Empirical Test of Five Theories. In: Journal of Politics 60 (1998), S. 333-354.

Gabel, Matthew/Palmer, Harvey D.: Understanding Variation in Public Support for European Integration. In: European Journal of Political Research 27 (1995), S. 3-19.

Inglehart, Ronald: Cognitive Mobilization and European Identity. In: Comparative Politics 3 (1970), S. 45-70.

Katz, Richard S./Weßels, Bernhard (Hrsg.): The European Parliament, the National Parliaments, and European Integration. Oxford: Oxford University Press, 1999.

Kielmansegg, Peter Graf: Integration und Demokratie. In: Jachtenfuchs, Markus/Kohler-Koch, Beate (Hrsg.): Europäische Integration. Opladen: Leske + Budrich, 1996, S. 47-71.

Lepsius, Rainer M.: Die Europäische Union. Ökonomisch-politische Integration und kulturelle Pluralität. In: Viehoff, Reinhold/Segers, Rien T. (Hrsg.): Kultur, Identität, Europa. Über die Schwierigkeiten und Möglichkeiten einer Konstruktion. Frankfurt a.M.: Suhrkamp, 1999, S. 201-222.

Lindberg, Leon N./Scheingold, Stuart A.: Europe's Would-be Polity. Englewood Cliffs: Prentice-Hall, 1970.

Niedermayer, Oskar: Trends and Contrasts. In: Niedermayer, Oskar/Sinnott, Richard (Hrsg.): Public Opinion and Internationalized Governance. Oxford: Oxford University Press, 1995, S. 53-72.

Offe, Claus: Demokratie und Wohlfahrtsstaat: Eine europäische Regimeform unter dem Streß der europäischen Integration. In: Streeck, Wolfgang (Hrsg.): Internationale Wirtschaft, nationale Demokratie. Herausforderungen für die Demokratietheorie. Frankfurt a.M./New York: Campus, 1998, S. 99-135.

Rohrschneider, Robert: The Democracy Deficit and Mass Support for an EU-wide Government. In: American Journal of Political Science 46 (2002), S. 463-475.

Roller, Edeltraud: Die Leistungsfähigkeit von Demokratien. Eine Analyse des Einflusses politischer Institutionen auf die Effektivität von Politiken und Politikmustern in westlichen Demokratien 1974-1995. Habilitationsschrift. Freie Universität Berlin, 2001.

Scharpf, Fritz W.: Demokratieprobleme in der Europäischen Mehrebenenpolitik. In: Merkel, Wolfgang/Busch, Andreas (Hrsg.): Demokratie in Ost und West. Für Klaus von Beyme. Frankfurt a.M.: Suhrkamp, 1999, S. 672-694.

Thomassen, Jacques/Schmitt, Hermann: Introduction: Political Legitimacy and Representation in the European Union. In: Schmitt, Hermann/Thomassen, Jacques (Hrsg.): Political Representation and Legitimacy in the European Union. Oxford: Oxford University Press, 1999, S. 3-21.

Weßels, Bernhard: Evaluations of the EC: Elite or Mass-Driven? In: Niedermayer, Oskar/ Sinnott, Richard (Hrsg.): Public Opinion and Internationalized Governance. Oxford: Oxford University Press, 1995, S. 137-162.

Zaller, John R.: The Nature and Origins of Mass Opinion. Cambridge: Cambridge University Press, 1992.

Lars H. Schmitt

Vertrauenskrise in der EU? Ausmaß, Struktur und Determinanten des Vertrauens in die zentralen Institutionen der EU unter besonderer Berücksichtigung des Europäischen Parlaments

1. Einleitung

Lange Zeit fand das Thema „Vertrauen" in der sozialwissenschaftlichen Diskussion keine große Beachtung. Dies änderte sich jedoch in den 90er Jahren. Das „neue" Interesse an Vertrauen wurde befördert durch den Zusammenbruch der sozialistischen Systeme Osteuropas sowie durch neue Unsicherheiten aufgrund der zunehmenden Globalisierung und einer Beschleunigung des sozialen und technologischen Wandels. Das Vertrauen der Bürger in die zentralen politischen und gesellschaftlichen Institutionen stellt eine Grundvoraussetzung für die langfristige Legitimität und Stabilität des politischen Systems dar. Dies gilt sowohl für nationale als auch für supranationale politische Systeme wie die EU. Wichtige Maßnahmen – wie die EU-Erweiterung um bis zu zehn Länder – stehen unmittelbar bevor. Für diesen Kraftakt wird das Vertrauen der Bürger in die EU und deren Institutionen benötigt. Dieser Beitrag analysiert, inwieweit das Vertrauen vorhanden ist und untersucht die Determinanten des Vertrauens am Beispiel des Europäischen Parlaments (EP), das den höchsten Bekanntheits- und Vertrauensgrad aller Institutionen aufweist.

2. Vertrauenskrise in westlichen Demokratien

In allen modernen Gesellschaften kam und kommt es zu tiefgreifenden Veränderungen. Als Stichworte seien genannt: Wertewandel, Zukunftsangst, die Abnahme des Vertrauens in politische und gesellschaftliche Institutionen und in die Funktionsfähigkeit der Demokratie. Die Diskussion über mangelndes Vertrauen der Bürger in die Politik ist aber keineswegs neu (Greiffenhagen 1998: 352). Seit den 70er Jahren diagnostizierten Sozialwissenschaftler immer wieder eine „Legitimations- oder Vertrauenskrise" in westlichen Demokratien (Crozier/Huntington/Watanuki 1975; Habermas 1973, 1976; Hunting-

ton 1981; Lipset/Schneider 1983; Offe 1972; Dalton 1996: 261ff.; Fuchs/
Klingemann 1995; zum Krisenbegriff Kaase/Newton 1995). In den meisten
westlichen Demokratien ist heutzutage eine weit verbreitete Enttäuschung
über demokratische Verfahren feststellbar. Die Diskrepanz zwischen politischen Institutionen und den Bürgern zeigt sich in abnehmender Wahlbeteiligung und Parteibindung, einer steigenden Zahl von Wechselwählern, einem
Mitgliederverlust der politischen Parteien und in einem sinkenden Institutionenvertrauen. In Deutschland wurde diese Entwicklung unter dem Oberbe-
griff „Politikverdrossenheit" diskutiert (Klages 1990: 44; auch Lepsius 1997:
283ff.).

Gelten die auf nationaler Ebene festgestellten Befunde (Erosion eines
vorhandenen Vertrauens) auch für die supranationale Ebene? Gibt es eine Le-
gitimations- bzw. Vertrauenskrise innerhalb der EU? Ein Indiz hierfür könnte
die sinkende Beteiligung an den Wahlen zum EP sein. Es ist unbestreitbar,
dass die EU unter einem Legitimations- und Demokratiedefizit leidet
(Scharpf 1998; Steffani 1995). Es besteht eine „Lücke zwischen der Forderung nach einer stärkeren Bindung der Gemeinschaftsorgane an den Bürger-
willen und dem Istzustand" (Christiansen 1995: 53). Die zunehmenden Kompetenzen der supranationalen Institutionen schränken die Kontrollmöglich-
keiten der Mitgliedsstaaten (und deren Bürger) ein (Höreth 1999: 49). Die nationalen Parlamente verlieren Macht, das EP gewinnt diese aber nicht im
gleichen Maße hinzu. Ferner mangelt es den Entscheidungen im Ministerrat
an Öffentlichkeit und Transparenz (Gusy 1998: 273). Es ist davon auszugehen, dass dies sowie eine komplizierte Entscheidungsfindung zu Bürgerferne
und einem Mangel an Vertrauen gegenüber den betreffenden Institutionen
führen. Ein weiterer Kritikpunkt an der EU ist die Zahl der Abgeordneten-
mandate, die den Mitgliedsstaaten nach dem Kriterium einer als angemessen
erachteten Proportionalität zugerechnet wird (Steffani 1995: 38f.), wodurch
kleinere Mitgliedsländer im EP überrepräsentiert sind. Diese Probleme behindern die Herausbildung von Vertrauen. Es ist daher zu vermuten, dass das
Vertrauen der Europäer in die EU und deren Institutionen nicht stark ausgeprägt ist.

3. Die Institutionen der Europäischen Union

Die nationalen politischen Institutionen der EU-Mitgliedsländer mussten in
den letzten Jahren einen Teil ihrer Rechte an die supranationalen Institutionen abgeben. Dem Vertrauen der Europäer in die Institutionen der EU wird
aber bisher kaum Aufmerksamkeit geschenkt, obwohl diese immer mehr in
den Alltag der Bürger eingreifen. Der Maastrichter Vertrag stärkte 1993 die
Mitentscheidungs- und Kontrollrechte des EP und erweiterte mit dem Drei-
Säulen-Aufbau sowohl die Sachbereiche, für die die EU zuständig ist, als

auch das institutionelle Gefüge der EU um die Europäische Zentralbank, den Ausschuss der Regionen und den Europäischen Ombudsmann. Einige Jahre später wurde mit dem Amsterdamer Vertrag der Einfluss des EP weiter erhöht. Im Folgenden sollen die Institutionen der EU kurz vorgestellt werden (List 1999; Nugent 1994; Wallace 1996; Weidenfeld/Wessels 2002).

Das *Europäische Parlament* (EP) hat neben den Kontroll-, Haushalts- und Beratungsrechten bei allen Rechtssetzungsverfahren zum Binnenmarkt sowie in anderen Fachbereichen ein Mitentscheidungsrecht. Da das EP regelmäßig öffentliche Plenar- und Ausschusssitzungen sowie öffentliche Anhörungen zu wichtigen Fragen abhält und die Abgeordneten zudem seit 1979 von den Bürgern direkt gewählt werden, kann vermutet werden, dass es mehr Vertrauen genießt als die übrigen Institutionen der EU, die die Europäer allenfalls vom Hörensagen kennen.

Der Rat der Europäischen Union (*Ministerrat*) ist das höchste supranationale Beschlussgremium, in dem die nationalen Fachminister regelmäßig zusammenkommen und die Interessen der Mitgliedsländer vertreten. Der Rat tagt rund 80 Mal im Jahr, meistens in Brüssel. Seine Sitzungen sind in der Regel nicht öffentlich. Er erlässt auf Vorschlag der Europäischen Kommission die Rechtsakte. Die Präsidentschaft wechselt alle sechs Monate.

Die *Europäische Kommission* gilt als „Motor der Integration" aufgrund des formal alleine ihr zustehenden Rechts, Vorschläge für Rechtsakte einzubringen (Initiativrecht). Sie ist die Exekutive der EU und besteht aus Kommissaren, die von den Mitgliedsländern nach einem bestimmten Schlüssel bestimmt werden, aber von den Weisungen der Mitgliedsstaaten unabhängig sind. Auch sie trifft ihre Entscheidungen unter Ausschluss der Öffentlichkeit.

Der *Europäische Gerichtshof* (EuGH) entscheidet mit unmittelbarer Verbindlichkeit für die Mitgliedsstaaten über Streitfragen des europäischen Gemeinschaftsrechts und kann z.B. von Individuen oder nationalen Gerichten zur Rechtsauslegung angerufen werden. Er achtet darauf, dass Gesetze und Rechte der EU gesichert und gewahrt werden und ist die oberste rechtliche Instanz. Der EuGH besteht aus 15 unabhängigen Richtern, die von den Staaten für sechs Jahre ernannt werden. Er war aufgrund seiner Urteile oft integrationsfördernd (List 1999: 58).

Der *Ausschuss der Regionen* wurde im Dezember 1991 von den Staats- und Regierungschefs in Maastricht ins Leben gerufen, um den rund 200 Regionen in der EU mehr Mitsprache einzuräumen. Diese Institution bietet die Chance, Erfahrungen der Regionen und der dort lebenden Bürger aus ihrem unmittelbaren Lebensumfeld in die Entscheidungsprozesse der EU einzubringen. Er sollte die Demokratisierung der EU voranbringen und zu mehr Bürgernähe und Vertrauen führen. Ihm gehören Vertreter von Ländern, Regionen und Gemeinden aus allen Mitgliedsstaaten an, die jeweils für vier Jahre ernannt werden. Er wird von der Kommission und dem Rat der EU zu allen Fragen gehört, die regionalpolitische Interessen berühren.

Auch der *Wirtschafts- und Sozialausschuss* ist ein Beratungsorgan der EU. Er besteht aus Vertretern wirtschaftlicher und sozialer Gruppen und wird von der Kommission und dem Ministerrat zu Fragen der Agrar-, Verkehrs-, Sozial- oder Umweltpolitik gehört. Dieses Expertengremium verfügt über keine demokratischen Kontroll- und Transparenzmechanismen.

Die bisher zwölf Euro-Teilnehmerstaaten haben mit der Einrichtung der *Europäischen Zentralbank* einen wesentlichen Teil ihrer staatlichen Souveränität im Bereich der Währungspolitik abgegeben. Sie soll die Preisstabilität gewährleisten und die allgemeine Wirtschaftspolitik der Gemeinschaft unterstützen. Der aus 15 Mitgliedern bestehende *Europäische Rechnungshof* ist für die Rechnungsprüfung über alle Einnahmen und Ausgaben der EU zuständig. Zudem haben alle Bürger der EU das Recht auf Anrufung des *Europäischen Ombudsmannes,* der vom EP für die Dauer einer Wahlperiode ernannt wird. Er kann bei gerechtfertigten Beschwerden über Missstände Untersuchungen einleiten, deren Ergebnisse er dem EP und dem betroffenen Organ vorlegt.

4.   Theoretische Grundlagen und Relevanz

4.1   Vertrauen allgemein

Dunn (1984: 281) erkannte bereits 1984 die Relevanz dieser Variablen: „The rationality of trust within particular structures of social and political relations is a pressing issue in political understanding in any society of the modern world". Untersuchungen über die Bewertung von Charaktermerkmalen zeigen, dass Vertrauenswürdigkeit von den meisten als einer der am höchsten geschätzten menschlichen Charakterzüge angesehen wird (Anderson 1968; Busz 1972). Mittels Vertrauen bauen die Menschen eine Bindung zu den gesellschaftlichen und politischen Institutionen auf. Für Luhmann ist Vertrauen eine wichtige Komponente der Systemstabilität. Es ist ein „elementarer Tatbestand des sozialen Lebens" und führt aufgrund der Reduktion von Komplexität zu mehr Möglichkeiten des Erlebens und Handelns (Luhmann 1989: 7ff.).

Vertrauen (trust) wird im Oxford English Dictionary definiert als „confidence in or reliance on some quality or attribute of a person or thing, or the truth of a statement". Es kommt durch „Überziehen der vorhandenen Informationen zustande" (Luhmann 1989: 26). Aufgrund des Fehlens vollständiger Informationen geht der Vertrauende mit seiner Entscheidung ein Risiko ein und ist sich dessen bewusst. Es handelt sich um eine riskante Vorleistung. Um dieses Risiko zu minimieren, benötigt der Vertrauensgeber Anhaltspunkte (Informationen, Erfahrung) für die Gewährung von Vertrauen. Beim zwischenmenschlichen Vertrauen fördert die Zuschreibung der Eigenschaften „Redlichkeit" oder „Zuneigung" die Vertrauensentscheidung (Giddens 1995:

48). Bei fremden Akteuren dagegen bieten die Kenntnis der Positionen und Rollen der Interaktionspartner sowie Annahmen über deren Motivationsstruktur eine gewisse Orientierungshilfe bei der Gewährung von Vertrauen. Systemvertrauen ersetzt das persönliche Vertrauen und macht das Verhalten des Interaktionspartners berechenbarer (Luhmann 1989: 23ff.). Abschließend kann Vertrauen definiert werden als „Zutrauen zur Zuverlässigkeit einer Person oder eines Systems im Hinblick auf eine gegebene Menge von Ergebnissen oder Ereignissen, wobei dieses Zutrauen einen Glauben an die Redlichkeit oder die Zuneigung einer anderen Person bzw. an die Redlichkeit abstrakter Prinzipien (technischen Wissens) zum Ausdruck bringt" (Giddens 1995: 49).

4.2 Vertrauen in politische Institutionen

Was versteht man unter *politischem Vertrauen*? Stokes (1962: 67) definiert es ganz allgemein als „a basic evaluative orientation toward government", für Easton (1975: 447) ist es die Wahrscheinlichkeit, „that the political system (or some part of it) will produce preferred outcomes even if left untended". Schweer (2000: 11) sieht in politischem Vertrauen „eine bedeutende Komponente politischer Unterstützung". Man kann es im Sinne von Eastons' Systemtheorie als eine Art „diffuse Unterstützung" ansehen. Es bildet „a reservoir of favorable attitudes or good will that helps members to accept or tolerate outputs to which they are opposed or the effect of which they see as damaging to their wants" (Easton 1965: 273). Vertrauen ist also mehr als eine „spezifische Unterstützung", die nur so lange anhält, wie man von den Entscheidungen der Institutionen profitiert. Miller (1974: 989) hebt den Zusammenhang von Erwartungen der Bürger und Vertrauen hervor und definiert Vertrauen als „the belief that government is operating according to one's normative expectations of how government (authorities and institutions) should function" (auch Miller/Listhaug 1990; Abramson 1972). Effektivität und Fairness werden als zentrale Erwartungsdimensionen des politischen Vertrauens genannt (Gamson 1968: 40ff.). Das heißt z.B., dass bei mangelnder (wahrgenommener) Effektivität Vertrauen nicht entstehen kann bzw. abgebaut wird.

Wenn Bürger den zentralen Institutionen vertrauen, bedeutet das, dass sie ihnen einen Vertrauensvorschuss gewähren und erwarten, dass ihr Vertrauen nicht missbraucht wird. Für die Vertrauensentscheidung benötigen sie Anhaltspunkte. Wer über keine Informationen über eine Institution verfügt, kann auch nur schwer Vertrauen ihr gegenüber aufbauen. Es ist daher davon auszugehen, dass das Vertrauen der Bürger in die EU-Institutionen je nach Bekanntheitsgrad unterschiedlich hoch ausfällt. Ein wichtiger Anhaltspunkt zur Vertrauensentscheidung kann das Vertrauen in vergleichbare nationale

Institutionen sein. Wer also seinem nationalen Parlament Vertrauen entgegenbringt, wird auch eher dem EP vertrauen als jemand, der kein Vertrauen in die nationale Legislative hat.

Formal kann zwischen System-, Institutionen- und personalem Vertrauen unterschieden werden. Ein Zusammenhang zwischen personalem und institutionellem Vertrauen ist plausibel, da Bürger leichter Vertrauen zu einer Institution aufbauen können, wenn sie deren Repräsentanten kennen und vertrauen. Es ist ferner davon auszugehen, dass eine Vertrauenserosion der zentralen Institutionen das Vertrauen in den Staat insgesamt beeinträchtigt.

Immer wieder wird ein Rückgang des Vertrauens der Bürger in die nationalen politischen Institutionen diagnostiziert. Als Ursachen werden Orientierungslosigkeit, mangelndes politisches Interesse und Engagement angenommen (Schweer 2000: 9; Backes 1990a, 1990b; Gabriel 1993). Eine repräsentative Demokratie ist sowohl aus normativ-demokratietheoretischer als auch aus systemfunktionaler Sicht auf ein Vertrauensverhältnis zwischen Bürgern und den zentralen politischen Institutionen angewiesen (Gabriel 1993: 203; Niedermayer 2001: 56). „Weitverbreitete, dauerhafte Zweifel an der Vertrauenswürdigkeit der politischen Ordnung und der sie tragenden Institutionen (sind) mit der Idee der Demokratie unvereinbar" (Gabriel 1993: 3). Eine effektive Aufgabenerfüllung ist nur dann möglich, wenn die politischen Institutionen „nicht dauernd einer zutiefst misstrauischen Öffentlichkeit gegenüberstehen" (Gabriel 1999: 203). Vertrauen ist die Grundlage jeder staatlichen Organisationsform, sofern sie auf Freiheit und demokratischer Legitimation und nicht auf Zwang und Autorität basiert. Die Weimarer Republik ist nicht zuletzt auch deshalb gescheitert, weil ihren Institutionen zunehmend mit Misstrauen, Spott und Verachtung begegnet wurde. Gabriel (1999: 204) weist aber auch darauf hin, dass sich die politische Kultur eines demokratischen Systems „nicht durch blinde Loyalität der Regierten zu den Regierenden, sondern durch ein gehöriges Maß an Wachsamkeit und Misstrauen" auszeichnet. Auch wenn keine Einigkeit über das unverzichtbare Ausmaß an Vertrauen in das politische System und dessen zentrale Institutionen besteht, so wird jedoch immer auf die Notwendigkeit einer grundsätzlichen Akzeptanz und Unterstützung sowie eines Grundvertrauens durch den größeren Teil der Bevölkerung hingewiesen (Almond/Verba 1965; Gluchowski/Zelle 1992: 251; Gabriel 1993: 3; Westle 1992).

Gabriel (1994: 126f.) betont, dass man bei dem Institutionenvertrauen realistischerweise nicht mit ähnlich hohen Werten rechnen kann wie dies z.B. bei der Demokratiezufriedenheit der Fall ist. Der Grund liegt darin, dass die politischen Institutionen ständig Entscheidungen über die Zuteilung knapper Ressourcen treffen müssen, die von einem Teil der Bürger abgelehnt werden. Die politischen Institutionen können nicht alle (zum Teil konkurrierenden) Erwartungen der Bürger erfüllen. Neben der Höhe des Vertrauens in die zentralen politischen Institutionen der EU ist in diesem Beitrag vor allem der

Vergleich des Vertrauensniveaus über die Zeit, mit der nationalen Ebene und zwischen den verschiedenen Mitgliedsländern von Interesse.

Mangels empirisch brauchbarer Theorie können über die Auswirkungen der Höhe des Institutionenvertrauens auf die Stabilität und Funktionsfähigkeit der politischen Ordnung keine verlässlichen Aussagen getroffen werden (Gabriel 1993: 5). Da allgemein jedoch angenommen wird, dass ein Vertrauensverlust die politischen Institutionen und das gesamte politische System schwächt (Gamson 1971: 45) und wichtige Schritte wie die (Ost-)Erweiterung der EU unmittelbar bevorstehen, benötigen die EU und deren zentrale Institutionen das Vertrauen möglichst vieler Bürger. Dieses ist auch notwendig für ein Voranschreiten der europäischen Integration mit einem weiteren Transfer von Entscheidungsbefugnissen von der nationalen auf die supranationale Ebene. Entscheidend für die Stabilität eines politischen Systems ist aber nicht nur die Verbreitung der für eine Staatsbürgerkultur (Almond/ Verba 1965: 31ff.) typischen Einstellungen innerhalb der Bevölkerung, sondern auch die Art der Verbreitung (Gabriel 1994: 110, 123ff.). Das ideale politische System sollte folgende Eigenschaften besitzen: „a comfortably high level of overall trust and a low variance in trust between groups" (Gamson 1971: 54). Das Vertrauen der Europäer in die EU und deren zentrale Institutionen sollte daher möglichst hoch sein und nicht zu stark zwischen den verschiedenen Mitgliedsländern differieren.

4.3 Daten, Forschungsfragen und Hypothesen

Datengrundlage sind verschiedene Wellen des Eurobarometers (EB) seit 1995 (ab EB 43.1), in denen nach dem Vertrauen der Bürger in die zentralen Institutionen der EU gefragt wurde.[1] Die wichtigsten Variablen sind im Anhang zu finden.

---

1   Die Daten, die in diesem Beitrag benutzt werden, wurden vom Zentralarchiv für Empirische Sozialforschung (ZA), Universität zu Köln, zugänglich gemacht und im Auftrag der „Generaldirektion für Presse und Kommunikation der Europäischen Kommission, Meinungsumfragen" von nationalen Instituten erhoben. Die vorgenannten Institute tragen keine Verantwortung für die Analyse oder Interpretation der Daten in diesem Beitrag. Befragt wurde in den einzelnen Mitgliedsstaaten der EU ein repräsentativer Querschnitt der Bevölkerung im Alter ab 15 Jahren. In der Regel umfasst die Stichprobe 1000 Personen je Land mit Ausnahme der Länder Luxemburg (600), dem Vereinigten Königreich (1000 in Großbritannien und 300 in Nordirland) und Deutschland (jeweils 1000 in Ost- und Westdeutschland). Die Zahlen für die gesamte EU (EU 15) sind gemäß der Bevölkerung eines Landes gewichtet. In allen Tabellen und Abbildungen sind unter „Großbritannien" auch die Werte von Nordirland enthalten. Wichtigste Datengrundlage ist die EB-Erhebung 54.1 (Herbst 2000, N = 15900), da diese die meisten Variablen enthält, für die ein Zusammenhang mit dem Vertrauen in das EP vermutet wird. Bei der Interpretation der Daten ist folgender Hinweis zu beachten (Europäische Kommission 2001: C5): Bei den Erhebungsergebnissen handelt es sich um Schätzwerte, deren Genauigkeit – bei sonst gleichen Voraussetzungen – vom Stichpro-

Es werden folgende *Forschungsfragen* untersucht: Wie viel Vertrauen haben die Europäer in die EU und ihre zentralen Institutionen? Gibt es nationale Unterschiede? Welchen Institutionen wird mehr als anderen vertraut? Die nationale Vertrauensforschung hat festgestellt, dass parteienstaatlichen Institutionen weniger Vertrauen entgegengebracht wird als rechtsstaatlichen (Gabriel 1999: 206). Als Grund wird angegeben, dass das Parlament und die Regierung Gegenstand kontroverser tagespolitischer Diskussionen sind und ihre politischen Entscheidungen nahezu immer die Bevölkerung in Befürworter und Gegner spalten (Niedermayer 2001: 57). Gilt dies auch für die EU?

Folgende *Erwartungen* über die Entwicklung und die Struktur des Vertrauens in die Institutionen der EU lassen sich aufgrund der bisherigen Ausführungen und der nationalen Vertrauensforschung ableiten:

1. Eine wichtige Grundlage von Vertrauen ist Erfahrung. Aufgrund der längeren Erfahrung dürfte daher das Vertrauen in das nationale Parlament höher sein als das Vertrauen in das EP. Ferner ist zu erwarten, dass das Vertrauen in die EU und das EP in der durch die Römischen Verträge (1958) gegründeten Sechsergemeinschaft höher ist als bei den drei Staaten, die erst 1995 Mitglieder der EU wurden (Österreich, Schweden und Finnland). Das Vertrauen in die EU und das EP dürfte zudem in den 90er Jahren gewachsen sein, da sich die EU mit der Verwirklichung des Binnenmarktes, dem Wegfall der ungeliebten Passkontrollen und dem Inkrafttreten der Verträge von Maastricht und Amsterdam als handlungsfähig erwies, weil die europäische Integration vorangebracht und das Demokratiedefizit verringert wurde.

2. Die Vertrauensentscheidung ist nach der Rational-Choice-Theorie (Hill 2002) das Ergebnis eines rationalen Kosten-Nutzen-Kalküls. In den Ländern, die mehr Geld von der EU erhalten als sie bezahlen (Nettoempfänger), dürfte das Vertrauen in die EU und das EP tendenziell höher sein als bei den Nettozahlern. Sieht man von Luxemburg einmal ab, so weisen Länder wie Deutschland, die Niederlande, Schweden und Österreich die größten Belastungen pro Kopf und auch in Relation zum Sozialprodukt auf. Die größten Nettoempfängerländer und damit Profiteure der aktuellen Finanzpolitik der EU sind Irland, Griechenland, Portugal und Spanien (Europäische Kommission, Eurostat; Weidenfeld/Wessels 2002).

3. Da die Judikative in den meisten europäischen Nationalstaaten in der Vertrauenshierarchie weit oben steht, kann man dies auch für den EuGH vermuten. Des weiteren dürfte das direkt wählbare EP mehr Vertrauen genie-

---

benumfang und dem Stichprobenanteil des erhobenen Merkmals abhängt. Bei Stichprobengrößen von ca. 1000 Interviews pro Land liegen die wahren Werte der Grundgesamtheit innerhalb von Konfidenzintervallen. Bei einer Stichprobenverteilung von 50 zu 50 Prozent liegt der tatsächliche Wert der Grundgesamtheit zwischen 46,9 und 53,1 Prozent, d.h. das Konfidenzintervall beträgt +/-3,1 Prozentpunkte. Bei einer Verteilung von 10 zu 90 Prozent verringert sich das Intervall auf +/-1,9 Prozentpunkte, d.h. der wahre Wert liegt zwischen 8,1 und 11,9 bzw. 88,1 und 91,9 Prozent.

ßen als weniger transparente und bekannte Institutionen. Das EP besitzt in den Augen der Bürger alleine schon deshalb ein hohes Maß an Legitimität, weil es ein Parlament ist (Hix 1999: 137). Das Vertrauen in Institutionen mit bekannten und populären Vertretern an der Spitze dürfte höher sein als in Institutionen mit weitgehend unbekannten Repräsentanten, da Institutionenvertrauen durch personales Vertrauen gefördert wird.

4. Vertrauen in das Parlament wird auch über den Abgeordneten vor Ort aufgebaut. Kleinere Länder sind im Vergleich zu den großen Ländern im EP mit mehr Abgeordneten vertreten, als ihnen aufgrund der Bevölkerungsgröße eigentlich zustehen würden. Größere Länder wie z.b. Deutschland sind dagegen im EP unterrepräsentiert. So vertritt ein luxemburgischer Abgeordneter z.b. nur 67000 Bürger, ein deutscher dagegen 800000. Es wird daher vermutet, dass die Bürger in den kleinen EU-Mitgliedsstaaten, die von der aktuellen Situation am meisten profitieren, dem EP mehr Vertrauen entgegenbringen als die Bürger aus den großen Ländern.

5. Die bisherige Forschung hat folgende Determinanten des Vertrauens in nationale Institutionen ermittelt (Walz/Brunner 2000: 190ff.; Gamson 1968): Neben sozialstrukturellen Variablen wie Geschlecht, Alter oder Bildung sind es politische Einstellungen oder Wertepräferenzen. Außerdem werden wahrgenommene Merkmale der Institutionen selbst wie z.B. die Zufriedenheit mit den Leistungen des politischen Systems oder die Bewertung von Politikern genannt. Jüngere Arbeiten zeigen, dass das Ausmaß des Institutionenvertrauens nur schwach mit sozialstrukturellen Variablen zusammenhängt, die Parteineigung, die Bewertung von Parteien, Politikern und Regierung sowie Gefühle mangelnder sozialer Integration dagegen deutlich. Dabei gilt: „Je älter die Befragten sind, je eher sie einer der Regierungsparteien zuneigen, je positiver sie Parteien, Politiker und Regierung bewerten, je zufriedener sie mit deren Leistungen sind und je fester der individuelle Halt ist, um so größer ist auch ihr Vertrauen in politische Institutionen" (Walz/Brunner 2000: 191).

Diese Ergebnisse sind nicht ohne weiteres auf das Vertrauen in das EP anwendbar, da es z.B. weder europäische Parteien noch eine europäische Parteiidentifikation gibt. Außerdem fehlen im Eurobarometer der Inglehart-Index sowie Items zur Kompetenz und Ehrlichkeit der Herrschaftsträger. Jedoch wurden andere Variablen in die Analyse aufgenommen, bei denen ein Zusammenhang mit dem Vertrauen in das EP vermutet wird.

Es wird angenommen, dass das Vertrauen in das EP mit anderen zentralen Einstellungen zur europäischen Integration und EU zusammenhängt. So dürften Personen, die mit der Demokratie in der EU zufrieden sind (diffuse Unterstützung nach Easton), die EU-Mitgliedschaft ihres Landes befürworten, für eine hohe Geschwindigkeit der europäischen Integration plädieren (also pro-europäisch eingestellt sind) und zentrale Felder aktueller EU-Politik unterstützen (Bejahung der Notwendigkeit des Euro, einer gemeinsamen Außen-, Verteidigungs- und Sicherheitspolitik und der EU-Erweiterung) oder der Ansicht sind, dass das eigene Land von der Mitgliedschaft profitiert (spezifische Unterstützung nach Easton), eher dem EP vertrauen als Bürger, die dies nicht tun. Außerdem wird vermutet, dass Bürger, die Vertrauen in ihr nationales Parlament haben, auch dem EP eher vertrauen als Personen, die kein Vertrauen in ihre nationale Legislative besitzen (Vertrauenstransfer auf ähnliche Institution). Ferner soll der Einfluss soziodemographischer Variablen auf das Vertrauen in das EP untersucht werden. Die Bestimmung der Determinanten des Vertrauens in das EP erfolgt mittels logistischer Regression, da die abhängige Variable dichotom ist. Die Personen, die nicht wissen, ob sie dem EP vertrauen oder nicht, wurden dabei nicht berücksichtigt, da anzunehmen ist, dass sich hierunter sowohl Personen befinden, die es wirklich nicht wissen, als auch Verweigerer, die die Frage nicht beantworten wollten.

5.   Empirische Befunde

5.1 Entwicklung des Vertrauens in der EU

In Tabelle 1 wird einerseits die Entwicklung des Vertrauens in die EU als Ganzes als auch in das EP dargestellt.[2] Das Vertrauen in das EP wird zudem mit dem Vertrauen in das nationale Parlament verglichen. Fast jeder Zweite vertraute 1995 seinem nationalen Parlament. Dieser hohe Wert fiel 1996 auf knapp 42 Prozent und blieb bis Anfang 2001 relativ konstant. In den Jahren 1995 und 1996 vertrauten – wie erwartet – mehr Bürger ihrem nationalen als dem Europäischen Parlament. Schaut man sich jedoch die Daten für die Ausprägung „kein Vertrauen" an, stellt man fest, dass weniger Europäer sagten, dass sie dem EP nicht vertrauen als es bei der nationalen Legislative der Fall war. Die Zahl der Unentschlossenen ist bei der Frage nach dem Vertrauen in das EP größer als bei der Frage nach dem Vertrauen in das nationale Parlament. Dies lässt auf ein Informationsdefizit schließen und bestätigt die Hypothese, dass sich Vertrauen erst mit der Zeit allmählich aufbaut. Seit Frühjahr 1999 liegt der Anteil der Bürger, die dem EP vertrauen, etwa zehn Prozentpunkte höher als der Anteil derjenigen, die ihrem nationalen Parlament bzw. der EU insgesamt vertrauen. Der Anteil der Bürger, die kein Vertrauen in das EP haben, ist im gleichen Zeitraum sogar um etwa 20 Prozentpunkte niedriger als beim Vertrauen in das nationale Parlament. Das Ergebnis erstaunt in dieser Deutlichkeit.

---

2   Tabelle 1 zeigt die Ergebnisse einer gepoolten Analyse, weil wir an der zeitlichen Entwicklung des Vertrauens der Europäer insgesamt interessiert sind. Die Berücksichtigung nationenspezifischer Unterschiede würde hier den Rahmen sprengen.

Tabelle 1: Entwicklung des Vertrauens in der EU, 1995-2002 (in %)

	I/ 1995	II/ 1995	I/ 1996	II/ 1997	I/ 1999	I/ 2000	II/ 2000	I/ 2001	II/ 2001	I/ 2002
EB Nr.	43.1	44.1	44.2	48.0	51.0	53	54.1	55.1	56.2	57
Nat. Parlament										
Vertrauen	45	48	42	40	41	-	42	40	51	-
kein Vertrauen	40	38	42	48	46	-	48	46	39	-
EU-Parlament										
Vertrauen	41	45	39	-	50	52	53	52	58	54
kein Vertrauen	35	32	37	-	28	28	28	25	24	23
EU										
Vertrauen	-	-	-	37	39	-	-	41	53	46
kein Vertrauen	-	-	-	41	40	-	-	40	32	37

In den EB 43.1. bis 44.2 wurde nach „rely on" gefragt, ab EB 48.0 nach „trust" (vgl. Anhang).

Eine plausible Erklärung für das vergleichsweise hohe Vertrauen in das EP könnte sein, dass es noch nicht über die gleichen Befugnisse wie ein nationales Parlament verfügt und so beispielsweise keine unpopulären Maßnahmen wie Steuererhöhungen beschließen kann und dass über dessen Entscheidungen bisher kaum kontrovers diskutiert wird. Warum ist das Vertrauen in das EP aber erst seit 1999 so vergleichsweise hoch? Auch wenn die unterschiedliche Fragestellung („rely on" bzw. „trust") die Ergebnisse beeinflusst haben könnte (dagegen spricht jedoch, dass die Vertrauenswerte für das nationale Parlament unverändert geblieben sind), bieten wir folgende realistischere Erklärung an: Im Juni 1999 fand die fünfte Direktwahl des EP statt. Durch den Wahlkampf erhielten die Bürger verstärkt Informationen über das EP. Ferner stellte das EP im Januar 1999 einen Misstrauensantrag gegen eine unbeliebte Kommission, der die erforderliche Zweidrittelmehrheit knapp verfehlte. Die Kommission trat dennoch zwei Monate später zurück, da ihr von einem zur Untersuchung von Vorwürfen eingesetzten unabhängigen „Rat der Weisen" kollektives Versagen vorgeworfen wurde (Weidenfeld/Wessels 2002). Hierdurch und durch die Diskussionen über den Amsterdamer Vertrag wurde das EP relativ häufig in den Nachrichten thematisiert und konnte sich als Vertreter der Bürgerinteressen im Kampf gegen Korruption einen Namen machen. Dies hat für einen Vertrauensschub gesorgt, da die Zuschreibung von Ehrlichkeit und Effektivität den Vertrauensaufbau beförderte. Die hohen Vertrauenswerte für die EU sowie für das nationale und Europäische Parlament im Herbst 2001 können mit den am 11. September 2001 in den USA verübten Terroranschlägen erklärt werden, da sich viele Bürger der Wichtigkeit einer

demokratischen Legislative verstärkt bewusst wurden. Das Vertrauen für die
EU und das EP bleibt im Frühjahr 2002 auf einem relativ hohen Niveau.

5.2 Vertrauen in die Europäische Union

Die Zahl der EU-Bürger, die der EU vertrauen, und die Zahl derer, die ihr
nicht vertrauen, hält sich im Frühjahr 2001 (EB 55.1) die Waage, während 19
Prozent dazu keine Angabe machen können oder wollen (vgl. Abbildung 1).

Abbildung 1: Vertrauen in die EU, 2001 (in %)

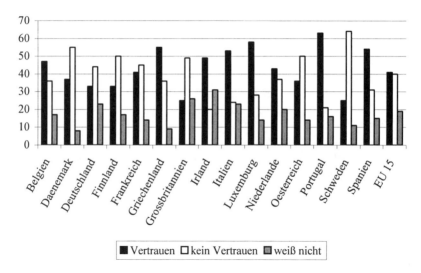

Quelle: Eurobarometer 55.1.

Das größte Vertrauen in die EU haben die Bürger in Portugal, Luxemburg,
Griechenland, Spanien, Italien und Irland, dagegen sind es in Großbritannien
und Schweden nur jeweils 25 Prozent. Der höchste Anteil derer, die der EU
nicht vertrauen, ist in den skandinavischen Ländern Schweden, Dänemark,
Finnland sowie in Österreich und Großbritannien anzutreffen. Dieses Ergebnis stützt die Hypothesen, dass einerseits Vertrauen erst mit der Zeit aufgebaut wird und daher die Länder Österreich, Schweden und Finnland weniger
Vertrauen in die EU haben als die Gründungsmitglieder der EU, sowie dass
andererseits Bürger aus Nettozahlerländern tendenziell weniger Vertrauen haben. Die drei neuesten Mitgliedsländer gehören alle zu den Nettozahlern, ge-

nauso wie Deutschland, Großbritannien und Dänemark. Portugal, Griechenland, Spanien und Irland gehören dagegen zu den Nettoempfängern innerhalb
der EU.

5.3   Vertrauen in Institutionen

Welches Vertrauensverhältnis besteht zwischen den Bürgern und den zentralen Institutionen der EU? Diese Frage kann nicht pauschal beantwortet werden, da sich die Werte für die einzelnen Institutionen sehr stark unterscheiden
und zudem erhebliche nationale Unterschiede bestehen. Im Zentrum der Analyse steht das Vertrauen in das EP, bei dem immerhin 81 Prozent wissen, ob
sie ihm vertrauen oder nicht.

5.3.1   Vertrauen in das nationale Parlament

Im Folgenden soll das Vertrauen der Europäer in ihr nationales Parlament
(vgl. Abbildung 2) betrachtet werden, um es anschließend mit dem Vertrauen
in das EP (vgl. Abbildung 3) zu vergleichen. 42 Prozent der Europäer geben
im Herbst 2000 an, dass sie ihrem nationalen Parlament eher vertrauen, 48
Prozent vertrauen ihm eher nicht. Die Zahl der Unentschlossenen ist mit zehn

Abbildung 2:   Vertrauen in das nationale Parlament, 2000 (in %)

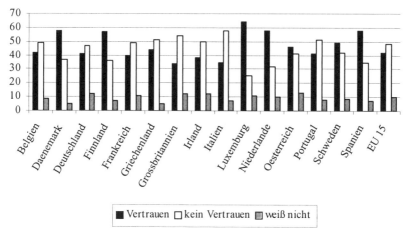

Quelle: Eurobarometer 54.1.

Prozent relativ gering. Besonders weit verbreitet ist das Vertrauen in Luxemburg, Dänemark, den Niederlanden, Spanien und Finnland (jeweils mehr als 50 Prozent). In acht EU-Mitgliedsländern gibt es mehr Bürger, die ihrem Parlament nicht vertrauen, als solche, die ihm vertrauen. Kein Vertrauen in das nationale Parlament haben besonders viele Bürger in Italien, Großbritannien, Griechenland, Portugal, Irland, Frankreich und Belgien (49 Prozent und mehr). 42 Prozent der Westdeutschen und 38 Prozent der Ostdeutschen vertrauen dem Bundestag, 46 Prozent der Westdeutschen und 51 Prozent der Ostdeutschen tun dies nicht.

5.3.2 Vertrauen in supranationale Institutionen

Um das Vertrauen der Bürger aus den unterschiedlichen Ländern in die Institutionen der EU übersichtlich darzustellen, wurde in Tabelle 2 nur die Differenz der Prozentangaben für die Antworten „eher Vertrauen" und „eher kein Vertrauen" pro Institution und Land angegeben. So vertrauen z.B. im Herbst 2000 47 Prozent der Deutschen dem EP, 31 Prozent tun dies nicht (22 Prozent wissen es nicht). Dies ergibt eine Differenz von 16 Prozentpunkten. Dagegen vertrauen nur 28 Prozent der Briten dem EP, 42 Prozent jedoch nicht.

Dies ergibt eine Differenz von -14 Prozentpunkten. In der letzten Spalte in Tabelle 2 findet sich die durchschnittliche Differenz pro Institution und Land. Bei den Bürgern aus den Nettoempfängerländern Irland, Spanien, Portugal oder Griechenland ist genauso wie bei denen aus den kleineren Ländern Luxemburg, den Niederlanden oder Belgien überdurchschnittlich viel Vertrauen in die Institutionen der EU vorhanden. In Irland z.B. beträgt die durchschnittliche Differenz 40 Prozentpunkte. Die Österreicher und Schweden (EU-Beitritt 1995) sowie die Bürger in den Nettozahlerländern Deutschland, Dänemark und vor allem Großbritannien besitzen dagegen überdurchschnittlich wenig Vertrauen. Ingesamt ist das Institutionenvertrauen aber erstaunlich weit verbreitet. Dies gilt besonders für das EP und den EuGH und mit Abstrichen auch für die Europäische Kommission und die Zentralbank.

Bei den neun Institutionen der EU fällt eine *Hierarchie* auf, die man folgendermaßen umschreiben kann: Das höchste Vertrauen der Europäer genießt das EP (die Differenz zwischen „Vertrauen" und „kein Vertrauen" beträgt 25 Prozentpunkte), das geringste Vertrauen wird dem Wirtschafts- und Sozialausschuss, dem Europäischen Ombudsmann und dem Ausschuss der Regionen (jeweils ein bis drei Prozentpunkte Differenz) ausgesprochen. Das schlechte Abschneiden des Ombudsmannes und des Ausschusses der Regionen verwundert, da diese eigentlich die Bürgernähe steigern sollten. Da die beiden Institutionen allerdings erst seit einigen Jahren existieren und vielen Bürgern unbekannt sind, bestätigt sich hier wieder die Hypothese, dass Vertrauen erst über die Zeit und mit (positiver) Erfahrung aufgebaut und gefestigt wird.

Tabelle 2: Vertrauen in die Institutionen der EU, 2000

	Europäisches Parlament	Europäischer Gerichtshof	Europäische Kommission	Europäische Zentralbank	EU-Ministerrat	Europäischer Rechnungshof	Wirtschafts- und Sozialausschuss	Europäischer Ombudsmann	Ausschuss der Regionen der EU	durchschnittliche Differenz
Belgien	38	24	29	18	15	12	0	10	3	16,6
Dänemark	9	42	-12	17	2	-2	-3	10	-6	6,3
Deutschland	16	28	0	13	-1	10	-2	-7	-7	5,6
Deutschland Ost	11	34	-3	13	-4	17	-2	-5	-4	6,3
Deutschland West	18	27	2	13	1	7	-2	-7	-7	5,8
Finnland	19	24	11	20	6	0	1	29	1	12,3
Frankreich	25	17	17	9	3	10	4	0	1	9,6
Griechenland	37	32	27	14	17	6	9	8	8	17,6
Großbritannien	-14	-6	-17	-16	-21	-22	-21	-17	-22	-17,3
Irland	54	48	51	39	40	28	31	37	28	39,6
Italien	54	26	44	31	30	13	11	6	9	24,9
Luxemburg	42	46	34	39	28	29	25	18	25	31,8
Niederlande	26	49	21	46	21	27	3	19	-1	23,4
Österreich	10	19	1	13	-4	11	-1	-3	-4	4,7
Portugal	36	25	31	31	25	26	18	12	19	24,8
Schweden	4	26	-10	8	-4	-2	-14	-9	-15	-1,8
Spanien	58	35	47	24	39	28	34	42	31	37,6
EU 15	25	22	16	15	8	8	3	3	1	11,2

Die Werte sind die jeweilige Differenz der Prozentangaben für die Antworten „eher vertrauen" und „eher kein Vertrauen" pro Institution und Land. Die letzte Spalte gibt die durchschnittliche Differenz (in Prozentpunkten) an. Quelle: Eurobarometer 54.1.

Die geringen Werte für diese Institutionen können jedoch nicht mit einem Misstrauen in diese gleichgesetzt werden. Vielmehr scheinen die Befragten nicht über genügend Anhaltspunkte (Wissen, Informationen) zu verfügen, die das Vertrauen stützen. Die Zahl der „weiß nicht"-Antworten fällt insbesondere beim Ausschuss der Regionen und dem Europäischen Ombudsmann (jeweils 47%) sowie dem Wirtschafts- und Sozialausschuss (45%) sehr hoch aus. Im Vergleich dazu können beim EP nur 19 Prozent nicht sagen, ob sie ihm eher vertrauen oder nicht. Das EP verfügt durch die nationalen Abgeordneten über mehr „Bodenhaftung" in den einzelnen Mitgliedsstaaten und weist einen höheren Bekanntheitsgrad auf. Außerdem kann man sich die Aufgaben eines europäischen Parlaments besser vorstellen als die eines Ausschusses der Regionen. Der Anteil der Personen, die den einzelnen Institutionen nicht vertrauen, schwankt nur geringfügig von 31 Prozent beim EU-Ministerrat bis zu 25 Prozent beim Europäischen Gerichtshof und dem Europäischen Ombudsmann. Von einer generellen Vertrauenskrise kann keine Rede sein. Welche Institutionen genießen das höchste Vertrauen der Bürger? Das EP ist in allen EU-Mitgliedsstaaten unter den drei Institutionen, denen die Bürger am meisten vertrauen; in neun Ländern liegt es an erster Stelle, in fünf Ländern belegt es Rang 2 (vgl. Tabelle 3). Dieser hohe Vertrauenswert lässt sich darauf zurückführen, dass das Parlament direkt von den Bürgern gewählt wird und dass man sich unter einem Parlament etwas vorstellen kann. Dem Europäischen Gerichtshof wird in fünf Ländern am meisten vertraut, in vier Ländern am zweitmeisten, in drei Ländern belegt er Rang 3. Dies wurde erwartet. In Italien, Spanien und Portugal dagegen befindet er sich nicht unter den drei Institutionen, denen am meisten Vertrauen entgegengebracht wird. Die Europäische Kommission belegt immerhin in sechs Ländern Rang 2 und in drei Ländern Platz 3. In Deutschland, den Niederlanden, Österreich und den skandinavischen Ländern ist sie jedoch nicht unter den ersten drei Platzierten. Das hängt damit zusammen, dass die Kommissionsmitglieder in ihren Heimatländern unterschiedlich populär und vertrauensvoll sind. Die Europäische Zentralbank ist in den Niederlanden die Institution, der am zweithesten vertraut wird, was sicherlich damit zusammenhängt, dass der gegenwärtige Chef der Zentralbank, Wim Duisenberg, ein Niederländer ist und Vertrauen besonders leicht über bekannte und kompetente Personen aufgebaut werden kann.

In Dänemark, Deutschland, Italien, Österreich, Portugal und Schweden befindet sich die Zentralbank immerhin noch auf Rang 3 der Vertrauenspyramide. Der Ministerrat, der in der Regel nicht öffentlich tagt, belegt nur in Spanien einen der ersten drei Plätze (den dritten). Die Intransparenz verhindert einen Vertrauensaufbau, obwohl der Ministerrat die Interessen der Nationalstaaten und deren Bürgern vertritt. In Finnland führt der in den übrigen Ländern weitgehend unbekannte (seit 1995 finnische) Europäische Ombudsmann die Vertrauenshierarchie an, während er in fünf Ländern am Ende der Hierarchie steht. Auch hier zeigt sich, dass Vertrauen besonders leicht aufgebaut werden kann, wenn bekannte und populäre Persönlichkeiten an der Spitze einer Institution stehen. Ansonsten befinden sich keine Institutionen unter den drei Erstplatzierten. Die neuesten Institutionen befinden sich wie erwartet am Ende der Vertrauenshierarchie, da die Bürger noch nicht genug positive Erfahrungen mit ihnen gemacht haben.

Bei der genaueren Betrachtung des Vertrauens in das EP fällt Folgendes auf: Insgesamt genießt das EP viel Vertrauen (vgl. Abbildung 3). Lediglich in Großbritannien ist die Zahl derjenigen, die dem EP nicht vertrauen, höher als die Zahl derer, die ihm vertrauen. Überdurchschnittlich viel Vertrauen besitzen einerseits die Nettoempfängerländer Griechenland, Irland, Spanien und Portugal und zum anderen kleine Staaten, die im EP überrepräsentiert sind wie Luxemburg, Belgien (hier finden zudem die meisten Fraktions- und Ausschusssitzungen statt), die Niederlande und Portugal.

Tabelle 3: Vertrauenshierarchie nach Mitgliedsländern, 2000 (Rangplätze)

	Europäisches Parlament	Europäischer Gerichtshof	Europäische Kommission	Europäische Zentralbank	EU-Ministerrat	Europäischer Rechnungshof	Wirtschafts- und Sozialausschuss	Europäischer Ombudsmann	Ausschuss der Regionen der EU
Belgien	1	3	2	5	4	6	9	7	8
Dänemark	2	1	5	3	4	8	7	6	9
Deutschland	2	1	5	3	6	4	7	9	8
Deutschland Ost	2	1	5	3	6	4	7	9	8
Deutschland West	2	1	5	3	6	4	7	9	8
Finnland	2	2	5	4	6	7	7	1	7
Frankreich	1	3	2	4	5	5	7	8	8
Griechenland	1	2	3	5	4	9	6	6	8
Großbritannien	1	2	3	4	5	8	7	5	8
Irland	1	3	2	4	4	8	7	6	8
Italien	1	5	2	3	4	6	7	9	8
Luxemburg	1	2	3	4	5	6	7	9	8
Niederlande	3	1	4	2	5	6	8	7	9
Österreich	2	1	5	3	6	4	7	9	8
Portugal	1	5	2	3	4	5	8	9	7
Schweden	2	1	5	3	4	6	8	7	9
Spanien	1	5	2	6	3	8	6	3	9
EU 15	1	2	3	4	5	6	7	8	9

Angegeben sind die Rangplätze der Institutionen bezüglich des Anteils der Personen in den Ländern, die angeben, dass sie der Institution eher vertrauen. Quelle: Eurobarometer 54.1.

In neun Mitgliedsstaaten besitzen mehr Bürger Vertrauen in das Europäische als in ihr nationales Parlament (vgl. Abbildung 4). Besonders groß sind die Unterschiede in Italien, wo rund doppelt so viele Bürger dem EP Vertrauen schenken als ihrem eigenen Parlament. Große Unterschiede gibt es auch in Irland und Belgien. In Österreich ist das Verhältnis ausgeglichen (jeweils rund 46%). In den übrigen fünf Ländern vertrauen etwas mehr Bürger dem nationalen Parlament als dem EP. Die Briten haben besonders wenig Vertrauen sowohl in ihr nationales als auch in das Europäische Parlament. Dabei galt lange Zeit: „The British citizens are well known for their deference to political elites and support of democratic institutions" (Dalton 1996: 271). Das EP

Abbildung 3: Vertrauen in das Europäische Parlament, 2000 (in %)

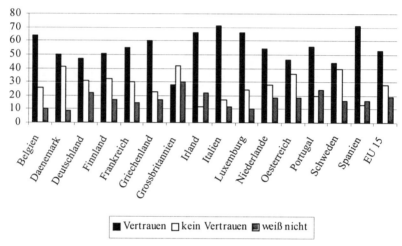

Quelle: Eurobarometer 54.1.

Abbildung 4: Vertrauen in das nationale Parlament und das EP, 2000 (in %)

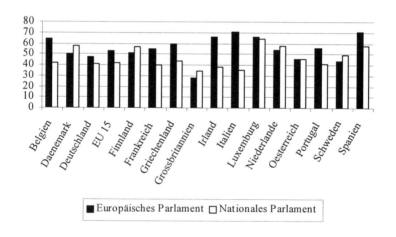

Quelle: Eurobarometer 54.1.

genießt im Durchschnitt mehr Vertrauen als das jeweilige nationale Parlament. Dieses Ergebnis überrascht, zumal das EP nach wie vor nicht über die gleichen Kompetenzen verfügt wie die jeweiligen nationalen Parlamente. Der Mangel an Befugnissen kann aber auch von Vorteil für die Vertrauensentstehung sein (vgl. Abschnitt 5.1).

Als Fazit kann festgehalten werden, dass die Vertrauenswerte für diejenigen Institutionen der EU am höchsten sind, die im Mittelpunkt der Berichterstattung über die EU stehen. Dies gilt z.b. für das EP, die Europäische Kommission und die Zentralbank. Viele Bürger kennen zumindest einen Teil der Repräsentanten dieser Institutionen, was förderlich für das Entstehen von Vertrauen ist. Ferner genießt der EuGH als Judikative relativ viel Vertrauen, was erwartet wurde. Des weiteren scheinen Bürger in den Mitgliedsstaaten, die überdurchschnittlich von der EU profitieren, besonders vertrauensvoll zu sein. Dies betrifft die Nettoempfänger und die kleineren Länder.[3]

5.4 Determinanten des Vertrauens in das Europäische Parlament

Womit hängt das Vertrauen in das EP zusammen? Neben sozialstrukturellen Merkmalen werden auch politische Einstellungen einbezogen. Tabelle 4 zeigt die Zusammenhänge des Vertrauens in das EP (dichotom) mit verschiedenen Variablen. Mit den soziodemographischen Variablen ergeben sich nur sehr schwache Zusammenhänge. Sie werden daher auch nicht in die logistische Regression aufgenommen. Die Einstellungen gegenüber der europäischen Integration und der EU korrelieren dagegen deutlich stärker mit dem Vertrauen in das EP.

Die Abhängigkeit des Vertrauens in das EP von anderen unabhängigen Variablen wird mit der logistischen Regression untersucht.[4] Die Variablen (inklusive deren Codierungen), bei denen ein positiver Zusammenhang mit dem Vertrauen in das EP vermutet wurde (je mehr ..., desto mehr Vertrauen), sind im Anhang zu finden. Es handelt sich hierbei um eine gepoolte Analyse. Dies ist zwar nicht ganz unproblematisch, da der Einwand kommen könnte, dass man nicht wissen kann, ob die unterstellten Beziehungen in jedem EU-Land vorliegen. Da es hier aber um das Vertrauen der Europäer in das EP

---

3 Allerdings lässt sich der Nutzen der EU-Mitgliedschaft nicht nur in Haushaltsmünzen messen. Deutschland beispielsweise ist zwar der größte Nettozahler, gehört als Exportland aber auch zu den größten Nutznießern des Binnenmarktes.

4 Die Wahrscheinlichkeit für das Eintreten eines Ereignisses bei einem Fall – hier also für Vertrauen – wird nach dem Ansatz $p = 1/1+e^{-z}$ berechnet, wobei $z = a+b_1*x_1+b_2*x_2+...+b_n$ $*x_n$. Ergibt sich für p ein Wert größer als 0,5, so nimmt man an, dass das Ereignis eintritt. Bei der binären logistischen Regression bewirkt die Erhöhung einer unabhängigen Variablen X_k um +1 Einheit, dass sich das Verhältnis der Wahrscheinlichkeiten der Ausprägungen der abhängigen Variablen $[P(Y = 1)/P(Y = 0)]$ um genau $\exp(\beta_k)$ ändert. Der *unstandardisierte Effektkoeffizient* ist definiert als: $E(X_i) = \exp(\beta_i)$.

geht und auch in den einzelnen Mitgliedsstaaten Unterschiede zwischen bestimmten Regionen vermuten werden können, halten wir dieses Vorgehen für
gerechtfertigt.

Tabelle 4: Determinanten des Vertrauens in das EP, 2000

Variablen	Cramer's V
Unterstützung der Mitgliedschaft des Landes in der EU	0,47
Bejahung der Notwendigkeit der Euro-Einführung	0,45
Ansicht, das eigene Land profitiert von EU-Mitgliedschaft	0,45
Zufriedenheit mit dem Funktionieren der Demokratie in der EU	0,44
Gewünschte Geschwindigkeit der europäischen Integration	0,40
Stolz, Europäer(in) zu sein	0,38
Befürwortung der EU-Erweiterung	0,37
Sich verbunden fühlen mit Europa	0,34
Bejahung der gemeinsamen Verteidigungs- und Sicherheitspolitik	0,32
Bejahung der gemeinsamen Außenpolitik	0,30 .
Vertrauen in das nationale Parlament	0,29
Herkunftsland	0,29
Alter	0,09
Alter bei Schulabschluss	0,11
Einkommensskala	0,05
Geschlecht	0,02

Die Korrelation mit der Variablen Geschlecht ist nicht signifikant. Alle anderen Werte sind
höchst signifikant ($p < 0,001$). Quelle: Eurobarometer 54.1.

Die Berechnung ergibt einen deutlich gesenkten –2LL-Wert (vgl. Tabelle 5).
Das Anfangsmodell hat also eine höchst signifikante Verbesserung erfahren.
Das zeigt sich auch daran, dass der Anteil der korrekt vorhergesagten Ereignisse von anfangs 67 auf 80 Prozent ansteigt. Die vermuteten positiven Zusammenhänge haben sich bestätigt. Es gilt z.B.: Je zufriedener jemand mit
dem Funktionieren der Demokratie in der EU ist, desto größer ist die Wahrscheinlichkeit für Vertrauen in das EP. Die unstandardisierten Effektkoeffizienten lassen sich folgendermaßen interpretieren: Bei der Unterstützung der
EU-Mitgliedschaft gilt etwa, dass sich bei einer Änderung um +1 Einheit (also höhere Unterstützung) das Wahrscheinlichkeitsverhältnis um den Faktor
2,077 zugunsten der mit dem Wert 1 kodierten Ausprägung der abhängigen
Variable (Vertrauen) ändert. Mit Hilfe des *standardisierten Effektkoeffizienten* kann die *relative* Bedeutsamkeit der Variablen festgestellt werden. Die
Zufriedenheit mit der Demokratie in der EU hat den höchsten standardisierten Effektkoeffizienten.

Mit den in Tabelle 5 genannten Variablen ergibt sich ein Anteil der erklärten Varianz von 47 Prozent (bei Verwendung von Nagelkerkes R^2). Die übrigen Variablen führen zu keinem bedeutsamen Erklärungszuwachs. Fazit: Für das Vertrauen in das EP ist also beispielsweise weniger entscheidend, ob jemand der Ansicht ist, dass sein eigenes Herkunftsland von der EU profitiert (spezifische, utilitaristische Unterstützung) als vielmehr, ob er insgesamt mit dem Funktionieren der Demokratie in der EU zufrieden ist (diffuse Unterstützung), die EU-Mitgliedschaft seines Landes generell unterstützt, seinem nationalen Parlament vertraut, die Notwendigkeit der Euro-Einführung bejaht und sich eine schnelle Integrationsgeschwindigkeit wünscht.

Tabelle 5: Determinanten des Vertrauens in das EP, 2000 (binäre logistische Regression)

Unabhängige Variable	Regressions-koeffizient	Effektkoeffizient unstandardisiert	Effektkoeff. standardisiert
	ß	exp (ß)	exp (ß*s_x)
Zufriedenheit mit Demokratie in der EU	0,87	2,39	1,99
Unterstützung der EU-Mitgliedschaft	0,73	2,08	1,72
Vertrauen in nationales Parlament	0,86	2,36	1,54
Bejahung der Notwendigkeit des Euro	0,83	2,30	1,50
Gewünschte Integrations-geschwindigkeit	0,58	1,78	1,46
(Konstante)	-6,90		

Abhängige Variable:
Vertrauen in das Europäische Parlament (ja = 1, nein = 0).
Alle Regressionskoeffizienten sind statistisch höchst signifikant (p < 0,001).

Güte der Anpassung des Regressionsmodells:
-2 LL (Log-Likelihood) des Nullmodells: 8226,881
-2 LL (Log-Likelihood) des Endmodells: 5561,241 (Veränderung höchst signifikant)

Güte der Anpassung (Pseudo-R^2):
Cox&Snell R^2 = 0,34   Nagelkerkes R^2 = 0,47

Quelle: Eurobarometer 54.1.

6. Fazit

Das Vertrauen in die EU und deren Institutionen ist am geringsten in Großbritannien. Das verwundert nicht, da die Briten und deren Boulevardpresse als besonders europakritisch gelten. Außerdem gehören die Briten mit den Italienern zu den Ländern, in denen die Bürger besonders wenig Vertrauen in ihr nationales Parlament haben. Der Vertrauensverlust und die generelle politische Unzufriedenheit der Briten begann Mitte der 70er Jahre und nahm seither kontinuierlich zu (Topf 1989). Eine ähnliche Entwicklung, die von zahlreichen politischen Skandalen begleitet wurde, gab es auch in anderen europäischen Ländern, so z.B. in Frankreich, Deutschland oder Italien. Dalton (1996: 269) bilanziert: „A sense of malaise touches many of the leaders and key institutions of Western society".

Gilt dies auch für die supranationale Ebene? Einerseits ist das Vertrauen der Bürger in die meisten Institutionen der EU nicht besonders stark ausgeprägt. Welche Bedeutung hat dies für das politische System, hier also für die EU? Diese Frage kann leider nicht eindeutig beantwortet werden, da es „kein empirisch bestimmbares Maß dafür (gibt), wie viel Vertrauen ein politisches System braucht, um in seiner Stabilität gesichert zu sein" (Krüger 1995: 256). Dass ein politisches System das Vertrauen möglichst vieler Bürger benötigt, wird jedoch nicht bestritten. Die Daten zeigen andererseits, dass von einer Vertrauenskrise in der EU pauschal nicht gesprochen werden kann. Im Gegenteil: Das Vertrauen in das EP ist in vielen Mitgliedsländern erstaunlich weit verbreitet und viel höher als das Vertrauen in die nationale Legislative. Auch der EuGH als Judikative verfügt erwartungsgemäß über relativ viel Vertrauen. Dies gilt zwar nicht für alle Institutionen der EU, aber der Anteil derer, die ihnen nicht vertrauen, ist ebenfalls eher gering. Relativ viele Bürger sind unentschlossen und wissen nicht, ob sie den Institutionen vertrauen oder nicht.

Des weiteren scheinen Bürger in den Mitgliedsstaaten, die überdurchschnittlich von der EU profitieren, besonders vertrauensvoll zu sein. Dies gilt z.B. für die Nettoempfängerländer Irland, Griechenland, Spanien oder Portugal. Außerdem profitieren kleinere Staaten wie Luxemburg, die Niederlande oder Belgien von dem gegenwärtigen Schlüssel, nach dem die Zahl der Repräsentanten in den einzelnen Institutionen festgelegt wird.

Es ist anzunehmen, dass durch eine bessere Informationspolitik, die den Bürgern die Aufgaben und Funktionen der Institutionen objektiv vermittelt, das Vertrauen in diese Institutionen weiter aufgebaut bzw. gestärkt werden kann. Dies gilt besonders für die Briten und Skandinavier, die den Institutionen der EU besonders kritisch gegenüberstehen. Des weiteren sind Reformen des komplizierten EU-Entscheidungsprozesses mit dem Ziel der Verringerung des Legitimations- und Demokratiedefizits und der Ausweitung der Rechte des EP notwendig (Steffani 1995: 36).

Mangelnde Transparenz, z.B. bei den Entscheidungen des Ministerrates, ist für die Bildung von Vertrauen kontraproduktiv. Es ist ferner wichtig, dass die Mitspracherechte der Bürger weiter ausgebaut werden und die EU bürgernäher wird. Die Einführung des Ombudsmannes war sicherlich eine sinnvolle Maßnahme. Wenn aber 47 Prozent der Europäer nicht sagen können, ob sie ihm vertrauen oder nicht, zeigt das einen erheblichen Informationsbedarf.

Als Determinanten des Vertrauens in das EP wurden fünf Variablen gefunden, die bis auf die Variable „Vertrauen in das nationale Parlament" einen Bezug zur europäischen Integration bzw. zur EU haben (vgl. Tabelle 5). Der Anteil der erklärten Varianz beträgt immerhin 47 Prozent. Das Vertrauen in das nationale Parlament hat einen deutlichen Effekt auf das Vertrauen in das EP. Auffällig sind ferner die starken Effekte der Variablen, die die Identität mit der EU bzw. Europa (also eher eine affektive, diffuse Unterstützung) messen, während die Frage, ob das eigene Land von der EU profitiert (spezifische, utilitaristische Unterstützung), zu keinem nennenswerten Anstieg der erklärten Varianz führt. Der Einfluss von sozialstrukturellen Variablen auf das Vertrauen in das Europäische Parlament ist vernachlässigbar. Vertrauen in das EP ist vor allem unter den Bürgern zu finden, die mit dem Funktionieren der Demokratie in Europa zufrieden sind, die die Mitgliedschaft des eigenen Landes in der EU unterstützen, die ihrem nationalen Parlament vertrauen, die die Notwendigkeit der Euro-Einführung bejahen und die für eine rasche Geschwindigkeit der europäischen Integration eintreten. Das Vertrauen in das EP scheint in der Tat ein „reservoir of good will" (Easton 1965: 273) und eine im Sinne von Eastons Systemtheorie diffuse Unterstützung zu sein, die sich als relativ stabil erweist.

Anhang

An dieser Stelle werden die wichtigsten Variablen mit ihren Codierungen vorgestellt.

Vertrauen in nationales Parlament bzw. EU
ab EB 48.0: I would like to ask you a question about how much trust you have in ... Please tell me if you tend to trust it (2) or tend not to trust it (1).
EB 43.1 bis 44.2: Do you feel you can rely on it (2) or not rely on it (1).

Vertrauen in Institutionen der EU
EB 51.0 bis 55.1: For each of the following European institutions and bodies (e.g. European Parliament), please tell me if you tend to trust it ...
EB 43.1 bis 44.2: Many important decisions are made by the EU. They might be in the interest of people like yourself, or they might not. To what extent do you feel you can rely on each of the following institutions to make sure that the decisions taken by this institution are in the interest of people like yourself? Can relay on it (2) or cannot rely on it (1).

Zufriedenheit mit Demokratie in EU
On the whole, are you very satisfied (4), fairly satisfied (3), not very satisfied (2) or not at all satisfied (1) with the way democracy works in the EU?

Unterstützung der EU-Mitgliedschaft
Generally speaking, do you think that (our country's) membership of the EU is a good thing (3), a bad thing (1) or neither good nor bad (2)?

Gewünschte Geschwindigkeit der Integration
Which speed of building Europe corresponds best to the speed you would like? (1-2 = stand still (1), 3-5 = rather slow (2), 6-7 = as fast as possible (3).

Stolz, Europäer zu sein
Would you say you are very proud (4), fairly proud (3), not very proud (2), or not at all proud (1) to be European?

Verbundenheit mit Europa
People may feel different degrees of attachment to Europe. Please tell me how attached you feel to Europe: very attached (4), fairly attached (3), not very attached (2), or not at all attached (1).

Items zur europäischen Integration
Please tell me for each proposal, whether you are for (2) or against (1) it.
- There has to be a European Monetary Union with one single currency, the Euro.
- The Member States of the EU should have one common foreign policy towards countries outside the EU.
- The EU Member States should have a common defence and security policy.
- The EU should be enlarged and include new countries.

Profitieren von EU-Mitgliedschaft
Taking everything into consideration, would you say that (our country) has on balance benefited (2) or not (1) from being member of the EU?

Alter
15-25 Jahre (1), 26-44 Jahre (2), 45-64 Jahre (3), ab 65 Jahre (4).

Alter bei Bildungsabschluss
Schulabgang/Bildungsabschluss bis 15 Jahre (1), im Alter von 16-19 Jahren (2), im Alter von mindestens 20 Jahren (3) bzw. Schule/Studium noch nicht abgeschlossen (4).

Einkommensskala
-- niedrig (1), - (2), + (3), ++ hoch (4).

Literatur

Almond, Gabriel A./Verba, Sidney: The Civic Culture. Political Attitudes and Democracy in Five Nations. Princeton: Princeton University Press, 1965.

Abramson, Paul R.: Political Efficacy and Political Trust Among Black Schoolchildren: Two Explanations. In: Journal of Politics 34 (1972), S. 1243-1275.

Anderson, Norman H.: Likableness ratings of 555 personality-trait words. In: Journal of Personality and Social Psychology 9 (1968), S. 272-279.

Backes, Uwe: Politik ohne Vertrauen? In: Zeitschrift für Politik 37 (1990a), S. 82-88.

Backes, Uwe: Diskussionsbericht. In: Haungs, Peter (Hrsg.): Politik ohne Vertrauen? Baden-Baden: Nomos, 1990b, S. 155-161.

Busz, Michael R. (Hrsg.): Die soziale Bewertung von 880 Eigenschaftsbegriffen sowie die Analyse der Ähnlichkeitsbeziehungen zwischen einigen dieser Begriffe. In: Zeitschrift für experimentelle und angewandte Psychologie 19 (1972), S. 282-308.

Christiansen, Thomas: Gemeinsinn und Europäische Integration. In: Steffani, Winfried/Thaysen, Uwe (Hrsg.): Demokratie in Europa: Zur Rolle der Parlamente. Opladen: Westdeutscher Verlag, 1995, S. 80-90.

Crozier, Michel/Huntington, Samuel P./Watanuki, Joji: The Crisis of Democracy. New York: New York University Press, 1975.

Dalton, Russell J.: Citizen Politics. Public Opinion and Political Parties in Advanced Western Democracies. 2. Auflage. Chatham: Chatham House Publishers, 1996.

Dunn, John: The concept of ,trust' in the politics of John Locke. In: Rorty, Richard/Schneewind, J.B./Skinner, Quentin (Hrsg.): Philosophy in History. Cambridge: Cambridge University Press, 1984, S. 279-301.

Easton, David: A Systems Analysis of Political Life. New York: Wiley, 1965.

Easton, David: A Re-Assessment of the Concept of Political Support. In: British Journal of Political Science 5 (1975), S. 435-457.

Europäische Kommission: Eurobarometer 54 (Herbst 2000). Brüssel: Amt für Amtliche Veröffentlichungen der Europäischen Gemeinschaften, 2001.

Europäische Kommission: Eurostat. Jahrbuch 2002. Der statistische Wegweiser durch Europa. Daten aus den Jahren 1990-2000. Brüssel: Amt für Amtliche Veröffentlichungen der Europäischen Gemeinschaften, 2002.

Fuchs, Dieter/Klingemann, Hans-Dieter: Citizens and the State. A Changing Relationship? In: Fuchs, Dieter/Klingemann, Hans-Dieter (Hrsg.): Citizens and the State. Oxford: Oxford University Press, 1995, S. 1-24.

Gabriel, Oscar W.: Institutionenvertrauen im vereinigten Deutschland. In: Aus Politik und Zeitgeschichte B43 (1993), S. 3-12.

Gabriel, Oscar W.: Politische Einstellungen und politische Kultur. In: Gabriel, Oscar W./Brettschneider, Frank (Hrsg.): Die EU-Staaten im Vergleich. Opladen: Westdeutscher Verlag, 1994, S. 96-133.

Gabriel, Oscar W.: Integration durch Institutionenvertrauen? Struktur und Entwicklung des Verhältnisses der Bevölkerung zum Parteienstaat und zum Rechtsstaat im vereinigten Deutschland. In: Friedrichs, Jürgen/Jagodzinski, Wolfgang (Hrsg.): Soziale Integration. Opladen: Westdeutscher Verlag, 1999, S. 199-235.

Gamson, William A.: Power and Discontent. Homewood: Dorsey Press, 1968.

Gamson, William A.: Political Trust and its Ramification. In: Abcarian, Gilbert/Soule, John (Hrsg.): Social Psychology and Political Behaviour. Columbus: Merrill, 1971, S. 41-55.

Giddens, Anthony: Konsequenzen der Moderne. Frankfurt a.M.: Suhrkamp, 1995.

Gluchowski, Peter/Zelle, Carsten: Demokratisierung in Ostdeutschland. In: Gerlich, Peter/Plasser, Fritz/Ulram, Peter A. (Hrsg.): Regimewechsel, Demokratisierung und politische Kultur in Ost-Mitteleuropa. Wien: Böhlau, 1992, S. 231-274.

Greiffenhagen, Martin: Politische Legitimität in Deutschland. Bonn: Bundeszentrale für politische Bildung, 1998.

Gusy, Christoph: Demokratiedefizite postnationaler Gemeinschaften unter Berücksichtigung der EU. In: Zeitschrift für Politik 45 (1998), S. 267-280.

Habermas, Jürgen: Legitimationsprobleme im Spätkapitalismus. Frankfurt a.M.: Suhrkamp, 1973.

Habermas, Jürgen: Legitimationsprobleme im modernen Staat. In: Ders.: Zur Rekonstruktion des Historischen Materialismus. Frankfurt a.M.: Suhrkamp, 1976, S. 271-303.

Hill, Paul B.: Rational-Choice-Theorie. Bielefeld: Transcript, 2002.

Hix, Simon: The Political System of the European Union. London: Macmillan, 1999.

Höreth, Marcus: Die EU im Legitimationstrilemma. Zur Rechtfertigung des Regierens jenseits der Staatlichkeit. Baden-Baden: Nomos, 1999.

Huntington, Samuel P.: American Politics: The Promise of Disharmony. Cambridge: Harvard University Press, 1981.

Kaase, Max/Newton, Kenneth: Beliefs in Government. Volume 5. Oxford: Oxford University Press, 1995.

Klages, Helmut: Vertrauen und Verantwortungsverlust in westlichen Demokratien. In: Haungs, Peter (Hrsg.): Politik ohne Vertrauen? Baden-Baden: Nomos, 1990, S. 43-60.

Krüger, Winfried: Vertrauen in Institutionen. In: Hoffmann-Lange, Ursula (Hrsg.): Jugend und Demokratie in Deutschland. DJI Jugendsurvey. Opladen: Leske + Budrich, 1995, S. 247-274.

Lepsius, M. Rainer: Vertrauen zu Institutionen. In: Hradil, Stefan (Hrsg.): Differenz und Integration. Frankfurt a.M.: Campus, 1997, S. 283-293.

Lipset, Seymour Martin/Schneider, William: The Confidence Gap. New York: Free Press, 1983.

List, Martin: Baustelle Europa. Einführung in die Analyse europäischer Kooperation und Integration. Opladen: Leske + Budrich, 1999.

Luhmann, Niklas: Vertrauen. Ein Mechanismus der Reduktion sozialer Komlexität. Stuttgart: Enke, 1989.

Miller, Arthur H.: Rejoinder to "Comment" by Jack Citrin: Political discontent of a ritualism. In: American Political Science Review 68 (1974), S. 989-1001.

Miller, Arthur H./Listhaug, Ola: Political Parties and Confidence in Government: A Comparison of Norway, Sweden and the United States. In: British Journal of Political Science 20 (1990), S. 357-386.

Niedermayer, Oskar: Bürger und Politik. Politische Orientierungen und Verhaltensweisen der Deutschen. Eine Einführung. Wiesbaden: Westdeutscher Verlag, 2001.

Nugent, Neill: The Government and Politics of the European Union. 3. Auflage. London u.a.: Macmillan, 1994.

Offe, Claus: Strukturprobleme des kapitalistischen Staates. Aufsätze zur Politischen Soziologie. Frankfurt a.M.: Suhrkamp, 1972.

Scharpf, Fritz W.: Demokratische Politik in der entgrenzten Ökonomie. In: Greven, Michael Th. (Hrsg.): Demokratie – eine Kultur des Westens. Opladen: Leske + Budrich, 1998, S. 81-105.

Schweer, Martin (Hrsg.): Politische Vertrauenskrise in Deutschland? Eine Bestandsaufnahme. Münster u.a.: Waxmann, 2000.

Steffani, Winfried: Das Demokratie-Dilemma der EU. In: Steffani, Winfried/Thaysen, Uwe (Hrsg.): Demokratie in Europa: Zur Rolle der Parlamente. Opladen: Westdeutscher Verlag, 1995, S, 33-49.

Stokes, Donald E.: Popular evaluations of government: An empirical assessment. In: Cleveland, Harlan/Lasswell, Harold D. (Hrsg.): Ethics and bigness. New York: Harper, 1962, S. 61-73.

Topf, Richard: Political change and political culture in Britain: 1959-87. In: Gibbins, John R. (Hrsg): Contemporary political culture. Politics in a postmodern age. London: Sage, 1989, S. 52-77.

Wallace, Helen: Die Dynamik des EU-Institutionengefüges. In: Jachtenfuchs, Markus/Kohler-Koch, Beate (Hrsg.): Europäische Integration. Opladen: Leske + Budrich, 1996, S. 141-163.

Walz, Dieter/Brunner, Wolfram: Das politische Institutionenvertrauen in den 90er Jahren. In: Falter, Jürgen W./Gabriel, Oscar W./Rattinger, Hans (Hrsg.): Wirklich ein Volk? Opladen: Leske + Budrich, 2000, S. 175-208.

Weidenfeld, Werner/Wessels, Wolfgang (Hrsg.): Europa von A bis Z. Taschenbuch der Europäischen Integration. Bonn: Europa Union Verlag, 2002.

Westle, Bettina: Unterstützung des politischen Systems des vereinten Deutschland. In: Mohler, Peter Ph./Bandilla, Wolfgang (Hrsg.): Blickpunkt Gesellschaft 2. Opladen: Westdeutscher Verlag, 1992, S. 21-44.

Siegmar Schmidt, Jens Tenscher und Andrea Weber

Mit Herz oder Verstand?
Zur Akzeptanz des europäischen Integrationsprozesses in der Südpfalz

1. Einleitung

Der europäische Integrationsprozess ist gegenwärtig durch einen grundlegenden Widerspruch gekennzeichnet: Auf der einen Seite vollzog die europäische Integration mit dem Maastricht-Vertrag einen Quantensprung. Die Zusammenarbeit wurde auf allen Gebieten intensiviert und die supranationale Integrationskomponente mit der Verwirklichung der Wirtschafts- und Währungsunion gestärkt. Die (Ost-)Erweiterung um maximal zehn Staaten, der Aufbau der europäischen Krisenreaktionskräfte und nicht zuletzt der Beschluss von Nizza, einen Konvent zur Ausarbeitung einer Grundakte einzuberufen, demonstrieren die ungebrochene Dynamik der europäischen Integration. Auf der anderen Seite verliert das Projekt „Europa" gerade im Moment dieser historisch präzedenzlosen Integrationsfortschritte an Unterstützung durch die Bürger der EU-Staaten. Dies zeigten bereits die schwierigen Ratifizierungsprozesse des Maastricht-Vertrages.

Fehlende Akzeptanz und geringe Zustimmung bleiben politisch nicht folgenlos. So äußern sich Misstrauen und die Ablehnung gegenüber der fortschreitenden Integration aktuell im Zulauf für europakritische, häufig populistische Parteien in West- und Osteuropa. Die über Jahrzehnte mehr oder minder kritiklose Akzeptanz und politische Unterstützung der Integration durch die Bevölkerung ist nicht mehr gegeben. Allgemein werden gegenwärtig die demokratischen Defizite des „Eliten-Projektes" Europa beklagt. Die EU befinde sich in einer tiefen Legitimitätskrise. Auswege aus dieser Krise versprechen die Grenzregionen, die als „Motoren" und „Keimzellen" der Integration der europäischen Einigung zu breiter Unterstützung und neuem Schwung verhelfen sollen.

Eine dieser Grenzregionen ist die Südpfalz mit ihren ca. 250000 Einwohnern. Die sozioökonomisch ohnehin relativ starke Region wird mit erheblichen Mitteln aus der EU-Regionalpolitik gefördert und ist gekennzeichnet durch ein sehr hohes Maß an grenzüberschreitender Kooperation sowohl auf gesellschaftlicher als auch auf administrativer Ebene. Mit der Südpfalz-

Umfrage, die als repräsentative, telefonische Befragung von 878 Südpfälzern im Februar 2001 durchgeführt wurde, konnten die Bewohner dieser Grenzregion zu ihrer Haltung zum europäischen Integrationsprozess befragt werden.[1] Hierbei wurde angenommen, dass vor dem Hintergrund der beträchtlichen EU-Mittel zur Förderung transnationaler Kooperationen die Akzeptanz und Unterstützung der Bevölkerung relativ hoch sein würde. Ziel des vorliegenden Beitrages ist es insofern, das Ausmaß der Unterstützung der Bewohner einer exemplarisch ausgewählten Grenzregion für den europäischen Einigungsprozess in mehreren Dimensionen zu erfassen, die dafür relevanten Faktoren zu identifizieren und die Ergebnisse abschließend mit Einstellungsdaten aus dem Eurobarometer zu kontrastieren.

Der empirischen Analyse vorangestellt, werden eingangs von Abschnitt 2 die Legitimitätsprobleme der EU skizziert, die vorwiegend struktureller Natur sind und mit institutionellen Reformen kaum behoben werden können. Daher erhofft sich die EU von der Regionalpolitik – die im Folgenden knapp dargestellt wird – einen Zugewinn an Unterstützung für den Einigungsprozess. Die finanzielle Förderung von Regionen und die damit verbundene Mobilisierung regionaler Akteure soll die Union „vor Ort" erfahrbarer und damit bürgernäher machen. Insbesondere von den Grenzregionen wird erwartet, dass diese eine stärkere gemeinsame Identität hervorbringen und als „Motoren" der Integration den Einigungsprozess voranbringen, wodurch ihnen eine Schlüsselstellung zugesprochen wird. Abschnitt 3 zeichnet ein historisches und sozioökonomisches Kurzprofil der Grenzregion Südpfalz.

In Abschnitt 4 werden Begriffskonzepte, methodisches Design und die analyseleitenden Hypothesen dargestellt. Neben dem Ausmaß an europäischer Identität und politischer Unterstützung der EU werden daran anschließend in Abschnitt 5 die Erklärungsfaktoren präsentiert, die sich diesbezüglich als entscheidend erweisen. Neben soziodemografischen Merkmalen wurden auch die Mediennutzung, das EU-Interesse und regionale Kontextfaktoren berücksichtigt. Zudem wurde untersucht, inwiefern sich europäische Identität auf die Einstellung zu konkreten Integrationsschritten auswirkt. Der letzte Teil dieses Abschnitts unternimmt den Versuch, mit Hilfe des kumulierten Europa-Indexes die Ergebnisse der regionalen Umfrage mit Eurobarometer-Daten in Beziehung zu setzen, um Auskunft darüber zu erhalten, wie die Befunde im internationalen Vergleich einzuordnen sind. Ein Fazit in Abschnitt 6 schließt den Beitrag ab.

---

1   Die Umfrage wurde am Institut für Politikwissenschaft der Universität Koblenz-Landau, Campus Landau durchgeführt. Hier sind die Daten derzeit archiviert und vorbehaltlich der Zustimmung der Auftraggeber auf Anfrage für Sekundäranalysen zugänglich.

2. Legitimationsprobleme des Europäischen Einigungsprozesses und die Bedeutung der Regionalpolitik

2.1 Legitimitätsprobleme und Demokratiedefizit der EU

„Democratic legitimacy has become one of the key problems of governance in the EU" (Auel/Benz/Esslinger 2000: 3). Angesichts der politischen Entwicklungen in der EU ist dieser Aussage zweifelsohne beizupflichten. Fragen nach der demokratischen Legitimität des Projekts „Europa" verstärkten sich parallel zur Vertiefung der Integration: Der qualitative Sprung der EG zur EU mit neuen Kompetenzen und erweiterten Handlungsoptionen durch den Vertrag von Maastricht (1992/93) stellt den „permissive consensus"[2] der europäischen Bevölkerung zunehmend auf die Probe. Der Vertrag von Maastricht wurde von der dänischen Bevölkerung abgelehnt[3] und von den Franzosen nur mit einer hauchdünnen Mehrheit befürwortet. Zudem ist durchaus denkbar, dass sich auch die deutsche Bevölkerung in einem Referendum mehrheitlich gegen Maastricht entschieden hätte.

Aufgrund der Tatsache, dass die EU in immer größerem Maße[4] in das alltägliche Leben der Menschen eingreift und damit durchaus reale, erfahrbare Macht ausübt, reichen die traditionellen Legitimitätsquellen der Integration nicht mehr aus. Mit Maastricht und der Wirtschafts- und Währungsunion hat die europäische Integration nun einen qualitativen Sprung vollzogen, der sich stärker als jemals zuvor auf die Bürger der EU-Mitgliedsstaaten auswirkt. Der fortschreitende Integrationsprozess führt somit zur Neubewertung der Legitimitätsgrundlage europäischer Politik (Kielmansegg 1996: 48).

Das Legitimierungspotenzial durch Legitimitätstransfer von der nationalen auf die supranationale Ebene ist begrenzt (Kielmansegg 1996: 52). Das Legitimitätsproblem der EU wird damit auch zu einem „Demokratieproblem" (Merkel 1999). Die europäischen Institutionen sind mit Ausnahme des Europäischen Parlaments (EP)[5] nur indirekt über die Nationalstaaten legitimiert. Der Rat der EU ist ein intergouvernementales Organ und als solches durch

---

2 Der Begriff von Lindberg und Scheingold (1970: 62, 249ff.) wird sowohl als „wohlwollendes Einverständnis" (Kohler-Koch/Conzelmann/Knodt 2002, Kap. 12: 13) als auch als „gestattende Gleichgültigkeit" (Schmidberger 1997: 8) übersetzt. Gemeint ist damit die Einstellung der Bevölkerung zur Integration als eine passive Hinnahme, eine zulassende, aber nicht aktiv fördernde Befürwortung (Büchner 1990: 177).

3 Maastricht wurde von der Mehrheit der dänischen Bevölkerung abgelehnt, obwohl sich sowohl die Regierung als auch das Parlament für die Annahme des Vertrags ausgesprochen hatten.

4 Nahezu die Hälfte der Gesetze in Deutschland geht auf EU-Verordnungen und -Richtlinien zurück.

5 Das EP ist trotz sukzessiver Ausweitung seiner Befugnisse in den letzten Jahren immer noch deutlich schwächer als nationale Parlamente, da es kein volles Haushaltsrecht besitzt, das Initiativrecht für die EU-„Gesetze" (Verordnungen etc.) in hohem Maße bei der Kommission liegt und die Kommission nicht vom Parlament gewählt wird.

Wahlen auf nationaler Ebene nur indirekt demokratisch legitimiert. Der verstärkte Übergang zu Mehrheitsentscheidungen im Rat ist zwar aus Effizienzgründen notwendig, doch können dadurch Länder gezwungen werden, Entscheidungen mitzutragen, die von ihren Bevölkerungen abgelehnt werden. Hinzu kommt ein Transparenzproblem, da die Entscheidungsverfahren der EU sehr komplex oder – wie im Falle der über 400 Komitees („EU-Komitologie") – intransparent sind. Das Herz der EU bilden schließlich Verhandlungsprozesse innerhalb und zwischen dem Ständigen Ausschuss der Mitgliedsstaaten (COREPER) und den Generaldirektionen der Kommission.

Der Rückgriff auf systemeigene Legitimierungsmechanismen, die direkt auf der europäischen Ebene greifen, rückt damit zwangsläufig in den Vordergrund. Mittlerweile ist die Europäische Union „eine Form politischer Herrschaft, durch welche die Ausschließlichkeit des Herrschaftsanspruches des Nationalstaates unterhöhlt wird" (Kohler-Koch/Conzelmann/Knodt 2003: Kap. 12: 1), die andererseits den gewonnenen supranationalen Herrschaftsanspruch noch nicht ausreichend durch eigene Legitimationsgrundlagen stützen kann (Höreth 1999). Die ursprünglich formulierten Integrationsziele „Friedenssicherung" und „Wohlfahrtsförderung" reichen als traditionell europäische Legitimitätsquellen nicht mehr aus.

Zum einen hat das Argument, das den europäischen Integrationsprozess als Lösung für die leidvollen historischen Konflikte in Europa („Europäische Integration als Garant von Frieden") unterstreicht, seine Überzeugungskraft bei den jüngeren Generationen verloren, die Krieg nicht mehr persönlich erlebt haben. Zum anderen fiel mit dem Ende des Ost-West-Konflikts die Westeuropa einigende Bedrohung aus dem Osten weg. Überdies ist anzunehmen, dass im Zuge der Ost-Erweiterung zahlreiche neue Kandidaten hinzustoßen werden, die ihre Mitgliedschaft kaum noch auf das pazifizierende Gründungsethos der Nachkriegszeit stützen, sondern ausschließlich auf ökonomische Beweggründe. Doch auch die Legitimation des Integrationsprozesses auf der Grundlage ökonomischer Errungenschaften – Versorgungssicherheit und Wirtschaftswachstum – scheint nicht mehr ausreichend zu sein.

Die Vorstellung, solange die EU in den Augen der Bürger das „Nötige und Mögliche" unternimmt, würden die Bürger den Prozess unterstützen und eine direkte Beteiligung sei daher nicht notwendig und auch nicht erwünscht (Scharpf 1998: 255), ist in den 90er Jahren politisch nicht mehr durchzuhalten. Diese Haltung der Bevölkerungen der meisten EU-Staaten scheint eher für die 60er bis 80er Jahre zuzutreffen, als breite Teile der Bevölkerung mit den Leistungen der EG durchaus zufrieden waren. Eine Diskussion über demokratische Partizipation in der EU fand in dieser Zeit nur ansatzweise statt.

Als Fazit lässt sich festhalten: Im Vergleich zu den einzelnen europäischen Nationalstaaten weist die EU insgesamt Demokratiedefizite hinsichtlich der Legitimation der Institutionen, ihrer Entscheidungsverfahren und der politischen Verantwortlichkeit auf. Aufgrund der mangelnden Transparenz der Entscheidungsfindungen, großer geografischer Entfernung der entscheidenden Institutionen von den Bürgern sowie ihrer Anonymität und Komplexität hat sich eine Distanz und zunehmende Ablehnung der Bevölkerungen gegenüber dem EU-System herausgebildet. Eine Aufhebung oder – bescheidener formuliert – Verringerung des Legitimitätsproblems ist schwierig, da die Demokratie- und Legitimitätsdefizite struktureller Natur sind. Sie sind auf institutionelle Gegebenheiten zurückzuführen und hängen mit dem besonderen Charakter des Integrationsverlaufs und der Institutionen zusammen. Eine Demokratisierung der EU-Institutionen im Sinne einer Orientierung an der nationalstaatlichen Verfasstheit parlamentarischer Regierungssysteme ist daher sehr schwierig, vielleicht sogar unmöglich.[6] Da der Fortgang des europäischen Integrationsprozesses aber von der Zustimmung oder zumindest der Loyalität der EU-Bürger abhängt, kommt der Frage nach zusätzlicher Gewinnung von Legitimität zentrale Bedeutung zu.

2.2 Die EU-Regionalpolitik als Ausweg aus der Legitimitätskrise? Die Bedeutung grenzüberschreitender Kooperation für den europäischen Integrationsprozess

Aufgrund der eingeschränkten Möglichkeiten, sich zu einem echten parlamentarischen Regierungssystem zu entwickeln, sind spezifische Verfahren und Institutionen erforderlich, um neue bzw. zusätzliche Legitimitätsquellen zu gewinnen. Diskutiert wird dabei einerseits die Einführung plebiszitärer Elemente wie Referenden (Abromeit 1998). Zweitens sollen Entscheidungen durch die Einbeziehung von sektoral – und nicht territorial – zu bildenden Betroffenennetzwerken (Schmalz-Bruns 1999: 222) getroffen werden, die zusammengesetzt sind aus Vertretern von Interessengruppen, der Zivilgesellschaft, Experten und EU-Beamten. Die Akteure sollen in diesem Demokratiemodell einen „deliberativen" Diskurs führen und letztlich direkte Partizipation auf bestimmten Politikfeldern (z.B. Sozialpolitik) ermöglichen. Während diese unkonventionellen Möglichkeiten mit ihren Vor- und Nachteilen vor allem in den Sozialwissenschaften intensiv diskutiert werden, wird von Seiten der EU-Kommission und des Europäischen Parlamentes sowie einiger Nationalstaaten eine Verringerung des Demokratie- bzw. Legitimitätsdilemmas neben systemimmanenten Reformen vor allem durch die EU-Regionalpolitik erwartet (Kohler-Koch 1998a: 46ff.; Hrbek/Weyand 1994: 78ff.).

---

6 Dies soll keineswegs heißen, dass institutionelle – systemimmanente – Reformen nicht Partizipationsmöglichkeiten und Repräsentationschancen erhöhen können. Möglich ist dies beispielsweise durch seit langem diskutierte Ausweitungen der Befugnisse des EPs.

2.2.1 Entstehung und Charakteristika der Regionalpolitik

Die Regionalpolitik der EU ist ein relativ junger Zweig der Integration. Sie war zwar bereits in den Gründungsverträgen von 1957 angelegt, doch eine aktive Rolle spielt die europäische Regionalpolitik erst seit Mitte der 70er Jahre. Das Hauptziel der EU-Regionalpolitik wird auch im Amsterdamer Vertrag (Art. 160) bestätigt. Regionalpolitik soll „zum Ausgleich der wichtigsten regionalen Ungleichgewichte in der Gemeinschaft" beitragen. In der Praxis war und ist Regionalpolitik in hohem Maße eine Subventionspolitik, als deren wichtigste Instrumente die verschiedenen Fonds zur Verbesserung der Struktur und der Kohäsion geschaffen wurden. Zunächst sollten mit der Regionalpolitik die Einkommensdisparitäten zwischen den in den 70er und 80er Jahren neu hinzu gekommenen Mitgliedern Spanien, Portugal und Griechenland und den neun „Altmitgliedern" abgebaut werden. Im Verlaufe des Entstehungsprozesses des Binnenmarktes (Pintarits 1996: 127ff.) und der Umbildung zur Union im Zuge des Maastricht-Vertrages wurden die zur Verfügung stehenden Mittel für die Struktur- und Kohäsionsfonds verdoppelt. Damit sollten mögliche Nachteile für die schwächeren Regionen infolge des Binnenmarkts abgefedert werden. Für den Zeitraum 2000-2006 sind insgesamt 213 Mrd. Euro eingeplant, etwa 30 Mrd. jährlich. Der Löwenanteil der Mittel ist für die so genannten Ziel 1-Regionen vorgesehen, deren BSP/Kopf unterhalb von 75 Prozent des Gemeinschaftsdurchschnitts liegt.[7]

Im Jahr 2000 förderte die EU 183 Grenz- und grenzüberschreitende Regionen, darunter allein 14 Großregionen, wie z.B. die Großregion Saar-Lor-Lux (Saarland, Lothringen, Luxemburg). Der Charakter und die Größe der von der EU als Euregionen bezeichneten Gebiete ist dabei sehr unterschiedlich, wie die Beispiele Euregion Elbe/Labe an der deutsch-tschechischen Grenze oder die Euregio Maas-Rhein (Aachen) zeigen. Die Tätigkeitsfelder grenzüberschreitender Kooperation in Form von Euregionen reichen von Verkehr, gemeinsamen Programmen zur Ansiedlung von Firmen, Förderung des Fremdenverkehrs, Vernetzung von Arbeitsmärkten bis zu gemeinsamen Sportveranstaltungen und der Abfallbeseitigung. Eine zentrale Rolle für die Förderung grenzüberschreitender Kooperation bilden die so genannten Gemeinschaftsinitiativen. Diese verschiedenen, von der Kommission finanzierten Initiativen sind sektorielle Programme zur gezielten Förderung grenzüberschreitender Kooperation. Für den Zeitraum 2000-2006 stehen hierfür 10,4 Mrd. Euro aus dem Strukturfond zur Verfügung, wobei der Löwenanteil von 4,87 Mrd. auf die INTERREG-Initiative entfällt. Das Ziel der mittlerweile dritten INTERREG-Initiative „is to promote cross-border, transnational and interregional cooperation so as to encourage balanced development in Europe" (Committee of the Regions 2000: 19).

---

7 Die Regionalpolitik in Form der Struktur- und Kohäsionsfondspolitik besitzt einen Anteil am EU-Haushalt (gegenwärtig ca. 95 Mrd. Euro) von deutlich über 30 Prozent.

Neben der EU-Regionalpolitik zur Minderung von Entwicklungsdisparitäten zwischen den sehr heterogenen Regionen waren es aber vor allem die Regionen selbst, die eine aktive Mitwirkung im EU-System einforderten. Die Vertiefung der Integration in Richtung auf stärker supranationale Strukturen im Zuge von Maastricht und der relative Machtverlust der Nationalstaaten provozierte eine Gegenbewegung der regionalen Ebene (Kohler-Koch 1998a: 46). Zwar blieb auf der institutionellen Ebene der EU der Ausschuss der Regionen insgesamt eine schwache Institution, da er nur beratende Funktion besitzt, doch gelang es den Regionen unter dem Banner des Subsidiaritätsprinzips ihren Anspruch auf mehr Autonomie im Vertrag von Maastricht zu verankern. Die politische Aufwertung der Regionen erfolgte damit erst spät. Erst unter den veränderten Bedingungen der 80er und 90er Jahre fielen die zahlreichen Vorstöße des EP und die jahrelange programmatische Arbeit des Europarates, der wichtige Schlüsseldokumente produzierte und Kooperationsprojekte förderte, auf fruchtbaren Boden (Beck 1997: 96ff).

2.2.2 Die Bedeutung der grenzüberschreitenden Kooperation für den europäischen Integrationsprozess

Die Regionalpolitik der EG/EU weist im Hinblick auf den Integrationsprozess verschiedene Dimensionen auf. Aus der Perspektive der EU – vor allem von Kommission und Parlament – soll die Regionalpolitik, insbesondere auf der Grundlage grenzüberschreitender Kooperation, Folgendes leisten:

1. Transnationale Kooperation und grenzüberschreitende Netzwerkbildung sollen einen Gegenpart zum Europa „von oben", zu einer als bürgerfern empfundenen „Brüsseler Eurokratie" bilden. Die gewährte Handlungsautonomie für Regionen im Rahmen der Regional- bzw. Interregionalitätspolitik ist sowohl eine zentrale Maßnahme zur Verwirklichung des Subsidiaritätsprinzips als auch zur Minderung eines zunehmend beklagten Demokratiedefizits der EG/EU. Davon verspricht sich die EG/EU einen Abbau des Legitimationsdefizits. Politisch gesehen besitzt Regionalpolitik in Form des „empowerment of regions" kompensatorische Funktion für den Wegfall von Kompetenzen der nationalen Strukturen.

2. Durch grenzüberschreitende Kooperation sollen unmittelbare Alltagsprobleme der Bürger über Ländergrenzen hinweg adäquat bearbeitet und die Lebensqualität verbessert werden. Dazu dienen vor allem Maßnahmen und Programme in den Bereichen „Infrastruktur" und „regionale Arbeitsmärkte". Ein Ziel aus der EU-Perspektive soll es dabei sein, eine langfristige Angleichung der Lebensverhältnisse innerhalb und zwischen Regionen mit großem wirtschaftlichem und sozialem Gefälle einzuleiten. Die Argumentationslogik der EU-Kommission fasst Pintarits (1996: 364ff.) folgendermaßen zusammen: „Der Abbau regionaler Disparitäten trägt zur Sicherung der politischen und sozialen Stabilität der EU bei, die nachholende Ent-

wicklung der benachteiligten Gebiete fördert das Funktionieren des Binnenmarktes; die Identifizierung und Stärkung der jeweils europäischen, transnationalen Dimension schafft Legitimität für vergemeinschaftete Politiken".

3. Vor dem Hintergrund der bevorstehenden Osterweiterung kommt den Grenzregionen zu osteuropäischen Beitrittsländern hohe Bedeutung zu, da das Wohlstandsgefälle besonders ausgeprägt ist. Hier werden besonders im Bereich der Arbeitskräftemigration und eines deutlichen Wirtschaftsgefälles (unterschiedlicher Preis- und Lebensniveaus) Konkurrenz und Konflikte erwartet. Ein gutes grenzüberschreitendes Miteinander kann aus Sicht der EU zur effektiven Problembearbeitung führen und damit potenziell Konflikte in Grenzregionen verhindern oder abschwächen. Die Regionalpolitik bzw. die interregionale Kooperation wurde in den letzten Jahren zunehmend an das PHARE-Programm angekoppelt.[8] Regionalpolitik wird damit auch zu einem Element der Erweiterungsstrategie mit spezifischen Fördermitteln der EU für Grenzregionen zu den mittel- und osteuropäischen Staaten.

4. In integrationstheoretischer Hinsicht entspricht die Regionalpolitik bzw. die Interregionalitätskonzeption der EG/EU dem neofunktionalistischen Modell: Aus sachlogischen Gründen beginnt die Kooperation „im Kleinen", d.h. im technischen und nicht kontroversen Bereich, und „springt" dann langfristig auf den politischen Bereich über (Spill-Over-Effekt). Es wird erwartet, dass die grenzüberschreitende Kooperation in Euregionen zur Verdichtung von Integration führt und den Anstoß zur weiteren Vertiefung der Integration geben könnte.

5. Von einer verdichteten grenzüberschreitenden Kooperation wird eine Stärkung der europäischen Identität, also der affirmativen Unterstützung des Integrationsgedankens, und die Veränderung von innerstaatlichen Loyalitäten zugunsten supranationaler Institutionen erwartet. Regionale Zusammenarbeit soll durch Prozesse sozialen Lernens die Akzeptanz des EU-Projektes in der Bevölkerung stärken und damit zum Abbau des Legitimationsdefizits beitragen (Hrbek/Weyand 1994: 79ff.).

Insgesamt sind die Erwartungen der EU an die Rolle und Funktionen der Regionalpolitik für den gesamten Integrationsprozess sehr hoch. Inwieweit sie realistisch sind, kann allgemein noch nicht beurteilt werden (skeptisch dazu: Kohler-Koch 1998b: 235ff.).

---

8   PHARE steht für Poland and Hungary Assistance for the Reconstruction of the Economy. Das Programm unterstützt mit nicht-rückzahlbaren Krediten vor allem die wirtschaftliche Transformation Osteuropas. Für Grenzregionen wurde die PHARE-CBC (Cross Border Co-operation) eingeführt.

3. *Die Region der Südpfalz im Profil: Überblick zur Geschichte und*
sozioökonomische Charakteristika

Die Region Südpfalz umfasst den südlichen Teil der Pfalz im Bundesland
Rheinland-Pfalz mit den Landkreisen Südliche Weinstraße, Germersheim
und der Stadt Landau. Geografisch vereinfacht ausgedrückt beginnt die Südpfalz etwa 30 Kilometer nordöstlich vom badischen Karlsruhe. Das Gebiet
reicht im Norden bis kurz vor Neustadt an der Weinstraße, im Osten bis nach
Dahn im Pfälzerwald, im Westen bis nach Wörth am Rhein und im Süden bis
kurz nach Bad Bergzabern an die französische Grenze. Insgesamt wohnen im
Untersuchungsgebiet ca. 250000 Menschen. Die größte Stadt in der Südpfalz
bildet das Oberzentrum Landau mit ca. 45000 Einwohnern. Landau ist Sitz
von Verwaltungsbehörden, einer Universität sowie zahlreicher Schulen, sozialer Einrichtungen und Unternehmen (vgl. die Beiträge in Geiger 2001).
Die Arbeitslosigkeit betrug im April 2002 in Landau 6,5 Prozent und lag damit unterhalb des Landesdurchschnitts.[9] Die Südpfalz ist im Vergleich zu anderen Regionen des Bundeslandes eine wirtschaftlich starke Region mit über-
durchschnittlichem Pro-Kopf-Einkommen und entsprechender Kaufkraft.
Kennzeichnend für die Südpfalz ist eine starke Identifikation der Bevölkerung mit der Region, die bis hin zu einem gewissen Regionalstolz reicht.[10]

Die geografische Nähe zu Frankreich bestimmte die Geschichte der
Stadt. Zwischen 1680 und dem Wiener Kongress 1815 war die Stadt integra-
ler Bestandteil des französischen Königreiches (Moersch 1987: Kap. XVII).
Als Festungsstadt stand Landau häufig im Zentrum kriegerischer Auseinandersetzungen zwischen Frankreich und Deutschland. Nachdem Landau wie
die gesamte Pfalz ein Jahrhundert zu Bayern gehört hatte, war die Stadt zwischen 1919 und 1930 von französischen Truppen besetzt, und nach 1945 blieben die ursprünglichen französischen Besatzungstruppen in der Stadt bis Anfang der 90er Jahre stationiert. Die Jahrhunderte langen Auseinandersetzungen und besonders die harte Besatzungszeit nach 1945 sind im kollektiven
Bewusstsein vor allem älterer Generationen bis heute tief verankert.

Trotz dieser historischen Vorbelastungen ist nach dem Zweiten Weltkrieg ein dichtes Netz grenzüberschreitender Kooperationen entstanden. Zunächst waren die grenzüberschreitenden Kontakte von Initiativen Einzelner
und verschiedener Vereine geprägt.[11] Im Jahr 1988 wurde die Kooperation
dann mit der Gründung der Arbeitsgemeinschaft PAMINA institutionalisiert

---

9 Die Rheinpfalz vom 8. Mai 2002.
10 Indikatoren hierfür sind der alltägliche Gebrauch des pfälzischen Dialekts, z.T. auch im öffentlichen Raum, sowie ein allgemeiner Stolz auf die landschaftliche Schönheit und nicht
zuletzt den Wein der Region. Aufgrund der starken Verankerung des Regionalbewusstseins
wurde bei der Frage nach dem Stellenwert der europäischen Identität auch die Kategorie der
regionalen Identität eingefügt (vgl. Abschnitt 5.1).
11 Dazu gehörten vor allem mitgliederstarke Vereinigungen wie die Deutsch-Französische Gesellschaft und die Europa-Union e.V.

(Saalbach 2001).[12] Die Arbeitsgemeinschaft konzentriert sich auf die Beratung gemeinsamer grenzüberschreitender Fragen und die Durchführung von Projekten. PAMINA umfasst einen Raum von 6000 qkm mit insgesamt 1,5 Mio. Einwohnern. Die Region weist große Disparitäten hinsichtlich der Wirtschaftskraft zwischen dem Zentrum Karlsruhe und dem eher ländlich strukturierten Nord-Elsass auf.[13] Die Entstehung von PAMINA geht auf die „Willenserklärung von Wissembourg" (1988) von Politikern aus den drei Regionen zurück. Wurde die Arbeitsgemeinschaft 1992 im Rahmen von INTER-REG 1 mit 3,8 Mio. Ecu gefördert, so erhöhte sich die Förderung 1995 im Rahmen von INTERREG 2 auf 11 Mio. Ecu. Aus dem INTERREG 3-Programm stellt die EU für PAMINA gegenwärtig insgesamt 15 Mio. Euro zur Verfügung, wobei alle von der EU geförderten Projekte eines Zuschusselements von 50 Prozent aus Eigenmitteln bedürfen. Das PAMINA-Büro in Lauterbourg hat jährlich ca. 3000 Anfragen zu bearbeiten, wovon sich der größte Teil auf Fragen des tagtäglichen Zusammenlebens (z.B. Sozialversicherungsfragen für Pendler) und ein kleinerer Teil auf grenzüberschreitende Projekte wie z.B. Wirtschafts- und Tourismusförderung beziehen. Die Umbildung der anfangs eher lockeren, zum Teil informellen Strukturen zu einem grenzüberschreitenden Zweckverband ist bereits beschlossen.

Neben der PAMINA-Kooperation existieren noch zwei weitere Dimensionen grenzüberschreitender Kooperation im Südpfalz-Raum:
1. Kooperationen in Form von zahlreichen Netzwerken, die oftmals aus privater Initiative hervorgegangen sind (z.B. Städtepartnerschaften) und die sich in vielen Fällen dann institutionalisiert haben (z.B. die grenzüberschreitende Volkshochschule),
2. bi- oder trilaterale Kooperation von nachgeordneten Körperschaften aus Frankreich und aus den beiden deutschen Bundesländern im Rahmen der Oberrheinkooperation (Speiser 1994).

Als Fazit lässt sich festhalten: Die Region der Südpfalz weist eine hoch verdichtete und in zunehmendem Maße grenzüberschreitende Kooperation auf. Die Kooperation wird intensiv von der EU über das INTERREG-Programm gefördert. Ein weiteres Kennzeichen der Region PAMINA und damit ihrer Teilregion Südpfalz ist das große Engagement von politischen und gesellschaftlichen Eliten für grenzüberschreitende Kooperation – trotz oder gerade wegen historisch sehr vorbelasteter Beziehungen. Vor diesem Hintergrund erscheint es plausibel, eine hohe Zustimmung zur europäischen Integration zu erwarten.[14]

---

12 Die Abkürzung setzt sich folgendermaßen zusammen: PA steht für Palatinat, die französische Bezeichnung für die Pfalz, MI für Mittlerer Oberrhein (Nordbaden), NA für Nord-Alsace.

13 Die Arbeitskräftemigration mit täglich 16000 Berufspendlern aus dem Elsass vor allem in die Region um Karlsruhe ist daher beträchtlich.

14 Diese Erwartung teilten auch die Auftraggeber der Studie, insbesondere die Europa-Union e.V., eine aus der europäischen Bewegung der Nachkriegszeit hervorgegangene zivilgesell-

4. Die Umfrage zur Akzeptanz des europäischen Integrationsprozesses in der Südpfalz

4.1 Forschungskonzept und Untersuchungsfragen

Lange Zeit wurde der Integrationsprozess als Elitenprozess betrachtet, in dem der breiten Öffentlichkeit nur eine Nebenrolle zugeschrieben wurde. Insbesondere die (frühen) Neofunktionalisten sahen keine Notwendigkeit für die Berücksichtigung von Bevölkerungseinstellungen (Sinnott 1995: 15). Dies hat sich jedoch grundlegend geändert. Insbesondere seit den Ratifizierungsproblemen mit dem Vertrag von Maastricht gewann die Rolle der öffentlichen Meinung für den Integrationsprozess an Bedeutung (Weßels 1995: 105; Sinnott 1995: 11), so dass Legitimationsfragen verstärkt auf der Grundlage gesellschaftlicher Orientierungs- und Willensbildungsprozesse thematisiert worden sind. Ein Großteil dieser Studien stützt sich hierbei auf das empirische Legitimitätskonzept des „political support", wie es von David Easton im Rahmen der Systemtheorie konzipiert wurde (Kohler-Koch/Conzelmann/ Knodt 2003: Kap. 12: 5ff.). Die Systemunterstützung verbindet hierbei das politische System von der Input-Seite her mit der „Umwelt" und gewährleistet so den Eintrag von gesellschaftlichen Werten und Einstellungen ins System. Die Berücksichtigung dieser Inputs von Seiten des politischen Systems erzeugt „Legitimität" und wirkt systemstabilisierend.

Easton (1975: 436) definiert Unterstützung als „an attitude by which a person orients himself to an object either favourably or unfavourably, positively or negatively". Das heißt: Der Unterstützungsbegriff („support") ist in seiner evaluativen Ausrichtung offen. Easton unterscheidet einerseits zwischen drei *Objekten* („community", „regime", „authorities") und andererseits zwischen zwei *Arten* der politischen Unterstützung (spezifisch bzw. diffus).[15]

Kategoriale Abgrenzungsprobleme, insbesondere zwischen den Arten der Unterstützung, machen eine Verwendung des ursprünglichen diffus-spezifisch-Konzeptes jedoch problematisch (Westle 1989: 73f.; Niedermayer/ Westle 1995: 37), so dass sich zahlreiche Studien über Bevölkerungsorientierungen, die sich auf den europäischen Integrationsprozess und die EU beziehen, auf mehr oder weniger modifizierte Konzepte stützen (Lindberg/Schein-

---

schaftliche Pro-Europa-Lobby, deren Kreisverband Landau/Südliche Weinstraße der mitgliederstärkste in Rheinland-Pfalz ist.

15 Die spezifische Unterstützung ist Output-orientiert und zielt auf die Leistungsperformanz der politischen Akteure ab. Die diffuse Unterstützung kann sich auf alle drei Objekte der Unterstützung richten, wobei sie sich nicht auf die affektive Dimension beschränkt, sondern auch die evaluative Dimension mit einschließt (Easton 1975: 446f.). Diffuse Unterstützung ist gekennzeichnet durch Dauerhaftigkeit und Grundsätzlichkeit und tritt in verschiedenen Formen auf, je nachdem, auf welches Objekt Bezug genommen wird, als Vertrauen, Legitimitätsglaube oder Gemeinschaftsgefühl (Easton 1975: 446f.; Westle 1989: 66f.).

gold 1970; Niedermayer/Westle 1995; Schmidberger 1997; Gabel 1998a, 1998b; Hix 1999; Kohler-Koch/Conzelmann/Knodt 2003). Die vorliegende Studie zur Akzeptanz des europäischen Integrationsprozesses in der Südpfalz stützt sich auf ein empirisches Unterstützungskonzept, das lediglich nach Orientierungsobjekten differenziert. Gegenstand der Betrachtung sind hier die Gemeinschaft als Community-Objekt sowie zwei Regime-Objekte (Integrationsschritte und institutioneller Mechanismus).

Die Fragen zur europäischen Integration beziehen sich im Einzelnen auf das Vorhandensein einer europäischen Identität, auf die Einstellung zum Euro, die Haltung zur Osterweiterung und Mehrheitsentscheidung sowie die Zustimmung zu Einrichtungen wie einer gemeinsamen europäischen Regierung, Armee und Polizei. Diejenigen Fragen, die den Regime-Aspekt thematisieren, wurden zudem in einem kumulierten Integrationsindex („Europa-Index") zusammengefasst, um auf dieser Grundlage eine allgemeinere Einordnung im Zuge eines internationalen Ländervergleiches zu ermöglichen.

4.2 Methodisches Design und Hypothesen

Vor dem Hintergrund der dargestellten Bedeutung, die (Grenz-)Regionen im Rahmen des europäischen Integrationsprozesses sowohl von Seiten der handelnden europäischen Eliten als auch von sozialwissenschaftlicher Seite zugeschrieben werden, stellt sich die Frage, inwieweit diese Hoffnungen und Erwartungen den realen Gegebenheiten entsprechen. Allerdings nimmt sich die Anzahl empirischer Studien, die die Brücke zwischen Europa und den Regionen schlagen, noch recht überschaubar aus. Vor allem mangelt es an Umfragestudien, die sich auf eine oder mehrere Regionen konzentrieren und nicht von vornherein als national oder europaweit repräsentative Studien angelegt sind, in denen die regionalen Fallzahlen – nolens volens – ohne entsprechende Verfahren der Datenkumulierung keine verallgemeinerbaren Schlüsse zulassen (Schmidberger 1998: 20). Die zentrale Frage, inwieweit das Elitenprojekt „Europa" auf Resonanz, Akzeptanz und Unterstützung in der Bevölkerung einer (Grenz-)Region stößt, scheint demzufolge noch nicht abschließend beantwortet zu sein. Die im Folgenden präsentierten Befunde sollen einen weiteren Beitrag dazu leisten, dieses empirische Defizit zu beseitigen.

Die Daten entstammen einer für die exemplarisch ausgewählte Grenzregion der Südpfalz repräsentativen Umfrage, welche im Februar 2001 durchgeführt wurde.[16] Deren Ziel war es zunächst, grundlegend zu ermitteln, in-

---

16 Die Studie wurde bewusst als ein Kooperationsprojekt zwischen dem Institut für Politikwissenschaft der Universität Koblenz-Landau, Campus Landau, dem Frank-Loeb-Institut (FLI) Landau und den drei Kreisverbänden Südliche Weinstraße-Landau der Europa-Union e.V. angelegt. Gerade die Europa-Union versprach sich von der Befragung empirische Belege für

wieweit sich die Südpfälzer für den europäischen Integrationsprozess interessieren, inwieweit sie sich über diesen informieren und diesem mit Zustimmung oder Ablehnung begegnen. Erhoben wurden Meinungen und Einstellungen zu verschiedenen EU-Facetten und -Vorhaben, wie z.b. die Akzeptanz der Bürger bezüglich der Einführung des Euro, der Aufnahme neuer Mitgliedsländer oder der Aufstellung einer gemeinsamen europäischen Armee. Zudem ermöglichen die Daten Aussagen über das Vorhandensein einer europäischen Identität. Die Stichprobe der Südpfalz-Umfrage umfasst 878 Personen über 18 Jahren, die im Februar 2001 telefonisch und computerunterstützt (CATI) befragt wurden.[17] Dabei wurden zunächst Telefonnummern zufällig mittels Random-Digital-Dialing generiert. Die Kontaktaufnahme erfolgte über die „Last-Birthday"-Methode, wonach diejenige erwachsene Person eines Haushaltes interviewt wurde, die als letzte Geburtstag hatte. Insgesamt lag die Ausschöpfungsquote bei 55 Prozent. Die Interviews dauerten im Schnitt 17 Minuten – vereinzelt kam es jedoch auch zu Gesprächen von über 30 Minuten Dauer. Die rund 30 Fragen waren so konstruiert, dass sie in der Regel nur eine geschlossene Antwort ermöglichten – ja oder nein. Vereinzelt gab es jedoch auch die Möglichkeit zu Mehrfachantworten. Bei einigen Fragen wurde zudem eine Zehner-Skala zur differenzierten Beantwortung vorgelegt mit den Extrempolen 1 „lehne völlig ab" bzw. 10 „stimme völlig zu". Neben den üblichen soziodemografischen Variablen wurden Daten erhoben, mittels derer die regionenspezifische Verankerung der Befragten wiedergegeben werden konnte. Die im Folgenden dargestellten Befunde orientieren sich an vier deduktiv gewonnenen forschungsleitenden Hypothesen:

1. Von Seiten der EU (und auch den Auftraggebern dieser Studie) wird erwartet, dass in einer Grenzregion wie der Südpfalz, die durch große transnationale Kooperationsdichte gekennzeichnet ist, die affektive Zugehörigkeit zu Europa vergleichsweise stark ausgeprägt sein sollte. Gleichwohl werden Unterschiede im Ausmaß der „Europa-Identität" erwartet, welche auf soziodemografische Variablen, das generelle Interesse am Projekt „Europa", das Informationsverhalten und – nicht zuletzt – auf das Ausmaß der individuellen Verwurzelung einer Person in der Region zurückzuführen sind. In diesem Zusammenhang wird angenommen, dass (a) je höher eine Person gebildet ist, (b) je mehr sie sich für das Projekt „Europa" interessiert, (c) je mehr sie sich darüber informiert und (d) je mehr sie in der Region verwurzelt ist, desto ausgeprägter ihre generelle EU-Akzeptanz ausfallen wird.

---

ein besonders ausgeprägtes Europabewusstsein in der Region. Finanziert wurde das Projekt durch die Europa-Union, die rheinland-pfälzische Staatskanzlei und einige private Sponsoren.

17 Die Datenerhebung wurde vom Zentrum für Umfragen, Methoden und Analysen in Mannheim (ZUMA) durchgeführt. Hier wurde vorab auch der Fragebogen getestet.

2. Auch die Unterstützung konkreter Integrationsschritte sollte in einer Grenzregion wie der Südpfalz überdurchschnittlich hoch ausfallen, da einzelne Veränderungen – wie z.B. die Einführung des Euro – alltäglich, konkret und direkt erfahrbar sind. Von den Südpfälzern wird erwartet, dass sie nicht nur affektiv in den Integrationsprozess involviert sind, sondern auch diejenigen Maßnahmen gutheißen, die zu einer Intensivierung der europäischen Zusammenarbeit führen. Auch hier dürften sich jedoch in Abhängigkeit von demografischen Merkmalen, Informationsgewohnheiten und Interessensgraden gewisse Unterschiede zeigen, wie sie auch für das Vorhandensein einer europäischen Identität vorliegen.

3. Darüber hinaus ist anzunehmen, dass die Europa-Identität und die Unterstützung von konkreten Integrationsmaßnahmen miteinander in Beziehung stehen, wobei gilt: Je stärker die affektive Involvierung bezüglich der Europäischen Gemeinschaft, desto stärker ist auch die Zustimmung bzw. Bejahung konkreter Einigungsschritte.

4. Vor dem Hintergrund der kulturprägenden geschichtlichen Erfahrungen einer Grenzregion, der besonderen geografischen Lage im Herzen Europas sowie – nicht zuletzt – auch den finanziell lukrativen grenzüberschreitenden Maßnahmen der EU im Rahmen von INTERREG und PAMINA ist letztlich davon auszugehen, dass die Südpfälzer im Vergleich zu den Bürgern anderer europäischer Regionen – und Nationen – ein überdurchschnittliches Maß an Zustimmung für das Projekt „Europa" zeigen.

Diese vier Hypothesen werden im Folgenden überprüft. Dazu wird zunächst ein exklusiver Blick auf die Befunde der Südpfalz-Umfrage geworfen, bevor die Perspektive erweitert wird und die Daten versuchsweise mit einer repräsentativen Eurobarometer-Umfrage in Beziehung gesetzt werden.

5.   Europa und die Südpfalz – empirische Befunde

5.1   „Europäer von Herzen" – zur europäischen Identität der Südpfälzer

Die Herausbildung einer gemeinsamen europäischen Identität wurde von den Gründungsvätern der EU als das Herzstück des europäischen Integrationsprozesses angesehen (Duchesne/Frognier 1995: 193). Europäische Identität wird hierbei als ein inklusives Konzept verstanden, das nationale und regionale Identität nicht ausschließt. Gemeint ist damit das Gefühl der Zugehörigkeit zu einer bestimmten politischen Gemeinschaft.

Inwiefern sich die hoffnungsvollen Erwartungen über die Herausbildung einer europäischen Identität für die Südpfalz erfüllt haben, zeigen die folgenden Analysen. Hierzu wurde im Rahmen der Südpfalz-Umfrage folgende

Tabelle 1: Identitätszuschreibungen im Vergleich, 2001 (Angaben, wenn nicht anders erwähnt, in Zeilenprozenten)

	Europäer	Deutscher	Pfälzer	Anderes	Gesamt
Geschlecht					
Männer	18,0	21,2	20,5	2,1	49,7
Frauen	14,1	21,8	21,5	1,8	50,3
Alter					
18-29 Jahre	28,6	39,7	44,4	4,8	14,4
30-39 Jahre	28,8	36,7	38,6	6,1	24,6
40-49 Jahre	36,1	45,5	38,1	3,5	23,1
50-59 Jahre	31,2	35,8	48,6	3,7	12,5
60-69 Jahre	37,3	49,3	43,3	2,2	15,4
über 70 Jahre	28,7	55,2	44,8	1,2	10,0
Bildung					
kein Abschluss	20,0	40,0	40,0	20,0	0,6
Volks-/Hauptschulab.	24,5	42,6	52,6	1,5	37,8
Mittlere Reife	30,9	41,6	38,6	4,4	34,1
Fachhochschulabschluss	35,1	49,1	36,8	5,3	6,5
Abitur	47,3	44,6	30,4	6,0	21,0
Regionaler Kontext					
Dauer des Aufenthaltes in der Pfalz (in Jahren)	34,6	34,4	42,8	19,2	35,8
franz. Bekannte (in %)	52,0	39,9	47,0	52,9	46,2
franz. Verwandte (in %)	15,4	9,8	13,1	11,8	12,4
Informationsverhalten (Mittelwert)					
Anzahl genutzter Medien allg.	5,1	4,7	4,6	4,6	4,8
Anzahl EU-spezifisch genutzter Medien	3,3	2,9	2,9	2,3	2,9
Interesse an der EU (Mittelwert)	6,63	5,82	5,74	6,18	5,88
Gesamt	32,1	42,9	42,0	3,9	100,0
N	282	377	369	34	878

Da Mehrfachantworten möglich waren, werden in der Summe teilweise über 100 Prozent erreicht. In der „Gesamt"-Spalte sind die Spaltenprozente für die jeweilige Variablenkategorie dargestellt. In der Zeile „Interesse an der EU" ist der jeweilige Mittelwert, gemessen auf einer Skala von 1 (überhaupt kein Interesse) bis 10 (sehr starkes Interesse), ausgewiesen. Quelle: Südpfalz-Umfrage (Februar 2001).

Frage gestellt: „Fühlen Sie sich, ganz allgemein gesprochen, eher als Pfälzer, Deutscher oder Europäer?". Obwohl an dieser Stelle Mehrfachantworten nicht zwingend vorgesehen waren, nannte ein Fünftel der Befragten mehrere Orientierungsebenen, was ein deutlicher Beleg für die Existenz von Mehrfachidentitäten ist.[18]

Die in Tabelle 1 dargestellten Befunde verdeutlichen zunächst, dass sich knapp ein Drittel der Befragten „eher als Europäer" fühlt. Dies ist sicherlich ein erstaunlich hoher Anteil, der auch nur jeweils knapp zehn Prozent unter dem Anteil derjenigen Befragten liegt, die sich selbst primär eine regionale, sprich pfälzische Identität (42,0%) oder eine an Deutschland gebundene Identität (42,9%) zuschreiben. Mit anderen Worten: Europa scheint – als europäisches Zugehörigkeitsgefühl – „im Herzen" überraschend vieler Südpfälzer verankert zu sein, wobei auffällt, dass die männlichen Befragten – im Verhältnis zu den anderen Identitätszuordnungen – ein stärkeres europäisches Zugehörigkeitsgefühl vorweisen als die Frauen.

Hinsichtlich der Alterskohorten und der identitätsbezogenen Europa-Bindung zeigt sich ein annäherungsweise kurvilinearer Zusammenhang mit zwei Höhepunkten. Während die jüngsten Befragten – überraschenderweise – eher eine regionenspezifische Identität signalisieren und die ältesten Befragten sich überdurchschnittlich „eher als Deutsche" fühlen, sind unter den Europa-affinen Befragten die 40- bis 49-Jährigen (36,1%) und die 60- bis 69-Jährigen (37,3%) die am stärksten vertretenen Kohorten.

Wie angenommen, zeigt sich jedoch mit Blick auf die soziodemografischen Variablen der stärkste Zusammenhang zwischen der sich selbst zugeschriebenen Europa-Identität und dem Bildungsniveau. Diesbezüglich gilt, dass mit steigendem Bildungsniveau der Anteil derjenigen kontinuierlich steigt, die sich als Europäer fühlen. Von den Befragten mit Abitur fühlt sich beinahe jeder Zweite „eher als Europäer" (47,3%). Während umgekehrt die an die Region geknüpfte Identität mit steigendem Bildungsniveau sinkt, ist die Selbstzuschreibung als Deutscher vergleichsweise unabhängig vom erzielten formalen Bildungsabschluss.

Vor dem Hintergrund der Annahme, dass der spezifische kulturell, geschichtlich, geografisch, ökonomisch, politisch und zwischenmenschlich geprägte Kontext einer Grenzregion Einfluss auf das Ausmaß einer Identität als Europäer haben könnte, wurden in der vorliegenden Umfrage erstmalig drei entsprechend kontextspezifische Variablen erhoben: die Dauer des Aufenthalts in der Südpfalz sowie ob der Befragte Bekannte und/oder Verwandte in der französischen Nachbarregion, dem Elsass, hat. Diesbezüglich zeigen die in Tabelle 1 dargestellten Befunde, dass nahezu jeder Zweite derjenigen Befragten, die sich „eher als Europäer" fühlen, französische Bekannte hat und immerhin 15,4 Prozent französische Verwandte. In Bezug auf beide Variab-

---

18 Von den 878 Interviewpartnern fühlten sich 9,1 Prozent als Europäer und Pfälzer, 7,7 Prozent als Deutsche und Europäer und 5,7 Prozent als Europäer, Deutsche und als Pfälzer.

len sind das jeweils prozentual mehr Befragte im Vergleich zu denjenigen, die sich eher als Deutscher oder eher als Pfälzer fühlen. Hinsichtlich der dritten Kontextvariablen fällt dagegen auf, dass diejenigen, die sich als Pfälzer fühlen, deutlich am längsten in der Südpfalz leben.[19] Welchen Einfluss diese Kontextvariablen auf die Frage der Identität haben, wird weiter unten geklärt.

Als weitere, aus den Cultural Studies (Fiske 2000) bekannte Einflussgröße auf die Ausbildung einer spezifischen Identität ist in Tabelle 1 das Informations- bzw. Mediennutzungsverhalten der Befragten wiedergegeben. Dieses wurde in zwei Dimensionen erfasst: die Anzahl der zur allgemeinen politischen Information genutzten Medien sowie die spezifische EU-Rezeption. Zur Erfassung der *allgemeinen Mediennutzung* wurde die Frage gestellt, welche von neun vorgegebenen Medien in den vergangenen vier Wochen zur politischen Information genutzt wurden.[20] Für alle genutzten Medien wurde darüber hinaus ermittelt, ob der Befragte in den vergangenen vier Wochen in dem entsprechenden Medium etwas über die Europäische Union gehört, gelesen oder gesehen hat. Die Anzahl der EU-spezifisch genutzten Medien erfasst demzufolge sowohl das Angebot als auch die Wahrnehmung der EU-Medienberichterstattung (Tenscher/Schmidt 2003). Ein Blick auf Tabelle 1 verdeutlicht, dass sowohl die Anzahl der allgemein als auch der EU-spezifisch genutzten Medien bei denjenigen, die sich eher als Europäer fühlen, deutlich höher ausfällt, als bei den Südpfälzern, deren Identität sich eher an die Nation oder die Region knüpft. Dies bestätigt die Annahme, dass die affektive Bindung an „Europa" an ein überdurchschnittlich aktives Informationsverhalten gekoppelt ist.

Letztlich veranschaulicht Tabelle 1 auch, dass – wenig verwunderlich – das Interesse an der Europäischen Union bei denjenigen, die sich „eher als Europäer" fühlen, deutlich am stärksten ausfällt (6,63 auf einer Zehner-Skala). Dazu sei angemerkt, dass sich in der vorliegenden Studie der aus mehreren Untersuchungen bekannte positive Zusammenhang zwischen politischem Interesse und politischem Informationsverhalten bestätigt (Gabriel 1999). Insbesondere hinsichtlich der EU-spezifischen Rezeption steigt mit der Anzahl der genutzten Medien auch das Interesse an der EU signifikant an. Der entsprechende Korrelationskoeffizient Pearson's r beträgt 0,33 (wobei eine Kausalitätsaussage auf Basis der vorhandenen punktuell gewonnenen Daten nicht getroffen werden kann).

---

19 Wobei ein hoch signifikanter Zusammenhang zwischen Alter und Dauer des Aufenthaltes in der Pfalz besteht. Bei entsprechenden Interkorrelationen ist der Alterseffekt letztlich der dominante.

20 Die Palette der abgefragten Medien reichte von der regionalen Zeitung, der Rheinpfalz, über das Fernsehen bis hin zum Internet. Es muss einschränkend angemerkt werden, dass nicht nach einzelnen Formaten oder Medieninhalten gefragt wurde. Auch die Dauer und Häufigkeit der Nutzung wurden nicht erfasst.

Um nun zu Aussagen zu kommen, welche der aufgeführten Variablen in welchem Maße das Gefühl der Befragten tangieren, sich eine auf Europa bezogene Identität zuzuschreiben, werden die Einflussgrößen in einem weiteren Schritt im Rahmen einer linearen Regressionsanalyse in ein Gesamtmodell eingebettet. Interkorrelationen zwischen den Variablen können so berücksichtigt und kontrolliert werden.

Tabelle 2: Gesamtmodell zur Erklärung der europäischen Identität, 2001

	beta
Soziodemografie	
Alter	0,09
Alter quadriert	-0,03
Geschlecht	-0,06
Bildungsabschluss	0,15[b]
Regionaler Kontext	
Dauer des Aufenthaltes in der Südpfalz	-0,04
Französische Bekannte	-0,02
Französische Verwandte	-0,05
Informationsverhalten	
allgemeine Mediennutzung	0,05
EU-Rezeption	0,02
EU-Interesse	0,17[b]
(Konstante)	0,14

Die Variable „Alter quadriert" berücksichtigt mögliche kurvilineare Effekte des Alters. Zur Vermeidung von Kollinearität wurde die Altersvariable vor der Quadrierung zentriert. $N = 863$; R^2 = 0,09; Signifikanzniveau: b: $p < 0,01$.

Beim Blick auf das in Tabelle 2 zusammengefasste Gesamtmodell zeigt sich, dass sich die Europa-Identität der befragten Südpfälzer vor allem mit deren Bildungsabschluss und dem bekundeten Interesse an europapolitischen Fragen erklären lässt. Unter den formal höher Gebildeten und den Europa-Interessierten finden sich demnach die meisten Südpfälzer mit einem europäischen Zugehörigkeitsgefühl. Alle anderen Variablen – einschließlich des regionalen Kontextes und des Informationsverhaltens – haben, entgegen der ursprünglichen Annahme (vgl. Abschnitt 4.2), auf die Ausbildung einer europäischen Identität keinen signifikanten Einfluss. Insgesamt erklärt das Modell lediglich neun Prozent der Gesamtvarianz. Mit anderen Worten: Das Vorhandensein einer europäischen Identität, wie es von knapp einem Drittel der Befragten bekundet wird, lässt sich anhand der vermuteten Einflussgrößen so gut wie nicht erklären. Die über das Identitätsgefühl zum Ausdruck gebrachte emotionale Verbundenheit mit „Europa" ist überraschenderweise keine Frage

des regionalen Kontextes und ändert sich auch nicht durch ein europabezoge-
nes Mediennutzungsverhalten.

5.2 Zur Unterstützung konkreter Integrationsmaßnahmen

Die anfangs aufgeworfene Frage nach der Legitimität des europäischen Integrationsprozesses konkretisiert sich in der Akzeptanz bzw. im Ausmaß der
Zustimmung der Bevölkerung zu einzelnen EU-Institutionen, -Verfahren und
Outputleistungen. Vor diesem Hintergrund soll – zunächst unabhängig von
der soeben dargestellten Identitätsdimension – ein Blick auf das Ausmaß der
Unterstützung der Südpfälzer gegenüber einzelnen Facetten des Projekts „Europa" geworfen werden. Im Folgenden wird erst einmal das Ausmaß der Unterstützung gegenüber sechs verschiedenen EU-Vorhaben skizziert. Die zunächst getrennt ausgewiesenen Ergebnisse werden in einem weiteren Schritt
zu einem „Europa-Index" zusammengefasst, dessen Einflussgrößen abschließend untersucht werden.

Abbildung 1: Zustimmung zu EU-Integrationsschritten und institutionellen
Maßnahmen, 2001 (N = 878; in %)

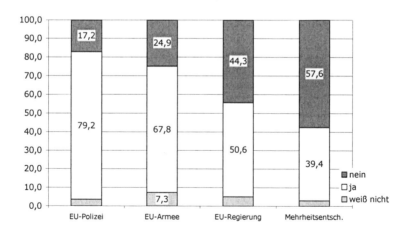

Abbildung 1 liefert zunächst einen Überblick über die allgemeine Verteilung
der Akzeptanz gegenüber *vier* von insgesamt sechs ausgesuchten EU-Vorhaben. Die höchste Zustimmung erreichen die Einführung einer gemeinsamen

europäischen Polizei, die von knapp 80 Prozent der Befragten befürwortet wird, sowie die Einführung einer gemeinsamen europäischen Armee (67,8%). Rund die Hälfte der Befragten bejaht zudem die Installation einer gemeinsamen europäischen Regierung. Offensichtlich ist die Skepsis gegenüber teilweise weitreichenden institutionellen Veränderungen bei den Südpfälzern nicht besonders ausgeprägt. Lediglich bei der Frage, ob in der Europäischen Union bei wichtigen politischen Vorhaben Mehrheitsentscheidungen auch gegen den Willen Deutschlands getroffen werden sollten, überwiegt die Ablehnung.

Eine der drängendsten Fragen stellte im Untersuchungsjahr sicherlich die Umstellung auf die erste – mit Ausnahme von Großbritannien, Dänemark und Schweden – EU-weit akzeptierte gemeinsame Währung dar. In der Südpfalz-Umfrage konnten die Befragten das Ausmaß ihrer Zustimmung gegenüber der Einführung des Euro auf einer Zehner-Skala angeben – mit den Extrempolen 1 (lehne den Euro völlig ab) bis 10 (stimme der Einführung uneingeschränkt zu). Die entsprechende Antwort wird im Folgenden genutzt, um Zusammenhänge im Ausmaß der Akzeptanz gegenüber einem zentralen Unterstützungsobjekt des europäischen Integrationsprozesses sowie den schon bekannten (vgl. Abschnitt 5.1) soziodemografischen Variablen aufzuzeigen. Darüber hinaus wird in Tabelle 3 das Ausmaß der Euro-Akzeptanz nach der sich selbst zugeschriebenen Identität differenziert. Diesbezüglich wird also davon ausgegangen, dass das allgemeine Identitäts-„Gefühl" die Voraussetzung – und nicht die Folge – für die Akzeptanz einzelner EU-Vorhaben darstellt.

Neben der Frage der Zustimmung zur Euro-Einführung ist in Tabelle 3 auch die Unterstützung gegenüber einem weiteren zentralen Integrationsprojekt der EU dargestellt: die Aufnahme weiterer Mitgliedsländer. Diesbezüglich wurde – zunächst für jeden Beitrittskandidaten separat – festgehalten, ob die Aufnahme des Landes befürwortet oder abgelehnt wird.[21] Dargestellt ist schließlich die durchschnittliche Anzahl der als Beitrittskandidaten akzeptierten osteuropäischen Länder.

Letztlich gibt Tabelle 3 Auskunft über das kumulierte Ausmaß der Unterstützung gegenüber den sechs erwähnten spezifischen Unterstützungsobjekten. Der entsprechende „Europa-Index" kann zwischen 0 und 100 Indexpunkten variieren. Sollte ein Befragter die Einführung einer gemeinsamen Armee, Polizei und Regierung genauso wie die des Euro (minimaler Skalenwert 6) befürworten, darüber hinaus Mehrheitsentscheidungen akzeptieren und die Aufnahme von vier oder mehr Beitrittskandidaten begrüßen, erhält er den maximalen Indexwert von 100 Punkten. Befürwortet er dagegen nur drei der genannten Vorhaben, beträgt der Indexwert entsprechend 50 Punkte.

---

21 Im Einzelnen handelt es sich um folgende Länder – in Klammern jeweils der Anteil derjenigen, die eine Aufnahme des Landes in die EU befürwortet: Ungarn (70,8%), Polen (58,2%), Tschechien (56,7%), Estland (52,8%), Türkei (40,0%) und Rumänien (34,7%).

Dieser Europa-Index erlaubt schließlich allgemeinere Aussagen über die Zustimmung bzw. Ablehnung wesentlicher Integrationsschritte und ermöglicht nicht zuletzt den Vergleich mit anderen Studien anhand mehrerer Variablen.[22]

Tabelle 3: Verteilung der allgemeinen Zustimmung zu zwei ausgewählten Integrationsschritten sowie zum „Projekt Europa" insgesamt, 2001

	Euro	Beitrittsländer	Europa-Index
Geschlecht			
Männer	5,90	3,22	60,0
Frauen	4,70	3,05	49,6
Alter			
18-29 Jahre	5,23	3,39	55,2
30-39 Jahre	5,34	3,17	54,6
40-49 Jahre	5,66	3,31	58,8
50-59 Jahre	5,91	2,96	57,3
60-69 Jahre	4,91	2,96	53,0
über 70 Jahre	4,32	2,86	46,7
Bildung			
kein Abschluss	3,75	1,60	26,7
Volks-/Hauptschulabschluss	4,45	2,95	50,5
Mittlere Reife	5,35	3,14	54,1
Fachhochschulabschluss	6,35	3,00	58,8
Abitur	6,48	3,54	63,9
Identität als			
Europäer	6,77	3,67	65,3
Deutscher	5,13	3,12	54,1
Pfälzer	4,86	2,90	52,6
Anderes	4,91	2,94	44,1
Gesamt	5,30	3,13	54,8
N	866	878	878

Euro: durchschnittliche Zustimmung gegenüber der Einführung des Euro auf einer Skala von 1 (lehne völlig ab) bis 10 (stimme uneingeschränkt zu). Beitrittsländer: durchschnittliche Anzahl von sechs Beitrittskandidaten, deren Aufnahme in die EU befürwortet wird. Europa-Index: durchschnittliche Zustimmung gegenüber sechs Unterstützungsobjekten auf einer Skala von 0 bis 100.

---

22 Zur Überprüfung der inneren Konsistenz des Europa-Indexes wurde Cronbachs Alpha berechnet. Es beträgt in diesem Fall 0,54, wobei die Reliabilität des Indexes vor allem durch die Variable „Mehrheitsentscheidungen" geschwächt wird. Wir möchten an dieser Stelle Martin Elff für entsprechende methodische Hinweise danken.

Wie Tabelle 3 zu entnehmen ist, liegt der Mittelwert aller Befragten in Bezug auf die Akzeptanz der Euro-Einführung bei 5,3 – und damit unter der Mitte einer Zehner-Skala von 5,5. Mit anderen Worten: Die Skepsis gegenüber der Einführung des Euro überwiegt unter den Südpfälzern, wobei sich Männer deutlich zuversichtlicher zeigen als Frauen (5,9 versus 4,7 Punkte). Hinsichtlich des Alters zeigt sich ein kurvilinearer Verlauf, mit den 50- bis 59-Jährigen als den stärksten Befürwortern, wohingegen sich diejenigen, die schon eine Währungsreform mitmachten und die am längsten mit der D-Mark zu tun hatten, als die größten Skeptiker herauskristallisieren. Auffällig ist zudem der positive Zusammenhang zwischen dem erzielten Bildungsabschluss und der Akzeptanz des Euro. Letztlich wird ebenfalls deutlich, dass diejenigen, die sich „eher als Europäer" fühlen, auch mit Abstand am stärksten die neue Währung befürworten (6,77 Punkte).

Ähnliche Zusammenhänge zeigen sich beim Blick auf die Frage, wie viele der sechs genannten Länder als Beitrittskandidaten akzeptiert werden. Durchschnittlich sind dies 3,13 Länder. Wiederum signalisieren Männer eine größere Zustimmung gegenüber einem zentralen Integrationsvorhaben als Frauen. Auch die Zusammenhänge zwischen dem formalem Bildungsgrad bzw. der affektiven Involvierung als Europäer auf der einen und der Anzahl akzeptierter Beitrittsländer auf der anderen Seite decken sich mit den beschriebenen Zusammenhängen in Bezug auf die Euro-Einführung. Am „aufnahmefreudigsten" sind demnach junge, hoch gebildete Männer, die sich als Europäer fühlen.

Dieser Eindruck bestätigt sich – mit Ausnahme des Alters – konsequenterweise beim Blick auf den an dieser Stelle eingeführten Europa-Index. Der durchschnittliche Akzeptanzwert aller Südpfälzer gegenüber den sechs erwähnten Unterstützungsobjekten beträgt 54,8 Skalenpunkte, wobei die Differenz zwischen Männern und Frauen mit mehr als zehn Punkten deutlich ausfällt. Mit Blick auf die Alterverteilung zeigt sich ein kurvilinearer Verlauf, dessen „Peak" mit 58,8 Punkten bei den 40- bis 49-Jährigen liegt. Zudem steigt die kumulierte Unterstützung für Maßnahmen zur vertieften europäischen Zusammenarbeit, wie schon aus anderen Studien bekannt (Schmidberger 1998; Kohler-Koch/Conzelmann/Knodt 2003), linear mit dem Bildungsniveau. Überdies bestätigt sich die Annahme, dass diejenigen, die sich selbst als Europäer einschätzen und so ihre affektive Verbundenheit mit Europa zum Ausdruck bringen, mit Abstand die größte Zustimmung gegenüber den einzelnen Integrationsschritten aufweisen (65,3 Punkte). An dieser Stelle kann ein klarer empirischer Beleg für die Vermutung geliefert werden, dass „Europa-Identität" mit der Unterstützung konkreter Integrationsschritte positiv korreliert.

In einem weiteren Schritt gilt es zu überprüfen, in welchem Maße der allgemein aus der jüngsten europäischen Integrationsforschung bekannte Zusammenhang zwischen politischem Interesse und der Einstellung gegenüber dem Projekt „Europa" besteht (Schmidberger 1997). Der in Abbildung 2 dargestellte Zusammenhang ist sinnfällig und bestätigt die gängige Annahme: Je höher das politische, im vorliegenden Fall auf Europa bezogene Interesse ist, desto höher fällt die kumulierte Unterstützung spezifischer Integrationsvorhaben von Seiten der befragten Südpfälzer aus. Ein ebenso nahezu idealtypisch positiver Zusammenhang zeigt sich, wenn der erstellte Europa-Index mit dem Informations- bzw. Mediennutzungsverhalten korreliert wird. Auch hier gilt, dass mit der Anzahl der genutzten Medien der Indexwert nahezu linear ansteigt. Den deutlicheren Effekt weist dabei die EU-spezifische Mediennutzung auf (Tenscher/Schmidt 2003).

Abbildung 2: Ausmaß der Unterstützung gegenüber den Integrationsmaßnahmen nach EU-Interesse, 2001 (N = 874)

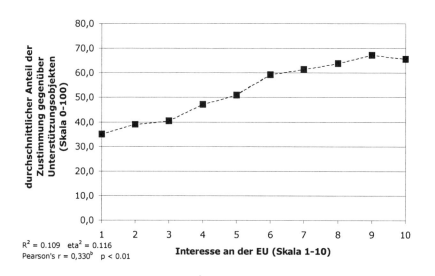

$R^2 = 0.109$ $eta^2 = 0.116$
Pearson's r = 0,330[b]   p < 0.01

In welchem Maße die einzelnen Variablen dabei helfen, das Ausmaß der Unterstützung gegenüber den kumulierten Integrationsschritten zu erklären, wird mittels einer linearen Regressionsanalyse überprüft (vgl. Tabelle 4). Diesbezüglich zeigen sich fünf signifikante Einflussgrößen. In der Reihenfolge ihrer Erklärungskraft sind dies das spezifische Interesse gegenüber der Europäischen Union, die Europa-Identität, die spezifische Nutzung und Wahrnehmung der EU-Berichterstattung, das Geschlecht und der Bildungsabschluss.[23] Stark an der EU interessierte, sich informierende, gebildete Männer, die sich generell als Europäer fühlen, zeigen demnach die größte Zustimmung gegenüber spezifischen Facetten des Projekts „Europa".

Bemerkenswert hierbei ist, dass die Ausprägung einer europäischen Identität der zweitbeste Prädiktor zur Erklärung des Ausmaßes an Unterstützung für konkrete Integrationsschritte ist. Demgegenüber überrascht, dass der regionale Kontext hier überhaupt keine Rolle zu spielen scheint. Die prägenden kulturellen, geschichtlichen, ökonomischen und zwischenmenschlichen Erfahrungen einer Grenzregion haben – allen Theorien und konkreten Hoffnungen zum Trotz – demzufolge weder Einfluss auf das Europabewusstsein noch auf die Unterstützung konkreter Einigungsmaßnahmen und Integrationsschritte.

Tabelle 4: Gesamtmodell zur Erklärung der allgemeinen Unterstützung von Integrationsschritten, 2001

	beta
Soziodemografie	
Alter	-0,05
Alter quadriert	-0,06
Geschlecht	-0,12[b]
Bildungsabschluss	0,10[a]
Regionaler Kontext	
Dauer des Aufenthaltes in der Südpfalz	0,05
Französische Bekannte	-0,06
Französische Verwandte	0,06
Informationsverhalten	
allgemeine Mediennutzung	-0,03
EU-Rezeption	0,13[a]
EU-Interesse	0,20[b]
Pro-Europa-Gefühl	0,18[b]
(Konstante)	0,37

Die Variable „Alter quadriert" berücksichtigt mögliche kurvilineare Effekte des Alters. Zur Vermeidung von Kollinearität wurde die Altersvariable vor der Quadrierung zentriert. $N = 863$; $R^2 = 0,20$; Signifikanzniveaus: a: $p < 0,05$; b: $p < 0,01$.

---

23 Insgesamt erklären die berücksichtigten Variablen 20,1 Prozent der Gesamtvarianz. Damit muss dem Modell eine deutlich bessere Vorhersagekraft zugestanden werden als dem Versuch, die affektive Unterstützung des Projekts „Europa" zu erklären (vgl. Abschnitt 5.1).

5.3 Südpfälzer und andere Europäer – Möglichkeiten des Vergleichs

Die bisherige Analyse der Südpfalz-Umfrage erlaubt streng genommen keine Aussagen darüber, ob eine repräsentative Stichprobe der Bewohner einer exemplarischen Grenzregion dem Projekt Europa wohlgesonnener oder kritischer gegenüber stehen als die Bevölkerung anderer Regionen in der europäischen Gemeinschaft. Dazu bedarf es eines interregionalen Vergleiches. Wie bereits erwähnt, liegen jedoch keine exklusiv auf den Vergleich von Regionen ausgerichteten Umfragestudien mit ausreichend großen Fallzahlen vor. Insofern muss sich der folgende Vergleich der Einstellungen der Südpfälzer mit Bewohnern anderer deutscher Regionen und europäischer Länder darauf beschränken, die vorliegende Umfrage mit Daten des EU-weit erhobenen Eurobarometers in Beziehung zu setzen. Dieser Eurobarometer wurde im November/Dezember 2000, also nur zwei bzw. drei Monate vor der Südpfalz-Umfrage durchgeführt. Vorneweg muss erwähnt werden, dass die Vergleichsmöglichkeiten durch teilweise unterschiedliche Fragestellungen und Operationalisierungen eingeschränkt sind. Diese ergeben sich aus den unterschiedlichen Vorlaufzeiten und den im Rahmen der Südpfalz-Umfrage in Pretests gewonnenen Erkenntnissen, welche Fragen – gerade in einer telefonischen Umfrage – wie „funktionieren". Insofern bieten die folgenden Ausführungen eine erste Orientierung, ohne dass sie im statistischen Sinne als hundertprozentig verlässlich gelten könnten.

Im Eurobarometer wird die affektive Bindung an Europa mit der Frage erfasst, in welchem Ausmaß sich die Bürger zu Europa hingezogen fühlen.[24] In Tabelle 5 ist der Prozentanteil derjenigen angegeben, die sich „sehr zur Europa hingezogen fühlen". Aus der Südpfalz-Umfrage ist der Anteil derjenigen abgebildet, die sich „eher als Europäer fühlen". Die Einschränkungen des Vergleiches beachtend, fällt doch auf, dass die Südpfälzer nicht nur im Vergleich mit anderen deutschen Regionen, sondern auch gegenüber allen anderen europäischen Ländern, die am stärksten ausgeprägte europäische Identität aufweisen. Lediglich die Luxemburger, als Bewohner des „Mutterlandes der europäischen Integration", weisen eine ähnlich hohe Europa-Affinität bzw. -Identität auf. Scheinbar ist die Annahme, dass Grenzregionen als „Keimzellen" der europäischen Integration fungieren könnten, doch nicht so abwegig.

---

24 Frage 8 des Eurobarometer 54.1 im englischen Originallaut: „People may feel different degrees of attachment to their town or village, to their region, to their country or to Europe. Please tell me how attached you feel to Europe? Very attached, fairly attached, not very attached, not at all attached". Schmidberger (1998) und Fuchs (2000) beziehen sich bei der Ermittlung der kollektiven Identität stattdessen auf eine andere Frage, bei der die Befragten angeben müssen, ob sie sich in der nahen Zukunft eher als Deutscher, Deutscher und Europäer, Europäer und Deutscher oder als Europäer sehen. Diese Kombinationsmöglichkeiten waren in der Südpfalz-Umfrage jedoch nicht vorgesehen. Zudem wird im Eurobarometer die regionale Identität vernachlässigt, weswegen an dieser Stelle für den Vergleich Frage 8 ausgewählt wurde.

Tabelle 5: Ausmaß an Europäischer Identität und Zustimmung zu konkreten
Integrationsschritten im europäischen und im regionalen
Vergleich, 2001 (in %)

Unterstützung	Europäische Identität	Integrations- schritte	Differenz	Pearson's r	N
Belgien	22,5	67,1	44,6	0,16[b]	1048
Dänemark	22,6	57,8	35,2	0,13[b]	1000
Deutschland Ost	15,3	63,1	47,8	0,15[b]	1014
Brandenburg	10,6	61,8	51,2	-	167
Mecklenburg	17,9	63,3	45,4	-	123
Ost-Berlin	26,4	64,6	38,2	-	88
Sachsen	12,7	62,4	49,7	-	276
Sachsen-Anhalt	8,4	62,6	54,2	-	180
Thüringen	22,9	65,0	42,1	-	180
Deutschland West	17,2	61,4	44,2	0,19[b]	1013
Baden-Württemberg	20,6	57,6	37,0	-	159
Bayern	12,3	56,1	43,8	-	167
West-Berlin	23,8	51,9	28,1	-	26
Hessen	13,5	55,4	41,9	-	99
Nordrhein-Westfalen	17,9	64,2	46,3	-	271
Rheinland-Pfalz/Saarland	22,1	70,2	48,1	-	75
Schleswig-Holstein/ Hamburg/Niedersachsen/ Bremen	16,9	65,7	48,8	-	216
Finnland	14,6	55,1	40,5	0,17[b]	1015
Frankreich	16,1	60,4	44,3	0,08[a]	1003
Griechenland	13,1	74,1	61,0	0,11[b]	1002
Großbritannien	11,2	40,5	29,3	0,17[b]	1058
Irland	16,6	62,3	45,7	0,16[b]	1001
Italien	17,1	71,0	53,9	0,21[b]	987
Luxemburg	31,7	66,9	35,2	0,11[b]	609
Niederlande	14,9	62,8	47,9	0,06	1004
Nord-Irland	12,2	41,3	29,1	0,07	313
Österreich	23,2	55,8	32,6	0,15[b]	1000
Portugal	18,2	56,0	37,8	0,14[b]	1000
Schweden	25,5	55,4	29,9	0,11[b]	1000
Spanien	26,4	65,4	39,0	0,14[b]	1000
Südpfalz	32,1	54,8	22,7	0,27[b]	878
Gesamt	19,4	60,1	40,7	0,14[b]	16945

Signifikanzniveaus: a: p < 0,05; b: p < 0,01. Quelle: Eurobarometer 54.1 (November/Dezember
2000), Südpfalz-Umfrage (Februar 2001).

Um die kumulierte Unterstützung der Südpfälzer mit den Eurobarometer-Daten in Beziehung setzen zu können, wurde auch für letztere ein Europa-Index gebildet. Dieser umfasst ebenfalls sechs Unterstützungsobjekte. Im Einzelnen sind dies (1) die Zustimmung zur Währungsunion, (2) die Zustimmung zur Aufnahme von mindestens vier der sechs oben genannten Beitrittskandidaten in die EU, (3) die Zustimmung zur Ausweitung von EU-Kompetenzen, (4) die Zustimmung zur Stärkung des Europäischen Parlaments, (5) die Zustimmung zur gemeinsamen Verteidigungs- und Sicherheitspolitik sowie (6) die Zustimmung zur gemeinsamen Außenpolitik. Auch hier ist darauf hinzuweisen, dass die beiden Indizes zwar recht ähnlich aufgebaut, jedoch keinesfalls identisch sind. Eingedenk dieser Relativierung fällt die im europäischen und regionalen Vergleich unterdurchschnittliche Befürwortung konkreter Einigungsmaßnahmen der Südpfälzer auf (vgl. Tabelle 5). Beim Blick auf die deutschen Bundesländer signalisieren lediglich Bewohner des Bundeslandes Hessen ein noch geringeres Ausmaß an kumulierter Unterstützung als die Bewohner der Südpfalz (51,9 versus 54,8 Indexpunkte).[25] Auch im Vergleich mit den Einstellungen der Bürger anderer europäischer Nationen belegen die Bürger der Südpfalz einen der hinteren Plätze. Lediglich die als europaskeptisch bekannten Nordiren (41,2 Indexpunkte) und Briten (40,5 Indexpunkte), welche unter den europäischen Ländern auch die niedrigste affirmative Unterstützung aufweisen, zeigen ein deutlich geringeres Ausmaß an positiven evaluativen Orientierungen gegenüber konkreten Einigungsmaßnahmen.

Beim Blick auf die Relation von „community"- und „regime"-bezogenen Orientierungen fällt abschließend eine Besonderheit der Südpfalz im Vergleich zu den anderen deutschen Regionen und europäischen Nationen auf, nämlich die geringste Diskrepanz zwischen europäischer Identität und Zustimmung zu integrationsvertiefenden Einigungsschritten. Auch die Korrelation zwischen beiden Indikatoren ist bei den Südpfälzern mithin am höchsten (r = 0,27). Mit anderen Worten: Eine starke affirmative Bindung an Europa – wie sie im europäischen Zugehörigkeitsgefühl zum Ausdruck kommt – führt bei den Südpfälzern im Vergleich zu den Bürgern anderer Nationen und Regionen erstaunlicherweise nur zu einer unterdurchschnittlichen Bejahung konkreter Einigungsmaßnahmen.

Allerdings scheint die Ausgeprägtheit eines „Europa-Gefühls" in Form eines Bekenntnisses zur europäischen Identität nicht in allen Ländern ein geeigneter Prädiktor für das Ausmaß der allgemeinen Unterstützung von Integrationsfortschritten darzustellen, wie die unterschiedlichen Korrelationskoeffizienten belegen. Ein Hinweis hierfür ist die außerordentlich hohe Zustim-

25 Die Diskrepanz von mehr als 15 Indexpunkten zwischen der kumulierten Unterstützung der Südpfälzer im Vergleich zu den Bewohnern von Rheinland-Pfalz und des Saarlandes sollte angesichts der lediglich 75 Personen, die im Eurobarometer befragt wurden, nicht überbewertet werden.

mung für konkrete Integrationsschritte bei den Italienern und Griechen, die sich jedoch eher weniger als „Europäer" fühlen und damit eine weitaus schwächere affektive Europa-Bindung aufweisen.[26]

6. *Fazit und Ausblick*

Als vermeintliche „Motoren" und „Keimzellen" der europäischen Integration wecken insbesondere die Grenzregionen Hoffnungen auf einen Ausweg aus dem europäischen Legitimitätsdilemma zwischen wachsenden Herrschaftsansprüchen und sinkender Zustimmung. Die EU verspricht sich von der Reduktion sozioökonomischer Disparitäten und der Förderung transnationaler Kooperationen im Rahmen der EU-Regionalpolitik einen Gewinn an Unterstützung für den Integrationsprozess.

Die Ergebnisse der Südpfalz-Umfrage hingegen zeichnen ein ambivalentes Bild, was die politische Unterstützung des europäischen Einigungsprozesses angeht. Während das Ausmaß an europäischer Identität überraschend hoch ausfällt und knapp ein Drittel der Befragten angibt, sich „eher als Europäer" zu fühlen, zeigt sich in den Einstellungen zu konkreten Integrationsschritten eine gewisse Zurückhaltung. Die Europa-Euphorie bezogen auf den Euro, eine gemeinsame Regierung und effektivere Entscheidungsmechanismen sowie die Osterweiterung hält sich doch sehr in Grenzen. Im internationalen Vergleich steht die Südpfalz, was das Ausmaß der Unterstützung konkreter Integrationsschritte angeht, folglich weit weniger gut da.

Gegenläufig sind auch die Ergebnisse, die sich im internationalen Vergleich mit Eurobarometer-Daten zeigen. Während die Südpfälzer mit dem höchsten Grad an affektiver Europa-Bindung auftrumpfen können, fällt die Zustimmung gegenüber weiteren konkreten Integrationsschritten eher gering aus. Lediglich die Nordiren und Briten liegen auf der 100er-Skala noch hinter den Südpfälzern. Erstaunlicherweise ist die Korrelation zwischen der Europa-Identität und der Befürwortung weiterer Integrationsfortschritte in diesem südwestdeutschen Grenzgebiet zu Frankreich am stärksten. Offensichtlich gibt es dort eine enge Verbindung zwischen emotionaler Europa-Zuwendung und eher nutzenbezogener Integrationsbetrachtung.

Mit Blick auf diese Ergebnisse lässt sich sagen, dass die eingangs geschilderten hohen Erwartungen der EU (und generell auch der Europa-Befürworter) wohl zu optimistisch sind. Trotz der engen grenzüberschreitenden Kooperationsdichte und massiver EU-Förderung bestehen in der Bevölke-

---

26 Dies scheint zunächst utilitaristisch begründbar zu sein, wonach Italien und Griechenland auch diejenigen Nationen sind, die mit am stärksten von EU-Fördergeldern profitieren. Diesem Erklärungsansatz widerspricht jedoch die vergleichsweise geringe kumulierte Unterstützung der Portugiesen und Spanier, welche ebenso im überdurchschnittlichen Maße von Seiten der EU finanziell unterstützt werden.

rung Vorbehalte gegenüber weiteren Integrationsschritten, die den nationalen Spielraum stark einschränken. Die Ergebnisse stützen folglich die Einschätzung von Dalton und Eichenberg, „that EC budget distribution have no impact on citizen support for European institutions" (zitiert nach Bosch/ Newton 1995: 81).

Dass eine europäische Identität durchaus vorhanden ist und diese im Lichte des internationalen Vergleichs sogar eindrucksvoll hoch erscheint, ist immerhin ein Trost. Erklärungsbedürftig bleibt allerdings, welche Faktoren hierfür letztendlich verantwortlich sind. Gezeigt werden konnte der Einfluss bestimmter Einstellungen und soziodemografischer Faktoren wie Interesse, Bildung und Geschlecht (Niedermayer 1995: 244). Dies lässt vermuten, dass ein allgemeiner Zusammenhang besteht zwischen dem Grad der kognitiven Mobilisierung und der allgemeinen Zustimmung zum Europäischen Einigungsprozess (Duchesne/Frognier 1995: 214). Der Einfluss regionaler Kontextfaktoren rückt dagegen deutlich in den Hintergrund, so dass die diesbezüglich formulierte Ausgangsthese revidiert werden muss.

Auch das außerordentliche Engagement von politischen und gesellschaftlichen Eliten für grenzüberschreitende Kooperationen kann letzten Endes nicht darüber hinwegtäuschen, dass die (hoffnungsvollen) Annahmen der EU wohl relativiert werden müssen. Um diese politisch höchst relevante Frage nach der Rolle von Grenzregionen als „Motoren" der Integration abschließend beantworten zu können, bedarf es allerdings weiterer empirisch vergleichender Regionalstudien, die zudem die Wahrnehmung der EU-Regionalpolitik stärker berücksichtigen.

Was die Gründe für die relativ geringe Unterstützung für weitere Integrationsfortschritte in der Südpfalz angeht, bleibt zu fragen, inwiefern hier womöglich die historische Hinterlassenschaft von Kriegen und Konflikten verantwortlich ist. Oder ist es vielleicht die Tatsache, dass gerade in Grenzregionen das Projekt „Europa" als Selbstverständlichkeit verstanden wird, die aus der Perspektive der dort Ansässigen keiner Weiterentwicklung mehr bedarf?

Literatur

Abromeit, Heidrun: Democracy in Europe: Legitimizing Politics in a Non-state Polity. New York: Berghahn Books, 1998.
Auel, Katrin/Benz, Arthur/Esslinger, Thomas: Democratic governance in the EU. The case of regional policy. Polis (Arbeitspapiere der FernUniversität Hagen), Nr. 48 (2000).
Beck, Joachim: Netzwerke in der transnationalen Regionalpolitik. Baden-Baden: Nomos, 1997.
Bosch, Agusti/Newton, Kenneth: Economic Calculus or Familiarity Breeds Content? In: Niedermayer, Oskar/Sinnott, Richard (Hrsg.): Public Opinion and Internationalized Governance. Oxford: Oxford University Press, 1995, S. 73-104.
Brunn, Gerhard/Schmitt-Egner, Peter (Hrsg.): Grenzüberschreitende Zusammenarbeit. Theorie – Empire – Praxis. Baden-Baden: Nomos, 1998.

Büchner, Bernd: Einstellungen zur Europäischen Gemeinschaft: Ein Ländervergleich. In: Kohr, Heinz-Ulrich/Martini, Massimo (Hrsg.): Macht und Bewusstsein. Europäische Beiträge zur Politischen Psychologie. Weinheim: Deutscher Studien Verlag, 1990, S. 177-184.

Committee of the Regions. In: Official Journal of the European Communities C 156/18 vom 6.6.2000.

Duchesne, Sophie/Frognier, André-Paul: Is There a European Identity? In: Niedermayer, Oskar/ Sinnott, Richard (Hrsg.): Public Opinion and Internationalized Governance. Oxford: Oxford University Press, 1995, S. 193-226.

Easton, David: A Systems Analysis of Political Life. Chicago/London: University of Chicago Press, 1995.

Easton, David: A Re-Assesment of the Concept of Political Support. In: British Journal of Political Science 5 (1975), S. 435-457.

Fiske, John: Understanding Popular Culture. 2. Auflage. London/New York: Routledge, 2000.

Fuchs, Dieter: Demos und Nation in der Europäischen Union. In: Klingemann, Hans-Dieter/ Neidhardt, Friedhelm (Hrsg.): Zur Zukunft der Demokratie – Herausforderungen im Zeitalter der Globalisierung. WZB-Jahrbuch 2000. Berlin: edition sigma, 2000, S. 215-236.

Gabel, Metthew J.: Economic Integration and Mass Politics: Market Liberalization and Public Attitudes in the European Union. In: American Journal of Political Science 42 (1998a), S. 936-953.

Gabel, Metthew J.: Interests and Integration. Market Liberalization, Public Opinion, and European Union. Ann Arbor: University of Michigan Press, 1998b.

Gabriel, Oscar W.: Massenmedien: Katalysatoren politischen Interesses und politischer Partizipation. In: Roters, Gunnar/Klingler, Walter/Gerhards, Maria (Hrsg.): Information und Informationsrezeption. Forum Medienrezeption Band 3. Baden-Baden: Nomos, 1999, S. 103-142.

Geiger, Michael (Hrsg.): PAMINA – Europäische Region mit Zukunft. Baden, Elsass und Pfalz in grenzüberschreitender Kooperation. Speyer: Verlag der Pfälzischen Gesellschaft zur Förderung der Wissenschaften, 2001.

Hix, Simon: The Political System of the European Union. Houndsmill: Macmillan, 1999.

Höreth, Marcus: Die Europäische Union im Legitimationstrilemma. Baden-Baden: Nomos, 1999.

Hrbek, Rudolf/Weynand, Sabine: Betrifft: das Europa der Regionen: Fakten, Probleme, Perspektiven. München: Beck, 1994.

Kielmannsegg, Peter Graf: Integration und Demokratie. In: Jachtenfuchs, Markus/Kohler-Koch, Beate: Europäische Integration. Opladen: Leske + Budrich, 1996, S. 47-71.

Kohler-Koch, Beate: Regionen als Handlungseinheiten in der europäischen Politik. In: Krämer, Raimund (Hrsg.): Regionen in der Europäischen Politik. Potsdam: Berliner Wissenschaftsverlag, 1998a, S. 45-74.

Kohler-Koch, Beate: Leitbilder und Realität der Europäisierung der Regionen. In: Kohler-Koch, Beate u.a. (Hrsg.): Interaktive Politik in Europa. Opladen: Leske + Budrich, 1998b, S. 231-254.

Kohler-Koch, Beate/Conzelmann, Thomas/Knodt, Michèle: Europäische Integration – Europäisches Regieren. Opladen: Leske + Budrich, 2003 (i.E.).

Lindberg, Leon N./Scheingold, Stuart A.: Europe's Woud-Be Polity. Patterns of Change in the European Community. Englewood Cliffs: Prentice-Hall, 1970.

Merkel, Wolfgang: Legitimationsüberlegungen zu einem unionsspezifischen Demokratiemodell. In: Giering, Claus/Janning, Josef/Merkel, Wolfgang: Demokratie und Interessenausgleich in der Europäischen Union. Gütersloh: Bertelsmann, 1999, S. 27-38.

Moersch, Karl: Geschichte der Pfalz. Von den Anfängen bis ins 19. Jahrhundert. 2. Auflage. Landau: Pfälzische Verlagsanstalt, 1987.

Niedermayer, Oskar: Bevölkerungsorientierungen gegenüber dem politischen System der Europäischen Gemeinschaft. In: Wildenmann, Rudolf (Hrsg.): Staatswerdung Europas? Optionen einer Europäischen Union. Baden-Baden: Nomos, 1991, S. 321-353.

Niedermayer, Oskar: Trust and Sense of Community. In: Niedermayer, Oskar/Sinnott, Richard (Hrsg.): Public Opinion and Internationalized Governance. Oxford u.a.: Oxford University Press, 1995, S. 227-245.

Niedermayer, Oskar/Sinnott, Richard (Hrsg.): Public Opinion and Internationalized Governance. Oxford u.a.: Oxford University Press, 1995.

Niedermayer, Oskar/Westle, Bettina: A Typology of Orientations. In: Niedermayer, Oskar/Sinnott, Richard (Hrsg.): Public Opinion and Internationalized Governance. Oxford u.a.: Oxford University Press, 1995, S. 33-50.

Pintarits, Sylvia: Macht, Demokratie und Regionen in Europa. Marburg: Metropolis, 1996.

Saalbach, Jörg: Die PAMINA-Kooperation: der politische, organisatorische und finanzielle Rahmen. In: Geiger, Michael (Hrsg.): PAMINA – Europäische Region mit Zukunft. Baden, Elsass und Pfalz in grenzüberschreitender Kooperation. Speyer: Verlag der Pfälzischen Gesellschaft zur Förderung der Wissenschaften, 2001, S. 109-120.

Scharpf, Fritz W.: Demokratische Politik in der internationalisierten Ökonomie. In Greven, Michael (Hrsg.): Demokratie – eine Kultur des Westens? Opladen: Leske + Budrich, 1998, S. 81-104.

Scharpf, Fritz W.: Demokratieprobleme in der europäischen Mehrebenenpolitik. In: Busch, Andreas/Merkel, Wolfgang (Hrsg.): Demokratie in Ost und West. Für Klaus von Beyme. Frankfurt a.M.: Suhrkamp, 1999, S. 672-694.

Schmalz-Bruns, Rainer: Deliberativer Supranationalismus. In: Zeitschrift für Internationale Beziehungen 6 (1999), S. 185-244.

Schmidberger, Martin: Regionen und europäische Legitimität. Der Einfluss des regionalen Umfeldes auf Bevölkerungseinstellungen zur EU. Frankfurt a.M. u.a.: Peter Lang, 1997.

Schmidberger, Martin: EU-Akzeptanz und europäische Identität im deutsch-französischen Grenzgebiet. In: Aus Politik und Zeitgeschichte B25-26 (1998), S. 18-25.

Sinnott, Richard: Bringing Public Opinion Back In. In: Niedermayer, Oskar/Sinnott, Richard (Hrsg.): Public Opinion and Internationalized Governance. Oxford u.a.: Oxford University Press, 1995, S. 11-32.

Speiser, Béatrice: Der grenzüberschreitende Regionalismus am Beispiel der oberrheinischen Kooperation. Basel: Helbing & Lichtenhahn, 1994.

Tenscher, Jens/Schmidt, Siegmar: „So nah und doch so fern". Empirische Befunde zur massenmedialen Beobachtung und Bewertung des europäischen Integrationsprozesses in einer Grenzregion. In: Hagen, Lutz (Hrsg.): Europäische Union und mediale Öffentlichkeit. Theoretische Perspektiven und Befunde zu Rolle der Medien im europäischen Einigungsprozess. Köln: von Halem, 2003 (i.V.).

Weßels, Bernhard: Evaluations of the EC: Elite or Mass-Driven? In: Niedermayer, Oskar/Sinnott, Richard (Hrsg.): Public Opinion and Internationalized Governance. Oxford u.a.: Oxford University Press, 1995, S. 105-162.

Westle, Bettina: Politische Legitimität – Theorien, Konzepte, empirische Befunde. Baden-Baden: Nomos, 1989.

Zürn, Michael: Über den Staat und die Demokratie im europäischen Mehrebenensystem. In: Politische Vierteljahresschrift 37 (1996), S. 27-55.

Bettina Westle

Universalismus oder Abgrenzung als Komponente der Identifikation mit der Europäischen Union?

1. Einleitung

Was ist die Europäische Union eigentlich? Auf der Suche nach einer Antwort auf diese scheinbar triviale Frage wird man mit einer Vielzahl von gegensätzlichen Umschreibungen konfrontiert, angefangen von „ökonomischem Zweckbündnis" versus „Nation Europa in spe" über Verortungsversuche auf dem Spektrum zwischen „Staatenbund und Bundesstaat" bis hin zu wissenschaftlich zunehmend beliebten, aber als gesellschaftlichen Symbolträgern wenig geeigneten Bezeichnungen wie „dynamisches Mehrebenensystem" oder „Gebilde sui generis" (beispielsweise die Beiträge in Kohler-Koch 1992; Kreile 1992; Jachtenfuchs/Kohler-Koch 1996; Bach 2000a). Jedoch ist damit angedeutet, dass es sich bei der EU um etwas Komplexes und in Entwicklung Befindliches handelt, das viele Fragen aufwirft. Dem entspricht, dass die EU von vielfältigen Spannungsverhältnissen gekennzeichnet ist, die von Bedeutung für den hier interessierenden Fragenkomplex nach der europäischen Identität sind.

1.1 Spannungsverhältnisse zwischen Nation und EU, zwischen Gesellschaft und Gemeinschaft

Dazu gehört an zentraler Stelle eines ihrer Gründungsziele: die Überwindung friedensgefährdender nationalstaatlicher Egoismen. Sowohl im Zuge der Modernisierung und damit verknüpfter funktionaler Differenzierung als auch im Zusammenhang expliziter Einigungsbemühungen zunächst primär im ökonomischen Bereich, später auch in anderen Bereichen und der damit angestrebten Spill-Over-Effekte zur Beschleunigung der Integrationsprozesse wurde vor allem in funktionalistischer Sicht ein Rückgang ethnischer, regionaler und nationaler Besonderheiten, eine Abnahme kollektiver Identitätsbildungen und sozialer Kategorisierungen zugunsten rein individueller Differenzierung und/oder eine zunehmende Konvergenz der Mitgliedsstaaten in allen gesellschaftlichen Sphären und eine entsprechende Zunahme des europäischen

Wir-Gefühls erwartet (z.B. Haas 1958; Zellentin 1992). Inzwischen hat sich jedoch gezeigt, dass solche Hoffnungen vorschnell waren. Kollektive Identifikationen scheinen nämlich äußerst langlebig und kontextabhängig (re-)aktualisierbar, jedoch nicht generell wegdefinierbar, sondern eine menschliche Universalie. Während die im Zusammenhang der Auflösung multinationaler Staaten in Osteuropa beobachtbaren Reethnisierungen zwar entlang der Erklärungsmuster nachholender Modernisierung und Nationenbildung gedeutet werden könnten, so zeigen sich doch auch im westlichen Raum Reethnisierungen entlang regionaler Grenzen, Autonomie- und Sezessionsbestrebungen (z.B. Nordirland, Schottland und Wales, Flandern und Wallonien, Korsika, Baskenland und Katalonien). Immer gegen den Zentralstaat gerichtet entwickeln sich diese teilweise als Gegenreaktionen auf Zumutungen der Moderne, der Globalisierung und der Supranationalisierung in Form der EU, teilweise aber auch im Verbund mit der EU, beispielsweise gefördert durch das Subsidiaritätsprinzip und Möglichkeiten unmittelbarer regionaler Subventionen (Peterson 1994; Marks 1996; Hettlage/Deger/Wagner 1997; Bornewasser/Wakenhut 1999a). Das gesamteuropäische Ziel der Überwindung kleinräumiger partikularer Einheiten könnte somit im Extrem längerfristig geradezu sein Gegenteil erzeugen, also einer Zersplitterung Europas in viele Regionalstaaten Vorschub leisten.

Ein zweites, damit verknüpftes identitätsrelevantes Spannungsverhältnis deutet sich in der Oszillation der EU zwischen „Gesellschaft" und „Gemeinschaft" an. Einerseits tendiert die angestrebte Überwindung partikularer Nationalstaaten in Richtung offener Grenzen. Sie erfordert damit die Betonung universeller, oder zumindest übernationaler Merkmale, die mit den Begriffen der „Postnationalität", der „offenen Gesellschaft" oder der „offenen Republik" assoziiert sind (Oberndörfer 1991; Ferry 1994; Dewandre/Lenoble 1994; Habermas 1994, 1998). Andererseits weist die EU aber Merkmale des „Gemeinschaftskonzepts" älterer und/oder kommunitaristischer Prägung auf, insbesondere in den Konditionen der Mitgliedschaft. So erfolgt die Zulassung zur Mitgliedschaft keineswegs über den subjektiven, individuellen Willen des Beitrittswilligen und sein Bekenntnis zu ihrer politischen Ordnungsform, sondern setzt zunächst den Besitz unveränderlicher Merkmale voraus („europäische" geopolitische Lage und Kultur), erfolgt kollektiv (Staatenbeitritt) und zumeist ohne unmittelbares Votum der Bürger. Zudem gilt die Mitgliedschaft als unkündbar, d.h. sowohl für einen Austritt von Seiten des Einzelstaates als auch für einen Ausschluss von Seiten der Union sind keinerlei Verfahren vorgesehen – obwohl gleichzeitig verlangt wird, nicht nur den Acquis Communautaire anzuerkennen, sondern auch künftige, inhaltlich noch unbestimmte Aktivitäten der Union mitzutragen – und dies selbst angesichts mangelnder Sanktionsmöglichkeiten bei späterer Nichterfüllung von Beitrittskriterien einerseits, unzureichender demokratischer Legitimation und Mitbestimmungsmöglichkeiten andererseits (Chryssochoou 1994; March/

Olson 1998; Geser 2000). Die Komponenten von Gemeinschaftlichkeit stehen sowohl im Spannungsverhältnis zur zunehmenden Gesellschaftlichkeit der europäischen Staaten als auch zu wertrationalen, auf Universalismus zielenden Legitimationsmotiven der Europäischen Union.

1.2 Widersprüche der EU-Identitätssuche

Diese Spannungsverhältnisse bilden den Rahmen für Fragen nach dem Selbstverständnis, nach der Identität der EU bzw. ihrer Bevölkerung. Bekanntermaßen dominiert seit Jahrzehnten unter der Bevölkerung der EU ein so genannter permissiver Konsens (Lindberg/Scheingold 1970). Entgegen Erwartungen der Integrationsprotagonisten ist die Identifikation der Bürger mit der EU keineswegs angewachsen, sondern stagniert auf niedrigem Niveau. Kontextbedingte Schwankungen deuten zudem auf eine gewisse Instabilität der affektiven Bindung an die EU (Westle 2000). Für diese schwache Identifikation wird eine Vielzahl möglicher Gründe herangezogen, angefangen von der Dominanz konkurrierender regionaler und nationaler ethnischer sowie kultureller Identitäten, über unzureichende symbolische bis hin zu fehlenden faktisch-institutionellen und defizitären demokratischen Identifikationsangeboten durch die EU (z.B. Duchesne/Frognier 1995; Walkenhorst 1999; Kohli 2000). Die nicht länger zu leugnende empirische Änderungsresistenz der historisch gewachsenen Identitäten und affektiven Bindungen hat schließlich dazu beigetragen, das typische Charakteristikum einer möglichen EU-Identität nicht mehr in kulturellen Gemeinsamkeiten oder gar kultureller Homogenität zu suchen, sondern – fast im Gegenteil – die Heterogenität und Pluralität der europäischen Staaten, Kulturen, Denk- und Lebensweisen zum „leuchtenden" Merkmal (gesamt-)europäischer Identität zu deklarieren. Gegenseitiger Respekt für und Toleranz gegenüber Unterschieden wurde wissenschaftlich und zunehmend auch im politischen Kontext mit der Formel von der „Vielfalt in der Einheit" geradezu zum zentralen Merkmal für europäische Identität erklärt (stellvertretend für viele Arbeiten siehe Reif 1993; Kielmannsegg 1996; Lepsius 1999, 2000).

Damit wird die frühere Entgegensetzung von EU und Nation als Identifikationsobjekten durch ihre Gleichzeitigkeit abgelöst. Jedoch bestehen Zweifel, inwieweit eine solche multiple Identifikation möglich und tragfähig ist. Zudem nährt diese Konzeption, so sympathisch sie sein mag, sowohl vor dem Hintergrund der Alltagserfahrung als auch auf der Grundlage sozialpsychologischer Ansätze zur Identität den Verdacht des Idealismus. Denn die empirische Erfahrung und sozialpsychologische Theorien deuten darauf hin, dass Unterschiede von den meisten Menschen nur in begrenztem Ausmaß als anregende Bereicherung, häufiger jedoch als unangenehm empfunden werden, und dass Unterschiede zumeist nicht lediglich wertneutral als „anders" wahrgenommen werden, sondern wertbehaftet konnotiert sind, nämlich als „anders + besser" oder als „anders + schlechter". Toleranz gegenüber Unterschieden stellt keine Selbstverständlichkeit dar, sondern eher eine schwer erreichbare, mit Selbsteinschränkung verbundene Tugend (Fritzsche 1994; Westle 1998; Greiffenhagen 1999).

Darüber hinaus ist die EU-Identitätssuche und -politik von erheblichen neuen Unsicherheiten und Unübersichtlichkeiten geprägt. Unklar ist beispielsweise, welche Inhalte das Substrat für die Binnendefinition einer europäischen Identität bilden könnten. Einerseits erzwingt der die nationalstaatlichen Grenzen transformierende Impetus der EU den Bezug auf Normen mit tendenziell universellem Anspruch wie Menschenrechte, Demokratie und Pluralismus – so beispielsweise auch in der Pariser Charta niedergelegt. Universalität wird jedoch gleichzeitig zumeist als unzureichend für Identitätsbildung angesehen, da jede Identität einer genuinen Partikularität – und damit gleichzeitig der Außenabgrenzung als sozusagen anderer Seite der Medaille – bedürfe. Aus dem Zweifel, ob eine supranationale oder universelle Identität überhaupt möglich sei (Cerutti 1992), folgt häufig die Suche nach einer originär europäischen Identität, die sich von Vorstellungen der westlichen Zivilisation insgesamt, von Gemeinsamkeiten mit nichteuropäischen Demokratien (besonders den USA) oder gar der Weltgesellschaft abhebt, obwohl eine Vielzahl gemeinsamer Traditionen und Wertorientierungen besteht. Allerdings scheint dieser Ansatz sowohl an konträren Positionen der EU-Mitgliedsstaaten (vor allem Großbritannien und Frankreich) als auch an seiner ihm immanenten Tendenz, sich selbst in der Suche nach einer Balance zwischen europäischer Partikularität und demokratiebezogener Universalität auszuhebeln, zu scheitern (z.B. Flora 2000; Strath 2000; White 2000).

Hinzu kommt eine „neue Unübersichtlichkeit" durch die Transformation der osteuropäischen Staaten zu Demokratien. Während in früheren Arbeiten die blockbedingte Teilung Europas häufig als Grund für die zögerliche Genese einer europäischen Identität vermutet wurde (z.B. Weidenfeld 1984), wird heute der Wegfall des ehemaligen Feindbildes „Ostblock" in manchen Arbeiten als neuer Faktor der Behinderung des Entstehens einer europäischen Identität angeführt. Seit die EU mit Maastricht, Währungsunion und politischer Union einerseits die Vertiefung vorantreibe, sich andererseits die Grenzen des als politische Union denkbaren Europa weit nach Osten verschoben haben, forciere die EU allerdings zunehmend ihre neuen Außengrenzen durch restriktivere Immigrationspolitik gegenüber Nichtmitgliedschaftsländern (z.B. Hassner 1994; Geser 2000). Damit gewinnt das alte Bild von der „Festung Europa" eine neue Färbung. Nicht mehr der kommunistische Osten, sondern die Migration aus Entwicklungsländern und Katastrophengebieten sowie fremde Kulturkreise werden – nicht zuletzt auch in Anlehnung an Huntingtons „Kampf der Kulturen" (1993) – als Gegenbilder zu Europa und seiner Identität bemüht. Dies wiederum bildet die Grundlage für den Verdacht, dass regionale und nationale ebenso wie europäische Identität künftig zur Abschottung der Grenzen von Europa mobilisiert werden (Bach 2000b; Niethammer 2000). Damit deutet sich die Gefahr an, dass die ausgrenzenden und aggressiven Komponenten des Nationalismus, die mit der EU ja gerade überwunden werden sollten, mit der Forcierung einer europäischen Identität lediglich auf die Ebene der EU transformiert und geradezu als „Europäismus" neu belebt werden könnten.

2. Funktionen, Komponenten und Typen kollektiver Identität

Vor dem skizzierten Hintergrund soll im folgenden Abschnitt die vorliegende Forschung zur sozialen und zur nationalen Identität auf Möglichkeiten der Systematisierung der europäischen Identitätsfrage im Kontext der angesprochenen Spannungsverhältnisse befragt werden.

2.1 Theorie sozialer Identität, die Frage nach multiplen Identitäten und die Frage nach Binnendefinition und Außenabgrenzung

In Anlehnung an die sozialpsychologische „Theorie sozialer Identität" können kollektiver Identität – definiert als (1) individuelles Wissen um die Zugehörigkeit zu sozialen Gruppen, das (2) verknüpft ist mit affektiven und evaluativen Bedeutungen dieser Zugehörigkeit – zwei zentrale Komponenten zugeschrieben werden, nämlich (a) eine Binnendefinition zur Konstruktion der Eigengruppe und (b) eine Außenabgrenzung durch die Konstruktion von Fremdgruppen (Tajfel 1981; Tajfel/Turner 1986; Abrams/Hogg 1990). Für die Binnendefinition werden reale oder vorgestellte Ähnlichkeiten und Gemeinsamkeiten aktiviert und (über-)betont, für die Außenabgrenzung dementsprechend reale oder vermeintliche Unterschiede herangezogen. Dabei werden Fremdgruppen infolge geringerer Information im Allgemeinen für homogener gehalten als die Eigengruppe. Dass diese solchen Kategorisierungen zugrunde liegenden Vergleichsprozesse nicht zu wertneutralen Charakterisierungen, sondern im Allgemeinen zu negativeren Stereotypen der Außengruppen und positiveren der Eigengruppe führen, ist zumindest experimentell vielfach belegt und wird mit dem individual- und gruppenpsychologischen Streben nach einem positiven Selbstbild erklärt. Bedrohungen der Binnendefinition und -wertung können daher zu Verstärkungen und Veränderungen der Außenabgrenzung beitragen, beispielsweise in Form von stärkeren Abwertungen der relevanten Fremdgruppen (auf denselben Wahrnehmungsdimensionen durch Verschärfung von Urteilskriterien, veränderte Gewichtung oder veränderte Auswahl von Vergleichsdimensionen) und/oder durch die Auswahl neuer Fremdgruppen als relevante Vergleichsobjekte. Gruppenbildung ohne gemeinsame soziale Identität ist folglich kaum denkbar bzw. umgekehrt ist gemeinsame soziale Identität eine wesentliche Voraussetzung für die Funktionsfähigkeit von Gruppen (Tajfel u.a. 1971; Mummendey 1985; Marques 1990; Deaux 1993; Oakes/Haslam/Turner 1994; Deaux u.a. 1995).

Dies dürfte ähnlich für die Funktionsfähigkeit und -weise der Europäischen Union gelten. Wie für alle politischen Gemeinschaften erscheinen hier die folgenden Aspekte einer gemeinsamen kollektiven Identität besonders wichtig: (1) die vertikale Komponente eines (affektiv verankerten) individuellen Zugehörigkeitsbewusstseins und -wollens (Identifikation) sowie (2) die horizontale der (a) gegenseitigen Anerkennung und des gegenseitigen Vertrauens zwischen den Angehörigen auf der Grundlage eines – woran auch immer verankerten – Wir-Gefühls, die (b) von einer (zunächst inhaltlich offen zu lassenden) Definition einer Outgroup begleitet wird. Beide Dimensionen erscheinen erforderlich, um überhaupt eine auf Dauer gestellte gemeinsame politische Arbeitsteilung zu plausibilisieren, um Krisenresistenz zu gewährleisten, d.h. um eine Abwendung bzw. einen sofortigen äußeren oder inneren Austritt aus der politischen Arbeitsteilung im Fall von Problemen zu verhindern und/oder um „voice" statt „exit" zu fördern sowie um Belastungszumutungen (beispielsweise durch Umverteilungen im sozialen Bereich) mit Aussicht auf Gefolgschaft zu implementieren (Easton 1965; Hirschman 1974; Sniderman 1981; Münch 2000). Ein gewisses Ausmaß an Wir-Gefühl ist ebenso erforderlich, um im Fall demokratischer Verfasstheit des Gemeinwesens die Akzeptanz der Mehrheitsregel zu legitimieren bzw. grundsätzlicher, um überhaupt erst einen anerkennungsfähigen Souverän demokratischer Herrschaft zu begründen.

Allerdings war die Genese einer europäischen Identität nie an einem Nullpunkt beginnend denkbar, sondern nur in Konfrontation mit der Präexistenz älterer, historisch langfristig gewachsener regionaler und nationaler Identitäten. Vor dem Hintergrund des durch exzessiven Nationalismus ausgelösten historischen Desasters des Zweiten Weltkriegs und des Ziels einer Europäischen Gemeinschaft als Gegengewicht zu nationalen Egoismen, gingen frühere Arbeiten daher wie selbstverständlich von einer Unverträglichkeit und einem Konkurrenzverhältnis zwischen nationalen Identitäten und europäischer Identität aus. Zumindest implizit unterstellte dies als Fremdgruppen die jeweils anderen Nationen Europas, und als Zielgröße wurde daher ein Ersatz der nationalen durch die europäische Identität formuliert. In jüngeren Arbeiten findet sich dagegen zunehmend die Auffassung, dass multiple soziale Identitäten zwischen Region, Nation und Europa durchaus möglich seien (z.B. Berten 1994; Straub 1998; Bornewasser/Wakenhut 1999b; Reese-Schäfer 1999; Schmitt-Egner 1999; Weller 1999). Sozialpsychologisch wird diese Auffassung insofern gestützt, als multiple soziale Identitäten dann erwartet werden können, wenn (a) die Identifikationsobjekte selbst nicht in einem inkompatiblen Verhältnis zueinander stehen, sondern unverbunden nebeneinander oder in einer hierarchischen Ordnung koexistieren und sie (b) den betroffenen Individuen bzw. Gruppen in deren Wahrnehmung Lösungen für die Befriedigung solcher verschiedener Bedürfnisse und Probleme bieten, die nur auf der jeweiligen Vergemeinschaftungsebene möglich sind (Turner 1987; Westle 1992; Lilli 1998). Die diesbezüglich formulierbaren Erwartungen zur Kompatibilitätsfrage zwischen Region, Nation und EU sind allerdings alles andere als eindeutig. So wird die EU zwar heute von ihren Protagonisten weniger als früher als Alternative zu abzuschaffenden Nationalstaaten, sondern verstärkt als Ergänzung dargestellt, womit weniger Reaktionen der Verteidigung nationaler Identität provoziert werden dürften. Ebenso kann die EU als Antwort auf Probleme verstanden werden, die im einzelstaatlichen Rahmen nicht mehr lösbar sind. Andererseits regiert die EU jedoch – ungeachtet des so genannten Subsidiaritätsprinzips – zunehmend in Belange hinein, die als national oder regional bearbeitbare Fragen verstanden werden und Identitätsrelevanz besitzen könnten. Auch ist zu vermuten, dass die mangelnde Transparenz und Verschränkung der politischen Zuständigkeiten (im Gegensatz beispielsweise zu einem klaren Trennföderalismus) einer europäischen Identitätsgenese eher hinderlich sind. Allerdings liegen bislang nur sehr wenige empirische Untersuchungen dieser Fragen im EU-Kontext vor, die zudem nur ausgewählte Staaten und/oder spezifische Bevölkerungsgruppen behandeln. Diese deuten jedoch darauf hin, dass in verschiedenen EU-Mitgliedsstaaten durchaus unterschiedliche Identitätskonstellationen mit Schwerpunkten von der singulär nationalen (oder gar regionalen) bis hin zur multiplen Identifikation vorliegen. Daneben deuten einige Beobachtungen und Befunde darauf hin, dass im Fall multipler sozialer Identitäten diese durchaus kontextspezifisch variieren können, d.h. je nach Situation könnte eine andere der grundsätzlich vorhandenen Identitäten virulent werden (z.B. Huici u.a. 1997; Cinnirella 1997; Walkenhorst 1999; Westle 2000).

Die erste, unten empirisch zu untersuchende Frage wird also sein, inwieweit sich die Bürger und Bürgerinnen mit der EU identifizieren und in welchem Verhältnis regionale, nationale und europäische Identifikationen zueinander stehen: Schließen sie einander aus oder stützen sie sich gegenseitig? Während dies primär auf die vertikale Dimension zielt, wird in einer zweiten Frage der horizontalen Dimension nachgegangen und nach eventuellen Veränderungen in der Definition von Ingroup und Outgroup innerhalb der Mitgliedsstaaten der EU gesucht, die auf veränderte Gleichgewichte zwischen Binnenkohäsion und Außenabgrenzung deuten könnten.

2.2 Partikularismus und Universalismus im Kontext ethnischer versus demotischer Identität

Als weiterer zentraler Problembereich kollektiver Identitäten stellt sich die Frage nach den Inhalten, nach dem Typus der kollektiven Selbstbilder und deren Folgen. Hierzu kann auf eine ebenso breite wie – inzwischen kontroverse – Debatte im Kontext nationaler Identitäten zurückgegriffen werden. So besteht in der historischen und makrosoziologisch orientierten Forschung eine seit langem etablierte Unterscheidung in zwei Haupttypen von Nationen und Nationalismus, beispielsweise formuliert in den Dichotomien von objektiven versus subjektiven, ethnischen oder kulturellen versus politischen Nationen, von westlichem versus östlichem Nationalismus, von staatsbildenden Nationen versus nationsbildenden Staaten und von ethnischen versus demotischen/zivilen Nationen (z.B. Meinecke 1908; Kohn 1945; Plamenatz 1976; Krejci/Velimski 1981; Adam 1990; Schieder 1991; Kellas 1991; Greenfeld 1993; Viroli 1995; Canovan 1996; Guibernau 1996; Keating 1996; Nairn 1997). Ungeachtet diverser Unterschiede zwischen diesen Typologien ist ihnen allen jedoch gemeinsam, dass der jeweils erste Typus als inkompatibel, der zweite dagegen als kompatibel mit oder sogar als erforderlich für Demokratie und Frieden betrachtet wird. Die dieser Perspektive unterliegende Idee ist, dass Nationalismus als politische Vergemeinschaftungsform historisch aus zwei diametral konträren Ideen schöpfte (und auch heute im Sinn von „Pfadabhängigkeit" oder von „Nachahmung" daraus schöpft), aber die häufige historische Verbindung zwischen ethnisch-nationaler Identitätsbildung und demokratischer Emanzipation lediglich eine kontingente Parallelität darstellt, nicht jedoch eine systematische Notwendigkeit (Habermas 1991).

Im deutschsprachigen Kontext erstmals nicht nur historisch, sondern systematisch aufgearbeitet wurde dieser Unterschied von Francis. Er führt das Scheitern, konsensuale und präzise Definitionen für die Begriffe von Nation, Nationalismus und Nationalstaat zu finden, darauf zurück, dass es zwei kontroverse Grundtypen der nationalen Idee gebe: „das sogenannte Nationalitätsprinzip ..., wonach ... das Staatsgebiet und der von einem bestimmten Ethnos erfüllte Raum möglichst zusammenfallen sollen; in diesem Fall wird das Ethnos zu einer Nation. Die nationale Idee schöpft jedoch noch aus einer ganz anderen Wurzel, nämlich dem demokratischen Prinzip, das nicht die Beziehung zwischen Ethnos und Staat, sondern zwischen den Herrschaftsunterworfenen und Herrschenden in einem vorgegebenen Staat oder 'wie wir auch sagen können: von Demos und Staat ins Auge faßt" (Francis 1965: 74). Dem ethnischen Nationsverständnis wird ein starkes Konfliktpotenzial zugeschrieben, da es sowohl nach Vereinigung aller gegebenenfalls durch politische Grenzen getrennten Angehörigen der Ethnie in einem gemeinsamen Staat als auch nach Ausschluss der gegebenenfalls innerhalb der Grenzen lebenden Angehörigen anderer Ethnien strebe bzw. solchen Personen den Einlass verwehre. Gleichzeitig ignoriere es infolge seiner Konzentration auf die äußere Abgrenzung die Fragen der inneren Herrschaftsordnung (bzw. tendiere zu autoritären Herrschaftsformen, da die Zugehörigkeit zu einem gemeinsamen Ethnos in diesem nationalen Selbstverständnis gleiche Interessen begründet). Der Begriff der Ethnie kann dabei auf unterschiedliche Merkmale rekurrieren, angefangen von der so genannten Abstammungsgemeinschaft, über die historische, die Sprach-, die Religions- bis hin zur Kulturgemeinschaft. Die Vorstellung des Demos verlange dagegen keine ethnische Homogenität. Vielmehr konstituiere sich der Demos primär durch die territorialen Staatsgrenzen, d.h. die demotisch definierte Nation greife per se nicht über die Staatsgrenzen hinaus, und es begründe sich über-ethnisch durch das Bekenntnis zur demokratischen Staatsordnung (Francis 1965: 74ff.).

Bedingt durch die Aggressivität und Zerstörungen des ethnisch geprägten Nationalismus, der in den Zweiten Weltkrieg geführt hatte, war dieser in der Nachkriegszeit weitgehend diskreditiert. Für moderne und friedliebende Demokratien kam demnach moralisch-normativ nur eine demotisch geprägte nationale Identität in Frage. Für die Europäische Union konnte – auch angesichts der unterschiedlichen Historien und Kulturen der europäischen Nationen – folglich ebenfalls nur ein demotisches Gemeinschaftsverständnis als Grundlage kollektiver Identität plausibel sein. Allerdings wies die Dichotomie unter systematischer Perspektive seit jeher eine problematische Unschärfe auf. Diese kulminiert im Begriff der „Kultur" – insoweit strittig ist, inwieweit Kultur als Ausdruck des Ethnos oder als Voraussetzung der Wertegemeinschaft des Demos zu verstehen ist. So halten manche beispielsweise die Trennung von allgemeiner und politischer Kultur für möglich und deklarieren nur letztere als erforderlich für eine demotische Gemeinschaft (z.B. Habermas 1991), während andere die Trennung von Kultur und Politik als kaum möglich betrachten (z.B. Boxhoorn 1996; Lilli 1998). Auch die Debatte um den „Kampf der Kulturen" und die gegenwärtig in Europa thematisierten Probleme des Multikulturalismus vor allem im Verhältnis zu islamischem Fundamentalismus zeugen von dieser Problematik.

In der auf die Mikroebene gerichteten empirischen Forschung haben diese Dichotomien äußerst spät Beachtung gefunden. Über Jahrzehnte hinweg wurde nationale – und entsprechend auch europäische – Identität fast ausschließlich als Problem der Intensität, nicht aber der Inhalte von affektiven Bindungen konzeptualisiert. Erst neuere Studien nationaler Identität auf Individualebene konzentrieren sich zunehmend auf die Konstruktion inhaltsorientierter Typologien, die nahezu alle in der einen oder anderen Weise auf die angeführte Dichotomie zwischen Ethnos und Demos rekurrieren. Dabei spielt regelmäßig die Annahme eine Rolle, dass es möglich ist, je nach Typus der kollektiven Identität eine Dominanz negativer, aggressiver Potenziale oder aber positiver, konstruktiver Funktionen zu unterscheiden. Zu solchen Ansätzen gehören beispielsweise die Typologie des blinden versus konstruktiven Patriotismus (Staub 1997; Schatz/Staub 1997; Schatz/Staub/Lavine 1999), der ethnischen, zivilen, multiplen und pluralistischen Identität (Hjerm 1998) oder im deutschen Kontext die Unterscheidung des traditionalen Nationalismus, des demokratischen Patriotismus und Postnationalismus (Westle 1994, 1999) sowie des ethnischen Nationalismus versus demokratischen Patriotismus (Blank/Schmidt 1993).[1]

Während zur nationalen Identität erste Forschungsbefunde auf ein höheres Abgrenzungs- und Aggressionspotenzial der ethnischen als der demotischen Identität verweisen (z.B. Hjerm 1998; Weiss/Reinprecht 1998; Blank/Schmidt/Westle 2001), liegen für die Ebene der EU nahezu keine empirischen Befunde zum inhaltlichen Typus kollektiver Identität vor. Unbearbeitet ist auch der Komplex einer Verknüpfung des Identitätsgefüges (singulär versus multipel) mit Identitätsinhalten. Deshalb wird im Folgenden auch gefragt, ob die Identifikation mit der EU eher partikularistischen oder aber eher universalistischen Charakter trägt. Dies soll eine erste empirische Grundlage für weitere Spekulationen dazu bilden, ob eine europäische Identität als offene, postnational-universalistische Identität denkbar ist oder ob sie die „Abgrenzung nach Außen" als konstitutives Merkmal benötigt.

2.3 Daten

Soziale Identität lässt sich weder direkt beobachten noch unmittelbar erfragen. Jedoch sind auf der Grundlage von Befragungen durchaus Schlussfolgerungen über soziale Identität möglich. Da es sich im Folgenden um Sekundäranalysen des Eurobarometers handelt, liegen zwar nicht in jedem Fall die konzeptuell wünschbaren Indikatoren vor, aber es kann mit einigen Annäherungen gearbeitet werden. Herangezogen werden:

1. Indikatoren zur Identifikation sollen die vertikale Dimension des Zugehörigkeitsgefühls und die Frage nach singulären oder aber multiplen Bindungen abbilden.
2. Politische Werthaltungen, die Auffassung über die Existenz einer europäischen Kultur und Vertrauen in Völker werden als ausgewählte Aspekte der horizontalen Dimension zur Beantwortung der Frage nach der Binnendefinition sowie der In- und Outgroups herangezogen.

---

1   Ironischerweise gerät die Dichotomie zwischen ethnischer und demotischer Identität fast gleichzeitig mit ihrer späten Adaption in der politischen Soziologie in der historisch und makrosoziologisch orientierten Forschung in Bedrängnis. So finden sich hier zunehmend Arbeiten, die die Unterscheidung zwischen „schlechtem Nationalismus" und „gutem Patriotismus" bezweifeln oder – noch weitergehend – in Frage stellen, ob es eine demotisch konnotierte Identität überhaupt geben könne (z.B. Richter 1994; Brown 1999; Brubaker 1999).

3. Während zum Typus kollektiver Selbstbilder als ethnisch oder demotisch keine hinreichenden Indikatoren verfügbar sind, so kann das Abgrenzungspotenzial der EU-Identifikation mittels der Haltungen zur Osterweiterung und zu Immigration analysiert werden und so ein indirekter Schluss auf den partikularistischen oder aber universalistischen Charakter der europäischen Identifikation gezogen werden. [2]

3. Empirische Befunde

Von Beginn der 80er bis Anfang der 90er Jahre wurde die Europa-Identifikation mittels einer Frage nach der Häufigkeit, mit der man sich *auch als Europäer* fühlt, erhoben. Die Antworten darauf zeigten, dass sich im Durchschnitt 45 bis 50 Prozent nie, 30 bis 40 Prozent manchmal und nur 15 bis 20 Prozent oft als Europäer betrachteten. Dabei konnte regelmäßig für die Luxemburger und die Italiener eine besondere Affinität zu Europa, für die Bürger Dänemarks, des Vereinigten Königreichs und Irlands eine tendenzielle Ferne beobachtet werden. Insgesamt zeigten diese Daten – anders als bei Gründung der EG erwartet – kein Ansteigen der Europagefühls mit zunehmender Dauer der EG bzw. der EG-Mitgliedschaft der einzelnen Länder (nicht tabellarisch ausgewiesen).

3.1 Zur vertikalen Dimension europäischer Identität: Identifikation

Im Jahr 1992 wurde die Frage nach dem *Gefühl als Europäer* das letzte Mal gestellt, durch eine Frage nach dem Gefühl als *europäischer Bürger* ergänzt (im Split Half) und seither durch eine neue Variante abgelöst, bei der das *Zugehörigkeitsgefühl zur Nation mit dem zu Europa kontrastiert* wurde, also explizit eine Konkurrenz zwischen beiden Einheiten thematisiert wurde, allerdings auch Mischformen in den Antworten zugelassen werden (vgl. Tabelle 1).

Zwischen der apolitischen Variante „Europäer" und der politischen Variante „Bürger Europas" zeigen sich weder in den Verteilungen noch in den Zusammenhängen mit dem neuen Indikator bedeutsame Unterschiede, so dass beide Varianten zusammengefasst betrachtet werden können. Im Wesentlichen bestätigen sie den früheren Eindruck, d.h. Schwerpunkte liegen bei den Bürgern, die sich nie oder manchmal Europa zugehörig fühlen. Im Ver-

---

2 Alle im Folgenden gezeigten Daten beruhen auf eigenen Berechnungen; Daten zum EU-Durchschnitt umfassen die je aktuellen Mitgliedsländer und sind EU-gewichtet, länderspezifische Daten sind ungewichtet (Ausnahme: Vereinigtes Königreich). Kumulierte Daten wurden berechnet, wenn der Indikator mehrmals pro Jahr erhoben wurde, kumulierte Werte beruhen auf eigenen Zusammenfassungen der einzelnen Eurobarometer.

gleich zu früher ist in den meisten Staaten 1992 eine geringe Renationalisie-
rung erfolgt. Der neue Indikator zeigt ein noch etwas ungünstigeres Bild der
EU-Identifikationen, denn in allen Staaten fühlt sich die große Mehrheit der
Bürger entweder nur oder primär der Nation zugehörig. Dominant ausschließliche Priorität genießt die Nation aber nur im Vereinigten Königreich
und in Irland, während in den meisten anderen Ländern die Nation an erster
Stelle steht, aber von dem Zugehörigkeitsgefühl zur EU begleitet wird. Eine
vergleichbare prioritäre oder gar ausschließliche Bindung an die EU besteht
jedoch in keinem der Mitgliedsländer.

Tabelle 1: Häufigkeit des Gefühls als Europäer, als Bürger Europas und
Selbstzuordnung als Angehöriger der Nation versus Europas,
1992 (Verteilungen in Zeilenprozenten und Zusammenhänge)

	Gefühl als Europäer (1)			Gefühl als Bürger Europas (2)			Angehörig zur Nation versus Europa (3)				Pearson's r		
	nie	m.-mal	oft	nie	m.-mal	oft	nur Na-tion	pri-mär Nat.	pri-mär EU	nur EU	(1) x (3)	(2) x (3)	(1) x (2)
EU	53	33	14	52	34	14	39	50	7	4	,50	,48	,49
FRA	46	36	18	45	41	14	30	57	7	6	,44	,42	,43
BEL	41	43	16	47	41	12	40	47	10	3	,59	,49	,54
NL	60	29	11	58	33	9	44	46	7	3	,55	,55	,55
WDT	59	32	9	57	34	9	40	46	10	4	,60	,51	,55
ITA	43	40	17	43	39	18	27	60	7	5	,41	,47	,44
LUX	37	39	24	35	43	22	27	57	10	6	,48	,55	,51
DÄN	49	36	15	45	36	19	48	47	4	1	,53	,48	,50
IRL	66	20	14	61	25	14	54	38	5	3	,50	,41	,45
UK	72	18	10	68	21	12	56	35	5	4	,51	,49	,50
GRI	39	38	23	38	40	22	38	57	3	1	,55	,54	,55
SPA	39	36	25	38	38	24	35	56	5	4	,47	,55	,51
POR	32	52	16	35	49	17	39	56	4	1	,28	,23	,26
ODT	70	26	4	73	22	5	45	45	8	2	,41	,41	,41

(1) „Haben Sie schon einmal erlebt, dass Sie sich nicht nur als Deutscher, sondern auch als Europäer fühlen? Ist das oft, manchmal oder nie passiert?" (2) „ ... als Bürger/in Europas ...?" (3) „In
der nahen Zukunft, sehen Sie sich da nur als Deutsche/r, als Deutsche/r und Europäer/in, als
Europäer/in und Deutsche/r, nur als Europäer/in?" Quelle: Eurobarometer 37.0.

Die Zusammenhänge zwischen diesen Indikatoren (vgl. Tabelle 1) zeigen,
dass sich – wie zu erwarten – diejenigen Personen, die sich nie als Europäer
fühlen, sich überwiegend ausschließlich als Angehörige der Nation verstehen.
Die Dominanz der prioritären Nationsbindung in der neuen Frage ist wesentlich auf diejenigen zurückzuführen, die sich manchmal als Europäer fühlen.
Aber selbst die Befragten, die angeben, sich oft als Europäer zu fühlen, ord-

Tabelle 2: Gefühl als Angehöriger der Nation versus der EU in Abhängigkeit von der Häufigkeit des Gefühls als Europäer bzw. Bürger Europas, 1992 (Zeilenprozente)

		nur Nation	primär Nation	primär Europa	nur Europa	Gesamt
EU	nie	65	30	3	2	52
	manchmal	13	76	8	3	34
	oft	9	59	19	14	14
FRA	nie	55	39	3	3	45
	manchmal	10	79	6	5	39
	oft	10	54	20	16	16
BEL	nie	74	22	3	1	42
	manchmal	17	69	11	3	43
	oft	6	58	25	11	15
NL	nie	67	29	3	1	59
	manchmal	13	76	9	2	31
	oft	5	53	23	19	10
WDT	nie	63	33	2	2	58
	manchmal	11	71	15	3	33
	oft	4	35	42	19	9
ITA	nie	53	40	4	3	41
	manchmal	10	80	7	3	41
	oft	4	64	17	15	18
LUX	nie	61	34	4	1	35
	manchmal	10	76	11	3	41
	oft	4	60	20	16	24
DÄN	nie	77	22	1	0	47
	manchmal	25	71	3	1	36
	oft	16	68	13	3	17
IRL	nie	75	20	3	2	63
	manchmal	16	75	6	3	23
	oft	19	60	13	8	14
UK	nie	74	22	2	2	70
	manchmal	14	70	12	4	19
	oft	12	60	14	14	11
GRI	nie	79	18	1	0	38
	manchmal	15	80	3	2	39
	oft	9	80	8	3	23
SPA	nie	74	22	1	3	37
	manchmal	11	83	4	1	38
	oft	10	68	12	10	25
POR	nie	66	32	1	1	32
	manchmal	22	71	6	1	51
	oft	35	59	4	2	17
ODT	nie	59	37	3	1	71
	manchmal	13	70	16	1	24
	oft	21	37	27	15	5

Quelle: Eurobarometer 37.0.

nen sich bei konkurrierenden Antwortvorgaben in fast jedem Land überwiegend der Kategorie „in erster Linie Nationsangehöriger" zu. Eine nicht unerhebliche Zahl der Bürger identifiziert sich also zwar durchaus mit Europa, gibt aber im Konfliktfall der eigenen Nation ganz überwiegend den Vorzug. Die weitere Entwicklung (vgl. Tabelle 3) bestätigt die Dominanz der ausschließlichen und der prioritären Stellung der Nation gegenüber Europa, wobei in den Jahren 1996 bis 1999 im EU-Durchschnitt nochmals ein verstärkter Rückzug auf die ausschließliche Zugehörigkeit zur Nation zu beobachten ist, der in nahezu allen Mitgliedsländern stattfindet. Nur in Italien und Luxemburg hält sich in diesen Jahren noch eine Dominanz der sekundär oder überwiegend europäischen Identifikation. Bei den Neumitgliedern Finnland, Schweden und Österreich steht ebenfalls die Nation an erster Stelle, gefolgt von der prioritären Bindung an die Nation und der sekundären an Europa. Europa gehört also im EU-Durchschnitt für mehr als die Hälfte der Bürger durchaus zu ihrem Selbstbild, rangiert jedoch nicht an erster Stelle, sondern wird der eigenen Nation nachgeordnet.

Tabelle 3: Identifikation mit Nation versus EU, 1993-2000 (in %)

		1993	1994	1995	1996	1997	1998	1999	2000
EU	nur Nation	41	34	40	48	46	46	48	42
	primär Nation	48	48	47	41	42	43	42	47
	primär Europa	8	11	7	6	6	6	6	7
	nur Europa	4	7	6	5	5	5	4	4
FRA	nur Nation	32	22	29	33	33	34	38	30
	primär Nation	54	53	55	51	43	51	50	55
	primär Europa	8	12	8	8	8	9	7	9
	nur Europa	5	12	8	7	6	7	5	5
BEL	nur Nation	33	31	37	48	52	45	41	41
	primär Nation	53	43	46	38	35	41	43	41
	primär Europa	10	15	9	7	8	8	8	10
	nur Europa	4	11	8	7	6	7	7	8
NL	nur Nation	40	33	38	42	45	42	45	41
	primär Nation	50	51	50	49	49	49	48	50
	primär Europa	8	10	8	5	6	6	6	7
	nur Europa	2	5	4	4	4	3	1	2
WDT	nur Nation	42	29	35	51	47	47	47	42
	primär Nation	45	45	46	37	36	39	39	44
	primär Europa	9	16	11	7	9	9	9	9
	nur Europa	4	10	7	6	7	5	5	5
ITA	nur Nation	27	26	25	35	34	29	26	24
	primär Nation	58	57	60	54	54	58	58	63
	primär Europa	10	12	10	7	6	8	9	8
	nur Europa	5	5	6	5	6	5	6	4
LUX	nur Nation	34	17	19	26	22	27	24	22
	primär Nation	53	55	48	46	49	48	42	53
	primär Europa	8	15	13	15	12	11	13	11
	nur Europa	4	13	20	13	17	14	20	14

Fortsetzung Tabelle:

		1993	1994	1995	1996	1997	1998	1999	2000
DÄN	nur Nation	49	48	53	57	56	51	55	48
	primär Nation	44	45	41	36	40	44	38	45
	primär Europa	4	4	3	4	3	3	3	5
	nur Europa	3	3	2	3	2	2	3	2
IRL	nur Nation	48	38	45	51	51	53	52	50
	primär Nation	45	53	48	41	44	41	40	44
	primär Europa	5	6	4	4	3	4	4	4
	nur Europa	2	3	3	4	2	2	3	2
UK	Nur Nation	63	50	56	61	58	63	69	66
	primär Nation	29	35	33	28	31	27	24	28
	primär Europa	5	8	5	6	5	4	3	3
	nur Europa	3	6	6	5	6	5	3	2
GRI	nur Nation	42	45	52	61	54	52	59	51
	primär Nation	53	49	44	34	43	43	39	44
	primär Europa	5	4	3	3	1	3	2	3
	nur Europa	0	2	1	2	2	1	1	2
SPA	nur Nation	40	35	41	45	46	38	33	24
	primär Nation	50	54	50	45	45	53	57	64
	primär Europa	6	5	5	5	3	5	6	8
	nur Europa	4	5	4	5	6	4	4	5
POR	nur Nation	44	44	46	52	60	63	54	50
	primär Nation	50	50	50	41	35	32	42	46
	primär Europa	4	3	3	3	2	2	2	3
	nur Europa	2	3	1	4	3	2	2	2
ODT	nur Nation	49	35	45	58	58	56	55	48
	primär Nation	40	46	42	34	34	35	39	42
	primär Europa	8	12	8	5	5	6	5	7
	nur Europa	3	6	5	3	3	3	1	3
SWE	nur Nation	-	-	62	64	57	59	60	56
	primär Nation	-	-	33	27	37	36	34	38
	primär Europa	-	-	4	6	4	3	4	5
	nur Europa	-	-	2	3	3	2	1	1
FIN	nur Nation	-	-	52	61	57	55	60	54
	primär Nation	-	-	41	34	39	40	36	42
	primär Europa	-	-	5	4	2	4	3	3
	nur Europa	-	-	1	1	1	1	1	1
ÖST	nur Nation	-	-	52	54	52	51	46	52
	primär Nation	-	-	38	34	39	39	44	39
	primär Europa	-	-	7	9	5	7	6	6
	nur Europa	-	-	3	3	3	3	3	3

Quelle: Eurobarometer 37 (1992), 40 (1993), 42 (1994), 43.1 (1995) und 44. 1 (1995) kumuliert, 46.0 (1996), 47.1 (1997), 49.0 (1998) und 50.0 (1998) kumuliert, 52 (1999), 53 (2000) und 54.1 (2000) kumuliert.

Wie aber gestaltet sich die Konstellation der Identifikationen, wenn außer der Nation und Europa auch noch die Region mitberücksichtigt wird? Zu dieser Frage stehen Indikatoren zur Verfügung, mit denen – ohne Konkurrenz zwischen den Identifikationsobjekten zu provozieren – solche affektiven Bindungen erfasst werden. In allen europäischen Mitgliedsstaaten steht entweder die Bindung an die Nation oder die an die Region an erster Stelle, während Bindungen an Europa weniger intensiv sind. Um nun das individuelle Identifikationsgefüge abzubilden, wurden die Antworten dichotomisiert („überhaupt nicht" und „kaum verbunden" = „nein" versus „stark" und „sehr stark verbunden = „ja") und auf dieser Grundlage Kombinationsindizes gebildet, wie in Abbildung 1 erläutert.

Abbildung 1: Konstruktion der Identifikationstypen

Verbunden mit	Indivi-dualist	Regio-nalist	Natio-nalist	Euro-päist	Traditio-nalist	Regiona-listischer Europäist	Moder-nist	Holist
Region	nein	ja	nein	nein	ja	ja	nein	ja
Nation	nein	nein	ja	nein	ja	nein	ja	ja
EU/Europa	nein	nein	nein	ja	nein	ja	ja	ja

Der empirische Befund zu den individuellen Identifikationsgefügen ist recht eindeutig: In allen Mitgliedsstaaten identifizieren sich klare Mehrheiten entweder mit allen drei Ebenen, d.h. sie weisen eine holistische Identifikationsstruktur auf, oder vor allem mit der Region und der Nation, was als traditionalistisch bezeichnet werden kann. Eine im Zeitverlauf recht stabile Mehrheit an Holisten findet sich vor allem in Luxemburg, Italien, Frankreich und Belgien. Ebenso stabile Mehrheiten von Traditionalisten existieren im Vereinigten Königreich und in Griechenland. In den anderen Ländern ist der Anteil der beiden Typen etwa ausgeglichen bzw. wechselt im Zeitablauf etwas häufiger. Singuläre Identifikationen sind dagegen selten. Häufigkeiten von mehr als fünf Prozent erreichen sie regelmäßig nur in den Niederlanden und in Großbritannien (nur Nation bzw. nur Region) sowie in Spanien (nur Region) und Ostdeutschland (nur Region). Nur in den Niederlanden stellt sich daneben ein relativ hoher und stabiler Anteil von bis zu knapp zehn Prozent der Befragten als reine Individualisten dar, d.h. artikuliert das Fehlen jeglicher ausgeprägter Bindungen. Alle anderen möglichen Identifikationsgefüge sind überall sehr selten, also nicht nur der reine Europäist (nur Europa), sondern auch der regionalistisch orientierte Europäist (Region und Europa) und der Modernist (Nation und Europa).[3] In jüngerer Zeit ist in mehreren Mitglieds-

---

3   1991 und 1995 wurde nicht nur nach Europa, sondern außerdem auch nach der Verbundenheit mit der EG bzw. EU gefragt. Die darauf basierenden Indexvarianten weisen für die meisten Staaten kaum relevante Unterschiede zu dem Index mit dem Stimulus „Europa" auf. Nur für die drei neuen Mitgliedsstaaten bestehen bei dem Stimulus „EG/EU" deutlich geringere Anteile holistischer und die europäische Ebene einschließender Identifikationen als bei dem Stimulus „Europa", was darauf deutet, dass nur die Neumitglieder deutlich zwischen Europa und EU differenzieren.

staaten eine weitere Verschiebung in Richtung Holismus zu sehen. Insgesamt zeigen diese Befunde eine klare Dominanz multipler Identifikationsgefüge.[4]

Tabelle 4: Verbundenheitsgefüge, 1991-2000 (Zeilenprozente)

	Jahr	Indivi-dualist	Regio-nalist	Natio-nalist	Euro-päist	Traditio-nalist	Reg. + Europa	Moder-nist	Holist
EU	1991	3	4	3	1	39	2	3	45
	1995	3	5	3	1	46	2	2	39
	1999	4	4	4	1	30	1	5	51
	2000	5	4	4	1	27	1	6	52
FRA	1991	2	3	3	1	37	1	5	48
	1995	3	3	4	1	39	1	3	46
	1999	6	4	5	1	31	< 1	6	47
	2000	5	3	5	1	28	1	8	49
BEL	1991	8	10	3	3	30	5	3	38
	1995	4	8	1	1	41	4	2	39
	1999	6	8	2	4	19	6	4	52
	2000	6	7	1	3	20	3	5	55
NL	1991	9	6	10	2	44	2	4	23
	1995	8	8	10	2	45	3	5	19
	1999	6	4	10	2	28	2	10	39
	2000	9	5	10	3	21	3	10	39
WDT	1991	2	4	1	1	43	3	1	45
	1995	2	7	1	1	44	4	2	40
	1999	5	4	2	1	28	1	5	54
	2000	5	6	2	1	26	1	3	56
ITA	1991	2	3	3	1	25	3	4	59
	1995	2	4	3	1	36	2	3	49
	1999	3	3	3	2	22	1	5	61
	2000	5	2	5	1	19	2	13	53
LUX	1991	3	3	3	1	32	1	5	52
	1995	3	4	3	1	26	1	2	60
	1999	4	1	2	1	12	1	9	69
	2000	3	1	3	1	10	3	10	70
DÄN	1991	1	1	2	< 1	36	1	3	57
	1995	1	1	7	< 1	49	< 1	1	35
	1999	1	1	6	1	19	< 1	15	57
	2000	2	2	2	< 1	22	< 1	17	50
IRL	1991	2	1	4	< 1	56	0	2	35
	1995	< 1	1	3	< 1	52	< 1	2	42
	1999	2	< 1	4	0	33	< 1	2	58
	2000	3	2	3	< 1	37	< 1	3	53

---

4   Wie an anderer Stelle gezeigt wurde, bilden nationale Merkmale wie beispielsweise innernationale Konflikte zwischen Region und Zentralstaat oder Regionen (z.B. Spanien, Niederlande, Ostdeutschland) sowie Traditionen der föderalen oder unitarischen Staatsorganisation, aber auch weitere Faktoren wie spezifische Parteipositionen zur EU bedeutsame Ursachen für diese Identifikationsstrukturen (Westle 2000).

Fortsetzung Tabelle:

	Jahr	Indivi-dualist	Regio-nalist	Natio-nalist	Euro-päist	Traditio-nalist	Reg. + Europa	Moder-nist	Holist
UK	1991	3	5	6	1	47	2	3	32
	1995	4	5	6	1	53	2	2	27
	1999	3	3	9	1	46	1	4	33
	2000	5	4	7	1	42	1	4	36
GRI	1991	1	1	1	0	42	1	1	53
	1995	< 1	2	1	0	50	< 1	< 1	46
	1999	1	1	2	< 1	57	0	1	38
	2000	1	3	2	< 1	50	< 1	1	44
SPA	1991	1	5	2	< 1	35	3	2	51
	1995	2	6	2	< 1	51	2	1	36
	1999	2	1	2	< 1	20	2	1	67
	2000	2	4	1	< 1	20	2	2	69
POR	1991	< 1	3	3	< 1	49	< 1	1	43
	1995	1	2	3	0	49	< 1	1	45
	1999	2	1	2	< 1	33	< 1	1	60
	2000	2	2	1	< 1	33	1	2	60
ODT	1991	1	8	2	< 1	42	3	1	43
	1995	1	9	1	0	51	2	1	35
	1999	4	9	2	< 1	27	3	3	52
	2000	5	8	2	1	26	1	5	52
FIN	1995	2	1	7	< 1	48	1	4	37
	1999	1	1	5	1	25	1	8	59
	2000	2	2	4	1	25	1	6	59
SWE	1995	1	1	2	< 1	49	< 1	2	44
	1999	4	3	3	2	16	2	6	64
	2000	2	2	4	1	15	1	6	69
ÖST	1995	1	3	1	< 1	43	1	1	50
	1999	3	2	3	< 1	29	5	4	58
	2000	5	2	2	1	24	1	3	62

„Bitte sagen Sie mir, wie stark fühlen Sie sich verbunden mit .... Ihrer Gegend, Deutschland, (der Europäischen Gemeinschaft), Europa als Ganzem – sehr verbunden, ziemlich verbunden, nicht sehr verbunden, überhaupt nicht verbunden?" Index mit dem Objekt „Europa". Quelle: Eurobarometer 36 (1991), 43.1b (1995), 51.0 (1999), 54.1 (2000).

Allerdings steht auch bei den Holisten in allen Ländern die europäische Ebene erst an dritter Stelle nach Nation und Region (vgl. Tabelle 5). Vor die Alternative von Nation versus Europa gestellt (vgl. Tabelle 6), entscheiden sich die Traditionalisten mit über 60 Prozent für die Nation alleine, während die Holisten mit über 60 Prozent die prioritäre Bindung an die Nation bevorzugen. Ähnlich wie Letztere reagieren die Modernisten. Die Regionalistischen und die (reinen) Europäisten entscheiden sich dagegen am häufigsten nur oder prioritär, ferner auch sekundär für die EU. Nationalisten und Regionalisten bevorzugen die Nation, während die eher Bindungsschwachen sich bei forcierter Abfrage fast gleichermaßen bei der prioritären und der ausschließlichen Zugehörigkeit zur Nation wiederfinden (nur für EU-Durchschnitt ausgewiesen).

Tabelle 5: Verbundenheiten gesamt und nach Identifikationstypen, 2000 (Mittelwerte 1 = überhaupt nicht, 4 = sehr stark verbunden)

	Alle			Traditionalisten			Holisten		
	Region	Nation	EU	Region	Nation	EU	Region	Nation	EU
EU	3,24	3,35	2,66	3,49	3,49	1,74	3,56	3,59	3,30
FRA	3,14	3,34	2,63	3,50	3,49	1,75	3,51	3,55	3,28
BEL	3,29	3,16	2,79	3,59	3,42	1,78	3,59	3,55	3,37
NL	2,93	3,15	2,59	3,44	3,46	1,82	3,51	3,57	3,31
WDT	3,26	3,20	2,68	3,30	3,24	1,78	3,54	3,48	3,29
ITA	3,01	3,37	2,79	3,45	3,46	1,83	3,50	3,60	3,27
LUX	3,20	3,41	3,11	3,54	3,59	1,82	3,50	3,59	3,41
DÄN	3,11	3,64	2,86	3,54	3,66	1,91	3,63	3,78	3,36
IRL	3,43	3,62	2,58	3,54	3,62	1,64	3,63	3,78	3,29
UK	3,23	3,38	2,30	3,52	3,60	1,60	3,50	3,61	3,26
GRI	3,71	3,74	2,37	3,80	3,80	1,68	3,84	3,89	3,31
SPA	3,52	3,47	2,93	3,59	3,61	1,82	3,63	3,65	3,36
POR	3,53	3,54	2,74	3,53	3,48	1,82	3,68	3,70	3,30
ODT	3,32	3,16	2,66	3,47	3,22	1,83	3,61	3,50	3,27
FIN	3,21	3,47	2,76	3,42	3,50	1,87	3,44	3,63	3,22
SWE	3,29	3,50	3,00	3,40	3,47	1,91	3,54	3,68	3,33
ÖST	3,41	3,43	2,84	3,58	3,51	1,85	3,63	3,65	3,35

Quelle: Eurobarometer 54.1.

Tabelle 6: Zuordnung der Identifikationstypen zur Nation versus zu Europa, 2000 (Spaltenprozent)

	Ind.	Reg.	Nat.	Eu.	Trad.	Reg. + Europa	Mod.	Holist
nur Nation	41	50	54	10	64	10	21	27
primär Nation	39	32	41	35	33	36	61	62
primär EU	12	10	4	37	2	26	12	8
nur EU	8	8	1	18	1	28	6	3

Quelle: Eurobarometer 54.1.

3.2 Zur horizontalen Dimension europäischer Identität: Europäische Gemeinsamkeiten und gegenseitiges Vertrauen

In ihrer Befürwortung der Demokratie sind sich die Bürger der EU-Länder recht ähnlich und zeigen zudem eine konvergente Tendenz; Ausnahmen bilden lediglich Belgien mit einem Anstieg verunsicherter Bürger sowie Ostdeutschland mit einem deutlich unterproportionalen Anteil bei der eindeutigen Demokratiebefürwortung (vgl. Tabelle 7).

Tabelle 7: Grundsätzliche Haltung zur Demokratie, 1988 und 1997

| | Prozente | | | | | | Zeilenprozente | | |
| | 1988 | | | 1997 | | | | | |
	Dik-tatur	kein Un-ter-sch.	De-mo-kra-tie	Dik-tatur	kein Un-ter-sch.	De-mo-kra-tie	EU-Durchschnitt	Dik-tatur	kein Un-ter-sch.	De-mo-kra-tie
EU	9	12	79	9	9	82				
FRA	6	16	78	5	14	81				
BEL	12	12	76	10	20	70				
NL	6	9	85	8	6	86	1988			
WDT	11	6	82	10	9	81	GEFÜHL ALS			
ITA	13	13	74	13	5	82	EUROPÄER			
LUX	5	13	82	5	9	87	nie	9	16	75
DÄN	5	2	93	5	1	94	manchmal	9	10	81
IRL	9	26	65	5	14	81	oft	9	6	85
UK	7	16	77	9	13	78				
GRI	4	4	92	8	4	88	1997			
SPA	8	14	78	7	6	87	ZUGEHÖRIG			
POR	7	9	84	10	10	80	nur Nation	10	12	78
ODT	-	-	-	15	23	62	primär Nation	7	6	87
FIN	-	-	-	9	8	82	primär EU	9	6	85
SWE	-	-	-	4	3	93	nur EU	8	12	80
ÖST	-	-	-	8	7	84				

„Hier auf dieser Liste stehen drei verschiedene Meinungen über politische Systeme. Welche davon kommt Ihrer persönlichen am nächsten? (A) Die Demokratie ist unter allen Umständen das beste politische System; (B) Unter bestimmten Umständen kann eine Diktatur besser sein als eine Demokratie; (C) Für Leute wie mich macht es keinen Unterschied, in einer Demokratie oder in einer Diktatur zu leben." Quelle: Eurobarometer 30 (1988), 47.1 (1997).

In den politischen Wertorientierungen zeigen sich ebenfalls überwiegend Ähnlichkeiten (vgl. Tabelle 8). So werden hochgradig konsensual innerhalb und zwischen den Staaten mit über 90 Prozent oder zumindest über 80 Prozent die Gleichheit vor dem Gesetz, der gesetzliche Schutz gegen Benachteiligung, liberale Rechte zum Schutz der Privatsphäre und soziale Anrechte geachtet, nämlich das Recht auf Bildung/Ausbildung, auf Familie und Wohnung. Auch in den wenigen Fällen etwas geringerer Zustimmung bei einzelnen der „privaten" Rechte erreicht diese jedoch immerhin noch um 70 Prozent (z.B. in Belgien, den Niederlanden, Dänemark und Großbritannien). Das Recht auf eigene Sprache und Kultur liegt insgesamt ebenfalls noch im oberen Bereich der Zustimmung, erfährt aber zwischen den Staaten kontroversere Beurteilung. Für etwas weniger wichtig werden in den meisten Staaten originär demokratische Freiheiten gehalten, so die Rede-, die Religions- und besonders die Versammlungsfreiheit sowie selbst das Wahlrecht. Die geringste Zustimmung erfährt allerdings das Recht auf Asyl (sowohl bei religiöser als auch bei politischer Verfolgung); hierzu sind die Auffassungen in vielen Staaten gespalten. Die relativ größte Zustimmung kommt aus den jüngeren

Demokratien Griechenland, Spanien und Portugal – die allerdings gleichzeitig relativ wenig mit Asylanträgen konfrontiert sind. Die größte Ablehnung kommt dagegen aus eher etablierten Demokratien, die jedoch verstärkt mit Einwanderung konfrontiert sind und öffentliche Debatten über die Thematik führen (Vereinigtes Königreich, Belgien, Deutschland). Diese Items sind sicher nicht optimal geeignet, um einen Typus des Selbstverständnisses als ethnisch oder demotisch zu bestimmen, jedoch lässt die teilweise mäßige Überzeugung von der Wichtigkeit demokratischer Rechte und die Kontroversität der Items zum Asylrecht eine klare demotisch-universelle Konnotation des politischen Selbstverständnisses als zweifelhaft erscheinen.

Tabelle 8: Politische Werte, 1997 (Prozentanteile „unter allen Umständen achten")

	A	B	C	D	E	F	G	H	I	J	K	L
EU	81	63	83	82	91	55	55	66	92	87	86	85
Frankreich	78	54	74	72	93	55	53	56	92	82	86	91
Belgien	81	62	67	68	80	43	40	35	88	75	74	84
Niederlande	77	53	74	88	90	62	61	59	92	90	70	75
West-Deutschland	84	69	82	83	92	47	41	60	89	85	88	87
Italien	90	64	94	92	96	58	65	71	94	90	90	82
Luxemburg	81	70	87	81	92	56	53	65	92	89	90	91
Dänemark	80	52	75	75	93	55	46	55	85	83	68	85
Irland	81	63	92	85	84	63	66	77	96	92	87	86
Großbritannien	73	62	77	75	80	45	46	72	91	85	81	73
Irland	73	69	89	90	87	51	60	79	99	93	88	87
Griechenland	86	88	92	87	92	70	70	71	93	90	95	95
Spanien	87	77	92	90	96	73	77	82	98	94	95	94
Portugal	86	79	93	85	94	73	71	76	97	93	96	97
Ost-Deutschland	66	55	81	77	90	44	38	61	94	88	88	93
Finnland	78	57	88	86	96	59	59	69	94	87	89	91
Schweden	68	48	62	68	96	61	45	66	88	90	81	89
Österreich	86	64	85	85	88	60	58	71	89	84	85	83
Spaltenprozentanteile EU-Durchschnitt ZUGEHÖRIG	A	B	C	D	E	F	G	H	I	J	K	L
nur Nation	80	64	81	79	88	48	47	63	90	84	86	84
primär Nation	82	63	85	86	94	61	60	68	94	91	87	87
primär EU	86	62	81	80	91	63	59	67	94	88	87	84
nur EU	85	70	86	87	94	67	66	77	95	92	92	87

„Sagen Sie mir bitte für jedes der folgenden Rechte und Freiheiten, ob sie Ihrer Meinung nach unter allen Umständen geachtet werden sollten oder ob es auf die Umstände ankommt: A) Redefreiheit, B) Versammlungsfreiheit, C) Recht auf eigene Sprache und Kultur, D) Religionsfreiheit und Gewissensfreiheit, E) Gleichheit vor dem Gesetz, F) Recht auf Asyl bei politischer Verfolgung, G) Recht auf Asyl bei religiöser Verfolgung, H) Wahlrecht und das Recht, sich bei politischen Wahlen als Kandidat aufstellen zu lassen, I) Recht auf Bildung und Ausbildung, J) Recht auf gesetzlichen Schutz gegen Diskriminierung, K) Recht, mit seiner Familie zu leben, L) Recht auf Wohnung." Quelle: Eurobarometer 47.1.

Darüber hinaus – noch relevanter für die vorliegende Frage – ist weder die Zustimmung zur Demokratie noch die Achtung der angeführten Freiheiten und Rechte mit der kollektiven Identifikation verbunden. D.h. „Europäer" messen diesen Rechten keine wesentlich größere Bedeutung zu als die Bürger, die sich primär oder nur der eigenen Nation zugehörig fühlen. Liberale und demokratische Rechte bilden in der Wahrnehmung der Bevölkerungen vermutlich eher Merkmale ihrer Staaten als der EU – insofern ist fraglich, inwieweit solche objektiven Gemeinsamkeiten in politischen Wertorientierungen auch ein subjektives europäisches Gemeinsamkeitsgefühl begründen können. Einzige Ausnahme von diesem Muster bildet das Asylrecht. Hierzu stehen die rein national Orientierten den Bürgern gegenüber, die sich auch als Europäer sehen, wobei es jedoch keinen Unterschied macht, ob die europäische Identifikation singulär, priorität oder der nationalen untergeordnet ist.

Einen weiteren Aspekt der Binnendefinition – neben der politischen Kultur – könnte in der Wahrnehmung der Bürger die allgemeine Kultur darstellen (vgl. Tabelle 9). Zu der Frage, ob es eine gemeinsame europäische kulturelle Identität gibt, die von allen Europäern geteilt wird, sind die Ansichten jedoch deutlich gespalten. Im EU-Durchschnitt verneinen dies etwa 56 Prozent, in den einzelnen Mitgliedsländern variiert die Ablehnung dieser Aussage zwischen weniger als 50 Prozent in Portugal, Griechenland und Westdeutschland und 60 bis 70 Prozent in Dänemark, den Niederlanden, dem Vereinigten Königreich und Finnland mit den meisten Skeptikern. Die Ansichten zu dieser Frage hängen erwartungsgemäß mit der Selbstidentifikation zusammen. So glauben im EU-Durchschnitt 66 bzw. 51 Prozent derjenigen, die sich ausschließlich oder primär der eigenen Nation zugehörig fühlen, nicht an eine gemeinsame kulturelle Identität, während 59 bzw. 61 Prozent der primär oder nur mit Europa identifizierten eine gemeinsame kulturelle Identität vermuten. Allerdings ist bei dieser Frage offen, ob ihr eher kognitive oder eher evaluativ-normative Antwortkriterien zugrunde gelegt werden.

Jedoch entspricht dem Bild, dass die Bevölkerung ebenso geteilt ist in Befürchtungen, bei einem weiteren Ausbau der EU ihre nationale Identität und Kultur zu verlieren. Im EU-Durchschnitt fürchtet dies etwa die Hälfte der Bürger, wobei solche Ängste wiederum im Vereinigten Königreich und in Irland überproportional ausgeprägt sind – allerdings auch in Griechenland (obwohl dort ja gleichzeitig viele eine gemeinsame europäische Kultur sehen), während Italiener und Österreicher hier weniger Befürchtungen haben. Erwartungsgemäß hegen Traditionalisten bzw. Bürger, die sich nur als Angehörige der Nation sehen, solche Ängste am stärksten, gefolgt von den priorität Nationsgebundenen, während bei zunehmender Bedeutung der EU als Identifikationsobjekt, aber auch bei den Individualisten diese Ängste geringer sind. Bei den Holisten überwiegt die Angstfreiheit dagegen nur schwach. Für immerhin etwa die Hälfte der Bürger scheint eine gemeinsame Kultur somit bedeutsam zu sein und für viele auch eine Rolle für die politische Identifikation einzunehmen.

Tabelle 9: Orientierungen zur Kultur, 1999 und 2000

	Prozentanteile			Prozentanteile nach Identifikation		
	keine gem. europ. kult. Id.	Angst vor Verlust nationaler Identität und Kultur		EU-Durchschnitt	keine gem. europ. kult. Id.	Angst vor Verlust nationaler Identität und Kultur
	1999	1999	2000		1999	1999	2000
EU	56	50	50				
FRA	60	51	55				
BEL	59	48	45	ZUGEHÖRIG			
NL	63	44	44	nur Nation	66	-	65
WDT	48	47	46	primär Nation	51	-	43
ITA	52	40	40	primär EU	41	-	32
LUX	55	53	50	nur EU	39	-	35
DÄN	63	48	46				
IRL	51	68	61	TYPUS			
GB	65	73	66	Individualist	-	37	44
GRI	44	60	69	Regionalist	-	52	46
SPA	55	40	46	Nationalist	-	56	54
POR	45	49	56	Europäist	-	31	23
ODT	51	45	46	Traditionalist	-	62	66
FIN	67	48	48	Reg. + Europa	-	39	29
SWE	56	47	46	Modernist	-	38	38
ÖST	53	42	44	Holist	-	45	45

„Stimmen Sie der folgenden Aussage voll und ganz zu, etwas zu, stimmen Sie eher nicht zu oder überhaupt nicht zu: Es gibt eine europäische kulturelle Identität, die von allen Europäern geteilt wird." (symmetrisch dichotomisiert). Quelle: Eurobarometer 52.0 (1999).
„Manche Menschen haben vielleicht Ängste, wenn es um den Bau Europas, der Europäischen Union, geht. Hier ist eine Liste mit Dingen, von denen einige Leute sagen, dass sie davor Angst haben. Sagen Sie mir bitte jeweils, ob Sie persönlich derzeit davor Angst haben oder nicht. (G) der Verlust unserer nationalen Identität und Kultur". Quelle: Eurobarometer 51.0 (1999), 54.1 (2000).

Noch unmittelbarer auf die horizontale Dimension des Gemeinschaftsbildes können Fragen nach dem gegenseitigen Vertrauen zwischen den Völkern bezogen werden. Leider wurden diese nur zwischen 1976 bis 1996 gestellt. Für diesen Zeitraum lassen sie jedoch recht klare Schlussfolgerungen zu (vgl. Tabelle 10): Entsprechend der sozialpsychologischen Annahmen ist in allen Ländern das Vertrauen in das eigene Volk am größten und liegt überwiegend im positiven Bereich (Ausnahme Italien), während den anderen Völkern der EU regelmäßig weniger Vertrauen entgegengebracht wird. Darüber hinaus kommt in dem großen Anteil fehlender Werte zum Ausdruck, dass eine erheblich größere Unsicherheit besteht, ob man denn den anderen vertrauen könne; da bezüglich des eigenen Volkes kaum „weiß nicht"-Antworten gegeben werden, können diese fehlenden Angaben nicht etwa auf eine Verweigerung solcher Stereotypen ähnlichen Fragen zurückgeführt werden, sondern bringen einen substanziellen Vertrauensunterschied zum Ausdruck.

Im Zeitablauf ist kein Trend zunehmenden Vertrauens oder zumindest abnehmender Unsicherheit feststellbar. Entscheidend für das Ausmaß des Vertrauens in andere Völker sind offenbar weder deren EU-Mitgliedschaft noch die Dauer von deren Mitgliedschaft, sondern andere Faktoren, denn europäischen Nicht-EU-Völkern wie beispielsweise den Schweizern oder Norwegern oder aber auch den Amerikanern wird nicht systematisch weniger vertraut als den EU-Nachbarn. Deutlich geringer ist dagegen das Vertrauen in außereuropäische Völker wie die Japaner und Chinesen sowie die Russen und osteuropäische Völker. In diesen Unterschieden schlägt sich somit weniger eine Trennlinie zwischen EU-Mitgliedern und Nicht-EU-Mitgliedern nieder, sondern eher zwischen (westlichen bzw. westlich orientierten) demokratischen Staaten und östlichen, fernen bzw. (ehemals) kommunistischen Staaten. Dieses Muster trifft sowohl für den EU-Durchschnitt als auch ganz überwiegend in den einzelnen EU-Staaten zu (Letzteres nur für 1996 tabellarisch ausgewiesen).

In diesen Unterschieden dürfte sich somit zum einen – ungeachtet des in den letzten Jahrzehnten zugenommenen Kenntnisstandes über andere Länder durch massenmediale Informationen sowie internationale Begegnungen beispielsweise im Bereich des Sports, des Erwerbslebens oder des Tourismus – die nach wie vor erheblich geringeren Kontakte zu Angehörigen anderer Völker als des eigenen Volkes dokumentieren (z.B. Allport 1954 und die Weiterentwicklung des Ansatzes bei Pettigrew 1998), zum anderen aber auch die eher irreale Vorstellung der Vertrautheit mit der eigenen Nation Ausdruck finden. Allerdings hängt das Vertrauen nur sehr mäßig mit der kollektiven Identifikation zusammen. So vertrauen zwar diejenigen, die sich ausschließlich als Angehörige der eigenen Nation sehen, dem eigenen Volk am stärksten und allen anderen Völkern am wenigsten. Aber diejenigen, die sich auch als Angehörige Europas sehen, vertrauen nicht nur den anderen EU-Mitgliedern oder europäischen Völkern, sondern auch den außereuropäischen Völkern mehr, jedoch keineswegs linear zunehmend mit intensiverer Selbstidentifikation als Europäer. Linear verläuft dagegen nur das mit zunehmender EU-Identifikation abnehmende Vertrauen in das eigene Volk. Die Trennungslinie zwischen In- und Outgroups hat – auf der Grundlage dieser Daten – somit nur sehr marginal etwas mit der EU-Mitgliedschaft der „Gruppen" und dem Selbstbild der „Ins" zu tun, sondern eher mit der Haltung gegenüber der eigenen Nation und den politischen sowie kulturellen Historien der „anderen".

Tabelle 10: Vertrauen in Völker, 1976-1996

Mittelwerte 0 = kein bis 3 = viel Vertrauen		eig. Volk	and. EU-Völker	Nor-weger	Schw eizer	Ame-rika-ner	Rus-sen	Japa-ner	Chi-nesen	ost-europ. Völker
EU:	76	2,09	1,75	-	2,03	1,78	0,89	-	0,94	-
Mittelwerte	80	2,20	1,87	-	2,13	1,90	0,81	1,61	1,26	-
	86	2,08	1,79	-	2,08	1,70	1,17	1,70	1,47	-
	90	2,39	1,91	-	2,03	1,86	1,46	1,58	1,15	1,49
	93	2,24	1,91	-	-	1,75	1,22	1,62	-	-
	94	2,25	1,76	-	-	1,78	1,19	1,59	-	-
	96	2,31	1,75	1,95	2,00	1,68	0,96	1,55	-	1,21
EU:	76	4,7	46,7	-	17,8	11,7	17,1	-	22,5	-
Prozent	80	4,6	47,9	-	15,3	9,3	15,3	19,4	20,8	-
fehlende	86	5,8	51,8	-	22,6	16,8	24,9	27,0	29,7	-
Werte	90	4,5	36,9	-	13,3	8,9	14,3	14,4	18,1	31,8
	93	7,9	31,0	-	-	7,2	12,2	11,3	-	-
	94	1,8	31,4	-	-	5,8	12,3	11,7	-	-
	96	3,6	32,0	18,0	12,5	8,9	13,8	12,1	-	24,2
Mittelwerte	96									
FRA		2,23	1,81	1,97	1,93	1,43	0,90	1,20	-	1,28
BEL		2,10	1,78	1,91	1,93	1,59	0,89	1,31	-	1,18
NL		2,38	1,94	2,30	2,15	1,88	1,17	1,85	-	1,44
WDT		2,53	1,73	1,92	2,12	1,83	0,60	1,58	-	0,83
ITA		1,88	1,70	1,78	1,92	1,94	1,06	1,89	-	1,17
LUX		2,49	1,82	1,91	2,02	1,96	0,90	1,55	-	1,12
DÄN		2,59	2,00	2,50	2,24	1,88	1,11	1,88	-	1,51
IRL		2,49	1,87	1,93	1,98	1,95	1,18	1,59	-	1,58
UK		2,28	1,76	2,03	1,98	1,85	1,22	1,46	-	1,54
GRI		2,34	1,38	1,40	1,53	0,86	1,23	1,39	-	1,27
SPA		2,44	1,61	1,79	1,88	1,27	1,10	1,57	-	1,29
POR		2,23	1,25	1,22	1,48	1,36	0,73	1,06	-	0,83
ODT		2,51	1,83	2,06	2,24	1,52	0,77	1,59	-	1,11
FIN		2,69	1,99	2,48	2,37	1,86	0,90	2,05	-	1,52
SWE		2,59	2,28	2,65	2,50	2,20	1,45	2,19	-	1,78
ÖST		2,56	1,82	2,00	2,24	1,57	0,76	1,49	-	1,05
Pearson's r 90: Europäer 96: Nation		-0,04	0,20	-	0,08	0,04	0,13	0,13	0,09	0,19
vs. Europa		-0,05	0,20	0,08	0,07	-0,05	0,11	0,10	-	0,15
ZUGE-HÖRIG: Mittelwerte										
nur Nation		2,40	1,67	1,94	1,96	1,60	0,90	1,49	-	1,17
primär Nat.		2,41	1,90	2,11	2,12	1,77	1,10	1,72	-	1,39
primär EU		2,33	1,96	2,12	2,15	1,79	1,17	1,77	-	1,46
nur EU		2,21	1,91	2,06	2,09	1,73	1,10	1,61	-	1,37

„Ich möchte Sie nun danach fragen, wie viel Vertrauen Sie in die Völker verschiedener Länder haben. Sagen Sie mir bitte für jedes Land, ob Sie zu der Bevölkerung viel Vertrauen haben, einiges Vertrauen, wenig Vertrauen oder kein Vertrauen." Indizes: Vertrauen in andere EU-Völker umfasst alle jeweiligen Mitgliedsländer; Vertrauen in osteuropäische Völker umfasst 1990 Polen, Ungarn, Rumänen, Tschechoslowaken, Ostdeutsche, Bulgaren, Jugoslawen und 1996 Polen, Ungarn, Tschechen, Slowaken. Quelle: Eurobarometer 6 (1976), 13 (1980), 25 (1986), 33 (1990), 39 (1993), 41.1 (1994), 46.0 (1996).

3.3   Abgrenzung nach „Außen"

Noch größere Unsicherheit als bei dem Vertrauen in andere Völker besteht hinsichtlich der Osterweiterung der EU unter den Bürgern der Mitgliedsländer (nicht tabellarisch ausgewiesen). Nach der Befürwortung oder Ablehnung der Aufnahme verschiedener, vor allem osteuropäischer Länder befragt, haben im Schnitt 20 bis 25 Prozent keine Meinung zu den einzelnen Beitrittsanwärtern. Dies ändert sich in den Jahren von 1994 bis 2000 kaum. Dabei ist die Unsicherheit oder Indifferenz aber nicht befragtenspezifisch und erstreckt sich nicht auf alle Länder gleichermaßen, sondern die meisten Befragten differenzieren zwischen verschiedenen Staaten, plädieren also weder für eine totale Schließung noch für eine völlige Offenheit bei der Erweiterung. In Faktorenanalysen wird deutlich, dass sich die Orientierungen gegenüber den Beitritten klar nach den geografischen und (in diesem Fall damit verbunden) den politischen Merkmalen der Länder strukturieren. So bilden die wenigen westeuropäischen Länder (Norwegen und Schweiz, im Jahr 1994 auch noch Schweden, Finnland und Österreich) einen gemeinsamen Faktor und sämtliche jeweils (variierend) erfragten osteuropäischen Länder einen zweiten Faktor. Während die Türkei eher dem Osteuropa-Faktor zugeordnet wird, zeigen die Orientierungen zu Island, Malta und Zypern gleichzeitig auf beiden Faktoren mittlere Ladungen, werden aber tendenziell eher mit den westlichen Ländern assoziiert. Dem entspricht die evaluative Orientierung: Ein Beitritt der westlichen Länder wurde und wird überwiegend befürwortet (mit 70-80% Pro-Stimmen bei weniger als 10% Contra-Stimmen im Fall von Österreich, Finnland und Schweden im Jahr 1994, mit stabilen ca. 70% gegenüber nur 10-15% Ablehnung seit 1994 bis 2000 bei Norwegen und der Schweiz; bei Island sind es ca. 55% gegenüber 25%, bei Malta um die 50% gegenüber ca. 30% Ablehnung, bei Zypern knapp über 40% Befürwortung gegenüber um die 30-35% Ablehnung).

Einem Beitritt der östlichen Länder stehen die Bürger dagegen skeptischer gegenüber. Am deutlichsten ist die Ablehnung ausgeprägt bei Jugoslawien und seinen Nachfolgestaaten, Albanien, Moldawien, Rumänien, Slowenien, Russland, der Ukraine, Weißrussland und der Türkei. Hierbei handelt es sich also überwiegend um solche Länder, die auch von der EU auf absehbare Zeit – aus unterschiedlichen Gründen – nicht für einen Beitritt vorgesehen sind, und von denen relativ bekannt ist, dass sie gravierende Probleme im Hinblick auf die Achtung der Menschenrechte und der Demokratie aufweisen. Wechselnde Beurteilung bzw. in etwa gleichermaßen Ablehnung wie Befürwortung erfahren Bulgarien, die drei baltischen Staaten und die Slowakische Republik. Lediglich bei Polen, der Tschechischen Republik und Ungarn überwiegt die Befürwortung, allerdings keineswegs in zunehmendem, sondern in recht stabilem oder sogar etwas abnehmendem Ausmaß seit 1994 (während 1994 ca. 50% oder etwas mehr Befürworter bei ca. 25-30% Ablehnern zu verzeichnen sind, sind es im Jahr 2000 noch um die 45% Befürworter bei ca. 35% Ablehnern). Vorstellungen von der EU als „offener Republik" sind somit aus Sicht der Bürger in den Mitgliedsländern ebenso abwegig wie das Gegenteil einer „Festung Europa".

Tabelle 11: Haltungen zur Erweiterung der EU nach kollektiver Identifikation – EU-Durchschnitt, 1994-2000 (Pearson's r)

	1994	1997	1998	1998	2000	2000	1999	2000	1999	2000
	Angehöriger von Nation versus Europa						verbunden Nation		verbunden Europa	
Bosnien-Herzeg.	-	-	-	-	-	,15	-	(-,00)	-	,12
Bulgarien	,12	,12	,11	,11	,15	,15	,02	,02	,12	,13
Estland	-	,14	,12	,13	,14	,15	,03	(,01)	,13	,15
Finnland	,18	-	-	-	-	-	-	-	-	-
Island	-	,18	-	-	-	-	-	-	-	-
Mazedonien	-	-	-	-	-	,17	-	(,00)	-	,14
(Rest-)Jugoslawien	-	-	-	-	-	,14	-	,02	-	,13
Kroatien	-	-	-	-	-	,18	-	(,01)	-	,14
Lettland	-	,13	,12	,14	,14	,14	,03	(,01)	,13	,14
Litauen	-	,13	,12	,14	,14	,15	,04	(,02)	,14	,15
Malta	-	,14	-	,13	,17	,16	,02	-	,10	,11
Norwegen	,15	,17	-	-	,17	,20	(,01)	-,02	,14	,16
Österreich	,14	-	-	-	-	-	-	-	-	-
Polen	,13	,19	,14	,15	,19	,20	,04	(,01)	,15	,16
Rumänien	,10	,13	,10	,11	,15	,16	,04	,02	,11	,14
Russland	-	,12	-	-	-	-	-	-	-	-
Schweden	,18	-	-	-	-	-	-	-	-	-
Schweiz	-	,13	-	-	,12	,15	,02	(-,01)	,11	,12
Slovak. R.	,13	,14	,13	,13	,16	,20	,03	(,00)	,14	,16
Slowenien	,11	,14	,12	,13	,17	,19	,02	(,01)	,13	,15
Tsch. R.	,14	,18	,14	,15	,18	,21	(,02)	(,00)	,14	,17
Türkei	-	,10	-	-	,11	,12	,02	(,00)	,09	,10
Ungarn	,14	,17	,15	,15	,18	,20	,02	(-,00)	,16	,17
Zypern	-	,11	,12	,11	,15	,14	,03	-,02	,09	,09
INDIZES										
West	-	,17	-	-	,16	,19	(,02)	(-,02)	,14	,15
Ost	-	,18	,15	,17	,18	,20	,03	(,01)	,16	,18
Sonstige	-	,14	-	-	,17	,17	,03	(-,01)	,11	,12

Mittelwertindizes gebildet aus den Haltungen zu den einzelnen Ländern (gegen = 1, weiß nicht = 2, für = 3); nicht signifikante Werte in Klammern. Quelle: Eurobarometer 42 (1994), 47.1 (1997), 49.0 (1998) und 50.0 (1998) kumuliert, 51.0 (1999), 53 (2000) und 54.1 (2000) kumuliert.

Letzteres gilt zudem besonders für die Bürger, die sich mit Europa identifizieren. Für sie ist die EU keine geschlossene Gesellschaft, sondern sie befürworten bei zunehmender Nähe zur EU in deutlich wachsendem Ausmaß die Aufnahme weiterer Mitgliedsländer, und zwar gleichermaßen aus West wie Ost. Während die wenigen Regionalistischen Europäisten und die Modernisten der Erweiterung besonders positiv gegenüberstehen, hegen Traditionalisten eine eher geschlossene EU-Vorstellung. Die große Gruppe der Holisten zeigt gemäßigte Offenheit (vgl. Tabellen 11 und 12).[5]

Tabelle 12: Haltungen zur Erweiterung der EU nach kollektiver Identifikation – EU-Durchschnitt, 2000 (% „für")

	nur Nat	pr. Nat	pr. Eu.	nur Eu.	Ind.	Reg.	Nat.	Eu.	Trad	Reg Eu.	Mod	Hol.
Bosn-Herz.	18	32	42	45	29	24	26	31	19	45	35	31
Bulgarien	25	41	45	53	33	31	36	40	25	46	44	40
Estland	28	43	48	51	33	34	35	41	28	52	44	43
Mazedonien	18	31	42	47	26	25	24	33	18	42	35	32
(R-)Jugosla.	20	33	42	44	26	26	26	33	21	38	37	33
Kroatien	20	35	46	51	30	26	29	40	21	47	41	35
Lettland	28	42	49	50	32	35	33	43	28	55	44	42
Litauen	27	42	48	48	33	33	34	41	28	47	44	42
Malta	37	54	60	67	47	47	51	65	40	65	58	52
Norwegen	58	77	84	84	64	69	72	90	60	87	84	74
Polen	31	51	61	59	38	35	45	57	33	66	55	50
Rumänien	23	39	45	50	30	27	32	30	24	44	45	38
Schweiz	60	76	79	82	63	70	70	81	63	80	79	74
Slovak. R.	25	44	54	58	36	32	35	50	27	55	48	44
Slowenien	24	41	51	54	31	32	35	32	25	55	44	41
Tsch. R.	29	49	60	62	38	36	39	60	30	55	54	48
Türkei	23	34	39	48	30	31	30	33	23	38	32	34
Ungarn	34	53	63	66	40	42	43	57	35	62	60	52
Zypern	33	47	53	61	42	41	44	56	35	61	48	45

Quelle: Eurobarometer 54.1.

Da zur Osterweiterung große Unsicherheit unter den Bürgern besteht, werden in einem weiteren Schritt Haltungen gegenüber Fremden betrachtet (vgl. Tabelle 13). Alle Indikatoren hierzu weisen zwar Probleme auf, können in der Gesamtschau jedoch durchaus ein Bild zu der Frage nach der Außenabgrenzung vermitteln. Zur Anzahl „Fremder" im eigenen Land befragt, wird für das Ende der 80er Jahre deutlich, dass eine Mehrheit der Auffassung ist, es seien zwar „viele, aber nicht zu viele", wobei die Zahl von Angehörigen anderer Religion und Kultur häufiger als gering eingeschätzt wird als die anderer Rasse und Nationalität. Obwohl die Antwortkategorien kognitive und evaluative Urteilsdimensionen vermengen, zeigen Nachfragen, dass bei der evaluativen Antwort „zu viele" vor allem an außereuropäische Bevölkerungsgruppen gedacht wird. In den Folgejahren wird bei der expliziten Vorgabe „Leute, die nicht Staatsbürger eines Landes der Europäischen Gemeinschaft sind" noch deutlicher, dass diese von Mehrheiten der Befragten als „zu viele"

---

5 Da es bei diesen Indikatoren um die EU-Außenabgrenzung geht, wird auf den nach Mitgliedsländern differenzierten Nachweis verzeichnet und nur der EU-Durchschnitt berichtet.

betrachtet werden, während die allgemeinere Vorgabe „Ausländer" etwas weniger abweisende Haltungen erzeugt. (Ähnliches trifft für die Vorgabe „Menschen, die aufgrund ihrer Rasse, Religion und Kultur zu Minderheiten gehören" zu – eine Formulierung, die sehr unglücklich ist, da sie drei verschiedene Aspekte der „Fremdheit" kombiniert und mit dem Begriff „Minderheit" nahe legt, dass es sich dabei gar nicht um viele handeln kann.).

Tabelle 13: Haltung zur Anzahl von „Fremden" im eigenen Land, 1988-2000 (Spaltenprozente)

	and. Nat.	and. Rasse	and. Relig.	and. Kultur	Nicht-EU-Leute			Ausländer			Minderheiten anderer Rasse, Religion und Kultur	
Jahr	88	88	88	88	91	92	93	94	94	97	97	00
zu viele	39	35	21	23	54	53	55	50	45	47	41	43
viele	43	41	46	43	36	37	36	40	44	42	45	48
nicht viele	18	24	33	34	10	10	9	10	11	11	14	9

„Was würden Sie – ganz allgemein gesprochen – zur Anzahl der Menschen anderer Nationalität in unserem Lande sagen: sind das zu viele – viele, aber nicht zu viele – oder nicht viele? Und wie ist das mit den Angehörigen anderer Rassen in unserem Land? Und wie ist das mit Menschen anderer Religionszugehörigkeit in unserem Land? Und wie ist das mit Angehörigen einer anderen Kultur in unserem Lande?" (Eurobarometer 30). „Ganz allgemein gesprochen: Wie denken Sie über die Leute, die in Deutschland leben, aber nicht Staatsbürger eines Landes der Europäischen Gemeinschaft sind: sind es zu viele – viele, aber nicht zu viele – oder nicht viele?" (Eurobarometer 35, 37, 39). „Ganz allgemein gesprochen: Wie denken Sie über die Ausländer, die in Deutschland leben: sind es zu viele – viele, aber nicht zu viele – oder nicht viele?" (Eurobarometer 41.1, 42, 48.0). „Wenn Sie nun noch einmal ganz allgemein an Menschen denken, die aufgrund ihrer Rasse, Religion und Kultur zu Minderheiten gehören: Würden Sie sagen, dass von ihnen nicht viele – viele, aber nicht zu viele – oder zu viele in Deutschland leben?" (Eurobarometer 47.1, 53).

Die evaluative Differenzierung zwischen europäischen Nachbarländern und außereuropäischen Staaten wird noch deutlicher, wenn es um die Wünsche zur Immigrationspolitik, zum Zulassen weiterer Einwanderung in die EU bzw. in das eigene Land geht (vgl. Tabelle 14). Zwar sind die Positionen einer totalen Schließung oder aber Öffnung – ähnlich wie im Fall der Osterweiterung – auch in diesen Fragen gegenüber allen Ländergruppierungen in der Minderheit, aber die relativ größte Offenheit wird gegenüber den europäischen Mitgliedsstaaten artikuliert – obwohl dabei explizit nach der Einwanderung in das eigene Land gefragt wird. In Bezug auf die Einwanderung aus dem Mittelmeerraum, aus islamischen Ländern und aus Osteuropa überwiegt dagegen die abweisende Haltung, d.h. sowohl die Einschränkung von Zuwanderung als auch die völlige Ablehnung sind hier stärker ausgeprägt. Erst in

Bettina Westle

Tabelle 14: Haltung zu Immigration, 1991-2000 (Spaltenprozente)

	F-1991	F-1992	F-1993	H-1997	F-2000
SÜD + MITTELMEER					
nicht akzeptieren	24	26	25	23	-
einschränken	62	59	59	63	-
akzeptieren	14	15	16	14	-
Mittelwert	(1,91)	(1,90)	(1,90)	(1,92)	-
OSTEUROPA					
nicht akzeptieren	21	24	26	24	15
einschränken	65	61	61	63	64
akzeptieren	14	15	13	13	21
Mittelwert	(1,94)	(1,92)	(1,87)	(1,88)	(2,07)
POLITISCHES ASYL					
nicht akzeptieren	20	22	20	19	13
einschränken	55	53	54	59	60
akzeptieren	25	25	26	22	27
Mittelwert	(2,04)	(2,03)	(2,05)	(2,03)	(2,14)
ANDERE EU-LÄNDER					
nicht akzeptieren	-	-	15	12	9
einschränken	-	-	48	52	50
akzeptieren	-	-	37	36	41
Mittelwert	-	-	(2,22)	(2,24)	(2,33)
ISLAMISCHE LÄNDER		+			
nicht akzeptieren	-	-	-	-	19
einschränken	-	-	-	-	62
akzeptieren	-	-	-	-	19
Mittelwert	-	-	-	-	(2,00)
LÄNDER M. INNEREN KONFLIKTEN					
nicht akzeptieren	-	-	-	-	13
einschränken	-	-	-	-	58
akzeptieren	-	-	-	-	29
Mittelwert	-	-	-	-	(2,17)

„Einige Leute aus verschiedenen Ländern des südlichen Mittelmeerraumes wollen hier in der Europäischen Gemeinschaft arbeiten. Sagen Sie mir bitte anhand dieser Liste, was Ihrer Meinung nach hier in der Europäischen Gemeinschaft mit diesen Einwanderern geschehen sollte. Und wie ist das bei anderen, die aus Osteuropa kommen und im Westen arbeiten wollen? Und wie ist das bei wieder anderen, die in ihrem Land unter Menschenrechtsverletzungen leiden und um politisches Asyl bitten? Und wie ist das bei Bürgern aus anderen Ländern der Europäischen Gemeinschaft, die sich in Deutschland niederlassen wollen? Wenn Menschen aus islamischen Ländern hier in der Europäischen Union arbeiten wollen, was sollte Ihrer Meinung nach mit ihnen geschehen? Und wie ist es bei Menschen, die aus Osteuropa kommen und im Westen arbeiten wollen? Und wie ist es bei Menschen, die aus Ländern mit schweren inneren Konflikten fliehen? Und wie ist das bei wieder anderen, die in ihrem Land unter Menschenrechtsverletzungen leiden und um politisches Asyl bitten? Und wie ist das bei Bürgern aus anderen Ländern der Europäischen Union, die sich in Deutschland niederlassen wollen?" Quelle: Eurobarometer 35 (1991), 37 (1992), 39 (1993), 48 (1997), 53 (2000).

jüngerer Zeit – wohl im Zuge des heranrückenden Termins der Osterweiterung – scheint sich hierzu etwas größere Offenheit zu entwickeln. Auch im Hinblick auf die Aufnahme von Flüchtlingen aus Krisengebieten und das politische Asyl wird eine erheblich geringere Offenheit als gegenüber den europäischen Nachbarn artikuliert. Allerdings kommen diese Grenzziehungen gegenüber Nicht-Europa deutlich stärker von den nur national orientierten Bürgern als von denen, die die europäische Zugehörigkeit in ihr Selbstbild aufgenommen haben. Dabei unterschätzen die (bis um die 0,20 liegenden) Korrelationen noch den Befund, dass zwischen denen, die sich nur als Nationsangehörige definieren, und denen, die sich primär als Nations-, aber auch als Angehörige Europas sehen, die größten Unterschiede im Hinblick auf die Offenheit gegenüber Fremden besteht. Zur primär europäischen Identifikation sind diese Unterschiede dagegen überwiegend nur noch klein, und bei der ausschließlichen Identifikation als Europäer deutet sich in mehreren Fällen sogar ein minimaler Anstieg der Außenabgrenzung an (vgl. Tabelle 15).

Tabelle 15: Zusammenhänge zwischen Haltungen zu Immigranten und kollektiver Identifikation, 1988-2000

	Europäer			Nation versus Europa			
	nie	manch-mal	oft	nur Nation	primär Nation	primär Europa	nur Europa
Zeilenprozente „viele, aber nicht zu viele" und „nicht viele"							
1988: andere Nationalität	52	66	71	-	-	-	-
1988: andere Rasse	57	68	75	-	-	-	-
1988: andere Religion	75	81	79	-	-	-	-
1988: andere Kultur	72	81	82	-	-	-	-
1991: Nicht-EU-Leute	36	52	58	-	-	-	-
1992: Nicht-EU-Leute	38	55	61	34	53	67	58
1994: Ausländer	-	-	-	40	59	75	65
1997: Minderheiten	-	-	-	48	68	69	76
2000: Minderheiten	-	-	-	42	66	77	65
Mittelwerte 1 = nicht bis 3 = akzeptieren							
1991: Süd + Mittelmeer	1,82	1,96	2,02	-	-	-	-
1991: Osteuropa	1,83	2,00	2,07	-	-	-	-
1991: Politische Asylanten	1,92	2,09	2,22	-	-	-	-
1992: Süd + Mittelmeer	1,79	1,99	2,06	1,73	1,97	2,12	2,12
1992: Osteuropa	1,80	2,01	2,08	1,74	2,00	2,11	2,13
1992: Politische Asylanten	1,90	2,12	2,23	1,83	2,13	2,30	2,24
2000: Osteuropa	-	-	-	1,92	2,15	2,27	2,21
2000: Politische Asylanten	-	-	-	1,96	2,25	2,35	2,32
2000: L. mit inn. Konflikten	-	-	-	1,99	2,28	2,39	2,38
2000: islamische Länder	-	-	-	1,83	2,09	2,19	2,18
2000: andere EU-Länder	-	-	-	2,12	2,45	2,49	2,56

4. Schlussfolgerungen und Ausblick

Was lässt sich aus diesen Befunden schließen? Erstens wird recht eindrucksvoll deutlich, dass singuläre Identifikationen heutzutage in allen europäischen
Mitgliedsstaaten Randerscheinungen sind. Ebenso sind Verknüpfungen von
regionaler und europäischer Zugehörigkeit unter Ausschluss der nationalen
Ebene recht ungewöhnlich wie auch solche der nationalen und der europäischen Ebene ohne Bindung an die regionale Ebene. In den meisten Fällen
deuten solche Identifikationskonstellationen auf spezifische Lagen in den jeweiligen Staaten – wie etwa regionale Konflikte. Entgegen der mit zunehmender Modernisierung verknüpften Erwartung finden sich auch nur sehr
wenige Bürger, die keinerlei Bindungen an diese kollektiven Einheiten be-
kunden. Vielmehr identifiziert sich typischerweise die Mehrzahl der Bürger
entweder mit der Region und der Nation – und weist damit eine über lange
historische Zeiträume hinweg tradierte Selbstbeschreibung auf, die individuell durch unmittelbare lebensweltliche Erfahrungen permanent gestützt wird.
Nahezu ebenso große Anteile der Bevölkerung schließen aber auch die europäische Ebene in ihre Zugehörigkeitsgefühle mit ein, wenn auch zumeist weniger zentral. Von daher ist auch plausibel, dass viele Bürger im Konfliktfall
zwischen Nation und EU der nationalen Zugehörigkeit den Vorzug geben.

Im Hinblick auf ihre Befürwortung der demokratischen Staatsform und
ihre politischen Grundorientierungen sind zwischen den Bürgern der verschiedenen europäischen Mitgliedsstaaten ausgeprägte Ähnlichkeiten und
Gemeinsamkeiten vorhanden. Allerdings beruhen diese offensichtlich auf den
Ähnlichkeiten der nationalen politischen Systeme und haben nur wenig mit
Spezifika der EU zu tun. Dennoch könnten sie ein wesentliches Grundlagen-
material für die politische Vergemeinschaftung bilden. In diesem Fall – so
wird hier vermutet – müsste sich die EU allerdings in der Alltagserfahrung
der Menschen mehr als bislang als nicht nur politisches, sondern auch als
demokratisches Gebilde darstellen.

Ob Gemeinsamkeiten in den politischen Kulturen für eine weitergehende politische Vergemeinschaftung ausreichen könnten, kann auf der vorliegenden Grundlage zwar nicht hinreichend eingeschätzt werden. Jedoch sind
die Stagnation in der Entwicklung gegenseitigen Vertrauens im Gegensatz zu
dem stark ausgeprägten Vertrauen in das jeweils eigene Volk sowie die stark
ausgeprägte Wahrnehmung unterschiedlicher allgemeiner Kulturen und Identitäten vor dem Hintergrund gleichzeitiger Ängste vor einem Verlust dieser
Identitätsunterschiede im Fall eines weiteren Ausbaus der EU als Warnzei-
chen zu sehen. Solche mangelnde gegenseitige Vertrautheit und Ängste zeigen nicht zuletzt, dass das Plädoyer für europäischen Kultur-Pluralismus als
Markenzeichen der EU offensichtlich unter den Bürgern nur wenig Glaub-
würdigkeit genießt.

Insgesamt kann als Fazit zur Binnendefinition damit festgehalten werden, dass diese nach allen Anzeichen primär entlang der nationalen Grenzen verläuft. Objektive zwischennationale bzw. europäische Gemeinsamkeiten haben bislang nicht den Status zentraler Definitionsmerkmale einer gesamteuropäischen Selbstbeschreibung erreicht.

Ähnlich verhält es sich mit der Definition der Außengrenzen. Die große Mehrheit der Europäer zieht zwar untereinander offenbar weniger ausgeprägte Grenzen als zum außereuropäischen (Kultur-)Raum. Allerdings bildet diese Grenzziehung keine Grundlage der europäischen Identifikation. Im Gegenteil: Es sind gerade die ausschließlich national Orientierten, die diese Außenabgrenzung am schärfsten vornehmen, während sich diejenigen, die sich sowohl national als auch europäisch definieren, größere Offenheit nicht nur gegenüber anderen Europäern, sondern auch gegenüber Menschen außerhalb der EU bzw. außerhalb des europäischen Raumes artikulieren. Lediglich bei den wenigen ausschließlich europäisch Orientierten deuten sich schwache Tendenzen zur Abgrenzung gegenüber Nicht-Europa im Gegensatz zur Offenheit innerhalb Europas an. Denkbar ist daher durchaus, dass dann, wenn sich künftig eine Annäherung der kulturellen Selbstwahrnehmungen in Europa entwickeln würde und die Grenzen dieser Binnendefinition mit den politisch-territorialen Grenzen der EU zusammenfallen, diese Identität dominant und Abgrenzungstendenzen nach außen verstärkt würden.

Diese Befunde sind keineswegs trivial, deuten sie doch darauf hin, dass Universalität als Komponente sozialer Identität – anders als von sozialpsychologischen Ansätzen nahe gelegt – durchaus möglich sein könnte. Nach den vorliegenden Befunden hätte eine universelle, demotisch und offen konnotierte Identität die größten Entwicklungschancen auf der Grundlage multipler bzw. holistischer Identifikationskonstellationen. Möglicherweise ist die scharfe Außenabgrenzung also ein für singuläre Identitätskonstellationen typisches psychologisches Merkmal, verliert aber bei flexibleren, multiplen Identitäten an sozial- und individualpsychologischer Bedeutung. Dass mit solchen multiplen Identitätsstrukturen gleichzeitig gesellschaftlich eine geringere Binnenkohäsion und individuell eine schwächere Intensität der Identifikation verknüpft sein mag, erscheint angesichts der Erfahrung leidvoller Folgen exzessiver Identifikationen mit politischen Gemeinschaften nicht das schlechteste Zeichen.

Für die weitere Forschung zur europäischen Identität schließlich sollten vor allem – auch nach wie vor ein Desiderat für die nationale Ebene – die Inhalte der kollektiven Selbstbilder stärkere Beachtung erfahren, um der Bedeutung von Ethnos und Demos im Selbstverständnis der Europäer intensiver nachzugehen.

Literatur

Abrams, Dominic/Hogg, Michael A. (Hrsg.): Social Identity Theory: Constructive and Critical Advances. Hemel: Hempstead, 1990.

Adam, Heribert: Exclusive Nationalism versus Inclusive Patriotism – State Ideologies for Devided societies. In: Innovation 3 (1990), S. 569-587.

Allport, Gordon W: The Nature of Prejudice. Reading: Addison-Wesley, 1954.

Bach, Maurizio (Hrsg.): Die Europäisierung nationaler Gesellschaften. Sonderheft 40 der Kölner Zeitschrift für Soziologie und Sozialpsychologie. Wiesbaden: Westdeutscher Verlag, 2000a.

Bach, Maurizio: Die Europäisierung der nationalen Gesellschaft? Problemstellungen und Perspektiven einer Soziologie der europäischen Integration. In: Ders. (Hrsg.) : Die Europäisierung nationaler Gesellschaften. Sonderheft 40 der Kölner Zeitschrift für Soziologie und Sozialpsychologie. Wiesbaden: Westdeutscher Verlag, 2000b, S. 11-35.

Berten, André: Europäische Identität – Einzahl oder Mehrzahl? Überlegungen zu den Entstehungsprozessen von Identität. In: Dewandre, Nicole/Lenoble, Jacques (Hrsg.): Projekt Europa. Postnationale Identität: Grundlage für eine europäische Demokratie? Berlin: Schelzky & Jeep, 1994, S. 55-65.

Blank, Tom/Schmidt, Peter: Verletzte oder verletzende Nation? In: Journal für Sozialforschung 33 (1993), S. 391-415.

Blank, Tom/Schmidt, Peter/Westle, Bettina: „Patriotism" – a Contradiction, a Possibility or an Empirical Reality? Paper presented at the ECPR Joint Sessions of Workshops „ECPR Workshop 26: National Identity in Europe", Grenoble, 6-11 April, 2001.

Bornewasser, Manfred/Wakenhut, Roland (Hrsg.): Ethnisches und nationales Bewußtsein – Zwischen Globalisierung und Regionalisierung. Frankfurt a.M.: Peter Lang, 1999a.

Bornewasser, Manfred/Wakenhut, Roland: Nationale und regionale Identität: Zur Konstruktion und Entwicklung von Nationalbewußtsein und sozialer Identität. In: Dies. (Hrsg.): Ethnisches und nationales Bewußtsein – Zwischen Globalisierung und Regionalisierung. Frankfurt a.M.: Peter Lang, 1999b, S. 41-64.

Boxhoorn, Bram: European Identity and the Process of European Unification: Compatible Nations? In: Wintle, Michael (Hrsg.): Culture and Identity in Europe. Aldershot: Avebury, 1996, S. 133-145.

Brown, David: Are there Good and Bad nationalisms? In: Nations and Nationalism 5 (1999), S. 281-302.

Brubaker, Roger: The Manichean Myth: Rethinking the Distinction between „Civic" and „Ethnic" Nationalism. In: Kriesi, Hanspeter/Armingeon, Klaus/Siegrist, Hannes/Wimmer, Andreas (Hrsg.): Nation and National Identity. The European Experience in Perspective. Chur/Zürich: Rüegger, 1999, S. 55-71.

Canovan, Margret: Nationhood and Political Theory. Aldershot: Edward Elgar, 1996.

Chryssochoou, Dimitris N.: Democracy and Symbiosis in the European Union: Towards a Confederal Consociation? In: West European Politics 17 (1994), S. 1-14.

Cerutti, Furio: Can there be a Supranational Identity? In: Philosophy and Social Criticism 18 (1992), S. 147-162.

Cinnirella, Marco: Towards a European Identity? Interactions Between the National and European Social Identities Manifested by University Students in Britain and Italy. In: British Journal of Social Psychology 36 (1997), S. 19-31.

Deaux, Kay: Reconstructing Social Identity. In: Personality and Social Psychology Bulletin 19 (1993), S. 4-12.

Deaux, Kay/Reid, Anne/Mizrahi, Kim/Ethier, Kathleen A.: Parameters of Social Identity. In: Journal of Personality and Social Psychology 68 (1995), S. 280-291.

Dewandre, Nicole/Lenoble, Jacques (Hrsg.): Projekt Europa. Postnationale Identität: Grundlage für eine europäische Demokratie? Berlin: Schelzky & Jeep, 1994.

Duchesne, Sophie/Frognier, Andre-Paul: Is there a European Identity? In: Niedermayer, Oskar/ Sinnott, Richard (Hrsg.): Public Opinion and Internationalized Governance. New York: Oxford University Press, 1995, S. 193-226.

Easton, David, 1965: A Systems Analysis of Political Life. New York: Wiley, 1965.

Ferry, Jean Marc: Die Relevanz des Postnationalen. In: Dewandre, Nicole/Lenoble, Jacques (Hrsg.): Projekt Europa. Postnationale Identität: Grundlage für eine europäische Demokratie? Berlin: Schelzky & Jeep, 1994, S. 30-41.

Flora, Peter: Externe Grenzbildung und interne Strukturierung – Europa und seine Nationen. In: Berliner Journal für Soziologie 10 (2000), S. 151-165.

Francis, Emerich: Ethnos und Demos. Berlin: Duncker & Humblot, 1965.

Fritzsche, Karl P.: Die neue Dringlichkeit der Toleranz. In: Wierlacher, Alois (Hrsg.): Jahrbuch Deutsch als Fremdsprache. Band 20. München: Iudicum, 1994, S. 139-151.

Geser, Hans: Zuviel Gemeinschaft in der Gesellschaft? Europa in der Zwangsjacke entdifferenzierender kommunitaristischer Integration. In: Bach, Maurizio (Hrsg.): Die Europäisierung nationaler Gesellschaften. Sonderheft 40 der Kölner Zeitschrift für Soziologie und Sozialpsychologie. Wiesbaden: Westdeutscher Verlag, 2000, S. 456-480.

Greenfeld, Liah: Nationalism – Five Roads to Modernity. Harvard: Harvard University Press, 1993.

Greiffenhagen, Martin: Kulturen des Kompromisses. Opladen: Leske + Budrich, 1999.

Guibernau, Montserrat: Nationalism: The Nation-State and Nationalism in the Twentieth Century. Cambridge: Polity Press, 1996.

Haas, Ernst B.: The Uniting of Europe. London: Croomhelm, 1958.

Habermas, Jürgen: Vergangenheit als Zukunft. Zürich: Pendo, 1991.

Habermas, Jürgen: Staatsbürgerschaft und nationale Identität. Überlegungen zur Europäischen Zukunft. In: Dewandre, Nicole/Lenoble, Jacques (Hrsg.): Projekt Europa. Postnationale Identität: Grundlage für eine europäische Demokratie? Berlin: Schelzky & Jeep, 1994, S.11-29.

Habermas, Jürgen: Die postnationale Konstellation. Frankfurt a.M.: Suhrkamp, 1998.

Hassner, Pierre: Die Europäische Einigung und der Umbruch in Osteuropa. Identität und Öffnung. In: Dewandre, Nicole/Lenoble, Jacques (Hrsg.): Projekt Europa. Postnationale Identität: Grundlage für eine europäische Demokratie? Berlin: Schelzky & Jeep, 1994, S.169-181.

Hettlage, Robert/Deger, Petra/Wagner, Susanne (Hrsg.): Kollektive Identität in Krisen – Ethnizität in Region, Nation, Europa. Opladen: Westdeutscher Verlag, 1997, S. 12-44.

Hirschman, Albert O.: Abwanderung und Widerspruch. Tübingen: Mohr, 1974.

Hjerm, Michael: National Identities, National Pride and Xenophobia: A Comparison of Four Western Countries. In: acta sociologica (1998), S. 336-347.

Huici, Carmen/Ros, María/Cano, Ignacio/Hopkins, Nicholas/Emler, Nicholas/Carmona, Merces: Comparative Identity and Evaluation of Socio-political Change: Perceptions of the European Community as a Function of the Salience of Regional Identities. In: European Journal of Social Psychology 27 (1997), S. 97-113.

Huntington, Samuel P.: Clash of Civilizations? In: Foreign Affairs 3 (1993), S. 22-49.

Jachtenfuchs, Martin/Kohler-Koch, Beate (Hrsg.): Europäische Integration. Opladen: Leske + Budrich, 1996, S. 47-71.

Keating, Michael: Nations against the State. London: Macmillan, 1996.

Kellas, James G.: The Politics of Nationalism and Ethnicity. London: Macmillan, 1991.

Kielmansegg, Peter Graf: Integration und Demokratie. In: Jachtenfuchs, Martin/Kohler-Koch, Beate (Hrsg.): Europäische Integration. Opladen: Leske + Budrich, 1996, S. 47-71.

Kohler-Koch, Beate (Hrsg.): Staat und Demokratie in Europa. Opladen: Leske + Budrich, 1992.

Kohli, Martin: The Battlegrounds of European Identity. In: European Societies 2 (2000), S. 113-137.

Kohn, Hans: Die Idee des Nationalismus. Heidelberg: Schneider, 1945.

Kreile, Martin (Hrsg.): Die Integration Europas. Sonderheft 23 der Politischen Vierteljahresschrift. Opladen: Westdeutscher Verlag, 1992.

Krejci, Jaroslav/Velimski, Vitezslav: Ethnic and Political Nations in Europe. London: Croom Helm, 1981.

Lepsius, M. Rainer: Die Europäische Union – Ökonomisch-politische Integration und kulturelle Pluralität. In: Viehoff, Reinholf/Segers, Rien T. (Hrsg.): Kultur – Identität – Europa. Frankfurt a.M.: Suhrkamp, 1999, S. 201-222.

Lepsius, M. Rainer: Demokratie im neuen Europa – Neun Thesen. In: Niedermayer, Oskar/Westle, Bettina (Hrsg.): Demokratie und Partizipation. Opladen: Westdeutscher Verlag, 2000, S. 332-340.

Lilli, Waldemar: Europäische Identität: Chancen und Risiken ihrer Verwirklichung aus einer sozialpsychologischen Grundlagenperspektive. In: König, Thomas/Rieger, Elmar/Schmitt, Hermann (Hrsg.): Europa der Bürger? Voraussetzungen, Alternativen, Konsequenzen. Frankfurt a.M.: Campus, 1998, S.139-158.

Lindberg , Leon N./Scheingold, Stuart A.: Europe's Would-be Polity: Patterns of Change in the European Community. Englewood Cliffs: Prentice-Hall, 1970.

March, James G./Olsen, Johan P.: The Institutional Dynamics of International Political Orders. Arena working paper No. 5: The Research Council of Norway, International Organization 52 (4).

Marks, Gary: Social Movements and the Changing Structure of Political Opportunity in the European Union. In: West European Politics 10 (1996), S. 249-279.

Marques, Juan M.: The Black-sheep Effect: Out-group Homogeneity in Social Comparison Settings. In: Abrams, Dominic/Hogg, Michael A. (Hrsg.): Social Identity Theory: Constructive and Critical Advances. Hemel: Hempstead, 1990, S. 131-151.

Meinecke, Friedrich: Weltbürgertum und Nationalstaat. München/Berlin: Oldenbourg, 1908.

Mummendey, Amelie: Verhalten zwischen sozialen Gruppen: Die Theorie der sozialen Identität. In: Frey, Dieter/Irle, Martin (Hrsg.): Theorien der Sozialpsychologie. Band III. Bern: Huber, 1985, S.185-216.

Münch, Richard, 2000: Strukturwandel der Sozialintegration durch Europäisierung. In: Bach, Maurizio (Hrsg.): Die Europäisierung nationaler Gesellschaften. Sonderheft 40 der Kölner Zeitschrift für Soziologie und Sozialpsychologie. Opladen: Westdeutscher Verlag, 2000, S. 205-225.

Nairn, Tom: Faces of Nationalism – Janus Revisited. London: Verso, 1997.

Niethammer, Lutz: A European Identity? In: Strath, Bo (Hrsg.): Europe and the Other and Europe as the Other. Brüssel u.a.: P.I.E. Peter Lang, 2000, S. 87-111.

Oakes, Penelope J./Haslam, Alexander S./Turner, John C.: Stereotyping and Social Reality. Oxford: Blackwell, 1994.

Oberndörfer, Dieter: Die Offene Republik. Zur Zukunft Deutschlands und Europas. Freiburg: Herder, 1991.

Peterson, John: Subsidiarity: A Definition to Suit any Vision? In: Parliamentary Affairs 47 (1994), S. 116-133.

Pettigrew, Thomas F.: Intergroup contact theory. In: Annual Review of Psychology 49 (1998), S. 65-85.

Plamenatz, John: Two types of Nationalism. In: Kamenka, Eugene (Hrsg.): Nationalism – The Nature and Evolution of an Idea. London: Edward Arnold, 1976, S. 22-36.

Reif, Karlheinz: Cultural Convergence and Cultural Diversity as Factors in European Identity. In: Garcia, Soledad (Hrsg.): European Identity and the Search for Legitimacy. London/ New York: Pinter Publishers, 1993, S. 131-153.

Reese-Schäfer, Walter: Einleitung: Identität und Interesse. In: Ders. (Hrsg.): Identität und Interesse – Der Diskurs der Identitätsforschung. Baden-Baden: Nomos, 1999, S. 7-43.

Richter, Dirk: Der „Mythos" der „guten" Nation. In: Soziale Welt 45 (1994), S. 304-321.

Schatz, R. T./Staub, Ervin: Manifestations of Blind and Constructive Patriotism: Personality Correlates and Individual-Group Relations. In: Bar-Tal, Daniel/Staub, Ervin (Hrsg.): Patriotism: in the Lives of Individuals and Nations. Chicago: Nelson-Hall Publishers, 1997, S. 229-245.

Schatz, R. T./Staub, Ervin/Lavine, H.: On the Varieties of National Attachment: Blind versus Constructive Patriotism. In: Political Psychology 20 (1999), S. 151-174.

Schieder, Theodor: Nationalismus und Nationalstaat. Göttingen: Vandenhoeck & Ruprecht, 1991.

Schmitt-Egner, Peter: Regionale Identität, Transnationaler Regionalismus und Europäische Kompetenz – Theoretische, methodische und normative Überlegungen zum Verhältnis von Regionaler und Europäischer Identität. In: Reese-Schäfer, Walter (Hrsg.): Identität und Interesse – Der Diskurs der Identitätsforschung. Baden-Baden: Nomos, 1999, S. 129-158.

Sniderman, Paul M.: A Question of Loyalty. Berkeley u.a.: University of California Press, 1981.

Strath, Bo: Multiple Europes: Integration, Identity and Demarcation to the Other. In: Ders. (Hrsg.): Europe and the Other and Europe as the Other. Brüssel u.a.: P.I.E. Peter Lang, 2000, S. 385-420.

Staub, Ervin: Blind versus Constructive Patriotism. Moving from Embeddedness in the Group to Critical Loyalty and Action. In Bar-Tal, Daniel/Staub, Ervin (Hrsg.): Patriotism in the Lives of Individuals and Nations. Chicago: Nelson-Hall Publishers, 1997, S. 213-228.

Straub, Jürgen: Personale und kollektive Identität – Zur Analyse eines theoretischen Begriffs. In: Assmann, Aleida/Friese, Heidrun (Hrsg.): Identitäten. Frankfurt a.M.: Suhrkamp, 1998, S. 73-104.

Tajfel, Henri: Human Groups and Social Categories: Studies in Social Psychology. New York: Cambridge University Press, 1981.

Tajfel, Henri/Billig, Michael G./Bundy, R. P./Flament, C.: Social Categorization and Intergroup Behaviour. In: European Journal of Social Psychology (1) 1971, S. 149-178.

Tajfel, Henri/Turner, John C.: The Social Identity Theory of Intergroup Behaviour. In: Worchel, Stephen/Austin, William G. (Hrsg.): Psychology of Intergroup Relations. Chicago: Nelson Hall, 1986, S. 7-49.

Turner, John C.: A Self-Categorization Theory. In: Ders: Rediscovering the Social Group. Oxford: Basic Blackwell, 1987, o.S.

Viroli, Maurizio: For Love of Country: An Essay on Patriotism and Nationalism. Oxford: Oxford University Press, 1995.

Walkenhorst, Heiko: Europäischer Integrationsprozeß und europäische Identität. Baden-Baden: Nomos, 1999.

Weidenfeld, Werner: Was ist die Idee Europas? Aus Politik und Zeitgeschichte B23-24 (1984), S. 3-11.

Weiss, Hilde/Reinprecht, Christoph: Demokratischer Patriotismus oder ethnischer Nationalismus in Ost-Mitteleuropa? Empirische Analysen zur nationalen Identität in Ungarn, Tschechien, Slowakei und Polen. Wien: Böhlau, 1998.

Weller, Christoph: Kollektive Identitäten in der internationalen Politik – Anmerkungen zur Konzeptualisierung eines modischen Begriffs. In: Reese-Schäfer, Walter (Hrsg.): Identität und Interesse – Der Diskurs der Identitätsforschung. Baden-Baden: Nomos, 1999, S. 249-277.

Westle, Bettina: Nationale Identität im Umbruch. Zwischenbilanz nach der Vereinigung. In: Zeitschrift für Politische Bildung 25 (1992), S. 66-80.

Westle, Bettina: Traditionalismus, Verfassungspatriotismus und Postnationalismus im vereinigten Deutschland. In: Niedermayer, Oskar/von Beyme, Klaus (Hrsg.): Politische Kultur in Ost- und Westdeutschland. Berlin: Akademie Verlag, 1994, S. 43-76.

Westle, Bettina: Tolerance. In: van Deth, Jan W. (Hrsg.): Comparative Politics – The Problem of Equivalence. London/New York: Routledge, 1998, S. 20-60.

Westle, Bettina: Kollektive Identität im vereinten Deutschland – Nation und Demokratie in der Wahrnehmung der Deutschen. Opladen: Leske + Budrich, 1999.

Westle, Bettina: Europäische Identität im Spannungsfeld regionaler und nationaler Identitäten –
Theoretische Ansätze und empirische Befunde, Tagung der Sektion Politische Soziologie
auf dem 21. wissenschaftlichen Kongress der Deutschen Vereinigung für Politische Wissenschaft „Politik in einer entgrenzten Welt" vom 1.-5.10.2000.

White, Hayden: The Discourse of Europe and the Search for a European Identity. In: Strath, Bo
(Hrsg.): Europe and the Other and Europe as the Other. Brüssel u.a.: P.I.E. Peter Lang,
2000, S. 67-86.

Zellentin, Gerda: Der Funktionalismus – eine Strategie gesamteuropäischer Integration? In: Kreile, Martin (Hrsg.): Die Integration Europas. Sonderheft 23 der Politischen Vierteljahresschrift. Opladen: Westdeutscher Verlag, 1992, S.62-80.

II. Osterweiterung der Europäischen Union

Gert Pickel

Die Osterweiterung der Europäischen Union als Konsolidierungsfaktor? Beurteilungen der Demokratie und Bereitschaft zum EU-Beitritt in den neuen Demokratien Osteuropas

1. Einleitung

Die seit 1989 andauernde Transformation der osteuropäischen Staaten in liberale Demokratien hat die bestehenden europäischen Institutionen unter einen unerwarteten äußeren Zugzwang gebracht. Der bislang auf die westeuropäischen Mitgliedsstaaten konzentrierte Prozess der Vertiefung der Europäischen Union musste um Gedanken der Integration der „neuen osteuropäischen Demokratien" in das bestehende „Europäische Haus" ergänzt werden. Mit der Frage der „Osterweiterung" trat somit ein neues, dringliches Thema auf die politische Agenda der Europäischen Union und ihrer Mitgliedsstaaten.

In den bald aufgenommenen Beitrittsverhandlungen beherrschten wirtschaftliche, sicherheitspolitische und politisch-institutionelle Themen die Diskussion. Die Wirkung politisch-kultureller Rahmenbedingungen in den osteuropäischen Staaten spielte in der Debatte – zumindest in den Punkten, welche den institutionellen Prozess der Osterweiterung direkt ansprachen – eine eher untergeordnete Rolle. Zwar wurde, mit Blick auf die dramatischen Umbruchsprozesse in den Transformationsländern, die Bedeutung der Bürger für die Entwicklung hin zur Demokratie immer wieder öffentlich gewürdigt, auch wurde auf kulturell-historische Verbindungen in Europa verwiesen oder die pragmatische ethnische Fragen der Behandlung von Minderheiten gestellt – eine grundsätzliche Berücksichtigung der Einstellungsstrukturen und Wertorientierungen der Bürger der Beitrittsstaaten zum Thema der europäischen Integration und der Strategien zur Osterweiterung blieb jedoch ausgespart.

Diese „Nichtberücksichtigung" der Haltungen der Bürger konnte unter dem Eindruck der vor nicht allzu langer Zeit propagierten „Schaffung einer europäischen Sozial- und Wertegemeinschaft" kaum von Dauer sein, wurde doch gerade in den letzten Jahren innerhalb der Europäischen Union der Ruf nach einer „gemeinsamen europäischen Sozialkultur" laut, der die Stärkung von Beständen einer europäischen Identität genauso wie noch zu schaffende

Bezugspunkte einer europäischen Vergemeinschaftung durch Institutionen
(Schmitter 2000: 23, 43ff.) beinhaltete.

Je näher der Zeitpunkt der Integration der ersten Mitgliedsstaaten rückt,
desto mehr drängt sich in der Europäischen Union die Frage auf: Wünschen
die Bürger der Transformationsstaaten überhaupt die Integration ihres Landes
in die Europäische Union? Und können aus ablehnenden Einstellungen möglicherweise *grundsätzliche Barrieren* der Einpassung in das europäische Staatengefüge resultieren?[1]

Schon bei einem oberflächlichen Blick auf die Situation kurz vor dem
Beitritt der ersten osteuropäischen Transformationsstaaten wird deutlich, dass
die Überzeugungen in den Bevölkerungen der Beitrittsländer durch große
Hoffnungen, aber auch große Erwartungen und hohe Ansprüche an den EU-
Beitritt geprägt sind. Man erwartet vor allem wirtschaftliche Prosperität und
– im Falle neuer oder wiederbegründeter Staaten – internationale Anerkennung. Mittlerweile zeigt sich in einigen osteuropäischen Ländern auch eine
steigende Skepsis der Bürger. Für sie ist die Europäische Union nicht selten
noch ein unbekanntes Gebilde, welches möglicherweise unwägbare Gefahren
für die nationale Identität bereithalten könnte. So sollte sich aus ihrer Sicht
die gerade erst wieder neu festigende eigene Nation nicht gleich wieder in
Abhängigkeiten von anderen Ländern und supranationalen Organisationen
verstricken und als im Entwicklungsstand „hinterherhinkender" Bittsteller einer Gruppe von Länder auf Wegen folgen, die aus dem eigenen Blickwinkel
heraus nicht unbedingt immer die besten für das Heimatland scheinen.

Diese Abwägung zwischen eigener Transformationsentwicklung und
Hinwendung zur Europäischen Union bringt die politische Kultur ins Spiel.
Möglicherweise fußen die Haltungen gegenüber der Europäischen Union und
einer europäischen Integration (Jachtenfuchs/Kohler-Koch 1996) ja auf (unterschiedlichen) politisch-kulturellen Entwicklungen in den einzelnen Ländern. Sowohl kurzfristige Rückwirkungen der Transformationssituation als
auch langfristige „socialist" oder „leninist legacies" (Jowitt 1992: 285ff.; Kitschelt 2001) können hier von Bedeutung sein.

Eine Annahme ist, dass sich die Persistenz von Werten aus der sozialistischen Vergangenheit, vermittelt über die Sozialisation, ungünstig für wohl-
meinende Haltungen gegenüber der Europäischen Union auswirkt. Präziser
ausgedrückt: Positive Einstellungen zum Sozialismus und eine positive Beurteilung des früheren sozialistischen Systems führen zu ungünstigeren Haltungen gegenüber dem Beitritt zur Europäischen Union.

---

1   Die Relevanz dieser Fragestellung wird daran erkennbar, dass sie die Europäische Kommis-
     sion dazu bewegte, das Instrument der Central and Eastern Eurobarometer nach fünfjähriger
     Pause wieder zu beleben und die Überlegungen hinsichtlich des sechsten Rahmenpro-
     gramms der EU in Richtung der Überprüfung der EU-Tauglichkeit der neuen Demokratien
     in Osteuropa zu lenken.

Eine weitere wichtige Einflusskomponente stellen situative Entwicklungen dar. Konkrete soziale, ökonomische und politische Probleme des Transformationsprozesses können den Wunsch nach einem schnellen EU-Beitritt genauso gut hemmen wie fördern. Beide Hypothesen sind denkbar und müssen getestet werden: (a) eine starke ökonomische Notlage fördert den pragmatischen Wunsch nach einem möglichst zügigen EU-Beitritt, oder (b) vor allem Personen, die relativ erfolgreich aus dem bisherigen Umbruchsprozess hervorgegangen sind oder dies zu sein meinen, wollen eine (weitere) Öffnung nach Westen und damit hin zur Europäischen Union.

Es stellt sich auch die Frage, ob die Hoffnung auf einen Beitritt zur Europäischen Union nicht sogar selbst ein maßgeblicher Demokratisierungsfaktor ist und in einem wechselseitigen Unterstützungsverhältnis mit dem Aufbau einer subjektiven Legitimität der Demokratie in der Bevölkerung steht. Nimmt man diese Fragen zusammen, sind die sozialistischen Einstellungen, ökonomischen Befindlichkeiten und demokratischen Überzeugungen als Hintergrundfaktoren der Einstellungen zum EU-Beitritt zu untersuchen.

Ziel des vorliegenden Beitrags ist es, angelehnt an die Tradition der Politischen-Kultur-Forschung (Almond/Verba 1963; Easton 1965, 1975; Pickel/Pickel 2002; Pollack u.a. 2002), konkrete Effekte von – eine politische Kultur beschreibenden – politischen Einstellungen (als Abbildungen der länderspezifischen politischen Kulturen anhand z.b. von Bewertung der Demokratie, Offenheit für antidemokratische Systemalternativen) auf die Haltung zum EU-Beitritt empirisch zu identifizieren. Am zentralsten für die angesprochene Wechselbeziehung in Osteuropa erscheint die Korrespondenz zwischen der Haltung zum Beitritt zur Europäischen Union und der Legitimität der Demokratie. So wird gerade der subjektiven Legitimität der Demokratie eine maßgebliche Bedeutung für die Stabilität des demokratischen politischen Systems zuerkannt (Pickel/Pickel 2003: 33ff.). Eine genauere Zuordnung der Orientierungen zu den Objekten der Strukturebene bietet das Konzept der politischen Unterstützung (Easton 1965; Fuchs 1989), das mittlerweile durch präzisere Klassifikationen demokratischer Überzeugungen erweitert wurde (Fuchs 2002: 33ff.). Zudem soll die Korrespondenz zwischen kulturellen Identitäten (zu Europa oder zur Nation) und der Haltung zum EU-Beitritt bestimmt werden.

In den Analysen ist von einer Wechselbeziehung zwischen den Überzeugungen gegenüber der Europäischen Union und den Beurteilungen der demokratischen politischen Kultur auszugehen. D.h. eine aufgefundene Beziehung ist nicht eindeutig kausal in die eine oder in die andere Richtung zu interpretieren, sondern eher als Interdependenz der beiden Einstellungsmuster zu verstehen.

Kurz zusammengefasst behandeln die vorgestellten empirischen Analysen die folgende Frage: Stellt die Unterstützung der Demokratie in den einzelnen Beitrittskandidaten ein Hindernis oder möglicherweise einen Motor der

EU-Integration osteuropäischer Staaten dar? Fasst man die Überlegungen in Ausgangshypothesen der Untersuchung, so sind drei zentrale Forschungshypothesen zu formulieren:

1. Es besteht eine Beziehung (Korrelation) zwischen der Unterstützung der Demokratie und der subjektiven Hinwendung zur Europäischen Union. Der Grund hierfür liegt in dem Import eines westlichen – als erfolgreich angesehenen – Demokratiebildes und dem Wunsch nach dessen ökonomischer Leistungsfähigkeit.

2. In den osteuropäischen Bevölkerungen vorhandene sozialistisch geprägte Wertorientierungen erweisen sich als Hemmfaktor für die Hinwendung zur Europäischen Union. Der Rückgriff auf frühere Wertorientierungen und ein positives Bild des sozialistischen Systems führen zu einer Abwehrhaltung gegenüber den westlichen, früher feindlichen, Lebensweisen, die man in den Ländern der Europäischen Union vermutet.

3. Der EU-Beitrittswunsch der Bürger wird maßgeblich durch die Perzeption ökonomischer Probleme ausgelöst. Die Hoffnung auf wirtschaftliche Prosperität und einen Aufschwung durch den EU-Beitritt fördern die Bereitschaft zu diesem Akt. Zur letzten Hypothese kann eine Alternativhypothese benannt werden: Osteuropäische Bürger mit einem höheren Wohlstand bevorzugen einen zügigen EU-Beitritt eher als wirtschaftlich schlechter gestellte Bürger des selben Landes, weil sie sich aufgrund ihrer persönlichen Fähigkeiten in der Lage fühlen, auf dem neuen Arbeitsmarkt erfolgreich zu agieren und voranzukommen, während die bislang als Verlierer der Wende anzusehenden Personen eher eine Verschlechterung durch die Öffnung hin zu einem noch härteren Arbeitsmarkt befürchten.

Zur Lösung dieser Fragen sind drei aufeinander folgende Schritte notwendig. Im ersten Schritt sind die bestehenden Haltungen der Bürger zur Europäischen Union und zum Beitritt ihres Landes in die Europäische Union zu ermitteln und zu interpretieren (1). Der zweite Schritt (2) umfasst die Explikation der politischen Kulturen in den neuen Demokratien Osteuropas. Wie bereits ausgeführt, rückt dabei die Unterstützung der Demokratie in den Vordergrund der Analyse. Abschließend sind der Einfluss, den politische Orientierungen auf die Einstellungen zum EU-Beitritt ausüben, aber auch die Rückwirkungen der Hoffnungen hinsichtlich des Beitritts zur Europäischen Union auf die demokratische Legitimität und damit Stabilität zu fassen (3). Der letzte Punkt gibt dann Auskunft über die zentrale Fragestellung des vorliegenden Beitrags.

2. Daten

Die Stellung der Bürger zur Europäischen Union wurde bereits Anfang der 90er Jahre in regelmäßigen Untersuchungen der Europäischen Union (Central

and Eastern Eurobarometer 1-8) erhoben. In der seit Ende 2001 neu angelau-
fenen Serie der „Applicant Countries Eurobarometer" (European Commission
2002) wird diese Zielrichtung nach einer längeren (fünf Jahre) Unterbrechung
fortgesetzt. Hauptaugenmerk lag und liegt auf der Ermittlung einer generellen
Haltung zu verschiedenen Aspekten der Europäischen Union und des Erwei-
terungsprozesses in Richtung Osteuropa. Fragestellungen, die eine Klassifika-
tion der demokratischen politischen Kulturen in den osteuropäischen Ländern
ermöglichten, fanden in diesen Untersuchungen allerdings nur selten Eingang.
Abgesehen von der – stark performanzabhängigen – Frage nach der Zufriedenheit mit der Demokratie lassen sich kaum verwertbare empirische Indikatoren für die Bewertung der Demokratie in den Central and Eastern Eurobarometern finden.

In jüngerer Zeit versuchten einige internationale Surveys, explizit Indi-
katoren zur Beschreibung von politischen Einstellungen in osteuropäischen
Transformationsländern zu erheben. Zu nennen sind die Osteuropa-Module
des International Social Survey Programs (vornehmlich seit 1991) und des
World Values Survey (1981, 1990, 1995-98) (Inglehart 1998) sowie einige
auf Osteuropa zentrierte Untersuchungen, z.B. New Democracies Barometer
(Rose/Mishler/Haerpfer 1998), International Social Justice Project (Kluegel/
Mason/Wegener 1995), Postcommunist Citizens Study (Barnes/Simon 1998).
Diese Umfragen leiden aber aufgrund einer fast ausschließlichen Ausrichtung
auf die Fragestellungen der demokratischen Konsolidierung nahezu durchweg
an einen geringen Bezug zur Frage der Osterweiterung. Entsprechend fehlt
meist die Erfassung der Haltungen der Bürger zum EU-Beitritt.

Eine Studie mit Fragen aus beiden Bereichen ist die im Herbst 2000
durchgeführte Erhebung „Political Culture in Central and Eastern Europe" der
gleichnamigen Arbeitsgruppe in Frankfurt (Oder). Sie dient als Datenbasis für
die vorliegenden empirischen Analysen.[2] Es handelt sich um eine zum Thema
„demokratische Einstellungen und soziale Ungleichheit" konzipierte Elf-Län-
der-Befragung in zehn osteuropäischen Staaten und in Ostdeutschland. In der
Regel stehen pro Land 1000 repräsentativ ausgewählte Befragte (Russland
1500) als Stichprobe zur Verfügung. Die Untersuchung enthält einen umfang-
reichen Korpus an Fragen zu politischen und ökonomischen Einstellungen
und thematisiert in einem eigenständigen Block die Haltung der Bürger zu einem Beitritt zur Europäischen Union sowie die Selbsteinschätzung einer
europäischen Identität. Die erhobenen Daten werden derzeit im Rahmen des

---

2 Nur bei der Deskription der Einstellungen zur Europäischen Union und zum Beitritt ihres
   Landes werden alternative Datenquellen (z.B. Central and Eastern Eurobarometer) verwendet. Diese sind beim Zentralarchiv für empirische Sozialforschung in Köln zu beziehen. Die
   Daten der angesprochenen Analysereihe werden im Rahmen eines Projektes der Europäischen Union derzeit aufbereitet und voraussichtlich 2003 für Sekundäranalysen zugänglich
   gemacht. Für nähere Informationen zu den Daten und Ergebnissen sei auf die Mitglieder des
   Forschungsteams in Frankfurt/Oder (Detlef Pollack, Gert Pickel, Jörg Jacobs, Olaf Müller)
   verwiesen. Ansprechadresse ist pickel@euv-frankfurt-o.de.

EU-Projektverbundes „Political Values and Attitudes in New European Democracies" ausgewertet und um Vergleichsdaten aus Spanien, Westdeutschland und Griechenland ergänzt.

Bei der Auswahl des Forschungsdesigns waren sowohl Überlegungen eines „Most Different System Designs" (Länder aus ökonomisch und historisch unterschiedlichen osteuropäischen Regionen) als auch eines „Most Similar System Designs" (Länder aus Regionen mit sehr ähnlichen Transformationsbedingungen) von Bedeutung (Collier 1993: 111ff.; Landmann 2000: 27ff.). Aufgrund finanziell und arbeitsökonomisch erzwungener Notwendigkeiten zur Auswahl und Konzentration auf einzelne osteuropäische Nationen wurden letztendlich beide Vorgehensweisen kombiniert und nach regionalem und sozioökonomischem Entwicklungsstand kontrastierende Länder für die Analyse ausgewählt – dabei aber die exemplarischen Fälle nicht nur auf ein Land pro Gruppe beschränkt. Konkret handelt es sich für Südosteuropa (Gruppe 1) um Albanien, Rumänien und Bulgarien, für Ostmitteleuropa (Gruppe 2) um Slowenien, Ungarn, die Tschechische Republik, Slowakei und Polen, mit Estland um einen ausgewählten baltischen Staat (Gruppe 3), dazu Russland (Gruppe 4) für die außerhalb der EU-Integrationsverhandlungen stehenden postsozialistischen Staaten. Diese Auswahl erschien am besten geeignet, zugleich ein kontrastierendes und ein in den Gruppen vergleichbares Untersuchungsdesign zu ermöglichen.

3.   Grundbedingungen der untersuchten Länder

Vor einer Analyse der Einstellungen ist es nützlich, sich die sozioökonomische, die institutionelle und die historisch-kulturelle Situation in den einzelnen Staaten bewusst zu machen. Für die Haltung zur Europäischen Union und zur Osterweiterung (Sedelmeier/Wallace 2000) ist es ohne Zweifel bedeutsam, welchen Status das einzelne Land zum Zeitpunkt der Betrachtungen einnimmt. Interessant erscheinen dabei (1) institutionelle Regelungen im Hinblick auf den Beitritt in die Europäische Union und (2) strukturelle Rahmenbedingungen in den einzelnen Ländern.

Für die Bindung an die Europäische Union könnten vor allem zwei Trennlinien bedeutsam sein: (a) die generelle Unterscheidung zwischen Anwärtern und Nichtanwärtern (zur Zeit Albanien und Russland) sowie (b) die Trennung zwischen in den Verhandlungen weiter und weniger weit vorangeschrittenen Beitrittskandidaten. Die Nähe oder Ferne zum EU-Beitritt kann als möglicher Faktor für die Einstellungen gegenüber diesem Schritt des Landes angenommen werden. So muss doch davon ausgegangen werden, dass sich einerseits Verhandlungserfolge positiv auf die Bevölkerungseinstellungen auswirken, andererseits sich die Diskrepanz zwischen Wunsch und Wirklichkeit als Zugfaktor für den Beitrittswillen der Bevölkerung auswirkt.

Tabelle 1: Untersuchungsländer auf dem Weg zum EU-Beitritt

	Mitgliedsver-handlungsstatus	Grenze zu EU-Land	BIP pro Kopf (in US-$)
Estland	24	nein	7680
Polen	23	ja	7620
Ungarn	24	ja	10200
Tschechische R.	25	ja	12360
Slowakei	24	nein	9600
Slowenien	26	ja	14300
Bulgarien	17	nein	4800
Rumänien	11	nein	5550
Albanien	nicht ass./ keine V.	nein	2800
Russland	nicht ass./keine V.	nein	6470

Mitgliedsverhandlungsstatus = Zahl der geschlossenen Kapitel in den Verhandlungen zwischen der Europäischen Union und den Beitrittskandidaten (vorgesehen 31) zum Zeitpunkt April 2002; Bruttoinlandsprodukt pro Kopf in US-$ 1998 (OECD). Quelle: eigene Zusammenstellung.

Wie war der Stand Mitte 2002? Mit den meisten untersuchten Ländern waren die Beitrittsverhandlungen relativ weit vorangeschritten. Diese Länder waren bereits über die letzten Jahre mit der Europäischen Union assoziiert. Estland und die ostmitteleuropäischen Länder haben in der Regel mindestens 23 der 31 Verhandlungspositionen des Acquis Communautaire abgeschlossen. Bulgarien und Rumänien liegen in dieser Hinsicht etwas zurück, Albanien und Russland verhandeln derzeit (noch) nicht.

Diese Sortierung deckt sich in großen Teilen mit einer in der Datenbeschreibung vorgestellten räumlichen Ordnung. Sie wird in den Tabellen des Beitrags jeweils als Orientierungsraster angelegt um eine übersichtlichere Darstellung zu gewährleisten. So steht Estland für die baltischen Staaten. Polen, Ungarn, die Tschechische Republik, die Slowakei und Slowenien stehen für die ostmitteleuropäischen Staaten. Bulgarien, Rumänien und Albanien stehen für die südosteuropäischen Staaten. Und Russland steht als Beispiel für die direkten Nachfolgestaaten der UdSSR. Dabei kann sicher diskutiert werden, inwieweit Länder wie Ungarn und gerade auch Slowenien nicht in die südosteuropäische Region hineinragen. Aufgrund der eigenen Definition ihrer Bewohner und des momentanen Verhandlungsstatus' sind sie aber eher dem Block der ostmitteleuropäischen Staaten zuzurechnen.

Auf dem strukturellen Sektor bestehen erhebliche Unterschiede zwischen den untersuchten Nationen. Die südosteuropäischen Länder finden sich nicht nur in der „zweiten Reihe" der Beitrittsländer wieder, sondern ihre Bürger müssen auch in der Regel mit weitaus geringeren finanziellen Ressourcen auskommen als andere osteuropäische Bevölkerungen. Die tschechische Republik und Slowenien erweisen sich im osteuropäischen Vergleich als die ökonomischen Spitzenreiter, Albanien gibt das Schlusslicht objektiver wirtschaftlicher Prosperität ab und steht knapp hinter Bulgarien, Rumänien und Russland.

Aufgrund der begrenzten Fragestellung erscheint es an dieser Stelle wenig sinnvoll, politisch-institutionelle Merkmale (zusammenfassend Ismayr 2002) und historisch-vergleichende oder alternative Verortungen der Untersuchungsländer auf einer kulturellen Achse (Welzel 2002) zur Rate zu ziehen. Einzig im Blick zu behalten ist die räumliche Lage der Transformationsstaaten in Europa.

4. Einstellungen gegenüber dem EU-Beitritt in den osteuropäischen Transformationsstaaten

Auf der Ebene der Einstellungen ist es als erstes angebracht, die Stellung der Bürger zu einem Beitritt zur Europäischen Union näher zu betrachten, schließlich soll dieser Einstellungskomplex – technisch gesprochen – die abhängige Variable der Analyse darstellen. Zwei Betrachtungsebenen können im Folgenden voneinander unterschieden werden. So ist (a) die Einstellung der Bürger zum Beitritt in die Europäische Union und dem Weg dorthin von Bedeutung, aber auch die Entwicklung einer oder Besinnung auf eine „europäische Identität" (b) erscheint aus analytischer Sicht beachtenswert.

Richten wir den Blick zuerst auf die grundsätzliche Entscheidung der osteuropäischen Bürger für oder gegen einen Beitritt ihres Landes zur Europäischen Union und betrachten diese Äußerung unter Berücksichtigung der sich davon erhofften Nutzenaspekte: Könnten die osteuropäischen Bürger in einem Referendum über den Beitritt zur Europäischen Union abstimmen, so gäbe es in den meisten Ländern nur wenig Zweifel über einen Beitritt. In allen Ländern Osteuropas, in denen diese Frage gestellt wurde, würden deutliche Mehrheiten der Bürger einem EU-Beitritt zustimmen (vgl. Tabelle 2). Ein Befund, der sich zwischen 1996 und 2001 – den beiden Zeitpunkten der EU-Befragungen – nicht wesentlich verändert hat.[3] Wenn man sich nicht für einen Beitritt zu entscheiden gedenkt, ist dies weniger eine generelle Ablehnung, denn eher eine gewisse Interesse- und Orientierungslosigkeit hinsichtlich dieser Frage. So übertrifft z.B. in den baltischen Staaten die Zahl der Unentschlossenen die jeweils anderen Gruppen – in Estland waren es 1996 gar über die Hälfte der Befragten, welche sich einer klaren Position enthielten.

---

3   Sieht man einmal von der Steigerung der „Beitrittsbegeisterung" in Ungarn und dem Rückgang derselbigen in Polen ab.

Tabelle 2: Stellung der osteuropäischen Bevölkerungen zum EU-Beitritt

	Wer profitiert am meisten von einem EU-Beitritt? (in %) 1996[a]		Bei Referendum über den EU-Beitritt würde ich mit ... stimmen (in %) 2001 (1996)[b]		Differenz Timing
	Nation	EU	ja	nein	
Estland	36	26	38 (32)	27 (16)	1,00
Lettland	47	21	47 (44)	32 (13)	-0,13
Litauen	44	19	50 (44)	20 (9)	-0,51
Polen	24	24	54 (77)	26 (8)	-1,10
Ungarn	25	29	70 (54)	10 (18)	-1,02
Tschechische R.	19	33	55 (50)	18 (12)	-0,63
Slowakei	19	28	65 (50)	11 (8)	-1,50
Slowenien	18	41	56 (54)	22 (18)	-0,23
Bulgarien	35	10	80 (65)	4 (5)	-1,76
Rumänien	26	8	85 (87)	3 (3)	-2,94
Albanien	63	8	-	-	-
Russland	10	50	-	-	-

Restkategorien: a = „beide" oder „keiner", b = „würde nicht wählen" oder „unentschieden". Differenz Timing = „erhofftes Verhandlungstempo" abgezogen „eingeschätztes reales Verhandlungstempo" (jeweils von 1 „Stillstand" bis 7 „so schnell wie möglich"; - = nicht erhoben. Ein negativer Wert bedeutet Empfindung des Verhandlungstempos als zu langsam, positiver Wert als zu schnell. Quelle: Central and Eastern Eurobarometer 7 (1996; European Commission 2002: 10).

Die Unentschlossenheit und latente Skepsis in den baltischen Bevölkerungen ist bemerkenswert, da auch dort von einem EU-Beitritt eher Nutzeneffekte für die Nation erwartet werden. Dies steht im Widerspruch zu den ostmitteleuropäischen Staaten (Polen, Ungarn, Tschechische Republik, Slowakei und Slowenien), wo zumindest 1996 der positive Ertrag des EU-Beitritts schon überwiegend nicht mehr bei der eigenen Nation, sondern eher bei der Europäischen Union angenommen wird. Trotzdem finden sich in allen diesen Ländern deutliche Bevölkerungsmehrheiten für einen EU-Beitritt. Inhaltlich konsistenter scheint das Ergebnis in Bulgarien und Rumänien, wo Nutzenerwartung und Beitrittsbereitschaft der Bürger in dieselbe Richtung weisen. Die Bürger der zuletzt genannten Nationen wollen in die Europäische Union aufgenommen werden – und ihnen kann es dabei nicht schnell genug gehen. Dies zeigt die erhebliche Differenz zwischen dem erwünschten Beitrittsverhandlungstempo und dem wahrgenommenen Tempo der Verhandlungen (vgl. Tabelle 2) – im Durchschnitt würden die Osteuropäer einen schnelleren Beitritt bevorzugen als er derzeit von ihnen antizipiert wird. Dies gilt insbesondere für die Bevölkerung der in den Verhandlungen tatsächlich ein wenig „zurückliegenden" Länder Slowakei, Bulgarien und Rumänien. Auch in diesem Punkt weicht nur die estnische Bevölkerung merklich von den anderen Bevölkerungen ab. Ihr gehen die Verhandlungen eher zu zügig voran.

Dieser erste Blick auf die Haltungen der Bürger zum EU-Beitritt zeigt bereits, dass die Antworten in den osteuropäischen Bevölkerungen auf entsprechende Fragen differenzierter sind als man vielleicht aufgrund der öffentlichen Diskussion hätte annehmen können. Wie ist nun die Stellung der Bürger zu verschiedenen Dimensionen der europäischen Politik, wenn man das „Timing" des Beitritts („schneller Beitritt") sowie die Leidensfähigkeit von Übergangsproblemen des Beitritts einbezieht („europäischen Regeln anpassen") und dies um Zielrichtungen des zukünftigen Strebens („westeuropäischen Weg folgen") ergänzt (vgl. Tabelle 3).

Tabelle 3: Bewertung der europäischen Dimension der Politik, 2000

	westeurop. Weg folgen	schneller Beitritt	EU-Regeln anpassen	Selbstvertrauen
Estland	+21	-3	-13	+80
estnische Bev.	+20	-34	-13	+88
russische Bev.	+31	+35	-13	+73
Polen	+40	+36	+5	+84
Ungarn	+22	+47	-2	+65
Tschechische R.	+70	+43	+15	+84
Slowakei	+48	+55	+3	+82
Slowenien	+70	+49	-3	+87
Bulgarien	+50	+63	+5	+84
Rumänien	+62	+65	+43	+85
Albanien	+89	+90	+80	+93
Russland	-22	+41	-22	+72

N = durchschnittlich 1000 Befragte; Werte sind Differenzen zwischen Zustimmung („stimme stark zu", „stimme eher zu") und Ablehnung („lehne eher ab", „lehne stark ab") auf einer Skala von vier Punkten in Prozent. „westeuropäischen Weg folgen" = „It would be in the interest of our country to follow the path of other (West)European countries." „schneller Beitritt" = „[country] should join the European Union as a full member as soon as possible." „EU-Regeln anpassen" = „[country] should adapt to the rules of the European Union, even if it costs jobs in the short run, in the long run our country will profit from it." „Selbstvertrauen" = „Before we join the European Union, our country should develop more self confidence." Quelle: Basis „Political Culture in Central and Eastern Europe" (Herbst 2000).

Es sind Gemeinsamkeiten, aber auch einige Widersprüchlichkeiten in den Beurteilungen der Bürger verschiedener osteuropäischer Länder erkennbar. Zwischen den eindeutig pro-europäischen Äußerungen und der Präferenz, erst einmal ein eigenes Selbstvertrauen zu entwickeln, bevor man sich auf die Europäische Union einlässt, besteht eine grundsätzliche Diskrepanz. So zeigen Faktorenanalysen der vier verwendeten Indikatoren in allen untersuchten Ländern Lösungen, welche die zuerst angesprochenen Indikatorenbündel von dem Indikator „mehr Selbstvertrauen entwickeln" trennt. Dies bedeutet nicht, dass sich beide Überzeugungen diametral entgegenstehen müssen, bezieht sich doch die Aussage „mehr Selbstvertrauen entwickeln" direkt auf den EU-Beitritt und setzt diesen somit fast zwangsläufig voraus. Die Zustimmung zu dem genannten Item bedeutet damit keine Ablehnung des Beitritts per se, sondern eher Skepsis in Bezug auf das Timing des Beitritts.

Bemerkenswert ist, dass sich nur eine verschwindend geringe Zahl aller Befragten gegen die Option „erst einmal ein eigenes Selbstvertrauen entwickeln" ausspricht. Allem Anschein zufolge ist die Entwicklung einer eigenständigen nationalen Position allen Bürgern in Osteuropa von grundsätzlicher Bedeutung. Abgesehen von den russischen Bürgern wünschen sich die meisten Bürger aber auch, dem Weg der westeuropäischen Länder zu folgen. Die dort wahrgenommenen Wohlstandsprofile erweisen sich für sie scheinbar als äußerst attraktiv und nicht unvereinbar mit einem eigenen, selbst bestimmten Weg in die Zukunft.

Dies wird durch einen zusätzlichen Blick auf einen zweiten EU-Indikator verdeutlicht. Die Bevölkerungen der untersuchten jungen osteuropäischen Demokratien befürworten mehrheitlich einen schnellen Beitritt zur Europäischen Union. Insbesondere die Bürger von Staaten mit einem späteren Eintrittstermin oder derzeit keiner Perspektive auf eine Aufnahme in die Europäische Union (Albanien) wünschen sich einen schnellen Beitritt. Ein Befund, der bereits in der Differenzbetrachtung zwischen Wunsch und Wirklichkeit des Verhandlungstempos des Beitritts in Tabelle 2 zu erkennen war. Je weiter der Weg nach Europa ist, desto mehr möchten die Bürger diese Dynamik beschleunigen. Bemerkenswert ist dabei die einmütige Haltung bei den Bürgern der südosteuropäischen Nationen. Sie versprechen sich von einem Beitritt wohl erhebliche ökonomische Verbesserungen, die aus ihrer Sicht für die Entwicklung ihrer Länder dringend notwendig sind. So sind es auch gerade die Albaner – bislang noch nicht einmal mit der Europäischen Union assoziiert – und die Rumänen, welche dafür plädieren, sich tunlichst den Regeln der Europäischen Union anzupassen, sogar wenn es dadurch kurzfristig zu Verschlechterungen auf dem nationalen Arbeitsmarkt käme.

Der Befund besitzt eine inhaltliche Konsequenz für die bereits weiter auf dem Weg in die Europäische Union fortgeschrittenen Länder: Man will auf keinen Fall (assoziierter) Juniorpartner innerhalb des europäischen Sozial- und Wirtschaftsraumes bleiben und möchte die gleichen Rechte wie alle anderen EU-Mitgliedsstaaten besitzen. Der Begriff „Verhandlung auf gleicher Augenhöhe", den der ungarische Botschafter Gergely Pröhle (2002) verwendete, beschreibt diese Wünsche eindringlich.

Die stärksten Einschränkungen im Beitrittswunsch finden sich in Estland und Ungarn, wobei sich einzig die Esten im Herbst 2000 mehrheitlich gegen einen schnellstmöglichen Beitritt zur Europäischen Union aussprechen (vgl. Tabelle 3). Dabei täuscht der Bevölkerungsschnitt in Estland sogar noch über die wahre Distanz der estnischen Bevölkerung gegenüber dem EU-Beitritt hinweg, ist es doch gerade der russische Bevölkerungsanteil, der sich für einen Beitritt ausspricht. Möglicherweise erhofft sich die russische Minderheit in Estland von einem EU-Beitritt einen besseren Schutz ihrer Rechte über garantierten Minderheitenschutz.

Der Aussage „man sollte beitreten, auch wenn es kurzfristig erst einmal Arbeitsplätze kosten könnte", schließen sich in den meisten Untersuchungsländern weniger Bürger an als den allgemeiner gehaltenen Fragen ohne negativen Beigeschmack. Wiederum die skeptischen Esten und die von einem Beitritt zur Europäischen Union vorerst nicht betroffenen Russen stehen im Durchschnitt einer „schmerzhaften" Anpassung besonders distanziert gegenüber. Doch auch in den ostmitteleuropäischen Staaten – hier sind Ungarn und Slowenien mit ihren negativen Verhältniswerten hervorzuheben – herrscht in nennenswerten Bevölkerungsgruppen Skepsis, wenn mit dem Beitritt Einschränkungen (z.B. auf dem Arbeitsmarkt) verbunden sind.

Das Item „mehr Selbstvertrauen" weist bereits auf einen besonders häufig behandelten Bezugspunkt der Diskussion von Einstellungen zur Europäischen Union hin – das *Gefühl einer europäischen und/oder einer nationalen Identität*, also einer kollektiven (europäischen) Identität (Fuchs/Klingemann 2002: 20; Westle in diesem Band). Die Frage ist, inwieweit sich eine nationale Identität als Hemmfaktor für die Hinwendung nach Europa erweisen kann.

Wie sind nun die kollektiven Identitäten verteilt, wenn man direkt nach den Loyalitäten der Bürger zu Gemeinschaftsobjekten fragt? Da es sich bei der Nachfrage um Ratingskalen handelt, besteht die Chance, sich *gleichzeitig* mit mehreren Ebenen politischer Gemeinschaften verbunden zu fühlen. Diese Möglichkeit wird auch tatsächlich häufig in Anspruch genommen. Die meisten Osteuropäer fühlen sich gleichzeitig mehreren Kollektiven verbunden und sehen darin wohl auch keinen fundamentalen Gegensatz (Pollack 2001: 14). Interessant ist zu sehen, ob es substanzielle Gruppen gibt, die sich in Abgrenzung zu einer europäischen Identität definieren. Dies scheint in Russland (67%) und Bulgarien (68%) sowie zumindest bei einer merklichen Zahl von Personen in Albanien (45%) und Estland (31%) der Fall zu sein (vgl. Tabelle 4). Neben historischen Prägungen spielen anscheinend vor allem regionale Aspekte (räumliche Entfernung von der EU-Grenze, Zentrum-Peripherie-Konstellation) eine tragende Rolle für die europäische Identitätsbildung. Je näher ein Transformationsland zur EU-Außengrenze liegt, desto häufiger definieren sich seine Bürger als Europäer. Eher überraschend ist, dass sich die rumänischen Bürger trotz ihrer räumlichen Randstellung in Europa in so starkem Umfang als Europäer fühlen.

Eine klar definierte und abgegrenzte europäische Identität ist nur schwer auf Basis deskriptiver empirischer Daten aus dem Bekenntnis zur eigenen Nation herzuleiten, da kaum osteuropäische Nationen existieren, welche über auffällig umfangreiche Gruppen in Distanz zur eigenen Nation verfügen. Nur die ungarische und die tschechische Bevölkerung weisen ein Drittel und mehr Personen auf, die sich nach eigener Aussage nicht mit ihrem Land identifizieren. Doch auch diese Befunde sind mit Vorsicht zu interpretieren.

Tabelle 4: Dimensionen der Identität in osteuropäischen Transformationsstaaten, 2000 (in %)

	„Ich sehe mich als Europäer."	„Ich sehe mich als [Kultur-kreis]."	„Ich sehe mich als [Land]."	„Ich sehe mich einer lokalen, regionalen Tradition verbunden."
Estland	64	34	91	78
estnische Bev.	64	25	98	99
russische Bev.	64	55	75	28
Polen	92	88	89	99
Ungarn	95	84	65	99
Tschechische R.	89	87	58	99
Slowakei	94	92	88	95
Slowenien	80	52	78	97
Bulgarien	32	58	95	95
Rumänien	79	79	94	99
Albanien	55	58	85	99
Russland	33	24	94	96

N = durchschnittlich 1000 Befragte; zustimmende Werte auf einer Skala von vier Punkten in Prozent; für Kulturkreis: Osteuropa = Russland, Estland; Südosteuropa = Albanien, Bulgarien, Rumänien; Ostmitteleuropa = restliche Länder. Quelle: „Political Culture in Central and Eastern Europe" (Herbst 2000).

Nun ist einzuschränken, dass die erfragte europäische Identität einzig eine Aussage über die Bindung an Europa widerspiegelt und kaum als tragfähiger Indikator für eine Hinwendung zur Europäischen Union zu verwenden sein dürfte. Hypothetisch sind zwei Auswirkungen der Identität auf die EU-Beitrittsbereitschaft möglich: (a) Eine europäische Identität fördert den Willen, sich (wieder) in die europäische Staatengemeinschaft zu integrieren; (b) eine starke nationale Identität erweist sich für den Wunsch nach einem Beitritt als hinderlich, da nationale Interessen den EU-Interessen vorgezogen werden und ein Beitritt rein aus Nützlichkeitserwägungen erfolgt. Die Ergebnisse in Tabelle 3 deuteten bereits in Teilen in die skizzierte Richtung. Pollack (2001: 7) konnte z.b. herausarbeiten, dass Nationalismus nur dann im Gegensatz zu einer europäischen Identität steht, wenn er innerhalb einer Nation sehr geschlossen Fuß fasst und sich in Richtung von Regionalismus und der Pflege lokaler Traditionen ausrichtet. Von den untersuchten Ländern trifft dies einzig für Russland und in gewissem Umfang für Bulgarien zu. Aus den Ergebnissen in Tabelle 4 sind die gerade gestellten Fragen aber nicht schlüssig zu beantworten. Eine genauere Aussage lassen nur konkrete Beziehungsanalysen zu, wie sie im noch folgenden Abschnitt 6 dargestellt werden.

5. Festlegungen der politischen Kultur: demokratische Legitimität und demokratische Performanz in den osteuropäischen Transformationsstaaten im Überblick

Um die Beziehungen zwischen den Einstellungen zur Europäischen Union und zur Osterweiterung mit der politischen Kultur überprüfen zu können, ist eine kurze Übersicht des Bestandes an politischen Überzeugungen in Osteuropa notwendig. Da eine Komplettbeschreibung der politischen Kulturen der untersuchten Staaten den Rahmen des Beitrags sprengen würde, konzentrieren wir uns – unter Rückgriff auf andere Autoren (Diamond 1999; Fuchs 2002; Fuchs/Klingemann 2002) – auf das zentrale Element einer demokratischen politischen Kultur: die Einstellungen, die ein Bürger gegenüber seinem demokratischen System und gegenüber von Systemalternativen entwickelt. Flankierende politische Überzeugungen, wie „Internal Political Efficacy", „External Political Efficacy" usw., bleiben aus Platzgründen ausgespart. Sinnvoll erscheint es, die in anderen Arbeiten herausgestellte Trennung zwischen demokratischer Performanzbewertung (Effektivitätsbewertung) und demokratischer Legitimitätsbewertung beizubehalten (Lipset 1981; Fuchs 2002: 34ff.; Pickel/Pickel 2003: 60ff.). Insbesondere der Bestand der demokratischen Legitimität erscheint für die osteuropäischen Transformationsländer zehn Jahre nach dem Umbruch interessant für das noch zu untersuchende Beziehungsgefüge zwischen der Haltung zur Europäischen Union und der politischen Kultur des Landes.

     Inwieweit wurde bislang eine ansprechende *politische Legitimität* des neuen demokratischen Systems erreicht? Zwei Indikatorengruppen erweisen sich zu der Ermittlung des Legitimitätsstandes als hilfreich. Einerseits die Stellung der Bürger zur Demokratie, gemessen anhand einer relativ einfachen Beurteilung seiner Bedeutungsebenen (normative Ebene, strukturelle Ebene,

Performanzebene)[4], andererseits die Breite der Ablehnung antidemokratischer Systemalternativen.

Wie ein erster Blick auf die Beurteilung der Demokratie auf drei Ebenen (Befürwortung der Idee der Demokratie, Bewertung der Demokratie als Regierungsform und die Zufriedenheit mit der Demokratie im Land) zeigt, sind die wenigsten Bürger der untersuchten Staaten Osteuropas mit ihrem (aktuellen) demokratischen System voll und ganz zufrieden (vgl. Tabelle 5). Abgesehen von den Bürgern der Tschechischen Republik und Estlands, sind es nie mehr als ein Drittel der Befragten, welche die aktuelle Demokratie(performanz) positiv bewerten. Am ungünstigsten ist die Situation in Rumänien, Bulgarien und Russland, wo Korruption bzw. politische Einflusslosigkeit der Bürger und vor allem massive wirtschaftliche Probleme die aktuelle Demokratie schlecht aussehen lassen. In Russland kann unter Berücksichtigung zeitlich vergleichbarer Ergebnisse gar von einer politischen Dauerkrise gesprochen werden (Pickel 2001: 304ff.; Jacobs/Müller/Pickel 2000: 29).[5]

Konzentriert man sich auf die Gegenüberstellung der verschiedenen Ebenen der Demokratiebewertung, so belegen die Daten für Herbst 2000 eine durchweg gute Beurteilung der Grundprinzipien der Demokratie, also ihrer Wertebasis und ihrer allgemeinen Akzeptanz als gute Regierungsform. Nahezu alle Bürger der jungen Transitionsstaaten empfinden diese Grundelemente der demokratischen Legitimität als prinzipiell gut und unterstützenswert. Nur in Russland und, mit Einschränkungen, in Bulgarien, beurteilt die Bevölkerung die Idee der Demokratie und die „Demokratie als beste Regierungsform" vergleichsweise ungünstiger.

Das deutlich niedrigere Niveau in der Zufriedenheit mit der aktuellen Demokratie im Land (Demokratieperformanz) ist zentral durch die aktuellen politischen Ereignisse und die *akute wirtschaftliche Situation* ausgelöst (Pickel 2001: 321). Diese tragen für diesen Indikator zu einem Mischverhältnis der Einflüsse von (a) Demokratielegitimität und (b) generalisierter politischer Effektivitätsbeurteilung bei.[6] Generell ist von einer engen Verbindung

4 Die systematische Trennung dieser Ebenen beruht auf Überlegungen von Dieter Fuchs (2002: 34ff.; 1997). Dabei ist anzumerken, dass die Verwendung des Indikators „Demokratie ist die angemessenste Regierungsform" sehr stark mit der Beurteilung der Idee der Demokratie korrespondiert und möglicherweise nicht vollständig einen Einblick in die Beurteilung der Strukturebene gibt. Ergebnisse zu diesem Indikator lassen sich aber aus der parallelen Verwendung der antidemokratischen Systemalternativen in die Konzeption einordnen.

5 Diese Aussage gilt in fast gleicher Weise für die anderen Nachfolgestaaten der UdSSR (z.B. Weißrussland, Ukraine, Georgien) – abgesehen von den drei baltischen Nationen Litauen, Lettland und Estland – und wird durch entsprechende Entwicklungsverlaufsanalysen (Pickel/Pickel 1999: 240ff.; Jacobs/Müller/Pickel 2000: 22ff.) gestützt.

6 Die bessere Beurteilung der Demokratiestruktur ist wahrscheinlich auf die restriktivere Fragestellung zur Beurteilung der Demokratieidee als „auf jeden Fall gut" zurückzuführen. Üblicherweise sollten diese Beurteilungen in ihren positiven Urteilen noch über denen der Demokratie als Regierungsform liegen, die nur die angemessenste sein soll.

der Performanz des politischen Systems mit wirtschaftlichen Aspekten auszugehen. Da diese Bewertungen zur Zeit eher negativ ausfallen (Delhey/Tobsch 2000: 56ff.; Jacobs 2001: 230ff.), wirken sie sich überwiegend ungünstig auf die Beurteilung der Demokratie in den osteuropäischen Bevölkerungen aus.[7] In keinem osteuropäischen Land erreichen die Zustimmungsraten mehr als 50 Prozent. Die Bürger der Tschechischen Republik und Estlands sind dabei noch am häufigsten mit der aktuellen Situation der Demokratie zufrieden. Besonders ungünstig ist mittlerweile die Beurteilung der demokratischen Performanz in Rumänien, gefolgt von Russland, Bulgarien, der Slowakei und Polen.

Tabelle 5: Bewertung der Demokratie und Ablehnung antidemokratischer Systemalternativen, 2000

	Demokratiebewertung			Ablehnung antidemokratische Systemalternativen			
	Demo perfo.	Demo strukt.	Demo idee	Sozi.	Partei.	Führer	Dikta.
Estland	44	87	73	92	77	71	85
estische Bev.	45	89	74	94	80	75	87
russische Bev.	41	85	69	84	67	59	78
Polen	21	88	76	82	60	71	76
Ungarn	31	88	71	80	75	80	91
Tschechische R.	44	89	88	90	79	88	88
Slowakei	20	85	78	76	61	89	87
Slowenien	25	86	80	84	78	82	87
Bulgarien	19	75	63	67	63	56	65
Rumänien	11	87	81	79	68	64	75
Albanien	35	92	91	96	82	84	67
Russland	21	71	53	67	51	46	57

N = durchschnittlich 1000 Befragte; zustimmende Werte auf einer Skala von vier Punkten in Prozent; Demoperfo. = „Die Demokratie, wie sie sich aktuell präsentiert, funktioniert gut."; Demostrukt. = „Die Demokratie ist die angemessenste Regierungsform."; Demoidee = „Die Idee der Demokratie ist auf jeden Fall gut."; Ablehnung antidemokratischer Systemalternativen in Prozent; Sozi. = „Wir sollten zur sozialistischen Ordnung zurückkehren."; Partei = „Ein Mehrparteiensystem ist dazu bestimmt, Chaos zu stiften. Alles was wir brauchen ist ein Einparteiensystem."; Führer = „Es ist das beste das Parlament loszuwerden und einen starken Führer zu haben, der Dinge schnell entscheiden kann."; Dikta. = „Unter bestimmten Umständen ist eine Diktatur die beste Regierungsform.". Quelle: „Political Culture in Central and Eastern Europe" (Herbst 2000).

---

7 Dies zeigen verschiedene Korrelationsanalysen zwischen der Einschätzung der ökonomischen Situation und der Demokratiezufriedenheit in den Central and Eastern Eurobarometern.

Ähnlich sieht es bei der Befürwortung von *antidemokratischen Systemalternativen* aus. Vor allem die Bürger Russlands, Bulgariens und Rumäniens (und dem russischen Bevölkerungsanteil Estlands) zeigen sich antidemokratischen Systemalternativen aufgeschlossener als die Bürger anderer Transitionsstaaten. Sie lehnen diese zwar immer noch mehrheitlich ab, allerdings finden sich doch erhebliche Bevölkerungsteile, die einen Wechsel zu einem autoritären Systemtyp zulassen würden. Bei den Bevölkerungen der Länder, welche die Demokratie als Idee und Regierungsform schätzen, ist der Wunsch nach (autoritären) Alternativen geringer (auch Rose 2001: 99; Rose/Mishler/Haerpfner 1998: 111ff.).

Zusammenfassend ist von einer begrenzten Gefährdung der Demokratie in Osteuropa zu sprechen, die sich regional unterschiedlich gestaltet. Die meisten Staaten Ostmittel- und Südosteuropas erweisen sich als relativ gut politisch-demokratisch legitimiert, ohne dabei aber einen bislang die Bevölkerung überzeugenden Stand an Effektivität der demokratischen Führungen zu erreichen. Geht man davon aus, dass sich die seitens der Bürger gesehene Ineffizienz auf längere Sicht auch auf die noch recht hohe Legitimität auswirkt, sind für die Zukunft eindeutige Gefährdungspotentiale der demokratischen Legitimität zu vermuten. Es scheint fast eher die Frage, warum bei gleichzeitig eher ungünstigen Performanzbewertungen in den meisten osteuropäischen Transformationsländern ein so hohes Ausmaß an demokratischer Legitimität besteht. Möglicherweise trägt ja die Hoffnung auf eine steigende Wohlfahrt innerhalb der Europäischen Union mit zu diesem Vorschuss an demokratischer Legitimität bei.

6. Beziehungen zwischen EU-Beurteilungen und demokratischen Orientierungen

Kommen wir zum Kernpunkt des vorliegenden Beitrags, zur Untersuchung der Beziehungen zwischen den Ausprägungen der politischen Kulturen und den Einstellungen zu Europa und zum EU-Beitritt. Interdependenzen zwischen beiden Überzeugungen lassen sich sinnvoll nur über Zusammenhangsanalysen feststellen. Zwei Fragen sind zu stellen: Erstens, was sind die Gründe dafür, einen EU-Beitritt zu befürworten oder abzulehnen? Zweitens, in welchem Verhältnis stehen diese zu der Unterstützung der Demokratie in den einzelnen Staaten?

Für die Untersuchung dieser Fragen stehen verschiedene Vorgehensweisen zur Verfügung. Eine Möglichkeit ist die Betrachtung der Beziehungen zwischen den Indikatoren der Haltung zum EU-Beitritt und möglichen Bedingungsfaktoren im Rahmen einer Analyse der Korrelationen auf der Ebene der Individuen aller Länder. Diese Untersuchungsform mit so genannten gepoolten Individualdaten ist bei der Masse der verwendeten Indikatoren und Länder am besten geeignet, die Grobstrukturen der Beziehungen offen zu legen. Ihr Manko liegt allerdings darin, dass gepoolte Analysen nicht den Nachweis führen können, dass die festgestellten Strukturen in allen Ländern in gleicher Weise bestehen. Entsprechend empfehlen sich zur ihrer Überprüfung Individualdatenanalysen auf der Ebene jeweils einzelner Länder. Da diese einen erheblichen Umfang annehmen, sei hier aus Platzgründen das Resultat vorweg kurz verbal zusammengefasst: Die in der gepoolten Analyse ermittelten Individualkorrelationen lassen sich für alle zehn untersuchten Länder reproduzieren. Die Variationen der Zusammenhänge sind so gering, dass das Ergebnis der gepoolten Analyse eine valide Aussage über die Beziehungen zwischen den Indikatoren liefert. Eine Einzeldarstellung der Länder kann dementsprechend entfallen.

Wie vermutet, fördert eine europäische *Identität* die Öffnung nach Westen. Das Bekenntnis zur europäischen Identität (Binnenkorrelation Pearson's r = 0,20) ist auch ein „Bekenntnis zu Europa" (vgl. Tabelle 6). „Bekennende Europäer" wollen aber nicht nur ganz allgemein dem westeuropäischen Entwicklungspfad folgen, sondern plädieren – wenn auch nicht ganz so häufig – für einen schnellen EU-Beitritt. Dies gilt selbst dann, wenn daraus kurzfristige Verschlechterungen auf dem Arbeitsmarkt resultieren könnten. Die Bindung an die Nation erweist sich dabei, fast schon überraschend, nicht als Hemmfaktor für einen EU-Beitritt. Sie stützt zwar den Wunsch nach einer zeitlichen Verzögerung des Beitritts – so plädiert man dafür, erst „mehr eigenes Selbstvertrauen zu erlangen" –, das Ziel „Beitritt zur Europäischen Union" wird aber nicht geschmälert oder aus den Augen verloren. Es wird nur abwägender – was Tempo und Umfang des Beitritts angeht – anvisiert.

Eher schon als Hemmfaktor für eine positive Haltung zum EU-Beitritt erweist sich eine (noch) bestehende Bindung an das *sozialistische System* oder an sozialistische Ideale. Ist solch eine Beziehung bei den Bürgern zu ermitteln, so reduziert sich der Wunsch nach einem Beitritt zur Europäischen Union merklich. Man will auch nicht mehr unbedingt erst ein größeres Selbstvertrauen erlangen, sondern tendiert dazu, sich von der Europäischen Union fernzuhalten und einer breit gefassten europäischen Integration skeptisch gegenüberzustehen. In diese Richtung sind zumindest die negativen Korrelationen in Tabelle 6 zu interpretieren.

Zusammengefasst bedeutet dies: Die Bindung der Bürger an den Sozialismus bildet den einzigen echten Hemmfaktor einer subjektiven Annäherung an die Europäische Union. Auch scheinen es nicht die *wirtschaftlich* schlechter gestellten Bürger, welche auf einen schnellstmöglichen EU-Beitritt drängen. Personen mit einer *besseren* ökonomischen Situation und einer günstigeren Einschätzung der gesamtwirtschaftlichen Lage des Landes sehen den Beitritt als einen wünschenswerten Schritt für mehr wirtschaftliche Prosperität in der Zukunft. Dies geht einher mit der subjektiven Verbindung von Akzeptanz der marktwirtschaftlichen Prinzipien und dem Wunsch nach einem baldigen EU-Beitritt.

Tabelle 6: Stellung zum EU-Beitritt und Einflussfaktoren, 2000

Einflussfaktoren	westeurop. Weg folgen	schneller Beitritt	EU-Regeln anpassen	Selbst- vertrauen
Identität				
Europäische Identität	+0,20	+0,11	+0,13	n.s.
Nationale Identität	+0,07	+0,06	+0,05	+0,14
Nationalstolz	+0,03	+0,10	+0,07	+0,17
Sozialismus				
Idee des Sozialismus ist immer gut	-0,21	-0,19	-0,20	-0,12
Ich war zufrieden mit dem Weg, wie Sozialismus in [Land] funktionierte	-0,25	-0,15	-0,22	-0,07
Ökonomie				
Idee der Marktwirtschaft ist immer gut	+0,24	+0,16	+0,25	+0,09
Marktwirtschaft ist die angemessenste Wirtschaftsordnung	+0,16	+0,04	+0,19	n.s.
wirtschaftliche Lage des Landes	+0,17	+0,12	+0,18	+0,05
persönliche finanzielle Lage	+0,20	+0,09	+0,17	+0,06
Rechtsstaat				
Index: Wichtigkeit rechtsstaatlicher Prinzipien	+0,19	+0,11	+0,17	+0,17
Index: Gewährleistung von Rechtsstaatlichkeit	+0,20	+0,07	+0,13	+0,09
Sozialstruktur				
Alter (quadriert)	-0,11	-0,10	-0,08	n.s.
Bildungsstand	+0,04	+0,05	+0,05	n.s.

N = 10570; Frageformulierungen siehe Anhang; bivariate Korrelationskoeffizienten (Pearson's r); p < 0,001, n.s. – nicht signifikant. Quelle: „Political Culture in Central and Eastern Europe" (Herbst 2000).

Überhaupt scheinen die zentralen *Grundprinzipien einer liberalen Demokratie* – Implementierung institutioneller demokratischer Regeln, Marktwirtschaft und Rechtsstaatlichkeit – tragende Kräfte für den Wunsch eines Beitritts zur Europäischen Union zu sein, oder sie sind zumindest eine Begleiterscheinung bzw. Folge davon: Hält man rechtsstaatliche Prinzipien für wichtig oder sieht sie in seinem Land als gewährleistet an, so ist man eher für einen Beitritt zur Europäischen Union zu begeistern als unter gegenteiligen Umständen.[8] Die Adaption vieler europäischer Regelungen, die auf den Grundlagen liberaler Demokratien begründet sind, ist aus dieser Sicht für die osteuropäischen Bürger relativ problemlos. Zudem erweist sich die seitens der Europäischen Union anvisierte Zielsetzung von Rechtsstaat, Marktwirtschaft usw. als Aufnahmekriterien für die Beitrittsländer als durchaus tragfähiges Regelwerk.

Die *Sozialstruktur* sorgt in den Überzeugungen eher für geringe Variationen. Ob Bildungsstand, Ortsgröße (nicht gesondert ausgewiesen) oder weitere sozialstrukturelle Indikatoren – ihre Effekte für die Haltung zum EU-Beitritt sind durchweg unerheblich. Höchstens noch erwähnenswert ist die etwas stärkere Tendenz der jüngeren Bürger aller Nationen, sich für die Europäische Union zu öffnen. Sie sehen ihre Zukunft eher innerhalb der Europäischen Union als außerhalb davon und setzen z.B. auf Freizügigkeit und Integration in die Gemeinschaft der modernen Industrieländer.[9]

Bleibt die Frage nach den *Beziehungen zwischen der Unterstützung der Demokratie und den Einstellungen zum EU-Beitritt*. Bereits die signifikanten Korrelationen zwischen Rechtsstaatlichkeit oder Idee der Marktwirtschaft und den Indikatoren des EU-Beitritts deuten auf eine (positive) Beziehung hin. Wie die in Tabelle 7 dargestellten Ergebnisse belegen, kann dieser Befund mit den Indikatoren der demokratischen Legitimität und Performanz gestützt werden. Anhänger der Idee und der Struktur der Demokratie sind stärker geneigt, den zügigen Weg in die Europäische Union einzuschlagen, als Kritiker der Demokratie. Zwar wünschen sich auch die Demokratiebefürworter „ab und an" etwas „mehr Selbstvertrauen" in der eigenen Nation (bevor der Eintritt vollzogen wird), sie wollen aber keinesfalls, dass der Prozess des EU-Beitritts ins Stocken gerät. Innerhalb dieser Konstellation ist eher die Akzeptanz der liberaldemokratischen Prinzipien als die aktuelle Situation entscheidend für die Haltung zum Beitritt: Die Wechselwirkung der Indikatoren für den EU-Beitritt mit der demokratischen Performanz fällt im Vergleich zu den

---

8 Alternative politische Indikatoren, wie z.B. politisches Interesse (nicht gesondert ausgewiesen), erzielten kaum aussagekräftige Zusammenhänge mit Einstellungen zum Beitritt zur Europäischen Union. Auf ihre Diskussion wurde entsprechend in diesem Beitrag verzichtet.

9 Regressionsanalysen bestätigen die bivariaten Befunde. Der Einfluss der Sozialismusindikatoren und der Demokratiebewertung bleibt in multivariaten Erklärungsmodellen erhalten und erweist sich im Vergleich zu alternativen Erklärungsindikatoren als dominanter Erklärungsfaktor.

Indikatoren der demokratischen Legitimität schwächer aus, bleibt aber zumindest als positive Beziehung erhalten. Die Frage des Beitritts zur Europäischen Union scheint derzeit eher eine langfristige Wertentscheidung bei den Bevölkerungen als eine Ad-hoc-Beurteilung, die auf kurzfristigen Einstellungen und Stimmungsschwankungen beruht.

Tabelle 7: Einstellungen EU-Beitritt und Unterstützung der Demokratie, 2000

Einflussfaktoren	westeurop. Weg folgen	schneller Beitritt	EU-Regeln anpassen	Selbst-vertrauen
Demokratieidee	+0,31	+0,18	+0,25	+0,12
Demokratiestruktur	+0,29	+0,19	+0,25	+0,18
Demokratieperformanz	+0,14	+0,06	+0,14	n.s.
Sozialismus	-0,26	-0,18	-0,22	-0,15
Partei	-0,20	-0,07	-0,14	-0,05
Führer	-0,18	-0,05	-0,10	n.s.
Diktatur	-0,11	n.s.	n.s.	n.s.

N = 10570; bivariate Korrelationskoeffizienten (Pearson's r); p < 0,001, n.s. = nicht signifikant.
Quelle: „Political Culture in Central and Eastern Europe" (Herbst 2000).

Untersucht man den Zusammenhang zwischen Antisystemüberzeugungen und der Haltung gegenüber dem EU-Beitritt, so bestätigt sich das Ergebnis, welches bei Verwendung der Indikatoren der Beurteilung der Demokratie erzielt wurde: Je mehr Personen dazu tendieren, auch antidemokratische Alternativen als vorstellbar zuzulassen, desto eher wenden sie sich von einem Beitritt zur Europäischen Union oder dem „Fixpunkt Westeuropa" ab. Bemerkenswerterweise wollen sie aber auch nicht „mehr Selbstvertrauen gewinnen", sondern bevorzugen einen gänzlich von der Europäischen Union unabhängigen Entwicklungspfad. Die Rückkehr zum Sozialismus und die Etablierung eines Einparteiensystems sind unter den antidemokratischen Systemeinstellungen die stärksten Hemmfaktoren des Beitritts. Der Wunsch nach einer starken Führung (sei es die Möglichkeit einer Diktatur oder der Wunsch nach einem starken Führer) steht ebenfalls im Widerspruch zu einer Ausrichtung nach Europa. Fazit: Demokratische Legitimität und der Wunsch nach Integration in die europäische Staatengemeinschaft gehen Hand in Hand und stabilisieren sich gegenseitig.

Die in Tabelle 7 vorgestellten bivariaten Beziehungen verdeutlichen die recht starke Beziehung zwischen Merkmalen der demokratischen politischen Kultur und der Stellung zum Beitritt in die Europäische Union. Nun könnten die Beziehungen stark von den eingeschlagenen Transformationspfaden der einzelnen Länder abhängen und die Zusammenhänge auf der Individualebene innerhalb dieser Länder variieren. Doch wie bereits eingangs des Abschnitts angesprochen lassen sich die in der gepoolten Analyse ermittelten Individual-korrelationen für alle zehn untersuchten Länder reproduzieren. Zwar variieren die Stärken der Zusammenhänge über die Länder innerhalb bestimmter Margen, diese Veränderungen sind allerdings nicht so bedeutend, dass die inhaltliche Interpretation auf Basis der gepoolten Analyse revidiert werden müsste – im Gegenteil, allem Anschein nach handelt es sich um einen theoretisch verallgemeinerbaren Zusammenhang unter unterschiedlichen Rahmenbedingungen.

Dieser Befund ist nicht zu unterschätzen, hätten doch die in der gepoolten Datenanalyse aufgefundenen Beziehungen theoretisch nur auf Diskrepanzen zwischen den Ländern beruhen können, die eine kurze Analyse mit den über die Länder aggregierten Werten belegt (vgl. Tabelle 8). Die Aggregatanalyse zeigt zweierlei: (1) In Ländern mit höherer demokratischen Legitimität ist eine stärkere Ausrichtung auf den westeuropäischen Weg und einen generellen EU-Beitritt zu finden. Zusätzlich ist in diesen Ländern der Wunsch nach einem zeitlich angepassten Beitritt stärker ausgeprägt als nach einem baldigen Beitritt. Man will als gleichwertiges Mitglied und weniger als Bittsteller in die Europäische Union aufgenommen werden. (2) In den Ländern mit größeren Bevölkerungsanteilen, die dem Sozialismus nahe stehen, ist die Haltung zum westeuropäischen Weg und zu einem generellen EU-Beitritt skeptischer.

Tabelle 8: Einstellungen EU-Beitritt und politische Kultur (Aggregatebene), 2000

Einflussfaktoren	westeurop. Weg folgen	schneller Beitritt	EU-Regeln anpassen	Selbstvertrauen
Demokratieidee	+0,89	n.s.	+0,81	+0,67
Demokratiestruktur	+0,86	n.s.	+0,77	+0,84
Demokratieperformanz	n.s.	n.s.	n.s.	n.s.
Sozialismusidee ist gut	-0,63	n.s.	-0,67	-0,76
allgem. Wirtschaftslage	n.s.	n.s.	n.s.	n.s.
persönl. Wirtschaftslage	n.s.	n.s.	n.s.	n.s.

N = 10; Basis = aggregierte Daten; bivariate Korrelationskoeffizienten (Pearson's r); $p < 0,10$, n.s. = nicht signifikant. Quelle: „Political Culture in Central and Eastern Europe" (Herbst 2000).

Die demokratische Performanzbeurteilung und die Einschätzung der Wirtschaftslage zeigen dagegen über die Länder keine lineare Variation mit der Stellung zum EU-Beitritt und zu Westeuropa. Allem Anschein nach führen kurzfristige Transformationsbeurteilungen nur bedingt zu Änderungen dieser Haltungen. Das hat zur Konsequenz, dass die Position der Bürger zum EU-

Beitritt in den osteuropäischen Transformationsstaaten eine recht hohe Stabilität besitzt und trotz Veränderungen in kurzfristigeren Einstellungen positiv bleibt. Sie ist vornehmlich an das Ausmaß der demokratischen Legitimität gebunden.

Die Beziehung zwischen der politischen Kultur und der Haltung zum EU-Beitritt bzw. zum westeuropäischen Europamodell scheint somit auf verschiedenen Ebenen – Aggregat- und Individualebene – zu bestehen. D.h. eine demokratische politische Kultur interagiert mit dem Wunsch, in das europäische Staatengefüge aufgenommen zu werden.

Kehrt man zurück zu den Individualkorrelationen, so stellt sich einzig noch die Frage, ob die aufgefundenen Beziehungen auch bei einer Prüfung intervenierender Variablen bestehen bleiben. Genauer gesagt: Besteht zwischen der demokratischen Legitimität und der Haltung zur europäischen Integration der osteuropäischen Länder eine eigenständige Beziehung, die nicht auf andere Faktoren zurückzuführen ist? Aufschluss kann eine partiale Korrelationsanalyse geben. In ihr werden alternative Bestimmungsfaktoren (Indikatoren Idee der Marktwirtschaft, Marktwirtschaft beste Wirtschaftsordnung, Rechtsstaat: Gewährleistung und Wichtigkeit, eigene Wirtschaftslage und die des Landes, Beurteilung der Idee und der Performanz des Sozialismus, Alter, Bildungsstand, Ortsgröße) kontrolliert und die Zusammenhänge zwischen demokratischen Einstellungen und EU-Beitrittsunterstützung auf ihr reines Erklärungspotential reduziert (vgl. Tabelle 9).

Nach dieser Analyse kann mit den verwendeten Hintergrundvariablen zwar eine Reduktion der Beziehungen zwischen den Maßzahlen demokratischer Legitimität (demonstriert am Indikator „Demokratie als beste Regierungsform") und den Haltungen zu Westeuropa und zum EU-Beitritt erreicht werden. In der Regel gelingt es aber nicht, die Beziehungen vollständig aufzulösen, was der Fall sein müsste, wenn einzig die alternativen Hintergrundindikatoren für die wechselseitige Beziehung verantwortlich wären. In Ungarn, Polen, Slowenien und insbesondere Estland sind noch die niedrigsten Zusammenhänge zwischen Indikatoren der demokratischen Unterstützung und EU-Beitrittsnähe festzustellen. Die stärksten finden sich in der Slowakei und Bulgarien. Allerdings gilt generell, dass sich die Korrelationswerte nach Kontrolle alternativer Erklärungsfaktoren zwischen den Ländern eher aneinander angleichen als auseinander zu driften. Demokratische Legitimität und EU-Beitrittswunsch bleiben unter wechselnden Konstellationen erhalten.

Analog zum obigen Vorgehen kann man multiple Regressionsanalysen durchführen, um Effekte der zentralen Untersuchungsvariablen gegenüber anderen Erklärungsfaktoren zu kontrollieren. Für ein solches Vorgehen benötigt man allerdings eine Festlegung der Richtung der Wirkungen, die inhaltlich nicht ohne weiteres vorbestimmt werden kann. Entscheidet man sich, den Einfluss zu untersuchen, den die Hoffnung auf den Beitritt zur Europäischen Union als eigenständiger (Mit-)Erklärungsfaktor der demokratischen Legiti-

mität besitzt, so wird in allen untersuchten Ländern – bei Berücksichtigung
von mehreren Indikatorenbündeln als unabhängigen Faktoren – der eigenständige und substanzielle Einfluss der Hoffnungen auf einen (baldigen) EU-Beitritt deutlich. Er erweist sich als relevanter Einflussfaktor innerhalb multivariater Erklärungsmodelle der demokratischen Legitimität und besteht auch neben alternativen Erklärungsfaktoren wie Rechtsstaatlichkeit, soziale Gerech-
tigkeit, Präferenz für Marktwirtschaft und Antisystemneigungen, die an anderer Stelle als Bestimmungsfaktoren der demokratischen Legitimität bestimmt
werden konnten (Pickel 2001: 315).

Tabelle 9: Partialkorrelationen zwischen demokratischer Legitimität und EU-
Beitritt nach Ländern, 2000

Beziehung: Beurteilung der Demokratie als beste Regierungsform und ...	westeuro. Weg folgen	schneller Beitritt	EU-Regeln anpassen	Selbst- vertrauen
Estland	+0,14	.n.s.	+0,12	+0,11
	(+0,13)	(+.09)	(+0,08)	(+0,12)
Polen	+0,10	+0,13	+0,14	+0,16
	(+0,09)	(+0,10)	(+0,10)	(+0,14)
Ungarn	+0,15	+0,22	+0,21	n.s.
	(+0,16)	(+0,17)	(+0,12)	(n.s.)
Tschechische Republik	+0,33	+0,31	+0,30	+0,20
	(+0,24)	(+0,18)	(+0,15)	(+0,17)
Slowakei	+0,30	+0,27	+0,24	+0,18
	(+0,21)	(+0,24)	(+0,15)	(+0,20)
Slowenien	+0,18	+0,16	+0,11	+0,18
	(+0,12)	(+0,13)	(n.s.)	(+0,09)
Bulgarien	+0,35	+0,43	+0,32	+0,27
	(+0,18)	(+0,26)	(+0,18)	(+0,22)
Rumänien	+0,27	+0,26	+0,26	+0,15
	(+0,19)	(+0,16)	(+0,17)	(+0,15)
Albanien	+0,32	+0,29	+0,27	+0,29
	(+0,19)	(+0,19)	(+0,12)	(+0,20)
Russland	+0,24	+0,18	+0,14	+0,22
	(+0,19)	(+0,09)	(+0,10)	(+0,12)

N jeweils > 800 (Russland 1400); erster Wert = bivariate Korrelationskoeffizienten ohne Berücksichtigung von Kontrollvariablen (Pearson's r); zweiter Wert (in Klammern) = Partialkorrelationen bei Berücksichtigung der Indikatoren „Idee der Marktwirtschaft", „Marktwirtschaft beste Wirtschaftsordnung", „Rechtsstaat: Gewährleistung und Wichtigkeit", „eigene Wirtschaftslage und die des Landes", „Beurteilung der Idee und der Performanz des Sozialismus", „Alter",
„Bildungsstand", „Ortsgröße"; p < 0,001, n.s. = nicht signifikant. Quelle: „Political Culture in
Central and Eastern Europe" (Herbst 2000).

Dreht man das Erklärungsmodell um und untersucht die Effekte von Indikatoren der Demokratiebewertung auf die Haltungen zur Europäischen Union und den Beitritt, dominieren – wie bereits aus den Tabellen 6 und 7 zu vermuten – die demokratischen Prinzipien und die negative Haltung zum Sozialismus die EU-Beitrittsüberzeugungen. Die positive Haltung zur Demokratie fördert die EU-Beitrittswilligkeit in nahezu der gleichen Weise, in der die Ablehnung aller Facetten des Sozialismus dies tut. Alternative Erklärungsgründe rücken in den Hintergrund.

7. Fazit

Was besagen die vorgestellten Ergebnisse für die Beziehung zwischen den politischen Kulturen einzelner Länder und den Haltungen der Bürger gegenüber der Europäischen Union und der Osterweiterung? Die Hoffnungen auf die Europäische Union stehen in einer eindeutigen und starken Verbindung mit der Beurteilung des demokratischen Systems und dort hauptsächlich mit den Komponenten der Demokratie, die demokratische Legitimität abbilden. Die Richtung des Zusammenhangs ist inhaltlich nicht klar zu bestimmen, es spricht aber vieles für eine wechselseitige Stärkung von Eingliederung in die Europäische Union und dem Aufbau oder Erhalt demokratischer Legitimität. Eine bestehende Anerkennung demokratischer Prinzipien und der demokratischen Ordnung fördert eine günstige Haltung zur Europäischen Union. Diese Haltung ist außerdem eine Folge der Hoffnungen auf die Einbindung der als „Vorbild" angesehenen Prinzipien und Erfolgskriterien des westeuropäischen Staatensystems. Die Befürwortung von mit der liberalen Demokratie verbundenen Grundbedingungen (Marktwirtschaft, Rechtsstaatlichkeit) ist in die Wechselwirkung zwischen EU-Orientierung und Konsolidierung zu integrieren. Die osteuropäischen Bürger empfinden die Verfestigung dieser Prinzipien als zentrale Fortschritte für die Entwicklung ihres Landes und ihrer eigenen Situation und diese verbinden sie mit einer Mitgliedschaft in der europäischen Staatengemeinschaft. Damit stehen sie im Einklang mit den Basisforderungen der Kopenhagener Kriterien von 1993 – Stabilität der Institutionen, Garantie von Demokratie, Rechtsstaatlichkeit und Menschenrechte.

Der wohl zentralste Hemmfaktor für eine Befürwortung des Beitritts zur Europäischen Union ist eine positive Haltung zum Sozialismus und gegebenenfalls sogar der Wunsch nach einer Rückkehr zu ihm. Überhaupt neigen die Kritiker eines EU-Beitritts in der Regel eher zu antidemokratischen Systemalternativen als die Befürworter. Dagegen ist die situative Beurteilung, z.B. der eigenen Wirtschaftslage, nur von untergeordneter oder gar keiner Bedeutung für die Haltung zum EU-Beitritt. Es ist also nicht so, dass die osteuropäischen Bürger aufgrund ungünstiger ökonomischer Rahmenbedingungen die „blinde Flucht nach vorn" in die Wohlstand verheißende Europäische Union bevorzugen – es geht fast durchweg um grundsätzliche Prinzipien der Freiheit und Gleichheit. Entsprechend scheinen die Einstellungen zum EU-Beitritt in den Transformationsländern stabiler als dies vielleicht zu erwarten gewesen wäre.

Diese Beziehungen finden sich sowohl auf der Aggregat- als auch auf der Individualebene und lassen sich – wenn auch in wechselnder Zusammenhangsstärke – in allen zehn untersuchten Ländern nachweisen. Zwar bestehen Differenzen zwischen den Ländern was die Beurteilungen des EU-Beitritts und deren Korrespondenzen zur Bewertung der Demokratie betrifft – die Beziehungen auf der Individualebene bleiben aber in allen Ländern bestehen. Allem Anschein nach besteht eine Verknüpfung zwischen Mikro- und Makroebene in den Zusammenhängen. Entsprechende Zusammenhangsmuster auf der Länderebene resultieren im vorliegenden Fall in großem Umfang aus Beziehungen die auf der Individualebene bestehen.

Fazit: Die Unterstützung einer demokratischen politischen Kultur und die Hoffnung auf einen Beitritt in die Europäische Union bedingen und stärken sich wechselseitig. Kehrt man zurück zur Eingangsfrage, so lässt sich sagen: Die Konsolidierung der Demokratien in subjektiver Sicht stellt bei den osteuropäischen Beitrittskandidaten einen Motor der Integration in die Europäische Union dar – und ist gleichzeitig ein Nutznießer dieser Perspektive. Die Lehren, welche die Europäische Union aus den Erfolgen der Süderweiterung ziehen konnten, werden in Osteuropa bislang relativ erfolgreich umgesetzt und führen die Mitgliedsstaaten der Europäischen Union zu dem Ziel, dass man erreichen wollte: marktwirtschaftliche, rechtsstaatliche, liberaldemokratische EU-Beitrittsländer mit Bevölkerungen, die einen EU-Beitritt wünschen.

Anhang - Frageformulierungen

Persönliche Wirtschaftslage
Wie beurteilen Sie zur Zeit die wirtschaftliche Lage Ihres Haushalts? Würden Sie sagen, die wirtschaftliche Lage Ihres Haushalts ist sehr gut, eher gut, eher schlecht oder sehr schlecht?

Befürwortung der Marktwirtschaft
Ich werde Ihnen jetzt einige Eigenschaften vorlesen, die gewöhnlich der Marktwirtschaft zugeschrieben werden. Sagen Sie mir bitte für jede, ob Sie stark zustimmen, eher zustimmen, weder zustimmen noch ablehnen, eher ablehnen oder stark ablehnen.
A – Die Marktwirtschaft, wie sie heute in Deutschland besteht, ist die beste Wirtschaftsordnung
B – Die Prinzipien/Ideen der Marktwirtschaft sich immer gut

Gewährleistung rechtsstaatlicher Prinzipien
Auf dieser Liste sind einige Bürgerrechte und politische Rechte aufgeführt. Sagen Sie mir bitte anhand der Skala, in welchem Maße Sie denken, dass diese in unserem Land heute gewährleistet sind. 7 bedeutet, dass sie voll gewährleistet sind, 1 bedeutet, dass sie überhaupt noch nicht eingeführt sind.
A – Meinungs- und Redefreiheit
B – Freie und unabhängige Medien
C – Das Recht auf Gründung einer politischen Partei
D – Freie, gleiche und faire Wahlen
E – Glaubensfreiheit
F – Die politische Opposition hat die Macht, die Regierung zu überprüfen
G – Das Militär hat keinen Einfluss auf die Politik
H – Minderheitenrechte sind garantiert

Wichtigkeit rechtsstaatlicher Prinzipien
Geben Sie bitte anhand dieser Skala an, wie wichtig Ihnen folgende Aspekte des politischen Lebens sind. 7 bedeutet, dass sie voll gewährleistet sind, 1 bedeutet, dass sie überhaupt noch nicht eingeführt sind.
A – Meinungs- und Redefreiheit
B – Freie und unabhängige Medien
C – Das Recht auf Gründung einer politischen Partei
D – Freie, gleiche und faire Wahlen
E – Glaubensfreiheit
F – Die Macht der politische Opposition, die Regierung zu überprüfen
G – Kein Einfluss des Militärs auf die Politik
H – Garantierte Minderheitenrechte

Item-Skala Antisystem-Alternativen
Unser gegenwärtiges Regierungssystem ist nicht das einzige, das dieses Land bisher hatte. Einige Leute sagen, dass es uns besser gehen würde, wenn das Land anders regiert werden würde. Was denken Sie? Stimmen Sie stark zu, eher zu, lehnen Sie eher ab oder lehnen Sie die Aussage stark ab?
A – Wir sollten zur sozialistischen Ordnung zurückkehren
B – Es ist das beste, das Parlament loszuwerden und einen starken Führer zu haben, der Dinge schnell entscheiden kann
C – Unter bestimmten Umständen ist eine Diktatur die beste Regierungsform
D – Ein Mehrparteiensystem ist dazu bestimmt, Chaos zu stiften. Alles was wir brauchen ist ein Einparteiensystem

Nationalstolz
Stimmen Sie der folgenden Aussage stark zu, eher zu, weder zu noch lehnen Sie sie ab, lehnen Sie sie eher ab oder lehnen Sie sie stark ab: Ich bin stolz, ein [Nationalität] zu sein.

Aussagen zur Regierungsform
Sagen Sie mir bitte für jede der folgenden Aussagen, ob Sie stark zustimmen, eher zustimmen, eher ablehnen oder stark ablehnen?
A – Die Idee der Demokratie ist auf jeden Fall gut
B – Die Demokratie ist die angemessenste Regierungsform
C – Ich war mit dem Sozialismus, wie er in [Land] bestand, zufrieden
D – Die Idee des Sozialismus ist auf jeden Fall gut.

Literatur

Almond, Gabriel A./Verba, Sidney: The Civic Culture: Political Attitudes and Democracy in Five Nations. Princeton: University Press, 1963.

Barnes, Samuel H./Simon, János (Hrsg.): The Postcommunist Citizen. Budapest: Hungarian Academy of Sciences, 1998.

Collier, David: The Comparative Method. In: Finifter, Ada W. (Hrsg.): Political Science: The State of the Discipline II. Washington, D.C.: American Political Science Association, 1993, S. 105-119.

Delhey, Jan/Tobsch, Verena: Freiheit oder Wohlstand? Regimeperformanz oder Demokratiezufriedenheit in Ostdeutschland und Ungarn. In: Berliner Debatte – Initial 11/5-6 (2000), S. 33-47.

Diamond, Larry: Developing Democracy. Toward Consolidation. Baltimore: Johns Hopkins, 1999.

Easton, David: A Systems Analysis of Political Live. New York: Wiley, 1965.

Easton, David: A Re-Assessment of the Concept of Political Support. In: British Journal of Political Science 5 (1975), S. 435-457.

European Commission: Applicant Countries Barometer. Results Summary 2001. Brüssel, 2002.

Fuchs, Dieter: Die Unterstützung des politischen Systems der Bundesrepublik Deutschland. Opladen: Westdeutscher Verlag, 1989.

Fuchs, Dieter: Welche Demokratie wollen die Deutschen? Einstellungen zur Demokratie im vereinigten Deutschland. In: Gabriel, Oscar W. (Hrsg.): Politische Orientierungen und Verhaltensweisen im vereinigten Deutschland. Opladen: Leske + Budrich, 1997, S. 81-113.

Fuchs, Dieter: Das Konzept der politischen Kultur: Die Fortsetzung einer Kontroverse in konstruktiver Absicht. In: Fuchs, Dieter/Roller, Edeltraud/Weßels, Bernhard (Hrsg.): Bürger und Demokratie in Ost und West. Studien zur politischen Kultur und zum politischen Prozess. Wiesbaden: Westdeutscher Verlag, 2002, S. 27-50.

Fuchs, Dieter/Klingemann, Hans-Dieter: Eastward Enlargement of the European Union and the Identity of Europe. In: Mair, Peter/Zielonka, Jan (Hrsg.): West European Politics. Special Issue on the Enlarged European Union. 2002, S. 19-54.

Inglehart, Ronald: Modernisierung und Postmodernisierung. Frankfurt a.M.: Campus, 1998.

Ismayr, Wolfgang: Die politischen Systeme Osteuropas. Opladen: Leske + Budrich, 2002.

Jachtenfuchs, Markus/Kohler-Koch, Beate: Europäische Integration. Opladen: Leske + Budrich, 1996.

Jacobs, Jörg: Alltag oder Vergangenheit. Einstellungen zur herrschenden politischen Ordnung in den Neuen Bundesländern, Polen, Tschechien und Ungarn. In: Politische Vierteljahresschrift 42 (2001), S. 223-246.

Jacobs, Jörg/Müller, Olaf/Pickel, Gert: Demokratie auf dem Prüfstand – Konsolidierung und Widerstandspotential der Bevölkerung in Osteuropa im Vergleich. In: Berliner Debatte – Initial 11 (2000), S. 17-32.

Jowitt, Ken: New World Disorder. The Leninist Extinction. Berkeley: University of California Press, 1992.

Kitschelt, Herbert: Post-Communist Economic Reform. Causal Mechanisms and Concomitant Properties. Paper presented at the annual Meeting of the American Political Science Association in San Francisco, August 29 – September 2, 2001.

Kluegel, James, R./Mason, David S./Wegener, Bernd (Hrsg.): Social Justice and Political Change: Public Opinion in Capitalist and Post Communist States. New York: de Gruyter, 1995.

Landman, Todd: Issues and Methods in Comparative Politics. London: Routledge, 2000.

Lipset, Seymour M.: Political Man. Baltimore: Johns Hopkins, 1981.

Pickel, Gert: Legitimität von Demokratie und Rechtsstaat in den osteuropäischen Transitions-
staaten 10 Jahre nach dem Umbruch. In: Becker, Michael/Lauth, Hans-Joachim/Pickel,
Gert (Hrsg.): Rechtsstaat und Demokratie. Theoretische und empirische Studien zum
Recht in der Demokratie. Wiesbaden: Westdeutscher Verlag, 2001, S. 299-326.

Pickel, Gert/Pickel, Susanne: Neue Demokratien in Osteuropa? Politische Unterstützung und politische Partizipation als Determinanten der Demokratisierung. In: Lauth, Hans-Joachim/
Liebert, Ulrike (Hrsg.): Im Schatten demokratischer Legitimität. Informelle Institutionen
und politische Partizipation im interkulturellen Vergleich. Wiesbaden: Westdeutscher
Verlag, 1999, S. 237-258.

Pickel, Gert/Pickel, Susanne: Vergleichende politische Kultur- und Demokratieforschung. Opladen: Leske + Budrich, 2003 (i.E.).

Pollack, Detlef: European and national Identity. in postcommunist Societies: coexistence or conflict? Policy-Paper Project „Democratic Values". Frankfurt (Oder), 2001.

Pollack, Detlef/Jacobs, Jörg/Müller, Olaf/Pickel, Gert (Hrsg.): Political Culture in Central and
Eastern Europe. London: Ashgate, 2002.

Pröhle, Gergely: Ungarn und der EU-Beitritt. Vortrag an der Universität Greifswald. April 2002.

Rose, Richard: A Diverging Europe. In: Journal of Democracy 12 (2001), S. 93-106.

Rose, Richard/Mishler, William/Haerpfer, Christian: Democracy and its Alternatives. Understanding Post-Communist Societies. Baltimore: Johns Hopkins, 1998.

Schmitter, Philippe C.: How to democratize the european union... And why bother? Oxford:
Rowan & Littlefield, 2000.

Sedelmeier, Ulrich/Wallace, Helen: Eastern Enlargement In: Wallace, Helen/Wallace, William
(Hrsg.): Policy-Making in the European Union. 4. Auflage. Oxford: Oxford University
Press, 2000, S. 428-456.

Welzel, Christian: Fluchtpunkt Humanentwicklung. Über die Grundlagen der Demokratie und
die Ursachen ihrer Ausbreitung. Wiesbaden: Westdeutscher Verlag, 2002.

Viktoria Kaina, Franziska Deutsch und Ireneusz Pawel Karolewski

Zwischen Euphorie und Skepsis – Demokratieverständnis und EU-Beitrittsakzeptanz in Polen[1]

1. Einleitung

Die Europäische Union steht vor der größten Erweiterungswelle ihrer Geschichte. Der symbolische Startschuss zur Osterweiterung wurde im Dezember 2000 auf dem Reformgipfel in Nizza gegeben (Papenfuß 2001: 58). Hier sollten die Weichen für ein handlungsfähiges, auf künftig bis zu 30 Mitglieder vergrößertes Europa gestellt werden (von Kyaw 2001). Allerdings werden die Ergebnisse der Regierungskonferenz im Tenor eher skeptisch, wenn nicht kritisch bewertet (z.B. von Kyaw 2001; Weidenfeld 2001; Wessels 2001; Hartwich 2001; Bardi/Rhodes/Senior Nello 2002). Doch ungeachtet der anhaltenden Kritik an den technokratischen Strukturen der Europäischen Union – die mitunter aber auch als eine ihrer wesentlichen Erfolgsbedingungen betrachtet werden (Jachtenfuchs 2000) – und trotz des Vorwurfs ihrer Bürgerferne, ihrer Entscheidungs- und Handlungsblockaden, übt das europäische Staatenbündnis eine außerordentliche Sogwirkung aus. Die Gruppe seiner sechs Gründungsstaaten hat sich seit dem Jahr 1957 in insgesamt drei Erweiterungswellen auf inzwischen 15 Mitgliedsländer ausgedehnt. Weitere 13 Staaten, davon zehn in Mittel- und Osteuropa, haben ihren Beitrittswunsch erklärt.

Zu einem der wichtigsten Kapitel ihrer Erfolgsgeschichte gehört, dass die Europäische Union im Zuge ihrer Süderweiterung mit der Aufnahme Griechenlands (1981), Spaniens und Portugals (1986) wesentlich zur Konsolidierung der damals jungen Demokratien beigetragen hat. Die Rolle einer externen Demokratisierungskraft wird der EU auch bei der Stabilisierung der neuen Demokratien in Ost- und Mitteleuropa zugeschrieben (Cziomer 1997; Rupnik 2000; Delhey 2001; Kneuer 2002; Król 2002). In diesem Zusammenhang wird insbesondere das komplexe Anreizsystem der Europäischen Union betont, das den Kandidatenländern eine starke Motivationsbasis bietet, Wirtschaft und Gesellschaft zu modernisieren, demokratische Standards einzuhal-

---

1   Wir danken Sabine Kropp für wertvolle Anregungen und Hinweise.

ten und Fehlentwicklungen zu korrigieren (Cziomer 1997; Bardi/Rhodes/ Senior Nello 2002; Kneuer 2002).

Diese Überlegungen bilden den Ausgangspunkt für das zentrale Erkenntnisinteresse unseres Beitrags. Am Beispiel des Beitrittskandidaten Polen wollen wir den Zusammenhang zwischen demokratischen Überzeugungen in der Bevölkerung und der Akzeptanz für die EU-Mitgliedschaft ihres Landes untersuchen.

In Polen bildet die Agrarpolitik einen der sensibelsten Problembereiche bei der angestrebten Aufnahme in die EU. Aus Perspektive der Europäischen Union stellt die Forderung nach einer Strukturreform der ineffizienten polnischen Landwirtschaft ein notwendiges Beitrittskriterium dar (Koszel 2002: 47). Rund ein Fünftel aller polnischen Arbeitskräfte ist im Agrarbereich beschäftigt. Doch der Beitrag der Landwirtschaft zum polnischen Bruttoinlandsprodukt ist gering und sogar von etwa sechs Prozent 1996 auf rund drei Prozent im Jahr 2000 zurückgegangen (EU-Kommission 2001).

Darüber hinaus zählt Polen aufgrund seiner Größe und seiner geografischen Bedeutung als Brücke zwischen dem westlichen und östlichen Europa, vor allem aber als Beispiel einer mehr oder weniger erfolgreich abgeschlossenen institutionellen Konsolidierung demokratischer Strukturen zu den engsten Favoriten der ersten Erweiterungsrunde. Dennoch taugt der polnische Beitrittskandidat nur bedingt als „Vorzeigeobjekt" der Transformationsprozesse in Mittel- und Osteuropa. Denn nicht nur die Verletzung rechtsstaatlicher Prinzipien durch Korruption und eine schwache Zivilgesellschaft gelten als Hindernisse einer fortschreitenden Entwicklung Polens zum liberal-demokratischen Ordnungsmodell (Zuzowski 1998; Garsztecki 1999; Widmaier/ Gawrick/Becker 1999; Delhey 2002). Hinzu treten in einem Teil der polnischen Bevölkerung nach wie vor vorhandene autoritäre Orientierungen, die sich aufgrund historischer Traditionen und sozialer Härten in Folge einer zu schnell und radikal durchgeführten Wirtschaftsreform zu einer Gefahr für die erfolgreiche politisch-kulturelle Konsolidierung der polnischen Demokratie entwickeln (Zuzowski 1998; Garsztecki 1999; Rose/Mishler/Haerpfner 1998). Insofern stellt Polen ein interessantes Beispiel dar, um den Zusammenhang zwischen Demokratieverständnis und EU-Beitrittsakzeptanz in einem der favorisierten Kandidatenländer exemplarisch zu analysieren.

Der vorliegende Beitrag stützt sich dabei im Wesentlichen auf eine Momentaufnahme zu einem einzigen Erhebungszeitpunkt. Als Datenbasis dient eine im Frühsommer 2001 vom polnischen CBOS-Institut durchgeführte repräsentative Bevölkerungsbefragung, in der 1052 Personen interviewt wurden.[2]

---

2   Der in polnischer Sprache dokumentierte Datensatz ist am Warschauer CBOS-Institut archiviert und wurde von den Autoren dieses Beitrags direkt vom Institut erworben sowie von I. Pawel Karolewski ins Deutsche übersetzt.

2. Auf dem Weg nach Europa – Zur Bedeutung politisch-kultureller Erblasten

Auf ihrem Kopenhagener Gipfeltreffen im Jahr 1993 haben die Staats- und Regierungschefs der EU die Einhaltung demokratischer Grundprinzipien und bestimmte wirtschaftliche Kriterien als Beitrittsbedingung neuer Mitglieder formuliert. Neben der Stabilität demokratischer und rechtsstaatlicher Strukturen zählen dazu die Wahrung der Menschenrechte, der Schutz von Minderheiten, eine funktionstüchtige Marktwirtschaft und die Fähigkeit, dem Wettbewerbsdruck innerhalb der EU standzuhalten. Damit verpflichtet der Kopenhagener Kriterienkatalog zu einer Entwicklung zum liberal-demokratischen Demokratiemodell, das der Gefahr einer „mehrheitlich legitimierten Barbarei" (Schmidt 1998: 185) durch den Einbau verfassungsrechtlicher Garantien der Machtbegrenzung und rechtsstaatlicher Sicherheiten begegnen soll (u.a. Diamond 1996, 1999; Collier/Levitsky 1997; Karl 2000). Zwei Jahre später wurden die „Kopenhagener Kriterien" vom Europäischen Rat in Madrid insofern präzisiert, als das Gemeinschaftsrecht nicht nur in einzelstaatliches Recht übernommen werden muss, sondern ebenso seine wirksame Anwendung durch geeignete Strukturen in Justiz und Verwaltung sicherzustellen ist. Die Fortschritte bei der Erfüllung dieser Kriterien werden seither in jährlichen Berichten der EU-Kommission begutachtet (z.B. http://www.europa. eu.int/comm/enlargement/report2001/index.htm).

Wenn demokratische Institutionen als „Hardware" einer Demokratie betrachtet werden können, wie es der ungarische Politikwissenschaftler Attila Agh (1996: 127) in einer treffenden Metapher ausgedrückt hat, dann bilden die Orientierungen der Menschen gegenüber diesen Institutionen die „Software" einer demokratischen Ordnung. Eine Demokratie ist entsprechend dieses Bildes sowohl auf die „Hard-" als auch auf die „Software" angewiesen, um als System der politischen Herrschaftsausübung funktionieren zu können. In der empirischen Demokratietheorie spiegelt sich diese Vorstellung in der These wider, dass eine anpassungsfähige Kongruenzbeziehung von politischer Kultur und politischer Struktur unter sich wandelnden System- und Umweltbedingungen eine Erfolgsgrundlage überlebensfähiger Demokratien darstellt (Eckstein 1961, 1988; Almond/Verba 1963; Inglehart 1988; Fuchs 1989; Nevitte 1996; Rose/Shin 2001). Mit Bezug auf diese Argumentation werden in der Tradition der „Civic Culture"-Studie von Almond und Verba (1963) die politisch-kulturellen Merkmale einer Gesellschaft in der Einschätzung ihrer Demokratiequalität zu Grunde gelegt. Dabei wird auch auf die Bedeutung politisch-kultureller „Legacies" in Transformationsgesellschaften als Erklärungsfaktor für demokratische Konsolidierungsdefizite hingewiesen (z.B. Jowitt 1992).

Aus Sicht der Europäischen Union spielen politisch-kulturelle Aspekte bei der Einschätzung der Europatauglichkeit der Kandidatenländer zwar nur eine untergeordnete oder gar keine Rolle. Wir halten diese Faktoren jedoch aus mehreren Gründen für zentral. *Erstens* dürfte es für die politische Gemeinschaftsbildung auf EU-Ebene und die Herausbildung einer gemeinsamen europäischen Identität von grundsätzlicher Bedeutung sein, inwieweit die Bevölkerungen der Beitrittskandidaten die demokratischen Grundüberzeugungen der Bürgerinnen und Bürger in Westeuropa teilen und entsprechende „civic virtues" entwickelt haben (Fuchs/Klingemann 2002).

Aus Sicht des Beitrittskandidaten gehen wir in Übereinstimmung mit Fuchs und Roller (1998: 41) *zweitens* davon aus, dass die politische Struktur (Rollen und Regeln) und die politische Kultur (Werte) einer demokratischen Gesellschaft *gemeinsam* den normativen Rahmen der politischen Ordnung konstituieren. Eine langfristig stabile Demokratie ist danach aber nicht zu erwarten, wenn demokratische Werte, Rollen und Regeln zwar qua Verfassungsgebung implementiert werden, aber keinen gemeinschaftlichen Konsens in Form einer kollektiven Verpflichtung (commitment) auf gemeinsame demokratische Werte und der Legitimität der politischen Struktur zu generieren vermögen. Dabei darf die starke Selbstbindung an *demokratische* Werte als eine Vorbedingung für die Legitimität entsprechender Rollen und Regeln betrachtet werden (Fuchs/Roller 1998: 40).

Die über politische Kultur und Struktur definierte normative Ordnung eines demokratischen politischen Systems gewinnt demnach ihre Handlungsverbindlichkeit für die Mitglieder der Gesellschaft nur über die „doppelte" Institutionalisierung beider Dimensionen sowohl auf der Ebene der Implementierung (Verfassungsgebung) als auch der Konsensbildung (commitment und Legitimität) (Fuchs/Roller 1998: 40f.). Mit anderen Worten: Die Einführung demokratischer Institutionen und Verfahren alleine bietet noch keine hinreichende Gewähr für ihre Funktionstüchtigkeit, weil diese wesentlich von der Bereitschaft der politischen Akteure und der Bevölkerungsmehrheit abhängt, im Rahmen dieser Institutionen zu agieren und allgemein verbindliche Entscheidungen auch dann zu akzeptieren, wenn ihr konkreter Inhalt missbilligt wird (Field/Higley 1983; Hoffmann-Lange 1986: 332; Fuchs/Roller 1998; Delhey 2002). Die an Bedingungen geknüpfte Aussicht auf EU-Mitgliedschaft hat die Konsolidierung demokratischer Institutionen und Verfahren zweifelsohne auch in Polen gefördert (Cziomer 1997). Eine andere Frage aber ist, in welchem Maße sich der Übergang zur „formalen Demokratie" (Kaldor/Vejvoda 2002a, 2002b) inzwischen auf ein sicheres politisch-kulturelles Fundament stützen kann.

Drittens stellen aus der Perspektive der Beitrittskandidaten die politisch-kulturellen Orientierungsmuster in ihren Gesellschaften eine der wichtigsten Rahmenbedingungen für repräsentativ ausgestaltete politische Entscheidungsprozesse dar, indem sie die Handlungsspielräume von Eliten maßgeblich beeinflussen. Dabei können die Eliten in Transformationsgesellschaften ihr Entscheidungshandeln nicht ohne weiteres auf ein solides, diffuses Unterstützungspotenzial der Bevölkerung gegenüber dem Institutionensystem stützen. Die Akzeptanz politischer Akteure für die Konsolidierung des neuen politischen Systems in Transformationsstaaten ist sogar um so bedeutsamer, je weniger demokratische Traditionen verankert sind und je schlechter die Systemperformanz ausgeprägt ist (Klingemann/Stöss/Weßels 1991; Walter 2000).

In diesem Zusammenhang wird die Zahl der so genannten „Unzufriedenen Demokraten" (Klingemann 1999), die zwar die Idee der Demokratie unterstützen, doch gleichzeitig mit der Demokratie im eigenen Land unzufrieden sind, zu einer der größten Herausforderungen für die Stabilisierung und Konsolidierung der neuen Demokratien in Mittel- und Osteuropa. Im Rahmen unserer Fragestellung ist somit von Interesse, in welchem Maße die EU-Orientierungen der Bürgerinnen und Bürger in den Beitrittsländern einen ersten Lackmustest dafür bieten, ob die als Ergebnis von Regierungsvereinbarungen in Aussicht gestellte Zugehörigkeit zur Europäischen Union bei einer Mehrheit der Bevölkerung Unterstützung und Anerkennung findet. Diese Feststellung verdient umso größere Beachtung, wenn die Bürgerinnen und Bürger wie in Polen die Chance erhalten, per Referendum direkt über den EU-Beitritt zu entscheiden.

Vor dem Hintergrund dieser Überlegungen lassen sich für die nachfolgenden Analysen drei zentrale Annahmen formulieren. Dabei gehen wir zunächst davon aus, dass sich die Europäische Union sowohl als Wirtschaftsverbund als auch als Wertegemeinschaft begreift. Gemäß dem Selbstverständnis der EU als Zusammenschluss liberal-demokratischer Ordnungsformen dürfte die Aufnahme in den Kreis dieser Staaten für polnische Bürgerinnen und Bürger mit gefestigten demokratischen Überzeugungen besonders attraktiv erscheinen. Wir nehmen deshalb an, dass eine positive Haltung zur Demokratie als Ordnungsform die Akzeptanz des EU-Beitritts in Polen fördert (1).

Im Gegensatz dazu kann der Bevölkerungsanteil mit weniger sicheren Demokratieüberzeugungen wahrscheinlich nur kraft der konkreten Verbesserung der persönlichen Lebenssituation – vor allem des materiellen Lebensstandards – von den Vorteilen einer EU-Mitgliedschaft überzeugt werden. In dieser Perspektive ist die Europäische Union in erster Linie als Wirtschaftsgigant und externer Modernisierungsmotor von Bedeutung. Entsprechend sollten materiell besser gestellte Polen mit einer optimistischen Einschätzung der wirtschaftlichen Situation den Beitritt zur EU eher befürworten und damit möglicherweise die Hoffnung auf weitere Modernisierungsgewinne verbinden (2). Dabei gehen wir nach bisherigen Erkenntnissen der empirischen Demokratie- und Transitionsforschung davon aus, dass die positive Output-Bewertung des politischen Systems die Stabilisierung demokratischer Überzeugungen fördert und europäische Wirtschaftshilfen somit wichtige Demokratisierungsimpulse entfalten (u.a. Lipset 1959; Bollen/Jackman 1989; Burkhart 2000).

Bevölkerungssegmente, die mit einem EU-Beitritt vor allem persönliche Nachteile befürchten, werden eine Mitgliedschaft in der Europäischen Union eher ablehnen. Obwohl auch die polnische Werft- und Stahlindustrie von den bisherigen und mit EU-Beitritt weiter notwendigen ökonomischen Umstrukturierungsmaßnahmen betroffen ist (Zuzowski 1998), stellt eine EU-Aufnahme Polens für die Beschäftigten der polnischen Landwirtschaft die größte Zumutung dar. Damit existiert zugleich ein großes Potenzial mobilisierungsfähiger Zukunftsängste und Vorurteile gegenüber der Europäischen Union. Wir gehen deshalb davon aus, dass von allen Berufstätigen in Polen Landwirte überdurchschnittlich oft gegen einen Beitritt ihres Landes in die EU votieren werden (3).

Neben Tschechien und Ungarn wird Polen zu den Ländern gerechnet, die in ihrer Entwicklung zu liberalen Demokratien bislang am weitesten fortgeschritten sind (Barnes/Simon 1998; Rose/Mishler/Haerpfner 1998; Kaldor/ Vejvoda 2002c). Entsprechend zählt Polen als Land der so genannten „Luxemburg-Gruppe", mit deren Mitgliedern auf Beschluss des Europäischen Rates von 1997 im März des folgenden Jahres bilaterale Beitrittsverhandlungen eröffnet wurden, zu den engsten Favoriten in der ersten Welle der EU-Osterweiterung. Doch obwohl der polnische Beitrittskandidat über ein konsolidiertes demokratisches Institutionensystem verfügt, geben Analysen der politisch-kulturellen Entwicklung auf Elite- und Bevölkerungsebene Anlass, Polen als Land einer „verzögerten Konsolidierung" (Widmaier/Gawrick/ Becker 1999: 209) zu charakterisieren.

3.   Demokratie in Polen – Modell ohne Alternative?

Auch wenn die demokratische Zielvorstellung einer „guten Ordnung" nie zuvor eine so breite Zustimmung bei den Menschen in allen Teilen der Welt fand wie am Beginn des neuen Jahrtausends (Klingemann 1999), wird der Optimismus vom globalen Siegeszug der liberalen Demokratie durch widersprüchliche Entwicklungen nachhaltig gedämpft. Dazu zählt beispielsweise die Beobachtung, dass sich im Rahmen der dritten Demokratisierungswelle eine wachsende Anzahl von hybriden politischen Systemen entwickelt hat, die als „defekte Demokratien" oder „Gray-Zone-Regimes" in einem Entwicklungsstadium zwischen Demokratien und Nicht-Demokratien zu verharren scheinen (Collier/Levitsky 1997; Zakaria 1997; Merkel 1999; Diamond 2002; Levitsky/Way 2002; Schedler 2002). Darüber hinaus erlaubt die allgemeine Zustimmung zur Idee der Demokratie noch keine Aussagen über die Akzeptanz implementierter demokratischer Strukturen, die in den neuen Demokratien Ost- und Mitteleuropas überwiegend skeptisch oder sogar negativ bewertet werden (Barnes/Simon 1998; Rose/Mishler/Haerpfer 1998; Waldron-Moore 1999; Schmitt-Beck 2000; Delhey/Tobsch 2000; Rose/Shin 2001). Vor diesem Hintergrund kann kaum die Rede davon sein, dass sich bereits zweifelsfrei die Auffassung durchgesetzt hat, dass es sich bei der Demokratie ungeachtet ihrer Fehler um eine Herrschaftsform handelt, die allen anderen überlegen ist. Vielmehr steht die demokratische Ordnungsform nach wie vor im Wettbewerb der Alternativen und muss sich weiterhin gegenüber autoritären Versuchungen bewähren.

Ergebnisse repräsentativer Bevölkerungsumfragen stützen diese Behauptung grundsätzlich auch für den polnischen EU-Beitrittskandidaten. In Polen erfährt die Idee der Demokratie zwar seit rund zehn Jahren eine stabile Zustimmung bei einer Mehrheit der Bevölkerung (vgl. Abbildung 1). Im Durchschnitt stimmen zwei Drittel der Befragten der Ansicht zu, dass die Demokratie allen anderen Herrschaftsformen überlegen ist. Allerdings kann kein signifikanter Zuwachs in der Zustimmungsbereitschaft der polnischen Bevölkerung zur Idee der Demokratie beobachtet werden.

Abbildung 1: „Demokratie ist allen anderen Regierungsformen überlegen" – Einstellungsentwicklung in Polen, 1993-2001

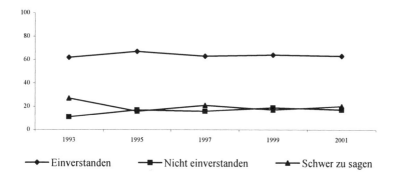

Quelle: CBOS.[3]

Außerdem ist über den gleichen Zeitraum hinweg ein relativ stabiler Bevölkerungsanteil von durchschnittlich 41 Prozent der Meinung, dass eine nicht-demokratische Regierungsform unter Umständen wünschenswerter ist als eine demokratische Ordnung. Darüber hinaus liegt der Bevölkerungsanteil,

---

3   Die Zeitreihendaten, die den Abbildungen zu Grunde liegen, wurden jeweils den Veröffentlichungen des CBOS-Institutes im Internet entnommen: http://www.cbos.com.pl.

der sich in beiden Fragen jeweils nicht festlegen mag, im Durchschnitt bei einem Fünftel bzw. einem Viertel aller Befragten.

Auf der Basis dieser Befunde muss davon ausgegangen werden, dass die Idee der Demokratie in Polen zwar eine seit Jahren weit verbreitete Sympathie erfährt, angesichts fortwirkender autoritärer Einstellungen jedoch noch nicht sicher in den Überzeugungen der Bürgerinnen und Bürger verankert ist. Als Begründung für die im Vergleich zu Tschechien oder Ungarn stärker ausgeprägte Skepsis der Polen gegenüber einer demokratischen Ordnung wird in der Forschung zum einen die anfangs turbulente institutionelle Konsolidierungsphase angeboten (Widmaier/Gawrick/Becker 1999; Franzke 2000). Zum anderen wird darauf hingewiesen, dass soziale und ökonomische Folgelasten einer schockartigen, Anfang der 90er Jahre unter Verantwortung des damaligen Wirtschaftsministers Balcerowicz initiierten radikalen Wirtschaftstransformation (Franzke 2000: 17) die Stabilisierung positiver Orientierungen gegenüber dem neuen politischen System behindern. Obwohl seit Mitte der 90er Jahre ein wachsendes Wirtschaftswachstum in Polen verzeichnet werden kann (http://www.stat.gov.pl), scheint sich diese Entwicklung noch nicht in einer positiveren Wahrnehmung durch die Bevölkerung niederzuschlagen. Glaubten 1996 nach einer Umfrage des CBOS-Institutes 16 Prozent der Befragten, dass es ihnen im Vergleich zum Vorjahr besser gehe, betrug dieser Anteil 2000 nur noch fünf Prozent. Im Vergleich dazu gaben 1996 35 Prozent an, dass es ihnen im Vergleich zum Vorjahr schlechter geht. Vier Jahre später waren 43 Prozent derselben Ansicht. Zusätzliche Nahrung erhält ökonomisch motivierte politische Unzufriedenheit in Polen aus der Tatsache, dass spürbare Ergebnisse einer 1999 gestarteten Strukturreform der sozialen Sicherungssysteme noch auf sich warten lassen und der Umbau der fragmentierten, aufgrund kleinbäuerlicher Strukturen ineffizienten polnischen Landwirtschaft weiterhin offen ist (Franzke 2000: 19f.).

Schließlich werden autoritäre Orientierungen, die insbesondere mit dem Wunsch nach einem „starken Mann" in Verbindung stehen, auf die Bedeutung charismatischer Führungspersönlichkeiten in der polnischen Geschichte zurückgeführt (Zuzowski 1998: 78; Widmaier/Gawrick/Becker 1999: 206). In diesem Zusammenhang lebt vor allem die Erinnerung an General Pilsudski als Verteidiger Polens gegen sowjetische Fremdherrschaft und Retter vor Chaos und Unordnung in den 20er Jahren des vergangenen Jahrhunderts im kollektiven Gedächtnis der polnischen Bevölkerung fort. Aber auch Lech Wałesa bediente als unerschrockener Führer der im kommunistischen Polen verbotenen Gewerkschaftsbewegung *Solidarność* die Sehnsucht vieler Polen nach durchsetzungsfähiger und übersichtlicher politischer Führung.

Obwohl wir in den vorliegenden Daten vom Juni 2001 andere Indikatoren für die Demokratieauffassungen der polnischen Bevölkerung verwenden, bestätigt sich im Großen und Ganzen der Zeitreihentrend. Mehr als 70 Prozent der Polen stimmen danach der Auffassung zu, dass die Demokratie trotz ihrer Fehler das beste System ist.[4] Wir bezeichnen diese Befragten als Demokraten. Nur eine verschwindend kleine Minderheit von zehn Prozent lehnt diese Meinung ab und bildet eine Gruppe der Nicht-Demokraten. Immerhin 19 Prozent der polnischen Bevölkerung entscheiden sich für die Kategorie „schwer zu sagen", so dass fast jeder Fünfte in dieser Frage als „Unentschlossener" angesehen werden muss.

Werden die Befragten jedoch gebeten, sich zwischen zwei Antwortalternativen zu entscheiden, verändert sich das Bild. Denn nun halten nur noch 47 Prozent aller Befragten die Demokratie für die beste Regierungsform, während 34 Prozent der Ansicht zustimmen, dass ein starker Mann an der Macht besser sein kann als eine demokratische Regierung. Der Anteil der „Unentschlossenen" liegt auch in diesem Falle bei 19 Prozent. Wir interpretieren diese nur auf den ersten Blick widersprüchlichen Befunde als das Ergebnis ungefestigter demokratischer Überzeugungen, weil sie offenbar eine starke affektuelle Basis haben und sich noch nicht immer auf eine kognitiv begründete Haltung stützen können (Garsztecki 1999: 138).

Tabelle 1: Nach Überzeugungsstärke gebildete Demokratietypen in der polnischen Bevölkerung, 2001

	% aller Befragten
Überzeugte Demokraten	42
Unsichere Demokraten	29
Nicht-Demokraten	7
Unentschlossene	19
Basis (N)	1018
Fehlende Werte (N)	34

Wenn beide Indikatoren miteinander kombiniert werden, lässt sich für die polnische Bevölkerung ein differenziertes Bild von ihren Demokratieeinstellungen gewinnen (vgl. Tabelle 1). In der Tat können nicht alle Polen, die eine demokratische Regierungsform trotz ihrer Fehler für die bestmögliche halten, bereits als „Überzeugte Demokraten" angesehen werden. Denn nur 42 Prozent aller Befragten stimmen dieser Auffassung zu, während sie auch *gleichzeitig* und ohne jede Einschränkung die Alternative eines „starken Mannes" an der Spitze der politischen Macht zurückweisen. Diejenigen hingegen, die eine fehlerhafte Demokratie zwar als bestmögliche Regierungsform betrachten, unter Umständen aber einen „starken Mann" vorziehen würden oder sich in dieser Hinsicht unentschlossen zeigen, werden von uns als „Unsichere Demokraten" bezeichnet. Ihr Anteil an der Gesamtbevölkerung beträgt nach

---

4   Itemformulierung: „Die Demokratie hat auch Fehler, ein besseres Systems hat man aber nicht erfunden." (Antwortkategorien von 1 = absolut einverstanden bis 4 = absolut nicht einverstanden).

vorliegender Datenbasis 29 Prozent. Befragte, die einerseits die Aussage verneinen, dass die Demokratie trotz ihrer Unvollkommenheit das beste System ist, und sich andererseits einen starken Mann als Führungsspitze wünschen oder dies nicht eindeutig ablehnen, etikettieren wir als „Nicht-Demokraten". Alle diejenigen, die sich kein Urteil darüber zutrauen, ob die Demokratie ungeachtet ihrer Fehler als beste Regierungsform zu betrachten ist, behandeln wir bezüglich ihrer demokratischen Überzeugungen als „Unentschlossene".[5]

Trotz dieser Differenzierung und eines relativ hohen Anteils „Unentschlossener" betrachten wir es zunächst als positiven Befund, dass offenbar nur eine Minderheit der polnischen Bevölkerung grundsätzlich nicht-demokratische Überzeugungen äußert. Gleichzeitig kann aber nicht davon ausgegangen werden, dass die Konsensbildung bezüglich demokratischer Werte und Normen (commitment) mehr als ein Jahrzehnt nach dem Regimewechsel in Polen für die Mehrheit der Bevölkerung bereits abgeschlossen ist. Entsprechend den bisherigen Erkenntnissen der Transitionsforschung, wonach die Entwicklungsphase internalisierter demokratischer Überzeugungen auf einen Mindestzeitraum von 20 bis 30 Jahren veranschlagt wird, war das sicherlich auch nicht zu erwarten. Allerdings weisen die vorliegenden Befunde darauf hin, dass Unsicherheit und Unentschlossenheit gegenüber der demokratischen Regierungsform das Einstellungsbild in der polnischen Bevölkerung dominieren, so dass auf längere Sicht auch wachsende anti-demokratische Überzeugungen nicht grundsätzlich auszuschließen sind.

Es liegt auf der Hand, dass die Gefahr dieser Entwicklung zunehmen dürfte, je länger und dauerhafter die polnische Bevölkerung mit der Demokratie in ihrem Land unzufrieden ist. Die Erhebungen des polnischen CBOS-Institutes geben diesbezüglich wenig Anlass zur Entwarnung (vgl. Abbildung 2). Zunächst fällt auf, dass die Zufriedenheit mit der Funktionstüchtigkeit der Demokratie in Polen erheblich größeren Schwankungen unterliegt als die Zustimmung zur Idee der Demokratie. Diese Beobachtung stimmt mit Befunden in anderen mittel- und osteuropäischen Transformationsstaaten einschließlich Ostdeutschland überein und führte auf die Spur der „Unzufriedenen Demokraten" (Klingemann 1999). Nach einer Phase zurückkehrender Zuversicht zwischen 1995 und 1997 lässt sich in den Jahren nach 1998 eine allmählich wachsende Unzufriedenheit der polnischen Bevölkerung mit der Demokratie in ihrem Land beobachten. Obwohl dieser Trend nicht kontinuierlich verläuft, äußern seit 1998 durchschnittlich 57 Prozent und damit die Mehrheit der Befragten ihre Unzufriedenheit mit der polnischen Demokratie. Im Früh-

---

5   Einige wenige Antwortkombinationen (N = 27) sind nicht eindeutig: Zwar wurde die Aussage „Demokratie ist trotz Fehler das beste System" abgelehnt, vor die Alternative gestellt aber gleichzeitig das demokratische System einem starken Mann an der Spitze vorgezogen. Diese Fälle blieben in der Typologie unberücksichtigt, so dass sich der Anteil der „Nicht-Demokraten" an der Gesamtstichprobe in diesem Falle auf sieben Prozent verringert.

jahr 2002 urteilten sogar zwei von drei Polen negativ über die Funktionsweise der Demokratie in ihrem Land.

Abbildung 2: Entwicklung der Bevölkerungszufriedenheit mit der
Funktionsweise der polnischen Demokratie, 1993-2001

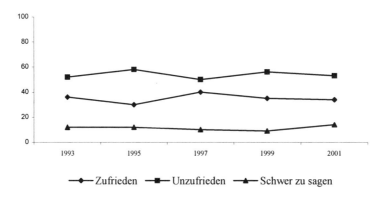

Quelle: CBOS.

Auch auf der Grundlage der uns vorliegenden Datenbasis können wir feststellen, dass die meisten Demokraten in der polnischen Bevölkerung als „Unzufriedene Demokraten" bezeichnet werden müssen (vgl. Tabelle 2). Darüber
hinaus hängt die Unzufriedenheit mit der Demokratie in Polen auch damit
zusammen, wie stark ein Befragter von der Idee der Demokratie überzeugt
ist. So präsentieren sich 72 Prozent aller „Zufriedenen Demokraten" zugleich
als „Überzeugte Demokraten", während sich dieser Anteil in der Gruppe der
„Unzufriedenen Demokraten" um 15 Prozentpunkte reduziert. Zudem dokumentieren die Zahlen in Tabelle 3, dass die Einschätzung der Demokratie in
Polen – ungeachtet der ohnehin geringen Durchschnittszufriedenheit – unter
den „Überzeugten Demokraten" überdurchschnittlich positiv ausfällt, während „Nicht-Demokraten" besonders negativ werten. Die Gruppe der „Unentschlossenen" urteilt diesbezüglich zwar besser als die Minderheit der „Nicht-
Demokraten", ist sich aber auch am wenigsten einig.
     Anhand dieser Ergebnisse kann natürlich kein kausaler Zusammenhang
postuliert werden. Es muss an dieser Stelle daher offen bleiben, ob bereits tief
im Individuum verwurzelte demokratische Werte temporäre Enttäuschungen
mit dem politischen System abfedern und zu einer optimistischeren Beurteilung der neu implementierten Strukturen führen. Ebenso denkbar ist, dass positive Erfahrungen mit der Funktionstüchtigkeit demokratischer Strukturen
und vor allem mit der Leistungsfähigkeit des politischen Systems bei der

Output-Produktion demokratische Überzeugungen bei einem Teil der polnischen Bevölkerung festigen halfen.

Tabelle 2: Nach Demokratiezufriedenheit gebildete Demokratietypen in der polnischen Bevölkerung, 2001 (Spaltenprozente)

	% aller Befragten
Zufriedene Demokraten	21
Unzufriedene Demokraten	54
Nicht-Demokraten	10
Unentschlossene	15
Basis (N)	919
Fehlende Werte (N)	133

Prozentuiert auf gültige Antworten; Indikator für Zufriedenheit mit der Demokratie in Polen: „In welchem Maß sind Sie zufrieden oder unzufrieden mit der aktuellen Funktionsweise der Demokratie in Polen?" Skala von 1 = „vollkommen unzufrieden" bis 10 = „vollkommen zufrieden". Anschließende Dichotomisierung: 1-5 = „unzufrieden" und 6-10 = „zufrieden". Kreuztabellierung mit Demokratie-Indikator: „Demokratie ist trotz Fehler das beste System" (Itemformulierung vgl. FN 4). Alle *Demokraten,* die zugleich ihre Unzufriedenheit mit der Funktionsweise der polnischen Demokratie äußern, werden als „Unzufriedene Demokraten" bezeichnet; „Zufriedene Demokraten" sind entsprechend alle Demokraten mit positiver Einschätzung der Demokratie in ihrem Land. Bei „Nicht-Demokraten" und „Unentschlossenen" wurden „Zufriedene" und „Unzufriedene" jeweils in einer Gruppe zusammengefasst.

Tabelle 3: Demokratieüberzeugung und Bevölkerungszufriedenheit mit der Funktionsweise der polnischen Demokratie, 2001

	Zufriedenheit mit der Funktionsweise der polnischen Demokratie	
	Mittelwert	Standardabweichung
Überzeugte Demokraten	4,81	1,96
Unsichere Demokraten	4,03	1,99
Nicht-Demokraten	3,13	2,01
Unentschlossene	3,41	2,05
Gesamt	4,24	2,07
Eta	0,29[a]	

Skala von 1 = „vollkommen unzufrieden" bis 10 = „vollkommen zufrieden". Signifikanzniveau: a: p = 0,000.

Unserer Ansicht nach sprechen bisherige Erkenntnisse über die politisch-kulturellen Facetten der Transformationsprozesse sowohl in Mittel- und Osteuropa als auch in Ostdeutschland überwiegend für die zweite Annahme, wonach eine erfolgreiche ökonomische Entwicklung zur wesentlichen Erfolgsbedingung einer gelungenen demokratischen Konsolidierung wird. Die Erfahrung eines allmählich wachsenden Wohlstands kann demnach vor allem in Ländern mit schwachen demokratischen Traditionen und wenig bewährtem Institutionensystem dazu beitragen, demokratische Überzeugungen zu festigen und dauerhaft in der politischen Kultur einer Gesellschaft zu verankern. Folgt man aber dieser Überlegung, gerät weniger die Menge der „Unzufriedenen Demokraten" zur Herausforderung von Transformationsgesellschaften, als vielmehr die Zahl der „Unsicheren Demokraten" und der „Unentschlossenen". Denn von den „Nicht-Demokraten" einmal abgesehen, sind es offensichtlich diese Bevölkerungsgruppen, die von der Idee der Demokratie als bester Regierungsform noch nicht mit Sicherheit überzeugt sind und daher bei anhaltenden Output-Schwächen des neuen politischen Systems für undemokratische Ordnungsalternativen empfänglich bleiben.

In Tabelle 4 findet die Vermutung, dass wirtschaftliche Prosperität mit positiven Wirkungen auf die Lebenssituation der Bevölkerung demokratische Überzeugungen fördern kann, eine gewisse empirische Bestätigung. Denn nach unseren Daten sind die „Überzeugten Demokraten" in der polnischen Bevölkerung nicht nur durch einen überdurchschnittlichen formalen Bildungsgrad und einen höheren sozioökonomischen Status charakterisiert. Im Vergleich zum Rest ihrer Landsleute schätzen sie auch ihren Lebensstandard und ihre persönliche Lage optimistischer ein.

Darüber hinaus unterstützen die Ergebnisse in Tabelle 5 unsere Überlegung, dass die Anzahl der „Überzeugten Demokraten" für die Konsolidierungschancen einer jungen Demokratie bedeutsamer sein könnten als die Menge der „Unzufriedenen Demokraten". Auf Grundlage dieser Zahlen kann das Demokratieverständnis der polnischen Bevölkerung etwas näher betrachtet werden. Zum Teil dürfte die Hypothek der polnischen Geschichte in den Antworten der Befragten ihren Ausdruck finden, weil Anarchie mehrere Jahrhunderte lang als Demokratie missinterpretiert wurde (Zuzowski 1998: 71). Für unseren Gedankengang ist aber interessanter, dass sich „Zufriedene" und „Unzufriedene Demokraten" zwar durchaus darin unterscheiden, in welchem Ausmaß Demokratie mit der Freiheit des Menschen statt mit Chaos und Unordnung assoziiert wird. Bedeutend auffälliger sind jedoch die Differenzen zwischen „Überzeugten" und „Unsicheren Demokraten", was sich zudem in höheren Assoziationsmaßen niederschlägt. Diese Beobachtung ist allerdings kaum überraschend, da wir bereits feststellen konnten, dass sich ein beachtlicher Teil der „Unzufriedenen Demokraten" zugleich als „Überzeugte Demokraten" präsentiert.

Tabelle 4: Demokratieüberzeugung nach soziodemographischen Merkmalen und Lageperzeption, 2001 (Spaltenprozente)

	Überzeugte Demokraten	Unsichere Demokraten	Nicht-Demokraten[1]	Unent-schlossene	Bev. Ø
Bildungsabschl. (V = 0,22; p = 0,000)					
ohne Abschluss	1	2	(6)	9	3
Hauptschule	16	25	(26)	43	25
Berufsausbildung	23	32	(30)	23	26
Abitur	35	28	(33)	21	30
Fach- oder Hochschule	25	13	(6)	3	16
HH-Einkommen (V = 0,34; p = 0,000)					
niedrig	27	37	(41)	36	33
mittel	45	41	(38)	40	42
hoch	28	22	(21)	24	25
Lebensstandard[2] (V = 0,22; p = 0,000)					
weder gut noch schlecht	46	45	(7)	(44)	45
schlecht	28	39	(43)	42	35
gut	26	16	(14)	13	20
Einschätzung der eigenen Lage[2] (V = 0,14; p = 0,000)					
weder gut noch schlecht	52	52	(47)	52	52
schlecht	21	33	(37)	36	29
gut	27	15	(16)	12	19
Entwicklungseinschätzung der eigenen Lage[2] (V = 0,12; p = 0,00)					
weder gut noch schlecht	63	56	(49)	55	58
schlecht	20	30	(44)	34	28
gut	17	14	(7)	11	14
Einschätzung der Wirtschaftslage[2] (V = 0,08; p < 0,05)					
weder gut noch schlecht	25	24	(23)	17	23
schlecht	69	73	(75)	81	73
gut	6	3	(3)	2	4
Entwicklungseinschätzung der Wirtschaftslage[2] (V = 0,09; p < 0,05)					
weder gut noch schlecht	63	55	(53)	55	58
schlecht	23	32	(34)	35	29
gut	14	13	(12)	10	13

1) Werte aufgrund einer Fallzahl < 100 jeweils in Klammern.
2) Assoziationsmaß bezieht sich auf dichotome Variable ohne Mittelkategorie „weder gut noch schlecht" bzw. „keine Veränderung".

Tabelle 5: Nach Demokratietypen differenzierte Assoziationen mit dem
Begriff der Demokratie, 2001 (Zeilenprozente)

	Demokratie bedeutet Freiheit	Demokratie bedeutet Chaos und Unordnung
Zufriedene Demokraten	93	7
Unzufriedene Demokraten	80	20
Nicht-Demokraten	51	49
Unentschlossene	55	45
Cramer's V		0,32^c
Tau b		0,29^c
Überzeugte Demokraten	97	3
Unsichere Demokraten	58	42
Nicht-Demokraten	37	63
Unentschlossene	55	45
Cramer's V		0,52^c
Tau b		0,47^c

Itemformulierung: „Demokratie bedeutet vor allem Freiheit des Menschen" und „Demokratie bedeutet vor allem Unordnung und Chaos". Nicht dokumentierte Fälle: „schwer zu sagen". Signifikanzniveau: c: p = 0,000.

Für die politisch-kulturelle Konsolidierung der jungen Demokratie in Polen
dürfte es demnach von größter Bedeutung sein, dass der Bevölkerungsanteil
der „Überzeugten Demokraten" wächst, die trotz Enttäuschungen und Unzufriedenheit mit dem politischen System gegen autoritäre Versuchungen und
nicht-demokratische Alternativen gewappnet sind. Nach unseren Befunden
steht außer Frage, dass neben anderen Faktoren wie zum Beispiel der Stärkung der polnischen Zivilgesellschaft vor allem die Verbesserung des Lebensstandards und ökonomische Prosperität zu den wichtigsten Motoren dieser Entwicklung zu zählen sind. Die Einbindung Polens in den europäischen
Rechts- und Wirtschaftsrahmen eröffnet diesbezüglich neue Chancen, dürfte
aber auch den Druck auf die Problemlösungsfähigkeit der erweiterten Europäischen Union erhöhen.

4. Gegen den Strom: Europa im Stimmungstief und der Optimismus der Überzeugten Demokraten

Die polnische Bevölkerung galt lange als besonders europabegeistert, aber
der Enthusiasmus der frühen 90er Jahre ist wachsender Skepsis gewichen
(Mildenberger 2002: 3). Stimmten im Mai 1996 laut Umfragedaten 80 Prozent der Bevölkerung für einen EU-Beitritt, waren es fünf Jahre später, im

Mai 2001 nur noch 55 Prozent (vgl. Abbildung 3). 17 Prozent der Bevölkerung sind auch in dieser Frage unentschieden, während 28 Prozent der Befragten im Mai 2001 angaben, gegen den Beitritt zur Europäischen Union votieren zu wollen.

Abbildung 3: Entwicklung der EU-Beitrittszustimmung in Polen, 1994- 2001

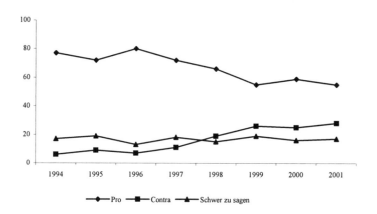

Quelle: CBOS.

Bis zum Ende des vergangenen Jahres hat sich dieses negative Stimmungsbild zwar wieder etwas verbessert (Zahlen nicht ausgewiesen). Doch nach den Parlamentswahlen im Herbst 2001 zogen mit der *Liga der polnischen Familien* und der militanten Bauernvereinigung *Samoobrona* (Selbstverteidigung) unter Andrzej Lepper erstmals politische Gruppierungen in den Sejm ein, die sich offen gegen eine Mitgliedschaft in der Europäischen Union aussprechen (Mildenberger 2002: 5). Obwohl antieuropäische Parteien bislang nicht mehrheitsfähig sind, gewinnen sie in Polen und anderen Kandidatenländern an Bedeutung, so dass die um Beitrittskonditionen und Aufnahmezeitpunkt verhandelnden Regierungen unter wachsenden innenpolitischen Druck geraten (Mildenberger 2002: 5). Jüngsten Umfragen zufolge könnte Leppers *Samoobrona* inzwischen sogar mit 18 Prozent der Wählerstimmen rechnen, im Vergleich zu gut zehn Prozent in den zurückliegenden Parlamentswahlen. Die polnische Europapolitik ist vor allem in den vergangenen Monaten zum Gegenstand einer polarisierten und polemisch geführten Auseinandersetzung zwischen Regierung und Opposition geworden, die sich in der öffentlichen Wahrnehmung niedergeschlagen hat (Mildenberger 2002: 6).

Dennoch sind die Ursachen der wachsenden Europaskepsis in Polen komplex, so dass sich monokausale Erklärungsmuster von selbst verbieten. Zum einen werden die Beitrittsverhandlungen in der Bevölkerung zunehmend negativ bewertet. Eine als mangelhaft empfundene Informationspolitik, mehr aber noch das verbreitete Desinteresse der Bevölkerung und der in der polnischen Öffentlichkeit lange Zeit faktisch nicht geführte Diskurs über Polens Zukunft in der europäischen Staatengemeinschaft bereiteten einem wachsenden, auf antieuropäischer Rhetorik fußenden Populismus den Nährboden (Król 2002). Unseren Daten zu Folge fühlen sich 53 Prozent der polnischen Bevölkerung im Juni 2001 schlecht über die Europäische Union informiert und nur sieben Prozent meinen, dass sie gut unterrichtet sind. Obwohl die Beitrittsakzeptanz mit einem besseren Gefühl der Informiertheit wächst (tau b = 0,22, p = 0,000), sehen sich selbst unter den Beitrittsbefürwortern nur zehn Prozent der Befragten gut über die Europäische Union in Kenntnis gesetzt, wenngleich sich immerhin eine relative Mehrheit unter ihnen (47%) als mittelmäßig informiert betrachtet.

Abbildung 4: Wer profitiert von Polens EU-Beitritt? Entwicklung des Meinungsbilds der polnischen Bevölkerung, 1993-2001

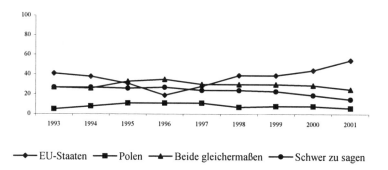

Quelle: CBOS.

Zum anderen werden mit der „Rückkehr nach Europa" seltener als zu Beginn der 90er Jahre Hoffnungen verbunden, während Ängste, Unsicherheit und Misstrauen eine immer wichtigere Rolle in den Bevölkerungsorientierungen gegenüber der Europäischen Union spielen (Mildenberger 2002). Entsprechend korrespondieren weit verbreitete und sich seit Jahren mehrende Zweifel daran, dass Polen von einem EU-Beitritt profitieren würde, mit der wachsenden Überzeugung, dass vor allem die bisherigen Staaten der Europäischen Union daraus Vorteile ziehen werden (vgl. Abbildung 4).

Entgegen der Argumentation ihrer Regierungen, die einen raschen EU-Beitritt als wesentliche Voraussetzung wirtschaftlicher Prosperität betrachten, präferieren die Bevölkerungen der Kandidatenländer häufig eine entgegengesetzte Reihenfolge (Mildenberger 2002: 4; Beitrag von Pickel in diesem Band). In Polen wird die Auffassung, dass die Modernisierung des Landes einer Mitgliedschaft in der EU vorausgehen müsse, nicht nur von einer Mehrheit der Bevölkerung geteilt. Das Meinungsbild hat sich in dieser Hinsicht seit zwei Jahren auch kaum verändert. Entsprechend zurückhaltend äußert sich die polnische Bevölkerung im Juni 2001 über das Beitrittstempo für ihr Land: Nur 38 Prozent präferieren die EU-Aufnahme ihres Landes bis 2004, 22 Prozent wünschen eine Mitgliedschaft ab 2005 oder später und mehr als ein Fünftel will sich diesbezüglich gar nicht erst festlegen. Anscheinend bezweifelt ein beachtlicher Teil der polnischen Bevölkerung, dass Polen aufgrund seiner Modernisierungsdefizite der EU als gleichberechtigtes Mitglied beitreten könnte und fürchtet um die Absicherung nationaler Interessen.

Die anhaltend unterschiedliche Prioritätensetzung setzt die polnischen Eliten unter zusätzlichen Rechtfertigungsdruck, wenn sie im Interesse eines baldigen EU-Beitritts unpopuläre Kompromisse eingehen und vor den Wählerinnen und Wählern verantworten müssen (Mildenberger 2002: 4). Vor diesem Hintergrund gewinnt die Stärke demokratischer Überzeugungen innerhalb der Bevölkerung in zweifacher Hinsicht an Bedeutung. Zum einen bilden sie die wesentliche Voraussetzung dafür, auch missliebige politische Entscheidungen als legitim anzuerkennen und Prioritätenkonflikte über demokratische Verfahren und im Rahmen rechtsstaatlicher Institutionen zu lösen. Zum anderen sollten die „Überzeugten Demokraten" in Polen ein sicheres Unterstützungsreservoir für den EU-Beitritts-Kurs ihres Landes bilden, weil sie entsprechend ihrer Demokratievorstellungen die Aufnahme Polens in die europäische Wertegemeinschaft befürworten (Hypothese 1).

Tabelle 6: Nach Demokratietypen differenzierte EU-Beitrittsakzeptanz in Polen, 2001

	Zustimmung in %
Überzeugte Demokraten	75
Unsichere Demokraten	64
Nicht-Demokraten	41
Unentschlossene	56
Cramer's V	0,22[c]
Tau b	0,18[c]

Signifikanzniveau: c: p = 0,000.

Letztere Überlegung wird mit den Zahlen in Tabelle 6 untermauert. Entsprechend unserer Erwartung zählen drei Viertel der „Überzeugten Demokraten" zu den Befürwortern des polnischen EU-Beitritts. Zugleich nimmt die Beitrittsakzeptanz ab, je weniger sicher demokratische Überzeugungen verankert sind. Natürlich stimuliert die Position der polnischen Eliten, die mit den Vertretern der EU um die Beitrittsbedingungen des Landes verhandeln, große Erwartungen an die Mitgliedschaft in der Union, wenn sie in der Bevölkerung mit der Aussicht auf Modernisierungsfortschritte um die Zustimmung zum EU-Beitritt werben. Die Hoffnung auf eine Verbesserung der wirtschaftlichen Situation zählt entsprechend auch zu den Hauptargumenten der Beitrittsbefürworter bei der Mehrheit der politischen Entscheidungsträger und innerhalb der Bevölkerung (Mildenberger 2002: 4). Insofern könnten nach dem EU-Beitritt enttäuschte Erwartungen in der Bevölkerung nicht nur den Abwärtstrend in der Akzeptanz der Europäischen Union fortführen. Denkbar ist ebenso, dass sich die politische Unzufriedenheit breiter Bevölkerungsschichten vertieft, wenn die Lösung wirtschaftlicher und sozialer Probleme nach wie vor in der Verantwortung der nationalen Regierung gesehen wird. Angesichts dessen, dass sich ein stabiler demokratischer Grundkonsens in Polen bisher nicht etablieren konnte und somit auch nicht als Puffer gegenüber wahrgenommenem Elitenversagen zur Verfügung steht, könnte diese Entwicklung mit der Zeit negative Auswirkungen auf die Akzeptanz des politischen Institutionensystems und der demokratischen Ordnungsidee mit sich bringen.

Da die Herausbildung stabiler demokratischer Überzeugungen in der Bevölkerung von Transitionsgesellschaften nach bisherigen Erkenntnissen maßgeblich von der positiven Wahrnehmung der Wirtschaftsentwicklung und der Verbesserung des Lebensstandards abhängt, dürfte vor dem Hintergrund dieser Befunde der Druck auf die Leistungskraft der EU im Sinne einer effektiven Problemlösung nach einem Beitritt Polens weiter wachsen. Unsere Daten zeigen, dass der Europäischen Union eine bedeutende Prägekraft für die weitere, ökonomisch stimulierte Konsolidierung der Beitrittskandidaten in Mittel- und Osteuropa zugeschrieben werden muss. Denn offensichtlich besteht nicht nur ein Zusammenhang zwischen wirtschaftlicher Prosperität und der Entwicklung demokratischer Überzeugungen, wie wir zumindest ansatzweise nachweisen konnten. Darüber hinaus wünscht die klare Mehrheit der „Überzeugten Demokraten" Polens baldige Mitgliedschaft im europäischen Staatenbündnis noch vor dem Jahr 2005 und knüpft daran große Erwartungen an die nachholende Modernisierung ihres Landes und einen weiteren wirtschaftlichen Aufschwung.

Mit den Befunden in Tabelle 7 können wir schließlich zeigen, dass sich die bisherigen Interpretationen auch in der multivariaten Modellprüfung bewähren und unseren hypothetischen Annahmen weitgehend entsprechen.

Tabelle 7: Bestimmungsfaktoren für die EU-Beitrittszustimmung in Polen, 2001 (binär-logistische Regression)

Block 1	Geschlecht	n.s.
	Geburtsjahr	n.s.
	Bildung (Referenzkategorie: Hochschulabschluss)	
	Fachhochschule	n.s.
	Abitur	n.s.
	Berufsausbildung	n.s.
	Hauptschule	n.s.
	ohne Abschluss	n.s.
	Haushaltseinkommen	n.s.
	Kirchgangshäufigkeit	n.s.
	Wohnort	n.s.
	Erwerbstätigkeit (Referenzkategorie: Direktor)	
	Selbständiger	n.s.
	Selbständiger Landwirt	n.s.
	Angestellter	n.s.
	Dienstleistungsberuf	0,11[a]
	Arbeiter	n.s.
	nicht erwerbstätig	n.s.
	Feld der Berufstätigkeit (Referenzkategorie: staatliche Verwaltung)	
	Schul- u. Gesundheitswesen	n.s.
	Handel	n.s.
	Verkehr u. Kommunikation	n.s.
	Bergbau/Industrie/Bau	n.s.
	Landwirtschaft	0,33[b]
Block 2	Demokratieüberzeugung (Referenzkategorie: Nicht-Demokraten)	
	Unentschlossene	n.s.
	Unsichere Demokraten	n.s.
	Überzeugte Demokraten	2,18[b]
	Links-Rechts-Selbsteinschätzung	n.s.
Block 3	Politisches Interesse	n.s.
	Gefühl der Informiertheit über EU (Referenzkat.: schlecht informiert)	
	Mittelmäßig informiert	2,51
	Gut informiert	2,17[b]
Block 4	Einschätzung Wirtschaftslage	0,70[b]
	Einschätzung wirtschaftlicher Lageentwicklung	0,76[a]
	Einschätzung eigene Lage	n.s.
	Entwicklung eigene Lage	n.s.
	Einschätzung eigener Lebensstandard	0,81
	Pseudo-R^2	0,23

Signifikanzniveaus: a: $p < 0,10$, b: $p < 0,05$, c: $p < 0,01$.

Zu diesem Zweck haben wir auf das Verfahren einer binär-logistischen Regression zurückgegriffen, da die abhängige Variable als dichotome (oder binär kodierte) Variable definiert ist (Andreß/Hagenaars/Kühnel 1997; Backhaus u.a. 2000). Dokumentiert sind ausschließlich signifikante Effektkoeffizienten (odds ratios). Sie beschreiben, wie sich das Chancenverhältnis (odd) ändert (hier: den EU-Beitritt zu befürworten), wenn sich ein unabhängiges Merkmal um eine empirische Einheit verändert.[6] Dabei zeigen Effektkoeffizienten > 1 an, dass die Chancen wachsen, Werte < 1, dass die Chancen abnehmen. Für Effektkoeffizienten = 1 gilt, dass die Chance unverändert ist und die unabhängige Variable entsprechend keine Erklärungskraft besitzt.

Nach den Ergebnissen in Tabelle 7 steigt die Chance, dass ein Befragter für Polens Beitritt in die EU votiert, in dem Maße, in dem er zugleich als „Überzeugter Demokrat" charakterisiert werden kann (Hypothese 1) und sich angemessen über die Europäische Union informiert fühlt. Individuelle sozio-demografische Merkmale hingegen scheinen die Pro-Orientierung zur Mitgliedschaft des Landes in der Europäischen Union interessanterweise nicht zu beeinflussen, ebenso wenig das politische Interesse der Befragten, die Links-Rechts-Selbstplatzierung und die Wahrnehmung der persönlichen Lage.

Von dieser Feststellung auszunehmen sind erwartungsgemäß Befragte, die im polnischen Agrarsektor beschäftig sind (Hypothese 3). Danach nimmt die Wahrscheinlichkeit eines positiven Votums für die polnische EU-Mitgliedschaft deutlich ab, wenn ein Befragter in der Landwirtschaft oder im Dienstleistungsbereich tätig ist. In dieser Gruppe der polnischen Bevölkerung summieren sich offensichtlich die Ängste vor den negativen Folgen des europäischen Wettbewerbs und geben Vorbehalten gegenüber Polens EU-Mitgliedschaft entsprechend Nahrung. Darüber hinaus deuten die Daten darauf hin, dass in dieser Frage ein gewaltiges Politisierungspotenzial vorhanden ist. Denn die Zustimmungsbereitschaft scheint ebenso unscharf konturiert wie sich die Ablehnung der polnischen EU-Mitgliedschaft auf diffuse Befürchtungen, eine negative Wahrnehmung des eigenen Lebensstandards und der wirtschaftlichen Lage sowie eine pessimistische Einschätzung der ökonomischen Entwicklung zu stützen scheint. Insofern findet auch unsere zweite Hypothese Bestätigung, mit der Einschränkung allerdings, dass weniger objektiv schlechte Lebenssituationen als vielmehr negative Perzeptionen und relative Deprivationsgefühle innerhalb der Bevölkerung die Ablehnung des EU-Beitritts fördern. In der Summe kann das Wahrscheinlichkeitsmodell allerdings nur 23 Prozent der Antwortabweichungen erklären, was breiten Raum für

---

6   Statistisch ist Chance (odd) als Verhältnis zweier Wahrscheinlichkeiten definiert: die Wahrscheinlichkeit, dass ein Ereignis eintritt, dividiert durch seine Gegenwahrscheinlichkeit (1 minus Wahrscheinlichkeit); ausführlicher dazu etwa Backhaus u.a. (2000: 109).

weitere Erklärungsvariablen lässt, die auf der Basis vorliegender Daten unberücksichtigt bleiben mussten.[7]

5.   *Fazit: Positive Wirtschaftsentwicklung als Akzeptanzstifter*

Das zentrale Erkenntnisinteresse der präsentierten Analysen ist auf den spezifischen Zusammenhang zwischen der EU-Beitrittsakzeptanz in Polen und der Substanz demokratischer Überzeugungen in der Bevölkerung gerichtet. Als Ergebnis können wir *erstens* festhalten, dass sich die Vorstellung einer demokratischen Ordnung als bestmögliche Herrschaftsform in der polnischen Bevölkerung mehr als zehn Jahre nach dem Regimewechsel noch nicht zweifelsfrei durchgesetzt hat. Zwar gilt Polen insoweit als Beispiel eines erfolgreichen Transformationsprozesses, als es heute über ein konsolidiertes demokratisches Institutionensystem verfügt. Allerdings sind autoritäre Einstellungen, am auffälligsten manifestiert in der Sehnsucht großer Bevölkerungsgruppen nach einem „starken Mann", noch immer weit verbreitet. Die Schwäche der polnischen Zivilgesellschaft, vor allem aber die sozialen Folgelasten einer hastigen und für die Bevölkerungsmehrheit brutal umgesetzten Wirtschaftsreform, die sich in der Gegenwart in wachsender politischer Unzufriedenheit und in anhaltendem Zukunftspessimismus niederschlagen, behindern hartnäckig die weitere Entwicklung und Stabilisierung demokratischer Überzeugungen.

Zweitens ist unter dem Eindruck ökonomischer und sozialer Zukunftssorgen auch die anfängliche Europaeuphorie der polnischen Bevölkerung wachsender Skepsis und Verunsicherung gewichen. Allerdings gilt das weniger für die Gruppe der „Überzeugten Demokraten", die mehrheitlich einen raschen EU-Beitritt wünschen und damit auch die Hoffnung auf die Modernisierung ihres Landes verbinden.

In der Summe machen unsere Daten deutlich, dass einer erfolgreichen Wirtschaftsentwicklung, die sich auch spürbar positiv in den objektiven Lebensbedingungen und Wahrnehmungen der polnischen Bevölkerung niederschlagen muss, eine herausragende Bedeutung für die Zukunft des Landes zukommt. Dies gilt in zweifacher Hinsicht. Zum einen deuten unsere Ergebnisse auf eine Bestätigung des bereits mehrfach nachgewiesenen Befundes hin, dass ökonomische Prosperität die Stabilisierung demokratischer Überzeugungen fördert und damit auf längere Sicht zur politisch-kulturellen Konsolidierung der neu errichteten demokratischen Ordnung beiträgt. Zum anderen stimulieren wirtschaftliche Erfolge und eine daran geknüpfte optimisti-

---

7   Für das binär-logistische Regressionsmodell wurde als Gütemaß Nagelkerkes-R^2 verwendet. Die Deutung der Maßgröße entspricht dem R^2 der linearen Regression und gestattet somit Aussagen über den Anteil erklärter Varianz im Wahrscheinlichkeitsmodell (Backhaus u.a. 2000: 133).

sche Zukunftsperspektive den Wunsch der Polen nach einem Beitritt in die Europäische Union. Dies gilt zum einen indirekt, indem Demokraten mit sicheren Überzeugungen in das Staatenbündnis streben. Die Zahl der „Überzeugten Demokraten" scheint jedoch in dem Maße zu wachsen, in dem sich die ökonomische Situation des Landes und der eigenen Lebensumstände verbessert. Zum anderen können direkte Wirkungen einer wirtschaftlichen Modernisierung auf die Bevölkerungsakzeptanz der EU-Mitgliedschaft in Polen erwartet werden, wenn die EU-Aufnahme in eigener Wahrnehmung der Bürgerinnen und Bürger zur Verbesserung ihres Lebensstandards beiträgt und soziale Verlustängste abbaut.

Auch wenn wir mit Polen nur ein einziges Beitrittsland untersucht haben und die künftigen EU-Mitglieder bezüglich ihrer Konsolidierungsfortschritte, ihrer ökonomischen, sozialen und politisch-kulturellen Charakteristika differenziert bewertet werden müssen, spricht vieles dafür, dass sich unsere Schlussfolgerungen für die mittel- und osteuropäischen EU-Beitrittskandidaten generalisieren lassen. Denn grundsätzlich teilen die meisten der künftigen EU-Mitglieder die Hypothek der real-sozialistischen Vergangenheit, deren Hinterlassenschaft zu ähnlichen, in Ausmaß und Tragweite freilich verschiedenen Modernisierungsdefiziten und Entwicklungsproblemen geführt hat. Auf die Europäische Union kommt damit nicht nur die Aufgabe zu, ihren historischen Erfolg eines effektiven, extern wirkenden Konsolidierungsakteurs junger Demokratien zu wiederholen. Vor allem werden umfassende Reformen im europäischen Institutionensystem und Entscheidungsprocedere mit dem ganzen Willen aller Beteiligten eher heute als morgen notwendig sein, wenn die Union ihrer Herausforderung gewachsen sein will.

Literatur:

Agh, Attila: Political Culture and System Change in Hungary. In: Plasser, Fritz/Pribersky, Andreas (Hrsg.): Political Culture in East Central Europe. Aldershot: Avebury, 1996, S. 127-148.

Almond, Gabriel A./Verba, Sidney: The Civic Culture. Political Attitudes and Democracy in Five Nations. 2. Auflage. Boston: Little, Brown and Company, 1963.

Andreß, Hans-Jürgen/Hagenaars, Jacques A./Kühnel, Steffen: Analyse von Tabellen und kategorialen Daten. Log-lineare Modelle, latente Klassenanalyse, logistische Regression und GSK-Ansatz. Berlin u.a.: Springer, 1997.

Backhaus, Klaus/Erichson, Bernd/Plinke, Wulff/Weiber, Rolf: Multivariate Analysemethoden. Eine anwendungsorientierte Einführung. 9., überarbeitete und erweiterte Auflage. Berlin u.a.: Springer, 2000.

Bardi, Luciano/Rhodes, Martin/Senior Nello, Susan: Enlarging the European Union: Challanges to and from Central and Eastern Europe – Introduction. In: International Political Science Review 23 (2002), S. 227-233.

Barnes, Samuel H./Simon János (Hrsg.): The Postcommunist Citizen. Budapest: Erasmus Foundation, 1998.

Bollen, Kenneth A./Jackman, Robert W.: Democracy, Stability and Dichotomies In: American Sociological Review 54 (1989), S. 612-621.

Burkhart, Ross E.: Economic Freedom and Democracy: Post-cold War Test. In: European Journal of Political Research 37 (2000), S. 237-253.

Collier, David/Levitsky, Steven: Democracy with Adjectives. Conceptual Innovation in Comparative Research. In: World Politics 49 (1997), S. 430-451.

Cziomer, Erhard: Polen auf dem Weg zur EU-Mitgliedschaft. In: Zeitschrift für Politikwissenschaft 7 (1997), S. 21-32.

Delhey, Jan: The Prospects of Catching Up for New EU Members. Lessons for the Accession Countries to the European Union from Previous Enlargements. Discussion Paper FS III 01-403, Wissenschaftszentrum Berlin, 2001.

Delhey, Jan: Korruption in Bewerberländern zur Europäischen Union. Institutionenqualität und Korruption in vergleichender Perspektive. Discussion Paper FS III 02-401. Berlin: Wissenschaftszentrum Berlin, 2002.

Delhey, Jan/Tobsch, Vera: Understanding Regime Support in New Democracies. Discussion Paper FS III 00-403. Berlin: Wissenschaftszentrum Berlin, 2000.

Diamond, Larry: Is the Third Wave Over? In: Journal of Democracy 7 (1996), S. 20-37.

Diamond, Larry: Developing Democracy: Toward Consolidation. Baltimore: Johns Hopkins University Press, 1999.

Diamond, Larry: Thinking About Hybrid Regimes. In: Journal of Democracy 13 (2002), S. 21-35.

Eckstein, Harry: A Theory of Stable Democracy. Princeton: Princeton University Press, 1961.

Eckstein, Harry: A Culturalist Theory of Political Change. In: American Political Science Review 82 (1988), S. 789-804.

EU-Kommission (Hrsg.): Regelmäßiger Bericht 2001 über die Fortschritte Polens auf dem Weg zum Beitritt, 13. November 2001.

Field, Lowell G./Higley, John: Eliten und Liberalismus. Ein neues Modell zur geschichtlichen Entwicklung der Abhängigkeit von Eliten und Nicht-Eliten: Zusammenhänge, Möglichkeiten, Verpflichtungen. Opladen: Westdeutscher Verlag, 1983.

Franzke, Jochen: Polens Transformationspfad. In: Welttrends 27 (2000), S. 7-24.

Fuchs, Dieter: Die Unterstützung des politischen Systems der Bundesrepublik Deutschland. Opladen: Westdeutscher Verlag, 1989.

Fuchs, Dieter/Roller, Edeltraud: Cultural Conditions of the Transition to Liberal Democracy in Central and Eastern Europe. In: Barnes, Samuel H./Simon János (Hrsg.): The Postcommunist Citizen. Budapest: Erasmus Foundation, 1998, S. 35-77.

Fuchs, Dieter/Klingemann, Hans-Dieter: Eastward Enlargement of the European Union and the Identity of Europe. In: Mair, Peter/Zielonka, Jan (Hrsg.): West European Politics. Special Issue on the Enlarged European Union, 2002, S. 19-54.

Garsztecki, Stefan: Die polnische politische Kultur. Kontinuität und Wandel. In: Krasnodębski, Zdzisław/Städtke, Klaus/Garsztecki, Stefan (Hrsg.): Kulturelle Identität und sozialer Wandel in Osteuropa: das Beispiel Polen. Hamburg: Krämer, 1999, S. 131-168.

Hartmann, Jürgen: Das politische System der Europäischen Union. Eine Einführung. Frankfurt a.M./New York: Campus, 2001.

Hartwich, Hans-Hermann: Nizza-Konferenz und Post-Nizza-Prozess. Status und Perspektiven der Europäischen Union. In: Gegenwartskunde 50 (2001) 1, S. 11-26.

Hoffmann-Lange, Ursula: Eliten und Demokratie in der Bundesrepublik. In: Kaase, Max (Hrsg.): Politische Kultur und politische Ordnung. Opladen: Westdeutscher Verlag, 1986, S. 318-338.

Inglehart, Ronald: The Renaissance of Political Culture. In: American Political Science Review 82 (1988), S. 1203-1230.

Jachtenfuchs, Markus: Die Problemlösungsfähigkeit der EU: Begriffe, Befunde, Erklärungen. In: Grande, Edgar/Jachtenfuchs, Markus (Hrsg.): Wie problemlösungsfähig ist die EU? Regieren im europäischen Mehrebenensystem. Baden-Baden: Nomos, 2000, S. 345-356.

Jowitt, Ken: New World Disorder. The Leninist Extinction. Berkeley: University of California Press, 1992.

Kaldor, Mary/Vejvoda, Ivan: Democratization in Central and East European Countries: An Overview. In: Dies. (Hrsg.): Democratization in Central and Eastern Europe. London/New York: Continuum, 2002a, S. 1-24.

Kaldor, Mary/Vejvoda, Ivan: Conclusion: Towards a European Democratic Space. In: Dies. (Hrsg.): Democratization in Central and Eastern Europe. London/New York: Continuum, 2002b, S. 162-173.

Kaldor, Mary/Vejvoda, Ivan (Hrsg.): Democratization in Central and Eastern Europe. London/ New York: Continuum, 2002c.

Karl, Terry Lynn: Electoralism. In: Rose, Richard (Hrsg.): The International Encyclopedia of Elections. Washington, DC: CQ Press, 2000, S. 95-96.

Klingemann, Hans-Dieter/Stöss, Richard/Weßels, Bernhard (Hrsg.): Politische Klasse und politische Institutionen. Probleme und Perspektiven der Elitenforschung. Dietrich Herzog zum 60. Geburtstag. Opladen: Westdeutscher Verlag, 1991.

Klingemann, Hans-Dieter: Mapping Political Support in the 1990s: A Global Analysis. In: Norris, Pippa (Hrsg.): Critical Citizens. Global Support for Democratic Governance. Oxford: Oxford University Press, 1999, S. 31-56.

Kneuer, Marianne: Der Einfluß externer Faktoren: Die politische Strategie der EU bei demokratischen Transformationen am Beispiel der Slowakei als defekte Demokratie. In: Bendel, Petra/Croissant, Aurel/Rüb, Friedbert W. (Hrsg.): Zwischen Demokratie und Diktatur. Zur Konzeption und Empirie demokratischer Grauzonen. Opladen: Leske + Budrich, 2002, S. 237-259.

Koszel, Bogdan: Deutsch-französischer Contredanse um Polens EU-Beitritt. In: Welttrends 34 (2002), S. 31-51.

Król, Marcin: Democracy in Poland. In: Kaldor, Mary/Vejvoda, Ivan (Hrsg.): Democratization in Central and Eastern Europe. London/New York: Continuum, 2002, S. 67-77.

Kyaw, Dietrich von: Weichenstellungen der EU-Gipfels von Nizza. In: Internationale Politik 56 (2001) 2, S. 5-12.

Levitsky, Steven/Way, Lucan A.: The Rise of Competitive Authoritarianism. In: Journal of Democracy 13 (2002), S. 51-65.

Lipset, Seymour Martin: Political Man. The Social Bases of Politics. Garden City: Doubleday, 1959.

Merkel, Wolfgang: Defekte Demokratien. In: Merkel, Wolfgang/Busch, Andreas (Hrsg.): Demokratie in Ost und West. Für Klaus von Beyme. Frankfurt a.M.: Suhrkamp, 1999, S. 361-381.

Mildenberger, Markus: Die Europa-Debatte in Politik und Öffentlichkeit der ostmitteleuropäischen EU-Kandidatenländer. In: Aus Politik und Zeitgeschichte B1-2 (2002), S. 3-10.

Nevitte, Neil: The Decline of Deference. Canadian Value Change in Cross-National Perspective. Peterborough: Broadview Press, 1996.

Papenfuß, Anja: Dokumente zu Erweiterung und Reformen der Europäischen Union. In: Internationale Politik 56 (2001) 2, S. 57-59.

Rose, Richard/Mishler, William/Haerpfer, Christian: Democracy and its Alternatives. Understanding Post-Communist Societies. Baltimore: Johns Hopkins University Press, 1998.

Rose, Richard/Shin, Doh Chull: Democratization Backwards: The Problem of Third-Wave Democracies. In: British Journal of Political Science 31 (2001), S. 331-354.

Rupnik, Jacques: Eastern Europe: The International Context. In: Journal of Democracy 11 (2000), S. 155-130.

Schedler, Andreas: The Menu of Manipulation. In: Journal of Democracy 13 (2002), S. 36-50.

Schmidt, Manfred G.: Das politische Leistungsprofil der Demokratien. In: Greven, Michael Th. (Hrsg.): Demokratie – eine Kultur des Westens? 20. Wissenschaftlicher Kongress der Deutschen Vereinigung für Politische Wissenschaft. Opladen: Leske + Budrich, 1998, S. 181-199.

Schmitt-Beck, Rüdiger: Kulturelle Aspekte demokratischer Konsolidierung in Osteuropa: Bulgarien und Ungarn in vergleichender Perspektive. In: Niedermayer, Oskar/Westle, Bettina (Hrsg.): Demokratie und Partizipation. Festschrift für Max Kaase. Wiesbaden: Westdeutscher Verlag, 2000, S. 384-403.

Waldron-Moore, Pamela: Eastern Europe at the Crossroads of Democratic Transition. Evaluating Support for Democratic Institutions, Satisfaction With Democratic Government, and Consolidation of Democratic Regimes. In: Comparative Political Studies 32 (1999), S. 32-62.

Walter, Melanie: Die deutschen Politiker in der Sicht der Bevölkerung – Wert-, Macht- oder Funktionselite? In: Falter, Jürgen W./Gabriel, Oscar W./Rattinger, Hans (Hrsg.): Wirklich ein Volk? Die politischen Orientierungen von Ost- und Westdeutschen im Vergleich. Opladen: Leske + Budrich, 2000, S. 275-317.

Weidenfeld, Werner (Hrsg.): Nizza in der Analyse. Strategien für Europa. Gütersloh: Bertelsmann, 2001.

Wessels, Wolfgang: Zukunftsfähig? Die Europäische Union à 27. In: Internationale Politik 56 (2001), S. 13-27.

Widmaier, Ulrich/Gawrick, Andrea/Becker, Ute: Regierungssysteme Zentral- und Osteuropas. Ein einführendes Lehrbuch. Opladen: Leske + Budrich, 1999.

Zakaria, Fareed: The Rise of Illiberal Democracy. In: Foreign Affairs 76 (1997), S. 22-43.

Zuzowski, Robert: Political Change in Eastern Europe since 1989. Prospects for Liberal Democracy and a Market Economy. Westport/London: Praeger, 1998.

III. Einstellungen zum Euro

Jürgen Maier, Frank Brettschneider und Michaela Maier

Medienberichterstattung, Mediennutzung und die Bevölkerungseinstellungen zum Euro in Ost- und Westdeutschland

1. Einleitung

Am 1. Januar 2002 wurde der Euro als alleiniges Zahlungsmittel in zwölf der 15 Mitgliedsstaaten der Europäischen Union eingeführt – einzig Dänemark, Großbritannien und Schweden behielten ihre alte Währung bei. Mit der Gründung eines gemeinsamen Währungsraums für mehr als 300 Millionen Menschen wurde eine der bedeutendsten wirtschafts- und finanzpolitischen Weichenstellungen in der europäischen Geschichte vorgenommen. Mit der Einführung des Euro verbinden sich jedoch nicht nur hochgesteckte ökonomische Erwartungen. Mit der gemeinsamen Währung werden auch Hoffnungen auf ein beschleunigtes und unwiderrufliches Zusammenwachsen der europäischen Bevölkerung und damit auf die dauerhafte Sicherung des seit dem Ende des Zweiten Weltkriegs zwischen den europäischen Staaten bestehenden Friedens verknüpft. Die Europäische Union erhofft sich ferner, dass die mit dem Währungswechsel vorangetriebene wirtschaftliche Integration Europas auch die Akzeptanz für Einigungsvorhaben in anderen Politikfeldern sowie des gesamten europäischen Institutionengefüges erhöht.

Wenngleich die Fernsehbilder von den begeisterten Menschenmassen, die sich in der Neujahrsnacht vor den Bankautomaten und in den geöffneten Schalterhallen der Geldinstitute versammelten, eine überschwängliche Zustimmung zur neuen Währung suggerieren, stand ein Großteil der Europäer dem Euro lange Zeit mit großer Skepsis gegenüber.[1] Dazu zählen nicht nur die traditionell europakritischen Briten und Skandinavier, sondern auch Bürger aus Staaten, die gemeinhin nicht als integrationsscheu gelten: So haben die Dänen in einer Volksabstimmung die Teilnahme an der Währungsunion abgelehnt. Auch in Frankreich, Finnland, Österreich und Portugal lehnten – trotz einer mehrheitlichen Zustimmung – nennenswerte Teile der Bevölkerung die neue Währung ab. In Deutschland gab es ebenso viele Euro-Gegner

---

1 Die Begleitforschung der Europäischen Kommission zum Währungswechsel ist dokumentiert unter: http://europa.eu.int/comm/dg10/epo/polls.html.

wie Euro-Befürworter. In Ostdeutschland waren die Euro-Gegner sogar in der Mehrheit. Damit wies die Bundesrepublik nicht nur die schlechtesten Werte unter allen Ländern der Euro-Zone auf, sondern die Einstellungen der Bevölkerung standen im krassen Gegensatz zu den Orientierungen und Verhaltensweisen der politischen Eliten in dieser Frage (Eckstein/Pappi 1999).

Das Ausmaß der Zustimmung zum Euro wird meistens mittels zweier Ansätze erklärt. Entsprechende Untersuchungen knüpfen an bereits bestehende Theorien zur Erklärung der Unterstützung der europäischen Integration an. Diese lassen sich in zwei Hauptströmungen unterscheiden (Kaltenthaler/ Anderson 2001): Der erste Typ von Theorien erklärt die Zustimmung zum Integrationsprozess als Ergebnis einer „rationalen" Kosten-Nutzen-Kalkulation. Dabei werden die wahrgenommenen Vor- und Nachteile, die sich aus der europäischen Integration für die eigene Nation – und damit auch für deren Bürger – ergeben, miteinander verglichen: „European citizens judge the general integration process by its supposed effects on their economy and their economic well-beeing" (Kaltenthaler/Anderson 2001: 144). Personen, die mehr Vor- als Nachteile wahrnehmen, stimmen der europäischen Integration eher zu als Personen, aus deren Sicht die Nachteile überwiegen. Übereinstimmend mit dieser Theorie konnten zahlreiche Studien zeigen, dass makro-ökonomische Variablen – etwa die Inflationsrate oder die Handelsbilanz mit anderen Staaten – systematisch mit der Unterstützung der Europäischen Union zusammenhängen (Anderson/Reichert 1996; Eichenberg/Dalton 1993; Gabel/ Palmer 1995). Analog hierzu zeigt sich, dass auch die Einstellungen zur wirtschaftlichen Dimension des Europäischen Einigungsprozesses, dessen Höhepunkt nun mit der Einführung einer einheitlichen Währung erreicht ist, in erheblichem Maße vom Umfang der in diesem Zusammenhang wahrgenommenen ökonomischen Vor- und Nachteile aber auch von den objektiven wirtschaftlichen Rahmenbedingungen eines Landes abhängt (Gärtner 1997; Kaltenthaler/Anderson 2001; zu den verschiedenen Dimensionen der europäischen Integration vgl. Rattinger 1994).

Der zweite Theorietyp erklärt die Unterstützung der europäischen Integration mit unterschiedlichen politisch-kulturellen Orientierungen, nationalen Politikstilen und den sich daraus ergebenden Interaktionen mit den auf europäischer Ebene getroffenen politischen Entscheidungen: „Specifically, this perspective contends that support for the European project is intimately linked with national histories, attitudes toward the nation state, and experiences with Europe as a supra-national organization" (Kaltenthaler/Anderson 2001: 147). Auch für diesen Ansatz gibt es zahlreiche empirische Belege: Die affektive Bindung an den Nationalstaat bzw. die Europaorientierung der Bürger und ihrer nationalen Regierungen beeinflussen in hohem Maße die individuelle Integrationsbereitschaft (z.B. Eichenberg/Dalton 1993; Franklin/ Marsh/McLaren 1994; Inglehart 1977; Martinotti/Steffanizzi 1995; Shepherd 1975). Dementsprechend hängt auch die Akzeptanz des Euro stark von den

Einstellungen zur eigenen Nation und ihren Symbolen (zu denen zweifellos auch die Währung gehört), von der grundsätzlichen Bereitschaft, national-staatliche Kompetenzen zugunsten Europas abzugeben, sowie von den gene-rellen Erfahrungen ab, die bislang mit der Europäischen Union gemacht wur-den (Kaltenthaler/Anderson 2001; Müller-Peters 1998).

Im Rahmen der wissenschaftlichen Diskussion über die Faktoren, die bei der Herausbildung von Einstellungen zum Euro relevant sein könnten, wurde bisher die Rolle der Massenmedien weitgehend ausgeblendet (eine der seltenen Ausnahmen bildet die Untersuchung von de Vreese/Peter/Semetko 2001; für den Einfluss der Medien auf sonstige Einstellungen zur europäi-schen Integration vgl. z.b. Semetko/de Vreese/Peter 2000). Dies ist erstaun-lich, weil die Vermittlung von Informationen über Politikfelder, die für die meisten Bürger nicht direkt erfahrbar sind, nahezu ausschließlich durch Pres-se und Rundfunk geleistet wird. Dies gilt auch für die Arena der nationalen Politik und – in besonderem Maße – für die auf der supranationalen Ebene verhandelte Europapolitik. Zwar wirken sich politische Entscheidungen der Europäischen Union hin und wieder in spürbarer Weise auf das Leben der Bürger aus, so dass der Einzelne für die Herausbildung eigener Positionen zu europapolitischen Fragen neben den medial vermittelten Informationen in ge-wissem Maß auch auf persönliche Erfahrungen rekurrieren kann. Doch im Fall des Euro hatten die europäischen Bürger bis zu seiner Einführung keine Gelegenheit, direkte Erfahrungen mit der neuen Währung zu sammeln.

Dass die Substitution der nationalen Währungen durch eine gemeinsame europäische Währung nur eine Frage der Zeit war, wurde den Bürgern zwar bereits seit Jahren vor Augen geführt. Denn neben einigen früheren Versu-chen, die verschiedenen europäischen Währungen zusammenzufassen (z.B. im Rahmen des seit 1979 wirksamen Europäischen Währungssystems), wur-de 1992 auf der Grundlage der Beschlüsse des EU-Gipfels von Maastricht durch die Gründung des europäischen Binnenmarktes der erste Schritt auf dem Weg zum Euro vollzogen. Zwei Jahre später wurde das Europäische Währungsinstitut gegründet, das 1998 in die Europäische Zentralbank über-führt wurde. Auf dem EU-Gipfel in Madrid 1995 wurde dann der Fahrplan zur Währungsunion beschlossen. Auch legte man – einem Vorschlag des da-maligen Bundesfinanzministers Waigel folgend – den Namen der neuen Währung fest. Eine erste, an ökonomischen Stabilitätskriterien orientierte Auswahl der Staaten, die am Währungswechsel teilnehmen sollten, wurde 1997 getroffen und ein Jahr später durch die Aufnahme von elf Staaten in die Währungsunion sowie durch die nachträgliche Berücksichtigung Griechen-lands im Jahr 2001 bestätigt. Im bargeldlosen Zahlungsverkehr und im Bör-senhandel war der Euro bereits seit dem 1. Januar 1999 gültig – damit wurde die Europäische Währungsunion verwirklicht. Die Wechselkurse der nationa-len Währungen sind fest an den Euro gekoppelt. Ferner gelten nun in den Ländern der Euro-Zone einheitliche währungspolitische Regeln.

Doch erst zehn Jahre nach der Einführung des Binnenmarktes, der allgemein als erste Stufe der Währungsunion angesehen wird, kamen die Bürger der Staaten, die ihre nationalen Währungen durch den Euro ersetzten, zum ersten Mal mit dem neuen Geld in Berührung: Mit der Ausgabe der so genannten „Starter Kits" – in Deutschland begann diese Ausgabe am 17. Dezember 2001 – konnten man die neuen Münzen nun aus der Nähe betrachten. Für die Inspektion der Euro-Scheine musste man sich jedoch bis zur Bargeldumstellung gedulden. Bis zur Ausgabe des neuen Geldes konnten sich die Bürger für die Herausbildung einer Einstellung zum Euro also auf keinerlei persönliche Erfahrungen stützen – sieht man einmal von der Möglichkeit ab, dass der Euro bereits bei bargeldlosen Transaktionen eingesetzt werden konnte. Informationen über das zukünftige Geld erhielten die Bürger in erster Linie über die Banken sowie über Rundfunk und Presse. Dabei war das Fernsehen – deutlich vor der Presse, dem Radio und den Geldinstituten – die am häufigsten genutzte Informationsquelle über den Euro (Europäische Kommission 2001: 51f.). Weil das Fernsehen ferner als das glaubwürdigste Medium angesehen wird (z.B. Ridder/Engel 2001: 113), erscheint eine Ausblendung der Informationsfunktion vor allem dieses Mediums bei der Analyse von Einstellungen zum Euro als unangemessen.

Im vorliegenden Beitrag wird daher der Einfluss der Berichterstattung in den Fernsehnachrichten auf die Einstellungen zum Euro in Deutschland untersucht. Nach einer kurzen Darstellung der verwendeten Daten werden zunächst die Bevölkerungseinstellungen und die Anteile von Euro-Anhängern und Euro-Gegnern in verschiedenen sozialen Gruppen im Mai 2001, also wenige Monate vor Einführung der neuen Währung, beleuchtet. Die dabei gewonnenen Erkenntnisse werden anschließend in einen größeren Untersuchungszeitraum eingebettet, der über die Entwicklung der Einstellungen zum Euro informiert. Diese wird dann mit der Entwicklung der Medienberichterstattung über die neue Währung verglichen. Abschließend wird im Rahmen eines Strukturgleichungsmodells auf der Individualebene untersucht, wie groß der Einfluss der Nutzung von Nachrichtensendungen auf die Einstellung zum Euro ist, und unter welchen Bedingungen dieser Effekt besonders deutlich ausfällt.

2. Daten

Die nachfolgenden Analysen stützen sich zum einen auf Daten aus Bevölkerungsumfragen, zum anderen auf Medieninhaltsanalysen. Im Mittelpunkt der ausgewerteten Bevölkerungsbefragungen stehen Fragen zum Euro und zum Mediennutzungsverhalten, die der Bundesverband deutscher Banken in das von der Mannheimer Forschungsgruppe Wahlen durchgeführte „Politbarometer" vom Mai 2001 eingestellt hat. Zusätzlich werden an einigen Stellen Daten aus anderen Politbarometer-Befragungen und aus den von der Europäischen Kommission in Auftrag gegebenen Eurobarometern herangezogen.

Zum anderen stehen Daten des Inhaltsanalyseinstituts Medien Tenor zur Verfügung, die über die Berichterstattung in den Hauptnachrichtensendungen der wichtigsten öffentlich-rechtlichen und privat-kommerziellen Fernsehsender (ARD Tagesschau, ARD Tagesthemen, ZDF heute, ZDF Heute-Journal, RTL Aktuell, SAT.1 18:30, ProSieben Nachrichten) Auskunft geben. Die zu Monaten zusammengefassten Mediendaten liegen auf Beitragsebene für die Zeit von 1996 bis zum März 2002 vor.[2]

3. Struktur und Entwicklung der öffentlichen Meinung zum Euro

Rund sieben Monate vor dem Währungswechsel stand die Mehrheit der Deutschen dem neuen Geld skeptisch gegenüber: So beurteilten 55 Prozent die seit 1999 mögliche Verwendung des Euro im bargeldlosen Zahlungsverkehr negativ.[3] Nur 39 Prozent hielten die Einführung des Euro für eine gute Maßnahme. Ein ähnliches Bild erhält man, wenn man nach den wahrgenommenen persönlichen Konsequenzen fragt, die sich durch die Währungsumstellung zum 1. Januar 2002 ergeben.[4] Während 34 Prozent eher Nachteile für das eigene Leben befürchteten, sahen nur 16 Prozent im Euro überwiegend Vorteile. Die Mehrheit (51 Prozent) erwartete hingegen keine wesentlichen Veränderungen bzw. eine Neutralisierung von Vor- und Nachteilen. Auch Deutschland würde nach Einschätzung der Deutschen durch die Ablösung der D-Mark nicht profitieren: 43 Prozent erwarteten negative Folgen (u.a. Instabilität der neuen Währung, Arbeitslosigkeit), 20 Prozent sahen im Währungswechsel überwiegend Chancen (u.a. Wettbewerbsfähigkeit, mehr Transparenz bei Preisen), und 38 Prozent erwarteten weder positive noch negative Konsequenzen.[5]

Im Folgenden werden diese drei Aspekte der Euro-Bewertung zu einem Maß zusammengefasst. Daraus ergeben sich Euro-Anhänger und Euro-Geg-

---

2 Wir danken dem Bundesverband deutscher Banken, insbesondere Christian Jung, sowie dem Medien Tenor, insbesondere Matthias Vollbracht, dafür, dass sie uns die Daten zur Verfügung gestellt haben.

3 Fragewortlaut: „Am 1. Januar 1999 wurde in Deutschland der Euro als Währung eingeführt. Finden Sie das gut, oder finden Sie das nicht gut?".

4 Fragewortlaut: „Und was erwarten Sie für sich persönlich? Bringt die gemeinsame europäische Währung – alles in allem gesehen – für Sie persönlich eher Nachteile, eher Vorteile, oder gleichen sich Vor- und Nachteile aus?".

5 Fragewortlaut: „Und was meinen Sie, bringt die gemeinsame europäische Währung – alles in allem gesehen – für Deutschland eher Nachteile, eher Vorteile, oder gleichen sich Vor- und Nachteile aus?".

ner.[6] Demnach konnten im Mai 2001 nur 43 Prozent der Befragten als Euro-Befürworter bezeichnet werden, 57 Prozent mussten als Euro-Gegner gelten (vgl. Tabelle 1). In Westdeutschland fiel der Anteil der Euro-Anhänger deutlich höher aus als in den neuen Bundesländern. Männer befürworteten den Euro häufiger als Frauen, und Jüngere standen der neuen Währung aufgeschlossener gegenüber als Ältere. Weiterhin war der Euro unter formal gut Gebildeten sowie unter Beamten und Selbständigen überdurchschnittlich populär, während Haupt- und Realschulabsolventen sowie Arbeiter das neue Geld mehrheitlich ablehnten.

Tabelle 1: Euro-Anhänger und Euro-Gegner, Mai 2001 (Zeilenprozente)

	Euro-Anhänger	Euro-Gegner	N
Gesamt	43	57	1930
Wohnort			
West	47	53	1546
Ost	29	71	384
Geschlecht			
Männlich	50	50	921
Weiblich	37	63	1009
Alter			
18-29 Jahre	49	51	259
29-44 Jahre	45	55	738
45-59 Jahre	46	54	472
60 Jahre und älter	33	67	462
Bildung			
Hauptschule	29	71	672
Realschule	40	60	670
Abitur	62	38	587
Beruf			
Arbeiter	28	72	443
Angestellter	44	56	893
Beamter	64	36	140
Selbständiger	58	42	187
kein Beruf	43	57	267

Sämtliche Unterschiede sind statistisch signifikant (p < 0,001). Quelle: Bundesverband deutscher Banken/Forschungsgruppe Wahlen.

Die im Mai 2001 zu beobachtende Ablehnung des Euro ist kein Ausnahmefall. Die Deutschen zeichneten sich schon länger durch eine tief verwurzelte

---

6   Die Definition der beiden Gruppen erfolgte auf der Basis einer für Ost- und Westdeutschland getrennt durchgeführten Clusteranalyse mit Hilfe der SPSS-Prozedur „Quick Cluster".

Skepsis gegenüber der neuen Währung aus (vgl. Abbildung 1; für weiter zurückliegende Daten vgl. Eckstein/Pappi 1999: 306). So hielten zwischen 1996 und 1998 nur etwa 30 Prozent der Deutschen die Einführung des Euro für eine gute Idee. Im Laufe des Jahres 1998 wuchs die Gruppe der Euro-Befürworter zwar stetig an, und Anfang 1999 bildete sie sogar erstmals die Mehrheit. Doch bereits wenige Monate nach der Einführung des Euro an den Börsen und im bargeldlosen Zahlungsverkehr ging die Akzeptanz der neuen Währung zurück. Dieser Trend kehrte sich erst Ende 2000 wieder um. Seither ist eine deutliche Zunahme der Euro-Anhängerschaft zu beobachten. Allerdings wurde der Plan, die D-Mark durch den Euro zu ersetzen, erst kurz vor der finalen Währungsumstellung von einer Mehrheit getragen.

Abbildung 1: Bevölkerungseinstellungen zum Euro, 1996-2002

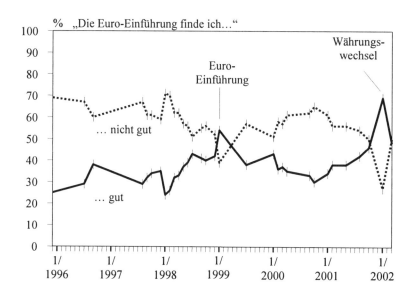

Drei Monate nach der Einführung wollten zahlreiche Menschen die D-Mark zurück haben. Im März 2002 stimmte die Meinungsverteilung in der Bevölkerung wieder mit der Stimmung überein, die im Oktober 2001 – drei Monate vor dem Währungswechsel – vorherrschte: 48 Prozent finden die Einführung des Euro gut, 50 Prozent finden sie nicht gut (vgl. Abbildung 1). Diese Ergebnisse der Forschungsgruppe Wahlen decken sich mit Befunden des Instituts für Demoskopie Allensbach, wonach sich 54 Prozent der Deutschen die D-Mark zurück wünschen, während 37 Prozent diesen Wunsch nicht teilen. Und auch das Umfrageinstitut INRA stellte fest, dass 38 Prozent der Deutschen die Einführung des Euro ablehnen, 36 Prozent begrüßen sie, 26 Prozent sind unentschieden.

Als Ursachen für die wechselhafte Entwicklung der öffentlichen Meinung zum Euro – insbesondere seit 1999 – kommen im Wesentlichen zwei Faktoren in Betracht: erstens die Entwicklung des Außenwertes des Euro und zweitens die Berichterstattung über die neue Währung in den Massenmedien. Der Außenwert des Euro gegenüber dem US-Dollar hat sich seit dem 1. Januar 1999 erheblich verringert. Während ein Euro zu Beginn seiner Börsennotierung noch 1,18 US-Dollar kostete, hat sich sein Wert bis zum Jahresende 2000 um mehr als ein Fünftel auf nur noch 0,93 US-Dollar reduziert. Seither hat sich der Wertverlust des Euro verlangsamt. Anfang 2002 kostete ein Euro knapp 0,88 US-Dollar (vgl. Abbildung 2).

Abbildung 2: Außenwert des Euro zum US-Dollar sowie Bevölkerungseinstellungen zum Euro, 1999-2002

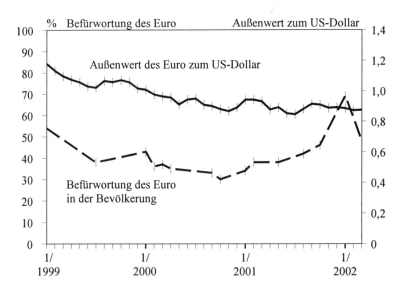

Quelle: Forschungsgruppe Wahlen (Umfragedaten), Europäische Zentralbank (Außenwert).

Betrachtet man die Entwicklung des Euro-Außenwertes und die Entwicklung der öffentlichen Meinung bis zum Ende des Jahres 2000, wird eine erhebliche Parallelität der beiden Zeitreihen deutlich: Mit dem Wertverlust der neuen

Währung verringert sich auch die Unterstützung des Euro in der Bevölkerung. Im Jahr 2001 verliert sich jedoch dieser starke Zusammenhang, so dass mit den Massenmedien ein zweiter Faktor ins Blickfeld rückt, der für die Entwicklung der öffentlichen Meinung verantwortlich sein könnte.

4. Die Entwicklung der Medienberichterstattung über den Euro

Die Massenmedien berichteten bis zum Jahresbeginn 2000 nur sehr selten über den Euro. Wie die Analyse der Berichterstattung im Rahmen der Fernsehnachrichten – denen, wie bereits weiter oben ausgeführt wurde, angesichts des Informationsverhaltens der Bevölkerung eine besondere Bedeutung für die Darstellung des Währungswechsels zukommt – zeigt, lassen sich in den Jahren 1996 bis 1999 nur wenige Zeitpunkte erkennen, zu denen in größerem Umfang über das neue Geld berichtet wurde. Hervorzuheben ist dabei vor allem das Medieninteresse im Rahmen des Auswahlverfahrens für die Länder der Euro-Zone (1997), für den Start der Währungsunion (1998) sowie die Einführung des Euro an den Börsen und im bargeldlosen Zahlungsverkehr (1999). Im Jahr 2000 lässt sich für die öffentlich-rechtlichen Sendeanstalten eine relativ stabile Berichterstattungspraxis beobachten. Das Interesse ebbt jedoch Ende 2000 bis zum Herannahen des Währungswechsels in allen Nachrichtensendungen mit Ausnahme der Tagesthemen wieder ab. Unter den Nachrichtensendungen der privat-kommerziellen Anbieter lässt sich nur für ProSieben eine ähnliche Berichterstattungshäufigkeit wie für die Tagesthemen beobachten. RTL und SAT.1 zeigen erst Ende 2001 Interesse am Euro (vgl. Abbildung 3). Seit dem Februar 2002 spielt der Euro jedoch in der Berichterstattung der Fernsehnachrichten nur noch eine marginale Rolle. Allenfalls im Zusammenhang mit der Diskussion über Preiserhöhungen, die im Zuge der Euro-Einführung vor allem in der Gastronomie beobachtet wurden, schaffte er noch einmal den Sprung über die journalistische Aufmerksamkeitshürde des Fernsehens. In den Printmedien hielt die Berichterstattung hingegen etwas länger an.

Wenn man sich für die Gründe der seit 2001 festzustellenden Entkoppelung von Außenwert und öffentlicher Meinung interessiert, ist neben der Häufigkeit der Berichterstattung über den Euro vor allem seine Bewertung in den Massenmedien von Belang. Lässt sich die Zunahme der Euro-Akzeptanz in der Bevölkerung auf eine zunehmend positive Bewertung des Euro in den Fernsehnachrichten zurückführen?

In den ersten beiden Monaten des Jahres 2001 wurde der Euro in den Fernsehnachrichten eher positiv als negativ dargestellt, d.h. es wurden im Zusammenhang mit dem Euro mehr Vor- als Nachteile thematisiert. Im März wird jedoch ein völlig anderes, deutlich negatives Bild der neuen Währung gezeichnet. Zwar erholt sich das vom Fernsehen transportierte Image des Eu-

Abbildung 3: Häufigkeit der Berichterstattung über den Euro in den
Fernsehnachrichten, 1996-2002 (Zahl der Beiträge)

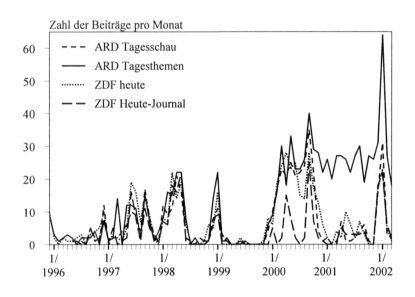

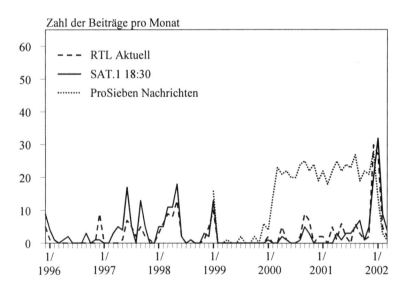

Quelle: Medien Tenor.

ro in den Folgemonaten, und gegen Jahresende ist der Medientenor eindeutig positiv, aber bis zum Mai sowie in den Monaten Juli und Oktober überwiegen negative Bewertungen.[7] Zwischen der Tendenz der Fernsehberichterstattung über den Euro und der Entwicklung der öffentlichen Meinung besteht ein Zusammenhang: Je positiver das Fernsehen über das neue Geld berichtet, desto günstiger fallen auch die Urteile seitens der Bevölkerung aus.

Abbildung 4: Tendenz der Berichterstattung über den Euro in den Fernsehnachrichten, 2001-2002

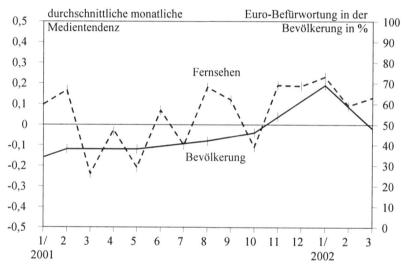

Die Tendenz der Berichterstattung über den Euro kann zwischen den Werten -1 (in einem Monat werden ausschließlich negative Bewertungen des Euro publiziert) bis +1 (in einem Monat werden ausschließlich positive Bewertungen des Euro publiziert) liegen. Quelle: Forschungsgruppe Wahlen (Umfragedaten), Medien Tenor (Inhaltsanalyse).

Der Meinungswandel in den Massenmedien ist auf eine veränderte thematische Schwerpunktsetzung in der Euro-Berichterstattung zurückzuführen: Rückte das Fernsehen bis zur Jahresmitte 2001 vor allem den – im allgemeinen negativ beurteilten – Außenwert des Euro in den Mittelpunkt seiner Berichterstattung, konnten sich ab September die Modalitäten des bevorstehenden – und tendenziell positiv bewerteten – Währungswechsels als Thema durchsetzen. Die mit der Einführung des Euro verbundenen politischen

---

7 Ein ähnlicher Verlauf der Berichterstattung zeigt sich auch bei den überregionalen Tageszeitungen und bei der Wochenpresse.

Aspekte der europäischen Integration wurden von den Medien hingegen zu keinem Zeitpunkt in größerem Umfang thematisiert und belegen unter den hier betrachteten Themen abgeschlagen den letzten Platz (vgl. Abbildung 5).

Abbildung 5: Schwerpunkte der Berichterstattung über den Euro in den Fernsehnachrichten, 2001

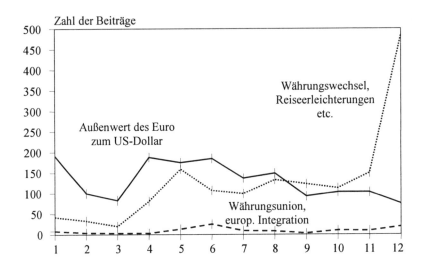

Quelle: Medien Tenor.

5. Einstellung zum Euro und Mediennutzung – ein Kausalmodell

Der beobachtete Zusammenhang zwischen der Medienberichterstattung über den Euro und der öffentlichen Meinung zur neuen Währung sollte auch auf der Individualebene zu finden sein. Die Chancen, dass sich auch hier Medienwirkungen zeigen, stehen nicht schlecht: Denn die Massenmedien sind – wie weiter oben bereits diskutiert wurde – zwar nicht die einzige, wohl aber die wichtigste Quelle, aus der die Bürger vor der Einführung der neuen Währung Informationen über den Euro beziehen konnten.

Im Rahmen eines einfachen Kausalmodells (vgl. Abbildung 6) soll deshalb im Folgenden der Einfluss des individuellen Konsums von Nachrichtensendungen im Fernsehen auf die Einstellung zum Euro untersucht werden.[8]

---

8   Weil zum hier gewählten Untersuchungszeitpunkt die Berichterstattung über den Euro nahezu ausschließlich von den öffentlich-rechtlichen Nachrichtensendungen geleistet wurde,

Aus zahlreichen Studien, die sich mit Bevölkerungseinstellung zur europäischen Integration beschäftigen, ist bekannt, dass die generelle Orientierung gegenüber der Europäischen Union eine wichtige Größe für die Erklärung von Einstellungen zu spezifischen Aspekten des Integrationsprozesses darstellt. Deshalb enthält auch das Kausalmodell diesen Faktor.[9] Das getrennt für Ost- und Westdeutschland geschätzte Modell wird durch die Berücksichtigung der sozialstrukturellen Kontrollvariablen Alter, Bildung und Geschlecht abgerundet, die nicht nur mit den Einstellungen zur Europäischen Union und zum Euro zusammenhängen, sondern auch das Mediennutzungsverhalten von Individuen beeinflussen.[10]

Angesichts der oben dargestellten Befunde sollte auch die hier zu erklärende endogene Größe – die Einstellung zum Euro[11] – durch die Nutzung der öffentlich-rechtlichen Fernsehnachrichten beeinflusst werden. Dieser Zusammenhang kann jedoch bestenfalls in den neuen Bundesländern nachgewiesen werden, wo mit steigendem Nachrichtenkonsum eine signifikant günstigere Orientierung gegenüber der neuen Währung zu beobachten ist (vgl. Tabelle 2). Darüber hinaus ist auch eine – ebenfalls mit einem positiven Vorzeichen versehene – indirekte, d.h. über die Einstellung zur Europäischen Union vermittelte Wirkung von Fernsehnachrichten zu konstatieren. In Westdeutschland ist hingegen weder ein nennenswerter direkter, noch ein indirekter Effekt der Mediennutzung zu erkennen.

Wesentlich besser als durch die Mediennutzung wird die Einstellung zum Euro durch allgemeinere Ansichten zur Europäischen Union erklärt. Personen, die die Europäische Union positiv bewerten, begrüßen den Euro. Personen, die der Europäischen Union skeptisch gegenüberstehen, lehnen seine Einführung eher ab. Dieses Ergebnis befindet sich im Einklang mit zahlreichen Arbeiten zur Strukturierung (außen)politischer Überzeugungssysteme. Sie zeigen, dass diese Überzeugungssysteme hierarchisch organisiert sind: Allgemeine Wertorientierungen und abstraktere Vorstellungen zu einem Themenbereich determinieren die Orientierungen zu spezifischen Fragen stärker

---

wird im Folgenden nur die Rezeption der Nachrichtensendungen von ARD und ZDF berücksichtigt. Fragewortlaut: „Jetzt einmal zum Fernsehen: Sehen Sie die Tagesschau um 20.00 Uhr im 1. Programm [„heute" um 19.00 Uhr im ZDF] jeden Tag, fast jeden Tag, mehrmals in der Woche, einmal in der Woche, seltener oder nie?".

9 Fragewortlaut: „Glauben Sie, dass die Mitgliedschaft in der Europäischen Union – alles in allem gesehen – der deutschen Bevölkerung eher Vorteile bringt, dass sie eher Nachteile bringt oder dass sich Vor- und Nachteile ausgleichen?".

10 Zwischen diesen vollständig exogenen Variablen werden Korrelationen zugelassen. Die Schätzung wird mit AMOS 4.01 vorgenommen.

11 Das Messmodell für die als latente Variable spezifizierte Einstellung zum Euro macht deutlich, dass diese sowohl in Ost- als auch in Westdeutschland am stärksten durch die grundsätzliche Zustimmung bzw. Ablehnung der neuen Währung determiniert wird. Ein etwas geringerer Einfluss ist für die wahrgenommenen persönlichen Folgen zu beobachten; die mit Abstand geringste Beziehung ist zwischen der latenten Variable und den perzipierten Konsequenzen der Währungsumstellung für Deutschland zu konstatieren.

Abbildung 6: Mediennutzung, Einstellungen zur EU und Einstellungen zum Euro im Kausalmodell

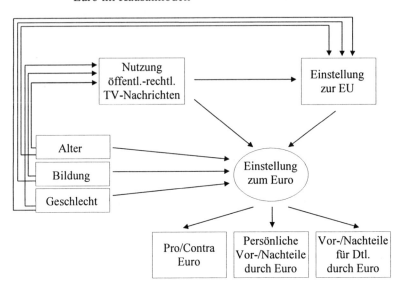

Tabelle 2: Mediennutzung, Einstellung zur Europäischen Union und Einstellung zum Euro im Kausalmodell in Ost- und Westdeutschland, Mai 2001 (standardisierte Pfadkoeffizienten)

	West			Ost		
	TV	EU	Euro	TV	EU	Euro
Alter	$0{,}40^c$	0,00	-0,03	$0{,}44^c$	-0,07	-0,02
Bildung	0,06	$0{,}24^c$	$0{,}22^c$	0,06	$0{,}09^b$	$0{,}18^c$
Geschlecht	0,00	$-0{,}08^b$	$0{,}08^b$	-0,01	$-0{,}09^b$	$-0{,}12^c$
TV	-	0,06	0,05	-	$0{,}11^b$	$0{,}10^b$
EU	-	-	$0{,}54^c$	-	-	$0{,}59^c$
	Statistiken zur Modellanpassung					
Chi^2	46,5			24,3		
Freiheitsgrade	10			10		
AGFI	0,958			0,976		
CFI	0,974			0,988		
N	1014			916		

Signifikanzniveaus: a: p < 0,05, b: p < 0,01, c: p < 0,001. Quelle: Bundesverband deutscher Banken/Forschungsgruppe Wahlen.

als dies umgekehrt der Fall ist (Hurwitz/Peffley 1987; Peffley/Hurwitz 1985, 1993; für diesbezügliche Ergebnisse zu Einstellungen zur europäischen Integration in Deutschland vgl. Rattinger 1996). So ist es nicht weiter verwunderlich, dass im Mai 2001 – als die Euro-Einführung noch nicht unmittelbar bevorstand und als die Massenmedien nur selten über den Euro berichteten – zahlreiche Menschen zur Beurteilung dieser Währung auf ihre grundsätzlichen Einstellungen zur Europäischen Union zurückgegriffen haben.

Neben den allgemeinen Einstellungen zur Europäischen Union hängt die Befürwortung oder Ablehnung des Euro – wie in Tabelle 1 dargestellt – deutlich vom formalen Bildungsgrad ab. Je höher der formale Bildungsabschluss, desto größer ist die Zustimmung zur neuen Währung. Und während in den alten Bundesländern Frauen ein signifikant besseres Bild vom neuen Geld haben als Männer, sind die Verhältnisse in den neuen Bundesländern umgekehrt.

Ein etwas differenzierteres Bild von der Rolle der Massenmedien ergibt sich, wenn man die Schätzung des Kausalmodells getrennt nach dem Grad der persönlichen Bedeutung vornimmt, die die neue Währung für die Bürger hat.[12] Dabei ist zweierlei zu beobachten: Zum einen spielte der Euro im Mai 2001 noch keine wesentliche Rolle für die Deutschen. So bezeichneten nur neun Prozent der West- und sieben Prozent der Ostdeutschen das Thema „Euro" als sehr wichtig, 46 Prozent (Ost: 44 Prozent) hielten es für wichtig. Demgegenüber war die neue Währung für jeweils 36 Prozent der Ost- und Westdeutschen nicht so wichtig, und neun Prozent (Ost: 13 Prozent) bezeichneten den Euro sogar als unwichtig.

Zum anderen lässt sich vor allem in den neuen Bundesländern eine nichtlineare Interaktion zwischen der persönlichen Wichtigkeit des Themas „Euro" und der Mediennutzung erkennen (vgl. Tabelle 3). Dieser Zusammenhang zeigt sich in der Richtung auch in Westdeutschland, ist dort jedoch sehr viel schwächer ausgeprägt. Dabei wirkt sich unter denjenigen, die den Euro als unwichtig bezeichnen, die Rezeption öffentlich-rechtlicher Nachrichten in beiden Landesteilen *negativ* auf die Akzeptanz der neuen Währung aus. In allen anderen Gruppen ist hingegen ein positiver Zusammenhang zwischen Mediennutzung und Einstellungen zum Euro zu beobachten. Dieser ist jedoch nicht in derjenigen Gruppe am stärksten, die den Euro als besonders wichtig einschätzt, sondern in den Gruppen, die dem Thema eine mittlere Bedeutung zuweisen. Dieser Befund deckt sich mit den Ergebnissen Zallers (1992: 42), wonach die Bedeutung, die den Massenmedien bei der Herausbildung individueller politischer Orientierungen zukommt, eine Funktion der Aufmerksamkeit gegenüber einem Thema ist: „The greater a person's level of cognitive engagement with an issue, the more likely he or she is to be exposed to and

---

12 Fragewortlaut: „Und ist der Euro für Sie persönlich ein sehr wichtiges Thema, ein wichtiges Thema, ein nicht so wichtiges Thema oder überhaupt kein wichtiges Thema?".

comprehend – in a word, to receive – political messages concerning that issue". Tendenziell würde man jedoch nicht – wie im vorliegenden Fall – eine nichtlineare Beziehung zwischen Themeninvolvierung und Medienwirkung erwarten, sondern eine mit der persönlichen Bedeutung des Themas „Euro" kontinuierlich wachsende Bedeutung medial vermittelter Informationen. Diese Nichtlinearität wird verständlich, wenn man die Verteilung anderer Merkmale in den einzelnen Wichtigkeitsgruppen analysiert (vgl. Tabelle 4): Beispielsweise befinden sich sowohl unter denjenigen, die die neue Währung als völlig unwichtiges Thema bezeichnen, als auch unter denjenigen, die den Euro als besonders wichtig ansehen, überdurchschnittlich viele Euro-Skeptiker. Weiterhin halten sich Angehörige dieser Gruppen für vergleichsweise schlecht informiert. Schließlich fällt in diesen beiden Gruppen auch die Unterstützung der Europäischen Union am geringsten aus.

Tabelle 3: Direkter Einfluss der Mediennutzung auf die Einstellung zum Euro nach der persönlichen Bedeutung des Themas „Euro" in Ost- und Westdeutschland, Mai 2001 (standardisierte Pfadkoeffizienten)

	West	Ost	N (West/Ost)
Gesamt	0,05	0,10[b]	1014 / 916
unwichtig	-0,02	-0,12	96 / 123
nicht so wichtig	0,07	0,13[a]	366 / 326
wichtig	0,05	0,13[a]	464 / 405
sehr wichtig	0,03	0,08	88 / 62

Signifikanzniveaus: a: $p < 0,05$, b: $p < 0,01$. Quelle: Bundesverband deutscher Banken/Forschungsgruppe Wahlen.

Vor diesem Hintergrund ist die Nichtlinearität des Medieneffekts in den unterschiedlichen Aufmerksamkeitsgruppen also nichts anderes als ein empirischer Beleg für den selektiven Umgang mit den von den Massenmedien bereitgestellten Informationen: Diejenigen, die dem Euro besonders ablehnend gegenüberstehen, vermeiden die Aufnahme von positiven Meldungen über den Euro. Die gemessenen Medieneffekte fallen folglich tendenziell geringer aus als bei den Menschen, die der europäischen Integration und dem Euro positiv gegenüber stehen – und die stärker am Thema „Euro" interessiert sind. Darüber hinaus ist für diejenigen, die den Euro als unwichtig bezeichnen, nicht nur anzunehmen, dass sie versuchen, sich Nachrichten zu diesem Thema zu entziehen. Die in dieser Gruppe gemessene negative Medienwirkung deutet auch darauf hin, dass – wenn überhaupt – nur solche Informationen aufgenommen werden, die dem eigenen Weltbild von der neuen Währung entsprechen.

Dies könnte auch erklären, warum der nichtlineare Effekte in Ostdeutschland deutlich größer ist als in Westdeutschland: In Ostdeutschland wird die Einstellung zum Euro stärker von der generellen Einstellung zur Europäischen Union geprägt als in Westdeutschland. Dementsprechend stärker dürfte dort auch die selektive Wahrnehmung der Medienberichterstattung zum Euro ausfallen. Allerdings liegen zur verlässlichen Untersuchung dieser Annahme nicht die geeigneten Daten vor.

Tabelle 4: Einstellungen und Wissen zum Euro und Einstellung zur Europäischen Union nach der Wichtigkeit des Themas „Euro" in Ost- und Westdeutschland, Mai 2001

Wichtigkeit des Themas „Euro"	West				Ost			
	--	-	+	++	--	-	+	++
% Euro-Befürworter	40	51	44	47	23	32	30	23
% über Euro schlecht informiert	44	25	39	37	44	29	37	37
% EU Vorteile - % EU Nachteile	-8	-5	-10	3	-36	-15	-20	-44
N	96	366	464	88	123	326	405	62

-- = unwichtig, - = nicht so wichtig, + = wichtig, ++ = sehr wichtig. Quelle: Bundesverband deutscher Banken/Forschungsgruppe Wahlen.

Trotzdem bleiben die Unterschiede zwischen den auf der Aggregat- und auf der Individualebene ermittelten Ergebnissen erklärungsbedürftig. Warum fällt der Zusammenhang zwischen der Medienberichterstattung über den Euro und der öffentlichen Meinung so deutlich aus, während sich auf der Individualebene nur sehr schwache Zusammenhänge zwischen der individuellen Mediennutzung und der Einstellung zum Euro finden lassen? Eine schlüssige Antwort darauf haben wir nicht. Unseres Erachtens sind jedoch vor allem die Individualdaten mit Problemen behaftet:

1. Zum einen handelt es sich um Querschnittsdaten, die lediglich Analysen des Zusammenhangs zwischen Mediennutzung und Einstellungen zum Euro im Mai 2001 erlauben. Zu diesem Zeitpunkt berichteten die Massenmedien noch nicht besonders häufig über den Euro, und die meisten Menschen interessierten sich auch noch nicht stark für das Thema. Mit zunehmender Berichterstattung und zunehmender Aufmerksamkeit der Menschen, das ist aus der Medienwirkungsforschung bekannt, steigt aber die Wahrscheinlichkeit von Medieneffekten auch auf der Individualebene. Leider stehen für Ende des Jahres 2001 keine Individualda-

ten zur Verfügung, die sowohl Fragen nach der Mediennutzung als auch Fragen nach den Einstellungen zum Euro enthalten.

2. Bei der Meinungsbildung zum Euro handelt es sich um einen dynamischen Prozess. Diese Dynamik lässt sich – streng genommen – mit Querschnittsdaten nicht abbilden. Notwendig wären Paneldaten, die aber nicht zur Verfügung stehen.

3. Auf der Individualebene ist die Frage nach der allgemeinen Nutzungshäufigkeit unterschiedlicher Medien ein zwar gebräuchlicher, aber dennoch nicht sonderlich valider Indikator für die tatsächlich aufgenommenen Medieninhalte. Dies gilt umso mehr, als Medienwirkungen in der Regel nicht auf einen punktuellen Stimulus – z.B. die aktuelle Berichterstattung – zurückgeführt werden können, sondern immer vor dem Hintergrund einer sich langfristig entwickelnden Medienberichterstattung, der Kumulation von Medieninhalten (Noelle-Neumann 1973), gesehen werden müssen.

Alles in allem sind wir der Überzeugung, dass die auf der Aggregatebene ermittelten Ergebnisse der Realität näher kommen als die Ergebnisse auf der Individualebene. Gleichwohl enthalten auch letztere interessante Hinweise auf die unterschiedliche Informationszuwendung und -verarbeitung der Menschen – je nachdem, ob ein Thema von ihnen als wichtig oder eher als unwichtig angesehen wird. Und sie verweisen auf die Abhängigkeit der spezifischen Bewertung des Euro von der allgemeinen Bewertung der europäischen Integration.

6. Zusammenfassung und Schlussfolgerungen

Die Einführung des Euro ist einer der bedeutendsten Integrationsschritte seit Bestehen des europäischen Staatenbundes. Dass beim Vorantreiben der Integrationsbemühungen immer wieder auf eine engere Abstimmung im Bereich der Wirtschaftspolitik abgehoben wird, ist kein Zufall. Denn einerseits stehen hinter dem Projekt „Europäische Union" nicht nur das erklärte Ziel, die europäischen Gesellschaften politisch und kulturell dauerhaft aneinander zu binden, sondern auch manifeste ökonomische Interessen. Die Substitution nationaler Währungen durch das europäische Gemeinschaftsgeld trägt diesen Interessen Rechnung, entsteht doch auf diese Weise einer der größten Währungsräume der Welt. Andererseits ist die Bereitschaft der Europäer, sich auf wirtschaftlichem Gebiet anzunähern, größer als bei vielen anderen Politikfeldern (z.B. Dalton/Eichenberg 1998).

Bei der Gestaltung der öffentlichen Meinung zum Euro spielen die Massenmedien eine wichtige Rolle. Sie stellten für die Bundesbürger mindestens bis zur Ausgabe der Starter Kits die wichtigste Informationsquelle über das neue Geld dar. Allerdings spielte die neue Währung bis kurz vor dem Währungswechsel auch in den Nachrichtensendungen keine wesentliche Rolle. Die Berichterstattung lässt sich als punktuell, auf bestimmte Ereignisse fixiert charakterisieren. Darüber hinaus überwogen noch wenige Monate vor der Währungsumstellung die negativ gefärbten Medienberichte. Dies war eine Folge der Konzentration der Medienberichterstattung auf den gegenüber dem US-Dollar sinkenden Außenwert des Euro. Diese Berichterstattungspraxis spiegelte sich spätestens im Jahr 2001 in der Meinung der Bevölkerung wider, die bis kurz vor dem Währungswechsel dem neuen Geld überwiegend skeptisch gegenüberstand.

Dieses auf der Aggregatebene relativ plausible Bild lässt sich auf der Individualebene jedoch nur schwer replizieren: Medienwirkungen lassen sich hier nur in sehr engen Grenzen und – wenn überhaupt – vor allem in den neuen Bundesländern nachweisen. Dort hängen die Medienwirkungen im Mai 2001 vor allem von der persönlichen Bedeutung ab, die die Menschen dem Thema „Euro" beigemessen haben. Insbesondere diejenigen, die dem Euro keine große Bedeutung beimessen – und dabei handelt es sich überwiegend um Euro-Skeptiker – gehen selektiv mit den von den Medien angebotenen Nachrichten um. Sowohl in Ost- als auch in Westdeutschland wurden im Mai 2001 die Einstellungen zum Euro allerdings weniger von den Medien, sondern eher von allgemeinen Orientierungen zur Europäischen Union geprägt. Daraus lässt sich jedoch nicht das Fazit ziehen, dass die Massenmedien für die Herausbildung von Einstellungen zur neuen Währung bedeutungslos sind. Die Analysen auf der Individualebene sind mit einigen methodischen Problemen behaftet, die diesen Schluss nicht zulassen.

Ob sich mit der Einführung des Euro die erhofften Spill-Over-Effekte für eine weitere politische Annäherung Europas einstellen, wird sich zeigen. Für die Deutschen sind die diesbezüglichen Chancen jedoch sicherlich geringer als für andere Staaten der Euro-Zone, stehen sie dem neuen Geld aufgrund der Erfolgsgeschichte der D-Mark doch deutlich kritischer gegenüber als die Bürger in den meisten anderen europäischen Ländern. Seit dem 1. Januar 2002 müsste sich aber sehr wahrscheinlich der Einfluss, den die Medien auf die Herausbildung individueller Einstellungen zum Euro haben, reduzieren – schließlich können sich die Bürger seitdem ihr eigenes Urteil über den Nutzen des neuen Geldes bilden. Der Aspekt des Nutzens dürfte für die Akzeptanz des Euro – wie auch für die Beurteilung der Europäischen Union insgesamt – der zentrale Faktor sein. Die Medien haben es aber in jedem Fall verpasst, im Vorfeld der Euro-Einführung auch andere Aspekte zu thematisieren, die eine Unterstützung der neuen Währung auf ein stabiles, von kurzfristigen Einflüssen und Nutzen-Kalkülen weitgehend unabhängiges Fundament hätten stellen können. So wurde über die Bedeutung des Euro für ein ökonomisch wie auch politisch zusammenwachsendes Europa nur am Rande berichtet.

Literatur

Anderson, Christopher J./Reichert, M. Shawn: Economic Benefits and Support for Membership in the European Union: A Cross-National Analysis. In: Journal of Public Policy 15 (1996), S. 231-249.

Dalton, Russell J./Eichenberg, Richard C.: Citizen Support for Policy Integration. In: Sandholtz, Wayne/Sweet, Alec Stone (Hrsg.): European Integration and Supranational Governance. Oxford: Oxford University Press, 1998, S. 250-282.

de Vreese, Claes H./Peter, Jochen/Semetko, Holli A.: Framing Politics at the Launch of the Euro: A Cross-National Comparative Study of Frames in the News. In: Political Communication 18 (2001), S. 107-122.

Eckstein, Gabriele/Pappi, Franz Urban: Die öffentliche Meinung zur europäischen Währungsunion bis 1998: Befund, geldpolitische Zusammenhänge und politische Führung in Deutschland. In: Zeitschrift für Politik 46 (1999), S. 298-334.

Eichenberg, Richard C./Dalton, Russell J.: Europeans and the European Community: The Dynamics of Public Support for European Integration. In: International Organization 47 (1993), S. 507-534.

Europäische Kommission: Eurobarometer: Die öffentliche Meinung in der Europäischen Union, Bericht Nr. 55 (Umfragen April - Mai 2001). Brüssel: Generaldirektion für Presse und Kommunikation, 2001.

Franklin, Mark/Marsh, Michael/McLaren, Lauren: Uncorking the Bottle: Popular Opposition to European Unification in the Wake of Maastricht. In: Journal of Common Market Studies 32 (1994), S. 455-472.

Gabel, Matthew/Palmer, Harvey D.: Understanding Variation in Public Support for European Integration. In: European Journal of Political Research 27 (1995), S. 3-19.

Gärtner, Manfred: Who Wants the Euro – and Why? Economic Explanations of Public Attitudes Towards a Single European Currency. In: Public Choice 93 (1997), S. 487-510.

Hurwitz, Jon M./Peffley, Mark A.: How Are Foreign Policy Attitudes Structured? A Hierarchical Model. In: American Political Science Review 81 (1987), S. 1099-1120.

Inglehart, Ronald: The Silent Revolution. Princeton: Princeton University Press, 1977.

Kaltenthaler, Karl C./Anderson, Christopher J.: Europeans and Their Money: Explaining Public Support for the Common European Currency. In: European Journal of Political Research 40 (2001), S. 139-170.

Martinotti, Guido/Steffanizzi, Sonia: Europeans and the Nation State. In: Niedermayer, Oskar/ Sinnott, Richard (Hrsg.): Public Opinion and Internationalized Government. Oxford: Oxford University Press, 1995, S. 163-189.

Müller-Peters, Anke: The Significance of National Pride and National Identity to the Attitude Toward the Single European Currency: A Europe-wide Comparison. In: Journal of Economic Psychology 19 (1998), S. 701-719.

Noelle-Neumann, Elisabeth: Kumulation, Konsonanz und Öffentlichkeitseffekt. In: Publizistik 18 (1973), S. 26-55.

Peffley, Mark A./Hurwitz, Jon M.: A Hierarchical Model of Attitude Constraint. In: American Journal of Political Science 29 (1985), S. 87-890.

Peffley, Mark A./Hurwitz, Jon M.: Models of Attitude Constraint in Foreign Affairs. In: Political Behavior 15 (1993), S. 61-90.

Rattinger, Hans: Public Attitudes Towards European Integration in Germany after Maastricht: Inventory and Typology. In: Journal of Common Market Studies 32 (1994), S. 525-540.

Rattinger, Hans: Einstellungen zur europäischen Integration in der Bundesrepublik: Ein Kausalmodell. In: Zeitschrift für Internationale Beziehungen 1 (1996), S. 45-78.

Ridder, Christa-Maria/Engel, Bernhard: Massenkommunikation 2000: Images und Funktionen der Massenmedien im Vergleich: Ergebnisse der 8. Welle der ARD/ZDF-Langzeitstudie zur Mediennutzung und -bewertung. In: Media Perspektiven 3 (2001), S. 101-125.

Semetko, Holli A./de Vreese, Claes H./Peter, Jochen: Europeanised Politics, Europeanised Media? European Integration and Political Communication. In: West European Politics 23 (2000), S. 121-142.

Shepherd, Robert J.: Public Opinion and European Integration. Lexington: Lexington Books, 1975.

Zaller, John R.: The Nature and Origins of Mass Opinion. Cambridge: Cambridge University Press, 1992.

Siegfried Schumann

Persönlichkeitseigenschaften und die Einstellung zur Einführung des Euro

1. Einleitung und Fragestellung

Am 1. Januar 2002 begann die Ablösung der D-Mark – bis dahin das täglich gebrauchte Zahlungsmittel der Bundesbürger – durch den Euro. Damit endete eine Erfolgsgeschichte. Ein Teil der Bevölkerung betrachtete das Ende der D-Mark und den damit verbundenen Neubeginn eher mit Skepsis, während ein anderer Teil der Einführung des Euro eher positiv gegenüberstand. Beide Gruppen waren bzw. sind auch derzeit noch vergleichbar groß (vgl. z.B. Tabelle 1 oder Pappi/Thurner 2000). Zum Zeitpunkt der endgültigen Ablösung, am 28. Februar 2002, war auf der Titelseite der Süddeutschen Zeitung die Schlagzeile „Jeder zweite trauert der D-Mark nach" zu lesen. Der vorliegende Beitrag geht der Frage nach, ob in der bundesdeutschen Bevölkerung die Befürwortung bzw. die Ablehnung der Einführung des Euro – neben anderen Faktoren – auch mit der Ausprägung bestimmter Persönlichkeitseigenschaften zusammenhängt.

Besondere Berücksichtigung finden im Rahmen dieser Analysen Persönlichkeitseigenschaften im Sinne des Big Five-Ansatzes der Persönlichkeitspsychologie, insbesondere „Offenheit für Erfahrung".[1] Diese beinhaltet unter anderem eine Neigung zur Experimentierfreudigkeit und zur Erprobung neuer Handlungsweisen sowie die Bevorzugung von Abwechslung (Borkenau/Ostendorf 1993: 28). Nachdem die Einführung des Euro eine Neuerung in den Lebensumständen der Menschen darstellt (Nollmann 2002) und mit der Aufgabe bisheriger Gewohnheiten und „selbstverständlicher" Abläufe verbunden ist – was Personen mit großer „Offenheit für Erfahrung" eher begrüßen –, ist anzunehmen, dass solche Menschen die Einführung überdurchschnittlich stark positiv bewerten.[2] Andererseits ist aus persönlichkeitspsychologischer Sicht kaum zu erwarten, dass eine sehr „breite" Persönlichkeits-

---

1 Der Ansatz ist z.B. in Schumann (2001: 58ff.) überblicksartig dargestellt.
2 Auch die Erwartung eher positiver oder eher negativer Folgen der Einführung des Euro ist aus Sicht dieses Paradigmas in hohem Maße als Folge einer größeren oder geringeren „Offenheit für Erfahrung" zu sehen – zumal es sich hierbei im Wesentlichen um Spekulationen handelt.

eigenschaft (daher: *Big* Five) wie „Offenheit für Erfahrung" *unvermittelt* eine sehr spezielle politische Einstellung wie die Befürwortung bzw. Ablehnung der Euro-Einführung beeinflusst. Von daher sind Variablen zu identifizieren, über die ein derartiger Zusammenhang vermittelt sein könnte. Dieser Punkt wird später genauer thematisiert.

Trotz der expliziten Berücksichtigung von Persönlichkeitseigenschaften sei an dieser Stelle betont, dass ein psychologischer Reduktionismus dieser Arbeit fern liegt. Neben der Ausprägung von Persönlichkeitseigenschaften werden natürlich auch Faktoren politischer, wirtschaftlicher und anderer Natur die Einstellung zur Euro-Einführung beeinflussen. Soweit es das Datenmaterial erlaubt, werden ergänzend auch solche potenziellen Erklärungsfaktoren in die Analysen einbezogen.

2. Daten

Die Hauptdatengrundlage der nachfolgenden Analysen bilden drei Umfragen aus den Jahren 1999 und 2000. Es handelt sich um zwei von der Fritz Thyssen Stiftung geförderte Telefonumfragen – eine repräsentativ für das Bundesgebiet (N = 1663), die andere für Berlin (N = 598) – sowie um eine schriftliche Umfrage, die im Zuge eines Mainzer Forschungsprojekts auf der Basis einer Quotenstichprobe durchgeführt wurde (N = 258). Die Frageformulierung zur Euro-Einführung lautete in den beiden Telefonumfragen: „Die Einführung des Euro ... befürworte ich vs. lehne ich ab". In der Mainzer Studie war derselbe Halbsatz mit einer siebenstufigen Antwortskala von -3 (lehne ich ab) bis +3 (befürworte ich) unterlegt.

Darüber hinaus erlaubt die Einschaltung von drei Variablen in eine Busumfrage – zusammen mit den mitgelieferten demographischen Angaben – einige ergänzende Analysen. Die für das Bundesgebiet repräsentative Busumfrage wurde im März 2002 auf der Grundlage mündlicher Interviews durchgeführt (N = 2519). In ihr wurde gefragt: „Als wie negativ oder positiv empfinden Sie die Einführung des Euro? Bitte sagen Sie mit einem Wert zwischen -5 (äußerst negativ) und +5 (äußerst positiv)".

Tabelle 1 zeigt die vier Studien im Überblick. Nähere Angaben zu den Hauptuntersuchungen finden sich in Schumann (2001). Die Tabelle weist zusätzlich die Verteilung der Antworten auf die jeweilige Frage zur Euro-Einführung aus. Für die dichotome Formulierung in den beiden Telefonumfragen (Berlin und Bund) sind die Antworthäufigkeiten in Prozent ausgewiesen, für die Mainzer Studie und die Buseinschaltung das arithmetische Mittel (M) und die Standardabweichung (s). Die Werte der Buseinschaltung wurden dabei auf einen Wertebereich von -3 bis +3 umgerechnet, um eine gewisse Vergleichbarkeit mit der Mainzer Studie zu erreichen.

Tabelle 1: Verteilung der Euro-Befürwortung in vier Umfragen

	Berlin	Bund	Mainz	Bus
Euro-Befürwortung:				
Berlin und Bund: „befürworte ich"	44,5%	49,5%	M: 0,69	M: -0,06
Berlin und Bund: „lehne ich ab"	49,3%	44,0%	s: 2,17	s: 1,77
Ich habe keine Meinung dazu / weiß nicht	3,2%	3,7%	-	-
keine Angabe	3,0%	2,7%	1,5%	0,2%
Befragungszeitpunkt	August/ September 1999	Januar/ Februar 2000	Spät- sommer 1999	März 2002
Befragungsart	telefon.	telefon.	schrift.	münd.
Zahl der Befragten	598	1663	258	2519

Berlin, Bund: dichotome Fragestellung; „Die Einführung des Euro ... ,befürworte ich' vs. ,lehne ich ab'". Mainz: 7-stufige Skala; -3 = lehne ich ab bis +3 = befürworte ich. Bus: 11-stufige Skala; -5 = lehne ich ab bis +5 = befürworte ich. Zum Vergleich mit „Mainz" wurden die Werte für die Tabelle auf den Wertebereich von -3 bis +3 umgerechnet; - = Antwortalternative nicht vorgesehen; M = Arithmetisches Mittel, s = Standardabweichung. Quelle: Berlin: repräsentative Telefonumfrage in Berlin durch FORSA; Bund: repräsentative bundesweite Telefonumfrage durch MARPLAN; Mainz: Quotensample aus einem Mainzer Projektseminar; Bus: repräsentative bundesweite mündliche Umfrage (Buseinschaltung) durch MARPLAN.

3. „Offenheit für Erfahrung" als Einflussvariable

Wie bereits erwähnt, ist aus persönlichkeitspsychologischer Sicht ein (mäßiger) Zusammenhang zwischen der Ausprägung von „Offenheit für Erfahrung" und der Befürwortung der Euro-Einführung zu erwarten. Tabelle 2 bestätigt dies anhand dreier Indikatoren. Es handelt sich um die Teilskala „Offenheit für Erfahrung" des NEO-Fünf-Faktoren-Inventars (NEO-FFI) von Costa und McCrae (1989, 1992) in der Übersetzung von Borkenau und Ostendorf (1993), um die Selbsteinschätzung als „aufgeschlossen gegenüber Neuem" auf einer elf-stufigen Skala von 0 (überhaupt nicht) bis 10 (sehr stark) sowie um die Frage: „Sind Sie normalerweise eher auf der Suche nach ..." mit den alternativen Antwortvorgaben „neuen Erfahrungen" versus „Vertrautem und Bekanntem". In allen Fällen treten signifikante positive Korrelationen auf.[3]

---

3 Für die Mainzer Studie sind (wie üblich) ebenfalls Signifikanzangaben ausgewiesen, obgleich streng genommen die Voraussetzungen für deren Berechnung aufgrund der Erhebung einer Quotenstichprobe nicht gegeben sind. Dies ist gegebenenfalls bei der Interpretation zu berücksichtigen. Auch bei den nachfolgenden Analysen werden für die Mainzer Studie Signifikanzniveaus berichtet.

Tabelle 2: Korrelation der Euro-Befürwortung mit Indikatoren für „Offenheit für Erfahrung"

	Berlin	Bund	Mainz	Berlin	Bund	Mainz
	r_{Euro-D} *(sig.)*	r_{Euro-D} *(sig.)*	r_{Euro-S} *(sig.)*	Vertei- lung	Vertei- lung	Vertei- lung
Offenheit für Erfahrung	0,14	0,13	0,25	M: 3,54	M: 3,50	M: 3,55
aus: NEO-FFI; Wertebereich: 1-5	*(,001)*	*(,000)*	*(,000)*	s: 0,52	s: 0,55	s: 0,53
Wie aufgeschlossen gegenüber Neuem sind Sie selbst?	0,08	0,07	0,20	M: 6,77	M: 6,70	M: 6,75
0 = überhaupt nicht, 10 = sehr stark	*(,055)*	*(,004)*	*(,002)*	s: 1,96	s: 1,81	s: 1,74
Sind Sie normalerweise eher auf der Suche nach ...						
1 = neuen Erfahrungen,	0,19	0,11	0,23	56,7%	57,9%	61,1%
0 = Vertrautem u. Bekanntem	*(,000)*	*(,000)*	*(,000)*	36,0%	35,6%	36,6%
zum Vergleich: ASKO-Skala	-0,33	-0,15	-0,22	M: 3,53	M: 3,76	M: 3,40
Wertebereich: 0-9	*(,000)*	*(,000)*	*(,001)*	s: 2,38	s: 2,15	s: 2,57

Prozent aller Befragter (inkl. „keine Antwort/weiß nicht"). r_{Euro-D} = Korrelation mit Euro-Befürwortung – dichotomisiert (Werte: 0, 1). r_{Euro-S} = Korrelation mit Euro-Befürwortung – 7-stufige Skala (Werte: 0-6). M = Arithmetisches Mittel, s = Standardabweichung; *(sig.)* = Signifikanzniveau.

Zu Vergleichszwecken und zur Validierung sind in Tabelle 2 zusätzlich die Korrelationskoeffizienten mit einer Skala zur Messung von „Affinität zu einem stabilen kognitiven Orientierungssystem" (ASKO) ausgewiesen.[4] Dass sich für diese Skala erwartungsgemäß *negative* Korrelationen mit der Befürwortung der Einführung des Euro ergeben, kann als Validierung der oben berichteten Ergebnisse angesehen werden.

4. Weitere Einflussvariablen aus dem Persönlichkeitsbereich

Neben „Offenheit für Erfahrung" stellen nach dem Big Five-Ansatz die Ausprägungen von „Gewissenhaftigkeit", „Verträglichkeit", „Extraversion" und „Neurotizismus" vier weitere grundlegende Persönlichkeitseigenschaften dar.

---

4   Die ASKO-Skala wurde im Rahmen der Autoritarismusforschung entwickelt und soll unter anderem eine *Abneigung* gegen Neuerungen und Veränderungen erfassen. Ausführliche Angaben zur Entwicklung, Validierung und Erklärungskraft dieses Instruments finden sich in Schumann (2001). Neben den Untersuchungen des Verfassers wurde die ASKO-Skala beispielsweise auch in den empirischen Untersuchungen von Arzheimer und Falter (2002), Behnke (1998) und Götz (1997) erfolgreich eingesetzt.

In der (vergleichsweise kleinen) Mainzer Studie wurden alle fünf Skalen des NEO-FFI eingesetzt. In den beiden „großen" Telefonumfragen sind die Ausprägung von „Extraversion" und „Neurotizismus" nicht erhoben worden.[5]

Tabelle 3: Korrelation der Euro-Befürwortung mit weiteren Persönlichkeitseigenschaften

	Berlin	Bund	Mainz	Berlin	Bund	Mainz
	r_{Euro-D} *(sig.)*	r_{Euro-D} *(sig.)*	r_{Euro-S} *(sig.)*	Vertei-lung	Vertei-lung	Vertei-lung
Gewissenhaftigkeit	-0,05	-0,05	0,01	M: 3,97	M: 4,11	M: 3,72
aus: NEO-FFI; Wertebereich: 1-5	*(,216)*	*(,060)*	*(,909)*	s: 0,52	s: 0,52	s: 0,50
Verträglichkeit	0,04	0,03	0,18	M: 3,73	M: 3,77	M: 3,56
aus: NEO-FFI; Wertebereich: 1-5	*(,295)*	*(,206)*	*(,003)*	s: 0,45	s: 0,46	s: 0,45
Extraversion	-	-	0,19	-	-	M: 3,39
aus: NEO-FFI; Wertebereich: 1-5	-	-	*(,001)*	-	-	s: 0,52
Neurotizismus	-	-	-0,27	-	-	M: 2,65
aus: NEO-FFI; Wertebereich: 1-5	-	-	*(,000)*	-	-	s: 0,58

Prozent aller Befragter (inkl. „keine Antwort/weiß nicht"). r_{Euro-D} = Korrelation mit Euro-Befürwortung – dichotomisiert (Werte: 0, 1). r_{Euro-S} = Korrelation mit Euro-Befürwortung – 7-stufige Skala (Werte: 0-6). - = Persönlichkeitsskala in Umfrage nicht enthalten. M = Arithmetisches Mittel, s = Standardabweichung; *(sig.)* = Signifikanzniveau.

In Tabelle 3 sind die Ergebnisse aus den drei Hauptuntersuchungen im Sinne einer explorativen Analyse zusammengestellt. Weitere Interpretationen werden – schon aufgrund der Datenbasis der Mainzer Studie (Quotenstichprobe mit relativ geringer Fallzahl) – nicht vorgenommen. Dennoch zeigt sich ein meines Erachtens bemerkenswertes Ergebnis: Auch wenn „Extraversion" und „Neurotizismus" keinen Beitrag zur Erklärung von Sympathien für die verschiedenen Parteien zu leisten vermögen (Schumann 2001: 181, 202), ist damit offenbar *nicht* gesagt, dass sie auch bezüglich anderer abhängiger Variablen aus dem politischen Bereich keinerlei Erklärungskraft aufweisen. Nach Tabelle 3 ergeben sich für beide Skalen (und für „Verträglichkeit") deutliche Zusammenhänge mit der Befürwortung (vs. Ablehnung) der Einführung des Euro. Die Ergebnisse legen – wie gesagt bei aller gebotenen Vorsicht – nahe, dass hohe „Verträglichkeit" und große „Extraversion" tendenziell eine Befür-

---

5 Der Grund: Die zentralen abhängigen Variablen waren „Parteisympathien", zu deren Erklärung (im statistischen Sinne) die letztgenannten Skalen nach den Ergebnissen von Voruntersuchungen keinen nennenswerten Beitrag leisten (Schumann 2001: 181, 202).

wortung der Euro-Einführung mit sich bringen, ausgeprägter „Neurotizismus" dagegen eine Ablehnung derselben.[6]

5. Zusätzliche Einflussvariablen

Neben der Ausprägung von Persönlichkeitseigenschaften werden natürlich auch andere Größen die Einstellung zur Euro-Einführung beeinflussen. Legt man der theoretischen Argumentation (wie in der vorliegenden Arbeit) ein eindimensionales Einstellungsmodell im Sinne Fishbeins (1963, 1965) zugrunde, dann ergibt sich die Einstellung zu einem „Objekt" (wie der Einführung des Euro) als Resultante aus den „Merkmalen" bzw. „Eigenschaften", die vom Träger einer Einstellung mit dem Objekt (mehr oder weniger stark) verbunden werden – multipliziert mit einer mehr oder weniger stark positiven bzw. negativen „wertenden Reaktion" seitens des Einstellungsträgers, die mit dem jeweiligen Merkmal bzw. der jeweiligen Eigenschaft verbunden ist. Im Folgenden sind die wichtigsten der in der Literatur diskutierten „Merkmale" bzw. „Eigenschaften", die mit der Einführung des Euro in Verbindung gebracht werden können sowie ihr Einfluss auf die Haltung zur Einführung des Euro untersucht – sofern entsprechende Analysen mit dem vorliegenden Datenmaterial durchführbar sind.

Konsens dürfte in weiten Teilen der Bevölkerung darüber herrschen, dass die Einführung des Euro (oder besser: die Ablösung der D-Mark) mit einem gewissen Verlust an nationaler Identität verbunden ist. Dieses mit der Euro-Einführung verbundene „Merkmal" sollte im Falle einer stark nationalistischen Haltung negativ bewertet werden (z.B. Müller-Peters 1998), womit ein negativer Zusammenhang zwischen „Nationalismus" und der Einstellung zur Einführung des Euro zu erwarten ist. Die in Tabelle 4 dargestellten Ergebnisse bestätigen diese Erwartung. In allen drei Untersuchungen treten entsprechende signifikante Korrelationen auf. „Nationalismus" wurde dabei anhand einer Likert-Skala erfasst, deren Kennwerte für die drei Hauptuntersuchungen – zusammen mit den Item-Formulierungen – im Anhang ausgewiesen sind.

Ein zentrales Argument für die Entscheidung zur Einführung des Euro war das Erzielen wirtschaftlicher Vorteile. Mit ihr wurden allgemein entsprechende Erwartungen und Hoffnungen verbunden. Nachdem der Euro zum Zeitpunkt der hier analysierten Umfragen bereits als Verrechnungseinheit eingeführt *war*, ist eine Korrelation der wahrgenommenen allgemeinen wirt-

---

6   Verträglichkeit im Sinne u.a. von Kooperativität, Nachgiebigkeit und einem starken Harmoniebedürfnis vs. Egozentrismus und Misstrauen gegenüber den Absichten Anderer; Extraversion im Sinne u.a. von Selbstsicherheit, Optimismus und einer gewissen Liebe zur Aufregung; Neurotizismus im Sinne einer Tendenz, leicht aus dem seelischen Gleichgewicht zu geraten, d.h. u.a. sich viele Sorgen zu machen und leicht erschüttert, betroffen, unsicher, ängstlich, nervös oder traurig zu reagieren (Borkenau/Ostendorf 1993: 27f.).

schaftlichen Lage (AWL) mit der Einstellung zur Euro-Einführung als allgemeines Zahlungsmittel zu erwarten. Die Wahrnehmung einer guten allgemeinen Wirtschaftslage dürfte normalerweise mit einer positiven „wertenden Reaktion" verbunden sein. Wird die gute allgemeine Wirtschaftslage mit dem Euro in Verbindung gebracht, wird dies die Einstellung zur Einführung des Euro auch positiv beeinflussen. Auch diese Annahme wird durch die in Tabelle 4 dargestellten Ergebnisse bestätigt. In allen Fällen korreliert die Einstellung zur Einführung des Euro deutlich positiv mit der wahrgenommenen allgemeinen Wirtschaftslage.

Tabelle 4: Korrelation der Euro-Befürwortung mit weiteren Eigenschaften

	Berlin	Bund	Mainz	Berlin	Bund	Mainz
	r_{Euro-D} *(sig.)*	r_{Euro-D} *(sig.)*	r_{Euro-S} *(sig.)*	Vertei-lung	Vertei-lung	Vertei-lung
Nationalismus-Skala	-0,30	-0,25	-0,24	M: 2,47	M: 2,57	M: 2,33
Wertebereich: 0-5	*(,000)*	*(,000)*	*(,000)*	s: 1,50	s: 1,53	s: 1,54
Beurteilung der allg. wirtschaftl. Lage in der Bundesrepublik	0,25	0,26	0,23	M: 3,10	M: 3,17	M: 3,15
1 = sehr schlecht bis 5 = sehr gut	*(,000)*	*(,000)*	*(,000)*	s: 0,82	s: 0,82	s: 0,74
Interesse an Politik	0,20	0,17	0,32	M: 2,61	M: 3,41	M: 3,51
1 = überhaupt nicht bis 5 = sehr stark	*(,000)*	*(,000)*	*(,000)*	s: 1,02	s: 1,00	s: 0,93
Bedeutung Zweitstimme bekannt						
0 = nein,	0,24	0,14	0,17	43,1%	33,0%	28,2%
1 = ja	*(,000)*	*(,000)*	*(,009)*	53,0%	66,4%	62,6%
Schulabschluss	0,24	0,19	0,29	M: 3,44	M: 3,25	M: 3,58
1 = Hauptschule ohne Lehre bis 5 = abgeschlossenes Studium	*(,000)*	*(,000)*	*(,000)*	s: 1,08	s: 1,06	s: 1,20
Wohnort vor der Wende						
0 = alte Bundesländer,	-0,13	-0,17	-	46,5%	75,4%	-
1 = neue Bundesländer	*(,000)*	*(,000)*	-	49,2%	22,9%	-
Alter	-0,08	-0,03	0,02	M: 48,9	M: 45,7	M: 46,2
in Jahren	*(,055)*	*(,203)*	*(,748)*	s: 17,5	s: 15,6	s: 17,8
Geschlecht						
0 = weiblich	0,17	0,15	0,20	53,3%	48,0%	47,3%
1 = männlich	*(,000)*	*(,000)*	*(,001)*	46,7%	52,0%	52,7%

Prozent aller Befragter (inkl. „keine Antwort/weiß nicht"). r_{Euro-D} = Korrelation mit Euro-Befürwortung – dichotomisiert (Werte: 0, 1). r_{Euro-S} = Korrelation mit Euro-Befürwortung – 7-stufige Skala (Werte: 0-6). - = Nur elf Personen wohnten vor der Wende in der DDR. Daher keine Analysen. M = Arithmetisches Mittel; s = Standardabweichung; *(sig.)* = Signifikanzniveau.

In der Diskussion wurden mit dem Euro nicht nur wirtschaftliche, sondern auch politische Vorteile verbunden, wobei über diesen Punkt kaum Dissens bestand. Politische Vorteile dürften normalerweise mit positiven „wertenden Reaktionen" verbunden sein. *Falls* sie mit dem Euro in Verbindung gebracht werden, dürften sie damit die Einstellung zur Einführung des Euro positiv beeinflussen. *Ob* sie damit in Verbindung gebracht werden, hängt vom politischen Interesse oder von der politischen Informiertheit der betreffenden Person ab und diese wiederum hängen mit deren formaler Bildung zusammen. Somit sollten sich für alle drei Variablen positive Korrelationen ergeben, was durch die in Tabelle 4 dargestellten Ergebnisse ebenfalls bestätigt wird.[7] Das politische Interesse wird dabei mit einer gebräuchlichen Selbsteinschätzungsskala erfasst, als ein Indikator für politische Informiertheit dient die Kenntnis über die Bedeutung der Zweitstimme bei Bundestagswahlen, und die Höhe der formalen Bildung wird über den höchsten Schulabschluss der betreffenden Person erfasst.

Neben den Merkmalen und Eigenschaften, die mit dem Euro bzw. seiner Einführung in Verbindung gebracht werden, dürfte auch die Enge der Bindung an die vom Euro abgelöste D-Mark die Einstellung zur Euro-Einführung beeinflussen. Je enger die Bindung an das alte Zahlungsmittel, desto negativer sollte die Einstellung zur Einführung des neuen Zahlungsmittels ausfallen. Geht man davon aus, dass die Bewohner der früheren DDR im Zuge der Vereinigung die D-Mark als Zahlungsmittel besonders stark begehrten und hierfür besonders hart kämpften, so dürften sie eine besonders intensive Bindung an dieses Zahlungsmittel aufweisen und damit eher eine Abneigung gegen die Einführung des Euro. Auch diese Hypothese wird bestätigt (vgl. Tabelle 4).[8]

Ferner könnte man annehmen, dass aufgrund einer habituellen Komponente die Bindung an die D-Mark mit steigendem Lebensalter zunimmt und damit die Einführung des Euro mit zunehmendem Alter eher negativ gesehen wird. In Tabelle 4 ergibt sich jedoch nur für die Telefonumfrage in Berlin eine entsprechende (sehr schwache) Tendenz. Kurvilineare Zusammenhänge sind dabei nicht zu erkennen.

Aus theoretischer Sicht schwer zu erklären ist die stärkere Befürwortung der Euro-Einführung durch Männer als durch Frauen. Da dieser Zusammenhang jedoch konsistent in allen drei Hauptuntersuchungen auftritt, ist er im Sinne einer Deskription in Tabelle 4 ebenfalls dargestellt.

Bis hierher wurde – soweit das verwendete Datenmaterial dies zulässt – gezeigt, dass sowohl die wichtigsten der in der Literatur diskutierten Einflussgrößen als auch Persönlichkeitseigenschaften, insbesondere „Offenheit für Er-

---

7 Nach der vorstehenden Argumentation stellen die drei Variablen lediglich Proxies für eine Einflussvariable dar, die leider in den analysierten Datensätzen nicht enthalten ist. Entsprechende Vorsicht ist natürlich bei der Interpretation der Ergebnisse geboten.

8 Auch hier wird mit Proxies gearbeitet, was zu entsprechender Vorsicht bei der Interpretation der Ergebnisse Anlass gibt.

fahrung" und „Affinität zu einen stabilen kognitiven Orientierungssystem" (ASKO), in der erwarteten Weise mit der Befürwortung der Euro-Einführung zusammenhängen bzw. aus theoretischer Sicht diese jeweils beeinflussen. Im Folgenden wird die relative Stärke dieser „Einflüsse" (unter gegenseitiger Kontrolle) untersucht. Ferner werden erste Untersuchungen zu den Prozessen durchgeführt, über die ein Einfluss von Persönlichkeitseigenschaften vermittelt sein könnte.

6. Multivariate Analysen im Rahmen der drei Hauptuntersuchungen

Tabelle 5 zeigt die Ergebnisse multivariater Analysen zur Erklärung der Einstellung zur Euro-Einführung im Rahmen der drei Hauptuntersuchungen. Da ein *direkter* Einfluss von Persönlichkeitseigenschaften („Offenheit für Erfahrung" bzw. ASKO) wie gesagt nicht anzunehmen ist, wurden diese Variablen zunächst nicht in die Analysen einbezogen.[9] Um Mulitkollinearität zu vermeiden, wurden ferner die Kenntnis der Bedeutung der Zweitstimme bei Bundestagswahlen und die Höhe des Schulabschlusses nicht als unabhängige Variablen verwendet. Dasselbe gilt für das Lebensalter, da dieses bivariat kaum mit der Einstellung zur Euro-Einführung zusammenhing (woran sich auch im Falle multivariater Analysen nichts ändert). Ansonsten wurden die in Tabelle 4 aufgeführten Variablen zur Erklärung herangezogen.

Die Ausprägung der Variablen „Nationalismus" leistet bei den beiden Telefonumfragen den mit Abstand höchsten Erklärungsbeitrag und im Rahmen der Mainzer Studie den zweithöchsten. Etwas höher fällt bei der Mainzer Studie lediglich die Erklärungskraft von politischem Interesse aus, das auch in den anderen beiden Studien einen signifikanten positiven Erklärungsbeitrag leistet. Ansonsten bestätigen sich die Ergebnisse der bivariaten Analysen: Die Beurteilung der allgemeinen wirtschaftlichen Lage und das Geschlecht (männlich) hängen positiv mit der Befürwortung der Euro-Einführung zusammen, der Wohnort vor der Wende (neue Bundesländer) dagegen negativ. Im Überblick bestätigen die Ergebnisse der multivariaten Analysen die Ergebnisse der bivariaten Analysen – was nicht selbstverständlich ist. Eine herausragende Rolle als Erklärungsfaktor (mit negativem Vorzeichen) spielt offenbar das Vorhandensein ausgeprägter nationalistischer Einstellungen.

Nun zum Zusammenhang von Persönlichkeitseigenschaften mit den unabhängigen Variablen aus Tabelle 5: Die Ausprägung der Persönlichkeitseigenschaft „Offenheit für Erfahrung" korreliert in allen drei Hauptuntersuchungen deutlich (negativ) mit der Ausprägung nationalistischer Einstellungen und damit mit der wichtigsten Erklärungsvariablen der multivariaten Ana-

---

9 Bezieht man die genannten Persönlichkeitseigenschaften ein, so leisten sie (erwartungsgemäß) nur einen geringen und kaum signifikanten Erklärungsbeitrag.

lysen (vgl. Tabelle 6). Sie korreliert ferner mit dem „Interesse für Politik", einer weiteren wichtigen Erklärungsvariablen der multivariaten Analysen aus Tabelle 5. Über diese beiden Zusammenhänge dürfte „Offenheit für Erfahrung" indirekt Einfluss auf die Einstellung zur Einführung des Euro nehmen. Ähnliches gilt – mit umgekehrtem Vorzeichen – für die „Affinität zu einem stabilen kognitiven Orientierungssystem" (ASKO), für die in Tabelle 6 zu Vergleichszwecken ebenfalls die entsprechenden Korrelationskoeffizienten ausgewiesen sind.

Tabelle 5: Euro-Befürwortung in Abhängigkeit von diversen Variablen (standardisierte Logit- bzw. Regressionskoeffizienten; Signifikanzniveau)

	Logit-Analyse	Logit-Analyse	lineare Regression
unabhängige Variablen	Berlin	Bund	Mainz
Nationalismus-Skala	-4,26	-6,80	-0,20
	(,000)	*(,000)*	*(,001)*
Beurteilung der allg. wirtschaftl. Lage (BRD)	3,19	5,87	0,13
1 = sehr schlecht bis 5 = sehr gut	*(,001)*	*(,000)*	*(,033)*
Interesse an Politik	2,60	2,26	0,23
1 = überhaupt nicht bis 5 = sehr stark	*(,009)*	*(,024)*	*(,000)*
Wohnort vor der Wende	-2,27	-3,36	-
0 = Alte Bundesländer, 1 = Neue Bundesländer	*(,024)*	*(,001)*	-
Geschlecht	2,47	4,40	0,17
0 = weiblich, 1 = männlich	*(,014)*	*(,000)*	*(,007)*
			$R^2 = 0,18$
Cox & Snell R^2	0,16	0,14	
Nagelkerke R^2	0,21	0,18	

- = Nur elf Personen wohnten vor der Wende in der DDR. Daher keine Auswertungen.

Dies belegt die eingangs geäußerte Vermutung eines indirekten Einflusses von Persönlichkeitseigenschaften auf die Einstellung zur Einführung des Euro. In beiden Fällen beeinflusst offenbar die Ausprägung der Persönlichkeitseigenschaft (wie theoretisch zu erwarten) den Grad an „Nationalismus" bzw. die Höhe des politischen Interesses, welche ihrerseits die Einstellung zur Einführung des Euro beeinflussen.

Tabelle 6: Korrelation von Persönlichkeitseigenschaften mit den unabhängigen Variablen der multivariaten Analysen aus Tabelle 5 (Korrelationskoeffizienten)

	Offenheit für Erfahrung			zum Vergleich: ASKO		
	Berlin	Bund	Mainz	Berlin	Bund	Mainz
OE (Offenheit für Erfahrung)	1,00	1,00	1,00	-0,38	-0,33	-0,44
ASKO	-0,38	-0,33	-0,44	1,00	1,00	1,00
Nationalismus-Skala	-0,31	-0,31	-0,47	0,46	0,40	0,55
Beurteilung der allg. wirtschaftlichen Lage	0,06	0,11	0,08	-0,13	-0,08	-0,03
Interesse an Politik	0,22	0,21	0,30	-0,14	-0,12	-0,22
Wohnort vor der Wende (0 = ABL, 1 = NBL)	-0,10	-0,12	-0,02	0,09	0,09	0,01
Geschlecht (1 = männlich, 0 = weiblich)	-0,01	-0,11	-0,19	0,04	-0,05	0,07

ASKO = Affinität zu einem stabilen kognitiven Orientierungssystem. ABL = alte Bundesländer, NBL = neue Bundesländer.

7. Ergänzende Analysen im Rahmen einer Buseinschaltung

Im März 2002 wurden drei Items zur Einstellung gegenüber der Euro-Einführung, gegenüber der Europäischen Einigung und zur Selbsteinschätzung als „aufgeschlossen gegenüber Neuem" in eine bundesweite mündliche Busumfrage geschaltet. Die Frage nach der Einstellung zur Euro-Einführung war folgendermaßen formuliert: „Als wie negativ oder positiv empfinden Sie die Einführung des Euro? Bitte sagen Sie es mit einem Wert zwischen -5 (äußerst negativ) und +5 (äußerst positiv)". Die Formulierung der anderen beiden Fragen ist unter Tabelle 7 nachzulesen. Zusätzlich zu den drei Fragen stehen die üblichen demographischen Angaben für die Analyse zur Verfügung.

Tabelle 7 zeigt zunächst das Ergebnis einer multiplen Regression (MODELL I) in Anlehnung an die Modelle in Tabelle 5. Den mit weitem Abstand größten Beitrag zur Erklärung der Einstellung zur Euro-Einführung liefert die „Befürwortung der Europäischen Einigung" – ähnlich wie in Tabelle 5 „Nationalismus", allerdings natürlich mit umgekehrtem Vorzeichen. Deutlich kleinere, wenngleich signifikante Beiträge liefern der höchste Schulabschluss – als Ersatz für das politische Interesse – und das männliche Geschlecht (beide jeweils positiv) sowie der Wohnort Neue Bundesländer – als zugegebenermaßen suboptimales Proxy für den Wohnsitz vor der Wende (negativ). Damit stimmen die Ergebnisse im Wesentlichen mit denen aus den drei Hauptuntersuchungen überein.

Tabelle 7: Euro-Befürwortung in Abhängigkeit von diversen Variablen (standardisierte Regressionskoeffizienten; Signifikanzniveau; ergänzend: Korrelation der unabhängigen Variablen mit der Selbsteinschätzung als „Aufgeschlossenheit gegenüber Neuem" – AgN)

unabhängige Variablen:	lineare Regression MODELL I	lineare Regression MODELL II	Ergänzung: Korrelation der unabhängigen Variablen mit AgN[b]
Befürwortung der Europäischen Einigung[a]	0,55	0,53	0,27
-5 bis +5	*(,000)*	*(,000)*	*(,000)*
AgN: Aufgeschlossenheit gegenü. Neuem[b]	-	0,09	-
0 = überhaupt nicht bis 10 = äußerst aufgeschlossen	-	*(,000)*	-
höchster Schulabschluss	0,10	0,08	0,19
1 = ohne Abschluss bis 7 = abgeschl. Studium	*(,000)*	*(,000)*	*(,000)*
Wohnort	-0,07	-,05	-0,06
0 = alte Bundesländer, 1 = neue Bundesländer	*(,001)*	*(,001)*	*(,005)*
Geschlecht	0,06	0,06	0,03
0 = weiblich, 1 = männlich	*(,001)*	*(,001)*	*(,144)*
	$R^2 = 0,34$	$R^2 = 0,35$	

[a] Frageformulierung: „Als wie negativ oder positiv empfinden Sie die Europäische Einigung? Bitte sagen Sie es mit einem Wert zwischen -5 (äußerst negativ) und +5 (äußerst positiv)".
[b] Frageformulierung: „Wie aufgeschlossen gegenüber Neuem würden Sie sich selbst beschreiben? Bitte sagen Sie es mit einem Wert zwischen 0 (überhaupt nicht aufgeschlossen) und 10 (äußerst aufgeschlossen gegenüber Neuem)". Quelle: Bus-Einschaltung MARPLAN (März 2002).

In ein zweites Regressionsmodell (MODELL II) wurde zusätzlich die Selbsteinschätzung als „aufgeschlossen gegenüber Neuem" – ein Proxy für „Offenheit für Erfahrung" – als unabhängige Variable einbezogen. Nachdem die Skala „Offenheit für Erfahrung" des NEO-FFI ebenfalls Selbsteinschätzungen erfasst und sich die mit dieser Skala ermittelten Forschungsergebnisse überdies erfahrungsgemäß mit denen decken, die mit der genannten Selbsteinschätzung erzielt werden (Schumann 2001), erscheint dies gerechtfertigt. Mit der Einführung erhöht sich die erklärte Varianz (R^2) nur um einen äußerst geringen Betrag. Die neu eingeführte Variable leistet ferner zwar einen eigenständigen (signifikanten) Beitrag in der erwarteten Richtung zur Erklärung der Einstellung zur Euro-Einführung, allerdings fällt dieser Einfluss sehr schwach aus. Diese beiden Befunde decken sich mit der bereits erwähnten theoretischen Vorstellung eines *indirekten* Einflusses von Persönlichkeitseigenschaften auf die Einstellung zur Einführung des Euro. Sie decken sich auch mit den empirischen Befunden aus Abschnitt 6.

Tabelle 7 bestätigt, dass es sinnvoll ist, „Offenheit für Erfahrung" als Variable zu betrachten, die mit einigen der Erklärungsvariablen des ersten Regressionsmodells zusammenhängt und damit die Einstellung zur Euro-Einführung indirekt beeinflusst. Die in Tabelle 7 (rechts außen) dargestellten Korrelationskoeffizienten zeigen – analog zu Tabelle 6 – jeweils einen positiven Zusammenhang von „Offenheit für Erfahrung" mit der Befürwortung der Europäischen Einigung und mit der Höhe des Schulabschlusses (als Proxy für politisches Interesse). Insgesamt können die Ergebnisse dieses Abschnitts als Validierung der Ergebnisse aus Abschnitt 6 betrachtet werden.

8. Fazit

Als wichtige Einflussfaktoren auf eine positive Einstellung zur Euro-Einführung haben sich – ähnlich wie im Beitrag von Maier, Brettschneider und Maier (in diesem Band) – „Nationalismus" (negativ) bzw. die Befürwortung der Europäischen Einigung (positiv) sowie das Vorhandensein von politischem Interesse erwiesen – neben einer positiven Beurteilung der allgemeinen wirtschaftlichen Lage, dem Wohnort vor der Wende (Neue Bundesländer = negativ) und dem (männlichen) Geschlecht.

Für die Persönlichkeitseigenschaft „Offenheit für Erfahrung" ist bivariat ebenfalls ein (positiver) Einfluss auf die Einstellung zur Euro-Einführung festzustellen, jedoch erscheint es aus theoretischen Gründen sinnvoll, diesen Einfluss als über andere Variablen vermittelt zu betrachten. Für eine derartige Vermittlung bieten sich die Variablen „Nationalismus" bzw. „Befürwortung der Europäischen Einigung" sowie die Variable „Interesse an Politik" an. Die empirischen Ergebnisse sprechen für diese Vorstellung.

Insgesamt konnte am Beispiel der Euro-Einführung erneut gezeigt werden, dass Persönlichkeitseigenschaften – neben anderen Erklärungsfaktoren – durchaus einen Beitrag zur Erklärung und zum Verständnis der Genese politischer Einstellungen leisten können. Ähnliches zeigte sich bereits für die Erklärung von Parteisympathien (Schumann 2001, 2002). Im Gegensatz zu diesen Untersuchungen weist die Einstellung zur Einführung des Euro offenbar auch Zusammenhänge mit den Persönlichkeitseigenschaften „Extraversion" und „Neurotizismus" auf, was bedeutet, dass diese beiden Variablen bei Untersuchungen im politischen Bereich nicht *generell* zu vernachlässigen sind.

Anhang: Angaben zur Nationalismus-Skala

	Berlin	Bund	Mainz
arithmetisches Mittel:			
Der Zuzug von Ausländern sollte in Zukunft erschwert werden (vs. erleichtert werden).	0,72	0,75	0,67[a]
Ich bin stolz, ein Deutscher (eine Deutsche) zu sein.	0,62	0,68	0,62
Die Bundesrepublik ist durch die vielen Ausländer in einem gefährlichen Maß überfremdet.	0,41	0,41	0,38
Ausländer sollten grundsätzlich ihre Ehepartner unter ihren eigenen Landsleuten auswählen.	0,11	0,13	0,12
Wir sollten wieder Mut zu einem starken Nationalgefühl haben.	0,51	0,54	0,54
Trennschärfekoeffizienten (korrigiert):			
Der Zuzug von Ausländern sollte in Zukunft erschwert werden (vs. erleichtert werden).	0,35	0,37	0,62[a]
Ich bin stolz, ein Deutscher (eine Deutsche) zu sein.	0,52	0,44	0,54
Die Bundesrepublik ist durch die vielen Ausländer in einem gefährlichen Maß überfremdet.	0,46	0,49	0,63
Ausländer sollten grundsätzlich ihre Ehepartner unter ihren eigenen Landsleuten auswählen.	0,31	0,29	0,36
Wir sollten wieder Mut zu einem starken Nationalgefühl haben.	0,48	0,51	0,60
Cronbachs Alpha	0,67	0,67	0,76

Bis auf eine Ausnahme (in der Mainzer Studie; siehe [a]) haben die Items die Antwortvorgaben: 1 = richtig versus 0 = falsch. a = 7-stufige Skala von -3 = erleichtert werden bis +3 = erschwert werden. Zur Skalenwertberechnung wurden die Werte auf den Bereich zwischen 0 und 1 umkodiert.

Literatur

Arzheimer, Kai/Falter, Jürgen W.: Die Pathologie des Normalen. Eine Anwendung des Scheuch-Klingemann-Modells zur Erklärung rechtsextremen Denkens und Verhaltens. In: Fuchs, Dieter/Roller, Edeltraud/Weßels, Bernhard (Hrsg.): Bürger und Demokratie in Ost und West. Studien zur politischen Kultur und zum politischen Prozess. Festschrift für Hans-Dieter Klingemann. Wiesbaden: Westdeutscher Verlag, 2002, S. 85-107.

Behnke, Joachim: Räumliche Modelle der Sachfragenorientierten Wahlentscheidung. Formale Analyse und empirische Untersuchungen der Determinanten ihrer Eignung zur Prognose der Parteiwahl. Hamburg: Verlag Dr. Kovac, 1998.

Borkenau, Peter/Ostendorf, Fritz: NEO-Fünf-Faktoren Inventar (NEO-FFI) nach Costa und McCrae. Handanweisung. Göttingen u.a.: Hogrefe 1993.

Costa, Paul T./McCrae, Robert R.: The NEO PI/FFI Manual Supplement. Odessa: Psychological Assessment Resources, 1989.

Costa, Paul T./McCrae, Robert R.: Revised NEO Personality Inventory (NEO PI-R) and NEO Five Factor Inventory. Professional Manual. Odessa: Psychological Assessment Resources, 1992.

Fishbein, Martin: An Investigation of the Relationships between Beliefs about an Object and the Attitude toward that Object. In: Human Relations 16 (1963), S. 233-240.

Fishbein, Martin: A consideration of beliefs, attitudes and their relationships. In: Steiner, Ivan D./Fishbein, Martin (Hrsg.): Current Studies in Social Psychology. New York: Holt, 1965.

Götz, Norbert: Modernisierungsverlierer oder Gegner der reflexiven Moderne? In: Zeitschrift für Soziologie 26 (1997), S. 393-413.

Müller-Peters, Anke: The Significance of National Pride and National Identity to the Attitude Toward a Single European Currency: A Europe-wide Comparison. In: Journal of Economic Psychology 19 (1998), S. 701-719.

Nollmann, Gerd: Die Einführung des Euro: Vom Edelmetall zum reinen Beziehungsgeld. In: Kölner Zeitschrift für Soziologie und Soziologie 54 (2002), S. 226-245.

Pappi, Franz Urban/Thurner, Paul W.: Die deutschen Wähler und der Euro: Auswirkungen auf die Bundestagswahl 1998. In: Politische Vierteljahresschrift 3 (2000), S. 435-465.

Rattinger, Hans: Einstellungen zur europäischen Integration in der Bundesrepublik: Ein Kausalmodell. In: Zeitschrift für Internationale Beziehungen 1 (1996), S. 45-78.

Schumann, Siegfried: Persönlichkeitsbedingte Einstellungen zu Parteien. Der Einfluß von Persönlichkeitseigenschaften auf Einstellungen zu politischen Parteien. München/Wien: Oldenbourg, 2001.

Schumann, Siegfried: Prägen Persönlichkeitseigenschaften Einstellungen zu Parteien? Ergebnisse einer empirischen Untersuchungsreihe. In: Kölner Zeitschrift für Soziologie und Sozialpsychologie 54 (2002), S. 64-84.

IV. Parteien und Wahlen

Oskar Niedermayer

Europäisierung des deutschen Parteiensystems?

1. Einleitung

In den letzten zwei Jahrzehnten hat sich das deutsche Parteiensystem gewandelt. Aus dem relativ stabilen „Zweieinhalbparteiensystem" (Crotty 1985) der 60er und 70er Jahre ist mittlerweile ein „fluides Fünfparteiensystem" (Niedermayer 2002a) geworden. Die Vielfalt der möglichen Ursachen für diese Entwicklung lässt sich systematisieren, wenn man sich vergegenwärtigt, dass für die Parteiensysteme in demokratischen Gesellschaften der zwischenparteiliche Wettbewerb konstitutiv ist und die Systementwicklung somit aus den Wettbewerbsbedingungen und deren Veränderung resultiert. Daher lassen sich bei den möglichen Ursachen für den Parteiensystemwandel drei Gruppen unterscheiden: Angebotsfaktoren, Nachfragefaktoren und institutionelle Rahmenbedingungen. Die Angebotsseite des Parteienwettbewerbs wird vom politischen Handeln der Parteien bzw. ihrer Eliten bestimmt, die Nachfrageseite wird vor allem durch die gesellschaftliche Konfliktstruktur beeinflusst. Bei der Analyse der Rahmenbedingungen, denen der Wettbewerb unterliegt, wurde bisher ausschließlich der nationale Systemrahmen – insbesondere in Gestalt der Regelungen zum Wahlrecht, zur Finanzierung und zum Verbot von Parteien – betrachtet.

Die Bundesrepublik ist als Mitgliedsstaat der Europäischen Union jedoch seit Jahrzehnten auch in einen supranationalen Systemkontext eingebunden. Während sich die wissenschaftliche Analyse des europäischen Integrationsprozesses lange Zeit nur mit dessen Auswirkungen auf der europäischen Systemebene beschäftigte, geraten im Rahmen der „Europäisierungs"-Diskussion neuerdings die durch die EU-Mitgliedschaft bewirkten internen Veränderungen auf der nationalen Ebene in den Blick. Unter Europäisierung soll hier allgemein der durch die europäische Integration bewirkte Wandel nationaler politischer Strukturen, Prozesse und Inhalte verstanden werden.[1]

---

[1] Es muss betont werden, dass es noch nicht gelungen ist, ein allgemein akzeptiertes Verständnis des Europäisierungskonzeptes zu erreichen. Zur neuesten Diskussion mit Bezug auf Deutschland vgl. Dyson/Goetz (in Vorbereitung). Der folgende Beitrag stellt eine überarbeitete deutsche Fassung des Kapitels des Verfassers in diesem Sammelband dar.

Obwohl die politischen Parteien in allen EU-Mitgliedsstaaten zu den wichtigsten Institutionen des politischen Systems zählen, ist das akademische
Interesse an der Europäisierung nationaler Parteiensysteme bisher relativ gering: Die internationale Literatur zum Thema Europäisierung beschäftigt sich
vor allem mit „gouvernemental-administrativen Institutionen, nationalen Parlamenten, der Judikative und den Interessengruppen" (Hix/Goetz 2000: 15).
Analysen der Auswirkungen der europäischen Integration auf die nationalen
Parteiensysteme der EU-Mitgliedsstaaten existieren dagegen nur wenige
(z.b. Mair 2000). In der ersten deutschen Studie zur Europäisierung der Bundesrepublik (Sturm/Pehle 2001a, 2001b) kommt das Parteiensystem so gut
wie nicht vor, und im Rahmen der deutschen Parteienliteratur wurden bisher
nur die Aktivitäten der Parteien auf der europäischen Systemebene in Gestalt
der Fraktionen des Europäischen Parlaments und der europäischen Parteienbünde untersucht (z.B. Damm 1999; Dietz 1997; Jansen 1996; Jasmut 1995;
Kuper 1995; Lesse 2000; Neßler 1997; Niedermayer 2002b; Pöhle 2000;
Tsatsos/Deinzer 1998; Weidenfeld/Wessels div. Jg.).

Ziel des folgenden Beitrages ist es, diese Forschungslücke durch eine
Analyse der Auswirkungen des Prozesses der europäischen Integration auf
die Gestalt und zeitliche Entwicklung des deutschen Parteiensystems zu
schließen.

2. Eigenschaften von Parteiensystemen

Um die möglichen Auswirkungen der Einbindung Deutschlands in den EU-
Systemkontext auf das deutsche Parteiensystem systematisch analysieren zu
können, bedarf es zunächst einer Erörterung der allgemeinen Charakteristika
von Parteiensystemen.

Ein Parteiensystem kann ganz allgemein durch seine Elemente, d.h. die
einzelnen Parteien, und das zwischen diesen Elementen bestehende Bezie-
hungsgeflecht charakterisiert werden. Die einzelnen Dimensionen dieses Be-
ziehungsgeflechts werden als Parteiensystemeigenschaften bezeichnet (Lane/
Ersson 1994: 175). Über die Frage, welche Eigenschaften für die Analyse
eines Parteiensystems heranzuziehen sind, besteht in der Literatur allerdings
keine Einigkeit (Niedermayer 1996). Folgt man einem umfassenden Ansatz,
so lässt sich eine Typologie entwickeln, die die Gesamtheit der Parteiensystemeigenschaften einerseits nach den bei der Untersuchung politischer Partei-
en üblicherweise herangezogenen Analysedimensionen und andererseits nach
den beiden zentralen Ebenen des Parteienwettbewerbs strukturiert. Unterschieden wird dabei eine strukturelle und inhaltliche Analysedimension auf
der elektoralen und der parlamentarischen Wettbewerbsebene (vgl. Abbildung 1).

Abbildung 1: Parteiensystemeigenschaften

	Analysedimension	
Wettbewerbsebene	Struktur	Inhalt
Elektorale Ebene	Format Fragmentierung Asymmetrie Volatilität	Polarisierung Legitimität
Parlamentarische Ebene	Format Fragmentierung Asymmetrie Volatilität	Polarisierung Legitimität Segmentierung Koalitionsstabilität

Zur Beschreibung der Struktur eines Parteiensystems bietet sich zunächst die Anzahl seiner Elemente an. Diese Systemeigenschaft, hier Format genannt, dominierte daher auch lange Zeit die Analyse von Parteiensystemen. Neuere Studien stellen jedoch neben der Anzahl der Parteien auch auf deren – durch die Stimmenanteile bei Wahlen gemessenen – Größenverhältnisse ab und verwenden daher die Fragmentierung, also den Grad an Zersplitterung, als zentrales Strukturmerkmal. Zur Operationalisierung dieser Eigenschaft wurde eine Reihe von Indizes vorgeschlagen. Nennenswerte Verbreitung haben jedoch nur zwei Messinstrumente gefunden: Raes „fractionalization index" (Rae 1967) und dessen arithmetische Transformation in Form der „effective number of parties" (Laakso/Taagepera 1979), auf die wegen ihrer größeren Anschaulichkeit auch hier zurückgegriffen wird: Die effektive Anzahl der Parteien in einem Parteiensystem entspricht der realen Anzahl, wenn alle Parteien den gleichen Stimmenanteil aufweisen, also ein ausgeglichenes Machtverhältnis existiert. Je ungleicher das Machtverhältnis ist, desto geringer ist die effektive im Vergleich zur realen Anzahl, und bei Dominanz nur einer Partei nähert sich der Index dem Wert 1.

Fragmentierungsindizes berücksichtigen alle Parteien eines Parteiensystems. Unter bestimmten Analysegesichtspunkten erscheint es – gerade für Deutschland – jedoch sinnvoll, zusätzlich die Größenrelation nur der beiden größten Parteien zu betrachten: Wenn Parteiendemokratie als System potenziell alternierender Parteiregierungen gesehen wird, so kommt der prinzipiellen Chancengleichheit zum Machtgewinn überragende Bedeutung zu, und das Ausmaß, in dem diese Chancengleichheit durch längerfristige strukturelle Vorteile einer Partei im Machtwettbewerb nicht gewährleistet ist, wird durch den Grad an struktureller Asymmetrie eines Parteiensystems angezeigt.

Mit den bisherigen Indizes wird der Status eines Parteiensystems zu einem bestimmten Zeitpunkt gemessen, und Aussagen über Entwicklungen werden im Rahmen komparativ-statischer Analysen durch den Vergleich zweier Systemzustände gewonnen. Folgt man jedoch Pedersen (1980), so sollte das Studium des Wandels von Parteiensystemen mit Hilfe von Indikatoren erfolgen, die das Phänomen des Wandels selbst, nicht den aus dem Wandel resultierenden Systemstatus anzeigen. Indikatoren dieser Art wurden in den 70er Jahren unter verschiedenen Bezeichnungen entwickelt, heute hat sich zur Kennzeichnung dieser Systemeigenschaft der Begriff der Volatilität, definiert als „net electoral change between two consecutive elections" (Bartolini/Mair 1990: 19), durchgesetzt.

Die Messung der Struktureigenschaften eines Parteiensystems erfolgt üblicherweise auf der elektoralen Wettbewerbsebene, d.h. es werden diejenigen Parteien gezählt, die an den nationalen Parlamentswahlen teilnehmen, und die Größe der Parteien wird über ihren Stimmenanteil operationalisiert. Alle Struktureigenschaften lassen sich jedoch ebenso auf der parlamentarischen Ebene messen, indem man auf die Anzahl der in den nationalen Parlamenten vertretenen Parteien abstellt und als Größenkriterium den Anteil an der Gesamtzahl der Parlamentssitze verwendet.

Spätestens seit Sartoris (1966, 1976) Rekurs auf die inhaltliche Distanz zwischen den Parteien als zusätzliches Kriterium der Parteiensystemtypologisierung werden die strukturellen Systemeigenschaften in der Parteiensystemanalyse durch eine inhaltlich bestimmte Eigenschaft, die Polarisierung, ergänzt. Bei der Analyse dieser Eigenschaft muss zwischen ihrer Dimensionalität und ihrer Stärke unterschieden werden, d.h. es ist zum einen danach zu fragen, welches die zentralen inhaltlichen Dimensionen sind, durch die das Parteiensystem charakterisiert werden kann, und zum anderen muss festgestellt werden, wie homogen oder heterogen das gesamte Parteiensystem in Bezug auf diese Dimensionen ist. Zur Analyse der Dimensionalität der Polarisierung wird meist auf die Theorie politischer Konfliktstrukturen („Cleavage-Theorie") von Lipset und Rokkan (1967) abgestellt. Danach repräsentieren die politischen Parteien in Westeuropa Koalitionen zwischen politischen Eliten und gesellschaftlichen Großgruppen, die aus dauerhaften, organisierten, interessens- oder wertmäßig begründeten sozialen Konflikten hervorgegangen sind. Die europäischen Parteiensysteme entstanden vor dem Hintergrund der gesellschaftlichen Umbrüche und Verwerfungen des neunzehnten Jahrhunderts als Widerspiegelung von vier zentralen Konfliktlinien: Zentrum vs. Peripherie und Kirche vs. Staat als Ausfluss der Nationenbildungsprozesse sowie Stadt vs. Land und Kapital vs. Arbeit als Folge der industriellen Revolution. Dem Klassenkonflikt zwischen Arbeit und Kapital kam dabei eine besondere Bedeutung zu, da es diese Konfliktlinie war, die „die meisten Parteiensysteme der westlichen Welt strukturierte und zur Grundlage der traditionellen politischen Unterscheidung zwischen ‚Links' und ‚Rechts' wurde" (Elff 2000: 70). Obwohl oft die Auffassung vertreten wird, dass „die Einpassung der Parteien in das Prokrustesbett des Links-Rechts-Schemas ... eine extreme Verkürzung der Realität" (Falter/Schumann 1992: 202f.) darstelle, da

Parteiensysteme fast immer durch mehrere relevante Konfliktdimensionen gekennzeichnet seien und die Parteien auf den jeweiligen Dimensionen unterschiedliche Distanzen aufweisen könnten (Stokes 1963), erfolgt die Messung der Polarisierung in international vergleichenden Analysen meist nur durch diese eine Dimension. Dies lässt sich auch dann begründen, wenn von einer abnehmenden Relevanz des traditionellen Klassenkonflikts ausgegangen wird, da das Links-Rechts-Schema eine generalisierte politische Symbolstruktur zur „Wahrnehmung, Deutung und Bewertung maßgeblicher politischer Konflikte" (Bauer-Kaase 2001: 235; auch Fuchs/Klingemann 1989) darstellt, deren konkreter Bedeutungsinhalt sich im Zeitverlauf wandelt.[2] Die Verortung der einzelnen Parteien eines Parteiensystems auf dieser – bzw. einer anderen – Dimension kann auf der Basis von Literatur- bzw. Dokumentenanalysen, Expertenurteilen oder Bevölkerungsorientierungen erfolgen (Niedermayer 1996). Sind die einzelnen Parteien verortet, so lässt sich über die Abbildung von inhaltlichen Parteidistanzen der Grad an Polarisierung des Parteiensystems bestimmen. Als Polarisierungsindex setzt sich immer mehr ein von Taylor und Herman (1971) in Anlehnung an die Varianz-Formel konstruiertes Maß durch, das auch im Folgenden verwendet wird.

Gerade in Deutschland, wo seit vielen Jahren immer wieder über „Parteienverdrossenheit" diskutiert wird, bliebe eine Analyse der inhaltlichen Dimension des Parteiensystems unvollständig, wenn sie nicht auch die ihm von den Bürgerinnen und Bürgern zugemessene Legitimität berücksichtigen würde. In Anlehnung an Eastons (1965, 1975) allgemeine Überlegungen zur politischen Unterstützung wird unter der Legitimität des Parteiensystems das Ausmaß der Unterstützung durch die Bevölkerung in Form einer Bewertung der Gesamtheit der existierenden Parteien auf einem negativ/positiv-Kontinuum verstanden. Für diese Parteiensystemeigenschaft existiert noch kein allgemein akzeptierter Indikator. Wir messen sie hier – analog zu einem für die Operationalisierung von „Politikerverdrossenheit" entwickelten Instrument (Niedermayer 2001) – unter Verwendung von Parteienskalometern, die die generelle Haltung der Befragten zu den einzelnen Parteien abfragen. Aus den Antworten wird eine Orientierungstypologie gebildet, die vier Typen von allgemeinen Beurteilungen des Parteiensystems unterscheidet: Begeisterung (ausnahmslos alle Parteien werden positiv beurteilt), Wohlwollen (die Beurteilung der Parteien fällt im Durchschnitt positiv aus), Skepsis (die Beurteilung der Parteien fällt im Durchschnitt nicht positiv aus, d.h. in diese Kategorie wird neben einer negativen auch der Grenzfall einer exakt neutralen

---

2 Auf einen Bedeutungswandel weisen auch Huber und Inglehart (1995) hin, die auf der Grundlage von Experteninterviews in 42 Ländern zu dem Ergebnis kommen, dass das Links-Rechts-Schema die mit Abstand am häufigsten gebrauchte Dimension zur Beschreibung der das jeweilige Parteiensystem prägenden Konfliktlinien darstellt (80 Prozent der Befragten machten von der Gelegenheit, andere Cleavages zu nennen, keinen Gebrauch).

Durchschnittsbewertung eingeordnet) und Verdrossenheit (keine einzige
Partei wird positiv beurteilt).

Sowohl die Polarisierung als auch die Legitimität des Parteiensystems
lassen sich auf beiden Wettbewerbsebenen messen, indem man entweder alle
oder nur die im Parlament vertretenen Parteien einbezieht. Nur auf der parlamentarischen Ebene des Parteienwettbewerbs sind dagegen die letzten beiden
Parteiensystemeigenschaften angesiedelt: die Segmentierung und die Koalitionsstabilität. Die Segmentierung bezieht sich auf die Möglichkeiten zur Bildung von Koalitionen. Extrem segmentierte Parteiensysteme sind durch eine
deutliche Abschottung der im Parlament vertretenen Parteien gegeneinander
gekennzeichnet, während in nicht segmentierten Systemen alle Parteien untereinander prinzipiell koalitionsfähig sind. Mit der Koalitionsstabilität wird
erfasst, wie stabil oder instabil die gebildeten Regierungskoalitionen über die
Zeit hinweg sind.

Die Einbindung Deutschlands in den EU-Systemkontext kann als sich
permanent verändernde Konstellation externer Rahmenbedingungen des Parteienwettbewerbs potenziell alle Eigenschaften des deutschen Parteiensystems beeinflussen: Das Systemformat wird dadurch beeinflusst, dass sich die
Anzahl der an nationalen Parlamentswahlen teilnehmenden Parteien verändert.[3] Dies kann entweder durch die Bildung neuer pro- bzw. antieuropäischer Parteien oder durch die Abspaltung von pro- bzw. antieuropäischen
Flügeln von bereits existierenden Parteien geschehen.

Wenn die hierdurch entstehenden Parteien nationale Wahlerfolge erzielen, dann wird damit die Fragmentierung des Parteiensystems beeinflusst.
Diese Systemeigenschaft kann jedoch auch ohne die Herausbildung neuer
Parteien tangiert werden, wenn die europapolitischen Positionen der existierenden Parteien für die Wahlentscheidung der Bürgerinnen und Bürger eine
zentrale Bedeutung bekommen und damit die Ergebnisse der nationalen Parlamentswahlen beeinflussen. Zudem besteht die Möglichkeit, dass Veränderungen auf der nationalen Wahlebene durch die europäische Integration auf
indirekte Weise bewirkt werden, indem Wahlerfolge bestimmter Parteien auf
der europäischen Wahlebene, d.h. bei Wahlen zum Europäischen Parlament,
ihre Wahlchancen auf der nationalen Ebene verbessern. Dies kann zum einen
auf gesteigerter Medienaufmerksamkeit, zum anderen auf einer verbesserten
Ressourcenausstattung infolge der an den EP-Wahlerfolg gebundenen staatlichen Parteienfinanzierung beruhen.

Betreffen mögliche Parteiabspaltungen oder europapolitisch bedingte
Wahlverhaltensänderungen die beiden großen Parteien, so verändert sich die
Asymmetrie, und das gesamte Ausmaß an integrationsbedingter Veränderung

---

3　Da wir hier nur an den Auswirkungen der europäischen Integration auf die nationale Sys-
　temebene interessiert sind, werden nur die nationalen Wahlen betrachtet, nicht die Wahlen
　zum Europäischen Parlament.

der Größenrelationen zwischen den Parteien zeigt sich in der Volatilität des Parteiensystems.

Ab einem bestimmten Ausmaß tangieren die strukturellen Veränderungen nicht nur die elektorale, sondern auch die parlamentarische Ebene des Parteienwettbewerbs, so dass sich die Systemeigenschaften auch auf dieser Ebene wandeln.

Die Herausbildung einer pro- vs. antieuropäischen Dimension des nationalen Parteienwettbewerbs würde jedoch nicht nur die Fragmentierung und Asymmetrie des Parteiensystems tangieren, sondern auch seine Polarisierung, indem sie die bisher relevanten inhaltlichen Dimensionen des nationalen Parteienwettbewerbs ergänzt oder sogar ersetzt. Modifiziert man das Cleavage-Modell von Lipset und Rokkan, indem man die dort beschriebenen Konfliktlinien gewissermaßen enthistorisiert und generalisiert (Mielke 2001), so lässt sich der Konflikt zwischen Befürwortern und Gegnern der europäischen Integration in dieses Modell einfügen, da er nichts anderes als einen Zentrum-Peripherie-Konflikt unter gewandelten gesellschaftlichen Bedingungen darstellt. Eine große bzw. zunehmende Relevanz dieser Konfliktlinie im Parteiensystem würde nicht nur die Dimensionalität der Polarisierung verändern, sondern auch ihre Stärke, da die Parteien auf der europäischen Konfliktdimension völlig anders gruppiert sind und andere Distanzen aufweisen als z.B. auf der üblichen Links-Rechts-Dimension.[4]

Besteht eine große Distanz zwischen den europapolitischen Orientierungen aller Parteien und der Bevölkerung, so kann dies – wenn das Europathema bei den Bürgerinnen und Bürgern von großer Bedeutung ist – zu einem Legitimitätsentzug für das gesamte Parteiensystem führen. Wenn die Kluft in Bezug auf die Europaorientierungen nicht zwischen Parteiensystem und Bevölkerung, sondern innerhalb des Parteiensystems – also zwischen den einzelnen Parteien – besteht und diese Konfliktdimension von großer Bedeutung ist, so wird die Segmentierung tangiert, da dann die europapolitische Position der Parteien für ihre Einbeziehung in Koalitionsüberlegungen relevant wird. Selbst die letzte hier einbezogene Parteiensystemeigenschaft – die Koalitionsstabilität – kann durch die Einbindung in den EU-Kontext beeinflusst werden, wenn europapolitische Konflikte zwischen den Koalitionspartnern letztendlich zum Koalitionsbruch führen.

Im Folgenden soll analysiert werden, welche dieser potenziellen Auswirkungen der europäischen Integration auf die Eigenschaften des deutschen Parteiensystems tatsächlich zu beobachten sind.

---

4 „The parties that emerge more generally as being strongly opposed to European integration ... are, in the main, parties of the extreme right or the extreme left" (Mair 2000: 34; auch Ray 1999 und Taggart 1998).

3. Strukturveränderungen des Parteiensystems?

Bisher konnten die Bürgerinnen und Bürger bei Bundestagswahlen immer zwischen relativ vielen Parteien wählen. In der alten Bundesrepublik haben sich im Schnitt etwa zwölf Parteien um Zweitstimmenanteile beworben.[5] Nach der Wiedervereinigung stieg diese Zahl – vor allem aufgrund einer starken Zunahme von Einzelinteressen vertretenden Parteien – deutlich an und erreichte 1998 mit 32 Parteien ihren vorläufigen Höhepunkt. Die Zahl der im Bundestag vertretenen Parteien hingegen schwankte seit 1953 nur zwischen drei und fünf (vgl. Tabelle 1). Die hohe Zahl von zehn Parteien in der ersten Wahlperiode ist vor allem darauf zurückzuführen, dass die im deutschen Wahlrecht geltende Fünfprozentsperrklausel sich 1949 auf die einzelnen Bundesländer und nicht auf das gesamte Bundesgebiet bezog.

Veränderungen der Anzahl der an Bundestagswahlen teilnehmenden Parteien durch Neugründungen mit explizitem Bezug zur europäischen Integration ergaben sich zwischen 1965 und 1972 sowie 1998. Schon Ende der 40er Jahre entstand europaweit eine europäische Einigungsbewegung, die in verschiedenen Organisationsformen auf einen Zusammenschluss der europäischen Staaten hinarbeitete. Besondere Bedeutung erlangten dabei die Föderalisten, die zunächst versuchten, innerhalb der bestehenden Parteien für den Europagedanken zu werben, später aber auch den Aufbau europäischer Parteien anstrebten, um den europäischen Einigungsprozess von unten voranzutreiben.

Als Ausfluss dieses Strategiewandels wurde im Jahre 1959 zunächst die „Partito Democratico Federalista Europeo (PDFE)" als gesamteuropäische Partei mit einer westdeutschen Sektion gegründet, wenig später trat in Wien die „Föderalistische Internationale der Europäischen Föderalistischen Parteien (FI)" als Konkurrentin auf, die im Gegensatz zur PDFE einen Bund nationaler europaorientierter Parteien anstrebte. Der Bremer Kaufmann Ernst Ruban gründete 1965 als Sektion der FI die „Europapartei (Europäische Föderalistische Partei)" und beteiligte sich – ohne jeglichen Erfolg (vgl. Tabelle 2) – 1965 in Bremen an der Bundestagswahl. Nach organisatorischen Aufbauarbeiten in den anderen Bundesländern trat die Partei bei der Bundestagswahl von 1969 bundesweit an und erzielte 0,2 Prozent der Stimmen. Dieses Ergebnis „bildete freilich nicht den Beginn eines Aufwärtstrends" (Stöss 1986: 1298): Die innerlich zerstrittenen Föderalisten, die sich ab 1971 nur noch „Europäische Föderalistische Partei" nannten, konnten bei der Bundestagswahl 1972 keinen Erfolg erzielen und sind seither bei Bundestagswahlen nicht mehr in Erscheinung getreten.

---

5   CDU und CSU werden dabei, wie in auf die Systemebene bezogenen Analysen üblich, als
    eine Partei gezählt, da sie territorial nicht miteinander konkurrieren und im Bundestag eine
    Fraktionsgemeinschaft bilden.

Tabelle 1: Entwicklung der Struktur des deutschen Parteiensystems,
1949-1998

Jahr	Format[1]		Fragment.[2]		Asymmetrie[3]		Volatilität[4]	
	elekt.	parl.	elekt.	parl.	elekt.	parl.	elekt.	parl.
1949	13	10	4,84	4,01	1,8	2,0	-	-
1953	12	6	3,31	2,79	16,4	18,9	22,6	41,7
1957	12	4	2,76	2,39	18,4	20,3	9,5	15,5
1961	8	3	2,83	2,51	9,1	10,4	11,5	18,5
1965	10	3	2,56	2,38	8,3	8,7	7,7	7,1
1969	11	3	2,50	2,24	3,4	3,6	6,8	8,9
1972	7	3	2,39	2,34	-0,9	-1,0	6,0	6,9
1976	15	3	2,36	2,31	6,0	5,8	4,1	7,3
1980	11	3	2,54	2,44	1,6	1,6	4,6	7,0
1983	12	4	2,55	2,51	10,6	10,2	8,4	17,9
1987	15	4	2,87	2,80	7,3	7,4	6,0	10,9
1990	23	5	3,13	2,65	10,3	12,1	7,9	17,1
1994	21	5	3,15	2,91	5,1	6,3	7,7	18,8
1998	32	5	3,31	2,90	-5,8	-7,9	8,4	15,9

1) Anzahl der an der Wahl teilnehmenden bzw. im Parlament vertretenen Parteien. 2) Effektive
Parteienanzahl (Kehrwert der Summe der quadrierten Stimmenanteile bzw. Sitzanteile aller
Parteien). 3) Differenz der Stimmenanteile bzw. Sitzanteile von CDU/CSU und SPD in Prozent-
punkten. 4) Kumulierter Stimmengewinn bzw. Sitzgewinn aller erfolgreichen Parteien in
Prozentpunkten. Quelle: eigene Berechnungen auf der Basis der amtlichen Wahlstatistik.

Bei der EFP handelte es sich um eine dezidiert pro-europäische Partei. Die
beiden Parteineugründungen der 90er Jahre, der Bund Freier Bürger
– Offensive für Deutschland (BfB) und die Initiative Pro D-Mark – neue liberale Partei (Pro DM), übten hingegen massive Kritik an der europäischen
Integration, insbesondere am Maastrichter Vertrag und der Einführung des
Euro, ohne allerdings den Austritt Deutschlands aus der EU zu fordern. Im
Grundsatzprogramm von 1995 des ein Jahr zuvor von Manfred Brunner
– einem ehemaligen Kabinettschef bei der Kommission der EU – gegründeten BfB wird ein „Europa freier Völker" in Form eines „Staatenbundes" propagiert. Der EU wird vorgeworfen, sie habe mit dem Vertrag von Maastricht
„einen verhängnisvollen Weg eingeschlagen", und die Deutschen werden
aufgerufen, „die D-Mark und die Unabhängigkeit der Deutschen Bundesbank
zu verteidigen und Widerstand gegen den von langer Hand geplanten An-
schlag auf unsere Währung zu leisten". Die 1998 von Bodo Hoffmann, dem
millionenschweren Herausgeber des Aktionärsblatts „Effecten Spiegel", ge-
gründete Initiative Pro D-Mark forderte in ihrem Programm von 1998 „die
politische Union in Europa vor der Einführung einer einheitlichen Währung",

da eine zu frühe Festlegung auf den Euro Europa „nicht zusammenführen, sondern zerstören" würde.

Beide Parteien sind sowohl von ihren inhaltlichen Positionen als auch von ihrem politischen Personal und ihren Kontaktstrukturen mit anderen Parteien her dem rechten Spektrum zuzuordnen. Ihre Einordnung durch Experten reicht von national-liberal bis rechtspopulistisch. Der BfB erzielte bei der Europawahl 1994 einem Achtungserfolg, verlor danach jedoch immer mehr an Boden, erreichte bei der Bundestagswahl 1998 nur 0,2 Prozent der Stimmen, verstrickte sich in heftige interne Richtungskämpfe, die zu einer Öffnung gegenüber rechtsextremen Parteien und Anfang 1999 zum Austritt des Parteigründers führten, und löste sich Ende 2000 selbst auf. Die Initiative Pro D-Mark trat zur Bundestagswahl 1998 mit einer massiven, mit großem finanziellen Aufwand betriebenen Werbekampagne in Zeitungen gegen den Euro und für die Beibehaltung der D-Mark an, was ihr in den neuen Bundesländern eine gewisse Wählerresonanz verschaffte (2,2%), während sie im Westen der Republik nur 0,6 Prozent der Stimmen erzielen konnte. Nach der Wahl ist die Partei auf Bundesebene nicht mehr in Erscheinung getreten. Das Ziel der Abschaffung des Euro wird von ihr in neuester Zeit nicht mehr ernsthaft verfolgt, was auch in der Tatsache zum Ausdruck kommt, dass das „DM" im Parteinamen jetzt nicht mehr für „D-Mark", sondern für „Deutsche Mitte" steht.

Tabelle 2: Stimmenanteil von EFP, BfB und Pro DM bei Bundestagswahlen, 1965-1998

	1965	1969	1972	1994	1998
EFP	0,0	0,2	0,1	-	-
BfB	-	-	-	-	0,2
Pro DM	-	-	-	-	0,9

Quelle: amtliche Wahlstatistik.

Veränderungen des Formats des Parteiensystems können nicht nur durch europabezogene Neugründungen von Parteien, sondern auch durch die Abspaltung von pro- bzw. anti-europäischen Flügeln von bereits existierenden Parteien erfolgen. Solche Abspaltungen hat es in Deutschland bisher jedoch nicht gegeben. Zwar gab und gibt es durchaus immer wieder unterschiedliche Auffassungen über europapolitische Positionen und der parteiinterne Dissens hat in den 90er Jahren nach Meinung von Experten bei einigen Parteien sogar etwas zugenommen (vgl. Tabelle 3): So werden bei allem generellen Konsens europakritischere Positionen innerparteilich von Teilen der SPD-Linken, Teilen der CDU-Rechten und von national-liberalen Kräften innerhalb der FDP vertreten (Lees 2001). Der Dissens hat jedoch bei keiner Partei und zu keiner Zeit ein Ausmaß angenommen, bei dem auch nur annähernd die Gefahr einer Parteispaltung bestanden hätte. Die durch die europäische Integration bewirkten Veränderungen des Formats des deutschen Parteiensystems beschränken sich daher auf das temporäre Hinzukommen dreier Kleinstparteien.

Tabelle 3: Ausmaß des parteiinternen Dissenses über die europäische Integration, 1984-1996 (Mittelwerte der Experteneinschätzungen)[1]

	1984	1988	1992	1996
FDP	1,17	1,17	1,29	1,29
PDS	-	-	1,83	1,60
REP	-	-	1,71	1,71
CDU	1,17	1,00	1,57	1,86
CSU	1,57	1,57	2,00	2,43
GRÜNE	2,57	2,57	3,00	2,57
SPD	1,67	2,00	2,29	2,86

1) 5-Punkte-Skala: 1 = vollständige Einigkeit, 5 = Position der Parteielite wird von der Mehrheit der Parteiaktivisten abgelehnt. Quelle: Ray (1999: 299).

Nur marginal verändert wurde im Zeitverlauf durch diese drei Parteien aufgrund ihrer äußerst geringen nationalen Wahlerfolge die Fragmentierung des Parteiensystems. Die Fragmentierung könnte jedoch auch auf andere Weise tangiert worden sein, und zwar wenn die europapolitischen Positionen der anderen Parteien für die Wahlentscheidung der Bürgerinnen und Bürger relevant wären und damit die Ergebnisse der nationalen Parlamentswahlen wesentlich beeinflussen würden. Dies war jedoch bis Mitte der 90er Jahre nicht der Fall, wie die verschiedenen Analysen des Wählerverhaltens zeigen.[6] Die Irrelevanz des Themas „Europa" für die durch nationale Wahlen determinierten Größenverhältnisse der Parteien impliziert, dass auch die Entwicklung der anderen beiden Strukturcharakteristika des deutschen Parteiensystems, der Asymmetrie und der Volatilität (vgl. Tabelle 1), durch die europäische Integration nicht tangiert wurde.

---

6 Zur Analyse des Wahlverhaltens in Deutschland vgl. an neueren Arbeiten z.B. die Kurzdarstellungen von Falter/Schoen 1999, Gabriel/Thaidigsmann 2000, Kaase 2000 und Schultze 2000, die Einführungen in die Wahlforschung von Bürklin/Klein 1998 und Roth 1998, die Sammelbände von Kaase und Klingemann zu den einzelnen Bundestagswahlen (Kaase/Klingemann 1990, 1998; Klingemann/Kaase 1994, 2001), die Publikationsreihe des DVPW-Arbeitskreises „Wahlen und politische Einstellungen" (Falter/Rattinger/Troitzsch 1989; Gabriel/Falter 1996; Gabriel/Troitzsch 1993; Plasser u.a. 1999; Rattinger/Gabriel/Jagodzinski 1994; Schmitt 1990; van Deth/Rattinger/Roller 2000; Brettschneider/van Deth/Roller 2002) und den Sammelband zum 50-jährigen Bestehen der Empirischen Wahlforschung in Deutschland (Klein u.a. 2000).

Dies ist angesichts der schon seit Ende der 80er Jahre viel beschworenen „Europamüdigkeit" der Bevölkerung nicht selbstverständlich. In der Tat konnten die Deutschen „bis Mitte der 80er Jahre durchaus als EG-Musterknaben gelten", zeigten danach jedoch „meist unterdurchschnittliche Unterstützungsraten" (Niedermayer 1994: 66), wobei sich die Skepsis in den Jahren nach Unterzeichnung des Maastrichter Vertrags von 1992 primär auf dessen währungspolitische Dimension bezog: Von 1992 bis 1997 waren in Deutschland die Gegner einer gemeinsamen Währung zahlreicher als ihre Befürworter, während die Zustimmung zum Euro im europäischen Durchschnitt deutlich überwog (vgl. Abbildung 2; vgl. auch den Beitrag von Maier/Brettschneider/Maier in diesem Band).[7]

Abbildung 2: Haltung zur gemeinsamen Währung, 1990-2001 (Indexwerte)

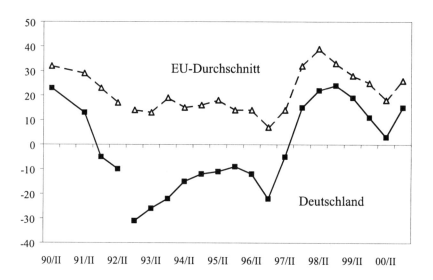

Quelle: eigene Berechnungen (Eurobarometer).

Im Jahre 1997 erhöhte sich zudem für kurze Zeit die Relevanz des EU-Themas in den Augen der Bevölkerung (vgl. Abbildung 3): Bis 1997 war Europa unter den zehn Themen, die bei der Frage nach den wichtigsten Problemen

---

7   Die Abbildung gibt die Nettounterstützung – gemessen durch die Differenz zwischen Befürwortern und Gegnern in Prozentpunkten – wieder. Wegen unterschiedlicher Fragformulierungen sind die Daten bis zum zweiten Halbjahr 1992 und ab dem ersten Halbjahr 1993 nicht voll vergleichbar.

von den Bürgern am häufigsten genannt wurden, nicht vertreten. Im Umfeld der Diskussionen über den Vertrag von Amsterdam wurde jedoch die Medienberichterstattung über Europa verstärkt, und im Juni 1997, als der Vertrag von den Staats- und Regierungschefs der EU beschlossen wurde und das Thema hohe Medienaufmerksamkeit erlangte, nahm es in der Wichtigkeitsrangfolge kurzfristig den zweiten Rang ein, allerdings sehr weit hinter der Arbeitslosigkeit, das als wichtigstes Thema sechsmal so viele Nennungen verzeichnete. Nach einem zwischenzeitlichen deutlichen Rückgang erlangte es Anfang 1998 erneut mehr Aufmerksamkeit und rückte im Umfeld des Beschlusses vom 2. Mai 1998 über den Eintritt in die dritte Stufe der Wirtschafts- und Währungsunion zum 1. Januar 1999 wiederum – und wieder mit sehr großem Abstand zur Arbeitslosigkeit – kurzfristig auf den zweiten Platz vor.

Abbildung 3: Relevanz des EU-Themas für die Bevölkerung, 1996-2002 (in %, zwei Themennennungen möglich)

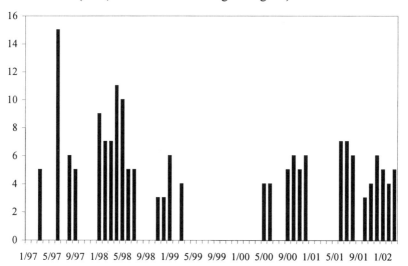

Quelle: Forschungsgruppe Wahlen (Politbarometer).

Im Vorfeld der Bundestagswahl 1998 waren somit optimale Bedingungen für eine Beeinflussung der Struktur des deutschen Parteiensystems durch den Prozess der europäischen Integration gegeben: Die Bevölkerung stand dem integrationsfreundlichen Kurs der traditionellen Parteien in einer wichtigen Frage skeptisch gegenüber, das Thema wurde als relevant wahrgenommen, und mit dem BfB und der Pro DM standen zwei Parteien bereit, die die Euro-Ablehnung kanalisieren konnten. Dennoch hielt sich der Einfluss Europas auf das Wahlergebnis und damit auf die Strukturcharakteristika des Parteiensystems in engen Grenzen: BfB und Pro DM erzielten zusammen 1,1 Prozent der Stimmen (vgl. Tabelle 2) und die der Europapolitik der Regierung Kohl zuschreibbaren Wählerverluste wurden auf „unter einen halben Prozentpunkt geschätzt" (Pappi/Thurner 2000: 435).

Dass der Einfluss Europas letztlich so gering war, lässt sich auf die deutliche Veränderung der Orientierung der Bevölkerung kurz vor der Wahl zurückführen. Nach dem endgültigen Beschluss zur Einführung des Euro setzte sofort ein Anpassungsprozess ein, der die normative Kraft des Faktischen verdeutlichte: Der Euro wurde schon vor der Wahl mehrheitlich akzeptiert, und daran hat sich seither, trotz eines Unterstützungsrückgangs 1999/ 2000 – wohl wegen der Abwertung des Euro gegenüber dem Dollar –, nichts mehr geändert (vgl. Abbildung 2). Zudem versank das Thema bei den Bürgern sofort wieder in seine übliche relative Bedeutungslosigkeit und war kurz vor der Wahl nicht mehr unter den zehn am häufigsten genannten wichtigen Problemen zu finden (vgl. Abbildung 3).

Die Auswirkungen der Einbindung Deutschlands in den europäischen Integrationsprozess auf die Struktur des Parteiensystems hielten sich somit auch 1998, trotz der Kumulation von Einflussfaktoren auf der Angebots- und Nachfrageseite des Parteienwettbewerbs, in engen Grenzen. Zudem haben sich diese Faktoren seither in einer Weise verändert, die die Bundestagswahl von 1998 eher als Ausnahmeerscheinung denn als Beginn einer Europäisierung des deutschen Parteiensystems erscheinen lässt. Seit 1998 ist das Thema für die Bevölkerung wieder von nur geringer Relevanz: Im Frühjahr 2001 war noch nicht einmal ein Fünftel der Deutschen daran interessiert, an Diskussionen über Europa teilzunehmen, was im europäischen Vergleich nach Irland der niedrigste Wert war (Europäische Kommission 2001: 77), seit 1999 war Europa unter den zehn wichtigsten Themen entweder gar nicht vertreten oder nahm einen der letzten Plätze ein, und selbst auf dem Höhepunkt des Streites um die Abwendung des „Blauen Briefs" der Europäischen Kommission an Deutschland wegen des hohen Haushaltsdefizits Anfang 2002 hielten die Deutschen das EU-Thema für nicht besonders relevant (vgl. Abbildung 3).

Seit 1998 überwiegt zudem die Zustimmung zum Euro (vgl. Abbildung 2), und nach seiner Einführung als gesetzliches Zahlungsmittel im Januar 2002 haben zwei Drittel der Deutschen ihren Frieden mit der gemeinsamen Währung gemacht, wie Tabelle 4 zeigt.

Es sieht daher nicht so aus, als ob Europa in naher Zukunft für das Wahlverhalten der Bürger eine größere Rolle spielen könnte als in der Vergangenheit: „Die EU ist schlicht kein Thema, das die Wahlentscheidung beeinflusst" (Sturm 2002: 78). Von der Nachfrageseite her spricht somit wenig dafür, dass die pro- vs. anti-europäische Konfliktlinie zu einer relevanten Dimension des nationalen Parteienwettbewerbs werden könnte. Dies ist vor allem auf die geringe Relevanz des Themas bei den Bürgern zurückzuführen.

Tabelle 4: Haltung zum Euro nach seiner Einführung als Zahlungsmittel im Januar 2002 (in %)

Die Einführung des Euro als gemeinsame europäische Währung finde ich	
gut	69
nicht gut	27
keine Angaben	4
Sind Sie für oder gegen die einheitliche europäische Währung?	
dafür	61
dagegen	19
egal/unentschieden	20
War die Einführung des Euro eine richtige Entscheidung gewesen?	
richtig	65
falsch	31
keine Angaben	3

Quelle: Forschungsgruppe Wahlen (Politbarometer 1/2002); Institut für Demoskopie Allensbach (IfD-Umfrage 7016); Emnid (n-tv 1. Februar 2002).

4. Inhaltlicher Wandel des Parteiensystems?

Auch von der Angebotsseite des Parteienwettbewerbs her ist eine solche Konfliktlinie nicht zu erkennen: Alles in allem war der Konsens der politischen Elite in Bezug auf die europäische Integration über die Zeit hinweg in keinem anderen großen Mitgliedsland der Europäischen Union so stabil wie in Deutschland (Lees 2001: 2). Dies bedeutet jedoch nicht, dass es zwischen den relevanten Parteien in den Europa-Positionen keinen Unterschied geben würde (vgl. Tabelle 5).[8] Am europafreundlichsten sind die CDU und die FDP. Die SPD hat Mitte der 90er Jahre aus wahltaktischen Gründen kurzfristig eine kritische Haltung gegenüber der Währungsunion eingenommen, vertritt seither jedoch wieder dezidiert europafreundliche Positionen (Gloser 2001)[9], was Bundeskanzler Gerhard Schröder nicht daran hindert, gegen die Politik der Europäischen Kommission zu Felde zu ziehen, wenn er der Mei-

8 Als relevant werden hier Parteien angesehen, wenn sie parlamentarisch vertreten sind oder zumindest ein „Erpressungspotenzial" besitzen, d.h., wenn ihre „existence or appearance affects the tactics of party competition" (Sartori 1976: 123).
9 Dies wird auch von der Bevölkerung so gesehen: 1998 wurde die SPD nach der CDU/CSU als europafreundlichste Partei wahrgenommen (Pappi/Thurner 2000).

nung ist, Brüssel nähme nicht ausreichend Rücksicht auf deutsche Interessen. Auch die Europapolitik der CSU ist von der Verteidigung der eigenen – bayerischen – Interessen geprägt, was in den 90er Jahren zunehmend zu Kritik an bestimmten EU-Entwicklungen geführt hat. Die Grünen hingegen wurden in diesem Zeitraum europafreundlicher.

Tabelle 5: Position der Parteieliten gegenüber der europäischen Integration, 1984-1996 (Mittelwerte; Polarisierungsindex)[1]

	1984	1988	1992	1996
CDU	6,86	6,86	7,00	6,86
FDP	6,71	6,71	6,71	6,71
SPD	6,29	6,29	6,14	5,71
CSU	6,50	6,29	5,43	5,43
GRÜNE	3,57	3,71	4,71	4,86
PDS	-	-	3,57	3,57
REP	-	-	1,29	1,29
PS-Mittelwert	6,39	6,35	6,17	5,88
EI-Polarisierung	0,60	0,63	1,17	1,12
Prozent der max. EI-Polarisierung	7	7	13	12

1) 7-Punkte-Skala: 1 = sehr gegen europäische Integration, 7 = sehr für europäische Integration.
Quelle: Ray (1999: 299); Polarisierung: eigene Berechnungen.

Von allen im Bundestag vertretenen Parteien vertritt die PDS immer noch die europakritischste Position: Zwar stellt sie in dem von ihrer Vorsitzenden Gabi Zimmer im Frühjahr 2001 vorgelegten – innerparteilich noch stark umstrittenen – Entwurf für ein neues Programm fest, dass sich die Partei „im Bruch mit grundlegenden politischen Vorstellungen der Vergangenheit" bereits „Anfang 1990 für die Beteiligung an der Europäischen Gemeinschaft" ausgesprochen habe, wirft der EU jedoch vor, ihren „Bürgerinnen und Bürgern als eine machtvolle, aber unsoziale und undemokratische Realität" gegenüberzustehen und propagiert ein neues, sozial und ökologisch orientiertes, die Demokratiedefizite überwindendes und dauerhaft friedenssicherndes Integrationskonzept. Die eindeutigste Ablehnung schlägt der europäischen Integration in ihrer jetzigen Form von den drei rechtsextremen Parteien entgegen: Die Republikaner lehnen in ihrem Programm von 1996 den Maastrichter Vertrag rundweg ab und bezeichnen ihn als „Staatsstreich von oben", die DVU wendet sich gegen die Auflösung Deutschlands in einer Europäischen Union und die NPD vertritt in ihrem Europaprogramm die Auffassung, dass „die Verträge von Maastricht und Amsterdam sittenwidrig und damit von Anfang an null und nichtig sind". Trotz dieser Unterschiede in den Positionen der einzelnen Parteien gegenüber der europäischen Integration ist das deutsche

Parteiensystem – vor allem wegen des geringen elektoralen Gewichts der europakritischen bzw. europafeindlichen Parteien – in der pro- vs. anti-europäischen Dimension nicht stark polarisiert (vgl. Tabelle 5). Zwar hat die Polarisierung in den 90er Jahren zugenommen, bleibt – mit zwölf bis 13 Prozent des maximal erreichbaren Wertes – jedoch immer noch sehr gering, und das Parteiensystem insgesamt ist nach wie vor klar auf der pro-europäischen Seite verortet, wie der Polarisierungs-Mittelwert in Tabelle 5 zeigt.

Dies kann auf eine Reihe von Faktoren zurückgeführt werden. Dass zumindest die das deutsche Parteiensystem seit der Gründung der Bundesrepublik prägenden Parteien allesamt europafreundliche Positionen vertreten, ist vor allem den traditionell pro-europäischen Einstellungen der deutschen Eliten geschuldet: Bei allen Detailkontroversen um Inhalt, Tempo und Finalität des europäischen Integrationsprozesses besteht seit Anfang der 60er Jahre ein positiver Grundkonsens in der Europapolitik, der durch die Erwartung begründet wurde, dass eine Einbindung in den europäischen Integrationsprozess die Verwirklichung der zentralen Ziele und Interessen der Bundesrepublik nachhaltig fördern würde. Zu diesen Zielen gehörten insbesondere die Gewährleistung von Frieden und Sicherheit im Kontext des Ost-West-Konflikts, der ökonomische Wiederaufbau, die Erlangung der politischen und rechtlichen Gleichberechtigung sowie der internationalen Handlungsfähigkeit, die Festigung der innerstaatlichen demokratischen Ordnung und die Wiederherstellung der deutschen Einheit (Niedermayer 2002b). In den 50er Jahren führte insbesondere die Frage der Vereinbarkeit von Wiedervereinigungsbestrebungen und Einbeziehung der Bundesrepublik in den europäischen Integrationsprozess zu deutlichen parteipolitischen Kontroversen. Ab Anfang der 60er Jahre wurde die Vereinbarkeitsfrage jedoch mit der Formel von der „Europäisierung der deutschen Frage" positiv beantwortet. Seither ist die „europäische Orientierung ... in Deutschland eine eigenständige Norm für politisches und Verwaltungshandeln" (Sturm/Pehle 2001a: 168). Der interessengeleitete pro-europäische Elitenkonsens macht auch die gegenseitige Bedingtheit von europäischem Integrationsprozess und Europäisierung des Parteiensystems deutlich: Solange die Einbindung in die europäische Integration den zentralen Interessen der Bundesrepublik förderlich ist, besteht für wesentliche zwischenparteiliche Kontroversen keine Basis.

Kitschelt (1997: 147f.) weist auf eine zweite Gruppe von Erklärungsfaktoren für die geringe EU-Polarisierung in Deutschland hin: (1) „opposition to European integration may be particularly vocal in countries with exceptionally large or small welfare states"[10], (2) „beyond these economic factors,

---

10 „Large and redistributive welfare states prompt anti-European feelings among supporters of the economic left, who fear that integration will require a levelling-down of social benefits and protection to near a European norm in order to enable domestic industries to stay competitive. Conversely, in countries with small welfare states, the economic right may see integration as an inflationary source of demands for new entitlements" (Kitschelt 1997: 148).

countries' foreign-policy trajectories – whether or not they are NATO members or had a colonial empire – may effect national politicians' willingness to support European integration" und (3) „European integration tends to be more politicised within countries deliberating entry or having recently entered". Nimmt man diese drei Faktoren zusammen, dann gehört Deutschland zu der Gruppe mit dem geringsten Potenzial für eine politische Mobilisierung des Europa-Themas.

Schließlich ist ein dritter Faktor zu nennen: In Deutschland ist gerade diejenige Parteifamilie nur marginal vertreten, die durch ihre ablehnende Haltung gegenüber der europäischen Integration in vielen anderen EU-Staaten seit den 80er Jahren die pro- vs. anti-europäische Konfliktlinie in den nationalen Parteienwettbewerb hineingetragen hat: die ethnozentristisch-autoritären, vielfach auch als rechtspopulistisch bezeichneten Parteien. Dies hat eine Reihe von Gründen (Niedermayer 2002c): Die Rahmenbedingungen für die Etablierung solcher Parteien sind zwar in der Bundesrepublik im europäischen Vergleich durchaus nicht ungünstig. Deutschland war und ist einem raschen sozioökonomischen Wandlungsprozess unterworfen, der je nach konkreter Lebenswelt und mentalen Kapazitäten von den Individuen unterschiedlich erfahren und verarbeitet wird und zur Herausbildung eines Wertekonflikts zwischen libertären und autoritären Wertesystemen führt. In der zweiten Hälfte der 80er Jahre bildeten zudem die steigenden Asylanten- und Umsiedlerzahlen ein „Katalysator-Thema" für die Umsetzung des autoritären Pols dieser gesellschaftlichen Konfliktlinie in das Parteiensystem, wobei die Etablierung neuer Parteien generell durch den föderalistischen Staatsaufbau mit seinen Profilierungsmöglichkeiten auf der regionalen Ebene erleichtert wird. Dies hat zwar zu einigen Wahlerfolgen ethnozentristisch-autoritärer Parteien auf Landesebene geführt[11], auf der Bundesebene blieb diese Parteifamilie bisher jedoch marginal, was auf das Zusammenspiel mehrerer Faktoren zurückzuführen ist. Die ethnozentristisch-autoritären Parteien sind in Deutschland durch die autoritäre NS-Diktatur generell diskreditiert, erhalten aus diesem Grund auch keine nennenswerte Medienunterstützung, konnten ihre organisatorische Zersplitterung nie überwinden, verfügen über keine charismatische Führungspersönlichkeit, die eine breitere Wählerschicht ansprechen könnte, und kranken an der bleibenden Fähigkeit des bürgerlichen Parteienlagers zur Besetzung für sie relevanter Themen und zur teilweisen Integration ihrer potenziellen Wählerklientel.

Auch auf der regionalen Ebene des föderalistisch strukturierten deutschen Parteiensystems ist die pro- vs. anti-europäischen Konfliktlinie von geringer Bedeutung. Es ist zwar richtig, dass das Bekenntnis der deutschen Länder zur europäischen Integration heutzutage nicht mehr so „instinktiv und

---

11 Erinnert sei z.B. an den Erfolg der Republikaner bei der baden-württembergischen Landtagswahl von 1992 (10,9%) und 1996 (9,1%) sowie der DVU in Sachsen-Anhalt 1998 (12,9%).

unmissverständlich" ist wie früher und dass die Haltung zur EU jetzt stärker an deren Fähigkeit gebunden wird, länderspezifischen Bedürfnissen und Politikpräferenzen zu entsprechen (Jeffery, in Vorbereitung). Zentral für unsere Analyse ist jedoch die Frage, ob sich dies in einer größeren Relevanz des Europa-Themas für den regionalen Parteienwettbewerb und damit für die Struktur der regionalen Parteisysteme niederschlägt. Hierfür lassen sich jedoch nur wenige Beispiele finden (Lees 2001).[12] Selbst in Bayern, wo die Haltung der regierenden CSU zur EU in den 90er Jahren zunehmend von anti-interventionistischen Positionen bestimmt war (Jeffery/Collins 1998), spielte das Europa-Thema in den Landtagswahlkämpfen keine Rolle.[13]

Die äußerst geringe Relevanz der pro- vs. anti-europäischen Konfliktlinie im Rahmen des nationalen Parteienwettbewerbs lässt auch eine Beeinflussung der Legitimität des Parteiensystems durch die europäische Integration als wenig wahrscheinlich erscheinen. In der Tat spielte dieser Bereich in zwei der drei Phasen, in denen im Rahmen der letzten beiden Jahrzehnte von einem Legitimitätsabfall, d.h. einem etwas höheren Anteil von Parteiensystemverdrossenen unter den Bürgern, gesprochen werden kann, keine Rolle. Lediglich die dritte Phase kann mit Europa in Verbindung gebracht werden. Die Haltung der Bevölkerung gegenüber dem Parteiensystem ist von relativ großer und im Zeitablauf steigender Skepsis gekennzeichnet, der Anteil der Parteiensystemverdrossenen, die keine einzige der im Bundestag vertretenen Parteien positiv beurteilen, ist jedoch gering (vgl. Abbildung 4).[14]

Eine überdurchschnittlich hohe Parteiensystemverdrossenheit war in den Jahren 1988, 1992/93 und 1996/97 zu beobachten. In der ersten und dritten Phase war das Ansteigen der Werte eindeutig auf eine immer größere Unzufriedenheit ausschließlich mit den Regierungsparteien CDU, CSU und FDP zurückzuführen. Diese Unzufriedenheit hatte 1988 nichts mit Europa zu tun. 1996/97 spielte das EU-Thema in Gestalt der Diskussionen um die einheitliche Währung jedoch durchaus eine Rolle, auch wenn seine Bedeutung bei der Bundestagswahl 1998 gering blieb. Die – relativ – größte Legitimitätskrise machte das Parteiensystem 1992/93 durch. In diesem Zeitraum waren alle traditionellen Parteien, also nicht nur die Regierungsparteien, sondern auch die SPD, von der steigenden Unzufriedenheit betroffen, während im Westen

---

12 Ein Beispiel ist die Landtagswahl von 1996 in Baden-Württemberg, wo die SPD versuchte, die Kritik an der geplanten Einführung des Euro in der Bevölkerung wahltaktisch auszunutzen. Die Wähler erkannten dieses Manöver jedoch als inkonsistent und opportunistisch (Rheinhardt 1997), und die Partei erlitt herbe Verluste, vor allem auch zugunsten der Republikaner.

13 Zu den Wahlkämpfen von 1990 und 1994 vgl. Schultze 1991 und Jung/Rieger 1995. Selbst im bayerischen Landtagswahlkampf 1998 kurz vor der Bundestagswahl spielte das Europa-Thema keine große Rolle (Renz/Rieger 1999).

14 Wiedergegeben wird somit, mangels anderer Daten, die Legitimität auf der parlamentarischen Ebene, wobei selbst dort noch Abstriche zu machen waren: In Westdeutschland wurde 1991 bis 1993 nicht nach der PDS gefragt. Zu den Orientierungstypen vgl. Abschnitt 2.

die Grünen und im Osten die PDS Sympathiegewinne verzeichnen konnten. Als Ursache für diesen Legitimitätseinbruch lassen sich vor allem drei Faktoren ausmachen: die sich deutlich verschlechternde Wahrnehmung der ökonomischen Entwicklung, die Unzufriedenheiten mit dem Verlauf des Einigungsprozesses und das vom Herbst 1991 an im Westen dominierende Asylthema. Mit dem aus taktischen Erwägungen zunächst immer wieder hinausgezögerten Asylkompromiss vom Sommer 1993 und einem eklatanten Stimmungsumschwung in der Bevölkerung in Bezug auf die Perzeption der ökonomischen Entwicklung im Frühsommer 1994, kehrte sich die negative Entwicklung wieder um (Niedermayer 2002a).

Abbildung 4: Die Haltung der Bevölkerung gegenüber dem Parteiensystem, 1977-1998 (in %)

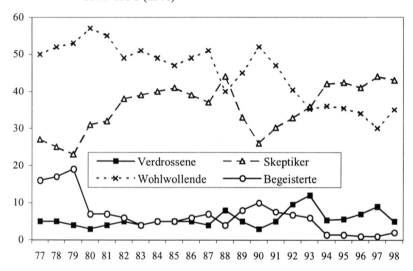

Quelle: eigene Berechnungen (FGW-Politbarometer).

Wegen der geringen Relevanz der europäischen Dimension im Rahmen der Konfliktstruktur und der geringen Polarisierung in dieser Frage blieben auch Auswirkungen der Einbindung Deutschlands in die europäische Integration auf die Segmentierung und Koalitionsstabilität des deutschen Parteiensystems bisher aus. Es ist nicht zu erkennen, dass in der Vergangenheit die europapolitische Position einer Partei für ihre Einbeziehung bzw. Nichteinbeziehung in Koalitionsüberlegungen auf Bundesebene eine wesentliche Rolle gespielt hätte, und schon gar nicht haben europapolitische Konflikte zwischen den Regierungspartnern letztendlich zu einem Koalitionsbruch geführt. Zu Koalitionswechseln innerhalb einer Legislaturperiode kam es bisher nur zweimal: Im Jahre 1966 zog die FDP ihre Minister aus der Koalition mit der CDU/CSU wegen wirtschaftspolitischer Auseinandersetzungen zurück (Jesse 2002), und auch 1982 bei der Ablösung der sozialliberalen Koalition durch eine CDU/CSU-FDP-Koalition standen wirtschafts- und sozialpolitische Konfliktfelder im Vordergrund (Süß 1986).

5. Fazit

Die Analyse hat gezeigt, dass von einer Europäisierung des deutschen Parteiensystems im Sinne eines wesentlichen Einflusses der europäischen Integration auf seine Entwicklung nicht gesprochen werden kann. Die Einbindung der Bundesrepublik in die EU hat bisher nicht zu gravierenden Veränderungen der einzelnen Charakteristika des Parteiensystems geführt. Insbesondere auf der parlamentarischen Wettbewerbsebene sind keine Einflüsse zu erkennen, aber auch auf der elektoralen Ebene halten sich die Auswirkungen in engen Grenzen. Dies ist auf der Nachfrageseite des Parteienwettbewerbs vor allem auf die äußerst geringe Relevanz des Europa-Themas für die Wahlentscheidung der Bürger zurückzuführen, während auf der Angebotsseite der interessengeleitete pro-europäische Elitenkonsens, das durch mehrere Faktoren bedingte geringe Potenzial für eine politische Mobilisierung des Themas und die Marginalität ethnozentristisch-autoritärer Parteien eine wesentliche Rolle spielen.

Literatur

Bartolini, Stefano/Mair, Peter: Identity, Competition, and Electoral Availability. The Stabilization of European Electorates 1885-1985. Cambridge: Cambridge University Press, 1990.

Bauer-Kaase, Petra: Politische Ideologie im Wandel? – Eine Längsschnittanalyse der Inhalte der politischen Richtungsbegriffe ‚links' und ‚rechts'. In: Klingemann, Hans-Dieter/Kaase, Max (Hrsg.): Wahlen und Wähler. Analysen aus Anlass der Bundestagswahl 1998. Opladen: Westdeutscher Verlag, 2001, S. 207-243.

Brettschneider, Frank/van Deth, Jan/Roller, Edeltraud (Hrsg.): Das Ende der politisierten Sozialstruktur? Opladen: Leske + Budrich, 2002.

Bürklin, Wilhelm P./Klein, Markus: Wahlen und Wählerverhalten. Eine Einführung. 2. Auflage. Opladen: Leske + Budrich, 1998.

Crotty, William: Comparative Political Parties. Washington: American Political Science Association, 1985.

Damm, Sven Mirko: Die europäischen politischen Parteien: Hoffnungsträger europäischer Öffentlichkeit zwischen nationalen Parteien und europäischen Fraktionsfamilien. In: Zeitschrift für Parlamentsfragen 30 (1999), S. 395-423.

Dietz, Thomas: Die grenzüberschreitende Interaktion grüner Parteien in Europa. Opladen: Westdeutscher Verlag, 1997.

Dyson, Kenneth/Goetz, Klaus (Hrsg.): Germany and Europe: A 'Europeanized' Germany? Oxford: Oxford University Press (in Vorbereitung).

Easton, David: A Systems Analysis of Political Life. New York: Wiley, 1965.

Easton, David: A Re-assessment of the Concept of Political Support. In: British Journal of Political Science 5 (1975), S. 435-457.

Elff, Martin: Neue Mitte oder alte Lager? Welche Rolle spielen sozioökonomische Konfliktlinien für das Wahlergebnis von 1998? In: van Deth, Jan W./Rattinger, Hans/Roller, Edeltraud (Hrsg.): Die Republik auf dem Weg zur Normalität? Opladen: Leske + Budrich, 2000, S. 67-92.

Europäische Kommission (Hrsg.): Eurobarometer. Bericht Nr. 55. Brüssel: Europäische Kommission, 2001.

Falter, Jürgen W./Rattinger, Hans/Troitzsch, Klaus G (Hrsg.): Wahlen und politische Einstellungen in der Bundesrepublik Deutschland: Neuere Entwicklungen der Forschung. Frankfurt a.M.: Peter Lang, 1989.

Falter, Jürgen W./Schoen, Harald: Wahlen und Wählerverhalten. In: Ellwein, Thomas/Holtmann, Everhard (Hrsg.): 50 Jahre Bundesrepublik Deutschland. Sonderheft 30 der Politischen Vierteljahresschrift. Opladen: Westdeutscher Verlag, 1999, S. 454-470.

Falter, Jürgen W./Schumann, Siegfried: Politische Konflikte, Wählerverhalten und die Struktur des Parteienwettbewerbs. In: Gabriel, Oscar W. (Hrsg.): Die EG-Staaten im Vergleich. Opladen: Westdeutscher Verlag, 1992, S. 192-219.

Fuchs, Dieter/Klingemann, Hans-Dieter: The Left-Right Schema. In: Jennings, M. Kent/van Deth, Jan W. (Hrsg.): Continuities in Political Action. Berlin: de Gruyter, 1989, S. 203-234.

Gabriel, Oscar W./Falter, Jürgen W. (Hrsg.): Wahlen und politische Einstellungen in westlichen Demokratien. Frankfurt a.M.: Peter Lang, 1996.

Gabriel, Oscar W./Thaidigsmann, Isabell: Stand und Probleme der Wahlforschung in Deutschland. In: Politische Bildung 33 (2000), S. 6-19.

Gabriel, Oscar W./Troitzsch, Klaus G. (Hrsg.): Wahlen in Zeiten des Umbruchs. Frankfurt a.M.: Peter Lang, 1993.

Gloser, Günter: Die europäische Integration voranbringen: Zum europapolitischen Leitantrag der SPD. In: Integration, 24 (2001), S. 303-307.

Hainsworth, Paul: Introduction: The Extreme Right. In: Hainsworth, Paul (Hrsg.): The Politics of the Extreme Right: From the Margins to the Mainstream. London/New York: Pinter, 2000, S. 1-17.

Hix, Simon/Goetz, Klaus H.: Introduction: European Integration and National Political Systems. In: West European Politics 23 (2000), S. 1-26.

Huber, John/Inglehart, Ronald: Expert Interpretations of Party Space and Party Locations in 42 Societies. In: Party Politics 1 (1995), S. 73-111.

Jansen, Thomas: Die Entstehung einer Europäischen Partei: Vorgeschichte, Gründung und Entwicklung der EVP. Bonn: Europa Union Verlag, 1996.

Jasmut, Gunter: Die politischen Parteien und die europäische Integration: Der Beitrag der Parteien zur demokratischen Willensbildung in europäischen Angelegenheiten. Frankfurt a.M.: Peter Lang, 1995.

Jeffery, Charlie: The German Länder and Europe: From Milieu-Shaping to Territorial Politics. In: Dyson, Kenneth/Goetz, Klaus (Hrsg.): Germany and Europe: A 'Europeanized' Germany? Oxford: Oxford University Press (in Vorbereitung).

Jeffery, Charlie/Collins, Stephen: The German Länder and EU Enlargement: Between Apple Pie and Issue-Linkage. In: German Politics 7 (1998), S. 86-101.

Jesse, Eckhard: Die Parteien in der SBZ/DDR 1945 - 1989/1990. In: Gabriel, Oscar W./Niedermayer, Oskar/Stöss, Richard (Hrsg.): Parteiendemokratie in Deutschland. 2. aktualisierte und erweiterte Auflage. Opladen: Westdeutscher Verlag, 2002, S. 87-106.

Jung, Gabriele/Rieger, Günter: Die bayerische Landtagswahl vom 25. September 1994: Noch einmal gelang der CSU ein machiavellisches Lehrstück. In: Zeitschrift für Parlamentsfragen 26 (1995), S. 232-249.

Kaase, Max: Entwicklung und Stand der Empirischen Wahlforschung in Deutschland. In: Klein, Markus/Jagodzinski, Wolfgang/Mochmann, Ekkehard/Ohr, Dieter (Hrsg.): 50 Jahre Empirische Wahlforschung in Deutschland. Opladen: Westdeutscher Verlag, 2000, S. 17-40.

Kaase, Max/Klingemann, Hans-Dieter (Hrsg.): Wahlen und Wähler. Analysen aus Anlaß der Bundestagswahl 1987. Opladen: Westdeutscher Verlag, 1990.

Kaase, Max/Klingemann, Hans-Dieter (Hrsg.): Wahlen und Wähler. Analysen aus Anlaß der Bundestagswahl 1994. Opladen: Westdeutscher Verlag, 1998.

Kitschelt, Herbert: European Party Systems. Continuity and Change. In: Rhodes, Martin/Heywood, Paul/Wright, Vincent (Hrsg.): Developments in West European Politics. Basingstoke: Macmillan, 1997, S. 131-150.

Klein, Markus/Jagodzinski, Wolfgang/Mochmann, Ekkehard/Ohr, Dieter (Hrsg.): 50 Jahre Empirische Wahlforschung in Deutschland. Opladen: Westdeutscher Verlag, 2000.

Klingemann, Hans-Dieter/Kaase, Max (Hrsg.): Wahlen und Wähler. Analysen aus Anlaß der Bundestagswahl 1990. Opladen: Westdeutscher Verlag, 1994.

Klingemann, Hans-Dieter/Kaase, Max (Hrsg.): Wahlen und Wähler. Analysen aus Anlass der Bundestagswahl 1998. Opladen: Westdeutscher Verlag, 2001.

Kuper, Ernst: Transnationale Parteienbünde zwischen Partei- und Weltpolitik. Frankfurt a.M.: Peter Lang, 1995.

Laakso, Markku/Taagepera, Rein: 'Effective' Number of Parties. A Measure with Application to West Europe. In: Comparative Political Studies 12 (1979), S. 3-27.

Lane, Jan-Erik/Ersson, Svante: Politics and Society in Western Europe. 3. Auflage. London: Sage, 1994.

Lees, Charles: 'Dark Matter': Institutional Constraints and the Failure of Party-Based Euroscepticism in Germany. San Francisco: Annual Meeting of the American Political Science Association, 2001.

Lesse, Urs: A fully-fledged political party? Die Sozialdemokratische Partei Europas. Diplomarbeit. Marburg: Philipps-Universität Marburg, 2000.

Lipset, Seymour Martin/Rokkan, Stein: Cleavage Structures, Party Systems, and Voter Alignments: An Introduction. In: Lipset, Seymour Martin/Rokkan, Stein (Hrsg.): Party Systems and Voter Alignments. Cross-national Perspectives. New York: The Free Press, 1967, S. 1-64.

Mair, Peter: The Limited Impact of Europe on National Party Systems. In: West European Politics 23 (2000), S. 27-51.

Mielke, Gerd: Gesellschaftliche Konflikte und ihre Repräsentation im deutschen Parteiensystem. Anmerkungen zum Cleavage-Modell von Lipset und Rokkan. In: Eith, Ulrich/Mielke, Gerd (Hrsg.): Gesellschaftliche Konflikte und Parteiensysteme. Opladen: Westdeutscher Verlag, 2001, S. 77-95.

Neßler, Volker: Europäische Willensbildung: die Fraktionen im Europaparlament zwischen nationalen Interessen, Parteipolitik und europäischer Integration. Schwalbach: Wochenschau-Verlag, 1997.

Niedermayer, Oskar: Maastricht und die Entwicklung der öffentlichen Meinung zu Europa. In: Glaeßner, Gert-Joachim/Sühl, Klaus (Hrsg.): Auf dem Weg nach Europa. Opladen: Westdeutscher Verlag, 1994, S. 57-73.

Niedermayer, Oskar: Zur systematischen Analyse der Entwicklung von Parteiensystemen. In: Gabriel, Oscar W./Falter, Jürgen W. (Hrsg.): Wahlen und politische Einstellungen in westlichen Demokratien. Frankfurt a.M.: Peter Lang, 1996, S. 19-49.

Niedermayer, Oskar: Bürger und Politik. Opladen: Westdeutscher Verlag, 2001.

Niedermayer, Oskar: Nach der Vereinigung: Der Trend zum fluiden Fünfparteiensystem. In: Gabriel, Oscar W./Niedermayer, Oskar/Stöss, Richard (Hrsg.): Parteiendemokratie in Deutschland. 2. aktualisierte und erweiterte Auflage. Opladen: Westdeutscher Verlag, 2002a, S. 107-127.

Niedermayer, Oskar: Die europäischen Parteienbünde. In: Gabriel, Oscar W./Niedermayer, Oskar/Stöss, Richard (Hrsg.): Parteiendemokratie in Deutschland. 2. aktualisierte und erweiterte Auflage. Opladen: Westdeutscher Verlag, 2002b, S. 428-446.

Niedermayer, Oskar: Parteiensystem. In: Jesse, Eckhard/Sturm, Roland (Hrsg.): Demokratien des 21. Jahrhunderts im Vergleich, 2002c (in Vorbereitung).

Pappi, Franz U./Thurner, Paul W.: Die deutschen Wähler und der Euro: Auswirkungen auf die Bundestagswahl 1998? In: Politische Vierteljahresschrift 41 (2000), S. 435-466.

Pedersen, Mogens N.: On Measuring Party System Change. A Methodological Critique and a Suggestion. In: Comparative Political Studies 12 (1980), S. 387-403.

Plasser, Fritz/Gabriel, Oscar W./Falter, Jürgen W./Ulram, Peter A. (Hrsg.): Wahlen und politische Einstellungen in Deutschland und Österreich. Frankfurt a.M.: Peter Lang, 1999.

Pöhle, Klaus: Europäische Parteien – für wen und für was eigentlich? In: Zeitschrift für Parlamentsfragen 31 (2000), S. 599-619.

Rae, Douglas: The Political Consequences of Electoral Laws. New Haven: Yale University Press, 1967.

Rattinger, Hans/Gabriel, Oscar W./Jagodzinski, Wolfgang (Hrsg.): Wahlen und politische Einstellungen im vereinigten Deutschland. Frankfurt a.M.: Peter Lang, 1994.

Ray, Leonard: Measuring Party Orientations Toward European Integration: Results from an Expert Survey. In: European Journal of Political Research 36 (1999), S. 283-306.

Renz, Thomas/Rieger, Günter: Die bayerische Landtagswahl vom 13. September 1998: Laptop, Lederhose und eine Opposition ohne Optionen. In: Zeitschrift für Parlamentsfragen 30 (1999), S. 78-97.

Rheinhardt, Nickolas: A Turning Point in the German EMU Debate: The Baden Württemberg Regional Election of March 1996. In: German Politics 6 (1997), S. 77-99.

Roth, Dieter: Empirische Wahlforschung. Opladen: Leske + Budrich, 1998.

Sartori, Giovanni: European Political Parties: The Case of Polarized Pluralism. In: LaPalombara, Joseph/Weiner, Myron (Hrsg.): Political Parties and Political Development. Princeton: Princeton University Press, 1966, S. 137-176.

Sartori, Giovanni: Parties and Party Systems. A Framework for Analysis. Cambridge: Cambridge University Press, 1976.

Schmitt, Karl (Hrsg.): Wahlen, Parteieliten, politische Einstellungen. Neuere Forschungsergebnisse. Frankfurt a.M.: Peter Lang, 1990.

Schultze, Rainer-Olaf: Die bayerische Landtagswahl vom 14. Oktober 1990: Bayerische Besonderheiten und bundesrepublikanische Normalität. In: Zeitschrift für Parlamentsfragen 22 (1991), S. 38-58.

Schultze, Rainer-Olaf: Wählerverhalten bei Bundestagswahlen: Bekannte Muster mit neuen Akzenten. In: Politische Bildung 33 (2000), S. 34-56.

Stöss, Richard: Die Europäische Föderalistische Partei (EFP) / Europa Partei (EP). In: Stöss, Richard (Hrsg.): Parteien-Handbuch. Sonderausgabe, Band 3. Opladen: Westdeutscher Verlag, 1986, S. 1296-1310.

Stokes, Donald E.: Spatial Models of Party Competition. In: American Political Science Review 57 (1963), S. 368-377.

Sturm, Roland: Europa – kein Wahlkampfthema? In: Der Bürger im Staat, 52 (2002), S. 74-78.

Sturm, Roland/Pehle, Heinrich: Das neue deutsche Regierungssystem. Die Europäisierung von Institutionen, Entscheidungsprozessen und Politikfeldern in der Bundesrepublik Deutschland. Opladen: Leske + Budrich, 2001a.

Sturm, Roland/Pehle, Heinrich: Europäisiertes Regieren: Erklärungsmuster der Auswirkungen der europäischen Integration auf das politische System Deutschlands. In: Gegenwartskunde 50 (2002b), S. 161-171.

Süß, Werner: Wahl und Führungswechsel. Politik zwischen Legitimation und Elitekonsens. Zum Bonner Machtwechsel 1982/83. In: Klingemann, Hans-Dieter/Kaase, Max (Hrsg.): Wahlen und politischer Prozeß. Opladen: Westdeutscher Verlag, 1986, S. 39-83.

Taggart, Paul: A Touchstone of Dissent: Euroscepticism in Contemporary Western European Party Systems. In: European Journal of Political Research 33 (1998), S. 363-388.

Taylor, Michael/Herman, V. M.: Party Systems and Government Stability. In: American Political Science Review 65 (1971), S. 28-37.

Tsatsos, Dimitris Th./Deinzer, Gerold (Hrsg.): Europäische Politische Parteien: Dokumentation einer Hoffnung. Baden-Baden: Nomos, 1998.

van Deth, Jan W./Rattinger, Hans/Roller, Edeltraud (Hrsg.): Die Republik auf dem Weg zur Normalität? Opladen: Leske + Budrich, 2000.

Weidenfeld, Werner/Wessels, Wolfgang (Hrsg.): Jahrbuch der Europäischen Integration. Bonn: Europa Union Verlag, div. Jg.

Hermann Schmitt und Cees van der Eijk

Die politische Bedeutung niedriger Beteiligungsraten bei Europawahlen. Eine empirische Studie über die Motive der Nichtwahl[1]

1. Einleitung

Die Beteiligung an Wahlen zum Europäischen Parlament ist gering, und sie ist von der ersten bis zur fünften und bisher letzten Wahl rückläufig. Obwohl sich zahlreiche Forschungsarbeiten den Ursachen der niedrigen Beteiligungsraten zugewendet haben, sind die Ergebnisse noch immer etwas widersprüchlich. Aus der Aggregatanalyse wissen wir, dass der Kontext eine wichtige Rolle spielt. Natürlich ist es für die nationale Beteiligungsrate von eminenter Bedeutung, ob in einem Mitgliedsland Wahlpflicht herrscht oder nicht. Eine große Rolle spielt auch, ob die Europawahl mit der nationalen Hauptwahl oder mit einer anderen, wichtigeren Nebenwahl zusammenfällt. Und der zeitliche Abstand zur Hauptwahl ist ebenso relevant wie die Frage, ob sonntags oder werktags gewählt wird (van der Eijk/Franklin 1996: Kapitel 19).

Weniger eindeutig sind die Ergebnisse der Individualdatenanalyse. Zwar sind die herkömmlichen Prädiktoren der Wahlbeteiligung wie soziale Integration, politische Mobilisierung und Parteibindungen unstrittig. Eine zentrale Frage, der zudem eine gewisse politische Brisanz zukommt, wird allerdings kontrovers beurteilt. Die Frage ist, ob Stimmenthaltungen bei Wahlen zum Europäischen Parlament eine verborgene politische Botschaft transportieren – wie zum Beispiel „Ich will mit Europa nichts zu tun haben", oder „Wozu brauchen wir ein Europäisches Parlament? Wir sollten lieber bei uns Ordnung schaffen".

Wir werden im Folgenden der Bedeutung europakritischer Wahlenthaltungen nachgehen. Mit den Indikatoren der Europawahlstudie 1999 können wir zwei unterschiedliche Motive potenzieller europakritischer Wahlenthaltungen unterscheiden: (a) die Ablehnung der europäischen Einigung („Ich bin

---

1 Frühere Versionen dieses Beitrags wurden im September 2001 auf der APSA-Jahrestagung in San Francisco, im April 2002 auf den ECPR Joint Sessions in Turin und im Juni 2002 auf der Tagung „Europäische Integration: Öffentliche Meinung, politische Einstellungen und politisches Verhalten" des Arbeitskreises „Wahlen und politische Einstellungen" der DVPW in Augsburg präsentiert. Wir danken allen Diskutanten für hilfreiche Kommentare.

gegen Europa") und (b) die mangelnde Attraktivität der Europapolitik der konkurrierenden Parteien („In der Europapolitik sind alle Parteien gleich, es gibt keine, die ich wählen könnte"). Die Bedeutung dieser Faktoren wird kontrolliert für vier weitere mögliche Ursachen der Wahlenthaltung, die mit Europa zunächst nichts zu tun haben: die (mangelnde) Unterstützung nationaler Politik, die (mangelnde) Attraktivität politischer Parteien, das (mangelnde) politische Interesse und die (mangelnde) Wahrnehmung, persönlich die Politik beeinflussen zu können. Faktoren der sozialen Integration, in der Ursachenkette der Wahlbeteiligung weiter hinten angesiedelt, werden zudem berücksichtigt. Schließlich werden wir der Entwicklung europakritischer Wahlenthaltungen nachgehen, indem wir die Europawahlstudien der Jahre 1989, 1994 und 1999 vergleichend analysieren.

2. Konzeptuelle Überlegungen

2.1 Europakritische Wahlenthaltung als strategisches Wählen

Theorien strategischen Wählens beschränken sich in aller Regel auf Fragen der Parteiwahl.[2] Die Wahlbeteiligung bleibt ausgespart. Stephen Fisher (2000: 1) zum Beispiel definiert strategische (er sagt: „taktische") Wähler als „someone who votes for a party they believe is more likely to win than their preferred party, in order to vote effectively". Mit Bezug auf McKelvey und Ordeshook (1972) sowie Riker und Ordeshook (1968) gehen Alvarez und Nagler (2000: 58) über diese Definition hinaus und berücksichtigen zudem Merkmale der individuellen Präferenzordnung der Wähler und des kompetitiven Kontextes der Wahlentscheidung. Strategische Wähler entscheiden sich nach diesen Autoren für „her second most preferred party if the more preferred party is unlikely to win and there is a close contest between the second and the third ranked party".

In diesen und ähnlichen Fassungen strategischen Wählens taucht die Nichtwahl als strategische Wahloption nicht auf.[3] Gleichwohl ist der Akt der Wahl auf zwei Entscheidungen gegründet: jener, sich an der Wahl zu beteiligen, und einer zweiten für eine (oder mehrere, je nach Wahlsystem) der Wahlalternativen.[4] Es ist wenig plausibel, dass Wähler strategische Erwägun-

---

2 Je nach Autor wird die strategische Wahl auch taktisch oder informiert (sophisticated) genannt.

3 Vielmehr kämpft die Rational Choice-Gemeinde noch immer mit der Frage, wie die Wahlbeteiligung als rationales Verhalten verstanden werden kann (Aldrich 1993).

4 Einige Autoren schlagen vor, den Akt der Wahl als eine einheitliche Entscheidungssituation zu konzipieren, bei der die Enthaltung als eine Entscheidungsalternative unter den anderen auf dem Stimmzettel verstanden wird (Schram 1989). Da diese Ansätze keine neuen Einsichten in die Grundlagen der Wahlbeteiligung und Parteienwahl vermitteln konnten, folgen wir ihnen hier nicht.

gen nur bei der zweiten Entscheidung berücksichtigen. Vielmehr ist davon auszugehen, dass strategische Motive – im Ausmaß, indem sie überhaupt zum Tragen kommen – bei beiden Entscheidungen eine Rolle spielen.

Die Beteiligung an Wahlen zum Europäischen Parlament ist besonders niedrig. Deshalb mag hier die konzeptuelle Ausweitung von Modellen strategischen Wählens auf Fragen der Wahlbeteiligung besonders relevant sein. Jede solche Ausweitung erfordert zunächst ein Verständnis der Motive, die einen Wähler zur strategischen Wahlenthaltung bewegen könnten. Solche Motive sollten sich auf die verschiedenen möglichen Ergebnisse der Wahl beziehen lassen. Wir unterscheiden zwei zentrale Ergebnisse von allgemeinen Wahlen: die Regierungspolitik (policies) auf der einen Seite und die Legitimität politischer Herrschaft auf der anderen.

Fast jede Wahl bringt eine neue Regierung ins Amt oder bestätigt die alte. Das Wahlprogramm der siegreichen Parteien (zumeist sind mehrere Parteien zu einer Regierungsbildung notwendig) wird in ein Regierungsprogramm und dieses dann in Regierungspolitik übertragen. Das ist das Policy-Ergebnis von allgemeinen Wahlen. Allgemein wird angenommen, dass Wähler aus der früheren Politik der Parteien und/oder ihrer Wahlprogrammatik Erwartungen über die mögliche künftige Regierungspolitik ableiten und dass sie u.a. auch dementsprechend wählen. Diese Annahme lässt sich für Wahlen zum Europäischen Parlament nicht formulieren, da diese nicht zur Bildung einer Regierung führen. Deshalb ist das Policy-Ergebnis von Wahlen zum Europäischen Parlament nur schwer auszumachen[5] und steht nicht im Verdacht, strategisches Nichtwählen zu verursachen.

Allgemeine Wahlen sind jedoch mehr als ein Mechanismus, mithilfe dessen kollektiv über die zukünftige Politik einer politischen Gemeinschaft entschieden werden kann.[6] Wahlen tragen auch zur Legitimierung des politischen Systems bei. Dies ist das zweite Ergebnis von allgemeinen Wahlen, das hier betrachtet wird. Die Beteiligung der Stimmbürger an allgemeinen Wahlen wird deshalb oft als Unterstützung des politischen Systems verstanden, während Stimmenthaltung als Indifferenz oder Entfremdung gedeutet wird (Pappi 1996).[7] Die zur Auswahl stehenden Wahloptionen spielen hier eine große Rolle. Je weniger Systemopposition einen Platz auf den Stimm-

---

5 Was freilich nicht bedeutet, dass es ein solches Policy-Ergebnis von Wahlen zum Europäischen Parlament nicht gibt.

6 Offensichtlich ist die Kausalkette von den Wahlen über die Regierungsbildung bis hin zur Regierungspolitik alles andere als deterministisch, weshalb der Begriff „entscheiden" hier nicht allzu wörtlich genommen werden soll.

7 Theoretisch kann auch Zufriedenheit mit den Leistungen des politischen Systems Wahlenthaltung verursachen. Allerdings hat die empirische Forschung bisher keine Belege für diese Annahme geliefert.

zetteln findet, umso wahrscheinlicher ist es – ceteris paribus – dass die Wahlenthaltung Systemopposition zum Ausdruck bringt.[8]

Die systemoppositionelle Wahlenthaltung – oder allgemeiner: die Wahlenthaltung aufgrund unzureichender Wahloptionen – ist deshalb eine indirekte Manifestation politischer Präferenzen und als solche direkt vergleichbar
mit Phänomenen, die in der bisherigen Literatur als „strategisches Wählen"
bezeichnet wurden. Im Folgenden wollen wir diese Überlegungen auf die
Motive der Wahlenthaltung bei Europawahlen anwenden und ermitteln, wie
wichtig „strategisches Nichtwählen" bei dieser Art von Wahl tatsächlich ist.

2.2 Europafeindliche Wahlenthaltung bei Europawahlen

Politiker und Medien sehen in den Beteiligungsraten bei Europawahlen gemeinhin einen wichtigen Indikator der politischen Unterstützung der Europäischen Union. Deshalb hat das Europäische Parlament im Anlauf zur ersten
Direktwahl des Jahres 1979 eine breite, überparteiliche Mobilisierungskam-
pagne in Auftrag gegeben (Reif 1985). Ähnliche Anstrengungen wurden auch
bei den folgenden Wahlen unternommen. Trotzdem war die Wahlbeteiligung
schon bei der ersten Direktwahl enttäuschend niedrig, und sie ist seitdem
noch weiter zurückgegangen. Die Tendenz weist nach unten. EU-weit ist die
Wahlbeteiligung von etwa 60 Prozent in den Jahren 1979 und 1984 auf etwa
55 Prozent in den Jahren 1989 und 1994, und weiter auf etwa 50 Prozent im
Jahr 1999 zurückgegangen (vgl. Tabelle 1).

Dieser Niedergang der Wahlbeteiligung ist allerdings vielleicht weniger
gravierend, als es zunächst den Anschein hat. Im Zuge der sukzessiven Er-
weiterungen der Union ist nämlich der Anteil der Wähler, die unter Wahlpflicht operieren, kontinuierlich zurückgegangen, was nahezu zwangsläufig
zu einer Abnahme der Wahlbeteiligung führt. Neben der Wahlpflicht beeinflusst auch der zeitliche Abstand einer Europawahl zur nächsten nationalen
Hauptwahl die Beteiligungsrate. Die Wahlbeteiligung ist am höchsten, wenn
die Europawahl zeitgleich mit einer nationalen Hauptwahl durchgeführt wird.
Sie ist am geringsten unmittelbar nach einer nationalen Hauptwahl und steigt
im nationalen Wahlzyklus bis zur nächsten Hauptwahl langsam an. Die Auswirkungen dieser Faktoren erschließen sich nicht unmittelbar und komplizie-
ren damit den direkten Vergleich von Europawahl-Beteiligungsraten über die
Zeit.

Wenn solche Effekte der Komposition der Wählerschaft (Wahlpflicht-
länder) und der zeitlichen Sequenz (Distanz zur Hauptwahl) aus den beo-
bachteten Beteiligungsraten herausgerechnet werden, bleibt die Wahlbeteili-

---

8 Man ist hier an die geschönten Wahlbeteiligungsraten (und Parteianteile) in der früheren
   DDR erinnert. Systemkritische Kräfte waren zur Wahl nicht zugelassen, und viele Bürger
   enthielten sich, um damit ihre politische Präferenz zum Ausdruck zu bringen (Weber 1999).

gung bei Europawahlen über die Zeit relativ stabil (Weßels/Schmitt 2000; Franklin 2001). Dies darf uns aber nicht darüber hinwegtäuschen, dass die Beteiligung an diesen Wahlen auch besonders niedrig ist, und verweist uns zurück auf unsere zentrale Frage nach der strategischen Nichtwahl im Allgemeinen und der europafeindlichen Wahlenthaltung im Besonderen.

Tabelle 1: Die Beteiligung an den Wahlen zum Europäischen Parlament, 1979-1999 (in %)

	1979	1984	1989	1994	1999
Belgien	*92*	*92*	*91*	*91*	*90*
Dänemark	47	52	46	53	50
Deutschland	66	57	62	60	45
Finnland	-	-	-	60	30
Frankreich	61	57	49	53	47
Griechenland	*79[1]*	*77*	*[80]*	*71*	*70*
Großbritannien	32	33	36	36	23
Irland	[63]	48	[68]	44	[51]
Italien	*86*	*84*	*82*	75	71
Luxemburg	*[89]*	*[87]*	*[87]*	*[89]*	*[86]*
Niederlande	58	51	47	36	30
Österreich	-	-	-	68[3]	49
Portugal	-	72[3]	51	36	40
Spanien	-	69[2]	55	59	[64]
Schweden	-	-	-	42[3]	38
EU-9	62	-	-	-	-
EU-10	64	59	-	-	-
EU-12	-	61	56	57	-
EU-15	-	-	-	57	50

Anmerkungen: (1) Wahl von 1981, (2) Wahl von 1987, (3) Wahl von 1995. Kursivdruck hebt Beteiligungsraten in Wahlpflichtländern hervor; Angaben in [ ] weisen darauf hin, dass die Europawahl zusammen mit einer nationalen Hauptwahl durchgeführt wurde. Quelle: http://europa. eu.int; Statens Offentliga Utredningar (2000); Grunberg/Perrineau/Ysmal (2000).

Die bisherige Forschung hat in dieser Frage widersprüchliche Ergebnisse produziert. Schmitt und Mannheimer (1981: 50) berichten aus ihrer Analyse der 1989er Europawahlstudie, dass die Beteiligung an Wahlen zum Europäischen Parlament mit den Einstellungen der Bürger zur europäischen Einigung so gut wie nichts zu tun hat. Sie kennzeichnen die Beteiligung an der 1989er Wahl als eine Angelegenheit habituellen Wählens: „people went to the polls because they are used to doing so on election day". In weiteren Analysen desselben Datensatzes wurden neben individuellen Faktoren auch Kontextmerkmale in das Erklärungsmodell aufgenommen, was konzeptuell geboten und statistisch sehr erfolgreich war (Franklin/van der Eijk/Oppenhuis 1996). Aber auch aus diesen Analysen ergab sich kein nennenswerter Zusammenhang zwischen den Einstellungen der Bürger zur europäischen Einigung und ihrer Beteiligung an den Wahlen zum Europäischen Parlament.

Blondel, Sinnott und Svensson (1998) kommen hier allerdings zu anderen Ergebnissen. In ihrer 1994er Wahlbeteiligungs-Studie finden sie „voluntary Euro-abstention to be significantly affected by attitudes to European integration, by attitudes to the European Parliament, and by attitudes to the parties and candidates in the election, and that it is not significantly affected by second-order considerations and calculations" (so Sinnott 2000: 7, der die Ergebnisse der Analyse von Blondel/Sinnott/Svensson 1998: 222ff. zusammenfasst). Während dies deutlich besser zur allgemeinen Sicht der Dinge bei Journalisten und Politikern passt, müssen hier jedoch methodische Zweifel angemeldet werden.[9]

Blondel, Sinnott und Svensson (1998: 50) bezeichnen als „willentliche Europa-Nichtwähler" (voluntary Euro-abstainers) solche Befragte, die im Verlauf des Interviews einen oder mehrere der folgenden Gründe für ihre Nichtwahl genannt haben: „Lack of interest, distrust of or dissatisfaction with politics and politicians, lack of knowledge and dissatisfaction with the European Parliament electoral process". Dieses Vorgehen ist gleich aus zwei Gründen problematisch: Erstens wissen wir, dass Befragte nicht die zuverlässigsten Informanten über die Ursachen ihres Verhaltens sind.[10] Darüber hinaus führt die Anlage der Untersuchung von Blondel u.a. zu nicht falsifizierbaren und deshalb nicht wissenschaftlichen Ergebnissen; dies deshalb, weil die Autoren nicht kontrollieren, ob die gleichen Ursachen (europafeindliche Einstellungen) auch bei solchen Befragten vorfindbar sind, bei denen die erwartete Wirkung (Wahlenthaltung) nicht eintritt.

Auch wenn wir deshalb die Ergebnisse von Blondel, Sinnott und Svensson (1998) sehr skeptisch betrachten, können wir gleichwohl nicht ausschließen, dass sich die Dinge seit unserer 1989er Studie verändert haben. Die Europäische Union selber hat sich in der vergangenen Dekade in einer Reihe von wichtigen Aspekten verändert. Nationale Souveränität wurde weiter nach Europa transferiert – das sichtbarste Beispiel hierfür ist die Währungspolitik.

---

9 Diese Sicht der Dinge findet durchaus auch unter Kollegen Anklang. Ein Beispiel dafür ist Julie Smith (1999: 123, Anmerkung 10), die zunächst zutreffend berichtet, dass „Franklin, van der Eijk and Oppenhuis have challenged the sort of claims made in this section", um dann ohne weiteres empirisches oder theoretisches Argument festzustellen, dass „despite their scepticism it seems that attitudes do have a part to play in explaining behaviour in EP elections".

10 Auch Alvarez und Nagler (2000: 61) bezweifeln bei ihrer Übersicht über die Literatur zum strategischen Wählen die Validität von Daten, die mithilfe der so genannten „self-reporting intentions methodology" erhoben wurden: „Unfortunately, researchers using these survey questions do not appear to have seriously considered the quality of the survey responses obtained for questions asking for justifications of reported political behaviour".

Die Konsequenzen der EU-Politik sind heute besser erkennbar als noch vor zehn Jahren, so erlebt etwa während der BSE-Krise. Nicht zuletzt verunsichert die Dynamik in der Frage der Unions-Mitgliedschaft viele Unionsbürger, etwa hinsichtlich der im Vertrag von Nizza festgeschriebenen Osterweiterung der Union.

Diese und andere Entwicklungen können durchaus das Verhältnis zwischen den Einstellungen der Bürger zur EU und ihrem Verhalten bei Europawahlen verändert haben. Europafeindliche Wahlenthaltungen könnten zahlreicher, strategische Motive der Nichtwahl wichtiger geworden sein als in der Vergangenheit. Ob dies der Fall ist, wird in diesem Beitrag untersucht werden. Dabei analysieren wir zunächst die für unsere Zwecke sehr reich instrumentierte 1999er Europawahlstudie, um uns im Anschluss daran der zeitvergleichenden Analyse der Europawahlstudien der Jahre 1989, 1994 und 1999 zuzuwenden.

3. Daten und Analysedesign

3.1 Daten

Die Datengrundlage der Analysen, über die in diesem Beitrag berichtet wird, sind die Europawahlstudien der Wahljahre 1989, 1994 und 1999.[11] Die Studien der Jahre 1989 und 1994 wurden im Rahmen der Eurobarometer-Umfragen der Europäischen Kommission erhoben. Die Forschungsgruppe Europawahlstudien hat diese Datensätze aufbereitet, dokumentiert und als eigenständige Datensätze archiviert (van der Eijk u.a. 1993; Schmitt u.a. 1997). Die Daten der Europawahlstudie 1999 wurden unabhängig von den Eurobarometern als repräsentative Telefonumfrage unmittelbar nach der Wahl in jedem Land der Union durchgeführt.[12] Auch die Daten dieser Studie wurden über die Archive der wissenschaftlichen Öffentlichkeit zugänglich gemacht.

---

11 Die Datensätze sind beim Steinmetz-Archiv in Amsterdam oder beim Zentralarchiv für Empirische Sozialforschung in Köln archiviert und können dort für Sekundäranalysen angefordert werden.

12 Die Feldarbeit wurde von IPSOS durchgeführt (mit Ausnahme von Italien). Insgesamt wurden 13549 Interviews realisiert. Die Anzahl der realisierten Interviews variiert zwischen den Ländern, wobei in Dänemark, Deutschland, Frankreich, den Niederlanden, Spanien und dem Vereinigten Königreich je etwa 1000 und in den übrigen Mitgliedsländern je etwa 500 Interviews durchgeführt wurden. Die zwei Ausnahmen sind Luxemburg und Italien. In Luxemburg wurden nur 300 Wahlberechtigte befragt. In Italien wurde die Umfrage von ISPO (Mailand) in einem Telepanel realisiert; rund 3700 Interviews wurden durchgeführt.

3.2 Analyseplan

Im Gegensatz zu unseren eigenen früheren Arbeiten beschränken wir uns hier auf Variablen-Zusammenhänge auf der Individualebene. Es werden keine Mehrebenen-Interaktionen geschätzt, da unsere Forschungsfrage dies nicht nahe legt. Im Gegensatz zu anderen unterscheiden wir nicht zwischen verschiedenen „Arten" von Nichtwählern, wie etwa zwischen „willentlichen" (voluntary) und „zufälligen" (circumstantial; Blondel/Sinnott/Svensson 1998). Es gibt immer eine bestimme Anzahl von Bürgern, die aufgrund persönlicher Umstände nicht an der Wahl teilnehmen können. Dies ist bei Haupt- und Nebenwahlen gleich. Da bei Europawahlen bisher keine Epidemien ausgebrochen und auch keine anderen Naturkatastrophen bekannt geworden sind, die Bürger in großer Zahl von den Wahlurnen hätten fernhalten können, kann die Unterscheidung zwischen willentlichem und zufälligem Nichtwählen wenig zu unserem Verständnis der erhöhten Wahlenthaltung bei Europawahlen beitragen.

3.2.1 Die Europawahlstudie 1999

Die abhängige Variable ist die Wahlbeteiligung, wie sie in den Umfragen kurz nach der Wahl berichtet wurde.[13] Zusätzlich zu den sozialstrukturellen[14] werden sechs genuin „politische" Prädiktoren der Wahlbeteiligung berücksichtigt:
1. die Unterstützung der Politik der europäischen Einigung (Europäische Einigung)[15],

---

13 Die Erhebung der Wahlbeteiligung über Umfragen wird dadurch erschwert, dass Befragte angeben, gewählt zu haben, obwohl sie tatsächlich der Wahl fern geblieben sind (Over-Reporting). Eine der hierfür verantwortlichen Ursachen ist das „social desirability response set", wonach Befragte ihre Antwort an der sozial erwünschten oder akzeptablen Antwort und nicht so sehr an der Realität ausrichten. Wir haben Anstrengungen unternommen, dieses Problem zu minimieren, indem wir die Schwelle des sozial Erwünschten bewusst tiefer gelegt haben. Die Beteiligungsfrage in der 1999er Studie lautet in der englischen Fragebogenversion: „A lot of people abstained in the European Parliament election of June 10 while others voted. Did you cast your vote?" Antwortkategorien sind (1) ja, (2) nein, (8) weiß nicht, (9) Antwort verweigert. „Weiß nicht" und „Antwort verweigert" sind als fehlende Werte kodiert. Die Antwortverteilungen zeigen, dass es nur sehr wenige „weiß nicht"-Antworten und auch nur wenige Verweigerungen gibt.

14 Hier werden das Geschlecht und das Alter der Befragten ebenso berücksichtigt wie ihre Bildung, Kirchenbindung, Gewerkschaftsmitgliedschaft und ihr städtisches vs. ländliches Wohnumfeld.

15 Dieses Konstrukt basiert auf den folgenden Variablen: die Mitgliedschaft [des eigenen Landes] in der EU ist eine gute/schlechte Sache (Eurobarometer-Trend); die europäische Einigung ist zu weit gegangen/sollte energisch vorangetrieben werden (Zehner-Skala); Bereitschaft zu persönlichem Opfer, wenn Mitgliedsland in Schwierigkeiten (alter Eurobarometer-

2. die Unterstützung der nationalen Politik (nationale Politik)[16],
3. die Attraktivität der politischen Parteien (Parteien)[17],
4. die Attraktivität der Politik der Parteien (Politik der Parteien)[18],
5. die Möglichkeit politischer Einflussnahme (Einflussnahme)[19],
6. die Anteilnahme an Politik (Anteilnahme)[20] (vgl. Abbildung 1).

Der zentrale Indikator für Europa-Feindlichkeit ist die (Abwesenheit von) *Unterstützung der Politik der europäischen Einigung*. Sollten wir eine substanzielle und positive Korrelation zwischen diesem Konstrukt und der abhängigen Variablen vorfinden, dann spricht dies für überdurchschnittlich viele europafeindliche Nichtwähler und zumindest für die Möglichkeit strategischer Wahlenthaltung.[21]

Die (mangelnde) *Attraktivität der Politik der Parteien* ist ein weiterer und vielleicht umfassenderer Indikator strategischer Wahlenthaltung bei Europawahlen. Wenn die Politik der zur Auswahl stehenden Parteien keine Zustimmung findet, bleibt den Wählern keine „positive" Wahlalternative und sie bleiben der Wahl fern. Eine substanzielle negative Korrelation dieses Konstruktes mit unserer abhängigen Variablen sollte deshalb ebenfalls auf strategische Nichtwähler verweisen. Die Attraktivität der Politik der Parteien nimmt ab, je größer die Distanz zwischen der eigenen politischen Position – in Fragen der Europapolitik und auf der Links-Rechts-Dimension – und der Position der nächst-wahrgenommenen Partei wird. Darüber hinaus wird die

---

Trend); Zufriedenheit mit dem Funktionieren der Demokratie in der Union (Vierer-Skala); Zufriedenheit mit der nationalen EU-Politik (Vierer-Skala).

16 Dieses Konstrukt basiert auf den folgenden Variablen: Beurteilung der Leistungen der [nationalen] Regierung; Zufriedenheit mit dem Funktionieren der Demokratie in [Land der Befragten] (Vierer-Skala).

17 Dieses Konstrukt basiert auf den folgenden Variablen: Parteibindung (vier Kategorien von „stehe einer Partei sehr nahe" bis „stehe keiner Partei nahe"); Wahlwahrscheinlichkeit für die am meisten präferierte Partei (ein Wert, der auf einer Zehner-Skala gegen 10 geht).

18 Dieses Konstrukt basiert auf den folgenden Variablen: kleinste Distanz zu einer der national relevanten Parteien hinsichtlich der Politik der europäischen Einigung (Grundlage ist die Europäische Einigungs-Skala wie in Anmerkung 15 beschrieben; hier handelt es sich um einen Wert nahe 0 auf einer Skala von 0 bis 9); kleinste Distanz zu der national relevanten Parteien auf der Links-Rechts-Achse (hier handelt es sich erneut um einen Wert nahe 0 auf einer Skala von 0 bis 9); Parteienkompetenz (dichotom – es wird eine/keine Partei genannt, die das national wichtigste Problem anpacken könnte).

19 Dieses Konstrukt basiert auf den folgenden Variablen: Politik ist zu kompliziert (Vierer-Skala); es spielt keine Rolle, wen man wählt (Vierer-Skala).

20 Dieses Konstrukt basiert auf den folgenden Variablen: Verfolgen von Nachrichten über Politik (Vierer-Skala); Interesse für Politik (Vierer-Skala); Verfolgen von Nachrichten über die EU (Vierer-Skala); Interesse am Europawahlkampf (Vierer-Skala).

21 Eine substanzielle negative Korrelation würde hier darauf hinweisen, dass Europa-Gegner wahrscheinlicher wählen gehen als der Wahl fern zu bleiben. Dies kann der Fall sein, wenn europakritische Parteien und Listenverbindungen besonders erfolgreich mobilisieren (und wenn umgekehrt europafreundliche Parteien kaum Mobilisierungsanstrengungen unternehmen).

Attraktivität der Politik der Parteien auch durch die ihnen zugeschriebene
Problemlösungskompetenz bestimmt.[22]

Abbildung 1: Das analytische Raster – Indikatoren, Konstrukte und die
abhängige Variable

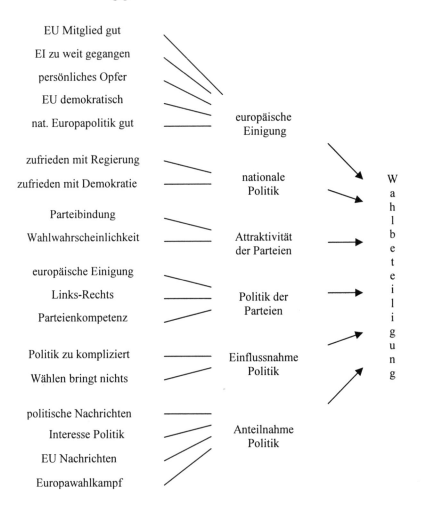

EU Mitglied gut

EI zu weit gegangen

persönliches Opfer

EU demokratisch

nat. Europapolitik gut   europäische
                                Einigung

zufrieden mit Regierung

zufrieden mit Demokratie   nationale   W
                                Politik   a
Parteibindung   h
                                                         l
Wahlwahrscheinlichkeit   Attraktivität   b
                                der Parteien   e
                                                         t
europäische Einigung   e
Links-Rechts   Politik der   i
Parteienkompetenz   Parteien   l
                                                         i
                                                         g
Politik zu kompliziert   Einflussnahme   u
Wählen bringt nichts   Politik   n
                                                         g

politische Nachrichten
Interesse Politik   Anteilnahme
EU Nachrichten   Politik
Europawahlkampf

22 Vgl. Schmitt (2001) für die überragende Bedeutung der Parteienkompetenz in Erklärungsmodellen des Wahlverhaltens.

Die anderen vier Konstrukte haben mit strategischer Wahlenthaltung wenig zu tun. Es gibt keine verborgene politische Botschaft in der Wahlenthaltung, wenn diese sich aus mangelnder politischer Anteilnahme, aus der Abwesenheit von Parteibindungen oder aus politischer Entfremdung und wahrgenommener Einflusslosigkeit erklärt. Insbesondere können wir hierin keine europafeindliche Wahlenthaltung erkennen. Aufgrund der Forschungslage erwarten wir zwei dieser vier Konstrukte als besonders erklärungskräftig: die Anteilnahme an der Politik (political involvement) und die Nähe zu einer der Parteien.

Analysestrategie
Wir berichten zunächst bivariate Korrelationen zwischen der Wahlbeteiligung und allen in Abbildung 1 aufgeführten Indikatoren. Dabei gehen wir länderweise vor, da nicht davon ausgegangen werden kann, dass sich die Effekte in allen Ländern gleich darstellen.[23] Es werden statistisch signifikante Koeffizienten berichtet.[24] Auf der Grundlage dieser Koeffizienten kann dann schon abgeschätzt werden, wie stark die strategische Nichtwahl bei der Wahl des Europäischen Parlamentes im Jahre 1999 ausgeprägt war.

Im zweiten Analyseschritt konzentrieren wir uns auf die fünf Indikatoren des Konstruktes *Unterstützung für die Politik der Europäischen Einigung*. Wir bestimmen die Stärke des Zusammenhangs dieser Indikatoren mit der Wahlbeteiligung. Als statistisches Verfahren kommt die multiple Regression zum Einsatz. Dieses Verfahren ist deshalb geeignet, da wir keine kausale Ordnung unter den fünf Variablen erwarten. Ein Nachteil des Verfahrens kann darin gesehen werden, dass zunächst die „wahre" Erklärungskraft dieser Variablen überschätzt werden kann, da wir in diesem Schritt keine weiteren Kontrollvariablen berücksichtigen. Wir bestimmen hier also die maximale Determinationkraft des Variablenbündels für die Wahlbeteiligung.[25]

---

23 Innerhalb Belgiens und des Vereinigten Königreichs unterscheiden wir wegen struktureller Heterogenität jeweils zwei politische Systeme. Im belgischen Fall sind dies Flandern und Wallonien; im Falle des Vereinigten Königreiches Großbritannien und Nordirland. Das nordirische System kann hier aufgrund geringer Befragtenzahlen nicht valide repräsentiert werden; die entsprechenden Fälle werden als fehlende Werte behandelt.

24 Da unsere Umfragen in den verschiedenen Ländern unterschiedliche Fallzahlen haben, haben wir uns dazu entschlossen, dies mit einem geeigneten Gewicht zu korrigieren. Indem wir die Umfragen alle auf die gleiche Fallzahl normieren, vermeiden wir das Risiko, dass gleichgewichtige Koeffizienten in dem einen Land signifikant erscheinen und in anderen nicht. Wir benutzen dazu einen Gewichtungsfaktor, der im Datensatz als „political weight 2" bezeichnet wird. Zusätzlich zur Angleichung der Fallzahlen werden die Randverteilungen der Wahlrückerinnerungen dem offiziellen Europawahlergebnis im jeweiligen Land angepasst. Vgl. zu den Details dieses Gewichtungsverfahrens Appendix B in van der Eijk/Franklin u.a. (1996).

25 Wir schätzen die multiplen Regressionsgleichungen nach dem OLS-Algorithmus und damit mit einem Verfahren, welches spezifische Verteilungsmerkmale dichotomer abhängiger Variablen nicht berücksichtigt (im Gegensatz etwa zu Logit oder Probit). Dies hat verschiedene Gründe. Einer davon ist die Darstellung: Da sich die substanziellen Ergebnisse der ver-

Im dritten Schritt der Analyse berücksichtigen wir einschlägige Kontrollvariablen. Das Ziel dieses Analyseschrittes ist es, die relative Erklärungskraft jeder der in Abbildung 1 aufgeführten unabhängigen Konstrukte sowie der sozialstrukturellen Merkmale zu bestimmen. Hier kommen wir mit der multiplen Regression nicht weiter, da diese allen unabhängigen Variablen denselben kausalen Status zuweist. Es ist aber z.b. nicht davon auszugehen, dass sich die soziale Einbindung auf derselben kausalen Ebene wie die Einstellungen zur europäischen Einigung befindet. Vielmehr erscheint es angemessen, die Einstellungsvariablen als Vermittler und gegebenenfalls als Verstärker der Strukturmerkmale zu begreifen. Deshalb wenden wir uns hier der kausalen Analyse mittels Strukturgleichungssystemen zu.

Die generelle Struktur des kausalen Modells, das wir für jedes Land separat testen werden, ist in Abbildung 2 wiedergegeben. Die Abbildung identifiziert die theoretisch möglichen („erlaubten") Beziehungspfade zwischen den Konstrukten. Was „erlaubt" sein soll, leiten wir von einem Politikverständnis ab, welches (a) politische Parteien als zentrale Bezugsgrößen bei der Determination politischer Einstellungen und politischen Verhaltens begreift und (b) Einstellungen zu allgemeineren bzw. zu wichtigeren Fragen als mögliche Ursache von Einstellungen zu spezielleren bzw. unwichtigeren Fragen begreift.

Die Modellanpassung an die Daten wird anhand verschiedener Kenngrößen dargestellt. Zunächst zeigen die so genannten Fit-Indizes, ob (und wie gut) die aufgrund theoretischer Erwägungen den Daten übergestülpte Kausalstruktur mit den empirisch vorgefundenen Variablenbeziehungen übereinstimmt. Zweitens erkennen wir, in welchem Ausmaß alle diese Variablen zusammen die individuelle Variation in der Wahlbeteiligung erklären können, d.h. den Anteil der erklärten Varianz. Drittens erkennen wir im so genannten standardisierten Gesamteffekt die kausale Bedeutung jedes Konstruktes (vgl. Abbildung 1). Dieser standardisierte Gesamteffekt fasst direkte und indirekte (über dritte Variablen) Effekte eines Konstruktes zusammen.[26]

---

schiedenen Schätzverfahren in der Regel kaum unterscheiden, entscheiden wir uns hier für dasjenige, dessen Ergebnisse sich einfacher darstellen lassen. Wichtiger aber ist ein zweiter Grund: Logit-Modelle helfen uns in der nachfolgenden kausalen Analyse von Variablenbeziehungen nicht weiter. Sie gehen aus einer Analysetradition hervor, in der alle unabhängigen Variablen einen äquivalenten Status haben. Daraus ergibt sich, dass nur die direkten Effekte der abhängigen Variablen auf die unabhängige geschätzt werden können. Allfällige Interkorrelation der exogenen Variablen bleiben unberücksichtigt, was zur teilweisen Absorption des Effektes einer Variablen durch eine andere führen kann. Die kausale Analyse mithilfe von Strukturgleichungsmodellen vermeidet diese Probleme, allerdings zum Preis einer nicht ganz „puritanischen" Behandlung der dichotomen abhängigen Variablen.

26 Standardisierte Gesamteffekte hängen damit von der theoretisch „gesetzten" Kausalstruktur ab; andere Pfadspezifikationen führen u.U. zu anderen Effekten.

Abbildung 2: Faktoren der Beteiligung an der Wahl des Europäischen
Parlaments, 1999: „erlaubte" Pfeile

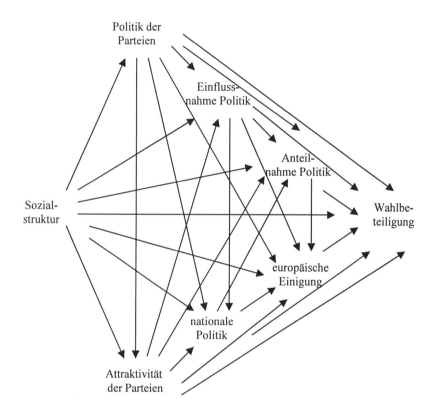

In Abbildung 1 sind 24 Indikatoren aufgelistet. Um unser Strukturgleichungs-
modell nicht überkomplex werden zu lassen, beschränken wir uns auf die
Schätzung der Zusammenhänge der Konstrukte untereinander und mit der abhängigen Variablen. Dies erfordert eine empirische Repräsentation dieser
Konstrukte in jeweils einer einzigen Variablen. Dieses Maß bestimmen wir
als Vorhersagewert einer linearen Regressionsgleichung, in der wir die Wahlbeteiligung auf die Indikatoren eines jeden Konstruktes regredieren. Im Gegensatz zur geläufigeren Alternative der Berechnung von Faktor-Scores stellt
unser Vorgehen sicher, dass die *gesamte* Erklärungskraft der Einzelindika-
toren im Modell repräsentiert wird (und nicht nur diejenige, die an die gemeinsame Varianz der Konstruktindikatoren gebunden ist).

3.2.2 Der Vergleich europafeindlicher Wahlenthaltungen über die Zeit

Das analytische Raster wird deutlich bescheidener, wenn wir nicht nur eine, sondern mehrere Studien vergleichend analysieren. Die Ursache besteht darin, dass die Instrumentierung der einzelnen Wahlumfragen sich jeweils etwas unterscheiden, sodass wir am Ende mit einem verhältnismäßig kleinen gemeinsamen Nenner von Indikatoren vorlieb nehmen müssen, die in jeder der drei aufeinander folgenden Europawahlstudien erhoben wurden. Drei Bündel von unabhängigen Variablen waren in jeder dieser Studien enthalten: die sozialstrukturelle Einbindung[27], die politische Anteilnahme[28] und die Einstellungen zur europäischen Einigung[29]. Was die abhängige Variable angeht, wurde in jeder Nachwahlstudie erhoben, ob die Befragten sich an der Wahl beteiligt haben und wenn ja, welche Partei sie gewählt haben.[30]

Analysestrategie
Die Strategie zur Bestimmung der Bedeutung der Einstellungen zur europäischen Einigung auf die Wahlbeteiligung über drei Europawahlen hinweg muss sowohl theoretisch fundiert als auch empirisch sparsam sein. Was das theoretische Fundament angeht, beziehen wir uns auf die Einsichten von Generationen von Wahlbeteiligungsforschern. Demnach sind Nichtwähler sowohl sozial[31] als auch politisch[32] randständig. Beide Randständigkeiten sind struktureller Natur und nicht wahlspezifisch. Sie bestimmen die Wahrscheinlichkeit der Wahlbeteiligung ganz unabhängig davon, um welche Wahl es sich handelt. Ganz im Gegensatz dazu steht die mögliche Bedeutung von Einstellungen zur europäischen Einigung. Sie sind sehr wahlspezifisch und sollten – wenn überhaupt – bei Europawahlen zur Geltung kommen.

---

27 Über alle Studien hinweg gemeinsame Indikatoren der sozialen Integration und Ressourcenausstattung sind das Geschlecht, das Alter, die Bildung, der Familienstand, die Gewerkschaftsmitgliedschaft und die Kirchenbindung der Befragten.

28 Über alle Studien hinweg gemeinsame Indikatoren der politischen Anteilnahme (political involvement) sind das politische Interesse und die Parteibindung der Befragten.

29 Über alle Studien hinweg gemeinsame Indikatoren der Einstellung zur europäischen Einigung sind die Eurobarometer-Trend-Frage nach der Beurteilung der EU-Mitgliedschaft des eigenen Landes (gute Sache, weder/noch, schlechte Sache) und eine Frage nach der Zustimmung zur europäischen Einigung (1989 und 1994 gemessen auf einer Vierer-Skala von sehr dafür bis sehr dagegen; 1999 gemessen auf einer Zehner-Skala von 1 = schon zu weit gegangen bis 10 = muss weiter vorangetrieben werden).

30 Der Wortlaut dieser Fragen unterscheidet sich geringfügig zwischen den Studien, dies würde aber allenfalls bei der Schätzung von Beteiligungsraten ins Gewicht fallen, und dies ist nicht unser Anliegen.

31 Aufgrund mangelnder sozialer Integration (z.B. Lipset 1959; Tingsten 1963; Lancelot 1968; Wolfinger/Rosenstone 1980).

32 Aufgrund mangelnder politischer Anteilnahme (z.B. Lazarsfeld/Berelson/Gaudet 1944; Berelson/Lazarsfeld/McPhee 1954; Campbell 1962).

Wir kommen zum Erfordernis der empirischen Sparsamkeit. Obwohl strukturelle und attitudinale Faktoren wechselseitig nicht als unabhängig angenommen werden können, entscheiden wir uns hier dafür, zuerst die Determinationskraft der strukturellen Faktoren für die Wahlbeteiligung zu bestimmen, um darauf die Verhaltensrelevanz der Einstellungen zur europäischen Einigung zu ermitteln. Wir bedienen uns hierzu eines Verfahrens, welches als block-rekursive Regression bekannt geworden ist. Schrittweise Regressionen werden durchgeführt mit der berichteten Wahlbeteiligung als abhängiger Variablen; sozialstrukturelle Merkmale werden zuerst berücksichtigt und ihr Anteil an der erklärten Varianz wird bestimmt. Indikatoren der politischen Anteilnahme werden dann berücksichtigt und der zusätzliche Anteil erklärter Varianz wird bestimmt. Zuletzt werden Einstellungen zur europäischen Einigung berücksichtigt, und erneut wird der zusätzliche Anteil erklärter Varianz (zusammen mit der Gesamterklärungskraft des Modells) bestimmt.

4. Ergebnisse

4.1 Bivariate Korrelationen

In Tabelle 2 berichten wir für jedes der politischen Systeme der EU die Stärke der bivariaten Korrelation zwischen der berichteten Wahlbeteiligung auf der einen Seite und allen 24 Indikatoren unserer sechs Konstrukte sowie den Indikatoren der Sozialstruktur auf der anderen Seite. Um die Übersichtlichkeit zu erhöhen, haben wir auf die Wiedergabe statistisch nicht signifikanter Koeffizienten (p < 0,05) verzichtet. Die Indikatoren sind nach ihrer Konstruktzugehörigkeit geordnet.

Aus der Tabelle lässt sich unschwer erkennen, dass drei Variablenbündel für die Wahlbeteiligung wichtiger sind als alle anderen: die Attraktivität politischer Parteien, die politische Anteilnahme (involvement) und die Wahrnehmung der Möglichkeit politischer Einflussnahme (efficacy). Von wenigen Ausnahmen abgesehen finden wir Indikatoren dieser Konstrukte in jedem System signifikant mit der Wahlbeteiligung korreliert.

Bei den anderen Variablenbündeln beobachten wir beträchtliche Unterschiede zwischen den Systemen. Bei den *Einstellungen zur europäischen Einigung* beispielsweise finden wir nur in Schweden starke Zusammenhänge mit der Wahlbeteiligung – und zwar für alle Indikatoren. In zahlreichen Ländern sind nur einige dieser Variablen signifikant mit der Wahlbeteiligung verknüpft und die Zusammenhänge sind auch schwächer. In fünf der untersuchten politischen Systeme – Griechenland, Irland, Italien, Luxemburg und Portugal – hat keiner der Indikatoren etwas mit der berichteten Wahlbeteiligung zu tun. Insgesamt kann man sagen, dass die signifikanten Korrelationen in diesem Variablenbündel fast alle positiv sind. Dies weist darauf hin, dass

positive Einstellungen zur europäischen Einigung unter Wählern häufiger
vorkommen als unter Nichtwählern. Dies widerspricht der Hypothese europafeindlichen strategischen Nichtwählens nicht. Drei Koeffizienten sind allerdings negativ und deuten darauf hin, dass manchmal die Europagegner nicht
seltener, sondern häufiger an der Wahl teilnehmen als die Europabefürworter
in ihrem jeweiligen System. Hier müsste man die unterschiedlichen politischen Kontexte – also etwa die Stellung der jeweiligen Parteien zu den Fragen der europäischen Einigung – berücksichtigen, um diese Unterschiede
aufklären zu können. Obwohl wir uns diesen Kontextfaktoren hier nicht zuwenden können, fällt doch ins Auge, dass sich in Großbritannien und vielleicht auch in Flandern die Europagegner mit einer höheren Wahrscheinlichkeit an der Wahl beteiligt haben als die Befürworter. Dies sollte uns vor der
voreiligen Schlussfolgerung bewahren, dass die Nichtwahl – wenn sie überhaupt mit Europa zu tun hat – durch mangelnde Unterstützung des europäischen Projektes motiviert sein muss.

Das Variablenbündel *Unterstützung der nationalen Politik* ist überall
von nur geringer Bedeutung für die berichtete Beteiligung an der Wahl des
Europäischen Parlaments. In zehn politischen Systemen ist keine der beiden
Indikator-Variablen signifikant mit der Wahlbeteiligung verknüpft. In den
anderen Ländern, mit der Ausnahme von Schweden, sind die Zusammenhänge schwach. Ein vergleichbares Bild ergibt sich bei den Indikatoren der
Attraktivität der Politik der Parteien. Da das Konstrukt stark von kontextu-
ellen Faktoren wie dem Format von Parteiensystemen abhängt, können die
Unterschiede zwischen den Systemen nicht überraschen. Was allerdings
überrascht ist die generelle Schwäche dieser Zusammenhänge.

Schließlich kovariieren auch die sozialstrukturellen Merkmale von Land
zu Land ganz unterschiedlich mit der Wahlbeteiligung. Das Lebensalter ist
fast überall signifikant mit der berichteten Wahlbeteiligung korreliert – zumeist negativ. Alle Korrelationen mit dem Bildungsindikator sind positiv,
aber die Bildung ist in sieben der 16 Systeme nicht signifikant mit der Wahlbeteiligung verknüpft. Ähnliches ließe sich für andere Hintergrundfaktoren
anführen. So interessant diese punktuellen Beobachtungen sein mögen, sie
sind nicht zentral für unsere Forschungsfrage.

4.2 Einstellungen zur europäischen Einigung und Wahlbeteiligung

Die bivariaten Zusammenhänge, die wir bisher betrachtet haben, informieren
uns nicht über den gemeinsamen Effekt von Variablenbündeln auf die abhängige Variable. Wir konzentrieren uns im Folgenden auf die fünf Indikatoren
des Konstruktes *Einstellung zur europäischen Einigung,* das in journalisti-
schen und politischen Erklärungen niedriger Beteiligungsraten stets hervor-

gehoben wird. Dass die wissenschaftliche Untersuchung dieser Frage bisher zu unterschiedlichen Ergebnissen geführt hat, haben wir schon dargelegt.

In Tabelle 3 berichten wir über die Ergebnisse einer multiplen OLS-Regression, in der die Wahlbeteiligung auf die fünf Indikatoren der Einstellung zur europäischen Einstellung zurückgeführt wird. (Die Reihenfolge der Länder in dieser Tabelle richtet sich nach dem Anteil erklärter Varianz in der Wahlbeteiligung). Es ergibt sich eine Reihe von Schlussfolgerungen: Die erste und wichtigste Feststellung ist, dass die Unterstützung für die europäische Einigung nur einen sehr begrenzten Einfluss auf die Wahlbeteiligung nimmt. In sechs politischen Systemen gibt es keinen signifikanten Gesamteffekt. In nicht weniger als elf von 16 Systemen fällt der Anteil erklärter Varianz unter drei Prozent. Darunter fallen Länder wie Großbritannien und Dänemark, wo die Euro-Skeptiker sehr stark sind, aber auch traditionell europafreundliche Systeme wie Italien und Luxemburg. In allen untersuchten Systemen (mit Ausnahme Schwedens) bleibt die erklärte Varianz unter fünf Prozent, und dies ist wohlgemerkt die Obergrenze des möglichen Einflusses, da geeignete Kontrollvariablen hier nicht berücksichtigt werden. Die einzig wirkliche Ausnahme von dieser Marginalität des Einflusses europäischer Einstellungen ist Schweden. Mehr als irgendwo sonst in der Europäischen Union kann dort die Wahlbeteiligung – zum Teil – durch die Einstellungen zur europäischen Einigung und zur Union erklärt werden.

Eine zweite Schlussfolgerung betrifft die relative Erklärungskraft der einzelnen Variablen. Ein Indikator ist etwas wichtiger als die anderen: die Bereitschaft, ein persönliches Opfer zu bringen, sollte sich ein Mitgliedsland in Schwierigkeiten befinden. Für diesen Indikator finden wir einen signifikanten Regressionskoeffizienten in sieben der 16 untersuchten politischen Systeme. Dieser Indikator erfasst wohl trennschärfer als andere das Gefühl der Zugehörigkeit zur politischen Gemeinschaft der Europäischen Union.

4.3 Kausalanalyse

Wie in Abschnitt 3.2 erläutert, wurde die Erklärungskraft der sechs theoretischen Konstrukte und der sozialstrukturellen Merkmale jeweils in einer einzelnen Variable gespeichert. Mit den daraus resultierenden sieben unabhängigen Variablen und der Wahlbeteiligung als abhängiger Variable wurden zahlreiche Strukturgleichungsmodelle geschätzt – entsprechend den in Abbildung 2 dargestellten „erlaubten" Variablenbeziehungen.

Die erste Frage, die sich bei diesem analytischen Vorgehen stellt, ist die nach der Güte der Modellanpassung an die Daten. Widersprechen die empirischen Beobachtungen dem hypothetischen Model der Variablenbeziehungen? Diese Frage wird durch die so genannten Fit-Indizes beantwortet, die in den letzten drei Reihen von Tabelle 4 festgehalten sind. Der Wert dieser Indizes

Tabelle 2: Korrelate der berichteten Beteiligung an den Wahlen zum Europäischen Parlament, 1999

	BF	BW	DÄN	DTL	FIN	FRA	GRI	IRL	ITA	LUX	NL	ÖST	POR	SWE	SPA	UK
EU Mitgliedschaft gut	-14	7	8	13	10	-	-	-	-	-	-	11	-	27	12	-
EI zu weit gegangen	-	12	-	14	11	-	-	-	-	-	13	8	-	25	-	-
persönliches Opfer	10	-	9	19	19	9	-	-	-	-	19	15	-	20	-	-
zufried.: EU Demokratie	8	-	-	-	-	-	-	-	-	-	-	-	-	15	9	-10
zufrieden: EU-Politik	-	13	-	12	10	-	-	-	-	-	-	-	-	19	-	-8
zufrieden: nat. Regierung	-13	-	-	-	-	-	8	8	-	-	-	-	-	8	-	-
zufried.: nat. Demokratie	-	-	-	10	-	-	16	15	25	7	27	-	-	20	11	-
Parteibindung	13	-	16	18	31	21	16	23	31	21	18	22	34	28	18	13
Wahlwahrscheinlichkeit	30	-	11	16	22	20	-	-	-	-	-	22	32	26	26	21
Distanz: Integration	-	8	-	-	-	-12	-	-	-	-	-	-	-	-	-	-
Distanz: Links-Rechts	-	-13	-	-	-	-17	-10	-8	-24	-9	-8	-13	-16	-	-8	-14
Parteienkompetenz	-	-	-19	-14	-11	-	-	-9	-	-	-17	-	-12	-24	-12	-
Politik zu kompliziert	-	-15	-12	-17	-21	-10	-	-9	-	-10	-26	-10	-	-	-	-16
Wählen bringt nichts	-16	-25	-	-18	-	-12	8	-	-	-	-	-9	-18	-20	-16	25
politische Nachrichten	23	12	29	25	28	22	14	21	17	13	28	18	19	37	15	25
Politik-Interesse	14	18	31	27	30	18	6	10	20	20	27	16	24	32	13	27
EU Nachrichten	12	14	23	19	12	22	-	-	15	-	12	16	-	28	-	-
Interesse Europawahl.	14	15	43	28	39	24	-	29	23	-	38	26	33	39	28	34
Geschlecht	8	-	-	-	-	-	-15	-	-	-15	-	-	-	-	-	-10
Alter	16	12	-26	19	-17	-16	-	-24	-	-	-19	-28	-12	-26	-21	-19
Bildung	-	-	9	8	11	17	-	12	-	-	-	16	7	7	-	18
Gewerkschaftsmitglied	-11	-	-	-10	10	-	-	-	-	-	-	-	-10	10	-	-
Kirchenbindung	-10	11	16	-	12	16	-	26	-	-	18	-	-	16	19	11
Stadt-Land	-	-	-7	-	-	8	-	18	-	-7	-	-	-13	13	-8	-

Angaben sind Pearson's r (x 100), soweit signifikant (p < 0,05). BF = Belgien (Flamen), BW = Belgien (Wallonen). Quelle: Europawahlstudie 1999 (gewichtete Daten).

Tabelle 3: Regression der berichteten Beteiligung bei der Wahl des Europäischen Parlaments, 1999

	BF	BW	DÄN	DTL	FIN	FRA	GRI	IRL	ITA	LUX	NL	ÖST	POR	SWE	SPA	UK
Konstante	0,91	0,87	0,53	0,17	0,06	0,59	0,80	0,60	0,76	0,90	0,07	0,38	0,64	-0,08	0,55	0,38
	0,00	0,00	0,00	0,10	0,54	0,00	0,00	0,00	0,00	0,00	0,58	0,00	0,00	0,31	0,00	0,00
EU Mitgliedschaft gut	-0,06	0,00	0,06	0,03	0,01	0,04	0,02	0,02	-0,01	0,03	-0,03	-0,04	-0,02	0,09	0,08	0,03
	0,00	0,82	0,04	0,36	0,62	0,29	0,49	0,61	0,78	0,21	0,54	0,16	0,62	0,00	0,01	0,38
persönliches Opfer	0,07	-0,00	0,07	0,14	0,21	0,08	0,01	0,01	0,06	-0,04	0,15	0,12	-0,01	0,08	-0,01	0,07
	0,00	0,93	0,06	0,00	0,00	0,05	0,70	0,85	0,15	0,05	0,00	0,01	0,84	0,06	0,74	0,07
EU demokratisch	0,04	-0,02	-0,03	-0,04	-0,03	-0,01	0,01	0,01	0,01	-0,00	-0,05	-0,00	0,00	0,01	0,04	-0,05
	0,00	0,12	0,27	0,20	0,27	0,75	0,69	0,77	0,84	0,95	0,05	0,28	0,90	0,82	0,10	0,06
EI zu weit gegangen	0,01	0,01	0,01	0,01	0,01	-0,00	0,00	-0,00	-0,00	-0,00	0,02	0,00	-0,01	0,02	-0,01	-0,01
	0,02	0,02	0,40	0,09	0,18	0,73	0,80	0,93	0,63	0,54	0,04	0,97	0,19	0,03	0,17	0,15
nat, Europapolitik gut	-0,02	0,03	-0,07	0,05	0,04	-0,03	0,01	-0,04	0,03	0,02	0,04	0,02	0,03	0,06	0,02	-0,04
	0,19	0,00	0,01	0,08	0,21	0,27	0,54	0,22	0,22	0,30	0,17	0,58	0,38	0,03	0,44	0,15
R^2 (adjusted)	0,05	0,02	0,02	0,04	0,04	0,00	-0,00	-0,01	-0,00	0,00	0,04	0,02	-0,00	0,09	0,01	0,01
	0,00	0,00	0,01	0,00	0,00	0,20	0,75	0,90	0,45	0,29	0,00	0,00	0,68	0,00	0,01	0,03

Angaben sind unstandardisierte Regressionskoeffizienten (oben) und Signifikanzniveaus (unten). BF = Belgien (Flamen), BW = Belgien (Wallonen). Quelle: Europawahlstudie 1999 (gewichtete Daten).

ist in jedem Fall zufriedenstellend, die empirischen Beobachtungen widersprechen unseren Annahmen über die Kausalstruktur nicht, und es bleiben keine bedeutenden Kovarianz-Anteile im Modell unberücksichtigt.[33]

Die nächste Frage ist, wie gut oder schlecht die berücksichtigten Konstrukte die berichtete Beteiligung an der Wahl des Europäischen Parlaments im Jahre 1999 erklären können. In Tabelle 4 haben wir die Reihenfolge der EU-Mitgliedsländer wieder nach dem Anteil der erklärten Varianz in der Wahlbeteiligung angeordnet. Diese Reihenfolge unterscheidet sich von derjenigen in Tabelle 3, da hier andere Prädiktoren von Wahlverhalten mit einem anderen statistischen Verfahren analysiert werden. Wir stellen zunächst fest, dass die Erklärungskraft der gleichen Sets unabhängiger Variablen zwischen den politischen Systemen der Europäischen Union beträchtlich variiert. Griechenland bildet mit sieben Prozent das Schlusslicht, und Schweden führt die Riege mit 31 Prozent erklärter Varianz im Wahlverhalten an. Wie erklären sich diese Unterschiede? Die Koeffizienten der unabhängigen Variablen können hier Aufschluss geben. EU-weit sind drei Konstrukte besonders wichtig: die sozialstrukturelle Einbindung und Ressourcenausstattung, die politische Anteilnahme und die wahrgenommene Attraktivität politischer Parteien. Das erste dieser drei Konstrukte, die Sozialstruktur, ist am schwächsten in den Ländern mit Wahlpflicht (Belgien – Flandern und Wallonien – und Luxemburg) und in jenen mit Quasi-Wahlpflicht (Italien und Griechenland).

Dies unterstreicht die Beobachtung von Franklin, van der Eijk und Oppenhuis (1996), wonach bei der Wahlbeteiligung Systemcharakteristika die Einflussmöglichkeiten von individuellen Merkmalen gravierend einschränken können. Es bestätigt auch die Erwartung von Verba, Nie und Kim (1978), die davon ausgehen, dass die Wahlpflicht Unterschiede in der politischen Beteiligung reduzieren kann, soweit sie sich auf soziale Ungleichheit zurückführen lassen. In Übereinstimmung mit dem reduzierten Einfluss der Sozialstruktur unter den Bedingungen der (Quasi-)Wahlpflicht finden wir dort auch den Beitrag der politischen Anteilnahme für die Erklärung der Wahlbeteiligung deutlich abgeschwächt. Die Niveau-Unterschiede in der Erklärungskraft der Modelle zwischen den Systemen können deshalb mindestens teilweise als direkte Folge der begrenzten Fähigkeit bestimmter individueller Merkmale verstanden werden, den Einfluss auf die Wahlbeteiligung auszuüben, den sie ausüben würden, wenn der Akt der Wahl eine freiwillige Entscheidung und die Wahlenthaltung ein legitimer Akt wäre.

---

33 Dies schließt freilich nicht aus, dass andere Kausalmodelle mit partiell unterschiedlichen Annahmen über die Existenz und Richtung von Variablenbeziehungen ebenfalls durch die Daten „bestätigt" werden können.

4.4 Die Entwicklung europafeindlicher Wahlenthaltung über die Zeit

Wir betrachten am Ende unserer Analysen mögliche Veränderungen in der Bedeutung europafeindlicher Wahlenthaltungen über die Zeit. Hat sich das Phänomen verstärkt oder reduziert oder hat sich nicht viel verändert? Und wie haben sich die strukturellen Determinanten der Wahlbeteiligung im Zeitverlauf entwickelt?

Tabelle 5: Determinanten der Beteiligung an Europawahlen 1989-1999 - Sozialstruktur, politische Anteilnahme und Einstellungen zur europäischen Einigung (Anteile erklärter Varianz aus blockrekursiven OLS-Regressionen)

	1989				1994				1999			
	A	B	C	D	A	B	C	D	A	B	C	D
Österreich	-	-	-	-	-	-	-	-	9	13	14	1
Belgien	9	12	12	0	8	14	14	0	4	6	9	3
Dänemark	9	17	18	1	8	20	20	0	5	12	13	1
Finnland	-	-	-	-	-	-	-	-	7	19	20	1
Frankreich	16	21	21	0	13	24	24	0	9	12	12	0
Deutschland	7	15	16	1	7	18	21	3	8	12	12	0
Griechenland	22	24	24	0	23	32	32	0	4	6	6	0
Irland	18	20	20	0	11	19	19	0	13	14	14	0
Italien	8	15	15	0	17	24	25	1	2	10	10	0
Luxemburg	7	8	8	0	4	11	16	5	7	13	15	2
Niederlande	8	15	17	2	10	15	17	2	8	16	17	1
Portugal	7	17	18	1	9	23	23	0	4	16	16	0
Spanien	9	15	16	1	11	21	22	1	8	12	13	1
Schweden	-	-	-	-	-	-	-	-	12	20	23	3
Großbritannien	12	20	21	1	8	16	17	1	12	15	16	1
Mittelwert	11	17	17	0	11	20	21	1	8	13	13	1

Es werden gewichtete Daten analysiert. Fehlende Werte sind paarweise ausgeschlossen. A = Anteil erklärter Varianz in der Wahlbeteiligung, der sich auf sozialstrukturelle Faktoren zurückführen lässt; B = Anteil erklärter Varianz, wenn über die Sozialstruktur hinaus die Indikatoren der politischen Anteilnahme berücksichtigt werden; C = Anteil erklärter Varianz, wenn zudem Indikatoren der Einstellung zur europäischen Einigung berücksichtigt werden; D = Differenz zwischen C-B. Quelle: Europawahlstudien 1989, 1994 und 1999.

Diese Fragen können mit den Ergebnissen, die in Tabelle 5 festgehalten sind, einer Antwort näher gebracht werden. Die erste Beobachtung ist erneut, dass Einstellungen zur europäischen Einstellung keine große Rolle spielen für die Entscheidung, sich an der Wahl zu beteiligen oder nicht. Nachdem die Erklärungskraft struktureller Faktoren kontrolliert ist, bleiben für Einstellungen zur europäischen Einigung zwischen null und ein Prozent Zuwachs an erklärter Varianz übrig. Es gibt keine nennenswerten Unterschiede zwischen den Ländern, und auch im Zeitverlauf hat sich wenig getan.

Was sich im Zeitverlauf allerdings verändert hat, ist die Erklärungskraft der strukturellen Faktoren. Insbesondere die Sozialstruktur verliert einiges an Bedeutung für die Erklärung der Beteiligung an Europawahlen. Dies ist am deutlichsten in Frankreich, kann aber auch anderswo festgestellt werden. Man könnte daraus schließen, dass zunehmend auch diejenigen der Wahl fernbleiben, deren sozialstrukturelles Make-up eigentlich die Beteiligung nahe legt. Noch deutlicher ist der Niedergang der politischen Anteilnahme als Prädiktor der Beteiligung an Europawahlen. Immer mehr Bürger bleiben der Wahl fern, auch wenn sie einer Partei nahe stehen und sich für Politik interessieren. Beide Trends haben sich zwischen 1994 und 1999 verstärkt.

5. Zusammenfassung und Ausblick

Wie viel Strategie steckt in den Motiven der Wahlenthaltung bei Europawahlen? Bleiben die Leute zuhause, weil sie mit der Politik der europäischen Einigung nicht übereinstimmen? Oder finden sie ganz einfach keine Partei, die ihre politischen Absichten und Anliegen auch nur einigermaßen vertritt? Die Antwort auf all diesen Fragen ist: nein. Nirgendwo spielen europafeindliche Motive bei der Entscheidung, sich an der Wahl zu beteiligen oder sich zu enthalten, eine wesentliche Rolle (von Schweden vielleicht einmal abgesehen). Die mangelnde Attraktivität der Politik der Parteien, also das zweite Indikatorenbündel für strategisches Wählen, ist etwas wichtiger als die Einstellungen zur europäischen Einigung, insbesondere in den Niederlanden und in Wallonien. Aber auch dieses Konstrukt kann nicht wirklich zum Verständnis der Stimmenthaltung bei Europawahlen beitragen. Angesichts des Gewichts, welches Policy-Orientierungen in ökonomischen Modellen der Wahlentscheidung beigemessen wird, kann man diese geringe Bedeutung für die Wahlbeteiligung nur als überraschend bezeichnen.

Von den hier berücksichtigten Konstrukten ist die Sozialstruktur der wichtigste Prädiktor der Wahlbeteiligung. In sieben unserer 16 politischen Systeme weist die Sozialstruktur den stärksten standardisierten Gesamteffekt auf. Die Attraktivität politischer Parteien und die politische Anteilnahme teilen sich den zweiten Platz mit jeweils vier stärksten standardisierten Gesamteffekten. Konstrukte strategischen Wählens sind abgeschlagen, zusammen mit der Einstellung zur nationalen Politik und der wahrgenommenen politischen Einflussmöglichkeit.

Eigentlich sind dies gute Nachrichten. Wachsende Nichtwähler-Anteile bei Europawahlen lassen sich nicht auf eine zunehmende Entfremdung vom politischen System der EU oder allgemeiner auf europafeindliche Motive zurückführen. Sie scheinen eher daher zu rühren, dass diejenigen, die sich in der Vergangenheit regelmäßig an Wahlen beteiligt haben – die sozial integrierten und politisch involvierten – in immer größerer Anzahl zuhause bleiben, wenn das Europäische Parlament gewählt wird. Der Mangel an politischer Aufregung, der sich mit dieser Wahl verbindet und der ursächlich mit ihrer politischen Folgenlosigkeit zusammenhängt, ist wohl die Hauptursache für dieses Phänomen. Die Nebenwahl-Logik der Europawahlen scheint den Niedergang der Wahlbeteiligung zu beschleunigen.

Dies alles hat auch weniger positive Implikationen. Aufgrund der begrenzten Wahlbeteiligung tragen Europawahlen weniger zur Legitimation des politischen Systems der Union bei als sie könnten und vielleicht sollten. Und auf Dauer können niedrige Beteiligungsraten bei Europawahlen zur Erosion der politischen Beteiligung und der politischen Unterstützung ganz allgemein beitragen. Die Gefahr des Spill-Over von Apathie und Gleichgültigkeit auf die nationale und sub-nationale Politik besteht, auch wenn es bisher kaum empirische Anhaltspunkte dafür gibt (Franklin 2001).

Literatur

Aldrich, John H.: Rational Choice and Turnout. In: American Journal of Political Science 37 (1993), S. 246-78.

Alvarez, R. Michael/Nagler, Jonathan: A New Approach for Modelling Strategic Voting in Multiparty Elections. In: British Journal for Political Science 30 (2000), S. 57-75.

Angé, Hans/van der Eijk, Cees/Laffan, Brigid/Lejon, Britta/Norris, Pippa/Schmitt, Hermann/ Sinnott, Richard: Citizen Participation in European Politics (SOU 1999: 151, Demokrati Utredningens skrift nr. 32). Stockholm: Statens Offentliga Utredningar, 2000.

Berelson, Bernhard/Lazarsfeld, Paul Felix/McPhee, William: Voting. Chicago: University of Chicago Press, 1954.

Blondel, Jean/Sinnott, Richard/Svensson, Palle: People and Parliament in the European Union: Participation, Democracy, and Legitimacy. Oxford/New York: Clarendon Press, 1998.

Campbell, Angus: The passive citizen. In: Acta Sociologica 6 (1962), S. 9-21.

Fisher, Stephen: Tactical Voting in England – 1987 to 1997. Mimeo, 2000.

Franklin, Mark N.: How Structural Factors Cause Turnout Variations at European Parliament Elections. In: European Union Politics 2 (2001), S. 309-28.

Franklin, Mark N./van der Eijk, Cees/Oppenhuis, Erik: The Institutional Context: Turnout. In: van der Eijk, Cees/Franklin, Mark N. (Hrsg.): Choosing Europe. Ann Arbor: University of Michigan Press, 1996, S. 306-331.

Grunberg, Gérard/Perrineau, Pascal/Ysmal, Colette (Hrsg.): Le Vote des Quinze. Paris: Presses de Science Po, 2000.

Lancelot, Alain : L'Abstentionisme électoral en France. Paris: Colin, 1968.

Lazarsfeld, Paul Felix./Berelson, Bernhard/Gaudet, Hazel: The People's Choice. New York: Duell Sloan and Pierce, 1944.

Lipset, Seymour Martin: Political Man. New York: Doubleday & Co, 1959.

McKelvey, Richard D./Ordeshook, Peter C. A General Theory of the Calculus of Voting. In: Herdon, James F./Bernd, Joseph L. (Hrsg.): Mathematical Applications in Political Science VI. Charlottesville: University of Virginia Press, 1972, S. 32-78.

Pappi, Franz Urban: Political Behaviour: Reasoning Voters and Multi-Party Systems. In: Goodin, Robert E./Klingemann, Hans-Dieter (Hrsg.): A New Handbook of Political Science. Oxford: Oxford University Press, 1996, S. 255-275.

Reif, Karlheinz (Hrsg.): Ten European Elections. Aldershot: Gower, 1985.

Reif, Karlheinz/Schmitt, Hermann: Nine Second-Order National Elections. A Conceptual Framework for the Analysis of European Election Results. In. European Journal for Political Research 8 (1980), S. 3-44.

Riker, William Harrison/Ordeshook, Peter C.: The Theory of the Calculus of Voting. In. American Political Science Review 62 (1968), S. 25-42.

Schmitt, Hermann: Politische Repräsentation in Europa. Frankfurt a.M.: Campus, 2001.

Schmitt, Hermann/Thomassen, Jacques (Hrsg.): Political Representation and Legitimacy in the European Union. Oxford: Oxford University Press, 1999.

Schmitt, Hermann/van der Eijk, Cees/Pappi, Franz Urban/Scholz, Evi u.a.: European Elections Study 1994: Design, Implementation and Results (Computer file and codebook). Köln: Zentralarchiv für Empirische Sozialforschung, 1997.

Schmitt, Hermann/Mannheimer, Renato: About Voting and Non-voting in the European Parliament Elections of June 1989. In: European Journal of Political Research 19 (1991), S. 31-54.

Schram, Arthur J. C.: Voter Behavior in Economic Perspective. Alblasserdam: Kanters, 1989.

Sinnott, Richard: European Parliament Elections: Institutions, Attitudes, and Participation. In: Angé, Hans/van der Eijk, Cees/Laffan, Brigid/Lejon, Britta/Norris, Pippa/Schmitt, Hermann/Sinnott, Richard: Citizen Participation in European Politics (SOU 1999: 151, Demokrati Utredningens skrift nr. 32). Stockholm: Statens Offentliga Utredningar, 2000, o.S.

Smith, Julie: Europe's Elected Parliament. Sheffield: Sheffield Academic Press, 1999.

Tingsten, Herbert: Political Behavior. New York: Bedminster Press, 1963.

van der Eijk, Cees/Franklin, Mark N. u.a.: Choosing Europe? The European Electorate and National Politics at the Eve of Unification. Ann Arbor: University of Michigan Press, 1996.

van der Eijk, Cees/Oppenhuis, Erik/Schmitt, Hermann u.a.: European Elections Study 1989: Design, Implementation and Results (Computer file and codebook). Amsterdam: Steinmetz Archives, 1993.

van der Eijk, Cees/Oppenhuis, Erik: European Parties' Performance in Electoral Competition. In: European Journal for Political Research 19 (1991), S. 55-80.

Verba, Sidney/Nie, Norman H./Kim, Jae-On: Participation and Political Equality. Cambridge: Cambridge University Press, 1978.

Weber, Hermann: Die DDR 1945-1990. 3. Auflage. München: Oldenbourg, 1999.

Weßels, Bernhard/Schmitt, Schmitt: Europawahlen, Europäisches Parlament und nationalstaatliche Demokratie. In: Klingemann, Hans-Dieter/Neidhardt, Friedhelm (Hrsg.): Die Zukunft der Demokratie. Berlin: Sigma, 2000, S. 295-320.

Wolfinger, Raymond/Rosenstone, Steve J.: Who Votes? New Haven/London: Yale University Press, 1980.

Sandra Wagner

Nichtwählertypen bei Europawahlen und Bundestagswahlen

1. Einleitung

Angesichts von nur 45,2 Prozent Wahlbeteiligung in Deutschland bei der Wahl zum Europäischen Parlament im Juni 1999 wurde die Diskussion um sinkende Wahlbeteiligung wieder einmal neu entfacht. Im Mittelpunkt der Kommentare stand weniger das Abschneiden der einzelnen Parteien, sondern mehr die Frage, warum noch einmal 14,8 Prozent weniger ihre Stimme abgegeben hatten als 1994. Eine derart niedrige Wahlbeteiligung erregt in Deutschland Besorgnis, auch wenn es sich um eine Wahl von untergeordneter Bedeutung handelt – nach Bundestags-, Landtags- und Kommunalwahlen sozusagen eine „Fourth-Order-Election". Welche Schlussfolgerungen müssen aus einem weiteren Absinken der Wahlbeteiligung bei Europawahlen gezogen werden? Die Antwort darauf hängt nicht zuletzt davon ab, welche Gründe und Motive hinter der Nichtwahl stehen.

Die Diskussion um die Ursachen niedriger Wahlbeteiligung ist in der Bundesrepublik Anfang der 90er Jahren angesichts sinkender Partizipationsraten bei den Bundestagswahlen 1987 und 1990 und bei verschiedenen Landtagswahlen entbrannt (Starzacher u.a. 1992; Armingeon 1994; Falter/Schumann 1993; Eilfort 1994; Kleinhenz 1995) und wird seitdem mal mehr, mal weniger intensiv geführt. Während sich die Nichtwählerforschung, die mangels Problemdrucks bis Anfang der 90er Jahre in Deutschland eher stiefmütterlich behandelt wurde, zunächst auf die Untersuchung von Unterschieden zwischen Wählern und Nichtwählern konzentrierte, wurde im weiteren Verlauf der Forschung verstärkt die Frage gestellt, wie sich die Gruppe der Nichtwähler zusammensetzt. Nichtwählen kann verschiedene Ursachen haben: Da ist zunächst eine Gruppe von Nichtwählern, die aufgrund von äußeren Umständen verhindert ist. Wegen Krankheit, Arbeit oder Abwesenheit kann ein Teil der Wahlberechtigten an einer bestimmten Wahl nicht teilnehmen. Auch weisen Wählerverzeichnisse Fehler auf und führen z.b. verzogene Bürger als Wahlberechtigte. Diese Gruppe wird in ihrer Gesamtheit gemeinhin als unechte Nichtwähler bezeichnet. Im Gegensatz zu anderen Nichtwählertypen ist bei ihnen der Wille zur Wahl grundsätzlich vorhanden. Die Möglichkeit der Briefwahl lässt es zwar fraglich erscheinen, ob solche Hindernisse nicht in vielen Fällen überwunden werden könnten. Festzuhalten bleibt aber, dass der Akt des Wählens aufgrund zusätzlicher Schwierigkeiten mit höheren Kosten verbunden ist. Zur Typisierung der echten Nichtwähler, die sich bewusst zur Wahlenthaltung entscheiden, wurden unterschiedliche Vorschläge gemacht (Eilfort 1994: 53ff.; Feist 1994: 38; Hoffmann-Jaberg/Roth 1994: 137f.). Betrachtet man das Phänomen der Wahlenthaltung unter einer zeitlichen Perspektive, so bietet es sich an, neben den unechten Nichtwählern zwischen Dauernichtwählern und konjunkturellen Nichtwählern zu unterscheiden. Als Dauernichtwähler werden in der Regel diejenigen bezeichnet, die sich an drei aufeinander folgenden Wahlen nicht beteiligen, unabhängig von der politischen Ebene. In diese Kategorie fallen auch Bürger, denen ihre Konfession die Teilnahme verbietet – wie dies z.B. bei den Zeugen Jehovas der Fall ist. Unter dem Begriff konjunkturelle Nichtwähler fasst man all jene zusammen, die von Wahl zu Wahl entscheiden, ob sie partizipieren oder nicht. Diese Entscheidung kann von einer Vielzahl unterschiedlicher Gründe abhängen. So betrachtet es ein Teil der Wahlberechtigten beispielsweise als unnötig zu wählen, wenn die Wahl als ohnehin entschieden gilt. Andere machen ihre Beteiligung davon abhängig, auf welcher Ebene des politischen Systems die Wahl stattfindet. Nebenwahlen wie Kommunal-, Landtags- und auch Europawahlen werden im Gegensatz zu Hauptwahlen, in der Bundesrepublik der Bundestagswahl, in der Regel als unwichtiger empfunden und weisen durchweg niedrigere Beteiligungsraten auf. Das Second-Order-Election-Modell, auf das weiter unten noch genauer eingegangen wird, bildet den theoretischen Rahmen für diese Beobachtung.

Die Einteilung der Nichtwählerschaft in Dauer- und konjunkturelle Nichtwähler sagt wenig über die Gründe aus, die hinter diesem Verhalten stehen. Gerade diese sind aber entscheidend, will man über die Interpretation und die Folgen niedriger Wahlbeteiligung auf verschiedenen Ebenen diskutieren. Daher wird in diesem Beitrag zunächst eine Typisierung der Nichtwählerschaft sowohl für Bundestagswahlen als auch für Europawahlen vorgenommen, die aus den bislang in der Nichtwählerforschung diskutierten Hypothesen und dem Second-Order-Election-Modell abgeleitet wird. Anhand der von ihnen selbst geäußerten Motive werden die Nichtwähler entsprechend kategorisiert. Dieses nahe liegende Vorgehen ist allerdings nicht unproblematisch, da aufgrund der sozialen Erwünschtheit des Wählens die Validität der direkten Frage nach den Gründen der Wahlenthaltung als Messinstrument angezweifelt werden könnte. Anschließend an die Typenbildung wird deshalb überprüft, ob die Zuordnung zu den entsprechenden Typen mit politischen Einstellungsvariablen kovariiert. Nur in diesem Fall scheint es sinnvoll, die Frage nach den Gründen zur Typisierung der Nichtwähler heranzuziehen und auf ihrer Basis Aussagen über die Quantität der verschiedenen Gruppen von Nichtwählern zu machen.

2. Nichtwähler in der politikwissenschaftlichen Diskussion

2.1 Interpretationen sinkender Wahlbeteiligung: Normalisierung oder Krise?

Hinsichtlich der Frage, wie die seit Ende der 80er Jahre wachsende Wahlmüdigkeit zu bewerten ist, stehen sich zwei Deutungsmuster gegenüber. Die einen sehen darin ein Anzeichen politischer Entfremdung immer größerer Teile der Bevölkerung und betrachten Nichtwahl als eine Folge von Politik-, Politiker- und Parteienverdrossenheit und damit als Krisensymptom für die bundesrepublikanische Demokratie (Feist 1992: 40ff.). Auch in Bezug auf das Europäische Parlament wird des Öfteren auf einen Zusammenhang zwischen Wahlbeteiligung und Legitimation hingewiesen (Niedermayer 1991: 3). Die anderen argumentieren hingegen mit Blick auf die niedrigen Wahlbeteiligungen in alten und stabilen Demokratien wie der Schweiz oder den USA, es handle sich um die Normalisierung einer vorher recht unnatürlichen Situation, in der, ausgelöst durch das erfolgreiche Reedukationsprogramm der Amerikaner nach dem Zweiten Weltkrieg, die bis in die 80er Jahre weithin akzeptierte Wahlnorm und daraus resultierender relativ großer sozialer Druck auch politisch uninteressierte Bürger zu den Urnen trieb. Auch für die 90er Jahre kann die große Bedeutung dieser Wahlnorm noch nachgewiesen werden, obwohl eine Abschwächung festzustellen ist (Rattinger/Krämer 1995). Die hohen Wahlbeteiligungsraten in der Geschichte der Bundesrepublik verdeckten lange, so Hoffmann-Jaberg und Roth (1994: 133), dass hohes Engagement der Bevölkerung in der Politik nie gegeben war.

Niedrige Wahlbeteiligung bedeutet nicht automatisch eine Krise des politischen Systems, wie Blicke in die Schweiz und die USA verdeutlichen. Hohe Wahlbeteiligung geht außerdem nicht immer mit der Zufriedenheit der Bürger einher, wie das Beispiel der Weimarer Republik deutlich macht (Roth 1992: 61). Betrachtet man die Beteiligungsraten auf den verschiedenen politischen Ebenen in der Bundesrepublik – Bund, Ländern und Kommunen –, dann zeigt sich auch hier, dass niedrige Wahlbeteiligung nicht zwangsläufig mit geringer Legitimation und Krise einhergeht. Offenbar hält ein nicht unwesentlicher Teil der Wahlberechtigten Landtags- und Kommunalwahlen für weniger wichtig und macht sich nicht die Mühe, daran teilzunehmen. Dennoch ist bislang unbestritten, dass die aus diesen Wahlen hervorgehenden Repräsentanten ausreichend legitimiert sind.

Beide Hypothesen, die Krisen- und die Normalisierungshypothese, erweisen sich bei der empirischen Überprüfung auf der Grundlage von Einstellungen als teilweise zutreffend. Die Nichtwähler sind eben kein monolithischer Block, und es ist dementsprechend missverständlich, sie als „Partei der Nichtwähler" zu betrachten (Rattinger 1993: 24). Vielmehr enthalten sie sich aus sehr unterschiedlichen Gründen der Stimme. So stellt Kleinhenz fest, dass die Normalisierungshypothese durchaus für einen Teil der Nichtwähler empirisch untermauert werden kann. Die Akzeptanz der Wahlnorm nimmt zwar nur langsam ab, vor allem bei Jüngeren verliere sie aber als Indikator für die Wahlbeteiligung ihre Trennschärfe, d.h. ein Teil der Wahlberechtigten geht nicht zur Wahl, obwohl er der Wahlnorm zustimmt (Kleinhenz 1995: 139). Ähnlich verhält es sich auch mit der Parteiidentifikation, die ebenso wie die Wahlnorm dafür sorgt, dass politisch wenig Interessierte zur Wahl gehen. Mit der *Stärke* der Parteiidentifikation nimmt auch ihre Verhaltens-konsequenz tendenziell ab (Kleinhenz 1995: 157). Gestützt wird die Normali-sierungsthese zudem von einer anderen Beobachtung: Nichtwähler sind auch in den 90er Jahren immer noch politisch uninteressierter als Wähler. Beson-ders wenig ausgeprägt sei die Wahlbereitschaft unter denjenigen, die geringes Interesse an Politik aufwiesen *und* keine Wahlnorm empfänden (Kleinhenz 1995: 140).

Unter den Nichtwählern finden sich allerdings auch immer mehr an Po-litik Interessierte. Wähler und Nichtwähler bewegen sich also hinsichtlich des politischen Interesses aufeinander zu (Kleinhenz 1995: 140). Diese Beobach-tung kann wiederum als Indiz für die Krisenthese interpretiert werden. Auch deuten einige andere Ergebnisse empirischer Analysen zu Einstellungen und Wahlbeteiligung auf einen wachsenden Anteil enttäuschter, politikverdrosse-ner Bürger hin (Rattinger 1993: 33; Maier 2000: 288; Falter/Schumann 1993: 41). Falter und Schumann (1993: 41) stellen fest, dass diese zudem stärker als früher zum Nichtwählen neigen. Maier bestätigt das zwar in bivariaten Ana-lysen, schränkt aber ein, dass bei Kontrolle der bivariaten Beziehungen für weitere wichtige Determinanten der Wahlbeteiligung die Effekte der Politik-verdrossenheit sehr gering sind (Maier 2000: 289). Letztlich ist Kleinhenz (1995: 224) Recht zu geben, der nach ausführlichen empirischen Analysen feststellt: „Die Modellannahmen der verschiedenen Ansätze treffen jeweils auf Teilgruppen der Nichtwählerschaft zu. Aufgrund der Aussagelosigkeit der Nichtwahl sind daher multikausale Erklärungen erforderlich".

Die nachlassende Bindungskraft sozialer Milieus und sozialer Normen (Betz 1992: 36ff.) kann mit großer Wahrscheinlichkeit als eine gemeinsame Ursache für beide Sichtweisen, Krise und Normalisierung, gelten: Die Unab-hängigkeit von sozialem Druck und der Wahlnorm mag dafür sorgen, dass Wahlenthaltung als eine mögliche Option erst in die subjektiv zur Verfügung stehenden Handlungsalternativen einbezogen wird. Sowohl Unzufriedenheit als auch Desinteresse können schließlich dazu führen, dass diese Option tat-sächlich gewählt wird. Ob abnehmende Wahlbeteiligung nun als Normalisie-rung oder als Krise des politischen Systems interpretiert werden muss, hängt letztlich davon ab, wie die quantitative Zusammensetzung der Nichtwähler-schaft aussieht. Bedenklich ist die Entwicklung in jedem Fall dann, wenn ein zahlenmäßig bedeutender Anteil der Wahlenthaltungen als Protest verstanden werden muss.

2.2 Die Bedeutung des Second-Order-Election-Modells für die Wahlbeteiligung

Das Konzept der Haupt- und Nebenwahlen, auch Second-Order-Election-Modell genannt, wurde 1980 von Reif und Schmitt zur Erklärung unterschiedlichen Verhaltens bei Wahlen auf den verschiedenen Ebenen des nationalen und des europäischen Systems entwickelt. Es geht davon aus, dass Nebenwahlen von einem Großteil der Bevölkerung als unwichtiger empfunden werden als Hauptwahlen. Dies hat zur Folge, dass bei der Wahlentscheidung neben den ebenenspezifischen Faktoren auch Bewertungen der nationalen Politik eine nicht unbedeutende, wenn nicht gar die entscheidende Rolle spielen. In der Regel schneiden Regierungsparteien bei solchen Wahlen schlechter ab als Oppositionsparteien. Kleine und neue Parteien haben bessere Chancen, weil einerseits taktische Erwägungen bei einer Nebenwahl weniger wichtig sind und andererseits die Wähler die Wahl einer solchen Partei als Ausdruck der Kritik an den großen Regierungs- und Oppositionsparteien nutzen (Reif 1985: 9). Da es hier jedoch nicht um die Wahlentscheidung für eine bestimmte Partei, sondern um Wahlbeteiligung geht, soll auf diese Aspekte des Second-Order-Election-Modells nicht weiter eingegangen werden. Ein weiteres Charakteristikum von Nebenwahlen ist aber auch eine deutlich niedrigere Wahlbeteiligung, die bei einem Teil der Nichtwähler wohl direkt darauf zurückzuführen ist, dass die Wahl als unwichtiger betrachtet wird. Sie kann aber auch Ausdruck von Enttäuschung über die Partei sein, die bei der letzten nationalen Wahl gewählt wurde bzw. an die man sich gebunden fühlt.

Aus dem Modell der Second-Order-Elections ergeben sich daher im Vergleich zu Bundestagswahlen für Europawahlen zusätzliche Motive für die Wahlenthaltung, nämlich solche, die sich eigentlich auf die nationale Ebene beziehen. Europawahlen unterscheiden sich von Nebenwahlen auf subnationaler Ebene auch durch einige Besonderheiten. Zum einen haben Wahlen zum Europäischen Parlament eine sehr viel jüngere Tradition als Bundestagswahlen, aber auch als Landtags- und Kommunalwahlen. Bisher fanden seit der Einführung der Direktwahl des Europäischen Parlaments 1978 fünf Europawahlen statt, die erste 1979. Zum anderen handelt es sich bei dem Europäischen Parlament um eine Institution, die bereits seit 1958 bestand, deren Mitglieder bis 1979 aber nicht direkt gewählt, sondern von den nationalen Parlamenten ernannt wurden. Mit der Direktwahl war zunächst keine gravierende Ausweitung der Befugnisse des Europäischen Parlaments verbunden, wie dies zur Entschärfung des vieldiskutierten demokratischen Defizits der Europäischen Union gefordert wurde (Thiel 1997: 104). Von Beginn an hatte das Europäische Parlament also damit zu kämpfen, dass es als relativ einflusslos wahrgenommen wurde. Die moralische Verpflichtung, an Europawahlen teilzunehmen, dürfte unter diesen Umständen weitaus weniger ausgeprägt sein als bei Bundestagswahlen.

Zudem unterscheidet sich das institutionelle Gefüge auf europäischer Ebene grundlegend von allen politischen Systemen in den Mitgliedsstaaten und ist daher für eine große Zahl von Bürgern, vor allem für die weniger an Politik interessierten, schwer zu durchschauen. Bewusst ist den meisten aber, dass aus Europawahlen keine europäische Regierung hervorgeht, deren Leistung bei der nächsten Wahl zu beurteilen ist. Damit unterscheidet sich die europäische Ebene auch von Landtags- und Kommunalwahlen. Es stehe, so Reif (1985: 14), bei Europawahlen noch weniger auf dem Spiel als bei nationalen Second-Order-Elections. Die Komplexität des europäischen Institutionengefüges und die sich daraus ergebende geringe Personalisierung machen die Zuschreibung von Verantwortlichkeiten sehr schwer. Folge all dieser Eigenschaften von Europawahlen ist schließlich, dass Europapolitiker und besonders Kandidaten für die Wahl des europäischen Parlaments oft weitgehend unbekannt sind. Zudem existieren in den meisten Staaten der EU kaum explizit anti-europäische Parteien, so dass eine Polarisierung über die europäische Integration an sich nie stattfand – eine Tatsache, ohne die die Union schlicht nicht existieren würde, wie Blondel, Sinnott und Svensson (1998: 16) meinen. Aber auch Kontroversen über einzelne Streitfragen auf europäischer Ebene haben bisher Europawahlkämpfe nicht dominiert. Die genannten Besonderheiten des europäischen Systems schmälern somit auch die Attraktivität der EU für die Medien, deren Funktionsweise ja gerade auf Personen, Konflikte und Kontroversen ausgerichtet ist. Die Berichterstattung über europäische Politik, europäische Parteien und Politiker nimmt selbst in Vorwahlzeiten vergleichsweise geringen Raum ein. Angesichts des mangelnden Wissens über die europäische Ebene der Politik bei den Bürgern ist es kaum überraschend, dass mehr noch als bei anderen Nebenwahlen auch hier nationale Gesichtspunkte das Wahlverhalten bestimmen. Dies wies Schmitt (1994: 80) für die Europawahl 1989 nach. Damit trifft für Europawahlen umso mehr zu, was Reif (1985: 8) für Second-Order-Elections im Allgemeinen feststellt: „The political situation of the first-order political arena at the moment when second-order elections are held, plays an important, if not decisive, role determining the results of the second-order election".

2.3 Nichtwählertypen bei Bundestags- und Europawahlen

Aus den beiden Hypothesen über die Interpretation sinkender Wahlbeteiligungen, der Normalisierungs- und der Krisenhypothese, können nun die motivbasierten Nichtwählertypen abgeleitet werden, die den folgenden Auswertungen der Bundestagswahl 1998 zugrunde liegen. Aus dem Second-Order-Election-Modell ergeben sich die zusätzlichen Typen von Nichtwählern, die bei Europawahlen zu erwarten sind.

Jede Typisierung von Nichtwählern muss als eine Kategorie die unechten Nichtwähler berücksichtigen, weil diese unabhängig von der Ebene bei jeder Wahl existieren. Bei Bundestagswahlen sind entsprechend der Normalisierungsthese die uninteressierten Nichtwähler als zweite Kategorie zu nennen. Dabei muss sich das Desinteresse nicht generell auf alle Wahlen beziehen. Kurzfristige Einflüsse wie politische Skandale, Kandidatenkonstellationen oder ein erwarteter knapper Wahlausgang können durchaus dafür sorgen, dass auch die sonst nicht an Politik interessierten Bürger mobilisiert werden. Normalisierung bedeutet schließlich nicht eine komplette Abwendung von Politik, sondern eher einen Bedeutungsverlust der gesellschaftlichen Normen und daraus folgend den zunehmenden Einfluss rationaler Kosten-Nutzen-Abwägung. Nichtwahl mangels Interesse ist somit auch nicht zwangsläufig mit Politikverdrossenheit gleichzusetzen, sondern kann mit Zufriedenheit und prinzipieller Zustimmung einhergehen. Der dritte Nichtwählertyp bei Bundestagswahlen sind die Politikverdrossenen, die mit ihrer Wahlenthaltung Unzufriedenheit ausdrücken wollen.

Diese drei Typen – unechte, uninteressierte und unzufriedene Nichtwähler – findet man auch bei Europawahlen. Das Second-Order-Election-Modell impliziert aber, dass die Desinteressierten und die Unzufriedenen weiter differenziert werden müssen. So gibt es sicherlich eine Gruppe von Nichtwählern, die an Politik im Allgemeinen kein Interesse hat und daher erst recht bei Europawahlen zuhause bleibt. Aufgrund der weithin empfundenen Unwichtigkeit von Nebenwahlen gesellt sich zu den generell uninteressierten Nichtwählern noch ein Typ, der speziell den Fragen, die bei der Europawahl zur Entscheidung anstehen, sein Interesse verweigert. Ebenso verhält es sich mit den verdrossenen Nichtwählern. Schließlich kann sich die Kritik, die mit der Wahlenthaltung zum Ausdruck gebracht werden soll, entweder auf die europäische Ebene beziehen oder entsprechend des Second-Order-Modells im Sinne eines Motivtransfers auch auf die nationale. Bei Europawahlen sollen daher nicht nur drei, sondern fünf Nichtwählertypen unterschieden werden: unechte Nichtwähler, an Politik allgemein Desinteressierte, EU-spezifisch Desinteressierte, allgemein mit Politik Unzufriedene und speziell mit EU-Politik Unzufriedene.

In einer Vielzahl von Arbeiten wurde bereits versucht, generelle Unterschiede zwischen Wählern und Nichtwählern hinsichtlich ihrer sozialstrukturellen und sozialpsychologischen Merkmale zu finden. Die Typisierung von Nichtwählern, die hier, wenngleich mit beschränkten Möglichkeiten, durchgeführt wird, soll aufdecken, für *welche* Nichtwählertypen sich welche Zusammenhänge bestätigen. Dabei liegt das Hauptaugenmerk in diesem Beitrag auf der Analyse politischer Einstellungen. Schließlich wirken sozialstrukturelle Merkmale nicht per se, sondern nur indirekt über Einstellungen auf die Wahlteilnahme. Außerdem besteht das Anliegen der empirischen Analyse darin, die von den befragten Nichtwählern genannten Gründe auf ihre Plausibilität zu prüfen, was nur durch eine Betrachtung anderer politischer Einstellungen der Nichtwähler geschehen kann. Die Einstellungsblöcke, die im Zusammenhang mit Motiven der Wahlenthaltung interessieren, sind (1) Interesse an und Wissen über Politik, (2) Zufriedenheit mit dem politischen System und seinen Akteuren und (3) Indikatoren für affektive Bindung an das politische System wie Parteiidentifikation und Akzeptanz der Wahlnorm. Bei Europawahlen kommen dazu noch Einstellungen gegenüber der europäischen Einigung und der EU. Eine weitere Prüfung der Plausibilität der von den befragten Nichtwählern genannten Gründe erlaubt der Blick auf das Verhalten bei der zurückliegenden bzw. der kommenden Wahl.

Lediglich am Schluss wird ein kurzer Blick auf das Sozialstrukturmerkmal Alter geworfen, das in bisherigen Untersuchungen regelmäßig größere Effekte auf die Wahlbeteiligung hatte. Vor allem die ganz jungen Wahlberechtigten und die über 70-Jährigen beteiligen sich nur unterdurchschnittlich an Wahlen. Während die Erklärung bei Letzteren wohl darin liegen dürfte, dass es zum einen ab einem gewissen Alter sehr viel beschwerlicher wird, in ein Wahllokal zu gehen, zum andern eventuell auch das Interesse an Politik schwindet und die Fähigkeit nachlässt, sich zu informieren, und zudem ältere Menschen tendenziell weniger in die Gesellschaft integriert sind, gibt es zur Erklärung der Nichtwahl bei jungen Menschen verschiedene Ansätze: Hier stehen sich Lebenszyklus- und Generationenthese gegenüber. Mit der Frage, welche der beiden zutrifft, befinden wir uns wiederum mitten in der Diskussion über die Ursachen sinkender Wahlbeteiligung. Entsprechend der Lebenszyklusthese wählen junge Menschen seltener, weil sie noch keine Wahlgewohnheit ausprägen konnten und weil sie aufgrund hoher Mobilität oft durch äußere Umstände daran gehindert werden. Ein Generationeneffekt liegt hingegen vor, wenn diese heute jungen Wähler auch in Zukunft ihre geringen Partizipationsraten beibehalten. Vor dem Hintergrund der zunehmenden Individualisierung und Mobilität sowie der daraus resultierenden Auflösung sozialer Milieus und ihrer Bindung an bestimmte Parteien erscheint Letzteres durchaus wahrscheinlich. Die nachlassende Verbindlichkeit der Wahlnorm, die mit großer Wahrscheinlichkeit bei den jetzt jungen Wählern auch in höherem Alter erhalten bleibt, könnte das Übrige tun. Aber selbst, wenn sich herausstellen sollte, dass es sich überwiegend um einen Generationeneffekt handelt, ist noch offen, ob dies als Normalisierung oder als Krisensymptom zu werten ist. Von einer Krise des politischen Systems kann nur dann gesprochen werden, wenn Nichtwahl mit Unzufriedenheit, Vertrauensverlust und Politikverdrossenheit einhergeht. Finden sich daher vermehrt junge Menschen unter den unzufriedenen Nichtwählern, wäre dies ein Signal für eine Krise des politischen Systems.

Bevor die Validität der aufgrund ihrer eigenen Aussagen gebildeten Nichtwählertypen für die Bundestagswahl 1998 und die zwei zurückliegenden Europawahlen 1994 und 1999 überprüft wird, soll kurz zusammengefasst werden, welche Hypothesen und Erwartungen hinsichtlich der quantitativen Verteilung der Typen und ihrer Einstellungen auf der nationalen und der europäischen Ebene bestehen.

Hypothesen über die quantitative Verteilung der Typen:

1. Der Anteil der unechten Nichtwähler an den Wahlberechtigten, also diejenigen, die wegen äußerer Umstände verhindert sind, müsste auf beiden Ebenen in etwa gleich groß sein, da in der Bundesrepublik die institutionellen Arrangements (z.b. Wahl an Sonntagen, Möglichkeit der Briefwahl) identisch sind.

2. Bei Europawahlen bleiben noch mehr an Politik Desinteressierte zuhause als bei Bundestagswahlen. Zum einen ist anzunehmen, dass es politisch Uninteressierte gibt, die aufgrund der Wahlnorm bei Bundestagswahlen teilnehmen, aber auf europäischer Ebene ins Nichtwählerlager überlaufen. Zum anderen dürfte es bei Europawahlen eben zusätzlich die EU-spezifisch Desinteressierten geben.

3. Europawahlen bleiben auch mehr Unzufriedene fern als Bundestagswahlen. Diese Annahme gründet sich ebenfalls zum einen auf die EU-spezifisch Unzufriedenen, zum andern aber auch auf die allgemein Unzufriedenen, die entsprechend des Second-Order-Modells ihren Missmut nur auf EU-Ebene durch Wahlenthaltung zum Ausdruck bringen.

Hypothesen über die Nichtwählertypen und ihre Einstellungen:

4. Interesse an und Wissen über Politik sollten bei den desinteressierten Nichtwählern schwächer ausgeprägt sein als bei allen anderen Typen, wobei sich bei den EU-bezogenen Interesse- und Wissenseinstellungen die generell Desinteressierten und die EU-spezifisch Desinteressierten unterscheiden sollten.

5. Die Unzufriedenen und die unechten Nichtwähler sollten auf beiden Ebenen größeres Interesse an Politik und höhere Informiertheit aufweisen als die Desinteressierten, sich in diesen Punkten von den Wählern also kaum unterscheiden.

6. Im Vergleich zu Wählern und auch den anderen Nichtwählertypen müsste sich die Politikverdrossenheit der Unzufriedenen in deutlich negativeren Einstellungen gegenüber dem politischen System und seinen Akteuren zeigen. Generell Unzufriedene bei der Europawahl sollten deutlich kritischere Einstellungen sowohl gegenüber der europäischen *als auch* der nationalen Politik aufweisen.

7. Ob es gelingt, die Gruppe der EU-spezifisch Unzufriedenen von den generell Unzufriedenen zu trennen, müsste vor allem am Vorhandensein einer Wahlabsicht für die nächste Bundestagswahl abzulesen sein.

3. Daten

Die Untersuchung der aufgestellten Hypothesen über die zu erwartenden Unterschiede in der Zusammensetzung der Nichtwählerschaft auf den verschiedenen Ebenen – der nationalen und der europäischen – liegen drei Datensätze zugrunde. Im Rahmen des DFG-Projekts „Politische Einstellungen, politische Partizipation und Wählerverhalten im vereinigten Deutschland" wurde zur Bundestagswahl 1998 eine Vorwahl- und eine Nachwahlbefragung durchgeführt, die die Frage nach den Gründen für Nichtwahl ebenso enthält wie zahlreiche Fragen zu politischen Einstellungen. Da für Ost- und Westdeutschland je eine separate Stichprobe gezogen wurde, umfasst der Datensatz 3268 Befragte über 18 Jahre. Die Nichtwahlmotive wurden in der Vorwahlbefragung bei denjenigen erhoben, die auf die Frage nach der Wahrscheinlichkeit der Wahlbeteiligung mit „vielleicht", „wahrscheinlich nicht", „bestimmt nicht" oder „weiß nicht" geantwortet hatten, in der Nachwahlbefragung bei den bekennenden Nichtwählern. Die Frage nach den Gründen der Nichtwahl wurde als offene Nachfrage gestellt. Es wurden alle von den Befragten genannten Gründe festgehalten (vgl. Tabelle A im Anhang). Von den 228 wahrscheinlichen bzw. bekennenden Nichtwählern nannten 214 mindestens einen Grund, 48 nannten einen zweiten, zehn einen dritten, und nur ein Befragter nannte noch einen vierten Grund. Für die nachfolgenden Analysen wird allerdings nur die erste Nennung verwendet. Dies erscheint gerechtfertigt, weil der genannte zweite Grund nur in fünf Prozent der Fälle zur Zuordnung zu einem anderen Nichtwählertyp führen würde.

Für die Europawahlen 1994 und 1999 stehen zwei Eurobarometer-Datensätze zur Verfügung, die jeweils nach der Wahl erhoben wurden und ebenfalls die Frage nach Gründen für die Nichtwahl beinhalten. Leider unterscheidet sich das Fragedesign. Im Eurobarometer 41.1, der Nachwahlbefragung zur Europawahl 1994, handelt es sich wie in der Bundestagswahlstudie um eine offene Frage nach den Gründen für die Wahlenthaltung und es wurden auch hier alle Nennungen festgehalten. Dagegen wurde 1999 im Rahmen des Eurobarometer 52.0 die Frage geschlossen formuliert, wobei Mehrfachantworten zulässig waren. Den Befragten wurde eine Karte mit verschiedenen Gründen vorgelegt. Dies schränkt die Vergleichbarkeit der drei Studien ein, allerdings scheint die geschlossene Frage 1999 aus der offenen Frage zur Europawahl 1994 hervorgegangen zu sein, da die 1994 am häufigsten genannten Gründe 1999 als Antwortkategorien wiederkehren. Bei der Interpretation der empirischen Ergebnisse muss die eingeschränkte Vergleichbarkeit allerdings berücksichtigt werden.

Von den 436 bekennenden Nichtwählern 1994 nannten 382 einen Grund, der einem der Typen zugeordnet werden konnte (für genauere Angaben vgl. Tabelle B im Anhang). Die restlichen Nichtwähler waren aufgrund der Codierung oder wegen inhaltlicher Ungenauigkeit nicht eindeutig zuzuordnen. 150 Befragte nannten einen zweiten Grund, 33 einen dritten, zwei einen vierten und einer einen fünften. Wie auch bei der Bundestagswahlstudie wurde nur die erste Nennung verwendet.

1999 wurde die Frage nach den Gründen der Nichtwahl 733 bekennenden Nichtwählern gestellt (vgl. Tabellen C und D im Anhang). Die Vorlage einer Karte mit einer Liste von Gründen führt dazu, dass hier nicht eindeutig zu entscheiden ist, welcher Grund für den Befragten am wichtigsten ist, so wie das bei den offenen Fragen möglich war. 339 der Befragten, 46,2 Prozent, nannten zwei Gründe, was gleichzeitig die maximale Zahl von Nennungen ist. Um dennoch mit den Daten arbeiten zu können, wurde folgende Hierarchie der Gründe angenommen: An unterster Stelle stehen äußere Umstände. Nur wenn jemand keinen anderen Grund nennt, wird er dem Typ „unechte Nichtwähler" zugeordnet. Wenn zusätzlich allgemeines Desinteresse an Politik genannt wird, ist davon auszugehen, dass dies der eigentliche, wichtigere Grund ist. Die weiteren vier Gruppen von Motiven der Wahlenthaltung wurden folgendermaßen, vom rangniedrigsten zum ranghöchsten angeordnet: EU-spezifische Unzufriedenheit, generelle Unzufriedenheit, EU-spezifisches Desinteresse und schließlich generelles Desinteresse an Politik. Wenn also z.B. generelles Desinteresse genannt wird, wird dies als der entscheidende Grund betrachtet.

Tabelle 1: Overreporting der Wahlbeteiligung bei der Bundestagswahlstudie 1998 und den Eurobarometern 41.1 (1994) und 52.0 (1999)

	1998		1994	1999
	Vorwahl	Nachwahl		
tatsächliche Wahlbeteiligung (in %)	82,2	82,2	60,0	45,2
Anteil der Wähler laut Befragung (in %)	93,3	93,1	73,3	50,8
Overreporting (in %-Punkten)	11,1	10,9	13,3	5,6

Wie bei allen Umfragen zu diesem Thema findet sich auch in den hier verwendeten Datensätzen ein deutliches Overreporting der Wahlbeteiligung (Kleinhenz 1995: 76ff., 225ff.; Eilfort 1994: 89ff.). In der Bundestagswahlstudie wurde in der Vorwahlstudie gefragt, wie sicher die Wahlteilnahme ist. 93,3 Prozent wollten demnach „bestimmt" oder „wahrscheinlich" zur Wahl gehen. Wie aus Tabelle 1 hervorgeht, ergibt sich damit ein Overreporting von 11,1 Prozentpunkten. Allen, die sich dessen weniger sicher waren oder sich ausdrücklich als Nichtwähler zu erkennen gaben, wurde die Frage nach den Gründen für eine mögliche Wahlenthaltung gestellt. In der Nachwahlbefragung wurde die tatsächliche Wahlbeteiligung um 10,9 Prozentpunkte überschätzt. Insgesamt geben sich 228 Befragte als (wahrscheinliche) Nichtwähler bei der Bundestagswahl 1998 zu erkennen. Auf dieser Zahl beruhen die folgenden Analysen. Die Berechnungen der Wahlbeteiligung in den beiden Eurobarometern beruhen jeweils auf der dichotomen Frage nach der Teilnahme an der vergangenen Europawahl. Während 1994 das Overreporting mit 13,3 Prozentpunkten relativ hoch war, lag es 1999 nur bei 5,6 Prozentpunkten (vgl. Tabelle 1).

4. Vergleich der Nichtwählertypen

Tabelle 2 zeigt, wie groß die Anteile der verschiedenen Nichtwählertypen bei den drei Wahlen waren. Die drei Datensätze lassen zum einen den Vergleich zwischen der Bundestagswahl und den beiden Europawahlen zu, zum andern ermöglichen sie aber auch die Untersuchung von Unterschieden zwischen der Europawahl 1994 und 1999. Allerdings muss dabei die im vorigen Abschnitt erläuterte Problematik unterschiedlicher Frageinstrumente berücksichtigt werden. Wie bereits Falter und Schumann (1994: 191) feststellten, ist Partei- und Politikverdrossenheit der von den Wählern selbst am häufigsten genannte Grund für Nichtwahl bei Bundestagswahlen. Auch in der hier vorliegenden Studie machen die Unzufriedenen mit knapp der Hälfte die größte Gruppe der Nichtwähler auf nationaler Ebene aus. Zu je etwa einem Viertel finden wir unechte und desinteressierte Nichtwähler.

Sehen wir uns nun auch die Europawahlen an: Es wäre theoretisch zu erwarten, dass der Anteil der unechten Nichtwähler an allen Wahlberechtigten bei jeder Wahl und auf jeder Ebene ungefähr gleich ist. Dies trifft allerdings in keiner Weise zu. So geben bei den Europawahlen 1994 mit 7,2 Prozent und 1999 mit gar 13,9 Prozent deutlich mehr Nichtwähler an, durch äußere Umstände verhindert gewesen zu sein, als bei der Bundestagswahl mit 1,7 Prozent. Damit scheint die Hypothese eines relativ konstanten Anteils unechter Nichtwähler nicht einmal für die Europaebene zuzutreffen. Zu beachten ist, dass Europawahlen bisher immer im Juni und damit bereits zu einer beliebten Urlaubszeit stattgefunden haben. Allerdings kann dies allein den größeren Anteil der unechten Nichtwähler bei Europawahlen nicht erklären. Damit ist klar, dass derartige Gründe nicht nur von Personen angegeben werden, die tatsächlich keine Möglichkeit hatten, wählen zu gehen, sondern dass zumindest bei einem Teil der unechten Nichtwähler fehlendes Interesse der tatsächliche Grund sein dürfte. Im Sinne des Rational-Choice-Modells überwiegen für diese anscheinend die Kosten, die durch den Verzicht auf Freizeit oder andere Verpflichtungen entstehen, den Nutzen, der bei einer Nebenwahl ohnehin geringer eingeschätzt wird als bei einer Hauptwahl. Es ist also zu vermuten, dass die unechten Nichtwähler besonders bei Nebenwahlen den Uninteressierten ähnlich sind.

Tabelle 2: Nichtwählertypen bei der Bundestagswahl 1998 und bei den Europawahlen 1994 und 1999 (in % aller Wahlberechtigten)

	Bundestags-wahl 1998	Europawahl 1994	Europawahl 1999
Wähler[1]	93,0	78,3	57,6
unechte Nichtwähler	1,7	7,2	13,9
desinteressierte Nichtwähler	1,7	-	-
desinteressiert, EU-spezifisch	-	1,9	9,4
desinteressiert, allgemein	-	7,8	13,0
unzufriedene Nichtwähler	3,6	-	-
unzufrieden, EU-spezifisch	-	2,5	1,9
unzufrieden, allgemein	-	2,2	4,2

1) Die Anteile unterscheiden sich von Tabelle 1, da diejenigen, die keine Angaben zu ihrem Wahlverhalten gemacht haben, also weder den Wählern noch den Nichtwählertypen zugeordnet werden konnten, aus der Analyse ausgeschlossen wurden.

Der Anteil der Desinteressierten bei der Bundestagswahl ist mit nur 1,7 Prozent aller Befragten (etwa einem Viertel der Nichtwähler) sehr gering. Zieht man in Betracht, dass sich in den Eurobarometern deutlich mehr, nämlich 7,8 Prozent (1994) und 13 Prozent (1999) als generell an Politik nicht interessiert zeigen, so wird deutlich, dass bei Bundestagswahlen die Wahlnorm noch erhebliche Kraft hat. Neben der höheren Wahlenthaltung der generell politisch Uninteressierten findet man bei den Europawahlen zusätzlich noch die Gruppe der speziell an der EU nicht Interessierten, deren Anteil an den Befragten jedoch zwischen 1994 und 1999 so erheblich schwankt, dass man einen Effekt des Frageinstruments bzw. der Methode der Zuordnung zu den Typen nicht ausschließen kann. Die ausdrückliche Nennung dieser Antwortmöglichkeit innerhalb der geschlossenen Frage signalisiert dem Befragten eventuell eine Akzeptanz dieser Einstellung.

Von besonderem Interesse sind im Zusammenhang mit der Politikverdrossenheitsdebatte und der Krisenhypothese der Wahlbeteiligung die unzufriedenen Nichtwähler. Sie machen bei der Bundestagswahl 3,6 Prozent der Befragten und damit etwa die Hälfte der Nichtwähler aus. Bei den Europawahlen ist der Anteil der unzufriedenen Nichtwähler an allen Befragten mit 4,7 Prozent 1994 in einer ähnlichen Größenordnung wie 1999 mit 6,1. Wegen der unterschiedlichen Frageinstrumente sollten solche Abweichungen nicht überinterpretiert werden. Unterscheidet man zwischen EU-spezifisch Unzufriedenen und generell Unzufriedenen, so stellt man 1999 leichte Verschiebungen hin zu genereller Unzufriedenheit fest. Damit kann angenommen werden, dass auch bei Europawahlen nur ein eher geringer Teil der Wahlberechtigten Wahlenthaltung als Ausdruck von Verdrossenheit nutzt. Das aus dem Second-Order-Election-Modell abgeleitete Nichtwählermotiv, nationale Akteure bestrafen zu wollen, kann zwar bei den mit der Politik generell Unzufriedenen vermutet werden, ist aber zahlenmäßig nur relativ schwach nachzuweisen. Der größte Teil der Nichtwähler waren bei beiden hier untersuchten Europawahlen die Desinteressierten, gefolgt von den unechten Nichtwählern und weit vor den Unzufriedenen. Der wesentlich höhere Anteil der unechten Nichtwähler bei der Europawahl legt zudem nahe, dass sich in dieser Gruppe weitere politisch wenig interessierte Bürger finden. Die 1999 noch einmal gesunkene Wahlbeteiligung scheint damit nicht auf zunehmende Unzufriedenheit zurückzugehen, sondern auf gesunkenes Interesse bzw. schlechtere Mobilisierung der weniger Interessierten durch die Parteien während des Wahlkampfs.

5.   Validierung der Nichtwählertypen

Die Aussagen über die Verteilung der Typen bei den verschiedenen Wahlen gelten natürlich nur, wenn die direkte Frage nach den Gründen der Nichtwahl als valide betrachtet werden kann und nicht übermäßigen Verzerrungen durch soziale Erwünschtheit unterliegt. Im Folgenden werden verschiedene Einstellungsvariablen herangezogen, um zu prüfen, wie plausibel die Typenbildung ist. Sollte sich herausstellen, dass die sonstigen politischen Einstellungen zu den genannten Gründen für die Nichtwahl passen, kann dies als Indiz für die Validität der Typenbildung gelten. Zunächst wird dabei auf die Nichtwähler der Bundestagswahl 1998 eingegangen, bevor anschließend die beiden Europawahlen untersucht werden. Dabei werden, soweit dies möglich ist, die gleichen Einstellungsvariablen herangezogen.

In der Regel handelt es sich um Mittelwertvergleiche zwischen den Wählern und verschiedenen Nichtwählertypen. Angegeben ist in den Tabellen für die Wähler der Mittelwert, für die Nichtwählertypen die Differenz zwischen ihrem Mittelwert und dem der Wähler. Zudem wurde jeweils ein Scheffe-Test durchgeführt, der die Signifikanz der angegebenen Differenzen prüft.

5.1 Bundestagswahl 1998

Bereits aus der obigen Diskussion über die Interpretationen sinkender Wahlbeteiligung wurde die Bedeutung des politischen Interesses als Determinante für Nichtwahl deutlich. Es ist zu erwarten, dass die Nichtwähler aus Protest sich nicht wesentlich weniger für Politik interessieren als die Wähler oder die unechten Nichtwähler. Diejenigen, die als Grund ausdrücklich Desinteresse angeben, sollten dies auch anhand der anderen Indikatoren bestätigen. Aus Tabelle 3 geht hervor, dass das Interesse an Politik bei den Wählern am stärksten ausgeprägt ist. Signifikant weniger interessiert sind alle Nichtwählertypen, allerdings weisen die Unzufriedenen noch größeres politisches Interesse auf als die unechten und, wenig überraschend, die desinteressierten Nichtwähler.

Tabelle 3: Mittelwertdifferenzen für politisches Interesse und Efficacy zwischen Nichtwählertypen und Wählern, Bundestagswahl 1998

Nichtwählertypen im Vergleich zu Wählern	politisches Interesse	Efficacy
unechte Nichtwähler	-0,83[a]	-0,59[a]
desinteressierte Nichtwähler	-1,27[a]	-1,01[a]
unzufriedene Nichtwähler	-0,67[a]	-0,45[a]
Wähler, Mittelwert	3,10	3,28

Politisches Interesse: gemessen auf einer Skala von 0 „überhaupt nicht" bis 5 „sehr stark". Efficacy: Mittelwert aus der Zustimmung zu den beiden Statements „Ich traue mir eine aktive Rolle in einer politischen Gruppe zu" und „Ich kann wichtige politische Fragen gut verstehen". Bei beiden Items wurde jeweils die Zustimmung auf einer Skala von 1 „stimme überhaupt nicht zu" bis 5 „stimme voll und ganz zu" gemessen. a: $p < 0,05$, signifikante mittlere Differenz zur Gruppe der Wähler nach Scheffe-Test.

Tabelle 4: Indikatoren für Informiertheit bei Nichtwählertypen und Wählern, Bundestagswahl 1998 (Anteil der richtigen Antworten in %)

Nichtwählertypen im Vergleich zu Wählern	Wichtigkeit der Erst- und Zweitstimme	Kenntnis der Zahl der Bundesländer
unechte Nichtwähler	29[a]	30
desinteressierte Nichtwähler	25[a]	32
unzufriedene Nichtwähler	29[a]	40
Wähler, Mittelwert	53	46

a: $p < 0,05$, signifikante mittlere Differenz zur Gruppe der Wähler nach Scheffe-Test.

Mit der Hypothese der politisch interessierten, gut informierten, aber von der Politik verdrossenen Nichtwähler stimmt auch die Einschätzung der eigenen Wirksamkeit, der so genannten Efficacy, überein. Die aus zwei Statements gebildete Variable weist für die Unzufriedenen wiederum den zweithöchsten Mittelwert nach den Wählern auf. Nach der Untersuchung dieser Indikatoren bleibt festzuhalten, dass auch die Unzufriedenen weniger interessiert sind als die Wähler und sich weniger Einfluss auf Politik zutrauen, von den drei Nichtwählertypen aber immer noch das größte Interesse sowie die höchsten Efficacy-Werte aufweisen.

Dieses Muster bestätigt sich bei objektiv gemessener Informiertheit, wie sie in den Fragen nach der Kenntnis der Wichtigkeit der Erst- und der Zweitstimme sowie nach der Anzahl der Bundesländer zum Ausdruck kommt. Die Unzufriedenen wissen weniger als die Wähler, aber mehr als die anderen Nichtwähler. Die erste Frage (Wichtigkeit der Erst- und Zweitstimme) beantworten etwas mehr als die Hälfte aller Wähler, aber nur etwa 30 Prozent der unechten und der unzufriedenen Nichtwähler und nur ein Viertel der Uninteressierten richtig (vgl. Tabelle 4). Die Zahl der Bundesländer können 46 Prozent der Wähler korrekt nennen, 40 Prozent der unzufriedenen Nichtwähler und nur etwa 30 Prozent der unechten und der uninteressierten Nichtwähler.

Tabelle 5: Mittelwertdifferenzen für Demokratiezufriedenheit und Vertrauen in Institutionen zwischen Nichtwählertypen und Wählern, Bundestagswahl 1998

Nichtwählertypen im Vergleich zu Wählern	Demokratie-zufriedenheit	Vertrauen in den Bundestag	Vertrauen in Bundes-regierung	Zufriedenheit mit der Bun-desregierung
unechte Nichtwähler	-0,24	-0,24	-0,32	-0,28
desinteressierte Nichtwähler	-0,20	-0,33	-0,06	-0,50
unzufriedene Nichtwähler	-0,61[a]	-0,74[a]	-0,68[a]	-1,42[a]
Wähler, Mittelwert	3,44	3,40	3,21	5,72

Demokratiezufriedenheit: Skala von 1 „sehr unzufrieden" bis 5 „sehr zufrieden". Vertrauen in den Bundestag bzw. die Bundesregierung: Skala von 1 „vertraue überhaupt nicht" bis 5 „vertraue voll und ganz". Zufriedenheit mit der Bundesregierung: Skala von 1 „vollständig unzufrieden" bis 11 „voll und ganz zufrieden". a: $p < 0,05$, signifikante mittlere Differenz zur Gruppe der Wähler nach Scheffe-Test.

Die Verdrossenheit der unzufriedenen Nichtwähler wird bei den Fragen nach der Zufriedenheit mit der Demokratie und nach dem Vertrauen in Bundestag und Bundesregierung deutlich. Zu den Wählern, aber auch zu den unechten Nichtwählern und denjenigen, die sich als politisch uninteressierte Nichtwähler zu erkennen geben, ist hier ein klarer Abstand gegeben. Deutlich schlechter bewerten die Unzufriedenen auch die Leistungen der Bundesregierung (vgl. Tabelle 5). Wenngleich sich auch bei diesen Zufriedenheits- und Vertrauensindikatoren wiederum generelle Unterschiede zwischen Wählern und Nichtwählern feststellen lassen, unterscheiden sich die Unzufriedenen doch von den desinteressierten und den unechten Nichtwählern.

Für die Bundestagswahl 1998 wurden – anders als für die Europawahlen – auch die beiden wichtigsten Determinanten der Wahlbeteiligung erhoben: Wahlnorm und Parteiidentifikation (vgl. Tabelle 6). Die Bedeutung der Einstellung zur Wahlnorm für die Wahlbeteiligungsdiskussion wurde bereits mehrfach angesprochen. Übereinstimmend mit bisherigen Untersuchungen zeigt sich bei allen Nichtwählertypen eine signifikant geringere Akzeptanz der Wahlnorm. Dabei weisen diejenigen, die unfreiwillig verhindert waren, noch den höchsten Wert auf – die Desinteressierten und die Unzufriedenen liegen weit dahinter. Damit bestätigt sich die Vermutung, dass die schwindende Bedeutung dieser Norm Ursache sowohl für Nichtwahl aus Desinteresse als auch für Wahlenthaltung aus Protest ist. Alle Nichtwählertypen unterscheiden sich von den Wählern auch signifikant hinsichtlich der Existenz einer Parteiidentifikation, wobei die Unzufriedenen im Mittel eher eine Bindung zu einer Partei haben als die Desinteressierten. Diese könnte sie davon abhalten, einer anderen Partei, möglicherweise einer Protestpartei, ihre Stimme zu geben.

Tabelle 6: Mittelwertdifferenzen von Wahlnorm und Parteiidentifikation zwischen Nichtwählertypen und Wählern, Bundestagswahl 1998

Nichtwählertypen im Vergleich zu Wählern	Akzeptanz der Wahlnorm	Existenz einer Parteiidentifikation
unechte Nichtwähler	-0,69[a]	-0,35[a]
desinteressierte Nichtwähler	-1,59[a]	-0,49[a]
unzufriedene Nichtwähler	-1,90[a]	-0,43[a]
Wähler, Mittelwert	4,43	0,73

Wahlnorm: Mittelwert auf einer Skala von 1 „stimme überhaupt nicht zu" bis 5 „stimme voll und ganz zu". Parteiidentifikation: Mittelwert der dichotomen Variable 0 „keine Parteiidentifikation vorhanden", 1 „Parteiidentifikation vorhanden". a: $p < 0,05$, signifikante mittlere Differenz zur Gruppe der Wähler nach Scheffe-Test.

Tabelle 7 zeigt das Verhalten der Nichtwählertypen bei der vorherigen Bundestagswahl 1994. Etwas weniger als die Hälfte der verdrossenen Nichtwähler hat auch damals nicht gewählt und scheint damit zu den habituellen Nichtwählern zu gehören. Auffällig ist auch, dass sie zum größten Teil ihr Verhalten erinnern und anscheinend Wahlenthaltung auch offen zugeben. Bei den desinteressierten Nichtwählern gab ebenfalls ein sehr hoher Anteil von 37,5 Prozent an, 1994 nicht gewählt zu haben. Sie weisen zudem vergleichsweise hohe „weiß nicht"-Anteile auf. Der recht hohe Anteil bei der vergangenen Bundestagswahl nicht Wahlberechtigter lässt vermuten, dass insbesondere junge Bürger unter den Desinteressierten zu finden sind. Die unechten Nichtwähler geben, ähnlich wie die Wähler, zu knapp 4 Prozent an, 1994 ihre Stimme nicht abgegeben zu haben. Allerdings können oder wollen nur 61 Prozent von ihnen die Partei nennen, die sie damals gewählt haben, während knapp 20 Prozent die Aussage auf die Rückerinnerungsfrage verweigern. Mit fast zehn Prozent bei der vorherigen Wahl nicht Wahlberechtigten liegt auch hier die Vermutung nahe, dass sich relativ viele Jungwähler unter den unechten Nichtwählern befinden. Diese Ergebnisse stimmen mit den Erwartungen über das Verhalten der unterschiedlichen Nichtwählertypen weitgehend überein.

Tabelle 7: Vergleich des Verhaltens der verschiedenen Nichtwählertypen aus 1998 mit den Wählern bei der Bundestagswahl 1994 (Recall; in %)

Verhalten bei der Bundestagswahl 1994	unechte Nichtwähler	desinteressierte Nichtwähler	unzufriedene Nichtwähler	Wähler (Anteile)
gewählt	60,8	27,1	33,7	84,4
nicht gewählt	3,9	37,5	46,9	3,8
nicht wahlberechtigt	9,8	14,6	3,1	4,9
weiß nicht	5,9	10,4	3,1	2,3
keine Angabe	19,6	10,4	13,3	4,6
Gesamt	100	100	100	100

5.2 Europawahlen

Im Folgenden werden die fünf Nichtwählertypen bei den beiden Europawahlen betrachtet. Auch hier soll zunächst das politische Interesse untersucht werden. Für 1994 ermöglichen die Fragen nach Interesse an Politik allgemein und Interesse an EU-Politik eine Differenzierung. Bis auf die EU-spezifisch Unzufriedenen sind 1994 alle Typen signifikant weniger an Politik interessiert als die Wähler – mit Ausnahme derjenigen, die speziell Unzufriedenheit mit der EU äußern. Es scheint also nicht besonders gut zu gelingen, die beiden Typen der Desinteressierten zu trennen. Dies wird auch an der Frage nach Interesse an EU-Politik deutlich. Bis auf die unechten Nichtwähler unterscheiden sich hier alle Typen signifikant und etwa gleich stark von den Wählern (vgl. Tabelle 8).

Da 1999 die direkte Frage nach Interesse an Politik nicht gestellt wurde, werden hier andere Einstellungsvariablen herangezogen, die ebenfalls als Indikatoren für politisches Interesse gelten können: die Häufigkeit politischer Diskussionen und die Häufigkeit des Lesens von Nachrichten in der Zeitung. Während die desinteressierten Befragten im Mittel weniger über Politik diskutieren und weniger Nachrichten in der Zeitung lesen, liegen die Unzufriedenen erwartungsgemäß deutlich näher bei den Wählern. Die unechten Nichtwähler sind nach diesen Indikatoren eher weniger aktiv als die Unzufriedenen und die Wähler (vgl. Tabelle 8).

Tabelle 8: Mittelwertdifferenzen von Indikatoren für politisches Interesse zwischen Nichtwählertypen und Wählern, Europawahl 1994 und 1999

Nichtwählertypen im Vergleich zu Wählern	Interesse an Politik allgemein	Interesse an EU-Politik	Häufigkeit polit. Diskussionen	Lesen von Nachrichten in einer Tageszeitung
	1994	1994	1999	1999
unechte Nichtwähler	-0,42[a]	-0,20	-0,22[a]	-0,49[a]
desinteressiert, EU-spezifisch	-0,57[a]	-0,62[a]	-0,23[a]	-0,68[a]
desinteressiert, allgemein	-0,58[a]	-0,62[a]	-0,30[a]	-0,79[a]
unzufrieden, EU-spezifisch	0,17	-0,62[a]	-0,01	-0,14
unzufrieden, allgemein	-0,61[a]	-0,57[a]	0,00	0,09
Wähler, Mittelwert	2,47	2,35	2,02	3,46

Interesse: Skala von 1 „überhaupt nicht" bis 4 „sehr groß". Diskussionshäufigkeit: Skala von 1 „nie" bis 3 „häufig". Zeitungslektüre: Skala von 0 „nie", 1 „seltener", 2 „ein- bis zweimal pro Woche", 3 „einige Male pro Woche", 4 „jeden Tag". a: $p < 0,05$, signifikante mittlere Differenz zur Gruppe der Wähler nach Scheffe-Test.

Zur Überprüfung des Einflusses von Wissen über Politik auf das Wahlverhalten liegen neben der subjektiven Einschätzung (nur 1999) auch zwei objektive Indikatoren vor. Aus Tabelle 9 geht zunächst hervor, dass sich die Wähler subjektiv im Vergleich zu allen Nichtwählertypen im Mittel für informierter halten. Aber nur für die unechten und für die desinteressierten Nichtwähler ist die Differenz signifikant.

Auch bei der objektiven Beurteilung der Informiertheit über die EU anhand der Fragen nach der Kenntnis des Kommissionspräsidenten und eines deutschen Kommissionsmitglieds weisen die Wähler das höchste Informationsniveau auf. Es kann hier nicht eindeutig nachgewiesen werden, dass Unzufriedene entsprechend ihrer Selbsteinschätzung tatsächlich besser Bescheid wissen als die restlichen Nichtwähler. Betrachtet man Wissen über nationale Politik, so scheinen die Unzufriedenen etwas besser abzuschneiden als die Desinteressierten, allerdings ist auch dieser Befund nicht sehr eindeutig.

Tabelle 9: Mittelwertdifferenzen von Indikatoren für Informiertheit zwischen Nichtwählertypen und Wählern, Europawahl 1994 und 1999

Nichtwählertypen im Vergleich zu Wählern	subjektive Einschätzung des eigenen Wissens über die EU		objektives Wissen über EU		objektives Wissen über nationale Politik	
	1994	1999	1994	1999	1994	1999
unechte Nichtwähler	-	-0,79[a]	-0,33[a]	-0,42[a]	-0,41[a]	-0,29[a]
desinteressiert, EU-spezifisch	-	-1,52[a]	-0,66[a]	-0,64[a]	-0,36[a]	-0,35[a]
desinteressiert, allgemein	-	-1,39[a]	-0,54[a]	-0,52[a]	-0,36[a]	-0,47[a]
unzufrieden, EU-spezifisch	-	-0,81	-0,90	-0,51[a]	-0,23	+0,08
unzufrieden, allgemein	-	-0,27	-0,52[a]	-0,22	-0,20	-0,16
Wähler, Mittelwert	-	5,28	0,81	0,84	1,78	1,75

Subjektives Wissen: Skala von 1 „weiß überhaupt nichts über EU" bis 10 „weiß sehr viel über EU". Objektives Wissen EU: Index, gebildet aus zwei Variablen; 0 „kennt weder den Präsidenten der Europäischen Kommission noch eines der beiden deutschen Kommissionsmitglieder", 1 „kennt eine(n) von beiden", 2 „kennt den Präsidenten der Europäischen Kommission und mind. eine deutsches Kommissionsmitglied". Objektives Wissen nationale Politik: Index, gebildet aus zwei Variablen; 0 „kennt weder den deutschen Außen- noch den Finanzminister", 1 „kennt einen von beiden", 2 „kennt beide". a: $p < 0,05$, signifikante mittlere Differenz zur Gruppe der Wähler nach Scheffe-Test.

Zur Beantwortung der Frage, ob bei manchen Typen tatsächlich europaspezifische Gründe maßgeblich waren, erfolgt schließlich die Untersuchung der Nichtwählerkategorien nach ihren Einstellungen zur EU. Betrachtet man zunächst zum Vergleich die Zufriedenheit mit der Demokratie in Deutschland, so fällt auf, dass die Wähler im Mittel am zufriedensten und die unechten Nichtwähler nur geringfügig unzufriedener sind (vgl. Tabelle 10). Die Desinteressierten liegen zwischen diesen und denjenigen, die ausdrücklich Unzufriedenheit als Motiv der Wahlenthaltung angeben. Eventuell ist dies ein Hinweis auf die Existenz verschiedener Arten politischer Unzufriedenheit. Während es sich bei den Desinteressierten mehr um einen Rückzug unter anderem infolge diffuser Enttäuschung handelt, verfolgen die Unzufriedenen trotzdem weiterhin das politische Geschehen, wie dies die Frage nach politischem Interesse andeutet.

Kritischer sind im Mittel alle Befragten, was die Zufriedenheit mit der Demokratie in der EU angeht. Erwartungsgemäß weisen die EU-spezifisch Unzufriedenen (1994 auch die EU-spezifisch Desinteressierten) hier sehr niedrige Mittelwerte auf, aber auch die generell Unzufriedenen liegen deutlich hinter den Wählern.

Tabelle 10: Mittelwertdifferenzen von Demokratiezufriedenheit zwischen Nichtwählertypen und Wählern, Europawahl 1994 und 1999

Nichtwählertypen im Vergleich zu Wählern	Zufriedenheit mit Demokratie in Deutschland		Zufriedenheit mit Demokratie in der EU	
	1994	1999	1994	1999
unechte Nichtwähler	-0,05	-0,03	0,10	0,02
desinteressiert, EU-spezifisch	-0,16	-0,08	-0,60[a]	-0,23
desinteressiert, allgemein	-0,25[a]	-0,12	-0,20	-0,05
unzufrieden, EU-spezifisch	-0,49[a]	-0,42	-0,66[a]	-0,47
unzufrieden, allgemein	-0,50[a]	-0,35[a]	-0,28	-0,37[a]
Wähler, Mittelwert	1,61	1,66	1,43	1,35

Zufriedenheit: Skala von 0 „überhaupt nicht zufrieden" bis 3 „sehr zufrieden". a: $p < 0,05$, signifikante mittlere Differenz zur Gruppe der Wähler nach Scheffe-Test.

In Tabelle 11 werden verschiedene Einstellungen zu Europa analysiert. Zunächst fällt auf, dass die unechten Nichtwähler sich hinsichtlich all dieser Einstellungen nicht signifikant von den Wählern unterscheiden. Die EU-spezifisch Desinteressierten und Unzufriedenen sind gegenüber der EU erwartungsgemäß kritischer eingestellt. Dass die allgemein Unzufrieden insgesamt weniger europaskeptisch sind, kann als schwaches Indiz für Enthaltung aus nationalen Erwägungen und für Motivtransfer gedeutet werden.

Tabelle 11: Mittelwertdifferenzen von Einstellungen zur EU zwischen
Nichtwählertypen und Wählern, Europawahl 1994 und 1999

Nichtwähler-typen im Vergleich zu Wählern	Vertrau-en in Entschei-dungen der EU	Für oder gegen euro-päische Einigung	Beurteilung Mitgliedschaft in EU		Deutschland profitiert von Mitgliedschaft	
	1994	1994	1994	1999	1994	1999
unechte Nichtwähler	-0,11	0,07	-0,02	-0,14	0,15	-0,04
desinteressiert, EU-spezifisch	-0,60ª	-0,51ª	-0,78ª	-0,39ª	-0,37ª	-0,26ª
desinteressiert, allgemein	-0,36ª	-0,28ª	-0,46ª	-0,27ª	-0,29ª	-0,22ª
unzufrieden, EU-spezifisch	-0,76ª	-0,53ª	-0,60ª	-0,90ª	-0,37ª	-0,34
unzufrieden, allgemein	-0,42ª	-0,24	-0,32	-0,47ª	-0,25	-0,20
Wähler, Mittelwert	2,48	0,68	2,53	2,53	0,59	0,56

Vertrauen: Skala von 1 „kein Vertrauen" bis 4 „sehr viel Vertrauen". Europäische Einigung: dichotome Variable 0 „gegen", 1 „für europäische Einigung". EU-Mitgliedschaft: Skala von 1
„schlecht" über 2 „weder gut noch schlecht" bis 3 „gut". Profit: dichotome Variable 0 „Deutschland profitiert nicht", 1 „Deutschland profitiert". Künftige Rolle der EU: Skala von 1 „weniger
wichtig" über 2 „gleich" bis 3 „wichtiger". a: p < 0,05, signifikante mittlere Differenz zur Gruppe der Wähler nach Scheffe-Test.

Nach den Einstellungsvariablen wird nun auch für die Nichtwähler bei den
Europawahlen das beabsichtigte Verhalten bei der nächsten Bundestagswahl
untersucht. Zu beachten ist allerdings der große zeitliche Abstand zwischen
der Befragung nach der Europawahl 1999 und der Bundestagswahl 2002, der
den hohen Anteil unentschiedener Wähler erklärt. 1994 stand hingegen die
Bundestagswahl zum Zeitpunkt der Befragung unmittelbar bevor und war daher viel stärker im Bewusstsein.

Wenig überraschend ist, dass 1994 wie 1999 viele der allgemein an Politik uninteressierten Nichtwähler auch nicht zur nächsten Bundestagswahl gehen wollen und ebenso für einen großen Teil der allgemein Unzufriedenen
Wahlenthaltung auch auf nationaler Ebene in Frage kommt (vgl. Tabellen 12
und 13). Für die Validität der EU-spezifischen Typen spricht, dass beide für
die kommende Bundestagswahl deutlich geringere Nichtwahlabsichten
äußern als die Typen der allgemein Unzufriedenen und Desinteressierten.

Tabelle 12: Vergleich des beabsichtigten Wahlverhaltens bei der Bundestagswahl 1994 zwischen Nichtwählertypen und Wählern der
Europawahl 1994 (in %)

	unechte NW	desinter- essiert, EU-spezi- fisch	desinter- essiert, allgemein	unzufrie- den, EU- spezi- fisch	unzufrie- den, all- gemein	Wähler (Anteile)
Wahlabsicht	70,2	72,7	51,5	70,5	63,2	82,1
wählt nicht	7,3	6,1	28,0	9,1	26,3	0,4
weiß nicht	13,7	9,1	13,6	13,6	2,6	6,5
keine Angabe	8,9	12,1	6,8	6,8	7,9	11,0

Auch für 1999 wird deutlich, dass hinsichtlich des geplanten Verhaltens die
gebildeten Nichtwählerkategorien mit den theoretischen Erwartungen übereinstimmen. Den Wählern ähneln die unechten Nichtwähler. Bei beiden
Gruppen will, wie aus Tabelle 13 hervorgeht, nur ein sehr geringer Anteil bei
der nächsten Bundestagswahl nicht wählen. Der größere Anteil an Unentschlossenen bei den unechten Nichtwählern könnte ein Hinweis auf fehlende
oder schwächere Parteibindungen sein. Leider ist in den Eurobarometern
1994 und 1999 nicht nach einer Parteiidentifikation gefragt worden.

Tabelle 13: Vergleich des beabsichtigten Wahlverhaltens bei der Bundestagswahl 2002 zwischen Nichtwählertypen und Wählern der
Europawahl 1999 (in %)

	unechte NW	desinter- essiert, EU-spezi- fisch	desinter- essiert, allgemein	unzufrie- den, EU- spezi- fisch	unzufrie- den, all- gemein	Wähler (Anteile)
Wahlabsicht	69,3	64,6	57,0	81,8	53,4	79,4
wählt nicht	1,7	10,6	22,0	9,1	20,5	1,5
weiß nicht	16,4	11,2	13,0	6,1	11,0	8,2
keine Angabe	12,6	13,7	8,1	3,0	15,1	10,9

Die EU-spezifisch Unzufriedenen weisen 1999 zu 81,1 Prozent eine Wahlabsicht auf – deutlich mehr als alle anderen Nichtwählertypen. Damit ist anzunehmen, dass ein erheblicher Teil von ihnen ganz bewusst nur bei der Europawahl zuhause bleibt, nicht aber generell als politisch entfremdet oder ver-
drossen gelten kann. Dafür spricht auch ihre Wahrnehmung des Einflusses

des Europäischen Parlaments. Im Mittel schätzt diese Gruppe der Nichtwähler die Macht des Europäischen Parlaments als sehr gering ein. Zusammen mit den nicht an der EU Interessierten weisen sie zudem die größte Differenz bei der Beurteilung des Bundestags und des Europäischen Parlaments auf (vgl. Tabelle 14).

Tabelle 14: Einschätzung der Macht des Europäischen Parlaments nach Nichtwählertypen im Vergleich zu Wählern bei den Europawahlen 1994 und 1999

Nichtwählertypen im Vergleich zu Wählern	Einschätzung der Macht des EP		Differenz zwischen Macht des EP und des Bundestags	
	1994	1999	1994	1999
unechte Nichtwähler	0,12	-0,21	-2,27	-1,46
desinteressiert, EU-spezifisch	-1,50[a]	-0,82[a]	-3,76	-2,30[a]
desinteressiert, allgemein	-0,17	-0,67[a]	-2,28	-1,73
unzufrieden, EU-spezifisch	-1,61[a]	-1,26	-3,41	-2,30
unzufrieden, allgemein	0,97	-0,60	-0,90	-1,69
Wähler, Mittelwert	4,94	5,63	-2,57	-1,44

Einschätzung der Macht: gemessen auf einer Skala von 1 bis 10, angegeben sind Differenzen der Mittelwerte zwischen Nichtwählertypen und Wählern. Macht-Differenz: Mittelwerte der Differenz zwischen Machtzuweisung an das EP und Machtzuweisung an den Bundestag. a: $p < 0,05$, signifikante mittlere Differenz zur Gruppe der Wähler nach Scheffe-Test.

Abschließend soll ein kurzer Blick auf die soziodemographische Variable Alter geworfen werden. Tabelle 15 zeigt das mittlere Alter der verschiedenen Nichtwählertypen und der Wähler. Auffällig ist das hohe Durchschnittsalter der unechten Nichtwähler bei der Bundestagswahl – ein Indiz dafür, dass sich in dieser Gruppe zu einem großen Teil alte Menschen befinden, für die die Wahlteilnahme zu beschwerlich ist. Betrachtet man das kategorisierte Alter, so wird deutlich, dass mehr als ein Drittel der unechten Nichtwähler über 66 Jahre alt ist (nicht tabellarisch dargestellt). Die einzigen signifikanten Altersunterschiede bestehen allerdings zwischen Wählern und allgemein politisch desinteressierten Wahlberechtigten, am gravierendsten ist dieser Unterschied bei der Bundestagswahl. Während bei Älteren die Wahlnorm bei der nationalen Hauptwahl noch zu wirken scheint, sind diejenigen, die auch hier keine Notwendigkeit sehen, ihre Stimme abzugeben, im Durchschnitt eher jung.

Dies bestätigt wiederum der Blick auf das kategorisierte Alter: Mehr als die Hälfte der desinteressierten Nichtwähler sind jünger als 36.

Tabelle 15: Mittleres Alter von Nichtwählertypen und Wählern bei der Bundestagswahl 1998 und den Europawahlen 1994 und 1999

	EPW 1994	EPW 1999	BTW 1998
unechte Nichtwähler	46,1	44,8	52,1
desinteressiert, EU-spezifisch	47,3	46,0	-
desinteressiert, allgemein	41,5[a]	43,0[a]	35,9[a]
unzufrieden, EU-spezifisch	45,0	50,7	-
unzufrieden, allgemein	40,0	43,6	46,4
Wähler, Mittelwert	48,5	48,7	47,9

a: p < 0,05, signifikante mittlere Differenz zur Gruppe der Wähler nach Scheffe-Test.

6. Zusammenfassung

Die bivariaten Analysen zwischen den hier gebildeten Nichtwählerkategorien und ihren politischen Einstellungen zeigen, dass die geäußerten Gründe mit anderen Einstellungen in der Regel übereinstimmen. Damit scheint die direkte Frage nach den Motiven der Wahlenthaltung durchaus valide zu sein. Allerdings ist offensichtlich, dass sich bei Europawahlen in der Gruppe der unechten Nichtwähler neben den tatsächlich aufgrund äußerer Gründe verhinderten Bürgern auch solche „verstecken", die kein Interesse daran haben.

In Übereinstimmung mit bisherigen Untersuchungen ist auch hier festzustellen: Alle Nichtwählertypen sind weniger an Politik interessiert als die Wähler, sie trauen sich weniger Einfluss auf Politik zu, wissen weniger über Politik und sind unzufriedener mit politischen Institutionen und der Demokratie als solcher. Die Analysen haben aber auch gezeigt, dass die Nichtwähler keine homogene Gruppe sind, sondern dass es zwischen den gebildeten Nichtwählertypen Unterschiede gibt.

An Bundestagswahlen nehmen aufgrund der immer noch starken Wahlnorm auch die wenig an Politik Interessierten teil. Politikverdrossenheit scheint auf der nationalen Ebene tatsächlich das Hauptmotiv der Nichtwählerschaft zu sein. Desinteresse an Politik ist vor allem bei jüngeren Wählern ein Motiv für die Enthaltung bei Bundestagswahlen. Ob es sich dabei um einen Lebenszykluseffekt oder um einen Generationeneffekt handelt, bleibt hier offen. Ebenso konnte und sollte hier nicht geklärt werden, ob der *Rückgang* der Wahlbeteiligung in den letzten Jahren auf Unzufriedenheit oder auf nachlassende Verbindlichkeit der Wahlnorm zurückzuführen ist. Vielmehr wurde deutlich, dass die Befragung der Nichtwähler nach ihren Gründen eine

Möglichkeit ist, Aufschluss über die quantitative Bedeutung dieser Motive zu erhalten. Eine kontinuierliche Beobachtung mit identischen Frageformulierungen würde dann auch Aussagen über Entwicklungen zulassen.

Die große Nichtwählerschaft bei Europawahlen besteht zum überwiegenden Teil aus allgemein oder speziell an EU-Politik nicht interessierten Bürgern. Um so mehr gilt dies, als sich gezeigt hat, dass mit großer Wahrscheinlichkeit auch von den angeblich unechten Wählern einige eher diesem Typ zugerechnet werden müssten. Nur ein relativ kleiner Teil der Wahlenthaltung bei den beiden Europawahlen muss als Protest gegen die EU aufgefasst werden. Da von denen, die mit ihrer Wahlenthaltung Unmut zeigen wollen, Overreporting eher weniger zu erwarten ist als bei Desinteressierten, gilt dies umso mehr. Protest gegen nationale Politik durch Nichtwahl bei der Europawahl scheint es zwar zu geben, allerdings in eher geringem Umfang. Für die Parteien ist dies insofern eine gute Nachricht, als bessere Information und Mobilisierung die Wahlbeteiligung bei Europawahlen eventuell zu steigern vermag. Es müsste ihnen dazu allerdings gelingen, den Bürgern die seit den ersten Europawahlen gewachsene Bedeutung der europäischen Ebene und vor allem des Europäischen Parlaments, zu vermitteln. Angesichts der Tatsache, dass in der Öffentlichkeit eher das demokratische Defizit der EU thematisiert wird als die gewachsenen, wenn auch immer noch hinter nationalen Parlamenten zurückbleibenden Befugnisse des Europäischen Parlaments, ist dies allerdings keine leichte Aufgabe. Ein Fehler wäre es sicherlich auch, die niedrige Wahlbeteiligung bei Europawahlen als normal zu akzeptieren. Da immer mehr Politikbereiche auf die europäische Ebene verlagert werden, ist es dringend geboten, den Bürgern demokratische Mitsprache zu gewähren und ihnen mittels politischer Bildung auch deutlich zu machen, worin sie besteht und dass sie genutzt werden sollte. Sonst könnte das Gefühl des nationalen Souveränitätsverlusts bei gleichzeitiger Einflusslosigkeit auf europäischer Ebene erst recht Politikverdrossenheit erzeugen.

Anhang

Tabelle A: Bundestagswahlstudie: Liste der genannten Gründe für Nichtwahl und Zuordnung zu
Typen, 1. Nennung, ungewichtet

	N	Prozent
unechte Nichtwahl	*53*	*23,2*
keine Zeit	29	12,7
zu alt, krank	18	7,9
nicht wahlberechtigt	6	2,6
Unzufriedenheit	*109*	*47,8*
politisch einflusslos	44	19,3
keine Integrität	8	3,5
Indifferenz der Parteien	10	4,4
Protest gegen alle Parteien	5	2,2
Unzufriedenheit mit Regierung	3	1,3
Unzufriedenheit mit System	5	2,2
Ablehnung der Parteien	6	2,6
Ablehnung der Politiker	1	0,4
Nutzenaspekt	3	1,3
Politik ist schmutziges Geschäft	6	2,6
allgemeiner Vertrauensverlust	8	3,5
keine Akzeptanz	2	0,9
Nichtübereinstimmung mit eig. Vorstellungen	7	3,1
Parteienstreit	1	0,4
Desinteresse	*52*	*22,8*
Politik ist bedeutungslos	2	0,9
kein Interesse	18	7,9
Unwissenheit	13	5,7
habituelles Nichtwählen	1	0,4
Indifferenz	1	0,4
Unentschiedenheit	14	6,1
keine Lust	3	1,3
weiß nicht/verweigert	14	6,1
Gesamt	228	100,0

Tabelle B: Eurobarometer 41.1 (1994): Liste der genannten Gründe für Nichtwahl und
Zuordnung zu Typen, 1. Nennung, ungewichtet

	N	Prozent
unechte Nichtwahl	*126*	*28,9*
krank, behindert, alt	25	5,7
nicht zu Hause	30	6,9
im Urlaub	8	1,8
keine Zeit, Arbeit	27	6,2
Freizeitaktivitäten	8	1,8
familiäre Verpflichtungen	7	1,6
Probleme mit Wahlberechtigung	12	2,8
andere organisatorische Gründe	9	2,1
Unzufriedenheit, EU-spezifisch	*52*	*11,9*
gegen EU	38	8,7
EU nicht relevant	2	0,5
EP nicht relevant	2	0,5
unzufrieden mit dem Wahlprozess	3	0,7
unzufrieden mit dem EP als Institution	7	1,6
Unzufriedenheit, allgemein	*46*	*10,6*
unzufrieden mit Politik/Mistrauen ggb. Politik	46	10,6
Desinteresse, EU-spezifisch	*30*	*6,9*
zu geringes Wissen über EU	6	1,4
Desinteresse an EU/EP	24	5,5
Desinteresse, allgemein	*128*	*29,4*
zu geringes Wissen über Politik	23	5,3
kein Interesse an Politik	74	17,0
wählt nie	7	1,6
Unentschiedenheit	24	5,5
andere Gründe	52	11,9
weiß nicht	2	0,5
Gesamt	436	100,0

Tabelle C: Eurobarometer 52.0 (1999): Gründe für Nichtwahl, Mehrfachnennungen, ungewichtet

Gründe für Nichtwahl	N	Prozent
Unechte Nichtwahl	*328*	*44,8*
krank/behindert/alt	47	6,4
nicht zu Hause	57	7,8
im Urlaub	98	13,4
keine Zeit, Arbeit	51	7,0
Freizeitaktivitäten	26	3,5
familiäre Verpflichtungen	43	5,9
Probleme mit Wahlberechtigung	6	0,8
Unzufriedenheit, EU-spezifisch	*94*	*12,8*
gegen EU	42	5,7
unzufrieden mit dem EP	41	5,6
unzufrieden mit dem EP-Wahlsystem	11	1,5
Unzufriedenheit, allgemein	*127*	*17,3*
unzufrieden mit Pol./Misstrauen ggb. Politik	127	17,3
Desinteresse, EU-spezifisch	*225*	*30,8*
zu geringes Wissen über EU	71	9,7
zu geringes Wissen über EP oder EP-Wahl	62	8,5
kein Interesse an Europapolitik	92	12,6
Desinteresse, allgemein	*122*	*16,6*
generell kein Interesse an Politik	63	8,6
wählt nie	59	8,0
andere Gründe	164	22,4
weiß nicht	12	1,6
Nennungen gesamt	1072	146,3

Sandra Wagner

Tabelle D: Eurobarometer 52.0 (1999): Nichtwählertypen, ungewichtet

Nichtwählertypen	N	Prozent
unechte Nichtwähler	209	31,2
Unzufriedenheit, EU-spezifisch	36	5,4
Unzufriedenheit, allgemein	69	10,3
Desinteresse, EU-spezifisch	152	22,7
Desinteresse, allgemein	203	30,3
Zuordenbare Nichtwähler insgesamt	669	100,0

Literatur

Armingeon, Klaus: Gründe und Folgen geringer Wahlbeteiligung. In: Kölner Zeitschrift für Soziologie und Sozialpsychologie 46 (1994), S. 43-64.

Betz, Hans-Georg: Wahlenthaltung und Wählerprotest im westeuropäischen Vergleich. In: Aus Politik und Zeitgeschichte 42, B19 (1992), S. 31-41.

Blondel, Jean/Sinnott, Richard/Svensson, Palle: People and Parliament in the European Union. Oxford: Clarendon Press, 1998.

Eilfort, Michael: Die Nichtwähler. Wahlenthaltung als Form des Wahlverhaltens. Paderborn: Ferdinand Schöningh, 1994.

Falter, Jürgen W./Schumann, Siegfried: Nichtwahl und Protestwahl: Zwei Seiten einer Medaille. In: Aus Politik und Zeitgeschichte 43, B11 (1993), S. 36-49.

Falter, Jürgen W./Schumann, Siegfried: Der Nichtwähler – das unbekannte Wesen. In: Kaase, Max/Klingemann, Dieter (Hrsg.): Wahlen und Wähler, Analysen aus Anlaß der Bundestagswahl 1990. Opladen: Westdeutscher Verlag, 1994, S. 161-213.

Feist, Ursula: Nichtwähler 1994. In: Aus Politik und Zeitgeschichte 44, B 51-52 (1994) S. 35-46.

Feist, Ursula: Niedrige Wahlbeteiligung – Normalisierung oder Krisensymptom der Demokratie in Deutschland? In: Starzacher, Karl/Schacht, Konrad/Friedrich, Bernd/Leif, Thomas (Hrsg.): Protestwähler und Wahlverweigerer. Köln: Bund-Verlag, 1992, S. 40-57.

Hoffmann-Jaberg, Birgit/Roth, Dieter: Die Nichtwähler. Politische Normalität oder wachsende Distanz zu den Parteien? In: Bürklin, Wilhelm/Roth, Dieter (Hrsg.): Das Superwahljahr. Köln: Bund Verlag, 1994, S. 132-159.

Kleinhenz, Thomas: Die Nichtwähler. Opladen: Westdeutscher Verlag, 1995.

Maier, Jürgen: Politikverdrossenheit in der Bundesrepublik Deutschland. Opladen: Leske + Budrich, 2000.

Niedermayer, Oskar: The 1989 European Elections: Campaigns and Results. In: European Journal of Political Research 19 (1991), S. 3-16.

Rattinger, Hans: Abkehr von den Parteien? Dimensionen der Parteiverdrossenheit. In: Aus Politik und Zeitgeschichte 43, B11 (1993), S. 24-35.

Rattinger, Hans/Krämer, Jürgen: Wahlnorm und Wahlbeteiligung in der Bundesrepublik Deutschland: Eine Kausalanalyse. In: Politische Vierteljahresschrift 36 (1995), S. 267-285.

Reif, Karlheinz: Ten second-order national elections. In: Reif, Karlheinz (Hrsg.): Ten European Elections: Campaign and Results of the 1979/81 First Direct Elections to the European Parliament. London: Gower, 1985, S. 1-36.

Reif, Karlheinz/Schmitt, Hermann: Nine second-order elections: a conceptual framework for the analysis of European election results. In: European Journal of Political Research 8 (1980), S. 3-44.

Roth, Dieter: Sinkende Wahlbeteiligung – eher Normalisierung als Krisensymptom. In: Starzacher, Karl/Schacht, Konrad/Friedrich, Bernd/Leif, Thomas (Hrsg.): Protestwähler und Wahlverweigerer. Köln: Bund-Verlag, 1992, S. 58-68.

Schmitt, Hermann: Was war „europäisch" am Europawahlverhalten der Deutschen? Eine Analyse der Europawahl 1989 in der Bundesrepublik. In: Niedermayer, Oskar/Schmitt, Hermann (Hrsg.): Wahlen und Europäische Einigung. Opladen: Westdeutscher Verlag, 1994.

Starzacher, Karl/Schacht, Konrad/Friedrich, Bernd/Leif, Thomas (Hrsg.): Protestwähler und Wahlverweigerer. Köln: Bund-Verlag, 1992.

Thiel, Elke: Die Europäische Union. München: Süddeutscher Verlag, 1997.

Daniela Klos

Motivtransfer bei Nebenwahlen: Ein Vergleich wahlspezifischer und bundespolitischer Einflussfaktoren auf die Wahlentscheidung bei der hessischen Landtagswahl und der Europawahl in Deutschland 1999

1. Problemstellung

„Rot-Grün muss einen Denkzettel erhalten, Rot-Grün darf sich nicht hinter Europa verstecken!" Diese Worte sind einer Mitgliederzeitschrift der FDP im Vorfeld des Europawahlkampfs 1999 entnommen. Sie spiegeln deutlich den Wahlkampf der Liberalen wider: Nicht etwa europäische Sachthemen, wie beispielsweise die Bekämpfung der Massenarbeitslosigkeit in den EU-Mitgliedsstaaten, oder die Politik der Europäischen Liberalen, Demokratischen und Reformpartei (ELRD) im Europäischen Parlament prägten die Wahlkampagnen der FDP im Frühsommer 1999. Vielmehr hoffte die Oppositionspartei, Nutzen aus der zu diesem Zeitpunkt weit verbreiteten Unzufriedenheit mit der neuen Bundesregierung ziehen zu können, und versuchte, die Europawahl zu einer Abstimmung über die ersten Monate der rot-grünen Koalition zu machen. Ein bundespolitisch geprägter Wahlkampf war aber nicht nur bei den Liberalen vorzufinden. Auch die anderen Parteien vernachlässigten europapolitische Sachfragen weitgehend. Die Europawahl 1999 ist keine Ausnahme. Bundespolitische Themen und Kandidaten prägen den Wahlkampf nahezu jeder Landtags-, Kommunal- oder Europawahl in unterschiedlich großem Ausmaß.

Derartige Beobachtungen veranlassten Wahlforscher, sich mit den Wechselbeziehungen zwischen Bundespolitik und Wahlen, die nicht die Bundesebene betreffen, zu beschäftigen. Grundlegend sind dabei die Analysen von Reif und Schmitt (1980) seit Ende der 70er Jahre. Sie entwickelten das Second-Order-Election-Modell in Anlehnung an vorhergehende Untersuchungen (Dinkel 1977). Reif und Schmitt unterscheiden zwischen Neben- und Hauptwahlen. Als Hauptwahlen bezeichnen sie die wichtigsten Wahlen in einem politischen System. In Deutschland sind das die Bundestagswahlen. Nebenwahlen stellen für sie dagegen alle anderen Wahlen dar, wie die Europawahlen oder auch die Landtags- und Kommunalwahlen in Deutschland. Zentrale These des Second-Order-Election-Modells ist, dass systematische Beziehungen zwischen Haupt- und Nebenwahlen bestehen. Reif und Schmitt gehen dabei von der Existenz eines *Motivtransfers bei Nebenwahlen* aus. Danach werden die Bürger bei ihrer Nebenwahlentscheidung nicht nur von nebenwahlspezifischen, sondern ebenso von hauptwahlspezifischen Faktoren beeinflusst. Andere, nicht die Nebenwahlarena betreffende Überlegungen werden bei der Wahlentscheidung relevant.

Die Second-Order-Election-Forschung beschäftigte sich in den letzten 20 Jahren primär mit der Untersuchung bestimmter Wahlen auf ihren Nebenwahlcharakter. Der Blick war dabei in erster Linie auf die Überprüfung des Second-Order-Election-Modells auf der Grundlage von Aggregatdaten gerichtet. Die Betrachtung des Individuums und seiner Wahlentscheidung blieb – abgesehen von wenigen Analysen – aus. Genauso fand der Aspekt des Motivtransfers bisher kaum Beachtung. So geht man heute von Effekten der Hauptwahlarena auf Nebenwahlen aus, ist sich aber nicht über deren Ausmaß im Klaren. Beispielsweise ist es denkbar, dass viele Wähler zwar die Bedeutung der Bundespolitik für ihre Landtagswahlentscheidung hervorheben, der Effekt bundespolitischer Einstellungen aber – verglichen mit dem der landespolitischen Einstellungen – sehr gering ist. Ebenso ist es möglich, dass landespolitische Einflüsse, wie beispielsweise die Bewertung der Landesregierung, marginal sind, während insbesondere bundespolitische Gesichtspunkte große Auswirkungen auf die Stimmabgabe haben.

Die vorliegende Untersuchung will diese Lücke in der Second-Order-Election-Forschung schließen. Auf der Grundlage von Individualdaten wird der Frage nachgegangen, ob und vor allem in welchem Ausmaß die Bundespolitik die Wahlentscheidung bei Nebenwahlen beeinflusst. Exemplarisch werden als Nebenwahlen hier die Europawahl in Deutschland 1999 und die hessische Landtagswahl 1999 hinsichtlich des Motivtransfers untersucht. Dabei ist auch von Interesse, ob sich bestimmte Personengruppen hinsichtlich des Motivtransfers voneinander unterscheiden. An dieser Stelle wird beispielhaft untersucht, ob mit einem unterschiedlichen Grad an Bildung das Ausmaß an Motivtransfer differiert.

Vor der Darstellung der empirischen Ergebnisse wird in den folgenden Abschnitten zunächst der theoretische Rahmen abgesteckt, um im Anschluss daran das Programm der empirischen Analyse und die Operationalisierung vorzustellen.

2. Theoretische Grundlagen: das Second-Order-Election-Modell

Ausgangspunkt der Untersuchungen zum Second-Order-Election-Modell waren die Wahlergebnisse der ersten Direktwahl zum Europäischen Parlament.

Reif und Schmitt (1980) gingen der Frage nach, inwieweit auch Europawahlen als Wahlen angesehen werden können, die von anderen Wahlen beeinflusst werden. Sie unterschieden dabei zunächst zwischen *First-Order-* und *Second-Order-Elections*, auch Haupt- und Nebenwahlen genannt.

Das Kriterium zur Unterscheidung zwischen Haupt- und Nebenwahlen ist laut Reif und Schmitt (1980) die von den Wählern wahrgenommene Wichtigkeit einer Wahl. So sind Hauptwahlen die am wichtigsten empfundenen Wahlen in einem Land, z. B. Präsidentschaftswahlen oder nationale Parlamentswahlen. Nebenwahlen werden dagegen von den Wählern als weniger wichtig wahrgenommen. Dabei handelt es sich um alle Wahlen, welche nicht als Hauptwahlen gelten, wie die Landtags- oder Kommunalwahlen in Deutschland, die britischen By-elections oder die Wahlen zum Europäischen Parlament (Reif/Schmitt 1980: 8; Reif 1985: 7f.).

Das Second-Order-Election-Modell geht von einer systematischen Beziehung zwischen den Wahlergebnissen bei Haupt- und Nebenwahlen aus. Nebenwahlen werden durch die politische Hauptwahlarena beeinflusst. Reif und Schmitt sehen Nebenwahlen und vor allem Wahlen zum Europäischen Parlament als „Second-Order *National* Elections" an. „The term ‚second order *national* elections' refers to the fact that ... the campaign and the results of each and every type of SOE [Second-order election] are more or less influenced by the political constellation of the dominant political arena within the system, the first order political arena (FOPA). Member states' political arenas at the member-state-at-the-whole level are clearly the first order political arena of all EC/EU member countries" (Reif 1997: 117). Das Europawahlergebnis muss daher vor dem Hintergrund der politischen Situation und der politischen Machtverhältnisse in einem betreffenden Mitgliedsstaat gesehen werden. Nationale Überlegungen haben einen Effekt auf die Europawahlentscheidung, obwohl es bei Europawahlen nicht um eine Abstimmung über nationale, sondern europäische Aspekte geht (van der Eijk/Franklin/Marsh 1996: 150). Dieser Einfluss hauptwahlspezifischer Faktoren auf die Nebenwahlentscheidung soll im Folgenden mit dem Begriff „Motivtransfer" bezeichnet werden.

Ausgehend von der Analyse der Wahlen zum Europäischen Parlament erweiterten Reif und Schmitt das Second-Order-Election-Modell auf alle Nebenwahlen. Allerdings können Europawahlen in besonderer Weise als Second-Order-Elections angesehen werden (Blondel/Sinnott/Svensson 1998: 15ff.). Einerseits begünstigt nämlich die Natur der konkurrierenden Parteien auf Europaebene den Status der Europawahlen als Nebenwahlen. Die Parteien agieren in erster Linie auf nationaler Ebene. Europaweit findet dagegen kaum aktive Parteienkonkurrenz statt, so dass eine Wahlentscheidung aufgrund von nationalen und weniger aufgrund von europäischen Gesichtspunkten wahrscheinlicher wird. Andererseits lässt die relativ geringe Bedeutung europäischer Sachfragen im Bewusstsein der Europäer sowie im Wahlkampf

Europawahlen in besonderem Ausmaß zu Second-Order-Elections werden. Europäische Themen erlangen nur dann Bedeutung, wenn sie nationale Fragen berühren. Durch das Fehlen grenzüberschreitender Medien und einer europäischen Identität der Bürger wird mangelndes europäisches Problembewusstsein zusätzlich begünstigt. Das geringe Ausmaß, in dem sich die Parteien im Europäischen Parlament voneinander unterscheiden, gegeneinander ankämpfen und konfliktfähig sind, verstärkt zusätzlich den Nebenwahlcharakter von Europawahlen. Die Wähler werden sich daher bei ihrer Stimmabgabe eher an nationalen als an europäischen Themen orientieren. Schließlich sind die Kompetenzen des Europaparlaments sehr begrenzt, und die Wahlen zum Europäischen Parlament haben nicht die Einsetzung einer Regierung zur Folge. Durch diese Wahlen werden deshalb die Machtverhältnisse in der Europäischen Union kaum beeinflusst. Alle einflussreichen Machtpositionen bleiben von den Europawahlen unberührt. Dem Wähler erscheinen Europawahlen folglich in erhöhtem Maße unbedeutend.

3. Programm der empirischen Analyse, Daten und Operationalisierung

Dass die Bundespolitik bei Nebenwahlen einen Effekt auf die Stimmabgabe der Bürger hat, ist nach dem Second-Order-Election-Modell unbestritten. Ungeklärt ist aber, *in welchem Ausmaß* bei einer bundespolitischen Färbung der Wahlkämpfe die Wahlentscheidung der Bürger von der Bundespolitik beeinflusst wird. Die vorliegende Untersuchung geht dieser Frage nach.

3.1 Das Programm der empirischen Analyse

Bei der empirischen Analyse zur Untersuchung der Bedeutung bundespolitischer und wahlspezifischer Einflussfaktoren bei der hessischen Landtagswahl und der Europawahl in Deutschland 1999 werden terminologisch hinsichtlich des Motivtransfers zwei Fälle unterschieden. Von einem „absoluten Motivtransfer" soll dann gesprochen werden, wenn ein Effekt der Bundespolitik auf die Nebenwahlentscheidung zu erkennen ist. Daneben soll auch die Bedeutung der Bundespolitik *in Beziehung* zur Bedeutung der Landes- oder Europapolitik gesetzt werden. Die Effekte der Bundespolitik auf die Wahlentscheidung werden also im Verhältnis zu den Effekten der Landes- oder Europapolitik gesehen. In diesem Fall wird im Folgenden von einem „relativen Motivtransfer" die Rede sein. Der relative Motivtransfer ist dabei umso höher, je größer die Einflüsse der Bundespolitik gegenüber denen der Landes- oder Europapolitik sind. Die Betrachtung der Verhältnisse hat den Vorteil, dass geklärt werden kann, ob bundespolitische oder wahlspezifische Effekte überwiegen. Auf diese Weise können die absoluten Einflüsse der Bundespolitik sowohl an Aussagekraft gewinnen als auch verlieren. Letzteres ist beispielsweise dann der Fall, wenn sich neben sehr hohen bundespolitischen noch höhere wahlspezifische Effekte ergeben. Klar ist bei dieser Unterscheidung, dass bei einem absoluten immer auch ein relativer Motivtransfer vorliegt. Teilweise wird daher bei der empirischen Analyse je nach Fragestellung eine Unterscheidung nicht zwangsläufig notwendig sein. Dies ist vor allem im ersten Teil der Untersuchung der Fall, wenn lediglich geprüft wird, ob überhaupt ein Motivtransfer stattgefunden hat.

Bei der empirischen Analyse wird zunächst das allgemeine Ausmaß des Motivtransfers beleuchtet. Dass die Bundespolitik bei der Hessenwahl und der Europawahl 1999 auf die Wahlentscheidung der Bürger Einfluss nahm, ist nach dem Second-Order-Election-Modell nahe liegend. Daher wird ein Motivtransfer bei der hessischen Landtagswahl angenommen (Hypothese 1a). Ebenso ist bei der Europawahl ein Motivtransfer wahrscheinlich (Hypothese 1b).

Es ist plausibel, dass Faktoren der Hauptwahlarena vor allem bei den Wahlen eine bedeutende und gegebenenfalls ausschlaggebende Rolle spielen, welche in besonderer Weise als Nebenwahlen angesehen werden können. Vor allem diese Wahlen erscheinen den Wählern nämlich als unbedeutend, so dass vor allem hier weniger nebenwahl- als vielmehr hauptwahlspezifische Faktoren die Wahlentscheidung beeinflussen könnten. Je mehr eine Wahl den Charakter einer Nebenwahl aufweist, desto eher ist eine wachsende Bedeutung hauptwahlspezifischer Einflussfaktoren auf die Nebenwahlentscheidung anzunehmen. Daher ist bei der Europawahl ein größeres Ausmaß an absolutem Motivtransfer zu vermuten als bei der hessischen Landtagswahl (Hypothese 2a). Ein höherer relativer Motivtransfer ist bei der Europawahl gegenüber der Landtagswahl ebenso wahrscheinlich (Hypothese 2b).

Die Frage, welche Wähler vor allem zu einem Motivtransfer neigen, steht im zweiten Teil der empirischen Analyse im Mittelpunkt des Interesses. Es ist nahe liegend, dass sich Wähler mit einem hohen Reflexionsniveau über Politik hinsichtlich der Bedeutung haupt- und nebenwahlspezifischer Einflussfaktoren auf die Wahlentscheidung von anderen Wählern unterscheiden. Diese Wähler, für die Politik einen hohen Stellenwert besitzt, werden tendenziell ein hohes Maß an politischem Informationsniveau und politischem Wissen aufweisen. Denkbar ist daher, dass sie sich bei ihrer Wahlentscheidung möglicherweise verstärkt an politischen Faktoren orientieren. Da sich ihr Interesse an Politik in ähnlichem Maße auf die Haupt- und die Nebenwahlarena beziehen wird, ist eine tendenziell hohe Bedeutung sowohl bundespolitischer als auch nebenwahlspezifischer Einflüsse bei der Nebenwahlentscheidung zu erwarten.

Gleichzeitig werden sich diese „high-sophisticated voters" eher darüber im Klaren sein, dass bei Nebenwahlen theoretisch nicht über die Bundespoli-

tik, sondern vielmehr über wahlspezifische Aspekte abgestimmt werden sollte. Daher ist zu erwarten, dass sich Wähler mit einem hohen Reflexionsniveau über Politik zwar verstärkt an bundes- und wahlspezifischen Aspekten
bei der Nebenwahlentscheidung orientieren, für sie aber das Verhältnis an
bundes- und wahlspezifischen Effekten – d.h. der relative Motivtransfer –
eher zugunsten der wahlspezifischen Faktoren ausfallen wird als bei Wählern
mit niedrigem politischen Reflexionsniveau.

Aufgrund dieser Annahmen ist es also denkbar, dass bei Personen, die
viel über Politik nachdenken, der absolute Motivtransfer, also die Bedeutung
der Bundespolitik bei der Nebenwahlentscheidung, aufgrund des hohen politischen Informationsniveaus höher ausfallen wird als bei Personen, die weniger über Politik nachdenken. Gleichzeitig wird allerdings der relative Motivtransfer geringer ausfallen, da Personen mit hohem politischem Reflexionsniveau die Nebenwahl eher als Abstimmung über nebenwahlspezifische
Aspekte ansehen als Personen mit geringem politischem Reflexionsniveau.

Wie kann diese Personengruppe für die empirische Analyse spezifiziert
werden? Wähler, die viel über Politik nachdenken und für die Politik einen
hohen Stellenwert besitzt, werden sich in der Regel durch ein hohes Niveau
an politischem Interesse und Informiertheit sowie durch hohe Bildung aus-
zeichnen. Bei der empirischen Analyse soll diese Wählergruppe beispielhaft
nur durch Verwendung der Variable „Bildung" als Unterscheidungsmerkmal
identifiziert werden. Aufgrund der getroffenen Annahmen wird damit empirisch überprüft, ob bei Befragten mit hoher Bildung die absolute Bedeutung
der Bundespolitik für die Nebenwahlentscheidung höher ausfällt als bei Befragten mit niedriger Bildung (Hypothese 3a). Zudem wird untersucht, ob
Hochgebildete einen niedrigeren relativen Motivtransfer aufweisen als Personen mit geringem Bildungsniveau (Hypothese 3b).

3.2 Daten und Operationalisierung

Bei der Überprüfung der Hypothesen werden anhand von Sekundäranalysen
die hessische Landtagswahl und die Europawahl in Deutschland 1999 – soweit es die unterschiedlichen Datensätze zulassen – miteinander verglichen
und gegenübergestellt. Grundlage der Landtagswahluntersuchung ist eine Erhebung der Mannheimer Forschungsgruppe Wahlen. Dabei handelte es sich
um eine standardisierte Befragung in der Woche vor der Landtagswahl. Insgesamt wurden 1001 Personen in Hessen telefonisch befragt.

Die Analyse der Europawahl in Deutschland basiert auf der European
Election Study 1999. In Ergänzung zu der halbjährlichen Erhebung des Euro-
barometers wurde nach der Europawahl eine telefonische Befragung in allen
Mitgliedsstaaten durchgeführt. In Deutschland umfasste die Erhebung 1000
Personen.

Zur Untersuchung des Motivtransfers wurde aus beiden Datensätzen jeweils ein Katalog von bundespolitischen und landes- oder europapolitischen Variablen zusammengestellt. Für die Analyse der Landtagswahl wurden folgende Merkmale als bundespolitische Faktoren identifiziert:

- Sympathie gegenüber Gerhard Schröder,
- Sympathie gegenüber Wolfgang Schäuble,
- Zufriedenheit mit der Bundesregierung,
- Einstellung zur doppelten Staatsbürgerschaft[1],
- Einstellung zu Atomkraftwerken[2].

Als landespolitische Faktoren wurden folgende Variablen gewertet:

- Sympathie gegenüber Hans Eichel,
- Sympathie gegenüber Roland Koch,
- Zufriedenheit mit der Landesregierung,
- Einstellung zu einer zusätzlichen Landebahn für den Frankfurter Flughafen,
- Zufriedenheit mit den hessischen Schulen.

Ein Vorteil dieser Variablenkataloge ist, dass Sachthemen und Kandidateneinflüsse sowie die Bewertung der jeweiligen Regierung, die als wesentliche Determinanten der Wahlentscheidung gelten, in die Analyse einbezogen werden können. Als mögliche bundespolitische Einflussfaktoren auf die Europawahlentscheidung wurden folgende Variablen identifiziert:

- Anerkennung der Leistungen der Bundesregierung,
- Zufriedenheit mit der heutigen nationalen Immigrationspolitik,
- Zufriedenheit mit der Lage der Wirtschaft in Deutschland,
- Zufriedenheit mit der heutigen Umweltpolitik in Deutschland,
- Zufriedenheit mit der Demokratie in Deutschland.

Folgende Faktoren wurden als europapolitische Variablen aufgefasst:

- Zufriedenheit mit der heutigen Politik hinsichtlich der europäischen Einigung,
- Einstellung zur EU-Mitgliedschaft,
- Opferbereitschaft gegenüber anderen EU-Ländern,
- Einstellung zum Integrationsprozess,
- Zufriedenheit mit der Demokratie in der Europäischen Union.

Verglichen mit den Variablenblöcken des Landtagswahldatensatzes sind hier Kandidateneinschätzungen und konkrete Sachthemen nicht im Variablenkatalog enthalten, weil sie nicht erfragt wurden. Allerdings spielen auf der Euro-

---

1   Die Kampagne gegen die doppelte Staatsbürgerschaft wurde zwar von dem CDU-Spitzenkandidaten Roland Koch im Landtagswahlkampf initiiert, dennoch wird dieses Sachthema als bundespolitische Variable gewertet, da Fragen der Staatsbürgerschaft nach Art. 73 GG einen Gegenstand der ausschließlichen Gesetzgebung des Bundes betreffen.

2   Der gesamte Bereich der Kernenergie mit dem Betrieb von Atomkraftwerken ist zwar nach Art. 74 GG Gegenstand der konkurrierenden Gesetzgebung, dennoch wird dieses Sachthema aufgrund der überwiegenden Einflussnahme des Bundes auf die Atompolitik als bundespolitische Variable gewertet.

paebene Kandidaten aufgrund ihrer weitgehenden Unbekanntheit kaum eine Rolle. Ähnliches gilt für Sachthemen: Viel diskutierte Wahlkampfthemen existieren im Vorfeld einer Europawahl in der Regel kaum. Dies kann auch für die Europawahl 1999 in Deutschland bestätigt werden (Müller 1999: 12). Lediglich allgemeine Einstellungen gegenüber Europa erlangen in politischen Diskussionen und damit bei der Wahlentscheidung Bedeutung. Damit spiegelt die Unterschiedlichkeit der Variablen in den Datensätzen die Unterschiedlichkeit der beiden Wahlen wider. Aufgrund der Verwendung inhaltlich unterschiedlicher Variablen könnte zwar die Vergleichbarkeit der Analysen eingeschränkt sein, allerdings ergibt sich aus der Unterschiedlichkeit der Wahlen die Verwendung unterschiedlicher Variablen zwangsläufig.

Innerhalb eines Datensatzes ist – wie sich oben gezeigt hat – die Anzahl der verwendeten bundespolitischen und wahlspezifischen Variablen gleich, um die Vergleichbarkeit der Effekte beider Variablenblöcke auf die Wahlentscheidung zu maximieren. Dies gilt auch *zwischen* den Datensätzen: Sowohl bei der Landtags- als auch bei der Europawahl werden jeweils fünf bundespolitische und jeweils fünf wahlspezifische Faktoren in die Analyse einbezogen. Auf diese Weise soll ein Höchstmaß an Vergleichbarkeit zwischen den Analysen beider Wahlen gewährleistet werden.

Die Einflüsse hauptwahl- und nebenwahlspezifischer Faktoren auf die Wahlentscheidung bei der hessischen Landtagswahl und der Europawahl 1999 sollen jeweils Regressionsanalysen identifizieren. Die abhängige Variable ist dabei die Parteiwahl bei der betreffenden Wahl. Da die Parteiwahl im deutschen Mehrparteiensystem nicht als metrische Variable erfasst werden kann, diese Bedingung aber bei der Durchführung einer Regressionsanalyse gegeben sein muss, müssen die einzelnen Parteien getrennt voneinander betrachtet werden. Eine abhängige Variable könnte demnach beispielsweise die Ausprägungen 0 = „SPD nicht gewählt" und 1 = „SPD gewählt" haben. Allerdings sind dichotome abhängige Variablen bei multiplen Regressionsanalysen problematisch (Urban 1993; Powell 1986: 27f.). Einen Ausweg könnte zwar die Durchführung einer logistischen Regression darstellen, welche bei dichotomen abhängigen Variablen angewendet werden kann. Allerdings erscheint auch diese Analysetechnik wegen der schwer zu interpretierenden Koeffizienten nicht optimal. Daher wurden mit der Kombination aus den ursprünglichen Variablen „Wahlentscheidung" und „Sicherheit der Wahlentscheidung" aus dem Landtagswahldatensatz sowie aus „Wahlentscheidung" und „Wahrscheinlichkeit, jemals eine bestimmte Partei zu wählen" aus dem Europawahldatensatz abhängige Variablen gebildet, die als metrische, nicht dichotome Variablen angesehen werden können. Diese abhängigen Variablen geben die Wahrscheinlichkeit oder Sicherheit an, mit der die Befragten einer bestimmten Partei ihre Stimme geben.[3] Mit Verwendung dieser Variablen

---

3   Wie dem Anhang zu entnehmen ist, sind die abhängigen Variablen mit einer 0-3-Skala bei der Analyse der Landtagswahl und einer 0-10-Skala bei der Analyse der Europawahl unter-

können multiple Regressionsanalysen durchgeführt werden, die den Vorteil der einfachen Interpretation haben. Als unabhängige Variablen dienen die als wahlspezifische und bundespolitische Faktoren bestimmten Merkmale. Da Multikollinearität zwischen den Variablenblöcken anzunehmen ist, kann die jeweilige Erklärungskraft nicht exakt bestimmt werden. Die Variablenblöcke werden daher schrittweise in die Regression eingeführt, um das minimale und maximale Varianzaufklärungspotenzial sowohl der wahlspezifischen als auch der bundespolitischen Variablen errechnen zu können (Maier/Maier/Rattinger 2000: 104ff.). Da die Parteiidentifikation als die ausschlaggebende Determinante der Wahlentscheidung gilt, wird diese Variable zusätzlich in die Regressionsanalyse einbezogen. Die Parteiidentifikation wird oft als „Wahrnehmungsfilter" bezeichnet, da sie einen Einfluss auf andere Variablen hat (Campbell u.a. 1960: 128ff.). Um die Effekte der nebenwahl- und hauptwahlspezifischen Faktoren nicht zu überschätzen, wird daher die Parteiidentifikation getrennt von den anderen unabhängigen Variablen in die Regression eingeführt. Damit können die anderen unabhängigen Variablen nach der Parteiidentifikation kontrolliert werden, so dass die „reinen" Effekte der wahlspezifischen und bundespolitischen Variablen berechnet werden können. Zudem ist es möglich, die Spannweite der Erklärungsleistung der Parteiidentifikation zu bestimmen.

Mit der Berechnung der erklärten Varianz werden die Auswirkungen wahlspezifischer und bundespolitischer Faktoren sowie der Parteiidentifikation auf die Wahlentscheidung bei der hessischen Landtagswahl und der Europawahl in Deutschland ermittelt und miteinander verglichen. Zudem wird das Ausmaß des Motivtransfers von Partei zu Partei bei beiden Nebenwahlen berechnet.

Als Motivtransfer wurde der Einfluss der Bundespolitik auf die Nebenwahlentscheidung bezeichnet. Dabei können sowohl die absoluten Effekte der bundespolitischen Variablen als auch die Bedeutung der bundespolitischen im Verhältnis zu wahlspezifischen Faktoren von Interesse sein. Offen blieb bisher, in welchem Fall von einem hohen oder niedrigen Motivtransfer gesprochen wird. Von einem *absoluten Motivtransfer* soll dann die Rede sein, wenn die Effekte der Bundespolitik, d.h. die erklärte Varianz, größer als 0 sind. Wann es sich dabei um ein hohes oder niedriges Ausmaß an absolutem Motivtransfer handelt, ist nicht definiert. Die absoluten Effekte müssen vielmehr im Vergleich zu denen bei einer anderen Wahl oder Personengruppe interpretiert werden.

Um den *relativen Motivtransfer* eindeutig beschreiben zu können, wird die Größe q bei der Analyse herangezogen. Sie bezeichnet den Effekt bun-

schiedlich operationalisiert. Dass dadurch die Vergleichbarkeit der Ergebnisse eingeschränkt sein könnte, scheint – wie weitergehende Untersuchungen zeigten – nicht der Fall zu sein. Bei Verwendung dichotomer und damit identisch operationalisierter Variablen ergaben sich ähnliche Ergebnisse.

despolitischer Variablen im Verhältnis zu wahlspezifischen Variablen auf die Nebenwahlentscheidung. Die erklärte Varianz der hauptwahlspezifischen Faktoren wird damit der erklärten Varianz der nebenwahlspezifischen Faktoren gegenübergestellt. Der Quotient q beschreibt also nichts anderes als den relativen Motivtransfer bei Nebenwahlen.

$$q = \frac{Effekte_{Hauptwahl} - Effekte_{Nebenwahl}}{Effekte_{Hauptwahl} + Effekte_{Nebenwahl}}$$

Der Quotient q nimmt Werte zwischen -1 und +1 an. Ist q gleich -1, liegt kein relativer Motivtransfer vor. In einem solchen Fall haben die hauptwahlspezifischen Variablen keinen Effekt auf die Nebenwahlentscheidung. Nimmt q den Wert 0 an, ist der Einfluss der bundespolitischen und nebenwahlspezifischen Faktoren gleich. Bei einem q von +1 haben lediglich bundespolitische Variablen einen Effekt auf die Wahlentscheidung. Landes- oder europapolitische Variablen beeinflussen dagegen die Stimmabgabe nicht.

Terminologisch sollen folgende Fälle unterschieden werden: Ist q gleich -1, liegt *kein relativer Motivtransfer* vor. Ein *eingeschränkter relativer Motivtransfer* liegt dagegen dann vor, wenn q einen Wert annimmt, der größer -1 und kleiner gleich 0 ist. Nimmt q einen positiven Wert größer 0 und kleiner 1 an, soll im Folgenden von einem *echten relativen Motivtransfer* gesprochen werden. Ist q schließlich gleich +1, liegt ein *vollkommener relativer Motivtransfer* vor.

4. Ergebnisse

Im Folgenden sind die Ergebnisse der empirischen Analyse dargestellt. Abschnitt 4.1 gibt unter anderem Aufschluss über den Motivtransfer bei der Hessenwahl und der Europawahl 1999 (Hypothesen 1a/b und 2a/b). Abschnitt 4.2 geht der Frage nach, inwieweit der Bildungsgrad Auswirkungen auf die absolute und relative Bedeutung der bundespolitischen und wahlspezifischen Aspekte hat (Hypothesen 3a/3b).

4.1 Motivtransfer bei der Landtagswahl und der Europawahl im Vergleich: Betrachtung der Gesamtmodelle

Die Effekte der landes- und bundespolitischen Faktoren sowie der Parteiidentifikation auf die Landtagswahlentscheidung sind in Tabelle 1 dargestellt. Da die minimalen R² die Varianz der Wahlentscheidung angeben, die *mit Sicherheit* ausschließlich durch den jeweiligen Variablenblock oder die jeweilige

Variable (im Fall der Parteiidentifikation) erklärt werden, sind diese für die Interpretation der Ergebnisse hier und im Folgenden besonders relevant (Maier/Maier/Rattinger 2000: 104ff.).

Tabelle 1: Minimale und maximale Varianzaufklärungspotenziale der landes- und bundespolitischen Variablen sowie der Parteiidentifikation (in %)

		CDU	SPD	Grüne	FDP	Rep
Landespolitik	minimales Varianzaufklärungspotenzial	1,7^c	1,6^c	1,1^b	0,9^a	0,1
	maximales Varianzaufklärungspotenzial	30,0^c	27,5^c	10,1^c	2,9^c	0,3
Bundespolitik	minimales Varianzaufklärungspotenzial	1,7^c	1,1^c	1,1^b	0,4	0,6
	maximales Varianzaufklärungspotenzial	31,6^c	26,3^c	12,1^c	2,5^c	1,1^a
	Quotient q	0,00	-0,19	0,00	-0,38	0,71
Parteiidentifikation	minimales Varianzaufklärungspotenzial	19,7^c	16,8^c	20,3^c	34,5^c	21,2^c
	maximales Varianzaufklärungspotenzial	48,9^c	41,9^c	30,6^c	36,7^c	21,6^c

Bei der Berechnung von q werden hier und im Folgenden die minimalen R^2 der Bundes- und Landes- oder Europapolitik herangezogen. a: $p < 0,05$, b: $p < 0,01$, c: $p < 0,001$. Zur Berechnung der Signifikanzen vgl. Pedhazur (1982: 62).

Bewertung der absoluten Effekte (Landtagswahl)

Betrachtet man die dargestellten minimalen Varianzaufklärungspotenziale, fällt der sehr hohe Effekt der Parteiidentifikation bei allen Parteien auf. Verglichen damit sind die Einflüsse der landes- und bundespolitischen Variablen verschwindend gering. Im Einklang mit der Second-Order-Election-Theorie haben dennoch neben den landespolitischen auch die bundespolitischen Merkmale Effekte auf die Wahlentscheidung. Bei Vernachlässigung der Signifikanzen ist ein absoluter Motivtransfer bei allen Parteien augenscheinlich. Die größte absolute Bedeutung der Bundespolitik errechnet sich mit einem minimalen R^2 von 1,7 Prozent für die Wahrscheinlichkeit der Wahlentscheidung zugunsten der CDU, die kleinste absolute Bedeutung mit einem minimalen R^2 von 0,4 Prozent für die Wahrscheinlichkeit der Wahlentscheidung zugunsten der Liberalen.

Bewertung des relativen Motivtransfers (Landtagswahl)

Die Bedeutung der Bundespolitik in Bezug auf die Bedeutung der Landespolitik bei der hessischen Landtagswahl 1999 wird bei der Betrachtung des Quotienten q deutlich, der die minimale Varianzerklärung der Bundespolitik ins Verhältnis zur minimalen Varianzerklärung der Landespolitik setzt. Für die Wahl der CDU, SPD, der Grünen und der FDP lässt sich eindeutig ein eingeschränkter relativer Motivtransfer feststellen. Die Wahrscheinlichkeit der Stimmabgabe zugunsten dieser Parteien wurde also mindestens genauso stark von der Landes- wie von der Bundespolitik beeinflusst. Für die Republikaner ergibt sich dagegen ein Quotient q von 0,71, der auf einen sehr starken relativen Motivtransfer schließen lässt. Die Bundespolitik hat also einen weitaus höheren Effekt auf die Wahrscheinlichkeit, die Republikaner zu wählen, als die Landespolitik.

Ergebnis der Hypothese 1a (Landtagswahl)

Die Annahme, dass die Wahlentscheidung bei der Hessenwahl 1999 unter anderem durch bundespolitische Faktoren beeinflusst wurde (Hypothese 1a), kann aufgrund der Regressionsanalyse bestätigt werden. Vernachlässigt man die Signifikanzen, ergeben sich nämlich bei allen Parteien ein absoluter und ein relativer Motivtransfer.

Bewertung der absoluten Effekte (Europawahl)

Für die Europawahl ergibt sich ein teils ähnliches, teils abweichendes Bild (vgl. Tabelle 2). Die Betrachtung der minimalen und maximalen Varianzaufklärungspotenziale gibt Aufschluss über die allgemeine Bedeutung der Bundes- und Europapolitik sowie der Parteiidentifikation. Die Parteiidentifikation erklärt wie bei der Landtagswahl einen Großteil der Varianz. Zwischen 12,5 und 34,6 Prozent der Varianz der Europawahlentscheidung werden über alle Parteien hinweg mindestens durch die Parteiidentifikation erklärt. Die Erklärungskraft der bundes- und der europapolitischen Variablen ist dagegen erheblich kleiner. Da bei allen Parteien ein Varianzzuwachs durch die Bundespolitik zu beobachten ist, kann – bei Vernachlässigung der Signifikanzen – ausnahmslos ein absoluter Motivtransfer festgestellt werden. Die Wahlentscheidung der Republikaner wird dabei in größerem Ausmaß durch die Bundespolitik erklärt als die der anderen Parteien. Die kleinste absolute Bedeutung der Bundespolitik ist für die Stimmabgabe hinsichtlich der FDP zu erkennen.

Tabelle 2: Minimale und maximale Varianzaufklärungspotenziale der
europa- und bundespolitischen Variablen sowie der Parteiidentifikation (in %)

		Union	SPD	Grüne	FDP	PDS	Rep
Europa-politik	minimales Varianz-aufklärungspotenzial	0,4	1,8^c	0,8^a	0,3	0,4	0,6
	maximales Varianz-aufklärungspotenzial	2,0^b	4,5^c	1,7^b	0,5	1,2^a	1,7^b
Bundes-politik	minimales Varianz-aufklärungspotenzial	1,0^a	0,9^a	1,3^c	0,6	1,1^a	1,7^b
	maximales Varianz-aufklärungspotenzial	3,4^c	4,3^c	3,8^c	1,0	3,0^c	2,7^c
	Quotient q	0,43	-0,33	0,24	0,33	0,47	0,48
Partei-identifi-kation	minimales Varianz-aufklärungspotenzial	20,4^c	19,0^c	34,6^c	30,3^c	20,3^c	12,5^c
	maximales Varianz-aufklärungspotenzial	24,2^c	23,5^c	37,1^c	30,8^c	21,9^c	13,4^c

a: $p < 0,05$, b: $p < 0,01$, c: $p < 0,001$.

Bewertung des relativen Motivtransfers (Europawahl)

Hinsichtlich des relativen Motivtransfers ergibt sich für die Europawahl folgendes Bild: Im Fall der Union, der Grünen, der FDP, der PDS und der Republikaner fand ein echter relativer Motivtransfer statt. Die Bundespolitik hat
bei diesen Parteien einen größeren Einfluss auf die Wahlentscheidung als die
Europapolitik. Hier ergibt sich also eine größere Bedeutung der Bundespolitik im Vergleich zur Europapolitik. Eine Ausnahme bildet die SPD: Europapolitische Gesichtspunkte erklären hier einen größeren Teil der Varianz als
bundespolitische. Im Fall der deutschen Regierungspartei kann daher nur ein
eingeschränkter relativer Motivtransfer konstatiert werden.

Ergebnis der Hypothese 1b (Europawahl)

Zusammenfassend ist bei Vernachlässigung der Signifikanzen eine absolute
und relative Bedeutung der Bundespolitik bei der Europawahlentscheidung
zu beobachten. Die Annahme, dass bei der Europawahl 1999 in Deutschland
ein Motivtransfer stattgefunden hat (Hypothese 1b), kann aufgrund der vorliegenden Daten bestätigt werden.

Für die SPD konnte sowohl bei der Landtags- als auch bei der Europawahl nur ein verhältnismäßig geringer relativer Motivtransfer festgestellt werden. Über die Gründe kann nur spekuliert werden. Zum Zeitpunkt beider Wahlen war die Popularität der Bundesregierung seit der Bundestagswahl im Herbst 1998 stark gesunken, was der Bedeutung wahlspezifischer Faktoren Vorschub geleistet haben könnte. Bürger, die trotz der vielfachen Kritik an der Bundesregierung dennoch ihre Stimme für die SPD abgaben, könnten daher eher durch landes- oder europapolitische Faktoren beeinflusst worden sein als dies bei anderen Parteien der Fall war.

Vergleich des durchschnittlichen Motivtransfers der Landtags- und Europawahl (Ergebnis der Hypothesen 2a/b)

Die Berechnung des durchschnittlichen Motivtransfers hilft, eine generelle Aussage über die Parteien hinweg treffen zu können. Verglichen mit der Landtagswahl ist die *durchschnittliche absolute Bedeutung* der Bundespolitik für die Europawahlentscheidung größer. Über alle Parteien hinweg erklären die bundespolitischen Variablen durchschnittlich 1,1 Prozent der Varianz der Europawahlentscheidung, während im Mittel nur 0,98 Prozent der Varianz der Landtagswahlentscheidung durch die Bundespolitik erklärt werden.[4]

Für die Europawahl ist ebenfalls ein größeres Ausmaß an *durchschnittlichem relativen Motivtransfer* festzustellen. Verglichen mit der Bedeutung wahlspezifischer Variablen ist die Bedeutung der Bundespolitik für die Europawahlentscheidung größer als für die Landtagswahlentscheidung. Das arithmetische Mittel aus den Quotienten q aller Parteien macht dies deutlich: Für die Landtagswahl ergibt sich ein durchschnittliches q von 0,03, für die Europawahl dagegen ein höheres q von 0,27. Über alle Parteien hinweg lässt sich also für beide Wahlen ein echter relativer Motivtransfer feststellen. Hinsichtlich der relativen Bedeutung der Bundespolitik hat die Europawahl 1999 – wie es das Second-Order-Election-Modell behauptet – eher den Charakter einer Nebenwahl als die Landtagswahl in Hessen.

Die Vermutung, dass der absolute und der relative Motivtransfer bei der Europawahl 1999 höher ausfallen als bei der Hessenwahl 1999 (Hypothesen 2a/b), wird durch die Analysen bestätigt.

4.2 Wer wählt wie? Bildung und Motivtransfer

Nachdem die Datenanalyse für beide Wahlen einen Motivtransfer bestätigt, stellt sich die Frage, ob bestimmte Bevölkerungsgruppen zu einem erhöhten

---

4   Bei der Berechnung des durchschnittlichen absoluten und relativen Motivtransfers werden hier und im Folgenden alle Parteien gleichwertig behandelt. Eine Gewichtung beispielsweise nach Parteistärke wird nicht vorgenommen.

Motivtransfer neigen. Mit Verwendung des Merkmals „Bildung" als Diffe-
renzierungsvariable wird beispielhaft der Frage nachgegangen, ob sich Personen, für die ein hohes Reflexionsniveau über Politik angenommen werden
kann, hinsichtlich der Bedeutung bundespolitischer und wahlspezifischer
Aspekte bei der Nebenwahlentscheidung von Personen mit niedrigem politischen Reflexionsniveau unterschieden.

In Tabelle 3 sind für die Landtagswahl die minimalen und maximalen
Varianzaufklärungspotenziale der landes- und der bundespolitischen Variablen sowie der Parteiidentifikation differenziert nach Bildung aufgeführt. Die
Einflüsse der Parteiidentifikation werden hier allerdings nur am Rande betrachtet. Vor allem die minimalen R^2 werden wie im vorhergehenden Abschnitt der Interpretation zugrunde gelegt.

Tabelle 3: Minimale / maximale Varianzaufklärungspotenziale der Landes-
und Bundespolitik sowie der Parteiidentifikation (PI),
differenziert nach Bildung (in %)

		CDU	SPD	Grüne	FDP	Rep
niedrige/ mittlere Bildung	Landespolitik	1,6^c/	1,6^c/	0,2/	0,3/	0,1/
	(Min/Max)	27,5^c	28,6^c	4,8^c	0,6	0,3
	Bundespolitik	1,2^b/	1,1^a/	0,7/	0,4/	1,2/
	(Min/Max)	30,0^c	27,7^c	6,5^c	1,4	1,8^a
	PI	19,6^c/	16,2^c/	24,0^c/	33,6^c/	18,1^c/
	(Min/Max)	47,8^c	42,8^c	29,9^c	34,5^c	18,6^c
	R^2 (gesamt)	53,6^c	49,4^c	31,7^c	35,2^c	20,1^c
sehr hohe/ hohe Bildung	Landespolitik	2,2^b/	2,0/	3,0^a/	3,3^b/	0,4/
	(Min/Max)	36,6^c	24,3^c	19,1^c	7,4^c	2,3
	Bundespolitik	3,2^c/	1,3/	0,9/	0,8/	1,5/
	(Min/Max)	36,7^c	22,1^c	18,2^c	4,6^a	3,0
	PI	19,6^c/	17,8^c/	15,9^c/	4,0^c/	40,2^c/
	(Min/Max)	51,6^c	38,6^c	29,2^c	38,3^c	42,8^c
	R^2 (gesamt)	62,2^c	45,4^c	38,4^c	42,0^c	44,6^c

a: $p < 0{,}05$, b: $p < 0{,}01$, c: $p < 0{,}001$.

Bewertung der absoluten Effekte (Landtagswahl)

Wie aus Tabelle 3 ersichtlich ist, steigt bei allen Parteien mit der Bildung
auch die absolute Bedeutung der Faktoren, die Hessen betreffen. Ebenso ist
in der Gruppe der Personen mit hoher Bildung ein größerer absoluter Effekt

der Bundespolitik erkennbar als in der Gruppe der Personen mit niedriger Bildung. Wähler mit hoher Bildung orientieren sich also stärker sowohl an landespolitischen als auch an bundespolitischen Variablen bei ihrer Nebenwahlentscheidung als Personen mit niedriger Bildung. Dieser Befund war wegen eines wohl tendenziell höheren Reflexionsniveaus über Politik bei dieser Personengruppe zu erwarten. Gemäß den Erwartungen fällt der absolute Motivtransfer demnach bei denjenigen höher aus, die eine hohe Bildung aufweisen, als bei denjenigen, die eine geringe Bildung aufweisen.

Bewertung der Signifikanz (Landtagswahl)

Ob die dargestellten absoluten Effekte der Landes- und Bundespolitik statistisch signifikant sind, ist Tabelle 3 zu entnehmen. Vergleicht man die Varianzzuwächse der Bundes- und Landespolitik sowie der Parteiidentifikation – wie gerade geschehen – in den einzelnen Subgruppen miteinander, muss geklärt werden, ob sich das errechnete minimale Varianzaufklärungspotenzial in einer Subgruppe gegenüber dem in der anderen Subgruppe signifikant unterscheidet. Da dies aber nicht mit den gängigen statistischen Methoden überprüft werden kann, wird darauf hier und im Folgenden aus Vereinfachungsgründen verzichtet.[5]

Tabelle 4: Ausmaß des relativen Motivtransfers q bei der Landtagswahl, differenziert nach Bildung

	CDU	SPD	Grüne	FDP	Rep
niedrige/mittlere Bildung	-0,14	-0,19	0,56	0,14	0,85
sehr hohe/hohe Bildung	0,19	-0,21	-0,54	-0,61	0,58

Bewertung des relativen Motivtransfers (Landtagswahl)

Das Ausmaß des relativen Motivtransfers veranschaulicht erneut der Quotient q. Wie aus Tabelle 4 ersichtlich, ist abgesehen von der CDU bei den Hochge-

---

5   Bei der Errechnung der Signifikanz zwischen den Subgruppen könnte folgendermaßen vorgegangen werden: Für alle unabhängigen Variablen wird jeweils eine neue Variable einerseits für die Gruppe der Hochgebildeten, andererseits für die Gruppe der Niedriggebildeten gebildet. Auf diese Weise erhält man 22 statt elf unabhängige Variablen. In einem ersten Schritt führt man alle bundespolitischen Variablen, die Parteiidentifikation und die wahlspezifischen Variablen der Subgruppe, für welche bereits ein höheres minimales R^2 errechnet wurde, in die Regression mit der unveränderten abhängigen Variable ein. In einem zweiten Schritt werden die wahlspezifischen Variablen der anderen Subgruppe eingeführt. Dabei gilt, dass die Unterschiede der minimalen R^2 zwischen den Subgruppen signifikant sind, wenn der Varianzzuwachs von Schritt eins auf Schritt zwei signifikant ist.

bildeten ein geringerer relativer Motivtransfer feststellbar als bei Personen mit niedriger Bildung. Größtenteils errechnet sich bei Personen mit niedriger Bildung ein echter relativer Motivtransfer, während bei Personen mit hoher Bildung in der Regel ein eingeschränkter relativer Motivtransfer zu beobachten ist. Aufgrund der sehr häufig auftretenden nicht signifikanten minimalen R^2 muss an dieser Stelle aber beachtet werden, dass der Quotient q die Signifikanz unberücksichtigt lässt. So wird mit dieser Maßzahl unter Umständen ein relativer Motivtransfer ausgegeben, obwohl aufgrund nicht signifikanter Effekte darüber im Grunde keine Aussage getroffen werden dürfte.

Ergebnis der Hypothesen 3a/b (Landtagswahl)

Zusammenfassend kann also eine höhere absolute Bedeutung der Bundespolitik bei Personen mit hoher Bildung als bei Personen mit niedriger Bildung festgestellt werden. Der relative Motivtransfer fällt dagegen bei den Hochgebildeten meist niedriger aus als bei der Vergleichsgruppe.

Die Annahme, dass Personen mit hoher Bildung einen höheren absoluten Motivtransfer aufweisen als Personen mit niedriger Bildung (Hypothese 3a), kann also bestätigt werden. Die Vermutung, dass der relative Motivtransfer bei Personen mit hoher Bildung geringer ausfällt als bei Personen mit niedriger Bildung (Hypothese 3b), stützen die Daten ebenso weitgehend.

Bewertung der absoluten Effekte (Europawahl)

Für die Europawahl ergeben sich im Vergleich zur Landtagswahl ähnliche Ergebnisse. Gemäß Tabelle 5 gewinnt die Europapolitik bei hoch gebildeten gegenüber gering gebildeten Bürgern bei allen Parteien für die Wahrscheinlichkeit der Wahlentscheidung an Bedeutung. Mit Ausnahme der Republikaner gilt dies auch für die Bundespolitik. Damit kann ein größerer absoluter Effekt der nationalen und europäischen Politik bei Personen mit hoher Bildung konstatiert werden.

Bewertung des relativen Motivtransfers (Europawahl)

Welche Aussage lässt sich nach der Betrachtung der absoluten Effekte über den relativen Motivtransfer bei Personen mit hoher und niedriger Bildung treffen? Vernachlässigt man aus Vereinfachungsgründen die Frage der Signifikanz der minimalen R^2, zeigt sich – mit Ausnahme der SPD und der Grünen – ein geringerer relativer Motivtransfer bei Hochgebildeten als bei Personen mit niedriger Bildung. Dabei ist – abgesehen von der SPD und der FDP – in der Gruppe der Befragten mit geringem Bildungsniveau ein echter relativer Motivtransfer zu konstatieren. Dieses Ergebnis war vor dem Hintergrund, dass Personen mit niedriger Bildung weniger über Politik nachdenken und eher als Hochgebildete Nebenwahlen als Forum zur Abstimmung über bundespolitische Aspekte begreifen, zu erwarten. In der Vergleichsgruppe errechnet sich dagegen in drei Fällen ein eingeschränkter und in drei anderen Fällen ein echter relativer Motivtransfer.

Tabelle 5: Minimale / maximale Varianzaufklärungspotenziale der Europa- und Bundespolitik sowie der Parteiidentifikation (PI), differenziert nach Bildung (in %)

		Union	SPD	Grüne	FDP	PDS	Rep
niedrige/ mittlere Bildung	Europapolitik (Min/Max)	0,1/ 1,0	2,0[a]/ 4,8[c]	0,8/ 0,7	0,5/ 0,6	0,4/ 0,3	0,7/ 1,2
	Bundespolitik (Min/Max)	1,0/ 2,0[a]	0,8/ 3,9[c]	1,1/ 2,3[a]	0,5/ 0,7	0,9/ 1,2	2,5[b]/ 2,8[b]
	PI (Min/Max)	15,3[c]/ 17,1[c]	19,8[c]/ 23,9[c]	40,4[c]/ 41,3[c]	35,5[c]/ 35,7[c]	8,3[c]/ 8,8[c]	8,5[c]/ 8,3[c]
	R^2 (gesamt)	18,2[c]	26,8[c]	43,1[c]	36,7[c]	9,9[c]	11,9[c]
sehr hohe/ hohe Bildung	Europapolitik (Min/Max)	1,7[a]/ 4,2[b]	2,3[a]/ 5,9[c]	1,5/ 2,3	1,0/ 0,7	1,0/ 2,9[b]	0,9/ 4,0[b]
	Bundespolitik (Min/Max)	2,1[a]/ 7,4[c]	2,3[a]/ 7,5[c]	2,2[b]/ 5,4[c]	0,9/ 1,6	1,9[a]/ 5,8[c]	0,7/ 3,7[b]
	PI (Min/Max)	25,6[c]/ 33,1[c]	16,2[c]/ 23,0[c]	30,9[c]/ 35,2[c]	30,6[c]/ 30,9[c]	22,9[c]/ 25,9[c]	42,5[c]/ 48,0[c]
	R^2 (gesamt)	36,9[c]	28,0[c]	38,7[c]	32,8[c]	29,7[c]	49,7[c]

a: $p < 0,05$, b: $p < 0,01$, c: $p < 0,001$.

Tabelle 6: Ausmaß des relativen Motivtransfers q bei der Europawahl, differenziert nach Bildung

	Union	SPD	Grüne	FDP	PDS	Rep
niedrige/mittlere Bildung	0,82	-0,43	0,16	0,00	0,38	0,56
sehr hohe/hohe Bildung	0,11	0,00	0,19	-0,05	0,31	-0,13

Ergebnis der Hypothesen 3a/b (Europawahl)

Zusammenfassend lässt sich eine größere absolute Bedeutung der Bundespolitik bei hoch gebildeten Befragten als bei Befragten mit niedriger Bildung feststellen. Im Verhältnis zur Europapolitik haben die bundespolitischen Variablen bei Personen mit hoher Bildung größtenteils einen geringeren Einfluss auf die Wahrscheinlichkeit der Wahlentscheidung als bei Personen mit niedriger Bildung. Die Annahme, dass für Befragte mit hoher Bildung die Bundespolitik absolut gesehen wichtiger für die Wahlentscheidung ist als für Befragte mit niedriger Bildung (Hypothese 3a), kann für die Europawahl also bestätigt werden. Ebenso stützen die Daten für vier der sechs Parteien die Vermutung, dass der relative Motivtransfer bei diesen Personen geringer ausfällt (Hypothese 3b).

Vergleich des durchschnittlichen Motivtransfers der Landtags- und Europawahl

Mit der zusätzlichen Berechnung des arithmetischen Mittels aus den absoluten Effekten der Bundespolitik sowie aus den Quotienten q ist eine verallgemeinernde parteiübergreifende Aussage über den Motivtransfer bei den untersuchten Nebenwahlen möglich. Für beide Wahlen ergeben sich nach Tabelle 7 ähnliche Ergebnisse hinsichtlich des durchschnittlichen absoluten und relativen Motivtransfers. Die absolute Erklärungskraft der Bundespolitik ist bei beiden Wahlen in der Personengruppe mit niedriger Bildung geringer als in der Personengruppe mit hoher Bildung. Die Bedeutung der bundespolitischen gegenüber den wahlspezifischen Variablen ist dagegen bei Hochgebildeten geringer als bei Personen mit niedriger Bildung. Bei Betrachtung des *durchschnittlichen* Motivtransfers kann also die Hypothese 3a für beide Nebenwahlen bestätigt werden. Die Hypothese 3b wird hier ebenso von den Daten gestützt. Auch bei der Betrachtung der *einzelnen Parteien* konnten diese Schlussfolgerungen sowohl für die Landtags- als auch für die Europawahl gezogen werden.

Tabelle 7: Durchschnittlicher absoluter und relativer Motivtransfer über alle Parteien hinweg, differenziert nach Bildung

	Landtagswahl		Europawahl	
	absoluter Motivtransfer	relativer Motivtransfer	absoluter Motivtransfer	relativer Motivtransfer
niedrige/mittlere Bildung	0,92%	0,24	1,13%	0,25
sehr hohe/hohe Bildung	1,54%	-0,12	1,68%	0,07

Über alle Parteien hinweg errechnet sich für Personen mit niedriger Bildung jeweils ein echter relativer Motivtransfer. Für Befragte mit hoher Bildung ergibt sich bei der Landtagswahlentscheidung dagegen durchschnittlich ein eingeschränkter relativer Motivtransfer. Hochgebildete werden bei ihrer Europawahlentscheidung dagegen in etwas größerem Umfang von bundespolitischen als von wahlspezifischen Einstellungen beeinflusst.

5. Zusammenfassung und Fazit

Die Bedeutung hauptwahlspezifischer Motive bei der Nebenwahlentscheidung wird in der Literatur nicht bezweifelt. Dennoch fand eine detaillierte empirische Auseinandersetzung mit dem Motivtransfer bei Nebenwahlen bisher kaum statt. Die vorliegende Untersuchung wollte diese Lücke schließen und dabei erstmals eine sinnvolle Operationalisierung von Motivtransfer erarbeiten. Die hessische Landtagswahl und die Europawahl in Deutschland 1999, bei denen es sich nach dem Second-Order-Election-Modell um Nebenwahlen handelt, wurden exemplarisch hinsichtlich des Motivtransfers untersucht. Dabei wurden einerseits die absoluten Effekte der Bundespolitik errechnet. Andererseits wurde die Bedeutung der bundespolitischen im Verhältnis zur Bedeutung der nebenwahlspezifischen Variablen betrachtet. Diese Unterscheidung zwischen absolutem und relativem Motivtransfer stellte sich bei der Analyse als sinnvoll heraus. Zwei Fragen standen im Mittelpunkt des Interesses: Hat ein Motivtransfer bei diesen Wahlen stattgefunden, und inwiefern unterscheiden sich die Wahlen dabei voneinander? Wirkt sich ein hohes Reflexionsniveau über Politik auf die Bedeutung wahlspezifischer und bundespolitischer Aspekte bei der Stimmabgabe aus? Unter der Annahme, dass für Hochgebildete Politik einen hohen Stellenwert besitzt und sie viel über Politik nachdenken, wurden zur Beantwortung dieser Frage Bildungsgruppen gegenüber gestellt.

Für beide Nebenwahlen wurde ein absoluter und relativer Motivtransfer festgestellt. Die absoluten Effekte der Bundespolitik fielen bei der Europawahl durchschnittlich höher aus als bei der Landtagswahl. Auch hinsichtlich der relativen Bedeutung der hauptwahlspezifischen Variablen wurde für die Europawahl ein stärkerer Motivtransfer beobachtet. Da das Second-Order-Election-Modell Europawahlen als Nebenwahlen besonderen Ausmaßes beschreibt und daher ein erhöhter Motivtransfer angenommen werden kann, war dieses Ergebnis zu erwarten.

Sowohl für die Landtags- als auch für die Europawahlen ergab sich mit steigender Bildung in der Regel auch eine steigende absolute Bedeutung der bundespolitischen Einflussfaktoren. Vergleicht man das Verhältnis der Bundespolitik zur Landes- oder Europapolitik hinsichtlich ihrer Effekte auf die Stimmabgabe, zeigte sich bei den meisten Parteien jeweils ein niedrigerer relativer Motivtransfer bei Befragten mit hoher Bildung gegenüber Befragten mit niedriger Bildung. Durchschnittlich wurden Personen mit einem niedrigen Bildungsniveau bei ihrer Landtags- und Europawahlentscheidung stärker von bundespolitischen als von wahlspezifischen Faktoren beeinflusst. Dagegen war hinsichtlich der Landtagswahlentscheidung bei Hochgebildeten durchschnittlich ein eingeschränkter relativer Motivtransfer erkennbar, während die hauptwahl- und nebenwahlspezifischen Einflüsse auf die Europawahlentscheidung in dieser Befragtengruppe leicht zugunsten der Bundespolitik ausfielen.

Auch in weiteren Analysen, auf deren Darstellung an dieser Stelle verzichtet werden musste, zeigte sich vor allem in Befragtengruppen, für die ein erhöhtes Reflexionsniveau über Politik angenommen werden kann, in vielen Fällen ein höheres Maß an absolutem, aber ein geringeres Maß an relativem Motivtransfer.

Diese Aussagen über die Bedeutung bundespolitischer und wahlspezifischer Einflussfaktoren beziehen sich ausschließlich auf die hessische Landtagswahl und die Europawahl in Deutschland 1999. Es liegt nahe, dass der politische Kontext, in dem untersuchte Wahlen stattfinden, starke Auswirkungen auf die Ergebnisse hat. Da der Wahlkampf im Vorfeld der Hessenwahl mit der Diskussion um die doppelte Staatsbürgerschaft beispielsweise sehr stark bundespolitisch geprägt war, fallen hier möglicherweise die hauptwahlspezifischen Effekte im Vergleich zu anderen Landtagswahlen höher aus. Als Fortführung dieser Arbeit könnten daher Analysen weiterer Wahlen klären, ob diese Ergebnisse auch systematisch für alle anderen Landtags- und Europawahlen gelten. Auf diese Weise sind allgemein gültige Aussagen über den Motivtransfer bei Nebenwahlen möglich.

Anhang

Hessische Landtagswahl 1999

Sicherheit der Wahlentscheidung (abhängige Variable)

„Und welche Partei werden Sie wählen bzw. welche Partei haben Sie gewählt?"
„Sind Sie sicher, dass es bei dieser Entscheidung bleibt, oder sind Sie da noch nicht so sicher?"
Aus beiden Variablen wurden die neuen Variablen „Sicherheit der Wahlentscheidung CDU", „Sicherheit der Wahlentscheidung SPD", „Sicherheit der Wahlentscheidung Grüne", „Sicherheit der Wahlentscheidung FDP", „Sicherheit der Wahlentscheidung Republikaner" mit jeweils den Ausprägungen „andere Partei oder gar nicht gewählt" (0), „unsichere Wahlentscheidung" (1) und „sichere Wahlentscheidung" (2) gebildet.

Zufriedenheit mit der Landesregierung

„Sind Sie mit den Leistungen der Landesregierung aus SPD und Grünen in Hessen eher zufrieden oder eher unzufrieden? Bitte beschreiben Sie es wieder mit dem Thermometer von plus 5 bis minus 5. Plus 5 bedeutet, dass Sie mit den Leistungen der Landesregierung in Hessen voll und ganz zufrieden sind. Minus 5 bedeutet, dass Sie mit den Leistungen der Landesregierung in Hessen vollständig unzufrieden sind. Auch hier können Sie mit den Werten dazwischen Ihre Meinung abgestuft sagen." Umformung des Wertebereichs zu „unzufrieden" (-1) bis „zufrieden" (1).

Zufriedenheit mit der Bundesregierung

„Und wie zufrieden oder unzufrieden sind Sie mit den Leistungen der Bundesregierung aus SPD und Grünen in Bonn?" Umformung des Wertebereichs zu „unzufrieden" (-1) bis „zufrieden" (1).

Sympathie gegenüber einigen Politikern

„Bitte sagen Sie mir wieder mit dem Thermometer von plus 5 bis minus 5, was Sie von einigen führenden Politikern halten. Plus 5 bedeutet, dass Sie sehr viel von dem Politiker halten. Minus 5 bedeutet, dass Sie überhaupt nichts von ihm halten. Wenn Ihnen einer der Politiker unbekannt ist, brauchen Sie ihn natürlich nicht einstufen. Was halten Sie von Hans Eichel?" „Was halten Sie von Roland Koch?" „Was halten Sie von Gerhard Schröder?" „Was halten Sie von Wolfgang Schäuble?" Jeweils Umformung des Wertebereichs zu „unzufrieden" (-1) bis „zufrieden" (1).

Einstellung zu Atomkraftwerken

„Wenn Sie an die Kernkraftwerke hier in Deutschland denken. Was meinen Sie: sollen weitere Kernkraftwerke gebaut werden, sollen nur die vorhandenen genutzt werden, ohne neue zu bauen, oder sollen die vorhandenen Kernkraftwerke sofort stillgelegt werden?" „vorhandene sofort stilllegen" (1), „vorhandene nutzen" (2), „weitere bauen" (3).

Zufriedenheit mit den hessischen Schulen

„Wenn Sie einmal an die Schulen in Hessen denken, sind Sie damit im allgemeinen eher zufrieden, eher unzufrieden, oder können Sie das nicht beurteilen?" „eher unzufrieden" (-1), „nicht beurteilen" (0), „eher zufrieden" (1).

Einstellung zur doppelten Staatsbürgerschaft

„Was meinen Sie zur doppelten Staatsbürgerschaft? Sollten in Deutschland lebende Ausländer die deutsche Staatsbürgerschaft nur erhalten, wenn sie auf ihre ausländische Staatsbürgerschaft verzichten, oder sollte in Zukunft die doppelte Staatsbürgerschaft in der Regel möglich sein?" „dagegen" (1), „dafür" (2).

Einstellung zu einer zusätzlichen Landebahn für den Frankfurter Flughafen

„Zur Zeit wird über den Bau einer zusätzlichen Landebahn für den Frankfurter Flughafen gesprochen. Sind Sie für eine zusätzliche Landebahn, sind Sie gegen eine zusätzliche Landebahn, oder ist Ihnen das egal?" „dagegen" (1), „egal" (2), „dafür" (3).

Bildung

„Welchen Schulabschluss haben Sie?" „kein Abschluss/Hauptschulabschluss/mittlere Reife" (1), „Abitur/Hochschulabschluss" (2).

Parteiidentifikation

„In Deutschland neigen viele Leute längere Zeit einer bestimmten Partei zu, obwohl Sie auch ab und zu eine andere Partei wählen. Wie ist das bei Ihnen: neigen Sie – ganz allgemein gesprochen – einer bestimmten Partei zu? Wenn ja, welcher?" „Wie stark oder wie schwach neigen Sie – alles zusammengenommen – dieser Partei zu?" Aus beiden Variablen wurden die neuen Variablen „Stärke Parteiidentifikation CDU", „Stärke Parteiidentifikation SPD", „Stärke Parteiidentifikation Grüne", „Stärke Parteiidentifikation FDP", „Stärke Parteiidentifikation Republikaner" mit den jeweils sechs Ausprägungen „keine Parteiidentifikation oder Parteiidentifikation für eine andere Partei" (0) bis „sehr starke Parteiidentifikation" (1) gebildet.

European Election Study 1999

Wahrscheinlichkeit der Parteiwahl (abhängige Variable)

„Welche Partei haben Sie bei dieser Europa-Wahl gewählt?" „Es gibt eine Reihe von politischen Parteien in Deutschland. Jede davon würde gern Ihre Stimme bekommen. Sagen Sie mir bitte für jede der folgenden Parteien, wie wahrscheinlich es ist, dass Sie diese Partei jemals wählen werden. Drücken Sie bitte Ihre Einstellung anhand einer Skala aus. 1 bedeutet ‚sehr unwahrscheinlich', 10 bedeutet ‚sehr wahrscheinlich'. Mit den Zahlen von 1 bis 10 können Sie Ihre Einstellung abstufen. Wie wahrscheinlich ist es, dass Sie ... jemals wählen werden? Welche Zahl von 1 ‚sehr unwahrscheinlich', bis 10 ‚sehr wahrscheinlich', kommt für Sie in Frage?" Aus beiden Variablen wurden die Variablen „Wahrscheinlichkeit Wahl Union", „Wahrscheinlichkeit Wahl SPD", „Wahrscheinlichkeit Wahl Grüne", „Wahrscheinlichkeit Wahl FDP", „Wahrscheinlichkeit Wahl PDS", „Wahrscheinlichkeit Wahl Republikaner" mit den jeweils elf Ausprägungen 0 „andere Partei oder gar nicht gewählt" bis 10 „Partei mit sehr hoher Wahrscheinlichkeit gewählt" gebildet.

Zufriedenheit mit der heutigen Politik hinsichtlich der europäischen Einigung

„Nochmal zurück zur europäischen Einigung: Wie zufrieden oder unzufrieden sind Sie da mit der heutigen Politik in Deutschland? Sind Sie sehr zufrieden, ziemlich zufrieden, ziemlich unzufrieden oder sehr unzufrieden?" „sehr unzufrieden" (1), „ziemlich unzufrieden" (2), „ziemlich zufrieden" (3), „sehr zufrieden"(4).

Zufriedenheit mit der heutigen nationalen Immigrationspolitik

„Und mit der Zuwanderung von Ausländern: Wie zufrieden oder unzufrieden sind Sie da mit der heutigen Politik in Deutschland? Sind Sie sehr zufrieden, ziemlich zufrieden, ziemlich unzufrieden oder sehr unzufrieden?" „sehr unzufrieden" (1), „ziemlich unzufrieden" (2), „ziemlich zufrieden" (3), „sehr zufrieden" (4).

Zufriedenheit mit der Lage der Wirtschaft in Deutschland

„Und mit der Lage der Wirtschaft? Sind Sie da mit der heutigen Politik in Deutschland sehr zufrieden, ziemlich zufrieden, ziemlich unzufrieden oder sehr unzufrieden?" „sehr unzufrieden" (1), „ziemlich unzufrieden" (2), „ziemlich zufrieden" (3), „sehr zufrieden" (4).

Zufriedenheit mit der heutigen Umweltpolitik in Deutschland

„Und mit der Umwelt? Sind Sie da mit der heutigen Politik in Deutschland sehr zufrieden, ziemlich zufrieden, ziemlich unzufrieden oder sehr unzufrieden?" „sehr unzufrieden" (1), „ziemlich unzufrieden" (2), „ziemlich zufrieden" (3), „sehr zufrieden" (4).

Einstellung zur EU-Mitgliedschaft

„Ist allgemein gesehen die Mitgliedschaft Deutschlands in der Europäischen Union Ihrer Meinung nach eine gute Sache, eine schlechte Sache oder weder gut noch schlecht?" „schlechte Sache" (-1), „weder noch" (0), „gute Sache" (1).

Opferbereitschaft gegenüber anderen EU-Ländern

„Sind Sie persönlich bereit, das eine oder andere Opfer zu bringen, z. B. etwas mehr Steuern zu zahlen, um einem anderen Mitgliedsland der Europäischen Union, das sich in wirtschaftlichen Schwierigkeiten befindet, zu helfen?" „nein" (1), „ja" (2).

Einstellung zum Integrationsprozess

„Man hört manchmal, die europäische Einigung sollte weiter vorangetrieben werden. Andere sagen, dass sie schon zu weit gegangen ist. Was ist Ihre Meinung? Bitte geben Sie Ihre Ansicht auf einer Skala von 1 bis 10 an. 1 bedeutet dabei, die europäische Einigung ist schon zu weit gegangen, und 10, die europäische Einigung sollte weiter vorangetrieben werden. Mit den Zahlen dazwischen können Sie Ihre Meinung abstufen. Welche Zahl von 1 bis 10 gibt am besten Ihre Meinung an?" Umformung des Wertebereichs zu „ging schon zu weit" (-1) bis „weiter vorantreiben" (1).

Zufriedenheit mit den Leistungen der Bundesregierung

„Jetzt zurück zu Deutschland. Sind Sie mit den bisherigen Leistungen der Bundesregierung zufrieden oder unzufrieden?" „unzufrieden" (0), „zufrieden" (1).

Zufriedenheit mit der Demokratie in Deutschland

„Sind Sie mit der Art und Weise, wie die Demokratie in Deutschland funktioniert, alles in allem gesehen: sehr zufrieden, ziemlich zufrieden, nicht sehr zufrieden oder überhaupt nicht zufrieden?" „überhaupt nicht zufrieden" (1), „nicht sehr zufrieden" (2), „ziemlich zufrieden" (3), „sehr zufrieden" (4).

Zufriedenheit mit der Demokratie in der Europäischen Union

„Sind Sie mit der Art und Weise, wie die Demokratie in der Europäischen Union funktioniert, alles in allem gesehen: sehr zufrieden, ziemlich zufrieden, nicht sehr zufrieden oder überhaupt nicht zufrieden?" „sehr unzufrieden" (1), „ziemlich unzufrieden" (2), „ziemlich zufrieden" (3), „sehr zufrieden" (4).

Bildung

„Wie alt waren Sie, als Sie mit Ihrer Schul- bzw. Universitätsausbildung aufgehört haben?" 18 Jahre und jünger: „niedrige Bildung" (1), 19 Jahre und älter: „hohe Bildung" (2).

Parteiidentifikation

„Gibt es eine politische Partei, der Sie nahestehen? Wenn ja: Welcher?" „Fühlen Sie sich dieser Partei sehr verbunden, ziemlich verbunden oder sind Sie nur Sympathisant?" Aus beiden Variablen wurden die neuen Variablen „Stärke Parteiidentifikation Union", „Stärke Parteiidentifikation SPD", „Stärke Parteiidentifikation Grüne", „Stärke Parteiidentifikation FDP", „Stärke Parteiidentifikation PDS", „Stärke Parteiidentifikation Republikaner" mit den jeweils vier Ausprägungen „keine Parteiidentifikation oder Parteiidentifikation für eine andere Partei" (0) bis „sehr starke Parteiidentifikation" (3) gebildet.

Literatur

Blondel, Jean/Sinnott, Richard/Svensson, Palle: People and Parliament in the European Union. Participation, Democracy, and Legitimacy. Oxford: Clarendon Press, 1998.
Campbell, Angus/Converse, Philip E./Miller, Warren E./Stokes, Donald E.: The American Voter. Chicago: University of Chicago Press, 1960.
Dinkel, Reiner H.: Der Zusammenhang zwischen Bundestagswahl- und Landtagswahlergebnissen. In: Politische Vierteljahresschrift 18 (1977), S. 348-359.

Dinkel, Reiner H.: Landtagswahlen unter dem Einfluß der Bundespolitik. Die Erfahrung der letzten Legislaturperioden. In: Falter, Jürgen W. u.a. (Hrsg.): Wahlen und politische Einstellungen in der Bundesrepublik Deutschland. Neuere Entwicklungen der Forschung. Frankfurt a.M.: Peter Lang, 1989, S. 253-262.

Dinkel, Reiner H.: Zur Gesetzmäßigkeit der Trendverschiebungen zwischen Landtags- und Bundestagswahlen. In: Zeitschrift für Parlamentsfragen 12 (1981), S. 135-139.

Forschungsgruppe Wahlen (Hrsg.): Europawahl. Eine Analyse der Wahl vom 13. Juni 1999. Berichte der Forschungsgruppe Wahlen e.V., Nr. 95, 16. Juni 1999, Mannheim.

Forschungsgruppe Wahlen (Hrsg.): Landtagswahl in Hessen. Eine Analyse der Wahl vom 7. Februar 1999. Berichte der Forschungsgruppe Wahlen e.V., Nr. 93, 10. Februar 1999, Mannheim.

Heath, Anthony/McLean, Iain/Taylor, Bridget/Curtice, John: Between First and Second Order. A Comparison of Voting Behaviour in European and Local Elections in Britain. In: European Journal of Political Research 35 (1999), S. 389-414.

Konrad-Adenauer-Stiftung (Hrsg.): Analyse der Landtagswahl vom 7. Februar 1999 in Hessen, Nr. 178, 23. März 1999, Sankt Augustin.

Maier, Jürgen/Maier, Michaela/Rattinger, Hans: Methoden der sozialwissenschaftlichen Datenanalyse. Arbeitsbuch mit Beispielen aus der Politischen Soziologie. München: Oldenbourg Verlag, 2000.

Marsh, Michael: Testing the Second-Order Election Model after Four European Elections. In: British Journal of Political Science 28 (1998), S. 591-607.

Müller, Reinhard: Ohne Konturen. Die Europawahl wird von nationalen Themen bestimmt. In: Frankfurter Allgemeine Zeitung, Nr. 133, 12. Juni 1999, S. 12.

Norris, Pippa: Second-Order Elections Revisited. In: European Journal of Political Research 31 (1997), S.109-114.

Pedhazur, Elazar J.: Multiple Regression in Behavioral Research. Explanation and Prediction. New York: Holt, Rinehart and Winston, 1982.

Powell, Bingham G.: American Voter Turnout in Comparative Perspective. In: American Political Science Review 80 (1986), S. 17-43.

Reif, Karlheinz: European Elections as Member State Second-Order Elections Revisited. In: European Journal of Political Research 31 (1997), S. 115-124.

Reif, Karlheinz: National Electoral Cycles and European Elections 1979 and 1984. In: Electoral Studies 3 (1984a), S. 244-255.

Reif, Karlheinz: Nationale Regierungsparteien verlieren die Wahl zum Europäischen Parlament 1984. In: Zeitschrift für Parlamentsfragen 3 (1984b), S. 341-352.

Reif, Karlheinz: Ten Second-Order National Elections. In: Reif, Karlheinz (Hrsg.): European Elections 1979/81 and 1984. Berlin: Quorum, 1984c, S. 18-23.

Reif, Karlheinz: Ten Second-Order Elections. In: Reif, Karlheinz (Hrsg.): Ten European Elections: Campaigns and Results of the 1979/81 First Elections to the European Parliament. Aldershot: Gower, 1985, S. 1-36.

Reif, Karlheinz/Schmitt, Hermann: Nine Second-Order National Elections. A Conceptual Framework for the Analysis of European Election Results. In: European Journal of Political Research 8 (1980), S. 3-44.

Schmitt-Beck, Rüdiger: Die hessische Landtagswahl vom 7. Februar 1999. Der Wechsel nach dem Wechsel. In: Zeitschrift für Parlamentsfragen 1 (2000), S. 3-17.

Urban, Dieter: Logit-Analyse. Statistische Verfahren zur Analyse von Modellen mit qualitativen Response-Variablen. Stuttgart: G. Fischer, 1993.

van der Eijk, Cees/Franklin, Mark N./Marsh, Michael: What Voters Teach Us About Europe-Wide Elections. What Europe-Wide Elections Teach Us About Voters. In: Electoral Studies 15 (1996), S. 149-166.

V. Politische Elite und Europa

Bernhard Weßels

Parlamentarier in Europa und europäische Integration: Einstellungen zur zukünftigen politischen Ordnung und zum institutionellen Wandel der Europäischen Union

1. Einleitung

Die Weiterentwicklung der politischen Ordnung der Europäischen Union (EU) wird derzeit in drei unterschiedlichen Dimensionen diskutiert: a) der Vertiefung der politischen Integration, b) der Demokratisierung der EU-Institutionen und c) der Erweiterung. Es laufen also drei Prozesse gleichzeitig ab, die die Struktur der EU und ihre politische Ordnung, also die EU-Polity nachhaltig bestimmen werden. Die Zielpunkte sind dabei offensichtlich: Eine weiterentwickelte EU soll gekennzeichnet sein durch mehr Mitglieder, mehr Kompetenzen und mehr Demokratie. Es gibt aber keine einheitlichen Positionen der politischen Akteure der Mitgliedsländer hinsichtlich der drei Zielpunkte. Nicht alle wünschen alles zugleich. Auch die Intensität, mit der die drei Zielpunkte jeweils verfolgt werden, unterscheidet sich. Je nach Bündelung der Zielvorstellungen und Wichtigkeit, die einzelnen Zielen zugemessen wird, ergeben sich aufgrund ihrer Interdependenz unterschiedliche Perspektiven für die Zukunft der politischen Ordnung der EU: Vertiefung bezieht sich auf die politische Kompetenz der Polity, Demokratisierung auf die Kontrollstrukturen der Polity und Erweiterung auf den Umfang der Polity.

Die aktuelle Diskussion z.b. im und zum so genannten Verfassungskonvent richtet sich vorwiegend auf den Demokratie- bzw. Kontrollaspekt. Die Betonung dieses Aspekts ist zum einen nachvollziehbar, weil es einen Bedarf an effektiveren und gleichzeitig demokratischeren Entscheidungsmechanismen in der EU, insbesondere einer erweiterten EU, gibt. Zum anderen dürfte die Hauptursache für die Betonung dieses Aspekts wohl darin begründet liegen, dass sich mit der fortschreitenden Vertiefung der Integration, also der faktischen Steigerung der autoritativen Kompetenz der EU, die Frage der demokratischen Legitimität und Legitimation der politischen Entscheidungen und der politischen Ordnung als Ganzer nicht mehr abweisen lässt. Die öffentlichen und wissenschaftlichen Diskussionen über das so genannte demokratische Defizit der EU (Held 1993: 26; Niedermayer/Sinnott 1995: 283ff.;

Bernhard Weßels

Scharpf 1996; Wessels 1996) verweisen ebenso auf die Relevanz der Demo-
kratiedimension wie die Erosion des permissiven Konsensus (Lindberg/
Scheingold 1970: 41f.) in den Bevölkerungen der Mitgliedsstaaten. Bis Ende
der 80er Jahre resultierte die Unterstützung der Bürger für das politische Projekt „Europäische Integration" maßgeblich aus einem Vertrauen in das Urteil
ihrer Politiker und politischen Vertreter, dass dies ein Projekt zum Besten aller sei. Mit der für die Bürger im Zuge der fortschreitenden Integration immer
stärker sichtbar werdenden Bedeutung der Politik auf der europäischen Ebene
hängt die Gewährung politischer Unterstützung für die EU zunehmend von
evaluativen Kriterien der Bürger ab, also ihrer Beurteilung der Leistungen
und Defizite der EU. Damit ergab sich ein Prozess der Abnahme der Legiti-
mitätsgewähr für die EU, also der Anerkennung ihrer politischen Ordnung.
Angesichts dieses allenthalben konstatierten Rückgangs politischer Unterstützung (Eichenberg/Dalton 1993; Eichenberg 1998; Niedermayer 1995)
und eines demokratischen Defizits liegt der Schwerpunkt der aktuellen Diskussion, insbesondere im Zusammenhang mit dem EU-Konvent und seinen
Aufgaben, auf der Frage der Verbesserung und Stärkung der demokratischen
Ordnung der EU (Fischer/Giering 2001).

Bei dieser Aufgabenstellung setzt die hier gestellte Frage an. Welche
Vorstellung von zukünftiger politischer Ordnung haben die gewählten politischen Repräsentanten der Völker in Europa? Auf der Basis von Befragungen
von Mitgliedern nationaler Parlamente (MNP) aus elf Mitgliedsstaaten sowie
einer Befragung der Mitglieder des Europäischen Parlamentes (MEP) aller
15 Mitgliedsstaaten in den Jahren 1996/97[1] werden die Präferenzen (1) für
die demokratische (Kontroll-)Struktur einer EU-Polity, (2) für die Policy-
Kompetenzverteilung zwischen nationaler und europäischer Ebene und (3)
für institutionelle Reformen untersucht. Hinter diesem Dreischritt steckt eine
einfache Hypothese: die des abnehmenden Konflikt- bzw. zunehmenden
Konsenspotenzials mit abnehmendem Generalisierungsgrad institutioneller
Regelung – von Fragen der generellen Machtverteilung (Ordnung) über die

---

1 Die Befragungen wurden im Rahmen des Projekts „Political Representation in Europe"
   durchgeführt, einem im Zusammenhang mit den Europawahlen 1994 initiierten Vorhaben
   (Projektleiter Hermann Schmitt, Mannheim; Jacques Thomassen, Twente; Bernhard Weßels,
   Berlin). Die Befragungen der Parlamentarier wurden zwischen August 1996 und September
   1997 durchgeführt. Der Deutschen Forschungsgemeinschaft ist der Autor für die freundliche
   Unterstützung und Sachbeihilfe für die Befragung der Europaparlamentarier zu Dank verpflichtet. Weitere Informationen zur Struktur des Projekts und den Kooperationspartnern in
   den Mitgliedsländern sind in Katz/Weßels 1999a und Schmitt/Thomassen 1999 zu finden.
   Die Ausschöpfungsquote für die Europaparlamentarierbefragung lag bei 50 Prozent, für die
   Mitglieder nationaler Parlamente im Durchschnitt bei 38 Prozent. Die Daten der Parlamenta-
   rierbefragungen können unter den Studiennummern 3078 (nationale Parlamentarier) und
   3079 (Europaparlamentarier) beim Zentralarchiv für Empirische Sozialforschung, Köln, auf
   Anfrage unter Ausweis des Forschungsinteresses bezogen werden.

Kompetenzverteilung in spezifischen Politikbereichen zur relativ konkreten Reform von Einzelinstituten nimmt der Konsens zu, so die Hypothese. Diese Hypothese lässt sich wie folgt begründen: Generelle Regelungen, die aufgrund ihrer Reichweite strategische Vorentscheidungen über die (zukünftige) politische Ordnung beinhalten, sind, wie die Geschichte der europäischen Integration lehrt, bisher weitgehend ausgeblieben, weil der notwendige Konsens zwischen den Mitgliedsländern nicht erzielbar war. Demgegenüber sind eine Vielzahl von konkreten institutionellen Entscheidungen getroffen worden, die jedoch die Finalität der europäischen Integration offen lassen, aber gerade aufgrund dieser Tatsache konsensfähig waren. Wegen dieser Entwicklung ist die institutionelle Ordnung der EU bisher Patchwork geblieben, institutionelle Entscheidungen entsprangen nicht einem Guss oder Masterplan, sondern einer Strategie des „muddling through", des „Durchwurstelns".

Die hier zu bearbeitende Frage nach den Positionen zur zukünftigen institutionellen Struktur der EU lässt sich vor dem Hintergrund, dass Entscheidungen konstitutioneller Angelegenheiten ohne Konsens wenig wahrscheinlich oder zumindest doch nicht durchsetzbar sind, mit der Frage verbinden, wie wahrscheinlich es ist, dass ein europäischer Verfassungsentwurf, der Festlegungen auf demokratische Verfahren und Kontrollstrukturen enthält, erfolgreich sein kann, und wenn nicht, welche Chancen in der Politik des sich faktenschaffenden „Durchwurstelns" liegen.

Im Folgenden werden kurz der Problemrahmen des bisherigen institutionellen europäischen Integrationsprozesses angerissen und sich daraus ergebende prinzipielle Optionen zur Lösung des demokratischen Defizits angesprochen (2). Sodann werden im Anschluss an die aktuelle Diskussion unterschiedliche Ansätze zur Konzeptualisierung von politischer Ordnung diskutiert und ein Messkonzept operationalisiert (3). Die empirische Analyse schließlich richtet sich in drei Dimensionen – Ordnung, Kompetenzverteilung, institutionelle Reform – auf die Bestimmung politischer Positionen von Abgeordneten unterschiedlicher Länder, parlamentarischer Ebenen und parteipolitischer Ausrichtung (4). In einem weiteren Schritt wird vergleichend analysiert, wie stark Konsens und Dissens zwischen Nationen, zwischen parlamentarischen Ebenen gleicher Nationen und zwischen Parteifamilien sind, und damit die Hypothese zunehmenden Konsenspotenzials bei abnehmender Generalisierung der Regelungen geprüft (5). Letztlich wird die Frage gestellt, ob und wenn ja, aus welchen Gründen die unterschiedlichen Positionen als persistent anzusehen sind (6).

2. *Das doppelte demokratische Defizit*

Dass die Frage der Demokratisierung der Europäischen Union und die Frage der Ausgestaltung der zukünftigen politischen Ordnung seit Beginn der 90er Jahre eine zunehmende Bedeutung in der wissenschaftlichen, politischen und öffentlichen Debatte erlangt hat – zuletzt darin dokumentiert, dass dem EU-Konvent unter anderem die Frage zur Beantwortung vorgelegt wurde, wie sich die demokratische Legitimität der Union gewährleisten lasse (EU-Konvent o.J.) –, lässt sich auf mehrere, zusammenhängende Entwicklungen zurückführen. Zum einen zählt hierzu sicherlich der Umstand, dass die Unterstützung für eine fortschreitende Integration der EU in den Bevölkerungen der Mitgliedsstaaten nicht mehr in dem Maße gesichert scheint, wie noch in den 80er Jahren (Norris 1999: 77f.). Dieser Umstand wiederum steht in engem Zusammenhang mit dem Bedeutungszuwachs, den die europäische Ebene der Politik inzwischen für jeden einzelnen Bürger erlangt hat. Politische Entscheidungen und gesetzliche Regelungen der EU greifen wahrnehmbar in das Alltagsleben der Bürger ein, politische Unterstützung wird damit zum einen zunehmend abhängig von der wahrgenommenen Leistung der europäischen Ebene, zum anderen liegt der Grad der Zufriedenheit mit dem Funktionieren der Demokratie in der EU deutlich unter der Zufriedenheit mit dem Funktionieren der Demokratie im eigenen Lande. Das gilt für die Bürger der Mitgliedsländer (Norris 1999: 80) und in noch stärkerem Maße für die Europaabgeordneten und die Abgeordneten nationaler Parlamente (Weßels 2000: 338).

Die Begründung für die Wahrnehmung eines Demokratieproblems der EU liegt in der spezifischen institutionellen Konstruktion der EU und dem Wechselverhältnis zwischen nationaler und supranationaler Ebene. Von den zwei Grundsäulen demokratischer Legitimität – effektive Politikrealisierung einerseits, politische Repräsentation und Beteiligung andererseits – gilt in der EU letztere als nicht hinreichend realisiert. Damit ist die für die Demokratie ideale Kombination der Kriterien Regieren und Repräsentation – *governance* und *representation* (Katz 1997) – nicht verwirklicht. Es gibt wohl einen unvermeidlichen Zielkonflikt zwischen den beiden Elementen, *government for* und *government by the people* (Abraham Lincoln), wie Shepsle (1988) betont. Damit aber ergibt sich auch ein Zielkonflikt zwischen der Maximierung von Legitimität durch effektives Regieren (Output-Legitimität) und Legitimität durch demokratische Verfahren und Beteiligung (Input-Legitimität). Der europäische Integrationsprozess hat in diesem Zielkonflikt zu einer spezifischen Ausrichtung geführt, die einen Teil des demokratischen Defizits umfasst.

Europäische Integration war zunächst lange Zeit wirtschaftliche Integration, also Liberalisierung der Märkte, und insofern eine frühe Antwort auf die Internationalisierung der Wirtschaft einerseits. Dieser Prozess wird heute auch als Globalisierung bezeichnet. Europäische Integration war aber andererseits nicht nur eine Antwort, sondern auch verstärkender Faktor dieses Prozesses. Die weitere Folge war ein politischer Integrationsprozess, der der territorialen Ausweitung der Märkte die territoriale Ausweitung der Staatlichkeit beiseite stellte, einerseits um ökonomische Deregulierung mit entsprechenden allgemein verbindlichen Entscheidungen auch autoritativ sanktionieren zu können, andererseits um ungewünschte Nebenfolgen des Marktes sowohl im ökonomischen als auch im sozialen Bereich abfangen zu können. Insofern ist die europäische Situation durch ein Dilemma gekennzeichnet: Die Politik wirtschaftlicher Integration hat den Wettbewerb zwischen nationalen Volkswirtschaften durch Liberalisierung der Märkte mit der Konsequenz verschärft, dass nationalstaatliche Politik die autonome Kapazität verloren hat, die Folgen wirtschafts- wie sozialpolitisch zu bearbeiten. Die Debatte über die Wettbewerbsfähigkeit und die damit verbundenen Beschränkungen für nationalstaatliche Politik ist hierfür ein gutes Beispiel. Die Kompetenzsteigerung der europäischen Ebene hat diese schwindende Kapazität des Nationalstaates zumindest teilweise aufgefangen. Problematisch ist dabei allerdings, dass die Kompetenzsteigerung, also die Verstärkung effektiven Regierens – *government for the people* – nicht in gleichem Umfang von einer Verstärkung von Repräsentation und Beteiligung – *government by the people* – begleitet worden ist. Schwindende Output-Legitimation des Nationalstaates durch seine Einbuße an politischer Handlungsfähigkeit bei relativ konstanten Input-Strukturen demokratischer Repräsentation einerseits, steigende Politikkapazitäten der europäischen Ebene bei nur mäßig mitwachsenden Input-Strukturen kennzeichnen andererseits die politische Integration Europas (vgl. Abbildung 1). Diesen Aspekt hat Scharpf (1996) besonders betont und darauf verwiesen, dass das Demokratiedefizit eben nicht nur das Defizit der Europäischen Union, sondern auch das der Nationalstaaten ist. Das Verhältnis von Input- und Output-Legitimation, von *governance* und *representation*, ist auf beiden Ebenen nicht mehr im Gleichgewicht.

Soll das auch von Bürgern und politischen Eliten wahrgenommene Demokratie- bzw. Legitimationsdefizit abgebaut werden, bieten sich prinzipiell drei Möglichkeiten an, die Balance mindestens auf einer der Ebenen wieder herzustellen: a) die autonomen Entscheidungsmöglichkeiten der europäischen Ebene werden zurückgenommen und wieder an die nationalstaatliche Ebene gekoppelt; b) die demokratischen Verfahren und Institutionen auf der EU-Ebene werden so weit gestärkt, dass es zu einem den Nationalstaaten eher

Abbildung 1: Das doppelte Legitimationsdefizit durch Wandel der Kompetenzverteilung zwischen Nationalstaaten und EU, 1950-2000

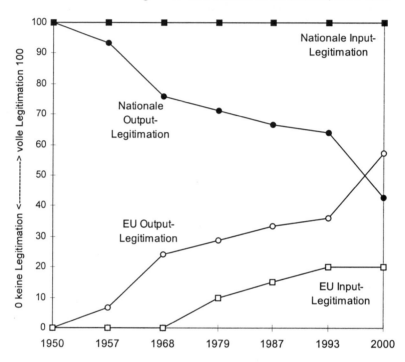

Die Werte in der Abbildung beruhen auf eigenen Berechnungen nach den folgenden Kriterien. *Input-Legitimation* setzt sich aus folgenden Punktwerten zusammen: Direkte, freie Wahlen (1); gleicher, vollständiger politischer Wettbewerb (1); parlamentarisches Gesetzesinitiativrecht (1); parlamentarisches Gesetzesvetorecht (0,5); parlamentarisches Gesetzgebungsmitentscheidungsrecht (0,5); Regierungs- und Oppositionsrolle im Parlament etabliert (1); Regierungsbestellung durch das Parlament (1). In der Summe ergeben sich maximal 6 Punkte. Diese wurden auf 100 reskaliert. Nationale Input-Legitimation ist in den Mitgliedsstaaten voll parlamentarisch und im wesentlichen in der Nachkriegszeit unverändert. EU Input-Legitimation: 1979 erste Direktwahlen zum EP (1); 1987 EP Kooperationsverfahren (0,5); 1993 Mitentscheidungsverfahren (0,5). *Output-Legitimation:* Berechnung auf Basis der Veränderung der Kompetenzverteilung zwischen nationaler und EU-Ebene; Kompetenzwerte von Lindberg und Scheingold (1970) für 1950-1968; bearbeitet von Schmitter (1996) bis 1992 sowie Hooghe und Marks (2001) bis 2000; Werte von 1 (nationale Kompetenz) bis 5 (volle EU-Kompetenz) wurden auf 100 reskaliert.

entsprechenden Verhältnis von Output- und Input-Legitimation kommt; oder
c) Kompetenzverteilung und Entscheidungsmacht beider Ebenen werden so aufeinander bezogen und abgestimmt, dass die relativen Gleichgewichte von *governance* und *representation* auf beiden Ebenen hergestellt werden. Diese

Optionen entsprechen den Ordnungsmodellen Intergovernmentalismus, EU-Parlamentarisierung und Mehrebenenmodell.

Aus diesen Optionen ergibt sich aber auch, dass in der bisherigen Diskussion über die Entwicklung der politischen Ordnung in der EU, die sich stark am Begriff der Vertiefung festmachte, die notwendigen Lösungsperspektiven verfehlt werden. Die Diskussion ist im Wesentlichen durch die funktionalistische Integrationstheorie geprägt, die auf die Erweiterung der Politikkapazitäten der supranationalen Ebene abstellt. Diese Theorie erwartet aufgrund der Leistungen Spill-Over-Effekte nicht zuletzt im Bezug auf die Akzeptanz und kann damit kein demokratisches (Kontroll-)Problem wahrnehmen (Hoffmann 1966; Moravcsik 1993). Die Argumente von Scharpf (1996) machen ebenso wie die jüngste Diskussion über *multi-level governance* (Hooghe/Marks 2001) aber deutlich, dass Europa weniger ein Problem der Politikkapazitäten, sondern vor allem ein demokratisches Kontrollproblem hat.

3. Ordnungsvorstellungen: Konzepte und Operationalisierung

3.1 Konzepte

Die drei sich aus dem Befund und den Optionen ergebenden Konzepte politischer Ordnung – Intergovernmentalismus, Parlamentarismus, Mehrebenenmodell – stellen auf unterschiedliche Verteilungen von demokratischer Kontrollmacht ab. In jeder dieser Ordnungen kann das, was es zu kontrollieren gilt, variieren. Ordnungsmodelle berühren weniger die Frage des Umfangs der Autorität zur Erzeugung kollektiv verbindlicher Entscheidungen als vielmehr die Frage, wer wen kontrolliert.

Im *Intergovernmentalismus* sind Nationalstaaten – vertreten durch ihre Regierungen – diejenigen, die letztentscheidend über Politiken bestimmen. Supranationale Institutionen erhalten aufgrund gemeinsamer Vereinbarungen ein begrenztes Maß an Kompetenzen, um spezifische Politikziele zu verfolgen. Supranational verbindliche Entscheidungen können nur durch gemeinsame Entscheidungen von Regierungen zustande kommen. Die (alleinige) Legislative in einem solchen Modell ist die Versammlung der Vertreter nationaler Regierungen. Die demokratische Legitimation speist sich dabei aus der (fingierten) Mehrheitsregel der Mehrheitsunterstützung jedes einzelnen Volkes – Calhouns Theorie der *concurrent majorities* einer konföderalen Ordnung (Calhoun 1943). An supranationale Agenturen wird exekutive Kompetenz weitergegeben. In einem solchen Modell entsprechen in der EU der Legislative der Ministerrat und der Exekutive die Europäische Kommission.

Der demokratischen Kontrolle ist voll Rechnung getragen: Nationale Regierungen sind über die nationalen Parlamente durch ihre nationalen Elektorate legitimiert – der Ministerrat durch die Regierungen, die Kommission durch den Ministerrat. Da die Politikkapazität der supranationalen Ebene unmittelbar von der nationalen Ebene abhängig ist bzw. durch sie kreiert wird, gibt es in einem solchem Modell weder auf der nationalen noch der EU-Ebene einen Widerspruch zwischen Input- und Output-Legitimation. Essenziell dafür, dass diese Legitimationskette gilt, ist allerdings die angesprochene Mehrheitsregel, die faktisch auf Konsensentscheidungen hinausläuft. Fehlt in einem der Mitglieder der Konföderation die Mehrheitsunterstützung für eine bestimmte Entscheidung, dürfte sie auch nicht von der nationalen Regierung getragen werden. Dann aber ist die Mehrheitsregel nicht erfüllt, die Entscheidung kommt nicht zustande. In einer Reihe von Politikfeldern – Binnenmarkt und Handel, Forschungspolitik, Umweltschutz – gilt hingegen inzwischen die qualifizierte Mehrheits- und nicht mehr die Einstimmigkeitsregel. Entgegen der Position mancher (Moravcsik 1993) lässt sich in der EU politische Legitimität nicht mehr auf Intergovernmentalismus begründen.

Das zweite Ordnungsmodell, der *EU-Parlamentarismus*, geht davon aus, dass sich die Legitimität der EU-Politik aus einer vollständigen parlamentarischen Kontrolle ergeben muß. Das Parlament wäre – wie im Nationalstaat – alleiniger Gesetzgeber, es würde die Exekutive bestimmen und kontrollieren. In der föderalen Variante wäre ihm eine Länderkammer zur Seite gestellt (denkbar wäre aber auch eine präsidentielle Variante; Katz/Weßels 1999b: 240ff.). Die entsprechenden Institutionen sind das Europäische Parlament, die Kommission als durch das Parlament bestimmte und kontrollierte Exekutive und gegebenenfalls die Länderkammer in Gestalt des Ministerrats. Diese Option hätte nur das demokratische Defizit auf EU-Ebene gelöst – der Nationalstaat würde nach wie vor unter dem Widerspruch gut ausgebauter Verfahren und Strukturen für Repräsentation und Beteiligung bei gleichzeitig abnehmender Politikkapazität leiden. Die Legitimationskette verliefe direkt vom Souverän zum Europäischen Parlament, dieses würde exekutives Handeln kontrollieren und direkt legitimierter (alleiniger) Gesetzgeber sein. Auch diesem Modell entspricht die Realität trotz der Existenz der erforderlichen Institutionen nicht. Wie zum Intergovernmentalismus dem Ministerrat das Einstimmigkeitsprinzip fehlt, fehlt dem Europäischen Parlament zum Parlamentarisierungsmodell in der Realität die alleinige Gesetzgebungskompetenz. Zwar haben die Einführung des Kooperationsverfahrens 1987 und des Mitentscheidungsverfahrens 1993 die legislative Kompetenz gestärkt – alleiniger Gesetzgeber und vor allem Gesetzesinitiator ist das EP damit aber nicht.

Die dritte Option in der Diskussion ist das *Mehrebenenmodell*. Nach diesem Modell werden Kontroll- und Entscheidungsmacht von Institutionen und Akteuren der nationalen und europäischen Ebene geteilt. Nationale wie supranationale Institutionen haben jeweils einen eigenen und unabhängigen Einfluss auf Entscheidungen (Hooghe/Marks 2001: Kap. 1). Institutionentechnisch ist dies ein Modell mit ausschließlicher, gemeinsamer und konkurrierender Gesetzgebung und entsprechenden Kompetenzkatalogen. Letztere werden derzeit sehr umstritten debattiert. Gesetzgebungskompetenzen müssten in einem solchen Modell klar definiert sein, Parlamente auf beiden Ebenen über die (ausschließliche oder gemeinsame) Gesetzgebungsmacht verfügen und Regierungen bestellen und kontrollieren. Bisher ist das Mehrebenenmodell als Kontrollstruktur weder demokratietheoretisch-normativ noch verfassungstheoretisch irgendwo vollständig spezifiziert und entworfen worden. Bisher macht die Diskussion eher den Eindruck, die Realität oder zukünftige Realität der EU begrifflich fassbar zu machen.

3.2 Operationalisierung von Ordnungsvorstellungen

Die (gängigen) Modelle von Ordnungsvorstellungen zur EU stellen auf jeweils unterschiedliche Modi und Verfahren der Legitimation ab. Zu berücksichtigende Akteure oder Institutionen sind in allen Modellen – ob im Sinne der Zuweisung oder der Absprache von Kontroll- und Entscheidungsmacht – nationale Parlamente, nationale Regierungen, der Ministerrat, das Europäische Parlament und die Europäische Kommission.

Zu beachten ist, dass Ordnungsmodelle primär darauf abstellen, wer durch wen kontrolliert wird, und weniger darauf, was konkret inhaltlich kontrolliert wird. Vertiefung im Sinne der sachlichen Kompetenzzuweisung und Demokratisierung der Kontrollstrukturen sind analytisch und konzeptionell also zu trennen, wenn Vorstellungen und Konzepte zur politischen Ordnung untersucht werden sollen. In beiden Fällen wird von Macht- oder Autoritätsverteilung gesprochen, aber in sehr unterschiedlicher Weise. Hooghe und Marks (2001: 5) haben auf die separat zu haltenden Aspekte hingewiesen: „power conceived as the abilility to achieve desired outcomes entails power over nature in the broadest sense ... But it does confuse two things that are sensibly regarded as seperate: who controls whom, and the ability of actors to achieve their goals". Wenn also zwischen Kompetenz im Sinne der Mittel, etwas erreichen zu können, und der Kontrolle (dieser Kompetenzen) zu unterscheiden ist, müssen diese beiden Dimensionen auch bezogen auf die Analyse der Einstellungen zur politischen Ordnung getrennt gehalten werden.

Dementsprechend muss auch eine empirische Bestimmung von Ordnungsvorstellungen mittels Umfragen Indikatoren heranziehen, die auf die Kontrollstruktur zwischen Institutionen abstellen. Es werden daher fünf Skalen herangezogen, die für die fünf zentralen Institutionen – das EP, die Kommission, den Ministerrat, die nationalen Regierungen und die nationalen Parlamente – den von Europaabgeordneten und Mitgliedern nationaler Parlamente gewünschten Einfluss im politischen Entscheidungsprozess der EU messen.

Tabelle 1: Cluster politischer Ordnungsvorstellungen auf Basis der gewünschten Entscheidungsmacht von Institutionen (Mittelwerte)

| Cluster | Gewünschte Entscheidungsmacht für: (1 = sehr wenig; 11 = sehr viel): | | | | | N |
	EP	Kommission	Ministerrat	nat. Regierungen	Nation. Parlamente	
Intergovernmentalismus	4,7	6,2	<u>9,2</u>	<u>9,3</u>	<u>8,4</u>	322 19,8%
Parlamentarisierung der EU	<u>9,5</u>	<u>8,5</u>	<u>8,1</u>	5,4	5,3	474 29,1%
Mehrebenensystem (Machtgleichgewicht)	<u>9,7</u>	<u>8,8</u>	<u>9,3</u>	8,9	8,9	656 40,3%
„Parlamenteordnung"	<u>7,3</u>	4,4	4,3	5,1	<u>6,6</u>	176 10,8%

Frageformulierung: „Und wieviel Einfluss sollten Ihrer Meinung nach folgende Institutionen auf die Entscheidungsprozesse in der Europäischen Union haben?" Clusteranalyse wurde nach 6 Iterationen erreicht; wegen fehlender Werte nicht klassifiziert: 98 Befragte.

Auf der Grundlage der Anworten auf diese fünf Skalen wurde eine Clusteranalyse durchgeführt, um die Muster gewünschter Machtverteilung zwischen den Institutionen zu identifizieren. Die Analyse ergab insgesamt vier Cluster, von denen drei sich mit den angesprochenen Ordnungsmodellen Intergovernmentalismus, EU-Parlamentarisierung und Mehrebenenmodell in Einklang bringen lassen. Das vierte Cluster markiert eine andere Option, hat allerdings quantitativ auch nur eine geringe Bedeutung. Die identifizierten Cluster lassen sich aufgrund der jeweiligen Verteilung der Werte der Entscheidungsmacht für jede der fünf Institutionen wie folgt charakterisieren (vgl. Tabelle 1):

- Intergovernmentalismus (19,8%): Lediglich der Ministerrat, nationale Regierungen und nationale Parlamente sollen im nennenswerten Umfang über Entscheidungsmacht verfügen.
- Parlamentarisierung der EU (29,1%): Für das EP wird die größte Entscheidungsmacht gewünscht, etwas weniger für die beiden anderen europäischen Institutionen Kommission und Ministerrat; nationale Institutionen sollen vergleichsweise wenig Entscheidungsmacht erhalten.

- Mehrebenensystem (Machtgleichgewicht) (40,3%): Allen Institutionen soll in etwa die gleiche Entscheidungsmacht zukommen.
- Parlamenteordnung (10,8%): Ein im Vergleich zu den anderen Clustern relativ kleiner Teil der Abgeordneten möchte, wenn überhaupt, dem Europaparlament und den nationalen Parlamenten gegenüber den anderen Institutionen einen stärkeren Entscheidungseinfluss zubilligen.

Diese Ergebnisse verweisen darauf, dass es ein einhellig von den Parlamentariern der elf untersuchten nationalen Parlamente und den Europaabgeordneten favorisiertes Ordnungsmodell nicht gibt. Keine der Optionen erzielt eine absolute Mehrheit. Das macht es unwahrscheinlich, dass die Verteilung der Präferenzen für eines dieser Modelle so ausfällt, dass es wenigstens mit einer relativen Mehrheit in *allen* untersuchten Mitgliedsstaaten rechnen kann.

4. Konsens und Konflikt über die zukünftige Ordnung der EU

4.1 Ordnungsvorstellungen

Das Ergebnis der Clusteranalyse verwundert deshalb nicht, weil die Frage politischer Ordnung und ihrer Veränderung sicherlich eine der kompliziertesten Fragen europäischer Integration ist. Es gibt wohl kaum einen Aspekt der EU-Entwicklung, bei dem der Konsensbedarf so groß und die Konsensgenerierung so schwierig ist, wie in der Frage der zukünftigen politischen Ordnung. Immerhin geht es um Machtfragen ebenso wie um unterschiedliche normative Konzeptionen von Demokratie. Eine politische Ordnung muss allgemein – das heißt im EU-Kontext: für alle Nationen – anerkennungswürdig sein, sonst riskiert sie ihre eigene Stabilität und möglicherweise ihre Existenz. Weiler (1996: 523) macht das Problem anhand eines prägnanten Szenarios deutlich: „Imagine an *Anschluss* between Germany and Denmark. Try and tell the Danes that they should not worry since they have full representation in the Bundestag". Dementsprechend betont Scharpf (1996: 26) den Zusammenhang zwischen Konsens und Legitimation: „citizens of those countries whose governments are outvoted have no reason to consider such decisions as having democratic legitimation". Vor diesem Hintergrund ist es bedeutsam, die Ordnungspräferenzen und ihre Unterschiede sowohl zwischen Europaparlamentariern und nationalen Abgeordneten eines Landes als auch zwischen Abgeordneten verschiedener Nationen zu betrachten.

4.1.1 Länder und parlamentarische Ebenen

Weder bei den Europaabgeordneten noch im Nationenmittel bei den Abgeordneten nationaler Parlamente findet eines der vier Ordnungsmodelle eine absolute Mehrheit (vgl. Tabelle 2). Eine sehr starke relative Mehrheitsunterstützung findet unter den Europaparlamentariern die Parlamentarisierungsoption, bei den Mitgliedern nationaler Parlamente die Mehrebenenoption. Zunächst verweist dies darauf, dass ein Konsens über die Frage, wie die Machtverteilung zwischen nationaler und EU-Ebene geregelt werden soll, zwischen diesen beiden Ebenen von Parlamentariern nicht existiert.

Bei der Beurteilung des sich hieraus ergebenden Konfliktpotenzials kommt es sehr stark darauf an, wie die Modelle Parlamentarisierung und Mehrebenensystem im Verhältnis zueinander und im Verhältnis zur intergovernmentellen Lösung diskutiert werden. Ein fundamentaler Unterschied zwischen Parlamentarisierungslösung und Mehrebenenlösung auf der einen und der intergovernmentellen Lösung auf der anderen Seite ist sicherlich, dass die ersten beiden supranationale Lösungen im Gegensatz zur letztgenannten darstellen. Insofern ist auf jeden Fall zwischen diesen ersten beiden und der intergovernmentellen Lösung ein Inkompatibilitätsproblem gegeben.

Parlamentarisierung und Mehrebenenmodell sind unter bestimmten Voraussetzungen *bedingt kompatibel*, je nach dem, in welcher Schlüsselrolle der Ministerrat gesehen wird, der in beiden Modellen eine Rolle spielen soll, und wie die Kontrollkompetenz nationaler Parlamente gegenüber nationalen Regierungen gestaltet wird. Unter bestimmten Umständen bestehen zwischen diesen beiden Optionen Vermittlungsmöglichkeiten: z.B. dann, wenn im Rahmen der europäischen Parlamentarisierungsoption dafür gesorgt werden würde, dass nationale Parlamente durch die Kontrolle ihrer Regierungen die Aktivitäten und Entscheidungen im Ministerrat mitbestimmen, ohne dass dies weitere Implikationen für die Machtverteilung auf der EU-Ebene hätte.

Allerdings hat eine derartige Lösung eine institutionelle Schwachstelle, weil sie zwar auf der europäischen Ebene supranational demokratisch legitimiert agiert, auf der nationalen Ebene aber auf Elemente des Intergovernmentalismus zurückgreifen muss. Diese Schwäche des Parlamentarisierungsmodells zu Lasten der nationalen Ebene wird wohl partiell auch von den Europaparlamentariern gesehen. Jedenfalls wäre so verständlich, warum das Mehrebenenmodell auch unter den EU-Parlamentariern eine (knappe) relative Mehrheit hat, wenn nicht die einfachen Mehrheitsverhältnisse, sondern das Mittel über die im EP vertretenen Nationenmittel betrachtet wird (vgl. Tabelle 2).

Je nachdem, ob die Parlamentarisierungs- und die Mehrebenenoption als bedingt kompatibel oder nicht kompatibel zueinander angesehen werden, ergibt sich ein schwächerer oder stärkerer Dissens zwischen den Parlamentariern unterschiedlicher Länder und Ebenen.

Tabelle 2: Institutionelle Ordnungskonzepte – Kompatibilitäten zwischen parlamentarischen Ebenen

Land/parlamentarische Ebene	Cluster				Kompatibilität
	Intergovernmentalismus %	Parlamentarisierung der EU %	Mehrebenensystem %	Parlamenteordnung %	MEP/MNP-Mehrheiten
ÖST MEP	20	[50]	20	10	-
BEL MEP	12	[59]	24	6	relat. Identität
BEL MNP	5	*48*	35	13	
DÄN MEP	[67]	0	33	0	-
FIN MEP	18	36	*46*	0	-
FRA MEP	30	18	*46*	6	Identität
FRA MNP	34	17	*43*	6	
DTL MEP	0	[56]	31	13	bedingt kompatibel
DTL MNP	7	34	*37*	22	
GRIE MEP	9	36	[55]	0	Identität
GRIE MNP	9	12	[72]	7	
IRL MEP	11	22	[67]	0	inkompatibel
IRL MNP	*41*	16	39	4	
ITA MEP	0	[60]	31	9	bedingt kompatibel
ITA MNP	1	30	[53]	16	
LUX MEP	0	25	[75]	0	inkompatibel
LUX MNP	*39*	11	*39*	11	
NL MEP	10	[70]	15	5	relat. Identität
NL MNP	23	*39*	31	7	
POR MEP	27	27	*47*	0	relat. Identität
POR MNP	24	9	[57]	9	
SPA MEP	3	35	[56]	6	Identität
SPA MNP	8	37	[54]	2	
SWE MEP	[57]	29	7	7	relat. Identität
SWE MNP	*45*	13	32	11	
UK MEP	26	*37*	30	7	-
MEP	14,6	42,5	36,2	6,6	bedingt
MNP	20,9	26,1	41,2	11,8	kompatibel
MEP Mittel der Nationen	19,3	37,3	38,9	4,6	-
MNP Mittel der Nationen	21,5	24,2	44,7	9,8	-

MEP: Mitglieder des Europäischen Parlaments. MNP: Mitglieder nationaler Parlamente. [xx] = Majoritätsposition. *kursiv* = relative Mehrheitsposition.

Eine genauere Inspektion der Verteilungen ergibt, dass zwischen *parlamentarischen Ebenen*, die hier für elf Länder verglichen werden können, nur in drei

Ländern Identität in den Mehrheitsoptionen für eine der Lösungen existiert (Frankreich, Griechenland, Spanien). In weiteren vier Ländern sind absolute und relative Mehrheitspositionen identisch (relative Identität). In Deutschland und Italien existiert – wenn Parlamentarisierungs- und Mehrebenenlösung entsprechend eingeschätzt werden – bedingte Kompatibilität zwischen den Ebenen. In Irland und Luxemburg sind die Ordnungsoptionen beider Ebenen jedoch inkompatibel (vgl. Tabelle 2).

Im *Ländervergleich* der Europaabgeordneten sind die Ordnungsoptionen von Abgeordneten von 13 Ländern bedingt kompatibel, in sechs ist eine Mehrheit für die Parlamentarisierungslösung, in sieben für die Mehrebenenoption. EP-Abgeordnete aus Dänemark und Schweden haben hierzu die inkompatible Präferenz für eine intergovernmentelle Ordnung. Unter den Abgeordneten der erfassten elf nationalen Parlamente sind die Mehrheitsoptionen von sieben Nationen (unter Einschluss von Luxemburg mit identischem Anteil für die Mehrebenen- und die intergovernmentelle Lösung acht) bedingt kompatibel, zwei (bzw. drei unter Einschluss von Luxemburg) sind dazu inkompatibel, und zwar Irland und Schweden (vgl. Tabelle 2).

Unter den Europaabgeordneten und den Abgeordneten von elf Mitgliedsländern der EU gibt es also keine einhellige Option für eine der sich in den Orientierungen der Abgeordneten widerspiegelnden Ordnungsvorstellungen. Je nach Einschätzung der Kompatibilität oder Inkompatibilität ist das Konfliktpotenzial – und damit die notwendig zu leistende Konsensfindung – gewichtiger oder weniger gewichtig. Dass es sich bei diesen Differenzen nicht um Belanglosigkeiten handelt, zeigt sich, wenn die ersten Verlautbarungen im Rahmen des EU-Konvents aufmerksam gelesen werden (Das Parlament vom 22.2.2002: 18).

4.1.2 Parteifamilien

Neben der Frage der Unterschiede zwischen nationalen Präferenzen für bestimmte Ordnungsmodelle spielen parteipolitische Unterschiede eine große Rolle. Das gilt nicht nur für die nationale, sondern auch für die europäische Ebene, wo die Parteigruppierungen im EP inzwischen ähnliche Kohärenz aufweisen wie nationale Parteien (Schmitt/Thomassen 1999). In den letzten Jahren ist zunehmend der Versuch gemacht worden, die Cleavagetheorie für die Analyse der Spannungslinien auf europäischer Ebene und mit Bezug auf europäische Politik fruchtbar zu machen. Die konstatierten Basiskonfigurationen differieren im Detail, verweisen aber im Grundsatz auf eine zweidimensionale Konfliktstruktur, die zum einen gekennzeichnet ist durch das klassische, aus den Nationalstaaten bekannte sozio-ökonomische Links-

Rechts-Cleavage – bei Hooghe und Marks (1999) *social democracy vs. market liberalism* – und durch eine zweite Konfliktdimension, die bei Hix und Lord (1997: 49ff.) durch die Pole Integration vs. Souveränität gekennzeichnet ist, bei Hooghe und Marks durch Supranationalismus vs. Nationalismus. Diese Konfliktlinie ist es, die für die Frage der zukünftigen politischen Ordnung von offensichtlicher Bedeutung ist. Von besonderem Interesse ist dabei, ob diese Konfliktlinie auch auf der nationalen Ebene existiert.

Hinsichtlich der Frage, wo sich politische Parteien bzw. unterschiedliche ideologische Positionen in diesem zweidimensionalen Raum der Cleavages verorten lassen, besteht aber keine vollständige Einigkeit. Nach Hix und Lord nehmen Sozialdemokraten, Liberale, Christdemokraten und Konservative Positionen ein, die sich relativ ähnlich und moderat pro-Integration sind. In der Integrations-Souveränitäts-Dimension stehen sie nicht im Wettbewerb. Nur die „Linke" (GUE, Sozialisten und Kommunisten) und die Grünen auf der einen und die Nationalisten auf der anderen Seite nehmen Anti-Integrationspositionen ein (Hix/Lord 1997: 50). Hooghe und Marks kommen hingegen zu dem Schluss, dass das von ihnen so bezeichnete neoliberale Projekt die Stärkung der Märkte und die Schwächung der Regulation beinhaltet, während das sozialdemokratische Modell auf eine liberale Demokratie abzielt, die der Regulierung der Märkte und der Umverteilung fähig ist. Soweit und insofern dies nicht mehr im Rahmen nationalstaatlicher Politik zu gewährleisten ist, ergibt sich als sozialdemokratische Option ein regulierter europäischer Kapitalismus. Zentral für dieses politische Projekt ist aber die Demokratisierung der EU (Hooghe/Marks 1999, 2001: Kap. 10). Ausgehend von diesen unterschiedlichen Analyseergebnissen können zwei einander partiell widersprechende Erwartungen formuliert werden: a) Im Anschluss an Hix und Lord verteilen sich die Ordnungspräferenzen für eine Demokratisierung der EU auf dem ideologischen Links-Rechts-Spektrum umgekehrt U-förmig – weit linke und weit rechte Parteien sind gegen eine Demokratisierung der EU, weil sie gegen eine weitere Integration sind; Parteien im mittleren Spektrum hingegen befürworten beides; b) im Anschluss an Hooghe und Marks müssten die Ordnungspräferenzen im Sinne einer Demokratisierung der EU hingegen positiv im linken, negativ im rechten Parteienspektrum ausgeprägt sein.

Werden die Ordnungspräferenzen der Parlamentarier gemäß ihrer Zugehörigkeit zu den Einstellungsclustern betrachtet, ist ein Muster entsprechend einer der beiden Hypothesen zunächst nicht unmittelbar erkennbar.

Tabelle 3: Verteilung der Ordnungspräferenzen in den Parteifamilien in Europa (in %)

Parteifamilien:		Linke	Sozialdemo-kraten	Grüne	Regionali-sten	Nationali-sten	Liberale	Christ-demokraten	Konser-vative
Parteigruppierungen im EP:		GUE	PSE	V	ARE	EDN	ELDR	PPE	UPE
Cluster:									
Intergovernmentalismus	MEP	35	8	8	0	100	10	9	18
	MNP	29	16	9	0	100	18	22	40
Parlamentarisierung	MEP	15	44	42	78	0	48	49	35
	MNP	17	29	43	20	0	28	26	16
Mehrebenenmodell	MEP	40	43	25	22	0	35	34	41
	MNP	26	43	26	30	0	45	45	35
Parlamenteordnung	MEP	10	4	25	0	0	8	8	6
	MNP	29	13	21	50	0	9	7	9
N MEP = 100%		20	95	12	9	6	40	89	17
N MNP = 100%		42	467	53	10	7	174	377	152

Parteifamilien nach Links-Rechts-Selbsteinstufung der Abgeordneten von Links nach Rechts geordnet. MEP: Mitglieder des Europäischen Parlaments. MNP: Mitglieder nationaler Parlamente.

Zum einen gibt es beträchtliche Unterschiede zwischen den Abgeordneten derselben Parteifamilie unterschiedlicher parlamentarischer Ebenen, zum anderen ist eine Links-Rechts-Ordnung der Präferenzen oder eine entsprechende umgekehrte U-förmige Verteilung nicht ohne weiteres erkennbar (vgl. Tabelle 3). Die von Hix und Lord festgestellte Ähnlichkeit der Positionen von Sozialdemokraten, Liberalen, Christdemokraten und Konservativen bestätigt sich weitgehend, allerdings sind auch hier zwischen Parlamentariern gleicher Ebene die Präferenzen im Wesentlichen relativ gleichmäßig auf die beiden Optionen Europäisierung und Mehrebenenlösung verteilt und damit innerhalb der Parteien nur begrenzt kompatible Optionen in Konkurrenz.

Auch innerparteilich existieren daher weder innerhalb noch zwischen den parlamentarischen Ebenen echte Konsenspositionen. Nur unter der Annahme bedingter Kompatibilität von EU-Parlamentarisierung und Mehrebenenmodell existiert ein mögliches Potenzial für Konsens oder zumindest doch die Chance auf 2/3- bis 3/4-Mehrheiten bei den Sozialdemokraten, den Grünen, den Liberalen und den Christdemokraten auf beiden parlamentarischen Ebenen. Die zentrale Frage dabei ist jedoch, wie ein geeigneter Konsens für die Einbeziehung der nationalen Ebene im Parlamentarisierungsmodell gefunden werden kann. Darauf verweist die geringere Unterstützung der EU-Parlamentarisierung durch die Abgeordneten der verschiedenen Parteien auf der nationalen Ebene.

4.2 Policy-Kompetenzverteilung und institutionelle Reformen

Generelle Vorstellungen über die politische Ordnung der EU im Sinne der Machtverteilung zwischen Ebenen und Institutionen müssen auf einer institutionellen Ebene konkretisierbar sein. Institutionen müssen so gestaltet werden können, dass sie mit den Ordnungspräferenzen kompatibel sind. Nun ist *institution building* nicht nur ein voluntaristischer Akt. Er ist komplex, zumal wenn bereits Institutionen existieren, die verändert oder in die neuen Institutionen eingepasst werden sollen. Mit einer Befragung können naturgemäß nur begrenzte und relativ allgemeine Fragen zu der Ausgestaltung von Institutionen gestellt und dementsprechend analysiert werden. Insofern kann auch nur im Ansatz etwas über den gewünschten Institutionen(um-)bau ausgesagt werden.

Die Einstellungen hierzu haben aber unter bestimmten Bedingungen strategische Bedeutung, und zwar dann, wenn institutionelle Reformen angestrebt werden, die in der einen oder anderen Form Änderungen implementieren, die für die zukünftige Ordnung von Bedeutung sind und gegebenenfalls konkrete Elemente oder Vorwegnahmen umfassender Transformationen der politischen Ordnung insgesamt darstellen. Aus dieser Möglichkeit bezieht die eingangs formulierte Hypothese von einer höheren Konsensfähigkeit konkreter institutioneller Reformen im Unterschied zu umfassenden Verfassungsentwürfen oder Ordnungsmodellen ihre Relevanz.

Mit den begrenzten zur Verfügung stehenden Instrumenten können die folgenden Aspekte untersucht werden: Einstellungen zur politikbereichsspezifischen Kompetenzteilung zwischen nationaler und europäischer Ebene für 17 Politikfelder sowie Einstellungen zu vier konkreten institutionellen Maßnahmen. Letztere berühren unter anderem das Kontrollgefüge der EU. Sie betreffen die Wahl der EU-Kommission durch das EP, die Entscheidungsregel im Ministerrat, die Verbindlichkeit von EU-Ministern in allen nationalen Kabinetten, die Öffentlichkeit der Diskussion über Gesetzgebungsvorschläge im Ministerrat sowie das bindende parlamentarische Mandat für die Minister im Ministerrat.

Die Frage der Verteilung der Entscheidungskompetenzen für verschiedene Politikbereiche und deren Festlegung ist derzeit auch im Zusammenhang mit den durch den EU-Konvent vorzubereitenden Reformen ein stark diskutierter Gegenstand. In der Diskussion sind Kompetenzkataloge mit klarer und dauerhafter Abgrenzung, die auf der Basis allgemeinerer Kategorisierungen von Regelungstypen nach konstitutionellem Bereich und Politiken in ausschließlicher oder gemeinsamer Verantwortung von EU und Nationalstaaten Zuordnungen im Sinne des acquis communautaire treffen (z.B. Fischer/ Giering 2001). Umstritten ist die Frage, ob überhaupt etwas fixiert werden soll – also Verantwortlichkeiten quasi-konstitutionell festgelegt werden – oder es bei einer flexiblen Situation mit der Option der Weiterentwicklung im Zuge weiterer politischer Integration bleibt. Die bisher geltende flexible Option hat dazu geführt, dass die EU-Ebene in inzwischen der Hälfte aller relevanten Politikfelder Kompetenz für sich beanspruchen kann (Schmitter 1996; Hooghe/Marks 2001). Für 17 Politikfelder, von Landwirtschaftspolitik über Wirtschafts-, Sozial- bis zur Einwanderungspolitik, wurde ein summarisches Maß gebildet, das den Saldo zwischen dem Prozentanteil der Politikfelder, die ausschließlich in EU-Kompetenz, und dem Prozentanteil der Politikfelder, die ausschließlich in nationaler Kompetenz verantwortet werden sollen, abbildet. Im Mittel möchten die Europaparlamentarier etwa 45 Prozent der Politikfelder in ausschließlicher Verantwortung der EU sehen und weitere 26 Prozent in ausschließlicher Verantwortung der Nationalstaaten. 29 Prozent verbleiben damit in mehr oder minder stark ausgeprägter gemeinsamer Verantwortung. Bei den Abgeordneten nationaler Parlamente liegen die entsprechenden Anteile bei 39, 34 und 27 Prozent.

Tabelle 4: Policy-Kompetenzverteilung und institutionelle Reformen: Länder und parlamentarische Ebenen

Ebene	Land	Policy-Kompetenz für 17 Policies (%-Saldo EU-national)	Wahl d. EU-Kommission durch das EP	EU-Minister im Kabinett	Öffentlichkeit d. Ministerrates	Instruierte Minister	N
			(Mittelwerte: 1 = dagegen, 7 = dafür)				
MEP	ÖST	26,4	5,9	4,2	5,5	5,5	10
	BEL	25,2	5,9	4,9	4,7	5,2	18
	DÄN	-45,6	2,3	2,2	6,0	6,6	8
	FIN	-4,8	3,4	4,0	5,1	5,8	11
	FRA	10,5	4,0	5,6	4,6	4,6	33
	DTL	20,8	6,5	4,7	5,7	4,2	46
	GRI	44,9	5,2	4,8	5,1	4,5	11
	IRL	-15,7	2,9	5,1	5,2	5,8	9
	ITA	49,4	5,8	5,4	5,3	4,7	46
	LUX	19,1	4,0	6,0	4,5	5,0	4
	NL	16,8	5,3	4,4	5,0	3,9	21
	POR	23,9	3,8	5,1	4,9	5,4	15
	SPA	44,9	5,9	5,0	4,3	5,1	36
	SWE	-56,7	2,5	2,4	4,7	5,1	14
	UK	3,8	4,5	5,3	5,2	4,6	26
MNP	BEL	24,8	5,2	4,5	4,0	5,1	131
	FRA	11,4	3,4	5,4	4,4	5,2	144
	DTL	7,9	5,3	3,4	5,1	4,9	305
	GRI	9,8	3,4	5,7	4,8	6,1	60
	IRL	0,4	2,2	4,3	4,5	4,9	69
	ITA	28,3	4,7	4,6	4,7	4,9	88
	LUX	34,2	3,0	3,6	3,3	5,5	28
	NL	-1,7	4,2	3,3	3,8	4,7	63
	POR	22,0	3,2	4,6	3,9	5,1	54
	SPA	34,5	4,5	4,0	3,0	4,8	128
	SWE	-29,5	2,6	4,2	4,8	5,4	299

MEP: Mitglieder des Europäischen Parlaments; MNP: Mitglieder nationaler Parlamente. Policy-Kompetenzsaldo: Grundlage Kompetenzskala 1 = national, 7 = europäisch. Prozentanteile, die auf die Skalenpunkte 1-3 (national) entfallen, wurden von den Prozentanteilen, die auf die Skalenpunkte 5-7 (europäisch) entfallen, abgezogen.

Tabelle 5: Policy-Kompetenzverteilung und institutionelle Reformen: Parteifamilien und parlamentarische Ebene

Parteifamilien	EP-Partei-gruppierungen	Policy-Kompetenz für 17 Policies (%-Saldo EU-national)	EP-Wahl d. EU-Kommission	EU-Minister im Kabinett	Öffentlichkeit des Ministerrates	Instruierte Minister	N
				(Mittelwerte: 1 = dagegen, 7 = dafür)			
MEP							307
Sozialdemokraten	PSE	29,9	5,8	5,1	5,4	4,8	97
Christdemokraten	PPE	23,8	5,4	4,7	4,8	4,4	91
Liberale	ELDR	16,2	4,5	4,9	4,8	4,2	42
Linke	GUE	15,1	4,0	5,0	5,6	6,1	21
Konservative	UPE	18,0	4,0	5,1	5,1	5,5	18
Grüne	V	-22,5	5,3	3,4	5,1	5,2	12
Regionalparteien	ARE	60,1	5,9	5,1	5,8	4,9	7
Nationalisten	EDN	-54,6	1,1	3,6	4,4	6,3	7
keine Parteifam.		-25,3	2,6	4,7	3,6	5,8	12
MNP							1345
Sozialdemokraten	PSE	8,7	4,2	3,9	4,7	5,1	487
Christdemokraten	PPE	9,8	3,9	3,8	3,9	4,8	385
Liberale	ELDR	12,2	4,0	4,2	4,3	4,9	175
Linke	GUE	-31,1	4,1	3,7	5,8	6,4	43
Konservative	UPE	-4,8	2,8	4,8	4,5	5,4	160
Grüne	V	-12,5	5,1	3,3	5,4	5,9	56
Regionalparteien	ARE	4,7	6,1	3,8	5,1	5,4	10
Nationalisten	EDN	-73,9	1,9	2,9	3,7	5,4	7
keine Parteifam.		13,6	4,0	5,0	5,0	5,7	22

MEP: Mitglieder des Europäischen Parlaments; MNP: Mitglieder nationaler Parlamente. Policy-Kompetenzsaldo: Grundlage Kompetenzskala 1 = national, 7 = europäisch. Prozentanteile, die auf die Skalenpunkte 1-3 (national) entfallen, wurden von den Prozentanteilen, die auf die Skalenpunkte 5-7 (europäisch) entfallen, abgezogen.

Im Saldo von supranational minus national liegt der Anteil der Politikfelder in EU-Kompetenz bei den EP-Abgeordneten also bei etwa 19, bei den Abgeordneten nationaler Parlamente bei etwa fünf Prozent. Dieser im Durchschnitt aufscheinende Konsens verschwindet indes, wenn die Positionen von Abgeordneten unterschiedlicher Länder und Parteien betrachtet werden. Schwedische Abgeordnete wollen zwischen 30 und 57 Prozent mehr Kompetenzen auf der nationalen als auf der europäischen Ebene sehen, Italiens und Spaniens Parlamentarier hingegen 30 bis 50 Prozent mehr Politikfelder in ausschließlicher Verantwortung der europäischen Ebene (vgl. Tabelle 4). Die parteipolitischen Unterschiede sind ähnlich stark (vgl. Tabelle 5). Damit ist auch bei Fragen der Kompetenzverteilung entgegen der Erwartung nicht ablesbar, dass die Chancen auf Konsens sich vergrößern, wenn die zu entscheidenden Fragen konkreter werden. Ein abschließendes Urteil kann allerdings erst nach der vergleichenden Analyse von Konsens und Dissens in den Fragen von Ordnung, Policy-Kompetenzverteilung und institutionellen Reformen des nächsten Abschnitts gefällt werden.

Nicht weniger umstritten ist ein Aspekt, der auch dazu geführt hat, dass die Frage nach einem demokratischen Defizit heute häufiger positiv beantwortet wird als früher: der Aspekt der Entscheidungsregeln. Mit der Veränderung der Entscheidungsregel im Ministerrat vom Einstimmigkeits- zum Mehrheitsprinzip in vielen Bereichen hat sich im Grundsatz schon eine Veränderung der politischen Ordnung der EU ergeben. Das lässt sich auch daran ablesen, welche Ordnungspräferenz welche Entscheidungsregel favorisiert. Die Parlamentarisierungsoption geht mit einer absoluten Mehrheitsunterstützung der „doppelten Mehrheit" als Entscheidungsregel einher, gefolgt von der qualifizierten Mehrheit. Diese beiden Modi werden auch von über 80 Prozent derjenigen favorisiert, die die Mehrebenenoption bevorzugen. Im Gegensatz dazu wollen 70 Prozent der Vertreter der intergovernmentalistischen Option an der Einstimmigkeitsregel festhalten. Ordnungsoption und Entscheidungsregel stehen also in einem unmittelbaren und konsistenten Zusammenhang.

Bei diesem gegebenen Zusammenhang und dem festgestellten Dissens zwischen Ländern und Parteien kann daher auch in der Frage der Entscheidungsregel kein Konsens erwartet werden. Die Frage der Übereinstimmung oder Differenz der Positionen zwischen parlamentarischen Ebenen kann hier nicht beantwortet werden, da die Frage nach der Entscheidungsregel nur den Europaparlamentariern vorgelegt wurde.

Unter den EP-Abgeordneten der Mitgliedsländer ergeben sich jeweils majoritäre Positionen a) für die Einstimmigkeitsregel in Schweden, b) für die

Tabelle 6: Gewünschte Entscheidungsregeln im Ministerrat nach Ländern und Parteifamilien, Europaparlamentarier (in %)

Länder		Einstimmigkeit	qualifizierte Mehrheit	Staaten- und Bevölkerungsmehrheit	einfache Ländermehrheit	einfache Stimmenmehrheit	einfache Bevölkerungsmehrheit	N = 306
ÖST		11	44	33	-	11	-	9
BEL		12	24	41	12	12	-	18
DÄN		43	14	43	-	-	-	7
FIN		30	50	10	10	-	-	11
FRA		31	28	33	6	-	3	33
DTL		-	22	60	4	9	4	46
GRI		9	55	36	-	-	-	11
IRL		22	56	22	-	-	-	9
ITA		2	26	39	13	4	15	46
LUX		-	100	-	-	-	-	4
NL		14	24	43	10	5	5	21
POR		27	47	13	13	-	-	15
SPA		3	39	42	11	-	6	36
SWE		64	21	7	-	-	7	14
UK		19	31	50	-	-	-	26
Parteifamilien	**EP-Gruppen**							
Sozialdemokraten	PSE	6	30	50	8	4	2	97
Christdemokraten	PPE	7	36	44	5	3	6	91
Liberale	ELDR	10	41	36	5	5	5	42
Linke	GUE	42	32	11	11	-	5	21
Konservative	UPE	17	50	17	11	-	6	18
Grüne	V	25	17	33	17	8	-	12
Regionalparteien	ARE	-	22	33	11	-	33	7
Nationalisten	EDN	100	-	-	-	-	-	7
keine P-Familie		69	8	23	-	-	-	11

qualifizierte Mehrheit (70 Prozent der Ratsstimmen) in Finnland, Griechenland, Irland und Luxemburg, für die doppelte Mehrheit (Staaten und Bevölkerung) in Deutschland und Großbritannien. Nicht einmal eine majoritäre Position für eine der Mehrheitsregeln existieren in Österreich, Belgien, Dänemark, Frankreich, Italien, Niederlande, Portugal und Spanien (vgl. Tabelle 6). Parteipolitische Lager zeichnen sich durch eine noch größere Heterogenität aus. Lediglich unter den Sozialdemokraten und den Konservativen ergeben sich knappe absolute Mehrheitspositionen – allerdings nicht für dieselbe Option: doppelte Mehrheit im ersten, qualifizierte Mehrheit im zweiten Falle. Die Frage, was „der beste Weg" ist, „wichtige Entscheidungen im Ministerrat zu treffen" (Zitat aus dem Fragebogen), wird also alles andere als einhellig beantwortet. Jede Änderung des Status quo, sei es in Bezug auf die Ausweitung der qualifizierten Mehrheitsregel auf weitere Bereiche, sei es die Wahl einer anderen Mehrheitsregel, dürfte also heftig umstritten sein.

Ähnlich umstritten, mit vergleichbaren Mustern von Länder-, Ebenen- und Parteiunterschieden, sind auch die weiteren hier zu betrachtenden konkreten institutionellen Reformen. Hierzu zählen die Fragen, ob die europäische Kommission durch das EP gewählt werden soll, EU-Minister in den nationalen Kabinetten verbindlich vorzusehen sind, die Gesetzesberatung des Ministerrats öffentlich sein soll und ob Minister an ein durch das Parlament ausgesprochenes Mandat bei der Abstimmung im Ministerrat gebunden werden sollen. Lediglich bezogen auf die beiden letztgenannten Maßnahmen fallen die Positionen nicht ganz so deutlich auseinander (vgl. Tabelle 4). Die Muster von Zustimmung und Ablehnung gleichen sich auf Länder bezogen in der Weise, dass insbesondere Schweden und Dänemark Maßnahmen, die die EU-Ebene stärken könnten, eher ablehnen und nationale Kontrollstrukturen stärker befürworten, während Parlamentarier EU-„freundlicher" Länder wie Italien die entgegengesetzten Präferenzen äußern.

Die parteipolitischen Unterschiede spiegeln ebenfalls das Muster von EU-„freundlichen" und EU-„skeptischen" Parteien wider. Die Differenzen fallen umso stärker aus, je mehr die Maßnahmen geeignet erscheinen, Elemente der Ordnung in Bezug auf Macht- und Kontrollbefugnisse zu tangieren (vgl. Tabelle 5).

5. Konsens und Konflikt über politische Ordnung, Politikkompetenzen und institutionelle Reformen im Vergleich

Die Ergebnisse verweisen darauf, dass ein Konsens zwischen den Parlamentariern in Europa weder bezogen auf die Vorstellungen zur zukünftigen politischen Ordnung noch zur Verteilung der Politikkompetenzen und auch nicht bezogen auf konkrete institutionelle Reformen absehbar ist. Sowohl zwischen den Abgeordneten unterschiedlicher Länder und gleicher parlamentarischer Ebene, Abgeordneten gleicher Länder aber unterschiedlicher parlamentarischer Ebenen, Abgeordneten unterschiedlicher Parteien gleicher parlamentarischer Ebene als auch Abgeordneten gleicher Parteien unterschiedlicher parlamentarischer Ebenen sind die Unterschiede in den Orientierungen und die Beurteilungen konkreter Maßnahmen so groß, dass auch nicht in Teilgruppen von einem Konsens ausgegangen werden kann.

Dass ein hohes Maß an Dissens in der Frage der Zukunft der politischen Ordnung im Sinne von Kontroll- und Machtstrukturen in der EU besteht, ist vor dem Hintergrund der Erfahrungen mit dem europäischen Integrationsprozess nicht anders zu erwarten gewesen. Die These, die hier einleitend zur Prüfung vorgeschlagen wurde, stellt darauf ab, dass mit abnehmendem Grad der Generalisierung institutioneller Maßnahmen – wenn sie sozusagen aus dem Rang genommen werden, Verfassungsfragen zu sein – die Chance auf einen Konsens zunimmt.

Um die Hypothese zu prüfen, muss die Stärke der Unterschiede in den Positionen zu den Ordnungs- und Kompetenzvorstellungen sowie zu den institutionellen Reformen für verschiedene Vergleichsgruppen geprüft werden: erstens die Unterschiede in den Einstellungen zwischen Parlamentariern unterschiedlicher Ebenen unter Kontrolle der Nationenzugehörigkeit, zweitens die Unterschiede in den Einstellungen zwischen Parlamentariern unterschiedlicher Länder unter Kontrolle der parlamentarischen Ebene, drittens die Unterschiede zwischen Parlamentariern verschiedener parlamentarischer Ebenen unter Kontrolle der Parteizugehörigkeit, viertens die Unterschiede zwischen Parlamentariern unterschiedlicher Parteizugehörigkeit unter Kontrolle der parlamentarischen Ebene und schließlich zwischen Parlamentariern gleicher Nationenzugehörigkeit sowie gleicher Parteizugehörigkeit und unterschiedlicher parlamentarischer Ebenen. Zu diesem Zwecke wurden relativ aufwändige Vergleichsanalysen mit verschiedenen Maßzahlen durchgeführt.[2] Die Verhältnisstruktur der jeweiligen Maßzahlen auf den unterschiedlichen Vergleichsebenen ergab in jedem Fall ein sehr ähnliches Bild. Der Sparsamkeit und Übersichtlichkeit halber seien hier die Ergebnisse der Varianzanalyse vorgestellt, weil sie ein bis auf geringe Abweichungen repräsentatives Bild aller Befunde liefern.

In varianzanalytischen Verfahren wird geprüft, in welchem Verhältnis Binnen- und Zwischengruppenunterschiede zueinander stehen. Eine Konstellation mit Gruppen, zwischen deren Eigenschaften im Durchschnitt recht

---

2   Berechnet wurden Fragmentierungsmaße, wie sie aus der Wahl- und Parteienforschung bekannt sind (Taagepera-Index), Verteilungsdifferenzmaße (Duncan-Index of Dissimilarity) und varianzanalytische Maße.

deutliche Unterschiede existieren und die intern in ihren Eigenschaften homogen sind, kennzeichnet – wenn es um die Eigenschaft politischer Positionen geht – eine Situation mit deutlichem Dissens. Bei deutlichen Unterschieden zwischen Gruppen, aber hoher Streuung von Positionen innerhalb der
Gruppen kann von einem dementsprechend geringeren Dissens ausgegangen
werden, bei geringen Gruppenunterschieden von keinem Dissens. Dieses
Verhältnis von Zwischen- und Binnengruppendifferenzen spiegelt das Maß
eta wider. Es ist ein Maß für die Stärke von Gruppenunterschieden und dient
hier als ein guter summarischer Gradmesser für die Abgrenzbarkeit von politischen Einstellungen unterschiedlicher Gruppen von Parlamentariern und
ihrer jeweiligen Geschlossenheit: Je höher sein Wert (maximal 1, minimal 0),
desto stärker der Dissens.

Abbildung 2: Umstrittenheit von Ordnungsvorstellungen,
Kompetenzenverteilung und institutionellen Reformen

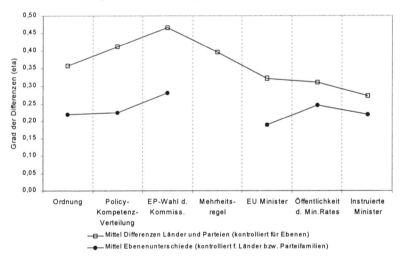

Quelle: Werte aus Tabelle 7, Mittel gewichtet.

Bei der Analyse von Konsens und Konflikt waren wechselseitig bestimmte
Bedingungen konstant zu halten: bei Ebenenvergleichen Länder oder Parteifamilien, bei Länder- und Parteifamilienvergleichen unterschiedliche parlamentarische Ebenen. Bevor die Ergebnisse betrachtet werden, sei die eingangs formulierte Hypothese konkretisiert: Der größte Dissens wird im Hinblick auf die Ordnungsvorstellungen erwartet. Danach sollten mit abnehmendem Dissens die Frage der Verteilung von Politikkompetenzen zwischen den

beiden politischen Ebenen, die institutionellen Reformen, die die Kontrollstruktur auf der EU-Ebene verändern (EP-Wahl der Kommission, Mehrheitsregel, Öffentlichkeit der Beratung von Gesetzgebungsvorschlägen im Ministerrat), und danach die Reformen, die die nationalstaatlichen Kontrollstrukturen betreffen (EU-Minister für jedes Kabinett verpflichtend, parlamentarisches Mandat für Ministerentscheidungen im Rat), folgen.

Empirisch bestätigt sich diese Hypothese nur zum Teil. Erstens sind die
Ordnungsvorstellungen zur Kontroll- und Machtstruktur der EU-Polity nicht
diejenigen, die den größten Dissens aufweisen; zweitens liegt die Kompetenzverteilung nicht an zweiter Stelle der Umstrittenheit; drittens allerdings
bestätigt sich zumindest die Erwartung abnehmender Umstrittenheit zwischen Abgeordneten unterschiedlicher Länder und Parteifamilien hinsichtlich
der konkreten institutionellen Reformen (vgl. Abbildung 2).

Erwartungsgemäß fallen die Unterschiede zwischen den Abgeordneten
nationaler Parlamente und dem Europaparlament gleicher Parteifamilien-
oder Nationenzugehörigkeit weitaus geringer aus als zwischen Abgeordneten
unterschiedlicher Nation oder Parteifamilie gleicher parlamentarischer Ebene.
Insgesamt lässt sich aber die mit der Hypothese für die politische Praxis der
Weiterentwicklung der EU-Polity einhergehende Erwartung, institutionelle
Reformschritte hätten eine größere Durchsetzungschance als große Entwürfe,
nicht oder allenfalls partiell bestätigen. Zum einen ist das Dissenspotenzial
auch in diesen Bereichen beachtlich, zum anderen wird es erst dort geringer,
wo die institutionenstrategische Bedeutung der Reform mit Blick auf die demokratische Kontrollstruktur auf der EU-Ebene doch relativ stark abgenom-
men hat. An diesem Befund ändert auch die Inspektion der detaillierten Ergebnisse wenig (vgl. Tabelle 7).

An detaillierteren Ergebnissen festhalten lässt sich erstens, dass die Unterschiede zwischen Abgeordneten unterschiedlicher Länder stärker sind als
zwischen Abgeordneten unterschiedlicher Parteien; dass, zweitens, die Unterschiede zwischen Abgeordneten gleicher Nation oder Partei, aber unterschiedlicher parlamentarischer Ebenen am geringsten ausfallen; und dass,
drittens, der Dissens zwischen Europaparlamentariern – unabhängig davon,
ob sie nach ihrer Nationen- oder ihrer Parteizugehörigkeit differenziert werden – größer ist als zwischen Abgeordneten nationaler Parlamente.

Weiterhin lässt sich festhalten, dass (wenngleich auf geringerem Niveau
als die länder- und parteibezogenen Unterschiede) der Dissens zwischen den
parlamentarischen Ebenen in Luxemburg, Griechenland, den Niederlanden
und Italien am höchsten, in Frankreich und Schweden deutlich am geringsten
ist; wobei der relative Konsens sich bei den beiden letzten Ländern auf im
Grundsatz unterschiedliche Präferenzen bezieht. Unter den Parlamentariern
unterschiedlicher Ebenen, aber gleicher Parteifamilien sind die Differenzen

innerhalb der nationalistischen und der Regionalparteien am stärksten, bei den Liberalen, den Konservativen und den Grünen deutlich am geringsten.

Tabelle 7: Konsens und Konflikt bei Fragen politischer Ordnung, Kompetenzverteilung und institutionellen Reformen im Vergleich (Eta)

Unterschiede zwischen:	Ordnung	Policy-Kompe-tenzen	Wahl d. Kom-mission	Mehr-heits-regel	EU-Minister	öffentl. Min.Rat	Instru-ierte Minister
Ebenen, kontrolliert für Länder	0,14	0,13	0,18	-	0,20	0,20	0,16
Länder, kontrolliert für Ebenen	0,41	0,51	0,56	-	0,47	0,33	0,26
- MEP	0,43	0,53	0,59	0,42	0,50	0,31	0,32
- MNP	0,39	0,47	0,51	-	0,42	0,37	0,19
Ebenen, kontrolliert für Parteifamilien	0,14	0,18	0,17	-	0,19	0,24	0,13
Parteifamilien, kontrolliert für Ebenen	0,30	0,31	0,38	-	0,18	0,29	0,28
- MEP	0,37	0,39	0,48	0,37	0,24	0,31	0,34
- MNP	0,21	0,21	0,24	-	0,09	0,26	0,20
Mittel:							
a) Länder, Parteien (gew.)	0,36	0,41	0,47	0,40	0,32	0,31	0,27
b) Ebenen	0,22	0,22	0,28	-	0,19	0,24	0,22
Zwischen Ebenen in:							
a) Ländern							
- BEL	0,03	0,03	0,12	-	0,07	0,13	0,29
- FRA	0,02	0,01	0,13	-	0,08	0,04	0,14
- DTL	0,14	0,13	0,22	-	0,23	0,15	0,13
- GRI	0,18	0,27	0,30	-	0,29	0,07	0,44
- IRL	0,23	0,15	0,12	-	0,16	0,13	0,18
- ITA	0,28	0,23	0,26	-	0,24	0,27	0,04
- LUX	0,20	0,19	0,20	-	0,40	0,45	0,12
- NL	0,26	0,20	0,23	-	0,25	0,31	0,18
- POR	0,10	0,03	0,13	-	0,13	0,38	0,09
- SPA	0,03	0,14	0,30	-	0,25	0,26	0,07
- SWE	0,03	0,10	0,01	-	0,09	0,01	0,05
b) Parteien							
- Sozialdemokraten	0,10	0,19	0,27	-	0,24	0,19	0,05
- Christdemokraten	0,21	0,14	0,27	-	0,19	0,21	0,10
- Liberale	0,17	0,04	0,10	-	0,13	0,11	0,17
- Linke	0,13	0,37	0,01	-	0,34	0,19	0,09
- Konservative	0,16	0,14	0,17	-	0,07	0,11	0,03
- Grüne	0,01	0,08	0,02	-	0,02	0,10	0,15
- Regionalparteien	0,39	0,07	0,09	-	0,36	0,42	0,16
- Nationalisten	0,00	0,49	0,39	-	0,20	0,63	0,31

MEP: Mitglieder des Europäischen Parlaments. MNP: Mitglieder nationaler Parlamente.

6. Wie persistent sind die Unterschiede?

Unterschiede in den Positionen zur politischen Ordnung und institutionellen Reform zwischen Abgeordneten unterschiedlicher Ebenen, verschiedener Länder und Parteien, die in einer Momentaufnahme feststellbar sind, haben nur eine begrenzte Aussagekraft für die zukünftige Entwicklung, wenn unterstellt wird, dass sie wandelbar und verhandlungsfähig sind. Je stärker sie jedoch auf Unterschiede in den jeweiligen nationalen oder parteipolitischen Interessen oder sogar den politischen Kulturen der Mitgliedsländer zurückgehen, um so aussagekräftiger können sie dafür sein, welche Divergenzen, Schwierigkeiten und Probleme bei der Gestaltung der politischen Ordnung der EU zu erwarten sind. Neben den über Jahrzehnte hinweg zu beobachtenden grundsätzlichen Unterschieden zwischen den Positionen der Mitgliedsländer in Integrationsfragen – z.B. europakritische Haltungen in Großbritannien und Dänemark, europafreundliche Positionen insbesondere in Italien – weisen weitere Beobachtungen darauf hin, dass die Muster insbesondere nationaler Interessenunterschiede in der Frage der Ordnung der EU relativ persistent sein dürften. Frühere Befunde haben unterschiedliche Positionen zur Kompetenzverteilung auf drei zentrale Faktoren zurückführen können: die Größe einer Nation, ihre (internationale) ökonomische Interessenlage und das in den Nationen jeweils etablierte Gefüge kollektiver Interessenvermittlungs- und Bargainingstrukturen (Weßels/Kielhorn 1999; Weßels 1999a, 1999b).

Wird von Unterschieden zwischen EU- und nationalen Parlamentariern abgesehen und die mittlere Präferenz aller Parlamentarier einer Nation betrachtet, zeigt sich auch für die hier bestimmten Ordnungspräferenzen, dass sie sich aufgrund dieser drei strukturellen Kriterien relativ gut vorhersagen lassen: Je größer eine Nation und je stärker in den internationalen Handel eingebunden, desto stärker wird die Parlamentarisierung der EU favorisiert. Je stärker das nationale Interessengruppensystem, desto stärker die intergovernmentelle Option. Das entspricht durchaus den Erwartungen: Große Nationen brauchen nicht eine Dominierung im parlamentarischen Prozess befürchten. Je stärker die Handelsverflochtenheit einer Wirtschaft, desto stärker ist ihr Bedarf an wettbewerbsneutralen, und das heißt internationalen Regelungen. Je stärker schließlich nationale Interessengruppen, desto stärker sind die nationalen Verteilungskoalitionen, die bei einer Supranationalisierung der Politik um ihre Macht und die mühsam austarierten Kräfteverhältnisse und etablierten Strukturen der Konsensbildung im nationalstaatlichen Rahmen fürchten müssen. Mithilfe der Methode der Diskriminanzanalyse lassen sich immerhin zwei Drittel aller Fälle, im Mittel der Gruppen mit der Präferenz für eine der drei relevanten Ordnungsvorstellungen (Cluster) 75 Prozent aufgrund dieser drei Merkmale bei einer „erklärten" Varianz von 95 Prozent korrekt klassifizieren. Die standardisierten kanonischen Funktionskoeffizienten für die erste Diskriminanzfunktion sind die folgenden: 1,24 für die Bevölkerungsgröße, 1,26 für den Anteil von Export plus Import am Bruttosozialprodukt, -0,60 für die Stärke nationaler Interessengruppensysteme (gemessen an der Anzahl relevanter Verbände, standardisiert auf die Bevölkerungsgröße; vgl. Weßels 2002). Die Korrelationen der Variablen mit der Diskriminanzfunktion sind die folgenden: Bevölkerungsgröße 0,62; Handelsabhängigkeit 0,06; Interessengruppenstärke -0,25. Mit einem Anteil von 35 Prozent erklärter Varianz lässt sich die Zugehörigkeit zu einem der drei die verschiedenen Ordnungsmodelle repräsentierenden Cluster auf die Werte der Diskriminanzfunktion regressieren. Die Varianzanalyse der individuellen Werte auf der Diskriminanzfunktion für die drei Cluster von Ordnungsvorstellungen ergibt einen Anteil von 41 Prozent erklärter Varianz (eta^2).

Diese Befunde sprechen dafür, dass die unterschiedlichen Positionen von Abgeordneten unterschiedlicher Länder weder zufällig noch besonders leicht wandelbar sind, weil sie auf Interessenunterschiede zurückgehen, die strukturell begründet und zum Teil stark in der jeweiligen nationalen Institutionen- und Vermittlungsstruktur verwurzelt sind.

7. Fazit: Reform der EU – Inkrementalismus statt großer Wurf?

Die Diskussion über die Zukunft der EU hat nicht zuletzt durch den EU-Konvent, der Reformmaßnahmen für die Regierungskonferenz 2004 vorschlagen soll, neue Impulse erfahren. Die Erwartungen an den Konvent sind hoch, was sich nicht zuletzt darin ausdrückt, dass er vielfach zum „Verfassungskonvent" erhoben wird. In der Erklärung von Laeken 2001 hatte der Europäische Rat beschlossen, einen Konvent einzuberufen, dem die Hauptakteure der Debatte über die Zukunft der EU angehören sollten, um wesentliche Fragen zur künftigen Entwicklung der EU zu prüfen und sich um alternative Antwortmöglichkeiten zu bemühen. Zu diesen Fragen gehören unter anderem: „Wie ist die Aufteilung der Zuständigkeiten zwischen der Union und den Mitgliedsstaaten zu gestalten? Wie sollen innerhalb der Union die Zuständigkeiten zwischen den Organen verteilt werden? ... Wie lässt sich die demokratische Legitimation der Union gewährleisten?" Dem Konvent gehören von insgesamt 102 Mitgliedern unter anderem 30 Vertreter nationaler Parlamente der Mitgliedsländer sowie 16 Europaparlamentarier an.

Vor diesem Hintergrund erhält die Frage von Konsens und Konflikt in der Beurteilung und in den Perspektiven der Zukunft der EU unter den Parlamentariern in Europa seine Relevanz. Neben der ohnehin gegebenen institutionellen Mitwirkung in ihren jeweiligen Abgeordnetenrollen an der EU-Politik ist ein beachtlicher Kreis unter den Abgeordneten herausgehoben mit den Zukunftsfragen der EU befasst.

Hier wurde danach gefragt, in welchem Ausmaß in Fragen der politischen Ordnung, Kompetenzverteilung und institutioneller Reformen gemeinsame Vorstellungen der Parlamentarier in Europa existieren und wie stark der Dissens ist. Im Vordergrund stand die Frage nach der Zukunft der politischen Ordnung im Sinne einer Kontrollstruktur zwischen den europäischen und den nationalen Institutionen. Die Vorstellungen über den gewünschten Einfluss unterschiedlicher Institutionen auf die Entscheidungsprozesse in der EU verdichten sich zu vier Modellen politischer Ordnung: einem Modell des Intergovernmentalismus, einem Modell der Parlamentarisierung der EU, einem Modell eines Mehrebenensystems und einem quantitativ wenig bedeutsamen Modell einer Parlamenteordnung. Keines der Modelle kann für sich eine majoritäre Position behaupten. Eine relative Mehrheit der EU-Parlamentarier befürwortet die Parlamentarisierung der EU, eine relative Mehrheit der nationalen Parlamentarier ein Mehrebenenmodell. Die Präferenzen sind jedoch nicht nur zwischen parlamentarischen Ebenen und Ländern, sondern auch innerhalb Länder zwischen Angehörigen verschiedener Parteifamilien so unterschiedlich verteilt, dass keineswegs von einem Konsens in Fragen der Zukunft der politischen Ordnung gesprochen werden kann. Für eine Debatte über die Zukunft der EU mag das eine interessante Ausgangslage sein. Für die Erarbeitung gemeinsamer Vorstellungen und eines in konstitutionellen Fragen unabdingbaren Konsenses ist dies allerdings eine schwer, wenn überhaupt zu nehmende Hürde.

Die eingangs formulierte Erwartung, dass eine Option für die Gestaltung der Zukunft der EU bei starkem Dissens in der großen Frage der EU-Ordnung darin liegen könnte, dass über konkretere institutionelle Maßnahmen mit entsprechenden (Teil-)Wirkungen für die zukünftige Ordnung ein Konsens leichter erzielt werden kann, bestätigt sich nur partiell. Die Analyse der Orientierungen zu Fragen der Kompetenzverteilung in einzelnen Politikbereichen und konkreten institutionellen Reformen – Wahl der Kommission, Mehrheitsregel im Ministerrat, Öffentlichkeit des Ministerrates, parlamentarisch gebundenes Mandat für Minister im Ministerrat und EU-Minister in nationalen Kabinetten – verdeutlicht, dass auch in konkreteren Fragen als der nach der demokratischen Kontrollstruktur im EU-Institutionengefüge unterschiedliche Auffassungen zwischen Ländern, Parteien und parlamentarischen Ebenen bestehen. Die Konsenspotenziale nehmen erst bei Regelungen zu, die institutionenstrategisch nicht als Veränderung der demokratischen Kontrollstruktur auf europäischer Ebene angesehen werden können. Sie sind dort am höchsten, wo im Wesentlichen die Kontrolle europäisch aktiver nationaler Akteure, der Minister also, auf der nationalen Ebene gestärkt wird.

Die Option des Inkrementalismus als Verfahren, wenn große Fragen aufgrund von Dissens nicht entscheidbar sind, scheint damit bezogen auf Veränderungen mit Implikationen für die Machtverteilung zwischen den in die EU-Politik involvierten Institutionen ausgesprochen gering zu sein.

Es spricht einiges dafür, dass die Differenzen in der Frage der Ordnung der EU relativ persistent sein dürften. Die Unterschiede in den Ordnungsvorstellungen der Abgeordneten verschiedener Nationen lassen sich auf drei zentrale Faktoren zurückführen, die jeweils eine unterschiedliche Interessenlage begründen: die Größe einer Nation, ihre Stellung in der internationalen Ökonomie und das in den Nationen jeweils etablierte Gefüge kollektiver Interessenvermittlungs- und Bargainingstrukturen. Mit der Begründung von Unterschieden aus unterschiedlichen Interessenlagen, die z.T. in den Nationen strukturell und institutionell verankert sind, wird die Wahrscheinlichkeit der Wandel- und Verhandlungsfähigkeit der Positionen zumindest geschmälert. Mit der anstehenden Erweiterung der EU um zehn Länder wächst allerdings der Druck, Lösungsvorschläge zur demokratischen Frage zu erzielen – nicht nur bezogen auf demokratische Legitimation, sondern auch allein schon technisch z.b. mit Bezug auf Entscheidungsregeln und Zusammensetzung von Entscheidungskörperschaften. Das mag mit dazu beitragen, dass der Konsenswille der Mitgliedsländer und der (partei-)politischen Akteure steigt. Aufgrund der beträchtlichen und vermutlich nachhaltigen Unterschiede in den Positionen kann der Zukunftsdebatte über die EU aber wohl dennoch eine intensive, vor allem aber eine lange Zukunft prognostiziert werden.

Literatur

Calhoun, John C: Disquisition on Government. New York: Peter Smith, 1943.
Eichenberg, Richard C./Dalton, Russell J.: Europeans and the European Community: The Dynamics of Public Support for European Integration. In: International Organization 47 (1993), S. 507-534.
Eichenberg, Richard C.: Measurement Matters: Cumulation in the Study of Public Opinion and European Integration. APSA Meeting, 1998.
Fischer, Thomas/Giering, Claus: Ein zukunftsfähiges Europa. CAP, Bertelsmann Forschungsgruppe Politik. Gütersloh/München, 2001.
Held, David (Hrsg.): Prospects for Democracy: North, South, East, West. Cambridge: Polity Press, 1993.
Hix, Simon/Lord, Christopher: Political Parties in the European Union. New York: St. Martin's Press, 1997.
Hoffmann, Stanley: Obstinate or Obsolet? The Fate of the Nation-State and the Case of Western Europe. In: Daedalus 95 (1966), S. 862-914.
Hooghe, Liesbet/Marks, Gary: The Making of a Polity: The Struggle over European Integration. In: Kitschelt, Herbert/Lange, Peter/Marks, Gary/Stephens, John (Hrsg.): Continuity and Change in Contemporary Capitalism. Cambridge: Cambridge University Press, 1999, S. 70-97.

Hooghe, Liesbet/Marks, Gary: Multi-Level Governance and European Integration. Lanham u.a.: Rowman & Littlefield, 2001.

Katz, Richard S.: Democracy and Elections. Oxford: Oxford University Press, 1997.

Katz, Richard S./Weßels, Bernhard (Hrsg.): The European Parliament, National Parliaments, and European Integration. Oxford: Oxford University Press, 1999a.

Katz, Richard S./Weßels, Bernhard: Parliaments and Democracy in Europe in the Era of the Euro. In: Katz Richard S./Weßels, Bernhard Weßels (Hrsg.): The European Parliament, the National Parliaments, and European Integration. Oxford: Oxford University Press, 1999b, S. 231-247.

Lindberg, Leon/Scheingold, Stuart: Europe's Would-be Polity: Patterns of Change in the European Community. Englewood Cliffs: Prentice-Hall, 1970.

Moravcsik, Andrew: Preferences and Power in the European Community. In: Journal of Common Market Studies 31 (1993), S. 473-524.

Niedermayer, Oskar: Trends and Contrasts. In: Niedermayer, Oskar/Sinnott, Richard (Hrsg.): Public Opinion and Internationalized Governance. Oxford: Oxford University Press, 1995, S. 53-72.

Niedermayer, Oskar/Sinnott, Richard: Democratic Legitimacy and the European Parliament. In: Dies. (Hrsg.): Public Opinion and Internationalized Governance. Oxford: Oxford University Press, 1995, S. 277-308.

Norris, Pippa: The Political Regime. In: Schmitt, Hermann/Thomassen, Jacques (Hrsg.): Political Representation and Legitimacy in the European Union. Oxford: Oxford University Press 1999, S.74-89.

Scharpf, Fritz W.: Economic Integration, Democracy and the Welfare State. MPIfG Working Paper 96/2. Köln, 1996.

Schmitt, Hermann/Thomassen, Jacques (Hrsg.): Political Representation and Legitimacy in the European Union. Oxford: Oxford University Press, 1999.

Schmitter, Philippe: Imagining the Present Euro-Polity with the Help of Past Theories. In: Marks, Gary/Scharpf, Fritz W./Schmitter, Philippe C./Streeck, Wolfgang (Hrsg.): Governance in the European Union. London: Sage, 1996, S. 1-14.

Shepsle, Kenneth A: Representation and Governance. In: Political Science Quarterly 103 (1988), S. 461-484.

Weiler, Joseph H. H.: European Neo-Constitutionalism: In Search of Foundations for the European Constitutional Order. In: Political Studies 44 (1996), S. 517-533.

Weßels, Bernhard: Institutional Change and the Future Political Order. In: Katz, Richard S./ Weßels, Bernhard (Hrsg.): The European Parliament, the National Parliaments, and European Integration. Oxford: Oxford University Press, 1999a, S. 213-228.

Weßels, Bernhard: Political Representation and Political Integration in Europe: Is it possible to square the circle? In: European Integration online Papers (EioP) 3 (1999b), http://eiop.or.at/eiop/texte/1999-009.htm.

Weßels, Bernhard: Politische Repräsentation und politische Integration in der EU: Ist die Quadratur des Kreises möglich? In: van Deth, Jan/König, Thomas (Hrsg.): Europäische Politikwissenschaft: Ein Blick in die Werkstatt. Mannheimer Jahrbuch für Europäische Sozialforschung, Band 4. Frankfurt a.M./New York: Campus, 2000, S. 337-372.

Weßels, Bernhard: Interest Groups in the EU: the Emergence of Contestation Potential. In: Marks, Gary/Steenbergen, Marco (Hrsg.): Dimensions of Contestation in the European Union. Cambridge: Cambridge University Press, 2002 (im Erscheinen).

Weßels, Bernhard/Kielhorn, Achim: Which Competencies for Which Political Level? In: Katz, Richard S./Weßels, Bernhard (Hrsg.): The European Parliament, the National Parliaments, and European Integration. Oxford: Oxford University Press, 1999, S. 174-196.

Wessels, Wolfgang: Institutions of the EU System: Models of Explanation. In: Rometsch, Dietrich/Wessels, Wolfgang (Hrsg.): The European Union and Member States. Manchester/New York: Manchester University Press, 1996, S. 20-36.

Thorsten Faas

Europa, wie es den Bürgern gefällt? Positionen von Wählern, Parteien und ihren Europa-Abgeordneten im Vergleich[1]

1. Einleitung

„The party system that is needed must be democratic, responsible and effective" (APSA 1950) – so lautet die Kurzformel des Berichts „Toward a More Responsible Two-Party System" des „American Political Science Association's Committee on Political Parties" aus dem Jahre 1950. „Responsible", so der Bericht, sind Parteien und ein Parteiensystem dann, wenn die Wähler am Wahltag zwischen klaren Optionen (aufgrund von Wahlprogrammen) ihre Entscheidung treffen können. „Effective" sind Parteien und das Parteiensystem dann, wenn die entsprechenden Programme von den Parteien – mittels ihrer gewählten Repräsentanten – in der Folgezeit weitgehend umgesetzt werden. Ist beides erfüllt, so folgt daraus, dass das Parteiensystem „democratic" ist, nämlich in dem Sinne, dass die Wähler am Wahltag eine klare Präferenz äußern können und in der Folge ihre Präferenzen in konkrete Politiken umgesetzt sehen. Idealiter funktioniert so das Modell der politischen Repräsentation mittels politischer Parteien.

Der Bericht des APSA-Committees soll im Folgenden – insbesondere in Form seiner Quintessenz „democratic, responsible and effective" – als Referenzgröße für eine (empirische) Analyse europäischer Parteien und des europäischen Parteiensystems insgesamt dienen. Die Frage, die hier gestellt und (teilweise) beantwortet werden soll, ist demnach: Gibt es das Europa, wie es den Bürgern gefällt? Konkreter formuliert geht es um die Frage, ob und wie die zentralen Vorstellungen der Bürger in und über Europa von den Parteien aufgegriffen und in der Folge (hier konkret im Europäischen Parlament) auch *umgesetzt* werden.

---

1   Ich danke Cornelia Hentschel und Dr. Andreas Wüst, den Teilnehmern des Oberseminars an der Otto-Friedrich-Universität Bamberg sowie der Tagung „Europäische Integration: Öffentliche Meinung, politische Einstellungen und politisches Verhalten" des DVPW-Arbeitskreises „Wahlen und politische Einstellungen" am 6./7.6.2002 in Augsburg für ihre hilfreichen Kommentare und Anregungen. Mein Dank gilt ebenfalls Sara Kleyer für ihre Unterstützung bei der Genese des zugrunde liegenden Datensatzes.

Der Aufbau der Analyse ist dabei wie folgt: Zunächst werden die Begriffe der „repräsentativen Demokratie" und der „responsible party" sowie
die daraus abgeleiteten Schlussfolgerungen für das Verhältnis zwischen Bürgern und Parteien allgemein erörtert. Im zweiten Schritt geht es dann darum,
die grundlegenden Dimensionen, entlang derer Politik in Europa strukturiert
ist, zu identifizieren und die allgemeinen Erkenntnisse darauf zu übertragen.
Im dritten Schritt schließlich folgt die empirische Analyse.

2. Repräsentative Demokratie und „Responsible Parties"

In heutigen Demokratien ist es – von wenigen Ausnahmen abgesehen – nicht
mehr der Fall, dass sich Bürger in einer zentralen „Agora" treffen, um dort
Entscheidungen zu treffen, die den Fortgang des politischen Systems und den
konkreten Policy-Output direkt bestimmen. Stattdessen funktioniert Demokratie heute als *repräsentative Demokratie*, die die Verbindung zwischen den
Bürgern (oder genauer gesagt: den Wählern) und dem Policy-Output des politischen Systems mittels der Institution des politischen Repräsentanten her-
stellt, der in demokratischen Wahlen gewählt wird (Brennan/Hamlin 1999:
109). Da diese Repräsentanten in aller Regel von politischen Parteien rekru-
tiert und präsentiert werden, spricht Aldrich (1995: 3) zu Recht davon, dass
Demokratie heute „unworkable save in terms of parties" sei.[2]
    Diese herausragende Rolle von Parteien spiegelt auch das Grundgesetz
in Art. 21 Abs. 1 Satz 1 wider. Dort heißt es: „Die Parteien wirken bei der
politischen Willensbildung des Volkes mit". Inzwischen findet sich auch im
EG-Vertrag in Artikel 191 (Ex-Artikel 138a) ein ähnlicher Passus: „Politische Parteien auf europäischer Ebene sind wichtig als Faktor der Integration
in der Union. Sie tragen dazu bei, ein europäisches Bewusstsein herauszubil-
den und den politischen Willen der Bürger der Union zum Ausdruck zu bringen". Allerdings ist die genaue Bedeutung insbesondere des letzten Aspekts
zunächst unklar. Folgt daraus etwa, dass die Parteien auch in kleinsten De-
tailfragen *verpflichtet* sind, die Vorstellungen ihrer Wähler zu vertreten? Eine
solche Konstruktion wäre zweifelsohne übertrieben und angesichts der
Schnelllebigkeit und Komplexität der sozialen, ökonomischen und politischen Umwelt auch wenig effizient. Dennoch gilt in umgekehrter Richtung
ebenso, dass „the very nature of representative government implies that there
should be a significant nexus" (Emy 1997: 68) zwischen Wählern und Gewählten. Auch in Zeiten sich schnell wandelnder Umweltbedingungen müssen Wahlen weiterhin „minimally *meaningful* as well as minimally *conse-
quential* choices" (Schedler 1998: 194) bieten. Ansonsten gilt: „If electoral
results do not produce any policy consequences, elections become mere de-

---

2   Aldrich modifiziert hier leicht ein Zitat, das ursprünglich von Schattschneider aus dem Jahre
     1942 stammt und in dem anstelle von „unworkable" sogar „unthinkable" stand.

vices to legitimate arbitrariness and contingency, blind mechanisms to re-place random one despotic ruler with another" (Schedler 1998: 195). Offen bleibt dabei, wo genau die Balance zwischen (gebundenem) „delegate" und (freiem) „trustee" liegt (Emy 1997: 68).

Bei all dem gilt es, den von Sartori (1968: 1) eingeführten Unterschied zwischen einer „sociology of politics" und einer echten „political sociology" zu beachten, wobei erst letztere das selbständige strategische Potenzial der Parteien berücksichtigt. Übertragen auf den hiesigen Kontext bedeutet dies, dass in der Interaktion von Wählern und Parteien und insbesondere deren Dynamik sowohl Pull- als auch Push-Effekte am Werke sind: Parteien sollten nicht nur von ihren Wählern zu bestimmten Positionen gedrängt werden, sondern können sehr wohl (und auch legitimerweise) ihre Wählergruppen selbst in bestimmte Richtungen ziehen, die sie als Parteien vorgeben. Sie sind nicht ausschließlich *preference-taker*, sondern können gleichzeitig auch als *preference-shaper* agieren.

Dass Wähler sich in bestimmten Bereichen von Parteien „ziehen" lassen, macht auch aus der Perspektive der Wähler durchaus Sinn. In einer Welt, in der für viele Menschen das „Leben, nicht die Politik, ... wichtig [ist]" (van Deth 2000), suchen diese gezielt nach „Proxies" (Anderson 1998), um sich dennoch, aber eben möglichst kostengünstig, eine Meinung zu politischen Sachverhalten bilden zu können. Downs (1957) spricht in diesem Zusammenhang von „rational ignorance". Dies gilt besonders in neuen, aber auch in komplexen und komplizierten Bereichen der Politik. Eine nahe liegende Strategie in einem solchen Umfeld ist es beispielsweise, die Positionen der ohnehin in Folge grundlegenderer, ideologischer Fragen präferierten Partei zu übernehmen.

Daraus folgt, dass sich unabhängig von der kausalen Richtung (ob elite oder mass-driven; Weßels 1995) und einmal abgesehen von gewissen Übergangsphasen zumindest auf der Ebene allgemein-ideologischer Fragen Kongruenzen zwischen Partei- und Wählerpositionen nachweisen lassen sollten. Dies wäre ein wichtiger Teilnachweis funktionierender Repräsentation, für den Dalton (1985: 277) den Begriff der „dyadic correspondence" geprägt hat. Offen und von System zu System verschieden ist allerdings die Anzahl der relevanten Dimensionen, entlang derer sich solche allgemein-ideologischen Einstellungen bilden. In manchen Ländern ist dies primär die Links-Rechts-Skala, was aber nicht zwangsläufig und/oder ausschließlich der Fall sein muss.

Zuvor aber sei noch abschließend erwähnt, dass eine „dyadic correspondence" in Form einer Übereinstimmung von Einstellungen zwischen Wählern und Gewählten – wie bereits gesagt – nur ein erster Teilnachweis ist, sozusagen die notwendige Bedingung. Hinreichend sichergestellt ist die Repräsentation erst dann, wenn sich die (idealerweise im Vergleich zu denen der Wähler kongruenten) Einstellungen der Gewählten auch in entsprechendes Verhalten transformieren, wenn sich also ihr konkretes (Abstimmungs-)Verhalten im Parlament aus ihren Einstellungen ableitet. Dies mag zunächst trivial erscheinen, erweist sich aber bei näherem Hinsehen als keineswegs selbstverständlich. Auf Abgeordnete wirken verschiedenste intervenierende Einflussfaktoren ein, so dass nicht automatisch davon ausgegangen werden kann, dass ihre Einstellungen (oder indirekt die Einstellungen ihrer Wähler) dominieren. Vielmehr können andere Faktoren eine perfekte Übersetzung verhindern.

3. Dimensionen der Politik in Europa

Politische Konfliktlinien können sowohl funktional als auch territorial fundiert sein (Lipset/Rokkan 1967). Allerdings sind nicht in allen politischen Systemen die gleichen Konfliktlinien politisiert: In manchen Ländern sind etwa ethnische Konfliktlinien politisiert (z.b. Belgien), in anderen religiöse (z.b. Niederlande). Vor diesem Hintergrund stellt sich die Frage, ob und wie sich diese einzelnen Konstellationen in einen gemeinsamen europäischen Policy-Raum übertragen, der das Geschehen innerhalb der Europäischen Union bestimmt.

Gabel und Hix (2001) haben in einer Analyse verschiedene modellhafte Beschreibungen eines möglichen europäischen Policy-Raumes aufgeführt. Ihre empirische Überprüfung der Modelle anhand der Wahlprogramme der europäischen Parteiföderationen liefert klare Belege für ein zweidimensionales Modell, in dem die erste Dimension die klassische Links-Rechts-Dimension repräsentiert, die zweite den Konflikt zwischen „mehr vs. weniger Integration" in Europa, im Folgenden kurz „Integrations-Dimension" genannt. Analysen des Abstimmungsverhaltens im Europäischen Parlament kommen zu ähnlichen Ergebnissen. Auch hier haben verschiedene Autoren wiederholt diese beiden Dimensionen als Hauptstrukturierungslinien identifiziert (u.a. Hix 2001; Noury 2002). Dass sich gerade diese beiden Dimensionen innerhalb der Europäischen Union als zentral erweisen, macht sowohl aus theoretischer als auch aus „historisch-vergleichender" Sicht Sinn. Theoretisch machen sie Sinn, weil sie völlig verschiedene, aber dennoch für politische Entscheidungen in der Europäischen Union höchst relevante Grundlagen darstellen: einerseits nämlich eine territoriale (nationale) Basis (wie sie alleine schon in der Struktur der Union mit ihren Mitgliedsstaaten zum Ausdruck kommt), andererseits aber auch eine funktionale (transnationale) Basis (was sich in transnationalen Parteibünden und Interessengruppen manifestiert). Aufgrund dieser Verschiedenartigkeit erscheint es auch nicht problemlos möglich, die beiden Dimensionen in einer einzigen zu verbinden. Historisch vergleichend schließlich belegen Beispiele wie die USA die (dauerhafte) Koexistenz der beiden Dimensionen, denn auch dort werden „system-wide class alliances ... undermined by competing territorial interests" (Hix 1999: 77).

Die Unabhängigkeit der beiden Dimensionen voneinander wird allerdings von verschiedenen Autoren immer wieder in Frage gestellt. Angesichts der hohen Anpassungs- und Integrationsfähigkeit der etablierten Links-Rechts-Skala wäre es auch keineswegs auszuschließen, dass sie auch die Integrations-Dimension mittelfristig integrieren kann. Aspinwall (2002) argumentiert beispielsweise, dass eine Fusion der beiden Dimensionen so ablaufen kann, dass die Mitte (der Links-Rechts-Skala) die Integration befürwortet, während *beide* Extreme, wenn auch aus völlig unterschiedlichen Motiven, weitere Integrationsschritte eher ablehnen. Auch Marks, Wilson und Ray (2002; Marks/Wilson 2000) argumentieren, dass die (neue) europäische Dimension in den bereits existierenden Links-Rechts-Strukturierungen aufgeht, diese „constitute 'prisms' through which political parties respond to the issue of European integration". Linke Parteien werden demnach das Projekt „Europäische Integration" unterstützen, wenn es klassischen linken Politikzielen nützt und umgekehrt. So lässt sich beispielsweise erklären, warum Mitte-Links-Parteien früher dem Integrationsprojekt eher skeptisch gegenüberstanden (weil das Projekt zunächst eher das Ziel der „negativen Integration" verfolgte), dies inzwischen aber nicht mehr der Fall ist (weil auch die „positive Integration" hinzugekommen ist). Trotz dieser möglichen Fusionsszenarien bilanzieren Schmitt und Thomassen (2000) allerdings aufgrund ihrer empirischen Analyse von Wähler- und Abgeordnetenpositionen, dass die beiden Dimensionen 1994 „unabhängiger" voneinander waren als noch 1979. Es erscheint daher für den Zweck dieser Analyse insgesamt sinnvoll, die beiden Dimensionen unabhängig voneinander als die strukturierenden Grundfesten des EU-Policy-Raumes zu betrachten.

Ausgehend von der Annahme eines solchen zweidimensionalen Raumes stellt sich nun die Frage, wie sich Parteien strategisch verhalten sollen. Die Antwort auf diese Frage erweist sich für die Parteien als problematisch. Hix (2001) spricht sogar von einem strategischen Dilemma, mit dem sich Parteieliten konfrontiert sehen. Warum? Parteiensysteme in Europa sind – trotz des skizzierten *europäischen* Policy-Raumes – in der Regel das Resultat *nationaler* Prozesse und beinhalten immer auch die Links-Rechts-Skala als definierendes Element. Nun wurde bereits erörtert, dass sich die Integrations-Dimension mit der Links-Rechts-Skala eher schwierig in Einklang bringen lässt. Das Thema der europäischen Integration ist daher für Parteien „sperrig". Denn innerhalb der Wählerklientel der etablierten Parteien (die sich über die Positionen auf der Links-Rechts-Skala definiert) finden sich folglich sowohl pro- als auch anti-europäische Sentiments. Unter solchen Umständen „Europa" zu thematisieren, könnte einer Partei langwierige Flügelkämpfe bescheren. Um dem Dilemma zu entgehen, verfolgen etablierte Parteien in der Regel zwei Strategien. Da erstens alle etablierten Parteien von diesem Problem betroffen sind, können alle Parteien die gleiche Position einnehmen und somit dem Wähler bezüglich Europa praktisch keine Wahl lassen.[3] Zweitens können Parteien Fragen der europäischen Integration schlicht überhaupt nicht thematisieren. Beides minimiert parteiinterne Konflikte, allerdings auf Kosten der Wahlmöglichkeiten der Wähler und damit indirekt auf Kosten der Funktionstüchtigkeit des Modells der repräsentativen Demokratie (Franklin/ van der Eijk/Marsh 1996: 367ff.). Wahlen zum Europäischen Parlament werden nicht zuletzt deshalb leicht zu „Second-Order-National-Elections" (Reif/ Schmitt 1980), deren Gegenstand anstelle der eigentlich normativ wünschenswerten genuin europäischen Inhalte nationale Themen sind. Ein anderes Indiz für die Existenz dieser Konflikte ist die Tatsache, dass zentrale europäische Fragen von Parteieliten gerne zum Gegenstand von Referenden gemacht werden, da auch diese Strategie den Parteien eine Möglichkeit bietet, klare, eindeutige Stellungnahmen zu vermeiden, ihre Sprachrohrfunktion zu vernachlässigen und das Volk direkt sprechen zu lassen.

Zusammenfassend lässt sich also festhalten, dass ein angemessenes Modell einen zweidimensionalen europäischen Policy-Raum beinhaltet, in dem sich Parteien und Wähler positionieren. Dieser ist auch allgemein und abstrakt genug, um sich auch mit wenigen Informationen sinnvoll platzieren zu können. Als problematisch allerdings könnte sich unter Gesichtspunkten der Repräsentation erweisen, dass Parteien bewusst Strategien wählen, die parteiinterne Konflikte zu vermeiden suchen, damit aber gleichzeitig „irresponsible" auf der Integrations-Dimension werden, da den Wählern keine sinnvollen Alternativen geboten werden. Zu Zeiten eines „permissive consensus" (Lindberg/Scheingold 1970), in denen die Bürger ihren Eliten in der Europapolitik aus Desinteresse freie Hand ließen, oder auch in Zeiten, in denen sich die Europapolitik in einer „zone of acquiescence" (Carruba 2001; Stimson 1991) bewegt, mag dies noch eher unproblematisch erscheinen. Mit dem „Entkorken der anti-europäischen Flasche" (Franklin/Marsh/McLaren 1994) allerdings stellt dies einen möglichen Bruch in der Repräsentationskette dar, der im empirischen Teil noch näher zu prüfen sein wird.

Im nächsten Absatz sollen kurz bisherige Ergebnisse der Repräsentationsforschung wiedergegeben werden, um anschließend die darauf aufbauenden Fragestellungen dieser Analyse zu präzisieren.

4. Bisherige Ergebnisse und aktuelle Fragestellungen

Im Folgenden sollen zunächst vier einschlägige Studien kurz skizziert werden, die sich empirisch mit Repräsentation in Europa auseinandergesetzt haben: Dalton (1985), Iversen (1994), Weßels (1995) und Schmitt/Thomassen

---

3   Dies erklärt auch Ergebnisse, denen zufolge „extreme" (d.h. nicht etablierte) Parteien anti-europäische Positionen einnehmen.

(2000).[4] Daran anschließend werden dann die genauen Forschungsfragen dieser Studie erörtert.

Dalton (1985) untersuchte als einer der ersten den Stand der Repräsentation in der – damals noch – Europäischen Gemeinschaft, indem er Einstellungen der Bevölkerung aus Eurobarometer-Daten aus dem Jahre 1979 mit den vergleichbaren Daten aus einer Umfrage unter Europa-Abgeordneten aus dem Jahre 1981 in Beziehung setzte. Dalton ermittelte im Hinblick auf die Links-Rechts-Einstufung einen Links-Bias der Eliten, davon abgesehen aber ein allgemein hohes Maß an Übereinstimmung in dieser Frage. Gleiches gilt auch für Einstellungen zu ökonomischen und Sicherheitsfragen. Deutlich geringer fiel dagegen die Übereinstimmung für die Bereiche Entwicklungshilfe und Außenpolitik aus.

Iversen (1994) verfolgte, was die Daten betrifft, eine ähnliche Strategie, ersetzte allerdings die Befragungen der Europa-Abgeordneten durch eine Umfrage unter „European Political Party Middle Level Elite", in deren Rahmen Parteitagsdelegierte befragt wurden. Auch Iversens Ergebnisse zeugen im Allgemeinen von einer hohen Übereinstimung zwischen den Links-Rechts-Einstellungen der Wähler und den Positionen der von ihnen gewählten Parteien. Allerdings gibt es verschiedene Belege dafür, dass Parteien gelegentlich auch extremere Positionen im Vergleich zu ihren Wählern einnehmen – dies gilt z.B. für linke Parteien, was Iversen als „opinion leadership" (oder „preference shaping") interpretiert.

Weßels (1995) testete (neben der kausalen Richtung der Beziehung zwischen Wählern und Gewählten) die Kongruenz und Interaktion zwischen den allgemeinen Einstellungen zur Fortentwicklung Europas von Parteianhängern und den einschlägigen Aussagen in den Wahlprogrammen der Parteien. Er kommt zu dem Schluss, dass es in zwei Drittel der Fälle (also der betrachteten Parteien) zu teilweise erheblichen Unterschieden zwischen Wahlprogrammen und den Meinungen der Parteianhänger kommt. Diese Unterschiede werden im Verlauf des Wahlkampfs deutlich geringer. Weßels (1995: 161) bilanziert daher, dass „parties must recurrently update support. ... Successful moliziation by parties ... revives otherwise remote EC issues in the public mind and, by doing so, contributes to stabilizing mass orientations towards European integration".

Schmitt und Thomassen (2000) schließlich analysierten die Kongruenz der Einstellungen auf *beiden* hier einschlägigen ideologischen Dimensionen von Wählern und Kandidaten bei den Europawahlen 1979 und 1994 und fan-

---

4   Natürlich handelt es sich dabei nicht um eine erschöpfende Aufzählung. Diese vier Studien zeichnen sich vielmehr durch eine engere Verwandtschaft zur vorliegenden Studie aus als andere und werden daher hier kurz skizziert. Eine weitere, umfassende Erörterung von Repräsentation in Europa findet sich in den einzelnen Beiträgen in Schmitt/Thomassen (1999).

402 Thorsten Faas

den hohe Übereinstimmungen für beide Zeitpunkte für beide Dimensionen.[5] Allerdings stellen sie auch systematische Verzerrungen dergestalt fest, dass Eliten grundsätzlich relativ pro-europäischer und linker sind als die Wähler. Die kausale Richtung des Einflusses betreffend kommen sie (im Gegensatz zu Weßels) zu dem Schluss, dass Wähler die Eliten stärker beeinflussen als umgekehrt.

Der Stand der Repräsentation in Europa ist also mit wenigen Ausnahmen zufriedenstellend. Die vorliegende Studie soll auf diese Studien aufbauen und sie einerseits fortschreiben. Andererseits soll aber ein Element hinzugefügt werden, das bisher in der empirischen Repräsentationsforschung weniger Beachtung gefunden hat: das tatsächliche Verhalten der Parlamentarier (als indirekter Indikator für den Output des politischen Systems), das im Rahmen dieser Studie durch das Abstimmungsverhalten der Europa-Abgeordneten operationalisiert wird. Zwar sind auch in diesem Bereich in jüngster Vergangenheit vermehrt Forschungen unternommen worden, deren Fokus allerdings eher auf dem internen Geschehen im Europäischen Parlament (u.a. Raunio 1996; Hix 2001; Faas 2002) und weniger auf der Frage der Repräsentation lag.

Abbildung 1: Eine Kette politischer, auf Parteien aufbauender Repräsentation in Europa

Ziel der Analyse ist es also, die Funktionstüchtigkeit der repräsentativen Demokratie in Europa zu beleuchten. Dies soll entlang einer Kette getestet werden (vgl. Abbildung 1): Ausgehend von den Einstellungen der Bevölkerung (in Abhängigkeit von ihrer Wahlabsicht) über das bei Wahlen vorhandene Programmangebot der Parteien hin zu den durch die Wähler wahrgenomme-

---

5 Eines ihrer Ergebnisse ist aber auch, dass die „Kongruenz" sinkt, sobald man die allgemeine ideologische Ebene verlässt und stattdessen einzelne Issues betrachtet.

nen Positionen der Parteien über die Selbsteinstufung der Europa-Abgeordneten bis hin zum letzten Glied in der hier betrachteten Kette – dem konkreten Abstimmungsverhalten der Abgeordneten im Europäischen Parlament. Die Kette soll dabei für die beiden oben hergeleiteten Dimensionen überprüft werden. „Überprüfen" heißt in diesem Zusammenhang zu analysieren, wie stark zwei aufeinander folgende Glieder der Kette zusammenhängen bzw. wo es möglicherweise zu Brüchen in dieser Kette kommt.

5. Daten und Indikatoren

Merkmalsträger der Analyse ist – wie auch aus Abbildung 1 hervorgeht – die einzelne Partei, wobei jeder Partei insgesamt zehn Werte zugeordnet werden, für jedes Glied der Kette jeweils ein Wert für die Links-Rechts-Dimension sowie ein Wert für die Integrations-Dimension. Die Indikatoren sollen im Folgenden erläutert werden.

Die Indikatoren für die Selbsteinstufung der Wähler sowie für die wahrgenommenen Positionen der Parteien durch die eigenen Wähler sind der European Election Study 1999 entnommen, die von der European Election Study Workgroup[6] durchgeführt wurde. Unmittelbar nach der Europawahl wurden unter Leitung des Meinungsforschungsinstituts IPSOS in den Mitgliedsländern der Europäischen Union insgesamt 13549 Personen befragt.[7]

Aus diesen vier Fragen wurden jeweils durch Mittelwertbildung die entsprechenden Werte für die einzelnen Parteien berechnet. Die Zuordnung von Wählern zu Parteien wurde dabei anhand der Frage nach der Wahlabsicht bei einer nationalen Parlamentswahl vorgenommen. Diese Vorgehensweise wurde gegenüber der Alternative, die Zuordnung anhand der Wahlabsicht bei Europawahlen vorzunehmen, aus mehreren Gründen vorgezogen. Zunächst ist festzustellen, dass der Unterschied ohnehin nicht gravierend ist: Von den Per-

---

6   Die European Election Study Workgroup besteht aus Cees van der Eijk, Klaus Schönbach, Hermann Schmitt, Holli Semetko, Wouter van der Brug, Mark Franklin, Sören Holmberg, Renato Mannheimer, Jacques Thomassen und Bernhard Weßels. Die Daten können u.a. über das Steinmetz-Archiv in Amsterdam (Nr. P1560) bezogen werden.

7   Die exakten Frageformulierungen lauten dabei wie folgt: „In der Politik spricht man von links und rechts. Wie ist das bei Ihnen? Bitte geben Sie Ihren persönlichen Standpunkt auf einer Skala von 1 bis 10 an. 1 bedeutet 'links' und 10 bedeutet 'rechts'. Mit den Zahlen dazwischen können Sie Ihre Meinung abstufen." „Und wo auf dieser gleichen Skala würden Sie die folgenden Parteien einordnen?" (erfragt wurden in Deutschland die Einschätzungen der CDU/CSU, SPD, Grünen, FDP, Republikaner und PDS). „Man hört manchmal, die europäische Einigung sollte weiter vorangetrieben werden. Andere sagen, dass sie schon zu weit gegangen ist. Was ist Ihre Meinung? Bitte geben Sie Ihre Ansicht auf einer Skala von 1 bis 10 an. 1 bedeutet dabei, die europäische Einigung ist schon zu weit gegangen, und 10, die europäische Einigung sollte weiter vorangetrieben werden. Mit den Zahlen dazwischen können Sie Ihre Meinung abstufen." „Und wie ungefähr würden Sie die Ansichten der folgenden Parteien zur europäischen Einigung einstufen?" (Parteien wie oben).

sonen, die sowohl für die retrospektive Frage nach der gewählten Partei bei
der Europawahl als auch für die Frage nach der prospektiven Wahlabsicht bei
einer nationalen Parlamentswahl eine Partei nennen, geben 76 Prozent die
gleiche Partei an.[8] Somit bleiben als „kritische" Fälle noch die Wechselwäh-
ler – sowohl jene, die zwischen Parteien wechseln, als auch jene, die zwischen Nichtwahl und Wahl wechseln. Beide Gruppen liefern gute Gründe für
die Verwendung der nationalen Wahlabsicht, die jeweils aus dem von Reif
und Schmitt (1980) entwickelten Modell der „Second-Order-National-Elec-
tion" folgen. Demzufolge ist zunächst die Wahlbeteiligung bei Europawahlen
deutlich niedriger, was sich auch im Datensatz niederschlägt. Immerhin geben von den 13549 Befragten 4419, also rund ein Drittel, an, bei der Europawahl nicht zur Wahl gegangen zu sein. Diese Gruppe würde man vollständig
ausschließen, verwendete man das Wahlverhalten bei Europawahlen. Was
schließlich Wechsel zwischen Parteien betrifft, so sind insbesondere bei Europawahlen kleinere und Protestparteien erfolgreich. Damit sind aber nicht
zwangsläufig substanzielle Repräsentationswünsche der Wähler verbunden.
Vielmehr werden damit häufig Protestsignale an etablierte Parteien gesendet,
von denen man sich die eigentliche Repräsentation erwartet. Insgesamt also
lässt sich eine weniger fehlerbehaftete und umfangreichere Zuordnung anhand der Wahlabsicht bei nationalen Parlamentswahlen vornehmen.[9]

Für das nächste Element in der Kette – die (nationalen) Wahlprogramme – konte auf die Arbeit der „Manifesto Research Group" und des „Comparative Manifestos Project" zurückgegriffen werden. Die Programmdaten
sind aus Budge u.a. (2001) entnommen, wo sich auch Details zu den Daten
finden. Hier nur soviel: Im Rahmen der Codierung der Wahlprogramme wird
jede substanzielle Aussage in ein aus 56 Kategorien bestehendes Schema eingeordnet. Aus diesen Daten lässt sich damit für jede Kategorie der Stellenwert, den diese Kategorie innerhalb des Gesamtdokuments einnimmt, mittels
des Prozentsatzes einschlägiger Aussagen (relativ zu allen Aussagen des
Wahlprogramms) bestimmen.

Aufgrund der Tatsache, dass Wahlprogramme der Parteien für *nationale*
Parlamentswahlen verwendet werden, gilt natürlich auch hier der Einwand,
dass es im Sinne der Kette sauberer wäre, wenn man stattdessen die Parteiprogramme bei Europawahlen verwenden würde. Leider liegen diese Daten
aber (noch) nicht vor. Bis zum Beweis des Gegenteils kann aber wohl davon
ausgegangen werden, dass sich Parteien in ihren Wahlprogrammen für Europawahlen und nationale Wahlen nicht grundlegend widersprechen können,

---

8 Zudem wurden beide Varianten tatsächlich durchgeführt mit dem Ergebnis, dass die unten
   folgenden empirischen Ergebnisse von dieser Entscheidung nicht substanziell berührt sind.
9 Natürlich bleibt es ein Trade-Off, da man durch die gewählte Methode jene Wähler falsch
   zuordnet, die ein genuines europäisches Wahlverhalten verfolgen, das sich von jenem in der
   nationalen Ebene unterscheidet. Von der Gewichtung her erschien dies aber als das „geringere Übel".

sondern vielmehr um Konsistenz im Sinne einer einheitlichen „Message" bemüht sein müssen. Insofern können die nationalen Wahlprogramme zumindest als „Proxy" angesehen werden.

Was die konkreten Werte für die beiden Dimensionen betrifft, so kann der Wert für die Links-Rechts-Dimension als Index nach Laver und Budge (1992) bestimmt werden, der auf insgesamt 26 Einzelkategorien aufbaut. Der Wert für die Integrations-Dimension schließlich ergibt sich als Differenz der Kategorien „European Community: positive" und „European Community: negative".

Die Informationen zu den Selbsteinstufungen der Europa-Abgeordneten auf den beiden Dimensionen stammen aus der Befragung von Europa-Abgeordneten aus dem Jahr 2000, die von der „European Parliament Research Group" (EPRG) durchgeführt wurde und an der sich insgesamt 200 der 626 Abgeordneten (31,9%) beteiligten.[10] Um wiederum Werte für Parteien zu erhalten, wurden auch hier wieder Mittelwerte aus den Angaben ihrer Abgeordneten berechnet.[11]

Das letzte Glied der Kette schließlich – das konkrete Verhalten der Europa-Abgeordneten – baut auf einer Analyse von namentlichen Abstimmungen im Europäischen Parlament auf. Hierzu wurden zunächst von den Web-Seiten des Europäischen Parlaments insgesamt 2582 namentliche Abstimmungen aus dem Zeitraum Juli 1999 bis Februar 2002 gesammelt.[12] Somit liegt für jeden Europa-Abgeordneten (und jede einzelne namentliche Abstimmung[13]) die Information vor, ob a) ein Abgeordneter an dieser Abstimmung teilgenommen hat und ob er b) mit „ja" bzw. „nein" gestimmt oder sich der Stimme enthalten hat. Auf dieser Basis ergibt sich zunächst ein Policy-Raum, dessen Dimensionalität der Zahl der Abstimmungen entspricht. Mittels eines von Poole und Rosenthal (1985, 1997) entwickelten Verfahrens namens NOMINATE – ursprünglich entwickelt für Analysen des Abstimmungsverhaltens im amerikanischen Kongress – lässt sich die Zahl der Dimensionen allerdings reduzieren (und damit auch inhaltlich leichter erfassen und sinnvoll interpretieren). Zur Strukturierung des Abstimmungsverhaltens im Europäischen Parlament erweist sich für die zugrunde liegende Datenbasis eine zwei-

---

10 Ich danke Simon Hix, der mir diese Daten freundlicherweise zur Verfügung gestellt hat.
11 Die exakten Frageformulierungen lauten „Where would you place yourself on the Left-Right spectrum?" (Skala 1 bis 10) sowie „Where would you place yourself on the question of European integration?" (Skala: 1 = European Integration has gone much too far bis 10 = The EU should become a federal state immediately).
12 Das Abstimmungsverhalten bei namentlichen Abstimmungen kann den einzelnen Sitzungsprotokollen entnommen werden, die unter folgender Adresse abgerufen werden können: http://www3.europarl.eu.int/omk/omnsapir.so/calendar?APP=PV1&LANGUE=DE.
13 Nach Paragraph 133, Absatz 1 der Geschäftsordnung des EP wird grundsätzlich per Handzeichen abgestimmt. Paragraph 134, Absatz 1, eröffnet jedoch Fraktionen die Möglichkeit, namentliche Abstimmungen zu beantragen. In diesen Fällen wird das Abstimmungsverhalten jedes einzelnen Abgeordneten festgehalten. Angaben des EP zufolge sind dies etwa 15 Prozent aller Abstimmungen.

dimensionale Lösung als sinnvoll, wie auch schon frühere Analysen gezeigt haben (u.a. Hix 2001; Noury 2002). Dabei – und dies ist der entscheidende Punkt für die hiesige Analyse – entsprechen die beiden resultierenden Dimensionen den beiden hier zugrunde liegenden Dimensionen, also Links-Rechts einerseits, Integration andererseits.

NOMINATE liefert für jeden Abgeordneten dessen Position auf den beiden Dimensionen, verortet also jeden Abgeordneten im auf zwei Dimensionen reduzierten Raum, wobei die beiden Dimensionen jeweils auf einen Bereich von -1 bis +1 standardisiert werden. Um aus den einzelnen Positionen der Abgeordneten wiederum Positionen von Parteien zu generieren, wurden für die Parteien – getrennt für beide Dimensionen – die Mittelwerte aus den Positionen ihrer Abgeordneten berechnet, wobei ergänzend zu sagen ist, dass sich Abgeordnete einer Partei in ihren Positionen kaum unterscheiden.

Informationen für alle Glieder der Kette waren für 57 der insgesamt rund 130 im derzeitigen Europäischen Parlament vertretenen Parteien vorhanden (die Liste der Parteien findet sich im Anhang). Diese bilden folglich die Grundlage dieser Analyse. Zu diesen 57 Parteien gehören nahezu alle „großen" und etablierten Parteien, was sich u.a. darin niederschlägt, dass rund 70 Prozent aller Europa-Abgeordneten zu einer dieser eingeschlossenen Parteien gehören. Obwohl also insgesamt weniger als die Hälfte der im EP vertretenen Parteien in die Analyse eingeht, haben die Ergebnisse dennoch eine hohe Aussagekraft, da der „Core" (Smith 1990) der nationalen Parteiensysteme (und auch des europäischen Parteiensystems) in der Analyse enthalten ist. Dennoch kann und soll dies nicht darüber hinwegtäuschen, dass gerade auch eine Analyse der anderen Parteien, darunter häufig kleinere oder Protestparteien, wichtige Ergebnisse bezüglich der Repräsentation in Europa liefern kann. Dies muss allerdings zukünftigen Analysen vorbehalten bleiben.

6. Ergebnisse

6.1 Selbsteinschätzung der Wähler

Abbildung 2 vermittelt einen ersten Eindruck in Form der Selbsteinstufungen der Wähler auf den beiden Dimensionen, jeweils aggregiert in Abhängigkeit von ihrer Wahlabsicht. Die Wählergruppen der Parteien sind auf *beiden* Dimensionen weit im Raum verstreut, wenn dies auch für die Links-Rechts-Dimensionen in stärkerem Maße zu gelten scheint als für die Integrations-Dimension: Im Falle der ersten Dimension streuen die Werte ungefähr zwischen zwei und neun, im Falle der zweiten dagegen nur zwischen drei und acht. In differenzierterer Form, d.h. getrennt nach Ländern oder Parteifamilien (gemessen durch Zugehörigkeit zu den entsprechenden Fraktionen im Europäischen Parlament) betrachtet, zeigt Tabelle 1 zunächst, dass – dem allgemeinen Ergebnis entsprechend – auch für 13 der 15 Länder (mit Ausnahme Belgiens und Österreichs) die Unterschiede zwischen den Wählergruppen der verschiedenen Parteien eines Landes auf der Links-Rechts-Dimension größer sind als auf der Integrations-Dimension. Die Spanne zwischen der minimalen und maximalen Position innerhalb eines Landes ist hier – zum Teil deutlich – höher.

Abbildung 2: Mittlere Positionen der Wähler einzelner Parteien

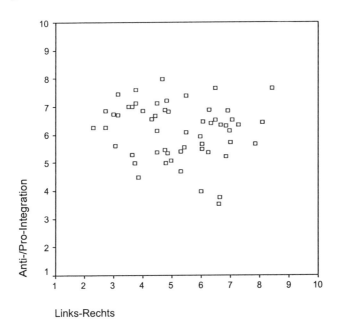

Hinsichtlich der mittleren Position *aller* Partei-Wähler für jedes Land zeigt sich für die Links-Rechts-Dimension eine deutliche Tendenz zur Mitte: Die Mehrheit dieser Mittelwerte liegt nahe am theoretischen mittleren Skalenwert von 5,5. Was jedoch die Integrations-Dimension betrifft, so liegen die Mittelpunkte der einzelnen Parteiensysteme hier eher über dem theoretischen mittleren Skalenwert im pro-europäischen Bereich.

Ein umgekehrtes Bild ergibt sich, wenn man die Wählergruppen der Parteien nicht nach nationalen, sondern nach ideologischen Gesichtspunkten unterteilt. Hier gilt, dass die Wählergruppen ideologischer, transnationaler Verbünde, seien es Liberale, Sozialdemokraten, Konservative, Grüne oder Sozialisten, sich auf der Links-Rechts-Dimension „näher" sind als auf der Integrations-Dimension. Dies gilt sogar für die Anhänger jener Parteien, die der

Fraktion für ein „Europa der Nationen" angehören und von denen man eigentlich erwarten würde, dass sie sich primär über die Integrations-Dimension definieren. Dennoch liegen in *allen* Fällen die Spannweiten für die Links-Rechts-Dimension unter denen der Integrations-Dimension, für die Anhänger liberaler Parteien ist die Spannweite sogar doppelt so groß. Hinzu kommt die Betrachtung der Mittelwerte, die für die Links-Rechts-Dimension deutliche Unterschiede zeigt: Die Anhänger der Parteien der GUE/NGL-Fraktion liegen im Mittel bei 3,0 – jene der PPE-Fraktion dagegen bei 6,7. Umgekehrt zeigen alle Fraktionen auf der zweiten Dimension einen Wert von ungefähr sechs.

Tabelle 1: Mittlere, minimale und maximale mittlere Wählerpositionen einzelner Parteien nach Land und EP-Fraktion (Skala von 1 bis 10)

| | Links-Rechts | | | | Anti-/Pro-Integration | | | | |
	Mittel	Min	Max	Spanne	Mittel	Min	Max	Spanne	N
BEL	4,7	3,6	5,3	1,7	5,6	4,7	7,1	2,4	4
DÄN	5,7	3,9	7,3	3,4	5,5	4,5	6,4	1,9	4
DTL	5,0	3,8	6,1	2,3	6,8	6,5	7,6	1,1	4
FIN	6,4	4,8	7,8	3,0	4,9	3,5	5,7	2,2	3
FRA	4,9	3,0	7,0	4,0	6,4	5,7	7,0	1,3	4
GRI	4,4	2,3	8,4	6,1	6,8	5,6	7,7	2,1	5
IRL	5,5	4,5	6,0	1,5	5,8	5,5	6,1	0,6	3
ITA	5,2	2,7	7,1	4,4	6,7	5,6	7,4	1,8	6
LUX	5,1	4,0	6,3	2,3	6,8	6,1	8,0	1,9	4
NL	5,2	3,5	6,7	3,2	6,7	6,3	7,0	0,7	5
ÖST	5,5	5,0	6,0	1,0	4,5	4,0	5,1	1,1	2
POR	6,2	4,8	6,9	2,1	6,1	5,2	6,9	1,7	3
SPA	4,3	2,7	6,9	4,2	6,6	6,3	6,9	0,6	3
SWE	6,1	3,7	8,1	4,4	6,1	5,0	7,7	2,7	4
UK	5,3	4,5	6,6	2,1	4,8	3,8	5,4	1,6	3
ELDR	5,9	4,9	7,0	2,1	5,9	3,5	7,7	4,2	9
GUE	3,0	2,3	3,9	1,6	6,1	4,5	7,4	2,9	6
PPE	6,7	5,5	8,4	2,9	6,3	3,8	7,7	3,9	16
PSE	4,2	3,0	5,0	2,0	6,2	5,0	7,2	2,2	16
UEN	6,6	6,0	7,1	1,1	5,8	5,2	6,5	1,3	3
Verts	4,2	3,5	5,3	1,8	6,8	4,7	8,0	3,3	5

ELDR = Fraktion der Liberalen und Demokratischen Partei Europas
GUE   = Konföderale Fraktion der Vereinigten Europäischen Linken/Nordische Grüne Linke
PPE   = Fraktion der Europäischen Volkspartei (Christdemokraten) und europäischer Demokraten
PSE   = Fraktion der Sozialdemokratischen Partei Europas
UEN   = Fraktion Union für das Europa der Nationen
Verts = Fraktion der Grünen/Freie Europäische Allianz.

Beide Betrachtungen – nationale wie ideologische – zusammengenommen erlauben ein vorläufiges Fazit, demzufolge sich Wählergruppen national stärker entlang der Links-Rechts-Dimension verteilen und sich diese Polarisierung auch auf die Fraktionen im EP überträgt. Allerdings könnte diese Betrachtung der Mittelwerte ein verzerrtes Bild zeigen, da bisher ausschließlich Unterschiede *zwischen* Parteien betrachtet worden sind. Nicht beleuchtet worden sind bisher dagegen Streuungen, die *innerhalb* einzelner Parteien vorliegen.

Tabelle 2: „Homogenität" der Wähler innerhalb einzelner Parteien (durchschnittliche Standarbweichungen nach Land bzw. EP-Fraktion)

	Links-Rechts	Integration
Belgien	1,5	2,9
Dänemark	1,9	2,5
Deutschland	1,8	2,4
Finnland	2,2	2,5
Frankreich	1,6	2,6
Griechenland	2,1	3,3
Großbritannien	1,9	2,6
Irland	2,0	2,4
Italien	2,2	2,3
Luxemburg	1,7	2,4
Niederlande	1,8	2,1
Österreich	1,7	2,6
Portugal	1,4	3,5
Schweden	1,7	2,5
Spanien	2,0	2,8
ELDR	1,6	2,4
GUE	2,0	3,1
PPE	1,9	2,6
PSE	2,0	2,7
UEN	2,0	2,9
Verts	1,3	2,1
Gesamt	1,8	2,6

Bedeutung der Abkürzungen der Fraktionen vgl. Tabelle 1.

Ergänzt man also diese Betrachtung der „Homogenität" der Wählergruppen einzelner Parteien (vgl. Tabelle 2), so liegt insgesamt die mittlere Standardabweichung über die Wählergruppen *aller* Parteien bezüglich der Links-Rechts-Dimension bei 1,8, für die Integrations-Dimension dagegen bei 2,6. Dieser Unterschied bleibt bei Differenzierung nach Ländern und EP-Fraktionen bestehen. Substanziell bedeutet dies, dass sich Wähler von Parteien in ihren Einstellungen auf der Links-Rechts-Skala untereinander ähnlicher sind

als in ihren Einstellungen auf der Integrations-Dimension. Das oben skizzierte Bild war demnach in der Tat unvollständig: Die geringe Streuung *zwischen*
Parteien auf der Integrations-Dimension wird durch eine höhere Streuung *innerhalb* der Parteien erzielt (und umgekehrt für die Links-Rechts-Dimension).

Im nächsten Schritt wird anhand einer Betrachtung der Wahlprogramme
die Frage geklärt, wie das Programmangebot der Parteien aussieht.

6.2 Wahlprogramme

Der erste echte Responsibilitätstest besteht nun in einer Analyse des Pro-
grammangebots der Parteien. Wird den Wählern überhaupt eine Möglichkeit
gegeben, sinnvolle Entscheidungen auf beiden Dimensionen zu treffen?

Tabelle 3: Die Wahlprogramme der Parteien auf der Links-Rechts- und der
Integrations-Dimension (Skala von -100 bis +100)

	Links-Rechts				Integration				
	Mittel	Min	Max	Spanne	Mittel	Min	Max	Spanne	N
BEL	-12,8	-23,0	-1,9	21,1	1,7	1,5	2,0	0,5	4
DÄN	8,9	-27,1	54,1	81,2	-0,8	-4,2	0,9	5,1	4
DTL	8,9	-21,0	27,9	48,9	6,6	5,9	8,5	2,6	4
FIN	9,2	-13,7	26,8	40,6	3,9	2,0	7,3	5,3	3
FRA	-8,5	-27,1	3,3	30,4	9,1	4,9	14,6	9,7	4
GRI	-7,7	-17,2	14,9	32,0	0,1	-7,6	5,3	12,9	5
IRL	2,6	-6,0	8,9	14,9	0,9	0,8	1,1	0,3	3
ITA	15,2	-27,0	59,3	86,3	1,5	-3,7	6,0	9,7	6
LUX	-11,1	-21,8	15,2	36,9	0,4	-0,4	1,3	1,7	4
NL	-11,4	-22,8	7,2	30,0	2,4	1,8	2,7	0,9	5
ÖST	38,3	20,9	55,7	34,9	1,8	-0,7	4,3	5,0	2
POR	-7,2	-16,7	-0,7	16,0	1,5	-1,5	4,0	5,5	3
SPA	-14,4	-23,2	-8,4	14,8	3,5	3,3	3,7	0,4	3
SWE	14,9	-3,5	37,4	41,0	4,2	-0,8	9,3	10,1	4
UK	9,3	-5,9	25,7	31,6	1,9	-1,0	3,6	4,6	3
Gesamt	1,3	-27,1	59,3	86,4	2,5	-7,6	14,6	22,2	57

Wie Tabelle 3 zeigt, weisen die Parteiensysteme aller Mitgliedsstaaten ein
sehr breit gestreutes Angebot bezüglich der Links-Rechts-Dimension auf:
Selbst das geringste Programmangebot (in Irland) weist immer noch eine Differenz zwischen den extremsten Parteipositionen auf dieser Dimension von
14,9 Prozentpunkten auf.

Was die Integrations-Dimension betrifft, so erscheint das Programmangebot zunächst wenig „responsible" – die Spannen liegen in der Regel nur im einstelligen Bereich. Allerdings ist zu bedenken, dass – im Gegensatz zur Links-Rechts-Dimension, wo ein weitreichendes Index-Maß verwendet wird – dieser Dimension nur zwei Indikatoren zugrunde liegen: positive und negative Erwähnung der EU in den Wahlprogrammen, so dass man keineswegs hohe Werte erwarten kann. Dennoch kann dies nicht darüber hinwegtäuschen, dass in manchen Ländern (Belgien, Irland, Luxemburg, Niederlande, Spanien) ein differenziertes Angebot schlicht nicht existiert. Auch das deutsche Angebot ist mit einer Spanne von 2,6 eher bescheiden. In all diesen Fällen ist dabei das wenige Angebot geringfügig pro Integration.

Neben dieser separaten Betrachtung des Angebots alleine muss natürlich die simultane Betrachtung von Angebot und Nachfrage treten: Sehen die Wähler einer Partei ihre Anliegen auf *beiden* Dimensionen von den jeweiligen Parteien umgesetzt? Da der Korrelationskoeffizient das „standard – but not undisputed – measure of congruence" (Schmitt/Thomassen 2000: 320) ist, werden im nächsten Schritt die Korrelationskoeffizienten zwischen Wählerpositionen und Wahlprogrammen berechnet.[14] Das Ergebnis bestätigt das bereits zuvor sich andeutende Szenario, demzufolge bei der Umsetzung der Wählermeinung auf der Integrations-Dimension Probleme bestehen. Während für die Links-Rechts-Skala (mit r = 0,55) ein angesichts der Verschiedenartigkeit der Messungen „zufriedenstellender" (und zudem signifikanter) Wert resultiert, gilt dies für die Integrations-Dimension nicht: Der Korrelationskoeffizient (r = 0,21) erweist sich als nicht signifikant, was bedeutet, dass kein systematischer (linearer) Zusammenhang zwischen Wählermeinungen und Wahlprogrammen besteht. Die Kette der Repräsentation erscheint also bereits an dieser frühen Stelle brüchig. Wie aber spiegelt sich dies in den Parteiwahrnehmungen der Wähler wider?

6.3 Wahrnehmung der Parteien

Objektiv also gibt es bezüglich der zweiten Dimension Bruchstellen in der Repräsentationskette. Nehmen die Wähler diese aber auch in entsprechender

---

14 Zur Kritik des Korrelationskoeffizienten siehe vor allem Achen (1977, 1978). Achen (1978: 475f.) argumentiert, dass „leaders' opinions can correlate strongly with those of constituents even though the representatives are distant from electors, and they can correlate weakly when representatives are close by". Der Korrelationskoeffizient erfasst lediglich Zusammenhänge, aber keine Distanzen. Für Achen eignen sich Regressionsmodelle besser zur Bestimmung von Repräsentativität. In solchen Modellen, die auch weiter unten noch verwendet werden, sollte sich idealerweise ein Achsenabschnitt von 0 und ein Steigungsparameter von 1 ergeben. Aufgrund der Verschiedenartigkeit der an dieser Stelle in Beziehung zu setzenden Indikatoren, die nicht auf identischen Skalen aufbauen, können diese aber hier keine Anwendung finden. Daher wird hier auf den Korrelationskoeffizienten zurückgegriffen.

Form wahr? Vor dem Hintergrund „objektiver Repräsentation" wäre dies sicherlich eine Frage zweitrangiger Natur. Da allerdings immer noch das Thomas-Prinzip gilt („If men define situations as real, they are real in their consequences"), soll dieser Frage im Folgenden kurz nachgegangen werden. Empirisch zeigen sich zunächst für die Links-Rechts-Dimension (vgl. Tabelle 4) nahezu perfekte Übereinstimmungen zwischen den Wählerpositionen und den wahrgenommenen Positionen der Parteien. In abgeschwächter Form gilt dies auch für die Zusammenhänge zwischen der Selbsteinschätzung der Wähler und den wahrgenommenen Positionen der Parteien auf der einen Seite und den Wahlprogrammen auf der anderen Seite. Die Links-Rechts-Skala ist offensichtlich vertraut und „eingespielt".

Tabelle 4: Zusammenhänge zwischen Wählerpositionen, Wahlprogrammen und wahrgenommenen Positionen auf der Links-Rechts-Dimension (Korrelationskoeffizienten)

Links-Rechts	Position des Wahlprogramms	wahrgenommene Position der Partei
Selbsteinschätzung	$0,55^b$	$0,97^b$
Wahlprogramm	-	$0,56^b$

^{b} p < 0,01.

Tabelle 5: Zusammenhänge zwischen Wählerpositionen, Wahlprogrammen und wahrgenommen Positionen auf der Integrations-Dimension (Korrelationskoeffizienten)

Integration	Position des Wahlprogramms	wahrgenommene Position der Partei
Selbsteinschätzung	$0,21^{n.s.}$	$0,70^b$
Wahlprogramm	-	$0,38^b$

^{b} p < 0,01.

Ein etwas anderes Bild zeigt sich dagegen für die Integrations-Dimension (vgl. Tabelle 5). Hier liegt zunächst der Wert des Korrelationskoeffizienten für den Zusammenhang zwischen eigener Position und wahrgenommener Position der Partei mit r = 0,70 zwar auch sehr hoch, aber doch deutlich niedriger als für Links-Rechts. In Verbindung mit der Tatsache, dass sich ein signifikanter Zusammenhang zwischen Wahlprogrammen und perzipierten Parteipositionen ergibt, deutet dies auf einen Prozess des Ausbalancierens hin. Die Perzeption hängt also sowohl von der objektiven Parteiposition als auch von der wünschenswertesten (eigenen) ab, obwohl diese beiden alleine betrachtet *nicht* zusammenhängen. Die wahrgenommene Position scheint demnach einen vertretbaren „Kompromiss" darzustellen.

Über den Zusammenhang zwischen Wählerpositionen und wahrgenommenen Parteipositionen lässt sich aber noch Detaillierteres sagen – und damit auch der Kritik an der ausschließlichen Verwendung des Korrelationskoeffizienten begegnen. Beide Bereiche sind nämlich mit den gleichen Frageformulierungen erfasst worden und können damit im Rahmen einer Regression direkt in Beziehung gesetzt werden. Im Falle perfekt funktionierender politischer Repräsentation sollte man dabei als Regressionsgleichung Wählerposition = wahrgenommene Position erwarten, also einen Achsenabschnitt von null und eine Steigungskoeffizienten von eins.

Tabelle 6: Wahrgenommene Parteipositionen in Abhängigkeit von Wählerpositionen (bivariate Regression)

	Achsenabschnitt	Steigung	R^2
Links-Rechts	-0,34[n.s.]	1,13[b]	0,94[b]
Integration	2,24[b]	0,70[b]	0,49[b]

[b] $p < 0,01$.

Diese idealtypische Konstruktion lässt sich für die Links-Rechts-Dimension annähernd nachweisen: Der Achsenabschnitt weist, wenn überhaupt angesichts fehlender Signifikanz, auf einen leichten Links-Bias der wahrgenommenen Parteipositionen hin, und die Steigung liegt nahe genug am Idealwert von eins, um von funktionierender Repräsentation sprechen zu können.

Dies gilt nicht für die zweite Dimension: Zunächst ist hier ein deutlicher, signifikanter Pro-Europa-Bias feststellbar (durch einen Achsenabschnitt von 2,24), der aber durch eine Steigung, die deutlich unter eins bleibt, langsam abgeschwächt wird. Zusammen genommen bedeutet dies, dass sich erst im Bereich der pro-europäischen Maximalwerte der Skala (9, 10) Szenarien ergeben, in denen die Wähler ihre Partei in der Nähe ihrer eigenen Position sehen. Mit anderen Worten: Nur stark pro-europäische Wähler sehen ihre Position adäquat durch Parteien vertreten, anti-europäische Sentiments finden kaum Widerhall in den Parteiensystemen Europas.

6.4 Selbsteinschätzungen der Europa-Abgeordneten

Das nächste in der Kette zu betrachtende Glied sind die Selbsteinschätzungen der Europa-Abgeordneten auf den beiden Dimensionen – und hier zeigt sich ein bereits vertrautes Bild: Die Links-Rechts-Dimension „funktioniert", während die Integrations-Dimension mit Problemen behaftet ist (vgl. Tabelle

7). Zwar liegen auch für die Links-Rechts-Skala die Werte der Korrelationskoeffizienten „nur" noch im Bereich von 0,80 (erneut mit der Ausnahme der
Wahlprogramme, allerdings gelten die gleichen Einschränkungen diesbezüglich wie oben), sind aber damit immer noch hoch genug, um von einer funk-
tionierenden Kette sprechen zu können.

Tabelle 7: Der Zusammenhang zwischen den Selbsteinschätzungen der
Europa-Abgeordneten und den Wählerpositionen, den Wahl-
programmen und den Wahrnehmungen der Wähler
(Korrelationskoeffizienten)

	Wähler-positionen	Wahl-programme	Wahrnehmungen der Wähler
Links-Rechts	$0,82^b$	$0,51^b$	$0,80^b$
Integration	$0,49^b$	$0,44^b$	$0,49^b$

$^b p < 0,01$.

Was aber die Integrations-Dimension betrifft, so korrelieren die Selbsteinschätzungen der Europa-Abgeordneten zwar signifikant und auch hinsichtlich
ihrer Größenordnung deutlich mit Wählerpositionen, wahrgenommenen Positionen und Wahlprogrammen, bleiben aber ebenso deutlich hinter den Zusammenhängen zurück, die für die Links-Rechts-Dimension festgestellt werden können.

Dies bestätigt sich weiter, wenn man die Selbsteinschätzungen der Europa-Abgeordneten in einer bivariaten Regression direkt auf die Wählerpositionen bezieht (vgl. Tabelle 8). Für die Links-Rechts-Dimension ergibt sich erneut ein nicht signifikanter Links-Bias der Abgeordneten (in Form des Ach-
senabschnitts). Zentral aber ist die Steigung, die sehr nahe eins liegt. Zudem
werden im Rahmen dieser Regression 67 Prozent der Varianz erklärt. Für die
Integrations-Dimension dagegen zeigt sich erneut ein Bias pro Integration
(der allerdings dieses Mal nicht signifikant ist). Erneut liegt auch die Steigung unter dem Idealwert von eins. Was noch entscheidender ist: Der Anteil
der erklärten Varianz liegt nur bei rund 24 Prozent.

Tabelle 8: Selbsteinschätzungen der Europa-Abgeordneten in Abhängigkeit
von Wählerpositionen (bivariate Regression)

	Achsenabschnitt	Steigung	R^2
Links-Rechts	$-0,88^{n.s.}$	$1,02^b$	$0,67^b$
Integration	$1,48^{n.s.}$	$0,85^b$	$0,24^b$

$^b p < 0,01$.

Abbildung 3: Wähler- und Abgeordneten-Positionen auf der Links-Rechts-
Dimension im Vergleich (inklusive Regressionsgerade)

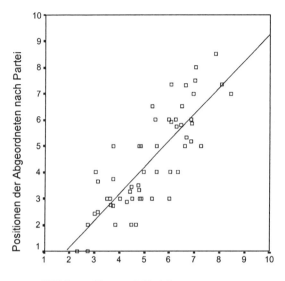

Wählerposition nach Partei

Abbildung 4: Wähler- und Abgeordneten-Positionen auf der Integrations-
Dimension im Vergleich (inklusive Regressionsgerade)

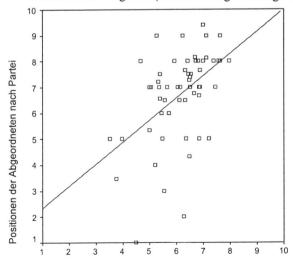

Wählerposition nach Partei

Die Abbildungen 3 und 4 liefern die optische Untermauerung für das bereits
Gesagte. Während die Verteilung wie auch der Verlauf der Regressionsgera-
den für die Links-Rechts-Dimension nahezu ideal ist, bleibt die empirische
Realität der Integrations-Dimension deutlich hinter dem normativen Ideal zurück. Es zeigt sich lediglich ein leicht pro-europäischer Cluster, um den
herum sich eher zufällig weitere Punkte verteilen.

6.5 Abstimmungsverhalten im Europa-Parlament

Alles bisher Gesagte wäre vollständig hinfällig, wenn der Nachweis erbracht
werden könnte, dass trotz aller Unterschiede zwischen Wahrnehmungen und
Wahlprogrammen, zwischen Wählerpositionen und Wahlprogrammen, zwischen den Einstellungen der Wähler und jenen der Gewählten der Output des
politischen Systems (gemessen durch das Abstimmungsverhalten der Europa-
Abgeordneten) die Einstellungen der Wähler widerspiegelt.

Allerdings gibt es aus der Literatur bekannte Argumente, die dagegen
sprechen: Es ist verschiedentlich nachgewiesen worden (u.a. Faas 2002), dass
die Fraktionen im europäischen Parlament erstaunlich diszipliniert agieren.
Die Gründe hierfür sind vielfältiger Natur, wichtig ist aber für den hier diskutierten Zusammenhang, dass die Unterschiede, die die Parteien innerhalb einzelner Fraktionen hinsichtlich ihrer ideologischen Positionen aufweisen (vgl.
6.2), offensichtlich durch entsprechende Kompromisslinien innerhalb der
transnationalen Fraktionen eingeebnet werden.

Bevor dies jedoch näher analysiert werden soll, sei zunächst noch ein
Blick auf eine weitere Bedingung für ein idealtypisches Parteiensystem geworfen: Wie geschlossen agieren einzelne Parteien im Parlament? Denn nur
im Falle geschlossener Parteien wäre die Kette, in der die Parteien eine so
zentrale Repräsentations-Rolle spielen, wirklich sinnvoll geschlossen, wäre
das Parteiensystem „effective".

Abbildung 5 zeigt für jene Delegationen nationaler Parteien im Europäischen Parlament, die mindestens aus drei Parlamentariern bestehen, deren
Geschlossenheit. Als Maß wurde dabei Attinas (1990) „Index of Agreement"
verwendet (gemittelt über alle 2582 Abstimmungen), der eine theoretische
Spanne von -33 (in diesem Falle stimmt eine Delegation zu gleichen Teilen
mit „Ja", „Nein" und „Enthaltung") bis +100 (in diesem Falle stimmt eine
Delegation einstimmig für eine der drei Optionen) hat. Wie aus der Grafik ersichtlich wird, liefert der Index für alle Parteien Werte deutlich über 80, für
die meisten sogar über 90. Es kann also als gesichert angesehen werden, dass
die einzelnen Parteien im Europäischen Parlament geschlossen auftreten und
damit diese Bedingung, die an ein „responsible and effective party system"
gestellt ist, erfüllen. Wie sieht es aber neben dieser formalen Bedingung mit
den substanziellen Anforderungen aus?

Abbildung 5: „Index of Agreement" – Geschlossenheit der im Europäischen
Parlament vertretenen nationalen Parteien

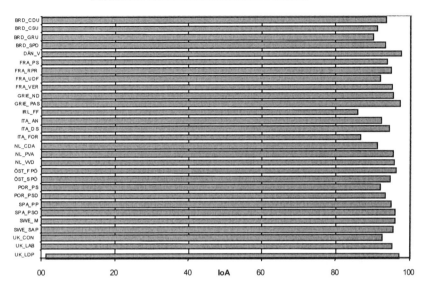

Tabelle 9 zeigt die Zusammenhänge, die zwischen dem Abstimmungsverhalten der Europa-Abgeordneten und den verschiedenen bisher betrachteten vor-
gelagerten Größen bestehen. Für Links-Rechts korreliert auch das Abstimmungsverhalten signifikant und auf höchstem Niveau mit *allen* anderen
Größen.

Tabelle 9: Der Zusammenhang zwischen dem Abstimmungsverhalten der
Europa-Abgeordneten und den Wählerpositionen, den Wahlprogrammen, den Wahrnehmungen der Wähler und den Selbsteinschätzungen der Europa-Abgeordneten
(Korrelationskoeffizienten)

	Wähler-positionen	Wahl-programme	Wahrnehmungen der Wähler	Abgeordneten-Positionen
Links-Rechts	$0,86^b$	$0,55^b$	$0,86^b$	$0,77^b$
Integration	$0,18^{n.s.}$	$0,34^b$	$0,45^b$	$0,38^b$

^{b} p < 0,01.

Für die Integrations-Dimension ergibt sich dagegen in diesem letzten Schritt
ein unter Repräsentationsgesichtspunkten überaus unschönes Bild: Die Wählerpositionen hängen *nicht* signifikant mit dem Abstimmungsverhalten der

Abgeordneten zusammen, und das bedeutet wiederum, dass die Kette der Repräsentation nicht geschlossen ist. Zwar korrelieren die Positionen der Abgeordneten aufgrund ihres an den Tag gelegten Abstimmungsverhaltens mit den anderen Größen (inklusive der Wahrnehmungen der Parteipositionen durch die Wähler), dies kann aber nichts an der Tatsache ändern, dass die normative Anforderung – ein Zusammenhang zwischen Wählerposition und Policy-Output – nicht erfüllt ist: Die Kette der Repräsentation ist nicht geschlossen.

7. Zusammenfassung und Ausblick

Am Anfang dieser Analyse stand der Bericht des „American Political Science Association's Committee on Political Parties" mit seiner Forderung nach einem Parteiensystem, das „democratic, responsible and effective" sein müsse. Ziel der Analyse war es, zu überprüfen, inwieweit diese Eigenschaften für die Parteienlandschaft in der Europäischen Union insgesamt zutreffen. Die Antwort, die am Ende diesbezüglich gegeben werden kann, lautet: teils, teils.

Einerseits lassen sich für die Links-Rechts-Dimension hohe Übereinstimmungen finden, offensichtlich ist diese allseits vertraut, sie wirkt strukturierend und leistet Wählern und Gewählten hilfreiche Dienste, um eine geschlossene, funktionierende Repräsentationskette zu schaffen, die von den Wählerpositionen, über die Wahlprogramme, Abgeordneten-Positionen bis zum konkreten Policy-Output (gemessen durch das Abstimmungsverhalten der Europa-Abgeordneten) reicht.

Weniger eindeutig sind die Ergebnisse für die Integrations-Dimension – also die Frage nach mehr oder weniger Europa. Obwohl auch diese im Zusammenhang europäischer Politik mindestens ebenso wichtig ist, kann diese eine strukturierende Funktion derzeit bei weitem nicht in dem Maße ausüben, wie es die Links-Rechts-Dimension zu tun vermag. Nirgends wird dies deutlicher als in dem Ergebnis, dass die Wählerpositionen *nicht* mit dem Policy-Output auf dieser Dimension zusammenhängen. Ähnliche Verzerrungen zeigten sich allerdings schon in den davor liegenden Schritten (beispielsweise im undifferenzierten Angebot, das den Wählern in den Wahlprogrammen der Parteien häufig präsentiert wird).

Wie viel Grund zur Sorge liefert dieses Ergebnis? Zunächst einmal ist es aus normativ-demokratietheoretischer Sicht auf Dauer schlicht nicht akzeptabel. Aber auch unter konkreteren Gesichtspunkten, vor allem natürlich der Frage nach der zukünftigen Entwicklung Europas, sollte es den Verantwortlichen Sorgen bereiten. Das (ursprüngliche) „Nein" der irischen Bevölkerung zum Vertragswerk von Nizza, aber auch der Erfolg des Europakritikers Le Pen in Frankreich zeigen, dass die zukünftige Entwicklung Europas auf die Agenda europäischer Parteiensysteme gehört – oder mit anderen Worten: das auch diesbezüglich ein „democratic, responsible and effective party system" unabdingbar ist.

Möglich ist natürlich auch, dass wir uns derzeit in einer Phase befinden, in der die Parteien und ihre Eliten – im Sinne eines „preference-shaping" – Entwicklungen vorzeichnen, die erst allmählich und zukünftig von den Bürgern der Union nachgeholt werden. Dies werden weitere Forschungen zeigen müssen, die dann auch explizit eine dynamische Komponente einbeziehen. Dies konnte im Rahmen dieser Studie aus Gründen mangelnder Verfügbarkeit der verwendeten Daten für verschiedene Zeitpunkte nicht berücksichtigt werden. Sollte in einer dynamischen Analyse allerdings das hiesige Ergebnis bestätigt werden, würde dies die Sorgenfalten noch vertiefen.

Anhang: Liste der einbezogenen Parteien

Land	Partei	EP-Fraktion
Belgien	Parti socialiste (PS)	PSE
	Socialistische Partij (PS)	PSE
	Vlaamse liberalen en democraten (VLD)	ELDR
	Volksunie (VU)	Verts
Dänemark	Det Konservative Folkeparti (B)	PPE
	Socialdemokratiet (A)	PSE
	Socialistik Folkeparti (F)	GUE
	Venstre (V)	ELDR
Deutschland	Christlich Demokratische Union (CDU)	PPE
	Christlich Soziale Union (CSU)	PPE
	Bündnis 90/Die Grünen (Grüne)	Verts
	Sozialdemokratische Partei Deutschlands (SPD)	PSE
Finnland	Suomen Keskusta (KESK)	ELDR
	Kansallinen Kokoomus (KOK)	PPE
	Suomen Sosialidemokraattinen Puolue (SDP)	PSE
Frankreich	Les Verts-Europe-Ecologie (Les Verts)	Verts
	Parti socialiste (PS)	PSE
	Rassemblement pour la République (RPR)	PPE
	Union pour la démocratie française (UDF)	PPE
Griechenland	Dimokratiko Kinoniko Kinima (DI.K.KI.)	GUE
	Kommounistiko Komma Elladas (KKE)	GUE
	Nea Dimokratia (N.D.)	PPE
	Panellinio Socialistiko Kinima (PASOK)	PSE
	Synaspismos tis Aristeras kai tis Proodou (SYN)	GUE

Fortseztung Tabelle:

Land	Partei	EP-Fraktion
Großbritannien	Conservative and Unionist Party (Cons.)	PPE
	Labour Party (Lab.)	PSE
	Liberal Democrat Party (LDP)	ELDR
Irland	Fianna Fail Party (FF)	UEN
	Fine Gael Party (FG)	PPE
	Labour Party (Lab.)	PSE
Italien	Alleanza nazionale (AN)	UEN
	Democratici di Sinistra (DS)	PSE
	Forza Italia	PPE
	Lega Nord per l'indipendenza della Padania (LN)	fraktionslos
	Partito popolare italiano (PPI)	PPE
	Partito della rifondazione comunista (PRC)	GUE
Luxemburg	Les Verts (Déi Gréng)	Verts
	Parti démocratique (DP)	ELDR
	Parti chrétien social (PCS)	PPE
	Parti ouvrier socialiste luxembourgeois (POSL)	PSE
Niederlande	Christen Democratisch Appél (CDA)	PPE
	Democraten 66 (D 66)	ELDR
	Groen Links (GL)	Verts
	Partij van de Arbeid (PvdA)	PSE
	Volkspartij voor Vrjiheid en Democratie (VVD)	ELDR
Österreich	Freiheitliche Partei Österreichs (FPÖ)	fraktionslos
	Sozialdemokratische Partei Österreichs (SPÖ)	PSE
Portugal	Partido do Centro Democrático Social – Partido Popular (CDS-PP)	UEN
	Partido Socialista (PS)	PSE
	Partido Social Democrata (PSD)	PPE
Schweden	Centerpartiet (C)	ELDR
	Folkpartiet liberalerna (FP)	ELDR
	Moderata samlingspartiet (M)	PPE
	Socialdemokratiska arbetarepartiet (SAP)	PSE
Spanien	Izquierda Unida (IU)	GUE
	Partido Popular (PP)	PPE
	Partido Socialista Obrero Español (PSOE)	PSE

ELDR = Fraktion der Liberalen und Demokratischen Partei Europas
GUE = Konföderale Fraktion der Vereinigten Europäischen Linken/Nordische Grüne Linke
PPE = Fraktion der Europäischen Volkspartei (Christdemokraten) und europäischer Demokraten
PSE = Fraktion der Sozialdemokratischen Partei Europas
UEN = Fraktion Union für das Europa der Nationen
Verts = Fraktion der Grünen/Freie Europäische Allianz.

Literatur

Achen, Chris: Measuring Representation: Perils of the Correlation Coefficient. In: American Journal of Political Science 21 (1977), S. 805-815.

Achen, Chris: Measuring Representation. In: American Journal of Political Science 22 (1978), S. 475-510.

Aldrich, John H.: Why Parties? The Origin and Transformation of Party Politics in America. Chicago: University of Chicago Press, 1995.

Anderson, Christopher J.: When in Doubt, Use Proxies. Attitudes Towards Domestic Politics and Support for European Integration. In: Comparative Political Studies 31 (1998), S. 569-601.

APSA: Toward a More Responsible Two-Party System: A Report of the Committee on Political Parties. In: American Political Science Review 44 (1950), Supplement.

Aspinwall, Mark: Preferring Europe. Ideology and National Preferences on European Integration. In: European Union Politics 3 (2002), S. 81-111.

Attina, Fulvio: The Voting Behavior of the European Parliament Members, and the Problem of Europarties. In: European Journal of Political Research 18 (1990), S. 557-579.

Brennan, Geoffrey/Hamlin, Alan: On Political Representation. In: British Journal of Political Science 29 (1999), S. 109-127.

Budge, Ian/Klingemann, Hans-Dieter/Volkens, Andrea/Bara, Judith/Tanenbaum, Eric.: Mapping Policy Preferences. Estimates for Parties, Electors, and Governments 1945-1998. Oxford: Oxford University Press, 2001.

Carruba, Clifford J.: The Electoral Connection in European Union Politics. In: Journal of Politics 63 (2001), S. 141-158.

Dalton, Russell J.: Political Parties and Political Representation. Party Supporters and Party Elites in Nine Nations. In: Comparative Political Studies 18 (1985), S. 267-299.

Downs, Anthony: An Economic Theory of Democracy. New York: Harper & Row, 1957.

Emy, Hugh: The Mandate and Responsible Government. In: Australian Journal of Political Science 32 (1997), S. 65-78.

Faas, Thorsten: Why Do MEPs Defect? An Analysis of Party Group Cohesion in the 5th European Parliament. In: European Integration Online Papers 6 (2002), URL: http://eiop.or.at/eiop/texte/2002-002a.htm.

Franklin, Mark N./Marsh, Michael/McLaren, Lauren: Uncorking the Bottle: Popular Opposition to European Unification in the Wake of Maastricht. In: Journal of Common Market Studies 32 (1994), S. 455-472.

Franklin, Mark/van der Eijk, Cees/Marsh, Michael: Conclusions: The Electoral Connection and the Democratic Deficit. In: van der Eijk, Cees (Hrsg.): Chosing Europe? The European Electorate and National Politics in the Face of Union. Ann Arbor: University of Michigan Press, 1996, S. 366-388.

Gabel, Matthey/Hix, Simon: Defining the EU Political Space. An Empirical Study of the European Election Manifestos, 1979-1999. Paper anlässlich des Annual Meetings der American Political Science Association in San Francisco, 30.8.-2.9.2001.

Hix, Simon: Dimensions and Alignments in European Union Politics: Cognitive Constraints and Partisan Responses. In: European Journal of Political Research 35 (1999), S. 69-106.

Hix, Simon: Legislative Behaviour and Party Competition in the European Parliament: An Application of NOMINATE to the Post-1999 European Parliament. In: Journal of Common Market Studies 39 (2001), S. 633-688.

Hix, Simon: Legislative Behaviour and Party Competition in European Parliament: An Application of Nominate to the EU. In: Journal of Common Market Studies 39 (2001), S. 633-688.

Iversen, Torben: The Logics of Electoral Politics. Spatial, Directional, and Mobilizational Effects. In: Comparative Political Studies 27 (1994), S. 155-189.

Laver, Michael/Budge, Ian (Hrsg.): Party Policy and Government Coalitions. Houndmills: Macmillan, 1992:

Lindberg, Leon/Scheingold, Stuart: Europe's Would-Be Polity: Patterns of Change in the European Community. Englewood Cliffs: Prentice-Hall, 1970.

Lipset, Seymour Martin/Rokkan, Stein: Cleavage Structures, Party Systems, and Voter Alignments: An Introduction. In: Lipset, Seymour Martin/Rokkan, Stein Rokkan (Hrsg.): Party Systems and Voter Alignments: Cross-National Perspectives. New York: Free Press, 1967, S. 1-64.

Marks, Gary/Wilson, Carole J./Ray, Leonard: National Political Parties and European Integration. In: American Journal of Political Science 46 (2002), S. 585-594.

Marks, Gary/Wilson, Carole J.: The Past in the Present: A Cleavage Theory of Party Response to European Integration. In: British Journal of Political Science 30 (2000), S. 433-459.

Noury, Abdul G.: Ideology, Nationality and Euro-Parliamentarians. In: European Union Politics 3 (2002), S. 33-58.

Poole, Keith T./Rosenthal, Howard: A Spatial Model for Legislative Roll Call Analysis. In: American Journal of Political Science 29 (1985), S. 357-384.

Poole, Keith T./Rosenthal, Howard: Congress. A Political-Economy History of Roll Call Voting. Oxford: Oxford University Press, 1997.

Raunio, Tapio: Party Group Behaviour in the European Parliament, Tampere: University of Tampere, 1996.

Reif, Karlheinz/Schmitt, Hermann: Nine Second-Order National Elections. A Conceptual Framework for the Analysis of European Election Results. In: European Journal of Political Research 8 (1980), S. 3-44.

Sartori, Giovanni: The Sociology of Parties: A Critical Review. In: Stammer, Otto (Hrsg.): Party Systems, Party Organizations, and the Politics of New Masses. Berlin: Freie Universität Berlin, 1968, S. 1-25.

Schattschneider, Elmer. E.: Party Government. New York: Holt, Rinehart & Winston, 1942.

Schedler, Andreas: The Normative Force of Electoral Promise. In: Journal of Theoretical Politics 10 (1998), S. 191-214.

Schmitt, Hermann/Thomassen, Jacques J.A. (Hrsg.): Political Representation and Legitimacy in the European Union. Oxford: Oxford University Press, 1999.

Schmitt, Hermann/Thomassen, Jacques J.A.: Dynamic Representation. The Case of European Integration. In: European Union Politics 1 (2000), S. 318-339.

Smith, Gordon: Stages of European Development: Electoral Change and System Adaption. In: Urwin, Derek W./Paterson, William E. (Hrsg.): Politics in Western Europe today: Perspectives, Policies and Problems since 1980. London: Longman, 1990, S. 251-269.

Stimson, James A.: Public Opinion in America: Moods, Cycles, & Swings. Oxford: Westview Press, 1991.

van Deth, Jan W.: Das Leben, nicht die Politik ist wichtig. In: Niedermayer, Oskar/Westle, Bettina (Hrsg.): Demokratie und Partizipation, Wiesbaden: Westdeutscher Verlag, 2000, S. 115-135.

Weßels, Bernhard: Support for Integration: Elite or Mass-Driven? In: Niedermayer, Oskar/ Sinnott, Richard (Hrsg.): Public Opinion and International Governance. Oxford: Oxford University Press, 1995: 137-162.